中國人民大學知識產權教學與研究中心
中國人民大學知識產權學院

# 中国百年著作权法律集成

•••••本书汇编组　编•••••

中国人民大学出版社
·北京·

# 出版说明

今年是《大清著作权律》颁布一百年。百年来，中国社会经历了巨大的变迁。中国著作权法治在历经变化与沉浮中，走过了自己独特的历史，形成了自身的传统。随着人类进入数字技术时代，中国的著作权法治面临新的挑战，它必须与时俱进，无可选择地进入现代化。

现代著作权法治的发展，与历史有着千丝万缕的联系。传统思想、传统文化、传统观念对今天、对未来，都具有无法割断的深刻影响。"述往事，以知来者。"唯有廓清历史，才能认识今天，预知未来。梳理和总结百年来中国著作权法律的历史，既有长远的经济、政治和法律意义，也有巨大的文化价值。著作权法律文本是研究著作权法律历史的第一手材料，它反映了当时历史条件下，国家、社会和公众对著作权所能达到的认知水平和权威表达，也是著作权法律实践的蓝本，对研究法律历史具有特殊的、无可替代的价值。

基于此，我们收集、整理了到 2010 年为止，中国，包括香港、澳门、台湾地区，出现的基本全部的著作权法律文件，汇编成《中国百年著作权法律集成》一书。本书汇编工作主要由北京化工大学余俊博士、中国人民大学博士研究生熊文聪完成。

整理尘封百年的历史资料，疏漏、谬误之处，在所难免，请读者指正。

刘春田
2010 年 9 月 30 日

# 目 录

# 振兴工艺给奖章程（节录）

1898 年 7 月 13 日光绪帝批准颁布

第四款　如有著新书，贯通中外学政，深明治体，纲举目张，切实可用于今日者，或能博征时务，发明经义，原原本本，有功圣教者，请特恩赏给翰林院编检实职，或派往各省学堂为总教习。

第五款　或著新书发明专门之学，如公法、律例、农学、商学、兵法、算学、格致之类，确有心得，请赏给庶吉士、主事、中书实职，发交总署及出使各国大臣、各洋务省分因才器使，或派往京师及各省大学堂专门分教习。凡每一人所著书，必在二十万言以上，乃得请奖，以杜冒滥。既得奖后，其书亦准自刻，专售二十年。

# 中美续议通商行船条约（节录）

光绪二十九年　(1903 年)　十一月二十三日在华盛顿互换

　　第十一款　无论何国若以所给本国人民版权之利益一律施诸美国人民者，美国政府亦允将美国版权律例之利益给与该国之人民。

　　中国政府今欲中国人民在美国境内得获版权之利益，是以允许凡专备为中国人民所用之书籍、地图、印件、镌件者，或译成华文之书籍，系经美国人民所著作，或为美国人民之物业者，由中国政府援照所允保护商标之办法及章程，极力保护十年，以注册之日为始，俾其在中国境内有印售此等书籍、地图、镌件或译本之专利。除以上所指明各书籍地图等件不准照样翻印外，其余均不得享此版权之利益。又彼此言明：不论美国人所著何项书籍、地图，可听华人任便自行翻译华文刊印售卖。

　　凡美国人民或中国人民为书籍报纸等件之主笔或业主，或发售之人，如各该件有碍中国治安者，不得以此款邀免，应各按律例惩办。

# 中日通商行船条约（节录）

光绪二十九年　（1903 年）　十一月二十四日在北京互换

第五款　中国国家允定一章程，以防中国人民冒用日本臣民所执挂号商牌，有碍利益，所有章程必须切实照行。

日本臣民特为中国人备用起见，以中国语文著作书籍以及地图、海图执有印书之权，亦允由中国国家定一章程一律保护，以免利益受亏。

中国国家允设立注册局所，凡外国商牌并印书之权，请由中国国家保护者，须遵照将来中国所定之保护商牌及印书之权各章程，在该局所注册。

日本国国家亦允保护中国人民按照日本律例注册之商牌及印书之权，以免在日本冒用之弊。

凡日本臣民或中国人民为书籍、报纸等件之主笔、或业主、或发售之人，如各该件有碍中国治安者，不得以此款邀免，应各按律例惩办。

# 钦定宪法大纲（节录）

光绪三十四年八月初一 （1908 年 8 月 27 日） 颁布

附臣民权利义务（其细目当于宪法起草时酌定）

……　……

二、臣民于法律范围以内，所有言论、著作、出版及集会、结社等事，均准其自由。

# 大清著作权律

宣统二年　（1910 年）

## 第一章　通则

第一条　凡称著作物而专有重制之利益者，曰著作权。称著作物者，文艺、图画、帖本、照片、雕刻、模型等是。

第二条　凡著作物归民政部注册给照。

第三条　凡以著作物呈请注册者，应由著作者备样本二份，呈送民政部；其在外省者，则呈送该管辖衙门，随时申送民政部。

第四条　著作物经注册给照者，受本律保护。

## 第二章　权利期间

### 第一节　年　限

第五条　著作权归著作者终身有之；又著作者身故，得由其承继人继续至三十年。

第六条　数人共同之著作，其著作权归数人共同终身有之，又死后得由各承继人继续至三十年。

第七条　著作者身故后，承继人将其遗著发行者，著作权得专有至三十年。

第八条　凡以官署、学堂、公司、局所、寺院、会所出名发表之著作，其著作权得专有至三十年。

第九条　凡不着姓名之著作，其著作权得专有至三十年；但当改正真实姓名时，即适用第五条规定。

第十条　照片之著作权，得专有至十年；但专为文书中附属者不在此限。

### 第二节　计　算

第十一条　凡著作权均以注册日起算年限。

第十二条　编号逐次发行之著作，应从注册后，每号每册呈报日起算年限。

第十三条　著作分数次发行者，以注册后末次呈报日起算年限。其呈报后经过二年尚未接续呈报，即以既发行者为末次呈报。

第十四条　第五条规定，以承继人呈请立案批准之日起算年限。

第十五条　第六条规定，以数人中最后死者之承继人呈请立案之日起算年限。

## 第三章　呈报义务

第十六条　凡以著作物呈请注册者，呈报时应用本人姓名；其以不着姓名之著作呈报时，亦应记出本身真实姓名。

第十七条　凡以学堂、公司、局所、寺院、会所出名发行之著作，应用该学堂等名称，附以代表人姓名呈报；其以官署名义发行者，除第三十一条第一款规定外，应由该官署于未发行前咨报民政部。

第十八条　凡拟发行无主著作者，应将缘由预先登载官报及各埠著名之报，限以一年内无出而承认者，准呈报发行。

第十九条　编号逐次发行之著作，或分数次发行之著作；均应于首次呈报时预为声明；以后每次发行，仍应呈报。

第二十条　第五条至第七条规定，其承继人当继续著作权时，应赴该管衙门呈报。

第二十一条　将著作权转售抵押者，原主与接受之人应连名到该管衙门呈报。

第二十二条　在著作权期限内，将原著作重制而加以修正者，应赴该管衙门呈报，并送样本二份。

第二十三条　凡已呈报注册者，应将呈报及注册两项年月日，载于该著作之末幅；但两项尚未完备而即发行者，应将其已行之项载于末幅。

## 第四章　权利限制

### 第一节　权　限

第二十四条　数人合成之著作，其中如有一人不愿发行者，应视所著之体裁，如可分别，则将所著之一部分提开，听其自主；如不能分别，应由余人酬以应得之利，其著作权归余人公有，但其人不愿于著作内列名者，应听其便。

第二十五条　搜集他人著作编成一种著作者，其编成部分之著作权，归编者有之；但出于剽窃割裂者，不在此限。

第二十六条　出资聘人所成之著作，其著作权归出资者有之。

第二十七条　讲义及演说，虽经他人笔述，其著作权仍归讲演者有之，但经讲演人之允许者，不在此限。

第二十八条　从外国著作译出华文者，其著作权归译者有之。惟不得禁止他人就原文另译华文，其译文无甚异同者，不在此限。

第二十九条　就他人著作阐发新理，足以视为新著作者，其著作权归阐发新理者有之。

第三十条　凡已注册之著作权，遇有侵损时，准有著作权者向诹管审判衙门呈诉。

第三十一条　凡著作不能得著作权者如下：

一、法令约章及文书案牍；

二、各种善会宣讲之劝诫文；

三、各种报纸记载政治及时事上之论说新闻；

四、公会之演说。

第三十二条　凡著作视为公共之利益者如下：

一、著作权年限已满者；

二、著作者身故后别无承继人者；

三、著作久经通行者；

四、愿将著作任人翻印者。

## 第二节　禁　例

第三十三条　凡既经呈报注册给照之著作，他人不得翻印仿制，及用各种假冒方法，以侵损其著作权。

第三十四条　接受他人著作时，不得就原著加以割裂、改窜及变匿姓名或更换名目发行，但经原主允许者，不在此限。

第三十五条　对于他人著作权期限已满之著作，不得加以割裂、改窜及变匿姓名或更换名目发行。

第三十六条　不得假托他人姓名发行己之著作；但用别号者不在此限。

第三十七条　不得将教科书中设问之题，擅作答词发行。

第三十八条　未发行之著作，非经原主允许，他人不得强取抵债。

第三十九条　下列各项，不以假冒论，但须注明原著之出处：

一、节选众人著作成书，以供普通教科书及参考之用者；

二、节录引用他人著作，以供己之著作考证注释者；

三、仿他人图画以为雕刻模型，或仿他人雕刻模型以为图画者。

## 第三节　罚　则

第四十条　凡假冒他人之著作，科以四十元以上、四百元以下之罚金；知情代为出售者，罚与假冒同。

第四十一条　因假冒而侵损他人之著作权时，除照前条科罚外，应将被损者所失之利益，责令假冒者赔偿，且将印本刻版及专供假冒使用之器具，没收入官。

第四十二条　违背三十四条及三十六条规定者，科以二十元以上二百元以下之罚金。

第四十三条　违背三十五条、三十七条之规定，及三十九条第一款、第二款之规定者，科以十元以上一百元以下之罚金。

第四十四条　凡侵损著作权之案，须被侵害者之呈诉，始行准理。

第四十五条　数人合成之著作，其著作权遇有侵损时，不必俟余人同意，得以径自呈诉，及请求赔偿已所失之利益。

第四十六条　侵损著作权之案，不论为民事诉讼或刑事诉讼，原告呈诉时，应出具切结存案，承审官据原告所呈情节，可先将涉于假冒之著作，暂行停止发行；若审明所控不实，应将禁止发行时所受损失，责令原告赔偿。

第四十七条　侵损著作权之案，如审明并非有心假冒，应将被告所已得之利，偿还原告，免其科罚。

第四十八条　未经呈报注册，而著作末幅假填呈报注册年月日者，科以三十元以上三百元以下之罚金。

第四十九条　呈报不实者，及重制时加以修正而不呈报立案者，查明后将著作权撤销。

第五十条　凡犯本律第四十条以下各条之罪者，其呈诉告发期限以二年为断。

## 第五章　附则

第五十一条　本律自颁布文到日起算，满三个月施行。

第五十二条　自本律施行前所有著作，经地方官给示保护者，应自本律施行日起算，六个月内呈报注册；逾期不报或竟不呈报者，即不得受本律保护。

第五十三条　本律施行前三十年内已发行之著作，自本律施行后，均可呈报注册。

第五十四条　本律施行前已发行之著作，业经有人翻印仿制，而当时并未指控为假冒者，自本律施行后，并经原著作者呈请注册，其翻印仿制之件，限以本律施行日起算，三年内仍准发行，过此即应禁止。

第五十五条　注册应纳公费，每件银数如下：

一、注册费银五元；

二、呈请继续费银五元；

三、呈请接受费银五元；

四、遗失补领执照费银三元；

五、将著作权凭据存案费银一元；

六、到该管官署查阅著作权案件费银五角；

七、到该管官署抄录著作权案件费银五角，过百字者每百字递加银一角；

八、将著作权凭据案件盖印费银五角。

# 中华民国临时约法（节录）

1912 年 3 月 8 日临时参议院 （南京） 通过，3 月 11 日公布实施

第六条　人民得享有左列各项之自由权。

…………

四、人民有言论、著作、刊行及集会结社之自由。

# 中华民国约法（节录）

1914 年 5 月 1 日公布

第五条　人民享有下列各款之自由权：

······ ······

四、人民于法律范围内，有言论、著作、刊行、及集会结社之自由；

# 北洋政府著作权法

中华民国四年 （1915 年） 十一月七日法律第八号

## 第一章 总纲

第一条 下列著作物，依本法注册专有重制之利益者，为有著作权：

一、文书、讲义、演述；

二、乐谱、戏曲；

三、图画、帖本；

四、照片、雕刻、模型；

五、其他有关学艺、美术之著作物。

第二条 著作权之注册，由内务部行之。

关于注册之程序及规费，以教令定之。

第三条 著作权得转让于他人。

## 第二章 著作人之权利

第四条 著作权归著作人终身有之。著作人死亡后，并得由其继承人继续享有三十年。

第五条 数人共同之著作，其著作权归各著作人共同终身有之。各著作人死亡后，并得由各承继人继续享有三十年。

第六条 著作人死亡后，承继人将其遗著发行者，其著作权亦得享有三十年。

第七条 以官署、学校、公司、局所、寺院、会所之名义发行之著作，其著作权亦得享有三十年。

第八条 不著姓名或以别号发行之著作，其著作权得享有三十年。但于期间未满以前，改正真实姓名时，适用第四条之规定。

第九条 照片之著作权，得专有十年。但附属于他著作物者，不在此限。

第十条 从外国著作设法以国文翻译成书者，翻译人得依第四条之规定享有著作权。但不得禁止他人就原文另译国文。其译文无甚异同者，不在此限。

第十一条 著作权之年限，自注册之日起算。

第十二条　第四条承继人之著作权，自著作人死亡之翌年起算。

第五条各承继人之著作权，自各著作人中最后死亡者死亡之翌年起算。

第十三条　编号逐次发行之著作，或分数次发行之著作，均应于首次注册时，预订申明。嗣后每次发行，仍应禀报。

第十四条　编号逐次发行之著作，其著作权之年限，自每号禀报之日起算。

分数次发行之著作，其著作权之年限，自最后部分禀报之日起算。但该著作虽未完成，其应行继续之部分已逾三年尚未发行者，以业已禀报之部分，视为最后之部分。

前项之规定，若于第一次注册时预行声明继续发行之期限者，得不适用之。

第十五条　著作人死亡后，若无承继人，其著作权即行消灭。

第十六条　著作权之移转及继承，均须注册。

第十七条　在专有著作权年限内，将原著作重制时，修改章句或插入图画者，应附其样本，禀报于原注册之官署。

第十八条　数人合成之著作，其中如有一人不愿发行者，其著作之体裁如可分割，应将该著作之一部分提开，听其自主；如不能分割时，应由各发行人酬以相当之利益，其著作归各发行人公有。但其人不愿列名于该著作者，应听其便。

第十九条　设法搜集多数人著作，编成一种著作者，编辑人于其编成之著作，得依第四条之规定，专有著作权。但出于剽窃割裂者，不在此限。

第二十条　出资聘人所成之著作或照片，其著作权归出资者有之。

第二十一条　讲义、演述，虽经他人笔述或由官署学校印刷，其著作权仍归讲演者有之。但依契约之规定，或经讲演者之允许时，不在此限。

第二十二条　就他人之著作阐发新理，或以与原著作物不同之技术，制成美术品者，均得视为著作人，享有著作权。

第二十三条　下列著作物，不得享有著作权：

一、法令、约章及文书案牍；

二、各种善会宣讲之劝戒文；

三、各种报纸记载关于政治及时事之论说、新闻；

四、公开之演说。

第二十四条　依出版法之规定，不得出版之著作物，不得享有著作权。

## 第三章　著作权之侵害

第二十五条　著作权经注册后，遇有他人翻印、仿制及其他各种假冒方法，致损害其权利利益时，得提起诉讼。

第二十六条　著作权之转让及抵押，非经注册，不得与第三者对抗。

第二十七条　接受或继承著作权者，不得就原有著作加以割裂改窜，及变匿姓名或更换名目发行。但得原著作人之同意，或受有遗嘱时，不在此限。

第二十八条　著作权年限已满之著作，视为公共之物。但不问何人，不得加以割裂、改窜及变匿姓名，或变更名目发行。

第二十九条　假托他人姓名，发行自己之著作者，以假冒论。

第三十条　不得以他人未发行之著作物，作为债权之抵押。但经本人允许者，不在此限。

第三十一条　下列各款之著作物，不以假冒论：

一、节选众人著作成书，以供普通教科书及参考之用者；

二、节录引用他人著作，以供自己著作考证注释者；

三、仿他人图画以为雕刻模型，或仿他人雕刻模型以为图画者。

前项第一款、第二款之著作，须注明原著作之出处。

第三十二条　著作权之侵害，经著作人提起诉讼时，除依本法处罚外，被害人所受之损失，应由侵害者赔偿。

第三十三条　数人合成之著作，其著作权受侵害时，不必俟余人之同意，得径行提起诉讼，并请求赔偿一己所受之损失。

第三十四条　因著作权之侵害提起民事或刑事诉讼，得由原告请求法院，将涉于假冒之著作物暂行停止其发行。

前项之诉讼，若由法院审明并非假冒，其判决确定后，被告因停止发行时所受之损失，应由原告人赔偿。

第三十五条　著作权之侵害，若由法院判决其并非有心假冒，得免处罚，但须将被告所已得之利益偿还原告。

## 第四章　罚则

第三十六条　翻印、仿制及以其他方法假冒他人之著作者，处五百元以下、五十元以上之罚金。其知情代为出售者亦同。

第三十七条　违反第二十七条、第三十条之规定者，处四百元以下、四十元以上之罚金。

第三十八条　违反第二十八条、第三十一条第二项之规定者，处三百元以下、三十元以上之罚金。

第三十九条　注册时禀报不实，或不依第十七条之规定禀报者，除将著作权取消外，处二百元以下、二十元以上之罚金。

第四十条　未经注册之著作，于其末幅假填注册年月日者，处一百元以下、十元以上之罚金。

第四十一条　依本章处罚之著作物，没收之。

第四十二条　第三十六条、第三十七条之违犯，经被害者告诉乃论。但因违反第二十七条之规定，原著作人已死亡时，不在此限。

第四十三条　关于本法之公诉期间，自注册之日起，以二年为限。

## 第五章　附则

第四十四条　本法自公布日施行。

第四十五条　本法施行前，已注册之著作物，自本法施行之日起，得受本法之保护。

# 中华民国宪法（节录）

1923 年 10 月 10 日公布

第十一条　中华民国人民有言论著作及刊行之自由，非依法律，不受制限。

# 中华民国17年（1928年）5月14日公布
# 制定著作权法

## 第一章 总纲

第一条　就下列著作物，依本法注册，专有重制之利益者，为有著作权。

一、书籍论著及说部。

二、乐谱剧本。

三、图画字帖。

四、照片雕刻模型。

五、其他关于文艺学术或美术之著作物。

就乐谱剧本有著作权者，并得专有公开演奏或排演之权。

第二条　著作物之注册，由国民政府内政部掌管之。内政部对于依法令应受大学院审查之教科图书，于未经大学院审查前，不予注册。

第三条　著作权得转让于他人。

## 第二章 著作权之所属及限制

第四条　著作权归著作人终身有之，并得于著作人亡故后，由承继人继续享有三十年，但别有规定者，不在此限。

第五条　著作物系由数人合作者，其著作权归各著作人共同终身有之，著作人中有亡故者，由其承继人继续享有其应有之权利。

第六条　著作物于著作人亡故后始发行者，其著作权之年限为三十年。

第七条　著作物系用官署、学校、公司、会所或其他法人或团体名义者，其著作权之年限亦为三十年。

第八条　不着姓名或用假设名号之著作物，其著作权之年限为三十年。

前项年限未满者，改用真实姓名者，适用第四条之规定。

第九条　照片得由著作人享有著作权十年，但受他人报酬而著作者，不在此限。刊入文艺学术著作物中之照片，如系特为该著作物而著作者，其著作权归该著作物之著作人享有之。

前项照片著作权，在该文艺学术著作物之著作权未消灭前，继续存在。

第十条　从一种文字著作以他种文字翻译成书者，得享有著作权二十年，但不得禁止他人就原著另译其译文，无甚差别者，不在此限。

第十一条　著作权之年限，自最初发行之日起算。

第十二条　著作物系编号逐次发行，或分数次发行者，应于首次呈请注册时声明之，嗣后每次发行，仍应践行呈报之程序。

前项后段所定呈报程序，限于定期刊物，得由内政部准其省略之。

第十三条　著作物系编号逐次发行者，其著作权之年限，自每号最初发行之日起算。著作物系分数次发行者，其著作权之年限，自其最后部分最初发行之日起算，但该著作物虽未完成其应行继续之部分，已逾三年尚未发行者，以已发行之末一部分，视为最后之部分。

前项规定，于第一次注册时，预行声明继续发行之期限者，不适用之。

第十四条　著作权人亡故后，若无承继人，其著作权视为消灭。

第十五条　著作权之移转及承继，非经注册，不得对抗第三人。

第十六条　著作物系由数人合作，而有少数人或一人不愿发行者，如性质上可以分割，应将其所作部分除外而发行之，其不能分割者，应由余人酬以相当之利益，其著作权则归余人所有，但该少数人或一人不愿列名于著作物者，听之。

第十七条　出资聘人所成之著作物，其著作权归出资人有之，但当事人问有特约者，从其特约。

第十八条　讲义、演述虽经他人笔述或由官署学校印刷，其著作权仍归讲演人有之，但别有约定或经讲演人之允许者，不在此限。

第十九条　就他人之著作，阐发新理或以与原著作物不同之技术，制成美术品者，得视为著作人享有著作权。

第二十条　下列著作物，不得享有著作权：

一、法令约章及文书案牍。

二、各种劝诫及宣传文字。

三、公开演说而非纯属学术性质者。

第二十一条　揭载于报纸杂志之事项，得注明不许转载，其未经注明不许转载者，转载人须注明其原载之报纸或杂志。

第二十二条　内政部于著作物呈请注册时，发现其有下列情事之一者，得拒绝注册。

一、显违党义者。

二、其他经法律规定禁止发行者。

## 第三章　著作权之侵害

第二十三条　著作权经注册后，其权利人得对于他人之翻印、仿制或以其他方法侵害利益，提起诉讼。

第二十四条　接受或承继他人之著作权者，不得将原著物改窜、割裂、变匿姓名或更换名目发行之，但得原著作人同意或受有遗嘱者，不在此限。

第二十五条　著作权年限已满之著作物，视为公共之物，但不问何人，不得将其改窜、割裂、变匿姓名或更换名目发行之。

第二十六条　冒用他人姓名发行自己之著作物者，以侵害他人著作权论。

第二十七条　未发行著作物之原本及其著作权，不得因债务之执行而受强制处分，但已经本人允诺者，不在此限。

第二十八条　下列各款情形，经注明原著作之出处者，不得以侵害他人著作权论。

一、节选众人著作成书，以供普通教科书及参考之用者。

二、节录引用他人著作，以供自己著作之参证注译者。

第二十九条　著作权之侵害，经著作权人提起诉讼时，除依本法处罚外，被害人所受之损失，应由侵害人赔偿。

第三十条　著作物系由数人合作者，其著作权受侵害时，得不俟余人之同意提起诉讼，请求赔偿其所受之损失。

第三十一条　因著作权之侵害，提起民事或刑事诉讼时，得由原告或告诉人，请求法院将涉于假冒之著作物，暂行停止其发行。

于有前项处分后，经法院审明并非假冒，其判决确定者，被告因停止发行所受之损失，应由原告或告诉人赔偿之。

第三十二条　著作权之侵害，若由法院审明，并非有心假冒，得免处罚，但须将被告所已得之利益，偿还原告。

## 第四章　罚则

第三十三条　翻印仿制及以其他方法侵害他人之著作权者，处五百元以下、五十元以上之罚金，其知情代为出售者亦同。

第三十四条　违反第二十四条之规定者，处四百元以下、四十元以上之罚金。

第三十五条　违反第二十五条之规定者，处三百元以下、三十元以上之罚金。

第三十六条　注册时呈报不实者，处二百元以下、二十元以上之罚金，并得注销其注册。

第三十七条　未经注册之著作物，于其末幅假填某年月日业经注册字样者，处四百元以下、四十元以上之罚金。

第三十八条　依本章处罚之著作物，没收之。

第三十九条　犯第三十三条、第三十四条之罪，须告诉乃论，但犯第三十四条之罪，而原著作人已亡故者，不在此限。

## 第五章　附则

第四十条　本法自公布日施行。

# 中华民国 17 年（1928 年）著作权法施行细则

中华民国十七年五月十四日国民政府公布，同日施行

第一条　凡著作物有下列各款情事之一者，不得依本法呈请注册：

一、未经注册而已通行二十年以上者；

二、著作人自愿任人翻印仿制者。

第二条　依本法以著作物呈请注册者，应备样本六份，依后列著作物呈请注册程序具呈呈送内政部，其在各省各特别市或特别区者，得经由各该区域内主管民政事务之机关转呈内政部。本法第一条第四款第五款之著作物不能具备样本者，得以著作物详细说明书或图画代替之。

因接受或承继著作权呈请注册者，毋庸备具样本。

第三条　著作物系用官署、学校、公司、会所或其他法人或团体名义者，呈请注册时应记明该法人或团体之名称、其事务所所在地及代表人之姓名、住址。

第四条　依本法第八条第二项规定改用真实姓名者，应依后列著作物改正姓名呈请注册程序呈报。

第五条　本法第十二条第一项情形，应依后列著作物逐次或分次发行呈请注册程序具呈声明。

第六条　因接受或承继著作权呈请注册者，应依后列接受著作权呈请注册程序或承继著作权呈请注册程序，具呈为之。

第七条　著作物之注册，由内政部将应登记之各事项登记著作物注册簿上为之。著作物注册后应由内政部登给执照，并刊登政府公报公告之。

第八条　欲发行无主之著作物者，应开明事由呈请内政部于政府公报公告之。

自前项最后公告之日起满一年无人声明异议者，准其发行。

第九条　凡已注册之著作物，应于其末幅标明某年月日经内政部注册字样，并注明执照号数。

第十条　本法施行前已发行之著作物，自最初发行之日起未满二十年者，仍得依本法呈请注册。

第十一条　本法施行前已注册之著作物，限在本法施行后一年内补行注册者，其原有之注册仍不失其效力。补行注册纳公费，按照本细则第十三条规定减轻二分之一。

第十二条 本则第七条第一项之注册簿，不问何人均得请求准其查阅或抄录之。

第十三条 呈请注册及请求查阅或抄录注册簿等项公费，每件定额如左：

一、著作物注册费，该著作物每部定价之五倍，有二种以上之定价者，以其最高者为准。

二、承继或接受著作权注册费与第一款同。

三、执照遗失补领费一元。

四、查阅注册簿费五角。

五、抄录注册簿费每百字五角未满百字者以百字计算。

第十四条 外国人有专供中国人应用之著作物时，得依本法呈请注册。

前项外国人以其本国承认中国人民得在该国享有著作权者为限。

依本条第一项注册之著作物自注册之日起，享有著作权十年。

第十五条 本细则自公布日施行。

# 中华民国训政时期约法（节录）

1931 年 6 月 1 日公布

第十五条　人民有发表言论及刊行著作之自由，非依法律不得停止或限制之。

# 陕甘宁边区施政纲要（节录）

1941 年 11 月 17 日陕甘宁边区第二届参议会第一次会议通过

（六）保证一切抗日人民（地主、资本家、农民工人等）的人权、政权、财政及言论、出版、集会、结社、信仰、居住、迁徙之自由权，除司法系统及公安机关依法执行其职务外，任何机关部队团体，不得对任何人加以逮捕审问或处罚，而人民则有用无论何种方式，控告任何公务人员非法行为之权利。

# 中华民国 33 年（1944 年）4 月 27 日
# 公布修正著作权法

## 第一章　总则

第一条　就下列著作物，依本法注册专有重制之利益者，为有著作权：

一、文字之著译。

二、美术之制作。

三、乐谱剧本。

四、发音片、照片或电影片。

就乐谱剧本、发音片或电影片有著作权者，并得专有公开演奏或上演之权。

第二条　著作物之注册，由内政部掌管之。

内政部对于依法令应受审查之著作物，在未经法定审查机关审查前，不予注册。

第三条　著作权得转让于他人。

## 第二章　著作权之所属及限制

第四条　著作权归著作人终身享有之，并得于著作人死亡后由继承人继续享有三十年，但另有规定者，不在此限。

第五条　著作物系由数人合作者，其著作权归各著作人共同终身享有之，著作人中有死亡者，由其继承人继续享有其应有之权利。

前项继承人得继续享有其权利，迄于著作人中最后死亡者之死亡后三十年。

第六条　著作物于著作人死亡后始发行者，其著作权之年限为三十年。

第七条　著作物用官署学校公司会所或其他法人或团体名义者，其著作权之年限为三十年。

第八条　凡用笔名或别号之著作物，于声请注册时，必须呈报真实姓名，其享有著作权之年限与第四条规定者同。

第九条　照片、发音片得由著作人享有著作权十年。但系受他人报酬而著作者，不在此限。

刊入学术或文艺著作物中之照片，如系特为该著作物而著作者，其著作权归该著作物之著作人享有之。

前项照片著作权，在该学术或文艺著作物之著作权未消灭前，继续存在。

电影片得由著作人享有著作权十年。但以依法令准演者为限。

第十条　从一种文字著作以他种文字翻译成书者，得享有著作权二十年。但不得禁止他人就原著另译。

第十一条　著作权之年限，自最初发行之日起算。

第十二条　著作物逐次发行或分数次发行者，应于每次发行时，分别声请注册。

第十三条　著作权人死亡后无继承人者，其著作权消灭。

第十四条　著作权之移转及继承，非经注册，不得对抗第三人。

第十五条　著作物系由数人合作，而有少数人或一人不愿注册者，如性质上可以分割，应将其所作部分除外，其不能分割者，应由余人酬以相当之利益，其著作权则归余人所享有。

第十六条　出资聘人所成之著作物，其著作权归出资人享有之。但当事人间有特约者，从其特约。

第十七条　讲议演述虽经他人笔述，或由官署学校印刷，其著作权仍归讲演人享有之。但别有约定或经讲演人之允许者，不在此限。

第十八条　揭载于新闻纸杂志之事项，得注明不许转载，其未经注明不许转载者，转载人应注明其原载之新闻纸或杂志。

## 第三章　著作权之侵害

第十九条　著作物经注册后，其权利人得对于他人之翻印仿制或以其他方法侵害利益，提起诉讼。

著作物在声请注册尚未核发执照前，受有前项侵害时，该著作物所有人得提出注册声请有关证件，提起诉讼，但其注册声请经核定驳回者，不适用之。

前二项规定于出版人就该著作物享有出版权者，不适用之。

第二十条　受让或继承他人之著作权者，不得将原著作物改窜割裂变匿姓名或更换名目发行之，但得原著作人同意或受有遗嘱者，不在此限。

第二十一条　著作权年限已满之著作物，视为公共物，但不问何人不得将其改窜割裂变匿姓名或更换名目发行之。

第二十二条　冒用他人姓名发行自己之著作物者，以侵害他人著作权论。

第二十三条　未发行著作物之原本及其著作权，不得因债务之执行而受强制处分，但已经本人允诺者，不在此限。

第二十四条　下列各款情形，经注明原著作之出处者，不以侵害他人著作权论：

一、节选他人著作成书，以供普通教科书及参考之用者。

二、节录引用他人著作，以供自己著作之参证注译者。

第二十五条　就已经注册之著作物，为左列各款之行为者，应得原著作人之同意；但著作权已消灭者不在此限。

一、用原著作物名称继续著作者。

二、选辑他人著作或录原著作，加以评注、索引、增补或附录者。

三、用文字、图画、摄影、发音或其他方法，重制或演奏他人之著作物者。

第二十六条　著作权之侵害经著作权人提起诉讼时，除依本法处罚外，被害人所受之损失，应由侵害人赔偿。

第二十七条　著作物由数人合作者，其著作权受侵害时，得不俟余人之同意，提起诉讼，请求赔偿其所受之损害。

第二十八条　因著作权之侵害提起民事或刑事诉讼时，得由原告告诉人或自诉人请求法院将涉于假冒之著作，暂行停止其发行。

于有前项处分后，经法院审明并非假冒，其判决确定者，被告因停止发行所受之损失，应由原告告诉人或自诉人赔偿之。

第二十九条　著作权之侵害，经法院审明并非有意假冒者，得免处罚，但被告应将所得利益偿还原告。

## 第四章　罚则

第三十条　翻印仿制或以其他方法侵害他人之著作权者，处五千元以下罚金；其知情代为出售者亦同。

以犯前项之罪为常业者，处一年以下有期徒刑拘役，得并科五千元以下罚金。

第三十一条　违反第二十条之规定者，处三千元以下罚金。

第三十二条　违反第二十一条之规定者，处一千元以下罚金。

第三十三条　注册时呈报不实者，处一千元以下罚金，并得注销其注册。

第三十四条　未经注册之著作物，于其末幅假填某年月日业经注册字样者，处二千元以下罚金。

第三十五条　依第三十条至第三十二条处罚者，其著作物没收之。

第三十六条　第三十条第三十一条之罪，须告诉乃论；但犯第三十一条之罪而著作人死亡者，不在此限。

## 第五章　附则

第三十七条　本法自公布日施行。

# 中华民国 33 年（1944 年）著作权法施行细则

中华民国三十三年九月五日修正公布同日施行

第一条　凡著作物未经注册而已通行二十年以上者，不得依本法声请注册。

第二条　依本法以著作物声请注册者，应备样本二份，并附具声请书，载明左列各款事项：

一、著作物之名称及件数；

二、著作人之姓名、年龄、籍贯、住址；

三、发行人姓名、年龄、籍贯、住址；

四、著作权所有人姓名、年龄、籍贯、住址；

五、最初发行年月日；

六、依法令应受审查之著作物，其审查机关名称及发给证照字号与年月日。

著作物确实不能备具样本者，得以著作物详细说明书或图画代替之。

继承著作权声请注册者毋庸备具样本。

第三条　著作物之所有人以著作物委托他人声请注册或在注册前，已将著作物转让由受让人声请注册者，应附具委托书或转让证明书声请之。

第四条　著作物用官署、学校、公司、会所或其他法人或团体名义者，声请注册时，应注明该法人或团体之名称及事务所所在地与代表人之姓名、住址。

第五条　著作物之注册由内政部将应登记之各项登记于著作物注册簿上。

著作物经注册后，应由内政部发给执照并刊载政府公报公告之。

第六条　凡已注册之著作物，应于其末幅标明某年月日经内政部注册字样，并注明执照号数。

第七条　本细则第五条第一项之注册簿，不问何人均得请求准其查阅或抄录之。

第八条　声请注册及请求查阅或抄录注册簿等项公费，每件定额如左：

一、著作物注册费照该著作物定价之二十五倍缴纳，有二种以上之定价者，以其最高者为准；

二、承继受让著作权注册费与第一款同；

三、执照遗失补领费十元；

四、查阅注册簿费五元；

五、抄录注册簿费每百字五元，未满百字者以百字计算；

雕刻模型注册费照该著作物最高定价百分之十缴纳。

第九条　著作物之定价过高者，内政部得令发行人酌减之。

前项定价之酌减，如系教科书，内政部应会商教育部办理之。

第十条　外国人有专供中国人应用之著作物时，得依本法声请注册。

前项外国人以其本国承诺中国人民得在该国享有著作权者为限。

第十一条　未经注册而刊载「有著作权翻印必究」等字样之著作物，应于本法施行后一年内补行注册或删去各该字样，否则依本法第三十四条之规定处罚之。

第十二条　电影片在本法修正施行前已发行，于本法修正施行后一年内声请注册者，其注册之日视为最初发行之日。

第十三条　本细则自著作权法施行之日施行。

# 中华民国宪法（节录）

1946 年 12 月 25 日国民大会通过，1947 年 1 月 1 日国民政府公布，同年 12 月 25 日施行

第一一条　人民有言论、讲学、著作及出版之自由。

# 中华民国 38 年（1949 年）1 月 13 日公布修正著作权法第 30、31、32、33 及 34 条

| 修正前条文 | 修正后条文 |
| --- | --- |
| 　第三十条　翻印仿制或以其他方法侵害他人之著作权者，处五千元以下罚金；其知情代为出售者亦同。<br>　以犯前项之罪为常业者，处一年以下有期徒刑拘役，得并科五千元以下罚金。 | 　第三十条　翻印仿制或以其他方法侵害他人之著作权者，处五百圆以下罚金；其知情代为出售者亦同。<br>　以犯前项之罪为常业者，处一年以下有期徒刑拘役，得并科五百圆以下罚金。 |
| 　第三十一条　违反第二十条之规定者，处三千元以下罚金。 | 　第三十一条　违反第二十条之规定者，处四百圆以下罚金。 |
| 　第三十二条　违反第二十一条之规定者，处一千元以下罚金。 | 　第三十二条　违反第二十一条之规定者，处三百圆以下罚金。 |
| 　第三十三条　注册时呈报不实者，处一千元以下罚金，并得注销其注册。 | 　第三十三条　注册时呈报不实者，除处二百圆以下罚金，并得注销其注册。 |
| 　第三十四条　未经注册之著作物，于其末幅假填某年月日业经注册字样者，处二千元以下罚金。 | 　第三十四条　未经注册之著作物，于其末幅假填某年月日业经注册字样者，处四百圆以下罚金。 |

# 中国人民政治协商会议共同纲领（节录）

1949 年 9 月 29 日中国人民政治协商会议第一届全体会议通过

第五条　中华人民共和国人民有思想、言论、出版、集会、结社、通讯、人身、居住、迁徙、宗教信仰及示威游行的自由权。

……　……

第四十三条　努力发展自然科学，以服务于工业农业和国防的建设。奖励科学的发现和发明，普及科学知识。

第四十四条　提倡用科学的历史观点，研究和解释历史、经济、政治、文化及国际事务。奖励优秀的社会科学著作。

第四十五条　提倡文学艺术为人民服务，启发人民的政治觉悟，鼓励人民的劳动热情。奖励优秀的文学艺术作品。发展人民的戏剧电影事业。

……　……

第四十九条　保护报道真实新闻的自由。禁止利用新闻以进行诽谤，破坏国家人民的利益和煽动世界战争。发展人民广播事业。发展人民出版事业，并注重出版有益于人民的通俗书报。

# 关于改进和发展出版工作的决议（节录）

1950 年 9 月 15 日至 25 日于北京召开的第一届全国出版工作会议通过

"出版业应尊重著作权及出版权，不得有翻版、抄袭、窜改等行为"；出版物"在版权页上，对初版、再版的时间、印数、著者、译者的姓名及译本的原书名等等，均应作如实记载。在再版时，应尽可能与作者联系，进行必要的修订"，"稿酬办法应在兼顾作家、读者及出版家三方面利益的原则下协商决定"；为尊重作家的权益，原则上不应采取卖绝著作权的办法。计算稿酬的标准，原则上应根据著作物的性质、质量、字数及印数。

# 关于纠正任意翻印图书现象的规定（节录）

国家出版总署于 1953 年 11 月 12 日颁发

一切机关团体不得擅自翻印出版社出版的图书图片，以尊重版权。

# 中华人民共和国宪法（节录）

1954 年 9 月 20 日颁布

第八十七条　中华人民共和国公民有言论、出版、集会、结社、游行、示威的自由。国家供给必需的物质上的便利，以保证公民享受这些自由。

……　……

第九十五条　中华人民共和国保障公民进行科学研究、文学艺术创作和其他文化活动的自由。国家对于从事科学、教育、文学、艺术和其他文化事业的公民的创造性工作，给以鼓励和帮助。

# 中华人民共和国宪法（节录）

1975 年 1 月 17 日中华人民共和国第四届全国人民代表大会第一次会议通过

第二十八条　公民有言论、通信、出版、集会、结社、游行、示威、罢工的自由，有信仰宗教的自由和不信仰宗教、宣传无神论的自由。

# 中华人民共和国宪法（节录）

1978年3月5日中华人民共和国第五届全国人民代表大会第一次会议通过

第十二条　国家大力发展科学事业，加强科学研究，开展技术革新和技术革命，在国民经济一切部门中尽量采用先进技术。科学技术工作必须实行专业队伍和广大群众相结合、学习和独创相结合。

……　……

第四十五条　公民有言论、通信、出版、集会、结社、游行、示威、罢工的自由，有运用"大鸣、大放、大辩论、大字报"的权利。

……　……

第五十二条　公民有进行科学研究、文学艺术创作和其他文化活动的自由。国家对于从事科学、教育、文学、艺术、新闻、出版、卫生、体育等文化事业的公民的创造性工作，给以鼓励和帮助。

# 国家出版局关于转发中美贸易关系协定第六条的通知

1980 年 2 月 1 日

《中华人民共和国和美利坚合众国贸易关系协定》于一九七九年七月七日签署，并于一九八〇年二月一日双方互换照会，确认各自业已完成协定生效的必要法律手续。根据该协定第十条第一款规定，自一九八〇年二月一日起，中美贸易关系协定正式生效。协定第六条涉及版权保护问题，现转发如下：

第六条

一、缔约双方承认在其贸易关系中有效保护专利、商标和版权的重要性。

二、缔约双方同意在互惠基础上，一方的法人和自然人可根据对方的法律和规章申请商标注册，并获得这些商标在对方领土内的专用权。

三、缔约双方同意应设法保证，根据各自的法律并适当考虑国际做法，给予对方的法人或自然人的专利和商标保护，应与对方给予自己的此类保护相适应。

四、缔约双方应允许和便利两国商号、公司和贸易组织所签订的合同中有关保护工业产权条款的执行，并应根据各自的法律，对未经授权使用此种权利而进行不公正的竞争活动加以限制。

五、缔约双方同意应采取适当措施，以保证根据各自的法律和规章并适当考虑国际做法，给予对方的法人或自然人的版权保护，应与对方给予自己的此类保护相适应。

# 中华人民共和国宪法（节录）

(1982 年 12 月 4 日第五届全国人民代表大会第五次会议通过　1982 年 12 月 4 日全国
人民代表大会公告公布施行　根据 1988 年 4 月 12 日第七届全国人民代表大会第一次
会议通过的《中华人民共和国宪法修正案》、1993 年 3 月 29 日第八届全国人民
代表大会第一次会议通过的《中华人民共和国宪法修正案》、1999 年
3 月 15 日第九届全国人民代表大会第二次会议通过的《中华人民
共和国宪法修正案》和 2004 年 3 月 14 日第十届全国人民代表大会
第二次会议通过的《中华人民共和国宪法修正案》修正)

第十三条　公民的合法的私有财产不受侵犯。

国家依照法律规定保护公民的私有财产权和继承权。

国家为了公共利益的需要，可以依照法律规定对公民的私有财产实行征收或者
征用并给予补偿。

······ ······

第十五条　国家实行社会主义市场经济。

国家加强经济立法，完善宏观调控。

国家依法禁止任何组织或者个人扰乱社会经济秩序。

······ ······

第二十条　国家发展自然科学和社会科学事业，普及科学和技术知识，奖励科
学研究成果和技术发明创造。

······ ······

第二十二条　国家发展为人民服务、为社会主义服务的文学艺术事业、新闻广播电视
事业、出版发行事业、图书馆博物馆文化馆和其他文化事业，开展群众性的文化活动。

国家保护名胜古迹、珍贵文物和其他重要历史文化遗产。

······ ······

第三十五条　中华人民共和国公民有言论、出版、集会、结社、游行、示威的自由。

······ ······

第四十七条　中华人民共和国公民有进行科学研究、文学艺术创作和其他文化
活动的自由。国家对于从事教育、科学、技术、文学、艺术和其他文化事业的公民
的有益于人民的创造性工作，给以鼓励和帮助。

# 图书、期刊版权保护试行条例

1984 年 6 月 15 日文化部颁布，1985 年 1 月 1 日起施行

第一条　为保障文学、艺术和科学作品作者的正当权益，鼓励优秀作品的创作和出版，繁荣和发展社会主义出版事业，促进社会主义精神文明和物质文明的建设，特制定本条例。

第二条　我国公民创作的文学、艺术和科学作品，由国家出版单位印制成图书出版或在期刊上发表，其作者依本条例享有版权。

第三条　本条例所称的文学、艺术和科学作品，专指以下书面作品：

（一）著作、译作；

（二）剧本、乐谱、舞谱；

（三）绘画、书法、照片；

（四）地图、设计图、示意图、科学图表等。

第四条　本条例所称的作者，是指直接创作作品的人。如无相反证明，在作品上署名的人应视为作者。

本条例所称的版权所有者，包括：

（一）作者；

（二）作者的合法继承人；

（三）根据出版合同获得本条例允许转让的作者的部分或全部版权的出版单位；

（四）依本条例规定享有版权的其他个人和单位。

第五条　作者依本条例享有的版权，是指下列权利：

（一）以本名、化名或以不署名的方式发表作品；

（二）保护作品的完整性；

（三）修改已经发表的作品；

（四）因观点改变或其他正当理由声明收回已经发表的作品，但应适当赔偿出版单位损失；

（五）通过合法途径，以出版、复制、播放、表演、展览、摄制片、翻译或改编等形式使用作品；

（六）因他人使用作品而获得经济报酬。

上述权利受到侵犯，作者或其他版权所有者有权要求停止侵权行为和赔偿损失。

第六条　除本条例另有规定者外，任何单位或个人使用他人受保护的作品，应征得版权所有者同意并支付经济报酬。

使用作品的报酬标准，由文化部和有关部门分别规定。

第七条　两人或两人以上共同创作的作品，版权归作者共有。行使版权和分配报酬的办法，由作者协商解决。

用机关、团体和企业事业单位的名义或其他集体名义发表的作品，版权归单位或集体所有。

第八条　词典、期刊、年鉴、百科全书、会议文集、教材等编辑作品，作为一个整体，版权归编辑者所有。为编辑作品撰稿的作者与编辑者之间的版权关系，由他们自行协商解决。

第九条　古籍的整理、标点、译注、注释本，版权归整理、标点、译注、注释者所有，但他人仍可对同一部古籍进行上述工作并获得版权。

作品的翻译或改编本，版权归译者或改编者所有，但他人仍可对同一作品进行翻译或改编并获得版权。译者或改编者与原版权所有者之间的版权关系，由他们自行协商解决。

作品的文摘、选编或汇编本，版权归文摘、选编或汇编者所有，但他人仍可对同一作品进行上述工作并获得版权。文摘、选编或汇编者与原版权所有者之间的版权关系，由他们自行协商解决。

第十条　民间文学艺术和其他民间传统作品的整理本，版权归整理者所有，但他人仍可对同一作品进行整理并获得版权。

民间文学艺术和其他民间传统作品发表时，整理者应注明主要素材提供者，并依素材提供者的贡献大小向其支付适当报酬。

第十一条　本条例第五条（一）、（二）、（三）、（四）项规定的权利，由作者终身享有。作者死亡后，由作者的合法继承人或文化部出版事业管理局保护其不受侵犯。

本条例第五条（五）、（六）项规定的权利，有效期限为作者终身及其死亡后三十年。该三十年自作者死亡之年年底起计算；对于合作作品，该三十年自最后去世的作者死亡之年年底起计算。

对于照片，本条例第五条（五）、（六）项规定的权利，有效期限为三十年，自作品首次发表之年年底起计算。

对于版权归机关、团体、企业事业单位或其他单位集体所有的作品，本条例第五条（五）、（六）项规定的权利，有效期限为三十年，自作品首次发表之年年底起计算；但其中可以单独使用的作品适用本条第二款的规定。

本条例第五条（五）、（六）项规定的权利，作者死亡后，依照有关继承的法律继承。

本条例生效之前已经发表的作品，凡未超过本条第二款、第三款和第四款规定期限的，版权所有者在其剩余有效期限内仍享有版权。

第十二条　对于作者死后首次发表的作品，本条例第五条（五）、（六）项规定的权利有效期为三十年，该三十年自作品首次发表之年年底起计算。如作品（原作）由非合法继承人保存，经作者的合法继承人或文化部出版事业管理局同意后发表，则上述权利应由作品（原作）保存人与作者的合法继承人共同享有；如作者或作者的合法继承人无法确定，则由保存人享有；但如该作品依法属于国家文物，则按文物保护法处理。

第十三条　版权所有者向他人转让或许可他人使用本条例第五条（五）项规定的全部或部分权利，须签订合同。

版权所有者向外国人转让或许可外国人使用本条例第五条（五）项规定的全部或部分权利，须签订合同并经省级出版事业管理机构或国务院主管部委批准并报文化部出版事业管理局备案。

向国内期刊投稿，可以不签订合同，但作者不得一稿多投；期刊应在收到稿件后三十天内通知作者是否采用，如过期不通知作者，作者可另行处理。

出版社对其在本条例生效之前已经出版或已经接受的作品，应继续享有为期五年的专用出版权，期限自本条例生效之年年底起计算。五年以后，出版权回归作者或其合法继承人。如出版社希望继续出版，应补签出版合同。

第十四条　为了国家利益，文化部可将某些作品的版权收归国有并延长其有效期限。

使用版权归国家所有的作品，应经文化部出版事业管理局同意，并按规定向国家支付费用。

第十五条　在下列情况下使用他人已经发表的作品，可不经版权所有者同意，不向其支付报酬，但应说明作者姓名、作品名称和出处，并尊重作者依本条例第五条规定享有的其他权利：

（一）为了个人学习或科学研究，摘录、复制或翻译，供本人使用；

（二）为了评论或说明某个问题，在作品中适当引用；

（三）为了新闻报道，在报纸、广播节目、电视节目或新闻纪录片中使用；

（四）为了科学研究、学校教学，摘录、复制、翻译或改编，供本单位内部使用，而不在市场上出售或借此赢利；

（五）图书馆、档案馆、资料或文献中心，为了借阅、存档或为专业人员提供专业资料，复制本馆或本中心收藏的作品，而不在市场上出售或借此赢利；

（六）县以下的专业艺术表演团体演出和其他单位为观众免费演出；

（七）群众文化馆或艺术馆为非赢利的目的复制，供业余艺术团体免费演出，而不在市场上出售或借此赢利；

（八）为宣传推广而公开陈列。

第十六条　在下列情况下使用他人已经发表的作品，可不经版权所有者同意，不向其支付报酬，但事先应征求作者有无修改意见，说明作者姓名、作品名称和出处，并尊重作者依本条例第五条规定享有的其他权利：

（一）编入、改编或翻译成学校教材、广播教材和业余教育教材；

（二）报纸转载，广播电台、电视台播放；

（三）汉语作品翻译或改编成国内少数民族语文作品；

（四）改编成盲文读物。

第十七条　在下列情况下使用他人已经发表的作品，可不经版权所有者同意，但应向其支付报酬，说明作者姓名、作品名称和出处，并尊重作者依本条例第五条规定享有的其他权利：

（一）县和县以上的专业艺术表演团体演出；

（二）国家音像出版单位录制唱片、录音带、录像带出版；

（三）期刊互相转载，但作者或出版者声明"未经准许，不得转载"者除外。

第十八条　图书、期刊出版后，出版单位须按国家规定缴纳样本。过期不缴纳，经国家版本图书馆通知后仍不缴纳者，由文化部出版事业管理局通报并罚款。

第十九条　下列行为是侵犯他人版权的行为：

（一）将他人创作的作品当作自己的作品发表，不论是全部发表还是部分发表，也不论是原样发表还是删节、修改后发表；

（二）自己并未参加创作，却强行或以其他不正当手段在他人创作的作品上署上自己的姓名；

（三）未经本单位或合作者同意，将本单位集体创作的作品或与他人合作创作的作品，独自以个人名义发表；

（四）未经作者或其合法继承人同意，发表未发表过的作品；

（五）未经作者同意，对其作品进行实质性修改或有损于作者声誉的修改；

（六）除本条例另有规定者外，未经版权所有者同意，转载、翻印、录制、摄制、表演、播放、翻译、改编、选编或以其他方式使用其已经发表的作品；

（七）除本条例另有规定者外，使用作品的单位或个人拒绝按国家规定向版权所有者支付报酬；

（八）进行其他侵犯版权的活动。

第二十条　作品的版权受到侵犯，作者或其他版权所有者有权提请当地省级出版管理机构进行处理。

对侵犯版权者的处理包括：责令停止侵权活动，责令公开道歉，责令赔偿受害人的经济损失，没收侵权人因侵权所得收入，没收侵权出版物，罚款。本款各项处理，可以单独适用，亦可数项同时适用。因版权受到侵犯而提请处理的时效为二年，自得知或应当得知侵权行为之日起计算。

本条例生效之前发生的版权纠纷，不予受理。

第二十一条　外国人未发表过的作品，如由我国出版单位首次出版，可参照本条例给予版权保护。

第二十二条　文化部出版事业管理局主管全国的图书、期刊版权管理工作。各省、自治区、直辖市出版管理机构主管所辖地区的图书、期刊版权管理工作。

第二十三条　本条例的解释权属于文化部。

第二十四条　本条例自一九八五年一月一日起生效。以前文化部所属机构颁发的有关规定、办法，凡与本条例抵触的，均以本条例为准。

# 图书、期刊版权保护试行条例实施细则

1985 年 1 月 1 日文化部发布，同日施行

第一条　根据《图书、期刊版权保护试行条例》（以下简称《试行条例》）第二十三条，特制定本实施细则。

第二条　（一）"版权"即著作权，指作者根据《试行条例》或国家其他法律、条例、规章，对其作品享有的《试行条例》第五条所列的各项专有权利。

（二）"国家出版单位"指国家最高出版行政机关批准并发给统一编号的出版单位。

（三）"图书"指国家出版单位正式出版并标有统一书号的图书。

（四）"期刊"指国家最高出版行政机关，国家科委，中国人民解放军总政治部，或省、自治区、直辖市主管部门批准，在期刊主办单位所在地的省级出版管理机构登记并领取登记证的期刊。

（五）《试行条例》仅适用于本条（三）和（四）两款所规定的图书和期刊。对于未以上述图书、期刊形式出版的作品，如未发表的原稿、内部使用的讲义、未定稿、征求意见稿、内部刊物，报纸上发表的作品，公开表演、广播、展览的作品，录音、录像、幻灯片、电影片、电视片等音像作品或电影作品或电影作品，雕塑、雕刻、版画作品，服装设计、舞台设计、装潢设计、建筑设计等设计作品，实用工艺美术作品，与地理、地形或建筑艺术有关的立体作品等，国家出版单位或其他单位和个人应尊重其作者依其他法律、条例或国务院有关部委及省、自治区、直辖市政府制定的规章获得的版权。

（六）法律、条例、规章、决议、通知、报告、技术标准和技术规范、标准地图、统计图表、统计数字等作品，全国人民代表大会、国务院或有关部委公布的，由国务院或有关部委指定的新闻、出版单位出版；各省、自治区、直辖市人民代表大会或政府公布的，由各省、自治区、直辖市政府指定的新闻、出版单位出版。上述出版单位对此类作品享有专有出版权，但作者不享有《版权条例》第五条规定的版权。

第三条　（一）《试行条例》第三条所列的文学、艺术和科学作品，应是有创造性的作品。没有创造性的或已经属于人类共同财富的作品，如简单的标语、口号、表册、表格、日历、各种科学定律、公式、已公开的数据、超过版权保护期的作品

等,《试行条例》不予保护。

(二)"著作"包括编著;

"乐谱"包括带词和不带词的音乐作品;

"舞谱"包括将舞蹈动作以文字、图像和其他符号记录下来的书面作品。

第四条 (一)"直接创作作品"指通过自己的独立构思,运用自己的技巧与方法直接创作反映自己个性与特点的作品。仅对作品的创作提供咨询意见,或提供资料,或审读、校订稿件,或提供其他服务的人,不能称为作者。但审读、校阅稿件的人,有权作为审校者署名,并根据国家有关规定在作品发表后取得报酬。

(二)作者是作品的第一版权所有者;作者的合法继承人可以根据国家有关继承的法律在作者去世之后成为版权所有者;出版单位或其他单位和个人可以根据版权转让合同在其合同有效期内成为作品的版权所有者。

(三)"作者的合法继承人"指根据国家有关继承的法律继承作者合法财产及其他合法权益的人。

第五条 (一)"化名"指作者本人的化名。以化名发表作品的作者,应将其本名通知图书出版单位或期刊编辑部。

(二)"保护作品的完整性"指未经作者同意不得修改作品的内容和作者的观点,但不包括对作品中事实、引文和语法错误的更正,对文字的润色以及其他编辑业务方面的技术性处理。

(三)作者因观点改变或其他正当理由登报声明收回已经发表的作品,应适当赔偿出版或发行单位的损失。如在作品出版之日起的第一年作此声明,作者应将其所得稿酬的 80% 退还出版或发行单位;第二年作此声明退还 50%,第三年直至合同期满前作此声明退还 30%。

合作作者声明收回已经发表的作品,必须由全体合作作者共同签名发表书面声明。合作作者如不能就声明收回作品达成协议,则要求声明收回作品的合作作者,可不在作品上继续署名,但有权分享因使用作品所得的报酬。

(四)"通过合法途径,以出版、复制、播放、表演、展览、摄制影片、翻译或改编等形式使用作品",指在国家法律、条例、规章允许的范围内,作者自己或授权有权进行出版、复制、播放、表演、展览、摄制影片、翻译或改编活动的单位或个人以上述一种或数种形式使用其作品。

(五)"改编"指将已经发表的作品由一种类型改变成另一种类型(如将小说等非戏剧、电影作品变成戏剧、电影作品,或者相反;或将戏剧作品变成电影作品,或者相反;或将小说、剧本等变成连环画等),或不改变作品类型而将一部作品变成适合特定对象需要的作品(如将科学专著改变成科普读物)。

第六条 "受保护的作品"指版权受《试行条例》或其他法律、条例或国务院有关部委及各省、自治区、直辖市政府制定的规章保护的作品。

第七条 用集体名义发表作品，应由该集体派出作者代表与出版单位商谈出版事宜，签订出版合同。

第八条 （一）词典、期刊、年鉴、百科全书、会议文集、教材等编辑作品，作为一个整体，版权归编辑者所有。如该编辑者是出版单位的组成部分，或出版单位为出版此类作品而专门设立的临时机构，则此类编辑作品，作为一个整体，版权归出版单位所有。

（二）由出版单位组织、提供资金、资料等创作条件，并派编辑指导或直接参加创作而完成的集体作品，如词典、教材、丛书、大型摄影画册等，作为一个整体，其版权归出版单位所有。但集体作品中可以单独使用的作品，除出版权根据协议转让给出版单位外，其他各种权利归作者保留。

（三）词典、百科全书、教材等编辑作品出版之前或出版后一年之内，未经编辑者同意，撰稿者不得将所撰稿件另行出版。

编辑者组织修订再版词典、百科全书、教材等编辑作品，可以更换撰稿者，但不得侵犯原撰稿者的版权。

（四）期刊对在本刊上首次出版的作品享有一年的专有出版权。自作品首次出版之日起一年之内，未经期刊同意，其他单位和个人不得以摘编、选编、改编的形式转载，但《试行条例》和本细则另有规定者除外。如期刊与作者之间没有相反的协议，一年之后此项专有出版权回归作者。

第九条 （一）作品首次出版一年之后，作者或其他版权所有者自己未进行翻译或改编，也未授权他人翻译或改编，为了宣传教育或科学研究之目的，经省级出版管理机构或文化部出版事业管理局批准，国家出版单位可以出版译本或改编本，但须按规定向作者或其他版权所有者支付报酬。

（二）所有专门以文摘或选编形式转载已经发表的作品的期刊，称为选刊。此类选刊应与为其提供作品供转载的期刊或出版单位订立合同（国家特许属于资料汇集者除外），合同中应明确规定转载的条件和支付报酬的办法。期刊或出版单位如允许选刊转载他们已经出版作品，应将其所得报酬的三分之二付给作者。

第十条 民间文学艺术和其他民间传统作品发表时，整理者应在前言或后记中说明主要素材（包括口头材料和书面材料）提供者，并向其支付报酬，支付总额为整理者所得报酬的30％—40％。

第十一条 （一）作者去世之后，在下列情况下，《试行条例》第五条（一）、（二）、（三）、（四）项规定的权利由文化部出版事业管理局保护其不受侵犯：

（1）作者无合法继承人；

（2）作品的版权已收归国有。

（二）版权归机关、团体、企业事业单位或其他集体所有的作品，如果上述机关、团体、企事业单位或集体解散，《试行条例》第五条（五）、（六）项规定的权利归出版者享有；如出版者亦解散，版权收归国有；如上述机关、团体、企业事业单位或集体被合并，则归合并后的单位或集体所有，但版权所有者应将合并情况通知出版者。

第十二条　作者生前未曾发表过的作品，如果作者没有遗嘱说明不愿意发表，作者的合法继承人有权发表。如作品（原作）由非合法继承人保存，应经作者合法继承人同意方可发表；如作者无合法继承人，或合法继承人无法确定，或合法继承人无理拒绝发表，经省级出版管理机构或文化部出版事业管理局批准，作品亦可发表。合法继承人要求发表作品，保存人不得拒绝。在作者的合法继承人和作品（原作）的保存人共同享有《试行条例》第五条（五）、（六）项规定的权利的情况下，应由作品（原作）的保存人和作者的合法继承人共同与作品的出版者签订合同，所得报酬平分。如作品（原作）保存者不经作者的合法继承人同意擅自发表作者的作品，上述权利全部回归作者的合法继承人。

第十三条　（一）作者向期刊或出版单位投稿，或与出版单位签订约稿合同，不得一稿多投。因一稿多投给期刊或出版单位带来的损失，作者应予以适当赔偿。

（二）作者或其他版权所有者向国内出版单位转让作品的出版权，应是专有出版权（即原本、修订本、摘编本、选编本出版权和转载权）。转让出版权的合同有效期一般不应少于十年。作品的改编权、翻译权、表演权、录音录像权、播放权、摄制影片权是否转让给出版单位，由双方自行协商。

（三）作者或其他版权所有者向期刊或出版单位转让作品的出版权，不得视为画稿、手稿、照片等作品原稿（打字稿、手稿抄件或影印件除外）财产权的转让。作品出版后，原稿是否退还作者，由双方协商，并在出版合同中明确规定。期刊如不退稿（不论是否采用），应在本刊每期的封底或内封页显著位置刊登声明。

（四）出版单位在《试行条例》生效之前已经接受的作品，指出版单位在《试行条例》生效之前审读完毕，已通知作者同意出版，并列入出版计划的稿件。

除上述稿件和《试行条例》生效之前已经出版的作品外，作者在一九八〇年一月一日至《试行条例》生效之前主动投给出版单位的稿件，出版单位应在《试行条例》生效后一年之内决定是否采用，如不采用，立即退稿；如拟采用，应补签合同。如既不退稿，又不补签合同，《试行条例》生效一年之后，作者可要求出版单位限期归还原稿并按资料费赔偿损失。

出版单位在《试行条例》生效之前主动向作者约的稿件，如尚未收到或尚未审读完毕，但已列入出版计划，应补签合同。

作者在《试行条例》生效之后主动投给出版单位的稿件，出版单位应在三十天内通知作者已收到稿件，并在六个月内决定是否考虑采用，如不采用，六个月之内退稿；如拟采用，应签订约稿合同或出版合同。如既不退稿，又不签订合同，六个月之后，作者可要求出版单位限期退还原稿并按资料费赔偿损失。上述三十天或六个月期限，从出版单位收到稿件之日起计算。

（五）大型期刊或学术性期刊收到稿件后，三十天内如不能决定是否采用，应通知作者已收到稿件，并延至三个月内通知作者是否采用。如过三个月不通知作者，作者可要求限期退还稿件另行处理；如超过六个月不退还稿件，又不采用，作者还可要求按资料费赔偿损失，但已刊登声明不退稿件者除外。计算上述三十天、三个月或六个月期限，应从期刊编辑部收到稿件之日起计算。

（六）出版单位对其出版的图书，除在出版合同有效期内享有作者根据合同转让的专有出版权和其他权利外，在图书版权有效期内对图书的装帧设计和版式设计享有版权。其他单位如翻印，应征求原出版单位的同意、注明原出版单位名称和原出版日期并支付报酬。出版合同有效期满，作者如收回出版权，将作品转移到另一出版单位出版，不得损害原出版单位对图书的装帧设计和版式设计享有的版权。

（七）作者以不署名方式发表的作品，其版权归出版者所有，如在首次出版三十年之内披露其真实姓名，版权回归作者。

《试行条例》生效之前已经发表的未署名作品，如作者或其合法继承人要求出版单位在再次使用作品时补署作者姓名，并能提供作者身份的可靠证据，出版单位不得拒绝。

（八）作者或其合法继承人，违反国家有关规定或《试行条例》第十三条之规定，擅自向外国人转让或许可外国人使用《试行条例》第五条（五）项的全部部分权利，甚至转让或许可外国人使用第五条（一）至（四）项的权利，由作者或其合法继承人的所在单位给予行政处分。

第十四条　版权需收归国有并延长有效期的作品的范围，收归程序以及使用此类作品的付费办法，文化部将另行规定。

第十五条　（一）"适当引用"指作者在一部作品中引用他人作品的片断。引用非诗词类作品不得超过两千五百字或被引用作品的十分之一，如果多次引用同一部长篇非诗词类作品，总字数不得超过一万字；引用诗词类作品不得超过四十行或全诗的四分之一，但古体诗词除外。凡引用一人或多人的作品，所引用的总量不得超过本人创作作品总量的十分之一，但专题评论文章和古体诗词除外。

（二）"供本单位内部使用"指供一个机关，一所学校、一个研究所、一个工厂、一家公司等独立经济核算单位内部使用，而不是供一个系统内部使用。

第十六条　（一）《试行条例》第十六条所列四种情况下使用已经发表的作品，使用者应事先征求作者有无修改意见，如在征求修改意见的通知发出之日起的一个月内，未收到作者修改意见，即可认为作者无修改意见。如在此期限内收到作者修改意见，则应使用作者修改后的作品。

（二）"学校教材、广播教材和业余教育教材"指下列情况下编写的教材：

（1）由教育部和国务院其他各部委及各省、自治区、直辖市教育行政机构根据教育部和国务院其他各部委制定的教学大纲组织编写的学校教材；

（2）由国务院各部委的教育部门为提高本系统职工科学、文化水平组织编写的在职或业余教育教材；

（3）由广播电视部或教育部组织编写的广播电视教材；

（4）由教育部及各省、自治区、直辖市教育行政机构为扫盲或为农村教育而组织编写的扫盲课本和各种农村教育教材；

（5）由部队军级和军级以上的政治或军事训练部门为部队政治、文化教育和军事技术训练组织编写的教材。

未经版权所有者同意，任何单位和个人不得编写出版上述教材的习题解答。

（三）"报纸"专指以报道国内外政治、经济、文化、社会等方面的新闻为主的中央和地方各级党委或政府的机关报，政协和各民主党派以及工青妇的中央机关报，中国日报，经济日报，解放军报和各种军报，以及向文化部申请并得到批准适用《试行条例》第十六条规定的其他报纸。此类报纸转载小说、诗歌、剧本、乐谱、报告文学等文艺作品，仍需征求版权所有者同意并向其支付报酬。

经国务院有关部委批准，专门承担对外宣传任务的外文版期刊按报纸对待，适用《试行条例》第十六条的规定。

各种文艺报、市场信息报等专业性报纸按期刊对待，适用第十七条的规定。

（四）在《试行条例》第十六条所列举的四种情况下使用已经发表的作品，如果以出版物的形式使用，应向原作者赠送样本；如果以播放形式使用，应向原作者赠送广播电视节目单。

第十七条　期刊互相转载的规定，不适用于专门转载文艺作品的选刊，此类选刊转载已经发表的作品，必须按本细则第八条、第九条的有关规定，经版权所有者同意，并向其支付报酬。

第十八条　图书、期刊出版后三十天内，出版单位应按国家规定向文化部出版局、中国版本图书馆、北京图书馆缴纳样本；地方出版单位还应向本省、自治区、直辖市出版管理机构和省、自治区、直辖市图书馆缴纳样本。过期未缴，经通知后仍不缴纳者，分别由文化部出版事业管理局或省级出版管理机构通报批评，情节严重者还应罚款，罚款额为应补缴的样本书刊定价的五至十倍。

第十九条　如发现《试行条例》第十九条所列侵权行为，作者或其他版权所有者可在侵权行为发生地提请当地省级出版管理机构进行处理；亦可要求侵权人所在单位对侵权人进行批评教育或给予行政处分；或直接向人民法院起诉。

第二十条　（一）"应当得知侵权行为之日"指侵权作品在版权所有者所在地公开发行之日。在得知或应当得知侵权行为之日起的两年内不提请处理的版权纠纷，出版管理机构可不再受理。

（二）《试行条例》生效之前发生的版权纠纷不予受理，指省、自治区、直辖市出版管理机构不予受理。

（三）侵权人如因侵权活动获得收入，应首先没收其此项收入，然后视情节轻重决定是否罚款。

（四）如对侵权人处以罚款，罚款的幅度应为：

（1）侵权行为涉及在期刊上发表作品，罚款 20—200 元；

（2）侵权行为涉及图书，罚款 50—500 元。

（五）省级出版管理机构应将所罚之款和没收侵权人因侵权所得收入在当地银行设专户储存，不得挪用。此类款项如何使用，文化部将另行通知。

（六）省、自治区、直辖市出版管理机构对各起侵权纠纷的处理，应将其处理结果抄送有关的版权所有者、侵权人、侵权人所在单位以及出版侵权作品的单位，并抄报文化部出版事业管理局。

第二十一条　对《试行条例》和本细则的解释，以及同意个别选刊享受"国家特许"待遇，应以文化部出版事业管理局的书面意见为准。

第二十二条　本细则自一九八五年一月一日起施行。

# 中华人民共和国继承法（节录）

1985 年 4 月 10 日第六届全国人民代表大会第三次会议通过

第三条　遗产是公民死亡时遗留的个人合法财产，包括：

（一）公民的收入；

（二）公民的房屋、储蓄和生活用品；

（三）公民的林木、牲畜和家禽；

（四）公民的文物、图书资料；

（五）法律允许公民所有的生产资料；

（六）公民的著作权、专利权中的财产权利；

（七）公民的其他合法财产。

# 中华人民共和国民法通则（节录）

(1986 年 4 月 12 日第六届全国人民代表大会第四次会议通过)

## 第五章　民事权利

第九十四条　公民、法人享有著作权（版权），依法有署名、发表、出版、获得报酬等权利。

## 第六章　民事责任

第一百一十八条　公民、法人的著作权（版权）、专利权、商标专用权、发现权、发明权和其他科技成果权受到剽窃、篡改、假冒等侵害的，有权要求停止侵害，消除影响，赔偿损失。

# 录音录像出版物版权保护暂行条例

1986 年 9 月 15 日广播电影电视部颁布， 1987 年 1 月 1 日起施行

一、为保护作者、表演者、录音录像出版单位（以下简称音像出版单位）的正当权益，繁荣和发展音像出版事业，征得国家版权局同意，特制定本暂行条例。

二、广播电影电视部受国家版权局的委托，负责全国的音像出版物版权管理工作。

三、本暂行条例所称：

音像出版物，是指录有经过创作、表演的音响或（和）图像，以商品形式销售的唱片、音带、像带和视盘；

音像出版单位，是指按国务院批准的《录音录像制品管理暂行规定》（国发〔1982〕154 号文件）履行申报程序并经批准的出版单位；

复录生产单位，是指按国务院批准的《录音录像制品管理暂行规定》（国发〔1982〕154 号文件）履行申报程序并经批准的出版单位。

四、音像出版物作为一个整体，其版权归出版单位所有。保护期限为 25 年，自音像出版物首次发行或录制之年的年底起计算。各音像出版单位应在其出版物上标明"版权所有"字样及出版单位名称和出版年份，未经出版单位授权，其他任何单位和个人不得作商业性翻录。

五、音像出版单位必须尊重并维护所录制作品的作者和表演者的正当权益：

1. 凡录制已经公开发表的音乐、戏剧、舞蹈作品和根据已经发表的文字教材，音像出版单位可不征得原作品的版权所有者的同意，但出版时必须注明作品名称和作者姓名，并向原作品的版权所有者支付报酬。如需对作品改编，则应征得原作品的版权所有者书面同意，出版时除改编者署名外，仍应署原作者姓名。

凡录制已发表的音乐、戏剧、舞蹈作品和文字教材以外的作品，须取得作者或版权所有者的书面授权。

有关文字、艺术和科学作品作者的版权按文化部颁发的《图书、期刊版权保护试行条例》解释。

2. 音像出版单位必须与所录制作品的表演者签订合同或协议，确定双方的权利和义务。有关署名、经济报酬、出版时间、所录节目使用期限、可否转让以及违约责任等项，在合同或协议中均须有明确的规定，但主要表演者必须署名。主要表演

者在合同规定期间内不得以同一种表演方式为另外的音像出版单位录制同一节目。

六、音像出版单位可以收购非出版单位制作的音像资料和个人保存的音像资料，但出版时必须征得音像资料版权所有者的同意，必须征求被录制作品的主要表演者或其合法继承人的同意。出版时应注明原录制单位名称和作者、主要表演者姓名。

七、音像出版单位之间可以互相转让音像出版物的版权，但不得以任何方式转让给复录生产单位或其他非出版单位。转让的合同或协议，双方应及时抄报广播电影电视部。

八、音像出版单位与外商的合作出版和版权贸易（包括出口、引进和合作录制），均须经上级主管部门核准后报广播电影电视部批准。

九、音像出版物版权受到侵犯时，音像出版单位、作者、表演者有权提请广播电影电视部调查处理，也可直接向法院起诉。

处理办法包括：责令侵权人停止侵权活动，责令公开道歉，责令赔偿受害者经济损失，没收其侵权所得，没收其侵权出版物，取消其出版或复录生产权利。

十、本暂行条例的解释权属广播电影电视部。

十一、国家公布并实施版权法以后，本暂行条例的规定，凡与版权法相抵触的，以版权法为准。

十二、本暂行条例自 1987 年 1 月 1 日起生效。

# 中华人民共和国著作权法（1990 年）

(1990 年 9 月 7 日第七届全国人民代表大会常务委员会第十五次会议通过
1990 年 9 月 7 日中华人民共和国主席令第三十一号公布　1991 年 6 月 1 日起施行)

## 第一章　总则

第一条　为保护文学、艺术和科学作品作者的著作权，以及与著作权有关的权益，鼓励有益于社会主义精神文明、物质文明建设的作品的创作和传播，促进社会主义文化和科学事业的发展与繁荣，根据宪法制定本法。

第二条　中国公民、法人或者非法人单位的作品，不论是否发表，依照本法享有著作权。外国人的作品首先在中国境内发表的，依照本法享有著作权。外国人在中国境内发表的作品，根据其所属国同中国签订的协议或者共同参加的国际条约享有的著作权，受本法保护。

第三条　本法所称的作品，包括以下列形式创作的文学、艺术和自然科学、社会科学、工程技术等作品：

（一）文字作品；

（二）口述作品；

（三）音乐、戏剧、曲艺、舞蹈作品；

（四）美术、摄影作品；

（五）电影、电视、录像作品；

（六）工程设计、产品设计图纸及其说明；

（七）地图、示意图等图形作品；

（八）计算机软件；

（九）法律、行政法规规定的其他作品。

第四条　依法禁止出版、传播的作品，不受本法保护。著作权人行使著作权，不得违反宪法和法律，不得损害公共利益。

第五条　本法不适用于：

（一）法律、法规，国家机关的决议、决定、命令和其他具有立法、行政、司法性质的文件，及其官方正式译文；

（二）时事新闻；

（三）历法、数表、通用表格和公式。

第六条　民间文学艺术作品的著作权保护办法由国务院另行规定。

第七条　科学技术作品中应当由专利法、技术合同法等法律保护的，适用专利法、技术合同法等法律的规定。

第八条　国务院著作权行政管理部门主管全国的著作权管理工作；各省、自治区、直辖市人民政府的著作权行政管理部门主管本行政区域的著作权管理工作。

## 第二章　著作权

### 第一节　著作权人及其权利

第九条　著作权人包括：

（一）作者；

（二）其他依照本法享有著作权的公民、法人或者非法人单位。

第十条　著作权包括下列人身权和财产权：

（一）发表权，即决定作品是否公之于众的权利；

（二）署名权，即表明作者身份，在作品上署名的权利；

（三）修改权，即修改或者授权他人修改作品的权利；

（四）保护作品完整权，即保护作品不受歪曲、篡改的权利；

（五）使用权和获得报酬权，即以复制、表演、播放、展览、发行、摄制电影、电视、录像或者改编、翻译、注释、编辑等方式使用作品的权利；以及许可他人以上述方式使用作品，并由此获得报酬的权利。

### 第二节　著作权归属

第十一条　著作权属于作者，本法另有规定的除外。创作作品的公民是作者。

由法人或者非法人单位主持，代表法人或者非法人单位意志创作，并由法人或者非法人单位承担责任的作品，法人或者非法人单位视为作者。如无相反证明，在作品上署名的公民、法人或者非法人单位为作者。

第十二条　改编、翻译、注释、整理已有作品而产生的作品，其著作权由改编、翻译、注释、整理人享有，但行使著作权时，不得侵犯原作品的著作权。

第十三条　两人以上合作创作的作品，著作权由合作作者共同享有。没有参加创作的人，不能成为合作作者。

合作作品可以分割使用的，作者对各自创作的部分可以单独享有著作权，但行使著作权时不得侵犯合作作品整体的著作权。

第十四条　编辑作品由编辑人享有著作权，但行使著作权时，不得侵犯原作品的著作权。编辑作品中可以单独使用的作品的作者有权单独行使其著作权。

第十五条　电影、电视、录像作品的导演、编剧、作词、作曲、摄影等作者享有署名权，著作权的其他权利由制作电影、电视、录像作品的制片者享有。电影、电视、录像作品中剧本、音乐等可以单独使用的作品的作者有权单独行使其著作权。

第十六条　公民为完成法人或者非法人单位工作任务所创作的作品是职务作品，除本条第二款的规定以外，著作权由作者享有，但法人或者非法人单位有权在其业务范围内优先使用。作品完成两年内，未经单位同意，作者不得许可第三人以与单位使用的相同方式使用该作品。

有下列情形之一的职务作品，作者享有署名权，著作权的其他权利由法人或者非法人单位享有，法人或者非法人单位可以给予作者奖励：

（一）主要是利用法人或者非法人单位的物质技术条件创作，并由法人或者非法人单位承担责任的工程设计、产品设计图纸及其说明、计算机软件、地图等职务作品；

（二）法律、行政法规规定或者合同约定著作权由法人或者非法人单位享有的职务作品。

第十七条　受委托创作的作品，著作权的归属由委托人和受托人通过合同约定。合同未作明确约定或者没有订立合同的，著作权属于受托人。

第十八条　美术等作品原件所有权的转移，不视为作品著作权的转移，但美术作品原件的展览权由原件所有人享有。

第十九条　著作权属于公民的，公民死亡后，其作品的使用权和获得报酬权在本法规定的保护期内，依照继承法的规定转移。

著作权属于法人或者非法人单位的，法人或者非法人单位变更、终止后，其作品的使用权和获得报酬权在本法规定的保护期内，由承受其权利义务的法人或者非法人单位享有；没有承受其权利义务的法人或者非法人单位的，由国家享有。

### 第三节　权利的保护期

第二十条　作者的署名权、修改权、保护作品完整权的保护期不受限制。

第二十一条　公民的作品，其发表权、使用权和获得报酬权的保护期为作者终生及其死亡后五十年，截止于作者死亡后第五十年的十二月三十一日；如果是合作作品，截止于最后死亡的作者死亡后第五十年的十二月三十一日。

法人或者非法人单位的作品、著作权（署名权除外）由法人或者非法人单位享有的职务作品，其发表权、使用权和获得报酬权的保护期为五十年，截止于作品首次发表后第五十年的十二月三十一日，但作品自创作完成后五十年内未发表的，本法不再保护。电影、电视、录像和摄影作品的发表权、使用权和获得报酬权的保护期为五十年，截止于作品首次发表后第五十年的十二月三十一日，但作品自创作完成后五十年内未发表的，本法不再保护。

### 第四节　权利的限制

第二十二条　在下列情况下使用作品，可以不经著作权人许可，不向其支付报酬，但应当指明作者姓名、作品名称，并且不得侵犯著作权人依照本法享有的其他权利：

（一）为个人学习、研究或者欣赏，使用他人已经发表的作品；

（二）为介绍、评论某一作品或者说明某一问题，在作品中适当引用他人已经发表的作品；

（三）为报道时事新闻，在报纸、期刊、广播、电视节目或者新闻纪录影片中引用已经发表的作品；

（四）报纸、期刊、广播电台、电视台刊登或者播放其他报纸、期刊、广播电台、电视台已经发表的社论、评论员文章；

（五）报纸、期刊、广播电台、电视台刊登或者播放在公众集会上发表的讲话，但作者声明不许刊登、播放的除外；

（六）为学校课堂教学或者科学研究，翻译或者少量复制已经发表的作品，供教学或者科研人员使用，但不得出版发行；

（七）国家机关为执行公务使用已经发表的作品；

（八）图书馆、档案馆、纪念馆、博物馆、美术馆等为陈列或者保存版本的需要，复制本馆收藏的作品；

（九）免费表演已经发表的作品；

（十）对设置或者陈列在室外公共场所的艺术作品进行临摹、绘画、摄影、录像；

（十一）将已经发表的汉族文字作品翻译成少数民族文字在国内出版发行；

（十二）将已经发表的作品改成盲文出版。

以上规定适用于对出版者、表演者、录音录像制作者、广播电台、电视台的权利的限制。

## 第三章　著作权许可使用合同

第二十三条　使用他人作品应当同著作权人订立合同或者取得许可，本法规定可以不经许可的除外。

第二十四条　合同包括下列主要条款：

（一）许可使用作品的方式；

（二）许可使用的权利是专有使用权或者非专有使用权；

（三）许可使用的范围、期间；

（四）付酬标准和办法；

（五）违约责任；

（六）双方认为需要约定的其他内容。

第二十五条　合同中著作权人未明确许可的权利，未经著作权人许可，另一方当事人不得行使。

第二十六条　合同的有效期限不超过十年。合同期满可以续订。

第二十七条　使用作品的付酬标准由国务院著作权行政管理部门会同有关部门制定。合同另有约定的，也可以按照合同支付报酬。

第二十八条　出版者、表演者、录音录像制作者、广播电台、电视台等依照本法取得他人的著作权使用权的，不得侵犯作者的署名权、修改权、保护作品完整权和获得报酬权。

## 第四章　出版、表演、录音录像、播放

### 第一节　图书、报刊的出版

第二十九条　图书出版者出版图书应当和著作权人订立出版合同，并支付报酬。

第三十条　图书出版者对著作权人交付出版的作品，在合同约定期间享有专有出版权。合同约定图书出版者享有专有出版权的期限不得超过十年，合同期满可以续订。图书出版者在合同约定期间享有的专有出版权受法律保护，他人不得出版该作品。

第三十一条　著作权人应当按照合同约定期限交付作品。图书出版者应当按照合同约定的出版质量、期限出版图书。

图书出版者不按照合同约定期限出版，应当依照本法第四十七条的规定承担民事责任。图书出版者重印、再版作品的，应当通知著作权人，并支付报酬。图书脱销后，图书出版者拒绝重印、再版的，著作权人有权终止合同。

第三十二条　著作权人向报社、杂志社投稿的，自稿件发出之日起十五日内未收到报社通知决定刊登的，或者自稿件发出之日起三十日内未收到杂志社通知决定刊登的，可以将同一作品向其他报社、杂志社投稿。双方另有约定的除外。作品刊登后，除著作权人声明不得转载、摘编的外，其他报刊可以转载或者作为文摘、资料刊登，但应当按照规定向著作权人支付报酬。

第三十三条　图书出版者经作者许可，可以对作品修改、删节。报社、杂志社可以对作品作文字性修改、删节，对内容的修改，应当经作者许可。

第三十四条　出版改编、翻译、注释、整理、编辑已有作品而产生的作品，应当向改编、翻译、注释、整理、编辑作品的著作权人和原作品的著作权人支付报酬。

### 第二节　表演

第三十五条　表演者（演员、演出单位）使用他人未发表的作品演出，应当取

得著作权人许可，并支付报酬。表演者使用他人已发表的作品进行营业性演出，可以不经著作权人许可，但应当按照规定支付报酬；著作权人声明不许使用的不得使用。表演者使用改编、翻译、注释、整理已有作品而产生的作品进行营业性演出，应当按照规定向改编、翻译、注释、整理作品的著作权人和原作品的著作权人支付报酬。表演者为制作录音录像和广播、电视节目进行表演使用他人作品的，适用本法第三十七条、第四十条的规定。

第三十六条　表演者对其表演享有下列权利：

（一）表明表演者身份；

（二）保护表演形象不受歪曲；

（三）许可他人从现场直播；

（四）许可他人为营利目的录音录像，并获得报酬。

## 第三节　录音录像

第三十七条　录音制作者使用他人未发表的作品制作录音制品，应当取得著作权人的许可，并支付报酬。使用他人已发表的作品制作录音制品，可以不经著作权人许可，但应当按照规定支付报酬；著作权人声明不许使用的不得使用。录像制作者使用他人作品制作录像制品，应当取得著作权人的许可，并支付报酬。录音录像制作者使用改编、翻译、注释、整理已有作品而产生的作品，应当向改编、翻译、注释、整理作品的著作权人和原作品的著作权人支付报酬。

第三十八条　录音录像制作者制作录音录像制品，应当同表演者订立合同，并支付报酬。

第三十九条　录音录像制作者对其制作的录音录像制品，享有许可他人复制发行并获得报酬的权利。该权利的保护期为五十年，截止于该制品首次出版后第五十年的十二月三十一日。被许可复制发行的录音录像制作者还应当按照规定向著作权人和表演者支付报酬。

## 第四节　广播电台、电视台播放

第四十条　广播电台、电视台使用他人未发表的作品制作广播、电视节目，应当取得著作权人的许可，并支付报酬。广播电台、电视台使用他人已发表的作品制作广播、电视节目，可以不经著作权人许可，但著作权人声明不许使用的不得使用；并且除本法规定可以不支付报酬的以外，应当按照规定支付报酬。广播电台、电视台使用改编、翻译、注释、整理已有作品而产生的作品制作广播、电视节目，应当向改编、翻译、注释、整理作品的著作权人和原作品的著作权人支付报酬。

第四十一条　广播电台、电视台制作广播、电视节目，应当同表演者订立合同，并支付报酬。

第四十二条　广播电台、电视台对其制作的广播、电视节目，享有下列权利：

（一）播放；

（二）许可他人播放，并获得报酬；

（三）许可他人复制发行其制作的广播、电视节目，并获得报酬。

前款规定的权利的保护期为五十年，截止于该节目首次播放后第五十年的十二月三十一日。被许可复制发行的录音录像制作者还应当按照规定向著作权人和表演者支付报酬。

第四十三条　广播电台、电视台非营业性播放已出版的录音制品，可以不经著作权人、表演者、录音制作者许可，不向其支付报酬。

第四十四条　电视台播放他人的电影、电视和录像，应当取得电影、电视制片者和录像制作者的许可，并支付报酬。

## 第五章　法律责任

第四十五条　有下列侵权行为的，应当根据情况，承担停止侵害、消除影响、公开赔礼道歉、赔偿损失等民事责任：

（一）未经著作权人许可，发表其作品的；

（二）未经合作作者许可，将与他人合作创作的作品当作自己单独创作的作品发表的；

（三）没有参加创作，为谋取个人名利，在他人作品上署名的；

（四）歪曲、篡改他人作品的；

（五）未经著作权人许可，以表演、播放、展览、发行、摄制电影、电视、录像或者改编、翻译、注释、编辑等方式使用作品 的，本法另有规定的除外；

（六）使用他人作品，未按照规定支付报酬的；

（七）未经表演者许可，从现场直播其表演的；

（八）其他侵犯著作权以及与著作权有关的权益的行为。

第四十六条　有下列侵权行为的，应当根据情况，承担停止侵害、消除影响、公开赔礼道歉、赔偿损失等民事责任，并可以由著作权行政管理部门给予没收非法所得、罚款等行政处罚：

（一）剽窃、抄袭他人作品的；

（二）未经著作权人许可，以营利为目的，复制发行其作品的；

（三）出版他人享有专有出版权的图书的；

（四）未经表演者许可，对其表演制作录音录像出版的；

（五）未经录音录像制作者许可，复制发行其制作的录音录像的；

（六）未经广播电台、电视台许可，复制发行其制作的广播、电视节目的；

（七）制作、出售假冒他人署名的美术作品的。

第四十七条　当事人不履行合同义务或者履行合同义务不符合约定条件的，应当依照民法通则有关规定承担民事责任。

第四十八条　著作权侵权纠纷可以调解，调解不成或者调解达成协议后一方反悔的，可以向人民法院起诉。当事人不愿调解的，也可以直接向人民法院起诉。

第四十九条　著作权合同纠纷可以调解，也可以依据合同中的仲裁条款或者事后达成的书面仲裁协议，向著作权仲裁机构申请仲裁。对于仲裁裁决，当事人应当履行。当事人一方不履行仲裁裁决的，另一方可以申请人民法院执行。

受申请的人民法院发现仲裁裁决违法的，有权不予执行。人民法院不予执行的，当事人可以就合同纠纷向人民法院起诉。

当事人没有在合同中订立仲裁条款，事后又没有书面仲裁协议的，可以直接向人民法院起诉。

第五十条　当事人对行政处罚不服的，可以在收到行政处罚决定书三个月内向人民法院起诉，期满不起诉又不履行的，著作权行政管理部门可以申请人民法院执行。

## 第六章　附则

第五十一条　本法所称的著作权与版权系同义语。

第五十二条　本法所称的复制，指以印刷、复印、临摹、拓印、录音、录像、翻录、翻拍等方式将作品制作一份或者多份的行为。按照工程设计、产品设计图纸及其说明进行施工、生产工业品，不属于本法所称的复制。

第五十三条　计算机软件的保护办法由国务院另行规定。

第五十四条　本法的实施条例由国务院著作权行政管理部门制定，报国务院批准后施行。

第五十五条　本法规定的著作权人和出版者、表演者、录音录像制作者、广播电台、电视台的权利，在本法施行之日尚未超过本法规定的保护期的，依照本法予以保护。本法施行前发生的侵权或者违约行为，依照侵权或者违约行为发生时的有关规定和政策处理。

第五十六条　本法自1991年6月1日起施行。

# 著作权法实施条例（1991 年）

(1991 年 5 月 30 日国家版权局发布)

## 第一章　一般规定

第一条　根据中华人民共和国著作权法（以下简称著作权法）第五十四条的规定，制定本实施条例。

第二条　著作权法所称作品，指文学、艺术和科学领域内，具有独创性并能以某种有形形式复制的智力创作成果。

第三条　著作权法所称创作，指直接产生文学、艺术和科学作品的智力活动。为他人创作进行组织工作，提供咨询意见、物质条件，或者进行其他辅助活动，均不视为创作。

第四条　著作权法和本实施条例中下列作品的含义是：

（一）文字作品，指小说、诗词、散文、论文等以文字形式表现的作品；

（二）口述作品，指即兴的演说、授课、法庭辩论等以口头语言创作、未以任何物质载体固定的作品；

（三）音乐作品，指交响乐、歌曲等能够演唱或者演奏的带词或者不带词的作品；

（四）戏剧作品，指话剧、歌剧、地方戏曲等供舞台演出的作品；

（五）曲艺作品，指相声、快书、大鼓、评书等以说唱为主要形式表演的作品；

（六）舞蹈作品，指通过连续的动作、姿势、表情表现的作品；

（七）美术作品，指绘画、书法、雕塑、建筑等以线条、色彩或者其他方式构成的有审美意义的平面或者立体的造型艺术作品；

（八）摄影作品，指借助器械，在感光材料上记录客观物体形象的艺术作品；

（九）电影、电视、录像作品，指摄制在一定物质上，由一系列有伴音或者无伴音的画面组成，并且借助适当装置放映、播放的作品；

（十）工程设计、产品设计图纸及其说明，指为施工和生产绘制的图样及对图样的文字说明；

（十一）地图、示意图等图形作品，指地图、线路图、解剖图等反映地理现象、说明事物原理或者结构的图形或者模型。

第五条 著作权法和本实施条例中下列使用作品方式的含义是：

（一）复制，指以印刷、复印、临摹、拓印、录音、录像、翻录、翻拍等方式将作品制作一份或者多份的行为；

（二）表演，指演奏乐曲、上演剧本、朗诵诗词等直接或者借助技术设备以声音、表情、动作公开再现作品；

（三）播放，指通过无线电波、有线电视系统传播作品；

（四）展览，指公开陈列美术作品、摄影作品的原件或者复制件；

（五）发行，指为满足公众的合理需求，通过出售、出租等方式向公众提供一定数量的作品复制件；

（六）出版，指将作品编辑加工后，经过复制向公众发行；

（七）摄制电影、电视、录像作品，指以拍摄电影或者类似的方式首次将作品固定在一定的载体上。将表演或者景物机械地录制下来，不视为摄制电影、电视、录像作品；

（八）改编，指在原有作品的基础上，通过改变作品的表现形式或者用途，创作出具有独创性的新作品；

（九）翻译，指将作品从一种语言文字转换成另一种语言文字；

（十）注释，指对文字作品中的字、词、句进行解释；

（十一）编辑，指根据特定要求选择若干作品或者作品的片断汇集编排成为一部作品；

（十二）整理，指对内容零散、层次不清的已有文字作品或者材料进行条理化、系统化的加工，如古籍的校点、补遗等。

第六条 著作权法和本实施条例中下列用语的含义是：

（一）时事新闻，指通过报纸、期刊、电台、电视台等传播媒介报道的单纯事实消息；

（二）录音制品，指任何声音的原始录制品；

（三）录像制品，指电影、电视、录像作品以外的任何有伴音或者无伴音的连续相关形象的原始录制品；

（四）广播、电视节目，指广播电台、电视台通过载有声音、图像的信号传播的节目；

（五）录音制作者，指制作录音制品的人；

（六）录像制作者，指制作录像制品的人；

（七）表演者，指演员或者其他表演文学、艺术作品的人。

## 第二章 著作权行政管理部门

第七条 国家版权局是国务院著作权行政管理部门，主管全国的著作权管理工作，其主要职责是：

（一）贯彻实施著作权法律、法规，制定与著作权行政管理有关的办法；

（二）查处在全国有重大影响的著作权侵权案件；

（三）批准设立著作权集体管理机构、涉外代理机构和合同纠纷仲裁机构，并监督、指导其工作；

（四）负责著作权涉外管理工作；

（五）负责国家享有的著作权管理工作；

（六）指导地方著作权行政管理部门的工作；

（七）承担国务院交办的其他著作权管理工作。

第八条　地方人民政府的著作权行政管理部门主管本行政区域的著作权管理工作，其职责由各省、自治区、直辖市人民政府确定。

## 第三章　著作权的归属与行使

### 第一节　著作权的归属

第九条　创作作品的公民或者依法被视为作者的法人或者非法人单位享有著作权，但法律另有规定的除外。法人必须符合民法通则规定的条件。不具备法人条件，经核准登记的社会团体、经济组织或者组成法人的各个相对独立的部门，为非法人单位。

第十条　注释、整理他人已有作品的人，对经过自己注释、整理而产生的作品享有著作权，但对原作品不享有著作权，并且不得阻止其他人对同一已有作品进行注释、整理。

第十一条　合作作品不可以分割使用的，合作作者对著作权的行使如果不能协商一致，任何一方无正当理由不得阻止他方行使。

第十二条　由法人或者非法人单位组织人员进行创作，提供资金或者资料等创作条件，并承担责任的百科全书、辞书、教材、大型摄影画册等编辑作品，其整体著作权归法人或者非法人单位所有。

第十三条　著作权人许可他人将其作品摄制成电影、电视、录像作品的，视为已同意对其作品进行必要的改动，但是这种改动不得歪曲篡改原作品。

第十四条　职务作品由作者享有著作权的，在作品完成两年内，如单位在其业务范围内不使用，作者可以要求单位同意由第三人以与单位使用的相同方式使用，单位没有正当理由不得拒绝。在作品完成两年内，经单位同意，作者许可第三人以与单位使用的相同方式使用作品所获报酬，由作者与单位按约定的比例分配。作品完成两年后，单位可以在其业务范围内继续使用。作品完成两年的期限，自作者向单位交付作品之日起计算。

第十五条　著作权法第十六条第二款第（一）项所称物质技术条件，指为创作专门提供的资金、设备或者资料。

第十六条　作者身份不明的作品，由作品原件的合法持有人行使除署名权以外的著作权。作者身份确定后，由作者或者其继承人行使著作权。

第十七条　著作权法第十八条关于美术等作品原件所有权的转移，不视为作品著作权的转移的规定，适用于任何原件所有权可能转移的作品。

## 第二节　著作权的继承

第十八条　著作权中的财产权依照继承法的规定继承。

第十九条　合作作者之一死亡后，其对合作作品享有的使用权和获得报酬权无人继承又无人受遗赠的，由其他合作作者享有。

第二十条　作者死亡后，其著作权中的署名权、修改权和保护作品完整权由作者的继承人或者受遗赠人保护。

著作权无人继承又无人受遗赠的，其署名权、修改权和保护作品完整权由著作权行政管理部门保护。

第二十一条　国家享有的著作权，由著作权行政管理部门代表国家行使。

第二十二条　作者生前未发表的作品，如果作者未明确表示不发表，作者死亡后五十年内，其发表权可由继承人或者受遗赠人行使；没有继承人又无人受遗赠的，由作品原件的合法所有人行使。

## 第三节　著作权的产生和保护期限的计算

第二十三条　著作权自作品完成创作之日起产生，并受著作权法的保护。

第二十四条　作者身份不明的作品，对其使用权和获得报酬权的保护期为五十年，截止于作品首次发表后第五十年的十二月三十一日。作者身份一旦确定，适用著作权法第二十一条的规定。

第二十五条　外国人的作品首先在中国境内发表的，其著作权保护期自首次发表之日起计算。著作权法第二条第二款所称外国人的作品首先在中国境内发表，指外国人未发表的作品通过合法方式首先在中国境内出版。

外国人作品在中国境外首先出版后，三十天内在中国境内出版的，视为该作品首先在中国境内发表。

外国人未发表的作品经授权改编、翻译后首先在中国境内出版的，视为该作品首先在中国境内发表。

## 第四节　权利的限制

第二十六条　著作权法所称已经发表的作品，指著作权人以著作权法规定的方式公之于众的作品。

第二十七条　著作权法第二十二条第（二）项规定的适当引用他人已经发表的作品，必须具备下列条件：

（一）引用目的仅限于介绍、评论某一作品或者说明某一问题；

（二）所引用部分不能构成引用人作品的主要部分或者实质部分；

（三）不得损害被引用作品著作权人的利益。

第二十八条　著作权法第二十二条第（三）项的规定，指在符合新闻报道目的的范围内，不可避免地再现已经发表的作品。

第二十九条　依照著作权法第二十二条第（六）、（七）项的规定使用他人已经发表的作品，不得影响作品的正常利用，也不得无故损害著作权人的合法权益。

第三十条　依照著作权法第二十二条第（九）项的规定表演已经发表的作品，不得向听众、观众收取费用，也不得向表演者支付报酬。

第三十一条　著作权法第二十二条第（十一）项的规定，仅适用于原作品为汉族文字的作品。

## 第四章　著作权许可使用合同

第三十二条　同著作权人订立合同或者取得许可使用其作品，应当采取书面形式，但是报社、杂志社刊登作品除外。

第三十三条　除著作权法另有规定外，合同中未明确约定授予专有使用权的，使用者仅取得非专有使用权。

第三十四条　国家版权局负责提供各类著作权许可使用合同的标准样式。

第三十五条　取得某项专有使用权的使用者，有权排除著作权人在内的一切他人以同样的方式使用作品，如果许可第三人行使同一权利，必须取得著作权人的许可，合同另有约定的除外。

## 第五章　与著作权有关权益的行使与限制

第三十六条　著作权法和本实施条例所称与著作权有关权益，指出版者对其出版的图书和报刊享有的权利，表演者对其表演享有的权利，录音录像制作者对其制作的录音录像制品享有的权利，广播电台、电视台对其制作的广播、电视节目享有的权利。

第三十七条　出版者、表演者、录音录像制作者、广播电台、电视台行使权利，不得损害被使用作品和原作品著作权人的权利。

第三十八条　出版者对其出版的图书、报纸、杂志的版式、装帧设计，享有专有使用权。

第三十九条　图书出版者依照著作权法第三十条的规定，在合同有效期内和在合同约定地区内，以同种文字的原版、修订版和缩编本的方式出版图书的独占权利，受法律保护。

第四十条　作者主动投给图书出版者的稿件，出版者应在六个月内决定是否采用。采用的，应签订合同；不采用的，应及时通知作者。既不通知作者，又不签订合同的，六个月后作者可以要求出版者退还原稿和给予经济补偿。六个月期限，从出版者收到稿件之日起计算。

第四十一条　由著作权人承担出版经费的，不适用著作权法第二十九条、第三十条、第三十一条、第三十三条的规定。

第四十二条　著作权人寄给图书出版者的两份订单在六个月内未能得到履行，视为著作权法第三十一条所称的图书脱销。

第四十三条　著作权人依照著作权法第三十二条第二款声明不得转载、摘编其作品的，应当在报纸、杂志首次刊登该作品时附带声明。

第四十四条　著作权法第三十六条第（一）、（二）项权利的保护期不受时间限制。著作权法第三十九条第二款和第四十二条第三款规定的表演者获得报酬权利的保护期，分别适用第三十九条第一款和第四十二条第二款的规定。

第四十五条　依照著作权法第三十五条的规定，表演者应当通过演出组织者向著作权人支付报酬。

第四十六条　外国表演者在中国境内的表演，受著作权法保护。

第四十七条　外国录音录像制作者在中国境内制作并发行的录音录像制品，受著作权法保护。

第四十八条　著作权人依照著作权法第三十五条第二款、第三十七条第一款和第四十条第二款声明不得对其作品表演、录音或者制作广播、电视节目的，应当在发表该作品时声明，或者在国家版权局的著作权公报上刊登声明。

第四十九条　根据著作权法第三十二条第二款、第三十五条第二款、第三十七条第一款、第四十条第二款，使用他人已经发表的作品，应当向著作权人支付报酬。著作权人或者著作权人地址不明的，应在一个月内将报酬寄送国家版权局指定的机构，由该机构转递著作权人。

## 第六章　罚则

第五十条　著作权行政管理部门对著作权法第四十六条所列的侵权行为，可给予警告、责令停止制作和发行侵权复制品、没收非法所得、没收侵权复制品及制作设备和罚款的行政处罚。

第五十一条　著作权行政管理部门对著作权法第四十六条所列侵权行为，视情节轻重，罚款数额如下：

（一）对有著作权法第四十六条第（一）项行为的，罚款一百至五千元；

（二）对有著作权法第四十六条第（二）、（三）、（四）、（五）、（六）项行为的，罚款一万至十万元或者总定价的二至五倍；

（三）对有著作权法第四十六条第（七）项行为的，罚款一千至五万元。

第五十二条 地方人民政府著作权行政管理部门负责查处本地区发生的著作权法第四十六条所列的侵权行为。

国家版权局负责查处著作权法第四十六条所列侵权行为中的下列行为：

（一）在全国有重大影响的侵权行为；

（二）涉外侵权行为；

（三）认为应当由国家版权局查处的侵权行为。

第五十三条 著作权行政管理部门在行使行政处罚权时，可以责令侵害人赔偿受害人的损失。

## 第七章 附则

第五十四条 著作权人可以通过集体管理的方式行使其著作权。

第五十五条 本实施条例由国家版权局负责解释。

第五十六条 本实施条例自一九九一年六月一日起施行。

# 计算机软件保护条例（1991年）

(1991 年 6 月 4 日国务院令 84 号发布)

## 第一章  总则

第一条  为保护计算机软件著作权人的权益，调整计算机软件在开发、传播和使用中发生的利益关系，鼓励计算机软件的开发与流通，促进计算机应用事业的发展，依照《中华人民共和国著作权法》的规定，制定本条例。

第二条  本条例所称的计算机软件（简称软件，下同）是指计算机程序及其有关文档。

第三条  本条例下列用语的含义是：

（一）计算机程序：指为了得到某种结果而可以由计算机等具有信息处理能力的装置执行的代码化指令序列，或者可被自动转换成代码化指令序列的符号化指令序列或者符号化语句序列。

计算机程序包括源程序和目标程序。同一程序的源文本和目标文本应当视为同一作品。

（二）文档：指用自然语言或者形式化语言所编写的文字资料和图表，用来描述程序的内容、组成、设计、功能规格、开发情况、测试结果及使用方法，如程序设计说明书、流程图、用户手册等。

（三）软件开发者：指实际组织、进行开发工作，提供工作条件以完成软件开发，并对软件承担责任的法人或者非法人单位（简称单位，下同）；依靠自己具有的条件完成软件开发，并对软件承担责任的公民。

（四）软件著作权人：指按本条例的规定，对软件享有著作权的单位和公民。

（五）复制：指把软件转载在有形物体上的行为。

第四条  本条例所称对软件的保护，是指软件的著作权人或者其受让者享有本条例规定的软件著作权的各项权利。

第五条  受本条例保护的软件必须由开发者独立开发，并已固定在某种有形物体上。

第六条  中国公民和单位对其所开发的软件，不论是否发表，不论在何地发展，均依照本条例享有著作权。外国人的软件首先在中国境内发表的，依照本条例享有著作权。外国人在中国境外发表的软件，依照其所属国同中国签订的协议或者共同参加的国际条约享有的著作权，受本条例保护。

第七条　本条例对软件的保护不能扩大到开发软件所用的思想、概念、发现、原理、算法、处理过程和运行方法。

第八条　国务院授权的软件登记管理机构主管全国软件的登记工作。

## 第二章　计算机软件著作权

第九条　软件著作权人享有下列各项权利：

（一）发表权：即决定软件是否公之于众的权利；

（二）开发者身份权：即表明开发者身份的权利以及在其软件上署名的权利；

（三）使用权：即在不损害社会公共利益的前提下，以复制、展示、发行、修改、翻译、注释等方式使用其软件的权利；

（四）使用许可权和获得报酬权，即许可他人以本条第（三）项中规定的部分或者全部方式使用其软件的权利和由此而获得报酬的权利；

（五）转让权，即向他人转让由本条第（三）项和第（四）项规定的使用权和使用许可权的权利。

第十条　软件著作权属于软件开发者，本条例有专门规定者从其规定。

第十一条　由两个以上的单位、公民合作开发的软件，除另有协议外，其软件著作权由各合作开发者共同享有。

合作开发者对软件著作权的行使按照事前的书面协议进行。如无书面协议，而合作开发的软件可以分割使用的，开发者对各自开发的部分可以单独享有著作权，但行使著作权时不得扩展到合作开发的软件整体的著作权。合作开发的软件不能分割使用的，由合作开发者协商一致行使。如不能协商一致，又无正当理由，任何一方不得阻止他方行使除转让权以外的其他权利，但所得收益应合理分配给所有合作开发者。

第十二条　受他人委托开发的软件，其著作权的归属由委托者与受委托者签订书面协议约定，如无书面协议或者在协议中未作明确的约定，其著作权属于受委托者。

第十三条　由上级单位或者政府部门下达任务开发的软件，著作权的归属由项目任务书或者合同规定，如项目任务书或者合同中未作明确规定，软件著作权属于接受任务的单位。国务院有关主管部门和省、自治区、直辖市人民政府，对本系统内或者所管辖的全民所有制单位开发的对于国家利益和公共利益具有重大意义的软件，有权决定允许指定的单位使用，由使用单位按照国家有关规定支付使用费。

第十四条　公民在单位任职期间所开发的软件，如是执行本职工作的结果，即针对本职工作中明确指定的开发目标所开发的，或者是从事本职工作活动所预见的结果或者自然的结果，则该软件的著作权属于该单位。公民所开发的软件如不是执行本职工作的结果，并与开发者在单位中从事的工作内容无直接联系，同时又未使用单位的物质技术条件，则该软件的著作权属于开发者自己。

第十五条　软件著作权的保护期为二十五年，截止于软件首次发表后第二十五年的十二月三十一日。保护期满前，软件著作权人可以向软件登记管理机构申请续展二十五年，但保护期最长不超过五十年。软件开发者的开发者身份权的保护期不受限制。

第十六条　在软件著作权的保护期内，软件著作权的继承者可根据《中华人民共和国继承法》的有关规定，继承本条例第九条第（三）项和第（四）项规定的权利。继承活动的发生不改变该软件权利的保护期。

第十七条　在软件著作权的保护期内，享有软件著作权的单位发生变更后，由合法的继承单位享有该软件的各项权利。享有软件著作权单位发生变更，不改变该软件权利的保护期。

第十八条　在软件著作权的保护期内，软件的著作权人或者其受让者有权许可他人行使本条例第九条第（三）项规定的使用权。著作权人或者其受让者许可他人行使使用权时，可以按协议收取费用。软件权利的使用许可应当根据我国有关法规以签订、执行书面合同的方式进行。被许可人应当在合同规定的方式、条件、范围和时间内行使使用权。

许可合同的有效期限一次不得超过十年。合同期满可以续订。合同中未明确规定为独占许可的，被许可的软件权利应当视为非独占的。上述许可活动的发生不改变该软件著作权的归属。

第十九条　在软件著作权的保护期内，由本条例第九条第（三）项和第（四）项规定的使用权和使用许可权的享有者，可以把使用权和使用权转让给他人。软件权利的转让应当根据我国有关法规以签订、执行书面合同的方式进行。转让活动的发生不改变软件著作权的保护期。

第二十条　软件著作权保护期满后，除开发者身份权以外，该软件的其他各项权利即行终止。凡符合下列各项之一者，除开发者身份权以外，软件的各项权利在保护期满之前进入公有领域：

（一）拥有该软件著作权的单位终止而无合法继承者；

（二）拥有该软件著作权的公民死亡而无合法继承者；

第二十一条　合法持有软件复制品的单位、公民，在不经该软件著作权人同意的情况下，享有下列权利：

（一）根据使用的需要把该软件装入计算机内。

（二）为了存档而制作备份复制品。但这些备份复制品不得通过任何方式提供给他人使用。一旦持有者丧失对该软件的合法持有权时，这些备份复制品必须全部销毁。

（三）为了把该软件用于实际的计算机应用环境或者改进其功能性能而进行必要的修改。但除有另有协议外，未经该软件著作权人或者其合法受让者的同意，不得向任何第三方提供修改后的文本。

第二十二条　因课堂教学、科学研究、国家机关执行公务等非商业性目的的需要对软件进行少量的复制，可以不经软件著作权人或者其合法受让者的同意，不向其支付报酬。但使用时应当说明该软件的名称、开发者，并且不得侵犯著作权人或者其合法受让者依本条例所享有的其他各项权利。该复制品使用完毕后应当妥善保管、收回或者销毁，不得用于其他目的或者向他人提供。

## 第三章　计算机软件的登记管理

第二十三条　在本条例发布以后发表的软件，可向软件登记管理机构办理登记申请，登记获准之后，由软件登记管理机构发放登记证明文件，并向社会公告。

第二十四条　向软件登记管理机构办理软件著作权的登记，是根据本条例提出软件权纠纷行政处理或者诉讼的前提。软件登记管理机构发放的登记证明文件，是软件著作权有效或者登记申请文件中所述事实确实的初步证明。

第二十五条　软件著作权人申请登记时应当提交：

（一）按规定填写的软件著作权登记表；

（二）符合规定的软件鉴别材料。

软件著作权人还应当按规定交纳登记费。

软件登记的具体管理办法和收费标准由软件登记管理机构公布。

第二十六条　软件著作权的登记具有下列情况之一的，可以被撤销：

（一）根据最终的司法判决；

（二）已经确认申请登记中提供的主要信息是不真实的。

第二十七条　凡已办理登记的软件，在软件权利发生转让活动时，受让方应当在转让合同正式签订后三个月之内向软件登记管理机构备案，否则不能对抗第三者的侵权活动。

第二十八条　中国籍的软件著作权人将其在中国境内开发的软件的权利向外国人许可或者转让时，应当报请国务院有关主管部门批准并向软件登记管理机构备案。

第二十九条　从事软件登记的工作人员，以及曾在此职位上工作过的人员，在软件著作权的保护期内，除为了执行这项登记管理职务的目的之外，不得利用或者向他人透露申请者登记时提交的存档材料及有关情况。

# 第四章 法律责任

第三十条 除本条例第二十一条及第二十二条规定的情况外，有下列侵权行为的，应当根据情况，承担停止侵害、消除影响、公开赔礼道歉、赔偿损失等民事责任，并可以由国家软件著作权行政管理部门给予没收非法所得、罚款等行政处罚：

（一）未经软件著作权人同意发表其软件作品；

（二）将他人开发的软件当作自己的作品发表；

（三）未经合作者同意，将与他人合作开发的软件当作自己单独完成的作品发表；

（四）在他人开发的软件上署名或者涂改他人开发的软件上的署名；

（五）未经软件著作权人或者其合法受让者的同意修改、翻译、注释其软件作品；

（六）未经软件著作权人或者其合法受让者的同意复制或者部分复制其软件作品；

（七）未经软件著作权人或者其合法受让者的同意向公众发行、展示其软件的复制品；

（八）未经软件著作权人或者其合法受让者的同意向任何第三方办理其软件的许可使用或者转让事宜。

第三十一条 因下列情况之一而引起的所开发的软件与已经存在的软件相似，不构成对已经存在的软件的著作权的侵犯：

（一）由于必须执行国家有关政策、法律、法规和规章；

（二）由于必须执行国家技术标准；

（三）由于可供选用的表现形式种类有限。

第三十二条 软件持有者不知道或者没有合理的依据知道该软件是侵权物品，其侵权责任由该侵权软件的提供者承担。但若所持有的侵权软件不销毁不足以保护软件著作权人的利益时，持有者有义务销毁所持有的侵权软件，为此遭受的损失可以向侵权软件的提供者追偿。前款所称侵权软件的提供者包括明知是侵权软件又向他人提供该侵权软件者。

第三十三条 当事人不履行合同义务或者履行合同义务不符合约定条件的，应当依照民法通则有关规定承担民事责任。

第三十四条 软件著作权侵权纠纷可以调解，调解不成或者调解达成协议后一方反悔的，可以向人民法院起诉。当事人不愿调解的，也可以直接向人民法院起诉。

第三十五条 软件著作权合同纠纷可以调解，也可以依据合同中的仲裁条款或者事后达成的书面仲裁协议，向国家软件著作权仲裁机构申请仲裁。

对于仲裁裁决，当事人应当履行。当事人一方不履行仲裁裁决的，另一方可以申请人民法院执行。

受申请的人民法院发现仲裁裁决违法的，有权不予执行。人民法院不予执行的，当事人可以就合同纠纷向人民法院起诉。当事人没有在合同中订立仲裁条款，事后又没有书面仲裁协议的，可以直接向人民法院起诉。

第三十六条　当事人如对国家软件著作权行政管理部门的行政处罚不服的，可以在自收到通知之日起三个月内向人民法院起诉。期满不履行也不起诉的，国家软件著作权行政管理部门可以申请人民法院强制执行。

第三十七条　软件登记管理机构工作人员违反本条例第二十九条规定的，由软件登记管理机构或者上级主管部门给予行政处分；情节严重、构成犯罪的，由司法机关依法追究刑事责任。

## 第五章　附则

第三十八条　本条例施行前发生的侵权行为，依照侵权行为发生时的有关规定处理。

第三十九条　本条例由国务院主管软件登记管理和软件著作权的行政管理部门负责解释。

第四十条　本条例自 1991 年 10 月 1 日起施行。

# 实施国际著作权条约的规定（1992 年）

1992 年 9 月 25 日国务院令第 105 号发布

第一条　为实施国际著作权条约，保护外国作品著作权人的合法权益，制定本规定。

第二条　对外国作品的保护，适用《中华人民共和国著作权法》（以下称著作权法）、《中华人民共和国著作权法实施条例》、《计算机软件保护条例》和本规定。

第三条　本规定所称国际著作权条约，是指中华人民共和国（以下称中国）参加的《伯尔尼保护文学和艺术作品公约》（以下称伯尔尼公约）和与外国签订的有关著作权的双边协定。

第四条　本规定所称外国作品，包括：

（一）作者或者作者之一，其他著作权人或者著作权人之一是国际著作权条约成员国的国民或者在该条约的成员国有经常居所的居民的作品；

（二）作者不是国际著作权条约成员国的国民或者在该条约的成员国有经常居所的居民，但是在该条约的成员国首次或者同时发表的作品；

（三）中外合资经营企业、中外合作经营企业和外资企业按照合同约定是著作权人或者著作权人之一的，其委托他人创作的作品。

第五条　对未发表的外国作品的保护期，适用著作权法第二十条、第二十一条的规定。

第六条　对外国实用艺术作品的保护期，为自该作品完成起二十五年。

美术作品（包括动画形象设计）用于工业制品的，不适用前款规定。

第七条　外国计算机程序作为文学作品保护，可以不履行登记手续，保护期为自该程序首次发表之年年底起五十年。

第八条　外国作品是由不受保护的材料编辑而成，但是在材料的选取或者编排上有独创性的，依照著作权法第十四条的规定予以保护。此种保护不排斥他人利用同样的材料进行编辑。

第九条　外国录像制品根据国际著作权条约构成电影作品的，作为电影作品保护。

第十条　将外国人已经发表的以汉族文字创作的作品，翻译成少数民族文字出版发行的，应当事先取得著作权人的授权。

第十一条　外国作品著作权人，可以授权他人以任何方式、手段公开表演其作品或者公开传播对其作品的表演。

第十二条　外国电影、电视和录像作品的著作权人可以授权他人公开表演其作品。

第十三条　报刊转载外国作品，应当事先取得著作权人的授权；但是，转载有关政治、经济等社会问题的时事文章除外。

第十四条　外国作品的著作权人在授权他人发行其作品的复制品后，可以授权或者禁止出租其作品的复制品。

第十五条　外国作品的著作权人有权禁止进口其作品的下列复制品：

（一）侵权复制品；

（二）来自对其作品不予保护的国家的复制品。

第十六条　表演、录音或者广播外国作品，适用伯尔尼公约的规定；有集体管理组织的，应当事先取得该组织的授权。

第十七条　国际著作权条约在中国生效之日尚未在起源国进入公有领域的外国作品，按照著作权法和本规定规定的保护期受保护，到期满为止。前款规定不适用于国际著作权条约在中国生效之日前发生的对外国作品的使用。

中国公民或者法人在国际著作权条约在中国生效之日前为特定目的而拥有和使用外国作品的特定复制本的，可以继续使用该作品的复制本而不承担责任；但是，该复制本不得以任何不合理地损害该作品著作权人合法权益的方式复制和使用。前三款规定依照中国同有关国家签订的有关著作权的双边协定的规定实施。

第十八条　本规定第五条、第十二条、第十四条、第十五条、第十七条适用于录音制品。

第十九条　本规定施行前，有关著作权的行政法规与本规定有不同规定的，适用本规定。本规定与国际著作权条约有不同规定的，适用国际著作权条约。

第二十条　国家版权局负责国际著作权条约在中国的实施。

第二十一条　本规定由国家版权局负责解释。

第二十二条　本规定自一九九二年九月三十日起施行。

# 全国人民代表大会常务委员会关于惩治侵犯
# 著作权的犯罪的决定

1994 年 7 月 5 日第八届全国人民代表大会常务委员会第八次会议通过

为了惩治侵犯著作权和与著作权有关的权益的犯罪，对刑法作如下补充规定：

一、以营利为目的，有下列侵犯著作权情形之一，违法所得数额较大或者有其他严重情节的，处三年以下有期徒刑、拘役，单处或者并处罚金；违法所得数额巨大或者有其他特别严重情节的，处三年以上七年以下有期徒刑，并处罚金：

（一）未经著作权人许可，复制发行其文字作品、音乐、电影、电视、录像作品、计算机软件及其他作品的；

（二）出版他人享有专有出版权的图书的；

（三）未经录音录像制作者许可，复制发行其制作的录音录像的；

（四）制作、出售假冒他人署名的美术作品的。

二、以营利为目的，销售明知是第一条规定的侵权复制品，违法所得数额较大的，处二年以下有期徒刑、拘役，单处或者并处罚金；违法所得数额巨大的，处二年以上五年以下有期徒刑，并处罚金。

三、单位有本决定规定的犯罪行为的，对单位判处罚金，并对其直接负责的主管人员和其他直接责任人员，依照本决定的规定处罚。

四、查获的侵权复制品、违法所得和属本单位或者本人所有的主要用于侵犯著作权犯罪的材料、工具、设备或者其他财物，一律予以没收。

五、犯本决定规定之罪，造成被侵权人损失的，除依照本决定追究刑事责任外，并应当根据情况依法判处赔偿损失。

六、本决定自公布之日起施行。

# 作品自愿登记试行办法

（1994 年 12 月 31 日国家版权局国权〔94〕718 号）

第一条　为维护作者或其他著作权人和作品使用者的合法权益，有助于解决因著作权归属造成的著作权纠纷，并为解决著作权纠纷提供初步证据，特制定本办法。

第二条　作品实行自愿登记。作品不论是否登记，作者或其他著作权人依法取得的著作权不受影响。

第三条　各省、自治区、直辖市版权局负责本辖区的作者或其他著作权人的作品登记工作。国家版权局负责外国以及台湾、香港和澳门地区的作者或其他著作权人的作品登记工作。

第四条　作品登记申请者应当是作者、其他享有著作权的公民、法人或者非法人单位和专有权所有人及其代理人。

第五条　属于下列情况之一的作品，作品登记机关不予登记：

1. 不受著作权法保护的作品；

2. 超过著作权保护期的作品；

3. 依法禁止出版、传播的作品。

第六条　有下列情况的，作品登记机关应撤销其登记：

1. 登记后发现有本办法第五条所规定的情况的；

2. 登记后发现与事实不相符的；

3. 申请人申请撤销原作品登记的；

4. 登记后发现是重复登记的。

第七条　作者或其他享有著作权的公民的所属辖区，原则上以其身份证上住址所在地的所属辖区为准。合作作者及有多个著作权人情况的，以受托登记者所属辖区为准。法人或者非法人单位所属辖区以其营业场所所在地所属辖区为准。

第八条　作者或其他著作权人申请作品登记应出示身份证明和提供表明作品权利归属的证明（如：封面及版权页的复印件、部分手稿的复印件及照片、样本等），填写作品登记表，并交纳登记费。其他著作权人申请作品登记还应出示表明著作权人身份的证明（如继承人应出示继承人身份证明；委托作品的委托人应出示委托合同）。专有权所有人应出示证明其享有专有权的合同。

第九条　登记作品经作品登记机关核查后，由作品登记机关发给作品登记证。

作品登记证按本办法所附样本由登记机关制作。登记机关的核查期限为一个月，该期限自登记机关收到申请人提交的所有申请登记的材料之日起计算。

第十条　作品登记表和作品登记证应载有作品登记号。作品登记号格式为作登字：（地区编号）—（年代）—（作品分类号）—（顺序号）号。国家版权局负责登记的作品登记号不含地区编号。

第十一条　各省、自治区、直辖市版权局应每月将本地区作品登记情况报国家版权局。

第十二条　作品登记应实行计算机数据库管理，并对公众开放。查阅作品应填写查阅登记表，交纳查阅费。

第十三条　有关作品登记和查阅的费用标准另行制定。

第十四条　录音、录像制品的登记参照本办法执行。

第十五条　计算机软件登记按《计算机软件著作权登记办法》执行。

第十六条　本办法由国家版权局负责解释。

第十七条　本办法自一九九五年一月一日起生效。

# 著作权涉外代理机构管理暂行办法

1996 年 4 月 15 日国家版权局、 国家工商行政管理局发布

第一条　为加强对著作权涉外代理机构的管理，维护著作权人及作品使用者的合法权益，根据《中华人民共和国著作权法》及其实施条例，制定本办法。

第二条　本办法所称著作权涉外代理是指著作权涉外代理机构以委托人的名义，在代理权限范围内办理涉外著作权中财产权的转让或许可使用以及其他有关涉外著作权事宜的民事法律行为。

第三条　著作权涉外代理机构是指依法成立的，从事著作权涉外代理业务的企业法人。

第四条　国家版权局负责涉外著作权代理机构的审批工作。

第五条　凡申请设立著作权涉外代理机构的，均应将申请材料报国家版权局审批。国家版权局自收到申请材料之日起六十日内作出决定。对符合条件的予以批准；不符合条件的，退回申请材料。

第六条　申请设立著作权涉外代理机构，应向审批机关提供以下材料：书面申请报告、上级主管部门批准文件、章程及业务范围、人员名单及简历、住所证明。

第七条　申请设立著作权涉外代理机构，应具有三名以上具有二年著作权工作经验的专职著作权代理人。

第八条　经国家版权局批准的著作权涉外代理机构，应持国家版权局批准文件到工商行政管理机关办理企业法人登记注册。

第九条　著作权涉外代理机构应当接受国家版权局的业务指导和监督。

第十条　著作权涉外代理机构的主要业务是：

（一）接受委托，开发作品使用市场；

（二）提供著作权法律咨询；

（三）代理签订转让或授权使用合同；

（四）代理收取版税或以其他形式支付的报酬；

（五）接受委托，代理解决著作权纠纷；

（六）代理其他有关涉外的著作权事务。

第十一条　不符合本办法要求的，一律不得进行著作权涉外代理活动；已经进行著作权涉外代理活动的，应在六个月内，按本办法补办手续，对不具备本办法第

七条要求的条件的，应停止著作权涉外代理业务。

第十二条　著作权涉外代理机构有下列行为之一的，国家版权局和工商行政管理机关将按各自的职责，依法给予行政处罚：

（一）申请开办著作权涉外代理业务时，隐瞒真实情况，弄虚作假的；

（二）涉外代理机构管理不善，不能开展正常著作权涉外代理活动的；

（三）涉外代理机构工作失误，给委托人造成重大损失的；

（四）涉外代理机构与第三人串通，损害委托人合法权益的；

（五）从事其他非法活动的。

第十三条　被处罚的著作权涉外代理机构对国家版权局或工商行政管理机关的行政处罚不服的，可以依法向人民法院起诉。

第十四条　兼营著作权涉外代理业务的单位，按本办法执行。

第十五条　本办法由国家版权局和国家工商行政管理局共同解释。

第十六条　本办法自颁布之日起执行。

# 著作权质押合同登记办法

· 1996 年 9 月 23 日国家版权局令第 1 号公布

第一条 根据《中华人民共和国担保法》有关著作权质押合同登记的规定,制定本办法。

第二条 本办法所称著作权质押是指债务人或者第三人依法将其著作权中的财产权出质,将该财产权作为债权的担保。债务人不履行债务时,债权人有权依法以该财产权折价或者以拍卖、变卖该财产权的价款优先受偿。

前款规定的债务人或者第三人为出质人,债权人为质权人。

第三条 以著作权中的财产权出质的,出质人与质权人应当订立书面合同,并到登记机关进行登记。著作权质押合同自《著作权质押合同登记证》颁发之日起生效。

第四条 国家版权局是著作权质押合同登记的管理机关。国家版权局指定专门机构进行著作权质押合同登记。

第五条 著作权质押合同的登记,应由出质人与质权人共同到登记机关申请办理。但出质人或质权人中任何一方持对方委托书亦可申请办理。

第六条 著作权出质人必须是合法著作权所有人。著作权为两人以上共有的,出质人为全体著作权人。

中国公民、法人或非法人单位向外国人出质计算机软件著作权中的财产权,必须经国务院有关主管部门批准。

第七条 当事人申请著作权质押合同登记时,应当向登记机关提供下列文件:

(一)按要求填写的著作权质押合同申请表;

(二)出质人、质权人合法身份证明或法人注册登记证明;

(三)主合同及著作权质押合同;

(四)作品权利证明;

(五)以共同著作权出质的,共同著作权人的书面协议;

(六)向外国人质押计算机软件著作权中的财产权的,国务院有关主管部门的批准文件;

(七)授权委托书及被委托人合法身份证明;

(八)著作权出质前该著作权的授权使用情况证明文件;

（九）其他需要提供的材料。

第八条　著作权质押合同应当包括以下内容：

（一）当事人的姓名（或者名称）及住址；

（二）被担保的主债权种类、数额；

（三）债务人履行债务的期限；

（四）出质著作权的种类、范围、保护期；

（五）质押担保的范围；

（六）质押担保的期限；

（七）质押的金额及支付方式；

（八）当事人约定的其他事项。

第九条　登记机关应当在收到申请人齐备的申请文件之日起十个工作日内完成对申请文件的审查。经审查符合规定的质押合同，登记机关予以登记，并颁发《著作权质押合同登记证》。登记机关在颁发《著作权质押合同登记证》的同时，将登记情况编入著作权质押合同登记文献，供公众查阅。

第十条　有下列情形之一的，登记机关不予登记：

（一）著作权质押合同内容需要补正，申请人拒绝补正或补正不合格的；

（二）出质人不是著作权人的；

（三）质押合同涉及的作品不受保护或者保护期已经届满的；

（四）著作权归属有争议的；

（五）质押合同中约定在债务履行期届满质权人未受清偿时，出质的著作权中的财产权转移为质权人所有的；

（六）申请人拒绝交纳登记费的。

第十一条　有下列情形之一的，登记机关将撤销登记：

（一）登记后发现有第十条（二）至（四）所列情况之一的；

（二）质押合同因其担保之主合同被确认无效而无效的。

第十二条　质押合同担保之主债权的种类、数额等发生变更或质权的种类、范围、担保期限发生变更的，质押合同当事人应于变更之日起十日内持变更协议、《著作权质押合同登记证》及其他有关文件向原登记机关办理著作权质押合同变更登记。逾期未办理变更登记的，变更后的质押合同无效。

第十三条　当事人提前终止著作权质押合同的，应当持合同终止协议、《著作权质押合同登记证》及其他有关文件向原登记机关办理著作权质押合同注销登记。

第十四条　在质押担保期限内质押合同履行完毕的，当事人应在质押期限届满之日起十日内持合同履行完毕的有效证明文件及《著作权质押合同登记证》到原登记机关办理著作权质押合同注销登记。

第十五条　著作权质押合同登记被撤销、注销的，发给著作权质押合同撤销、注销通知书。

登记机关办理著作权质押合同登记之撤销、变更、注销登记，应当同时在著作权质押合同登记文献中注明。

第十六条　登记机关办理著作权质押合同登记及著作权质押合同变更登记，收取登记费。登记费收取标准，由国家版权局统一制订。

第十七条　登记机关使用的《著作权质押合同登记证》、著作权质押合同登记申请表、著作权质押合同变更登记申请表、著作权质押合同撤销、注销通知书由国家版权局统一制订。

第十八条　本办法由国家版权局负责解释。

第十九条　本办法自发布之日起施行。

# 著作权行政处罚实施办法 (1997 年)

1997 年 1 月 28 日颁布，1997 年 2 月 1 日实施

第一条  为规范著作权行政管理部门行政处罚的设定和实施，保护公民、法人和其他组织的合法权益，维护和保障著作权行政管理秩序，根据《中华人民共和国行政处罚法》、《中华人民共和国著作权法》和其他有关著作权行政管理的法律、行政法规，制定本办法。

第二条  国务院著作权行政管理部门（以下称"国家版权局"）和地方人民政府的著作权行政管理部门（以下称"地方著作权行政管理部门"）负责对《中华人民共和国著作权法》和其他法律、行政法规以及国家版权局依职权制定的规章中规定的与著作权有关的违法行为，依本办法实施行政处罚。

第三条  本办法所称的违法行为是指：

（一）《中华人民共和国著作权法》第四十六条规定的侵权行为；

（二）《计算机软件保护条例》第三十条规定的侵权行为；

（三）《音像制品管理条例》第三十六条规定的侵权行为；

（四）其他法律、行政法规以及国家版权局依职权制定的规章中规定的与著作权有关的违法行为。

第四条  著作权行政管理部门对本办法第三条（一）、（二）和（三）所指的违法行为可视情节予以下列种类的行政处罚：

（一）警告；

（二）罚款；

（三）责令停止制作和发行侵权复制品；

（四）没收违法所得、没收侵权复制品及制作设备；

（五）法律、行政法规规定的其他行政处罚。

罚款数额应当根据《中华人民共和国著作权法实施条例》第五十一条的规定确定。

第五条  著作权行政管理部门对本办法第三条（四）所指的违法行为可视情节予以下列种类的行政处罚：

（一）警告；

（二）罚款五百至三万元。其中，对非经营活动中的违法行为处以一千元以下的

罚款；对经营活动中的违法行为，有违法所得的，处以三万元以下的罚款，没有违法所得的，处以一万元以下的罚款。

第六条　国家版权局负责查处：

（一）在全国有重大影响的违法行为；

（二）认为应当由其查处的违法行为。

第七条　地方著作权行政管理部门负责查处本地区发生的违法行为。

第八条　两个或者两个以上地方著作权行政管理部门对同一违法行为都具有管辖权的，由先立案的著作权行政管理部门负责查处。

地方著作权行政管理部门因管辖权发生争议的，由争议双方协商解决；协商不成的，报请共同的上一级著作权行政管理部门指定管辖。

上级著作权行政管理部门在必要的时候，可以处理下级著作权行政管理部门管辖的案件；下级著作权行政管理部门认为其管辖的案件案情重大、复杂需要由上级著作权行政管理部门处理的，可以报请上一级著作权行政管理部门处理。

第九条　对当事人的同一违法行为，其他行政机关已经予以罚款行政处罚的，著作权行政管理部门不得再予以罚款，但仍可视具体情况予以本办法第四条、第五条所规定的其他种类的行政处罚。

第十条　著作权行政管理部门对其查处的违法行为，根据我国刑法或者其他有关刑事法律的规定构成犯罪的，应当移交司法部门处理。

第十一条　著作权行政管理部门对违法行为予以行政处罚的时效为两年，该时效从违法行为终了之日起计算。

第十二条　著作权行政执法人员对于违法事实确凿并有法定依据的违法行为，可以对违法人当场作出警告，或者对公民处以五十元以下、对法人或者其他组织处以一千元以下罚款的行政处罚。

著作权行政执法人员当场作出行政处罚决定的，应当严格按照《中华人民共和国行政处罚法》第三十四条规定的要求进行。

对于当场作出的行政处罚决定，有下列情形的，著作权执法人员可以当场收缴罚款：

（一）依法给予二十元以下的罚款的；

（二）不当场收缴事后难以执行的。

第十三条　除本办法第十二条规定的可以当场作出行政处罚的外，著作权行政管理部门认为公民、法人或者其他组织的行为依法应当予以行政处罚的，均适用《中华人民共和国行政处罚法》规定的一般程序。

对本办法第三条所指的违法行为，著作权行政管理部门可以自行决定立案查处，也可依被侵权人、利害关系人或者其他知情人的申请或者举报决定立案查处。

第十四条　对本办法第三条（一）、（二）和（三）所指的违法行为，当事人申请立案查处的，著作权行政管理部门可要求有关当事人提交书面申请书。申请书中应当包括下列事项或者文件：

（一）当事人的姓名、职业和住所，法人或者其他组织的名称、地址和法定代表人或者主要负责人的姓名及职务；

（二）权利证明文件或者被侵权的作品或者制品的样品；

（三）要求进行处罚及赔偿的事实和根据；

（四）根据和证据来源，证人姓名和住所。

当事人委托代理人代为申请的，应当出具书面委托书。

第十五条　著作权行政管理部门应当在收到申请书之日起十五日内决定是否受理，并通知申请人。对不予受理的，应当书面通知申请人并告知理由。

立案和开始进行调查，应当经著作权行政管理部门负责人批准。

第十六条　著作权行政管理部门应当指定两个或者两个以上的执法人员具体承办案件。

承办案件的执法人员与案件有利害关系的，应当自行回避；没有回避的，当事人可以申请其回避。执法人员的回避，由著作权行政管理部门的行政负责人批准；行政负责人的回避由上级主管部门批准。

第十七条　经著作权行政管理部门的行政负责人批准，必要时，执法人员可以采取以下手段收集证据：

1．查阅、复制与涉嫌侵权行为有关的文件档案、账簿和其他书面材料；

2．对涉嫌侵权复制品进行抽样取证；

3．对涉嫌侵权复制品进行登记保存。

检查人员在检查过程中应当向当事人或者有关人员出示证件。当事人或者有关人员应当如实回答询问，并协助调查或者检查，不得阻挠。

第十八条　著作权行政管理部门在查处案件中，可以委托其他著作权行政管理部门代为调查，受委托的著作权行政管理部门应当积极予以协助。

第十九条　著作权行政管理部门在查处案件中，可以聘请专业人员对专业性的问题进行鉴定。

第二十条　调查终结后，案件承办人员应当向所在部门提出《著作权行政处罚意见书》，详细说明构成违法的事实、应当给予的行政处罚及其理由和依据，附上全部证据材料。著作权行政管理部门负责人应当进行认真审查，提出著作权行政处罚决定意见。

著作权行政管理部门在作出行政处罚决定前，应当告知当事人作出行政处罚决定的事实、理由及依据，并告知当事人依法享有的陈述权、申辩权和依法享有的其他权利。

第二十一条 当事人要求陈述、申辩的，应当在被告知后三日内向著作权行政管理部门提出陈述和申辩意见及相应的事实、理由和证据。著作权行政管理部门必须充分听取当事人的意见，对当事人提出的事实、理由和证据进行复核。

经过复核，当事人提出的事实、理由或者证据成立的，著作权行政管理部门应当采纳，并应当根据新的事实、理由和证据，作出行政处罚决定。当事人提出的事实、理由和证据不能成立，或者当事人在三日内未提出陈述和申辩意见的，著作权行政管理部门应当根据调查的结果及时作出行政处罚决定。

著作权行政管理部门不得因当事人的申辩加重处罚。

第二十二条 著作权行政处罚决定由著作权行政管理部门负责人根据《中华人民共和国行政处罚法》第三十八条的规定作出。对情节复杂或者重大违法行为给予较重的行政处罚的，著作权行政管理部门负责人应当集体讨论决定。

第二十三条 国家版权局在决定作出对个人十万元、对单位二十万元以上罚款和其他法律、行政法规规定应当听证的行政处罚决定前，应当告知当事人有要求举行听证的权利。

当事人要求听证的，应当根据《中华人民共和国行政处罚法》第四十二条规定的程序，组织听证。

第二十四条 对于本办法第三条（一）、（二）所规定的违法行为，著作权行政管理部门在行使行政处罚权时，还可以应权利人的要求责令侵权人赔偿其损失。损失应当包括因侵权造成的直接损失和权利人因调查、制止侵权行为而支出的合理费用。

第二十五条 著作权行政管理部门作出行政处罚决定的，应当根据国家版权局制作的行政处罚决定书样本格式制作行政处罚决定书。

第二十六条 著作权行政管理部门应当在作出行政处罚决定书后依照民事诉讼法的有关规定，将行政处罚决定书送达当事人。

第二十七条 当事人对行政处罚不服的，有权依法提起行政诉讼。当事人提起行政诉讼的，行政处罚不停止执行。

第二十八条 当事人应当自收到行政处罚决定书之日起十五日内缴纳罚款。到期不缴纳罚款的，著作权行政管理部门可以每日按罚款额的百分之三加处罚款。

当事人自收到行政处罚决定书之日起的三个月内不履行行政处罚决定又不起诉的，著作权行政管理部门可以申请人民法院强制执行。

第二十九条 除本办法第十二条第三款的规定外，当事人应当自收到行政处罚决定书之日起十五日内，到指定的银行缴纳罚款。

在国务院颁布罚、缴分离的实施办法前，罚款由作出处罚决定的著作权行政管理部门代为收缴。

第三十条　对依法认定的侵权复制品，著作权行政管理部门可以予以销毁。

第三十一条　国家版权局作出的行政处罚决定，由地方著作权行政管理部门代为执行。

第三十二条　著作权行政管理部门应当建立行政处罚统计制度，每半年向上一级著作权行政管理部门提交一次著作权行政处罚统计报告。

第三十三条　著作权行政管理部门及其执法人员违法实施行政处罚的，应当依照《中华人民共和国行政处罚法》第七章的规定承担相应的法律责任。

第三十四条　本办法没有规定的，适用《中华人民共和国行政处罚法》。

第三十五条　本办法由国家版权局负责解释。

第三十六条　本办法自 1997 年 2 月 1 日起实施。在此之前发布的有关文件，凡与本办法抵触的，按本办法执行。

# 中华人民共和国刑法（节录）

1997 年 3 月 13 日第八届全国人民代表大会第五次会议、主席团第三次会议通过

## 第三章　破坏社会主义市场经济秩序罪

### 第七节　侵犯知识产权罪

第二百一十七条　以营利为目的，有下列侵犯著作权情形之一，违法所得数额较大或者有其他严重情节的，处三年以下有期徒刑或者拘役，并处或者单处罚金；违法所得数额巨大或者有其他特别严重情节的，处三年以上七年以下有期徒刑，并处罚金：

（一）未经著作权人许可，复制发行其文字作品、音乐、电影、电视、录像作品、计算机软件及其他作品的；

（二）出版他人享有专有出版权的图书的；

（三）未经录音录像制作者许可，复制发行其制作的录音录像的；

（四）制作、出售假冒他人署名的美术作品的。

第二百一十八条　以营利为目的，销售明知是本法第二百一十七条规定的侵权复制品，违法所得数额巨大的，处三年以下有期徒刑或者拘役，并处或者单处罚金。

······ ······

第二百二十条　单位犯本节第二百一十三条至第二百一十九条规定之罪的，对单位判处罚金，并对其直接负责的主管人员和其他直接责任人员，依照本节各该条的规定处罚。

# 中华人民共和国著作权法（2001 年）

(1990 年 9 月 7 日第七届全国人民代表大会常务委员会第十五次会议通过
根据 2001 年 10 月 27 日第九届全国人民代表大会常务委员会第二十四次会议
《关于修改 〈中华人民共和国著作权法〉 的决定》 修正)

## 第一章　总则

第一条　为保护文学、艺术和科学作品作者的著作权，以及与著作权有关的权益，鼓励有益于社会主义精神文明、物质文明建设的作品的创作和传播，促进社会主义文化和科学事业的发展与繁荣，根据宪法制定本法。

第二条　中国公民、法人或者其他组织的作品，不论是否发表，依照本法享有著作权。

外国人、无国籍人的作品根据其作者所属国或者经常居住地国同中国签订的协议或者共同参加的国际条约享有的著作权，受本法保护。

外国人、无国籍人的作品首先在中国境内出版的，依照本法享有著作权。

未与中国签订协议或者共同参加国际条约的国家的作者以及无国籍人的作品首次在中国参加的国际条约的成员国出版的，或者在成员国和非成员国同时出版的，受本法保护。

第三条　本法所称的作品，包括以下列形式创作的文学、艺术和自然科学、社会科学、工程技术等作品：

（一）文字作品；

（二）口述作品；

（三）音乐、戏剧、曲艺、舞蹈、杂技艺术作品；

（四）美术、建筑作品；

（五）摄影作品；

（六）电影作品和以类似摄制电影的方法创作的作品；

（七）工程设计图、产品设计图、地图、示意图等图形作品和模型作品；

（八）计算机软件；

（九）法律、行政法规规定的其他作品。

第四条　依法禁止出版、传播的作品，不受本法保护。

著作权人行使著作权，不得违反宪法和法律，不得损害公共利益。

第五条　本法不适用于：

（一）法律、法规，国家机关的决议、决定、命令和其他具有立法、行政、司法性质的文件，及其官方正式译文；

（二）时事新闻；

（三）历法、通用数表、通用表格和公式。

第六条　民间文学艺术作品的著作权保护办法由国务院另行规定。

第七条　国务院著作权行政管理部门主管全国的著作权管理工作；各省、自治区、直辖市人民政府的著作权行政管理部门主管本行政区域的著作权管理工作。

第八条　著作权人和与著作权有关的权利人可以授权著作权集体管理组织行使著作权或者与著作权有关的权利。著作权集体管理组织被授权后，可以以自己的名义为著作权人和与著作权有关的权利人主张权利，并可以作为当事人进行涉及著作权或者与著作权有关的权利的诉讼、仲裁活动。

著作权集体管理组织是非营利性组织，其设立方式、权利义务、著作权许可使用费的收取和分配，以及对其监督和管理等由国务院另行规定。

## 第二章　著作权

### 第一节　著作权人及其权利

第九条　著作权人包括：

（一）作者；

（二）其他依照本法享有著作权的公民、法人或者其他组织。

第十条　著作权包括下列人身权和财产权：

（一）发表权，即决定作品是否公之于众的权利；

（二）署名权，即表明作者身份，在作品上署名的权利；

（三）修改权，即修改或者授权他人修改作品的权利；

（四）保护作品完整权，即保护作品不受歪曲、篡改的权利；

（五）复制权，即以印刷、复印、拓印、录音、录像、翻录、翻拍等方式将作品制作一份或者多份的权利；

（六）发行权，即以出售或者赠与方式向公众提供作品的原件或者复制件的权利；

（七）出租权，即有偿许可他人临时使用电影作品和以类似摄制电影的方法创作的作品、计算机软件的权利，计算机软件不是出租的主要标的的除外；

（八）展览权，即公开陈列美术作品、摄影作品的原件或者复制件的权利；

（九）表演权，即公开表演作品，以及用各种手段公开播送作品的表演的权利；

（十）放映权，即通过放映机、幻灯机等技术设备公开再现美术、摄影、电影和以类似摄制电影的方法创作的作品等的权利；

（十一）广播权，即以无线方式公开广播或者传播作品，以有线传播或者转播的方式向公众传播广播的作品，以及通过扩音器或者其他传送符号、声音、图像的类似工具向公众传播广播的作品的权利；

（十二）信息网络传播权，即以有线或者无线方式向公众提供作品，使公众可以在其个人选定的时间和地点获得作品的权利；

（十三）摄制权，即以摄制电影或者以类似摄制电影的方法将作品固定在载体上的权利；

（十四）改编权，即改变作品，创作出具有独创性的新作品的权利；

（十五）翻译权，即将作品从一种语言文字转换成另一种语言文字的权利；

（十六）汇编权，即将作品或者作品的片段通过选择或者编排，汇集成新作品的权利；

（十七）应当由著作权人享有的其他权利。

著作权人可以许可他人行使前款第（五）项至第（十七）项规定的权利，并依照约定或者本法有关规定获得报酬。

著作权人可以全部或者部分转让本条第一款第（五）项至第（十七）项规定的权利，并依照约定或者本法有关规定获得报酬。

## 第二节　著作权归属

第十一条　著作权属于作者，本法另有规定的除外。

创作作品的公民是作者。

由法人或者其他组织主持，代表法人或者其他组织意志创作，并由法人或者其他组织承担责任的作品，法人或者其他组织视为作者。

如无相反证明，在作品上署名的公民、法人或者其他组织为作者。

第十二条　改编、翻译、注释、整理已有作品而产生的作品，其著作权由改编、翻译、注释、整理人享有，但行使著作权时不得侵犯原作品的著作权。

第十三条　两人以上合作创作的作品，著作权由合作作者共同享有。没有参加创作的人，不能成为合作作者。

合作作品可以分割使用的，作者对各自创作的部分可以单独享有著作权，但行使著作权时不得侵犯合作作品整体的著作权。

第十四条　汇编若干作品、作品的片段或者不构成作品的数据或者其他材料，对其内容的选择或者编排体现独创性的作品，为汇编作品，其著作权由汇编人享有，但行使著作权时，不得侵犯原作品的著作权。

第十五条　电影作品和以类似摄制电影的方法创作的作品的著作权由制片者享

有，但编剧、导演、摄影、作词、作曲等作者享有署名权，并有权按照与制片者签订的合同获得报酬。

电影作品和以类似摄制电影的方法创作的作品中的剧本、音乐等可以单独使用的作品的作者有权单独行使其著作权。

第十六条　公民为完成法人或者其他组织工作任务所创作的作品是职务作品，除本条第二款的规定以外，著作权由作者享有，但法人或者其他组织有权在其业务范围内优先使用。作品完成两年内，未经单位同意，作者不得许可第三人以与单位使用的相同方式使用该作品。

有下列情形之一的职务作品，作者享有署名权，著作权的其他权利由法人或者其他组织享有，法人或者其他组织可以给予作者奖励：

（一）主要是利用法人或者其他组织的物质技术条件创作，并由法人或者其他组织承担责任的工程设计图、产品设计图、地图、计算机软件等职务作品；

（二）法律、行政法规规定或者合同约定著作权由法人或者其他组织享有的职务作品。

第十七条　受委托创作的作品，著作权的归属由委托人和受托人通过合同约定。合同未作明确约定或者没有订立合同的，著作权属于受托人。

第十八条　美术等作品原件所有权的转移，不视为作品著作权的转移，但美术作品原件的展览权由原件所有人享有。

第十九条　著作权属于公民的，公民死亡后，其本法第十条第一款第（五）项至第（十七）项规定的权利在本法规定的保护期内，依照继承法的规定转移。

著作权属于法人或者其他组织的，法人或者其他组织变更、终止后，其本法第十条第一款第（五）项至第（十七）项规定的权利在本法规定的保护期内，由承受其权利义务的法人或者其他组织享有；没有承受其权利义务的法人或者其他组织的，由国家享有。

### 第三节　权利的保护期

第二十条　作者的署名权、修改权、保护作品完整权的保护期不受限制。

第二十一条　公民的作品，其发表权、本法第十条第一款第（五）项至第（十七）项规定的权利的保护期为作者终生及其死亡后五十年，截止于作者死亡后第五十年的 12 月 31 日；如果是合作作品，截止于最后死亡的作者死亡后第五十年的 12 月 31 日。

法人或者其他组织的作品、著作权（署名权除外）由法人或者其他组织享有的职务作品，其发表权、本法第十条第一款第（五）项至第（十七）项规定的权利的保护期为五十年，截止于作品首次发表后第五十年的 12 月 31 日，但作品自创作完成后五十年内未发表的，本法不再保护。

电影作品和以类似摄制电影的方法创作的作品、摄影作品，其发表权、本法第十条第一款第（五）项至第（十七）项规定的权利的保护期为五十年，截止于作品首次发表后第五十年的 12 月 31 日，但作品自创作完成后五十年内未发表的，本法不再保护。

### 第四节　权利的限制

第二十二条　在下列情况下使用作品，可以不经著作权人许可，不向其支付报酬，但应当指明作者姓名、作品名称，并且不得侵犯著作权人依照本法享有的其他权利：

（一）为个人学习、研究或者欣赏，使用他人已经发表的作品；

（二）为介绍、评论某一作品或者说明某一问题，在作品中适当引用他人已经发表的作品；

（三）为报道时事新闻，在报纸、期刊、广播电台、电视台等媒体中不可避免地再现或者引用已经发表的作品；

（四）报纸、期刊、广播电台、电视台等媒体刊登或者播放其他报纸、期刊、广播电台、电视台等媒体已经发表的关于政治、经济、宗教问题的时事性文章，但作者声明不许刊登、播放的除外；

（五）报纸、期刊、广播电台、电视台等媒体刊登或者播放在公众集会上发表的讲话，但作者声明不许刊登、播放的除外；

（六）为学校课堂教学或者科学研究，翻译或者少量复制已经发表的作品，供教学或者科研人员使用，但不得出版发行；

（七）国家机关为执行公务在合理范围内使用已经发表的作品；

（八）图书馆、档案馆、纪念馆、博物馆、美术馆等为陈列或者保存版本的需要，复制本馆收藏的作品；

（九）免费表演已经发表的作品，该表演未向公众收取费用，也未向表演者支付报酬；

（十）对设置或者陈列在室外公共场所的艺术作品进行临摹、绘画、摄影、录像；

（十一）将中国公民、法人或者其他组织已经发表的以汉语言文字创作的作品翻译成少数民族语言文字作品在国内出版发行；

（十二）将已经发表的作品改成盲文出版。

前款规定适用于对出版者、表演者、录音录像制作者、广播电台、电视台的权利的限制。

第二十三条　为实施九年制义务教育和国家教育规划而编写出版教科书，除作者事先声明不许使用的外，可以不经著作权人许可，在教科书中汇编已经发表的作品片段或者短小的文字作品、音乐作品或者单幅的美术作品、摄影作品，但应当按照规定支付报酬，指明作者姓名、作品名称，并且不得侵犯著作权人依照本法享有的其他权利。

前款规定适用于对出版者、表演者、录音录像制作者、广播电台、电视台的权利的限制。

## 第三章　著作权许可使用和转让合同

第二十四条　使用他人作品应当同著作权人订立许可使用合同，本法规定可以不经许可的除外。

许可使用合同包括下列主要内容：

（一）许可使用的权利种类；

（二）许可使用的权利是专有使用权或者非专有使用权；

（三）许可使用的地域范围、期间；

（四）付酬标准和办法；

（五）违约责任；

（六）双方认为需要约定的其他内容。

第二十五条　转让本法第十条第一款第（五）项至第（十七）项规定的权利，应当订立书面合同。

权利转让合同包括下列主要内容：

（一）作品的名称；

（二）转让的权利种类、地域范围；

（三）转让价金；

（四）交付转让价金的日期和方式；

（五）违约责任；

（六）双方认为需要约定的其他内容。

第二十六条　许可使用合同和转让合同中著作权人未明确许可、转让的权利，未经著作权人同意，另一方当事人不得行使。

第二十七条　使用作品的付酬标准可以由当事人约定，也可以按照国务院著作权行政管理部门会同有关部门制定的付酬标准支付报酬。当事人约定不明确的，按照国务院著作权行政管理部门会同有关部门制定的付酬标准支付报酬。

第二十八条　出版者、表演者、录音录像制作者、广播电台、电视台等依照本法有关规定使用他人作品的，不得侵犯作者的署名权、修改权、保护作品完整权和获得报酬的权利。

## 第四章 出版、 表演、 录音录像、 播放

### 第一节 图书、 报刊的出版

第二十九条 图书出版者出版图书应当和著作权人订立出版合同，并支付报酬。

第三十条 图书出版者对著作权人交付出版的作品，按照合同约定享有的专有出版权受法律保护，他人不得出版该作品。

第三十一条 著作权人应当按照合同约定期限交付作品。图书出版者应当按照合同约定的出版质量、期限出版图书。

图书出版者不按照合同约定期限出版，应当依照本法第五十三条的规定承担民事责任。

图书出版者重印、再版作品的，应当通知著作权人，并支付报酬。图书脱销后，图书出版者拒绝重印、再版的，著作权人有权终止合同。

第三十二条 著作权人向报社、期刊社投稿的，自稿件发出之日起十五日内未收到报社通知决定刊登的，或者自稿件发出之日起三十日内未收到期刊社通知决定刊登的，可以将同一作品向其他报社、期刊社投稿。双方另有约定的除外。

作品刊登后，除著作权人声明不得转载、摘编的外，其他报刊可以转载或者作为文摘、资料刊登，但应当按照规定向著作权人支付报酬。

第三十三条 图书出版者经作者许可，可以对作品修改、删节。

报社、期刊社可以对作品作文字性修改、删节。对内容的修改，应当经作者许可。

第三十四条 出版改编、翻译、注释、整理、汇编已有作品而产生的作品，应当取得改编、翻译、注释、整理、汇编作品的著作权人和原作品的著作权人许可，并支付报酬。

第三十五条 出版者有权许可或者禁止他人使用其出版的图书、期刊的版式设计。

前款规定的权利的保护期为十年，截止于使用该版式设计的图书、期刊首次出版后第十年的 12 月 31 日。

### 第二节 表演

第三十六条 使用他人作品演出，表演者（演员、演出单位）应当取得著作权人许可，并支付报酬。演出组织者组织演出，由该组织者取得著作权人许可，并支付报酬。

使用改编、翻译、注释、整理已有作品而产生的作品进行演出，应当取得改编、翻译、注释、整理作品的著作权人和原作品的著作权人许可，并支付报酬。

第三十七条 表演者对其表演享有下列权利：

98

（一）表明表演者身份；

（二）保护表演形象不受歪曲；

（三）许可他人从现场直播和公开传送其现场表演，并获得报酬；

（四）许可他人录音录像，并获得报酬；

（五）许可他人复制、发行录有其表演的录音录像制品，并获得报酬；

（六）许可他人通过信息网络向公众传播其表演，并获得报酬。

被许可人以前款第（三）项至第（六）项规定的方式使用作品，还应当取得著作权人许可，并支付报酬。

第三十八条　本法第三十七条第一款第（一）项、第（二）项规定的权利的保护期不受限制。

本法第三十七条第一款第（三）项至第（六）项规定的权利的保护期为五十年，截止于该表演发生后第五十年的 12 月 31 日。

## 第三节　录音录像

第三十九条　录音录像制作者使用他人作品制作录音录像制品，应当取得著作权人许可，并支付报酬。

录音录像制作者使用改编、翻译、注释、整理已有作品而产生的作品，应当取得改编、翻译、注释、整理作品的著作权人和原作品著作权人许可，并支付报酬。

录音制作者使用他人已经合法录制为录音制品的音乐作品制作录音制品，可以不经著作权人许可，但应当按照规定支付报酬；著作权人声明不许使用的不得使用。

第四十条　录音录像制作者制作录音录像制品，应当同表演者订立合同，并支付报酬。

第四十一条　录音录像制作者对其制作的录音录像制品，享有许可他人复制、发行、出租、通过信息网络向公众传播并获得报酬的权利；权利的保护期为五十年，截止于该制品首次制作完成后第五十年的 12 月 31 日。

被许可人复制、发行、通过信息网络向公众传播录音录像制品，还应当取得著作权人、表演者许可，并支付报酬。

## 第四节　广播电台、电视台播放

第四十二条　广播电台、电视台播放他人未发表的作品，应当取得著作权人许可，并支付报酬。

广播电台、电视台播放他人已发表的作品，可以不经著作权人许可，但应当支付报酬。

第四十三条　广播电台、电视台播放已经出版的录音制品，可以不经著作权人许可，但应当支付报酬。当事人另有约定的除外。具体办法由国务院规定。

第四十四条　广播电台、电视台有权禁止未经其许可的下列行为：

（一）将其播放的广播、电视转播；

（二）将其播放的广播、电视录制在音像载体上以及复制音像载体。

前款规定的权利的保护期为五十年，截止于该广播、电视首次播放后第五十年的 12 月 31 日。

第四十五条　电视台播放他人的电影作品和以类似摄制电影的方法创作的作品、录像制品，应当取得制片者或者录像制作者许可，并支付报酬；播放他人的录像制品，还应当取得著作权人许可，并支付报酬。

## 第五章　法律责任和执法措施

第四十六条　有下列侵权行为的，应当根据情况，承担停止侵害、消除影响、赔礼道歉、赔偿损失等民事责任：

（一）未经著作权人许可，发表其作品的；

（二）未经合作作者许可，将与他人合作创作的作品当作自己单独创作的作品发表的；

（三）没有参加创作，为谋取个人名利，在他人作品上署名的；

（四）歪曲、篡改他人作品的；

（五）剽窃他人作品的；

（六）未经著作权人许可，以展览、摄制电影和以类似摄制电影的方法使用作品，或者以改编、翻译、注释等方式使用作品的，本法另有规定的除外；

（七）使用他人作品，应当支付报酬而未支付的；

（八）未经电影作品和以类似摄制电影的方法创作的作品、计算机软件、录音录像制品的著作权人或者与著作权有关的权利人许可，出租其作品或者录音录像制品的，本法另有规定的除外；

（九）未经出版者许可，使用其出版的图书、期刊的版式设计的；

（十）未经表演者许可，从现场直播或者公开传送其现场表演，或者录制其表演的；

（十一）其他侵犯著作权以及与著作权有关的权益的行为。

第四十七条　有下列侵权行为的，应当根据情况，承担停止侵害、消除影响、赔礼道歉、赔偿损失等民事责任；同时损害公共利益的，可以由著作权行政管理部门责令停止侵权行为，没收违法所得，没收、销毁侵权复制品，并可处以罚款；情节严重的，著作权行政管理部门还可以没收主要用于制作侵权复制品的材料、工具、设备等；构成犯罪的，依法追究刑事责任：

（一）未经著作权人许可，复制、发行、表演、放映、广播、汇编、通过信息网络向公众传播其作品的，本法另有规定的除外；

（二）出版他人享有专有出版权的图书的；

（三）未经表演者许可，复制、发行录有其表演的录音录像制品，或者通过信息网络向公众传播其表演的，本法另有规定的除外；

（四）未经录音录像制作者许可，复制、发行、通过信息网络向公众传播其制作的录音录像制品的，本法另有规定的除外；

（五）未经许可，播放或者复制广播、电视的，本法另有规定的除外；

（六）未经著作权人或者与著作权有关的权利人许可，故意避开或者破坏权利人为其作品、录音录像制品等采取的保护著作权或者与著作权有关的权利的技术措施的，法律、行政法规另有规定的除外；

（七）未经著作权人或者与著作权有关的权利人许可，故意删除或者改变作品、录音录像制品等的权利管理电子信息的，法律、行政法规另有规定的除外；

（八）制作、出售假冒他人署名的作品的。

第四十八条　侵犯著作权或者与著作权有关的权利的，侵权人应当按照权利人的实际损失给予赔偿；实际损失难以计算的，可以按照侵权人的违法所得给予赔偿。赔偿数额还应当包括权利人为制止侵权行为所支付的合理开支。

权利人的实际损失或者侵权人的违法所得不能确定的，由人民法院根据侵权行为的情节，判决给予五十万元以下的赔偿。

第四十九条　著作权人或者与著作权有关的权利人有证据证明他人正在实施或者即将实施侵犯其权利的行为，如不及时制止将会使其合法权益受到难以弥补的损害的，可以在起诉前向人民法院申请采取责令停止有关行为和财产保全的措施。

人民法院处理前款申请，适用《中华人民共和国民事诉讼法》第九十三条至第九十六条和第九十九条的规定。

第五十条　为制止侵权行为，在证据可能灭失或者以后难以取得的情况下，著作权人或者与著作权有关的权利人可以在起诉前向人民法院申请保全证据。

人民法院接受申请后，必须在四十八小时内作出裁定；裁定采取保全措施的，应当立即开始执行。

人民法院可以责令申请人提供担保，申请人不提供担保的，驳回申请。

申请人在人民法院采取保全措施后十五日内不起诉的，人民法院应当解除保全措施。

第五十一条　人民法院审理案件，对于侵犯著作权或者与著作权有关的权利的，可以没收违法所得、侵权复制品以及进行违法活动的财物。

第五十二条　复制品的出版者、制作者不能证明其出版、制作有合法授权的，复制品的发行者或者电影作品或者以类似摄制电影的方法创作的作品、计算机软件、录音录像制品的复制品的出租者不能证明其发行、出租的复制品有合法来源的，应当承担法律责任。

第五十三条　当事人不履行合同义务或者履行合同义务不符合约定条件的，应当依照《中华人民共和国民法通则》、《中华人民共和国合同法》等有关法律规定承担民事责任。

第五十四条　著作权纠纷可以调解，也可以根据当事人达成的书面仲裁协议或者著作权合同中的仲裁条款，向仲裁机构申请仲裁。

当事人没有书面仲裁协议，也没有在著作权合同中订立仲裁条款的，可以直接向人民法院起诉。

第五十五条　当事人对行政处罚不服的，可以自收到行政处罚决定书之日起三个月内向人民法院起诉，期满不起诉又不履行的，著作权行政管理部门可以申请人民法院执行。

## 第六章　附则

第五十六条　本法所称的著作权即版权。

第五十七条　本法第二条所称的出版，指作品的复制、发行。

第五十八条　计算机软件、信息网络传播权的保护办法由国务院另行规定。

第五十九条　本法规定的著作权人和出版者、表演者、录音录像制作者、广播电台、电视台的权利，在本法施行之日尚未超过本法规定的保护期的，依照本法予以保护。

本法施行前发生的侵权或者违约行为，依照侵权或者违约行为发生时的有关规定和政策处理。

第六十条　本法自 1991 年 6 月 1 日起施行。

# 电影管理条例

国务院令第 342 号，2001 年 12 月 12 日国务院第 50 次常务会议通过，自 2002 年 2 月 1 日起施行

## 第一章 总则

第一条 为了加强对电影行业的管理，发展和繁荣电影事业，满足人民群众文化生活需要，促进社会主义物质文明和精神文明建设，制定本条例。

第二条 本条例适用于中华人民共和国境内的故事片、纪录片、科教片、美术片、专题片等电影片的制片、进口、出口、发行和放映等活动。

第三条 从事电影片的制片、进口、出口、发行和放映等活动，应当遵守宪法和有关法律、法规，坚持为人民服务、为社会主义服务的方向。

第四条 国务院广播电影电视行政部门主管全国电影工作。

县级以上地方人民政府管理电影的行政部门（以下简称电影行政部门），依照本条例的规定负责本行政区域内的电影管理工作。

第五条 国家对电影摄制、进口、出口、发行、放映和电影片公映实行许可制度。未经许可，任何单位和个人不得从事电影片的摄制、进口、发行、放映活动，不得进口、出口、发行、放映未取得许可证的电影片。

依照本条例发放的许可证和批准文件，不得出租、出借、出售或者以其他任何形式转让。

第六条 全国性电影行业的社会团体按照其章程，在国务院广播电影电视行政部门指导下，实行自律管理。

第七条 国家对为电影事业发展做出显著贡献的单位和个人，给予奖励。

## 第二章 电影制片

第八条 设立电影制片单位，应当具备下列条件：

（一）有电影制片单位的名称、章程；

（二）有符合国务院广播电影电视行政部门认定的主办单位及其主管机关；

（三）有确定的业务范围；

（四）有适应业务范围需要的组织机构和专业人员；

（五）有适应业务范围需要的资金、场所和设备；

（六）法律、行政法规规定的其他条件。

审批设立电影制片单位，除依照前款所列条件外，还应当符合国务院广播电影电视行政部门制定的电影制片单位总量、布局和结构的规划。

第九条　申请设立电影制片单位，由所在地省、自治区、直辖市人民政府电影行政部门审核同意后，报国务院广播电影电视行政部门审批。

申请书应当载明下列内容：

（一）电影制片单位的名称、地址和经济性质；

（二）电影制片单位的主办单位的名称、地址、性质及其主管机关；

（三）电影制片单位的法定代表人的姓名、住址、资格证明文件；

（四）电影制片单位的资金来源和数额。

第十条　国务院广播电影电视行政部门应当自收到设立电影制片单位的申请书之日起 90 日内，作出批准或者不批准的决定，并通知申请人。批准的，由国务院广播电影电视行政部门发给《摄制电影许可证》，申请人持《摄制电影许可证》到国务院工商行政管理部门办理登记手续，依法领取营业执照；不批准的，应当说明理由。

第十一条　电影制片单位以其全部法人财产，依法享有民事权利，承担民事责任。

第十二条　电影制片单位变更、终止，应当报国务院广播电影电视行政部门批准，并依法到原登记的工商行政管理部门办理变更登记或者注销登记。

第十三条　电影制片单位可以从事下列活动：

（一）摄制电影片；

（二）按照国家有关规定制作本单位摄制的电影片的复制品；

（三）按照国家有关规定在全国范围发行本单位摄制并被许可公映的电影片及其复制品；

（四）按照国家有关规定出口本单位摄制并被许可公映的电影片及其复制品。

第十四条　电影制片单位应当建立、健全管理制度，保证电影片的质量。

第十五条　电影制片单位对其摄制的电影片，依法享有著作权。

第十六条　电影制片单位以外的单位独立从事电影摄制业务，须报经国务院广播电影电视行政部门批准，并持批准文件到工商行政管理部门办理相应的登记手续。

电影制片单位以外的单位经批准后摄制电影片，应当事先到国务院广播电影电视行政部门领取一次性《摄制电影片许可证（单片）》，并参照电影制片单位享有权利、承担义务。具体办法由国务院广播电影电视行政部门制定。

第十七条　国家鼓励企业、事业单位和其他社会组织以及个人以资助、投资的形式参与摄制电影片。具体办法由国务院广播电影电视行政部门制定。

第十八条　电影制片单位经国务院广播电影电视行政部门批准，可以与境外电影制片者合作摄制电影片；其他单位和个人不得与境外电影制片者合作摄制电影片。

电影制片单位和持有《摄制电影片许可证（单片）》的单位经国务院广播电影电视行政部门批准，可以到境外从事电影片摄制活动。

境外组织或者个人不得在中华人民共和国境内独立从事电影片摄制活动。

第十九条　中外合作摄制电影片，应当由中方合作者事先向国务院广播电影电视行政部门提出立项申请。国务院广播电影电视行政部门征求有关部门的意见后，经审查符合规定的，发给申请人一次性《中外合作摄制电影片许可证》。申请人取得《中外合作摄制电影片许可证》后，应当按照国务院广播电影电视行政部门的规定签订中外合作摄制电影片合同。

第二十条　中外合作摄制电影片需要进口设备、器材、胶片、道具的，中方合作者应当持国务院广播电影电视行政部门的批准文件到海关办理进口或者临时进口手续。

第二十一条　境外电影制片者同中方合作者合作或者以其他形式在中华人民共和国境内摄制电影片，应当遵守中华人民共和国的法律、法规，尊重中华民族的风俗、习惯。

第二十二条　电影底片、样片的冲洗及后期制作，应当在中华人民共和国境内完成。有特殊技术要求确需在境外完成的，应当单项申请，报经国务院广播电影电视行政部门批准后，按照批准文件载明的要求执行。

第二十三条　电影洗印单位不得洗印加工未取得《摄制电影许可证》或者《摄制电影许可证（单片）》的单位摄制的电影底片、样片，不得洗印加工未取得《电影片公映许可证》的电影片拷贝。

电影洗印单位接受委托洗印加工境外的电影底片、样片和电影片拷贝的，应当事先经国务院广播电影电视行政部门批准，并持批准文件依法向海关办理有关进口手续。洗印加工的电影底片、样片和电影片拷贝必须全部运输出境。

## 第三章　电影审查

第二十四条　国家实行电影审查制度。

未经国务院广播电影电视行政部门的电影审查机构（以下简称电影审查机构）审查通过的电影片，不得发行、放映、进口、出口。

供科学研究、教学参考的专题片进口和中国电影资料馆进口电影资料片，依照本条例第三十二条的规定办理。

第二十五条　电影片禁止载有下列内容：

（一）反对宪法确定的基本原则的；

（二）危害国家统一、主权和领土完整的；

（三）泄露国家秘密、危害国家安全或者损害国家荣誉和利益的；

（四）煽动民族仇恨、民族歧视，破坏民族团结，或者侵害民族风俗、习惯的；

（五）宣扬邪教、迷信的；

（六）扰乱社会秩序，破坏社会稳定的；

（七）宣扬淫秽、赌博、暴力或者教唆犯罪的；

（八）侮辱或者诽谤他人，侵害他人合法权益的；

（九）危害社会公德或者民族优秀文化传统的；

（十）有法律、行政法规和国家规定禁止的其他内容的。

电影技术质量应当符合国家标准。

第二十六条　电影制片单位应当依照本条例第二十五条的规定，负责电影剧本投拍和电影片出厂前的审查。

电影制片单位依照前款规定对其准备投拍的电影剧本审查后，应当报电影审查机构备案；电影审查机构可以对报备案的电影剧本进行审查，发现有本条例第二十五条禁止内容的，应当及时通知电影制片单位不得投拍。具体办法由国务院广播电影电视行政部门制定。

第二十七条　电影制片单位应当在电影片摄制完成后，报请电影审查机构审查；电影进口经营单位应当在办理电影片临时进口手续后，报请电影审查机构审查。

电影审查收费标准由国务院价格主管部门会同国务院广播电影电视行政部门规定。

第二十八条　电影审查机构应当自收到报送审查的电影片之日起 30 日内，将审查决定书面通知送审单位。审查合格的，由国务院广播电影电视行政部门发给《电影片公映许可证》。

电影制片单位或者电影进口经营单位应当将《电影片公映许可证》证号印制在该电影片拷贝第一本片头处。

审查不合格，经修改报送重审的，审查期限依照本条第一款的规定重新计算。

第二十九条　电影制片单位和电影进口经营单位对电影片审查决定不服的，可以自收到审查决定之日起 30 日内向国务院广播电影电视行政部门的电影复审机构申请复审；复审合格的，由国务院广播电影电视行政部门发给《电影片公映许可证》。

## 第四章　电影进口出口

第三十条　电影进口业务由国务院广播电影电视行政部门指定电影进口经营单位经营；未经指定，任何单位或者个人不得经营电影进口业务。

第三十一条　进口供公映的电影片，进口前应当报送电影审查机构审查。

报送电影审查机构审查的电影片，由指定的电影进口经营单位持国务院广播电影电视行政部门的临时进口批准文件到海关办理电影片临时进口手续；临时进口的电影片经电影审查机构审查合格并发给《电影片公映许可证》和进口批准文件后，由电影进口经营单位持进口批准文件到海关办理进口手续。

第三十二条　进口供科学研究、教学参考的专题片，进口单位应当报经国务院有关行政主管部门审查批准，持批准文件到海关办理进口手续，并于进口之日起 30 日内向国务院广播电影电视行政部门备案。但是，不得以科学研究、教学的名义进口故事片。

中国电影资料馆进口电影资料片，可以直接到海关办理进口手续。中国电影资料馆应当将其进口的电影资料片按季度向国务院广播电影电视行政部门备案。

除本条规定外，任何单位或者个人不得进口未经国务院广播电影电视行政部门审查合格的电影片。

第三十三条　电影进口经营单位应当在取得电影作品著作权人使用许可后，在许可的范围内使用电影作品；未取得使用许可的，任何单位和个人不得使用进口电影作品。

第三十四条　电影制片单位出口本单位制作的电影片的，应当持《电影片公映许可证》到海关办理电影片出口手续。

中外合作摄制电影片出口的，中方合作者应当持《电影片公映许可证》到海关办理出口手续。中外合作摄制电影片素材出口的，中方合作者应当持国务院广播电影电视行政部门的批准文件到海关办理出口手续。

中方协助摄制电影片或者电影片素材出境的，中方协助者应当持国务院广播电影电视行政部门的批准文件到海关办理出境手续。

第三十五条　举办中外电影展、国际电影节，提供电影片参加境外电影展、电影节等，应当报国务院广播电影电视行政部门批准。

参加前款规定的电影展、电影节的电影片，须报国务院广播电影电视行政部门审查批准。参加境外电影展、电影节的电影片经批准后，参展者应当持国务院广播电影电视行政部门的批准文件到海关办理电影片临时出口手续。参加在中国境内举办的中外电影展、国际电影节的境外电影片经批准后，举办者应当持国务院广播电影电视行政部门的批准文件到海关办理临时进口手续。

## 第五章　电影发行和放映

第三十六条　设立电影发行单位、电影放映单位，应当具备下列条件：

（一）有电影发行单位、电影放映单位的名称、章程；

（二）有确定的业务范围；

（三）有适应业务范围需要的组织机构和专业人员；

（四）有适应业务范围需要的资金、场所和设备；

（五）法律、行政法规规定的其他条件。

第三十七条　设立电影发行单位，应当向所在地省、自治区、直辖市人民政府电影行政部门提出申请；设立跨省、自治区、直辖市的电影发行单位，应当向国务院广播电影电视行政部门提出申请。所在地省、自治区、直辖市人民政府电影行政部门或者国务院广播电影电视行政部门应当自收到申请书之日起60日内作出批准或者不批准的决定，并通知申请人。批准的，发给《电影发行经营许可证》，申请人应当持《电影发行经营许可证》到工商行政管理部门登记，依法领取营业执照；不批准的，应当说明理由。

第三十八条　设立电影放映单位，应当向所在地县或者设区的市人民政府电影行政部门提出申请。所在地县或者设区的市人民政府电影行政部门应当自收到申请书之日起60日内作出批准或者不批准的决定，并通知申请人。批准的，发给《电影放映经营许可证》，申请人持《电影放映经营许可证》到所在地工商行政管理部门登记，依法领取营业执照；不批准的，应当说明理由。

第三十九条　电影发行单位、电影放映单位变更业务范围，或者兼并其他电影发行单位、电影放映单位，或者因合并、分立而设立新的电影发行单位、电影放映单位的，应当依照本条例第三十七条或者第三十八条的规定办理审批手续，并到工商行政管理部门办理相应的登记手续。

电影发行单位、电影放映单位变更名称、地址、法定代表人或者主要负责人，或者终止电影发行、放映经营活动的，应当到原登记的工商行政管理部门办理变更登记或者注销登记，并向原审批的电影行政部门备案。

第四十条　申请从事农村16毫米电影片发行、放映业务的单位或者个人，可以直接到所在地工商行政管理部门办理登记手续，并向所在地县级人民政府电影行政部门备案；备案后，可以在全国农村从事16毫米电影片发行、放映业务。

第四十一条　国家允许企业、事业单位和其他社会组织以及个人投资建设、改造电影院。

国家允许以中外合资或者中外合作的方式建设、改造电影院。具体办法由国务院广播电影电视行政部门会同国务院文化行政部门、国务院对外经济贸易主管部门按照有关规定制定。

第四十二条　电影片依法取得国务院广播电影电视行政部门发给的《电影片公映许可证》后，方可发行、放映。

已经取得《电影片公映许可证》的电影片，国务院广播电影电视行政部门在特殊情况下可以作出停止发行、放映或者经修改后方可发行、放映的决定；对决定经修改后方可发行、放映的电影片，著作权人拒绝修改的，由国务院广播电影电视行政部门决定停止发行、放映。

国务院广播电影电视行政部门作出的停止发行、放映的决定，电影发行单位、电影放映单位应当执行。

第四十三条 利用电影片制作音像制品的，应当遵守国家有关音像制品管理的规定。

任何单位和个人不得利用电影资料片从事或者变相从事经营性的发行、放映活动。

第四十四条 放映电影片，应当符合国家规定的国产电影片与进口电影片放映的时间比例。

放映单位年放映国产电影片的时间不得低于年放映电影片时间总和的三分之二。

第四十五条 电影放映单位应当维护电影院的公共秩序和环境卫生，保证观众的安全与健康。

## 第六章 电影事业的保障

第四十六条 国家建立和完善适应社会主义市场经济体制的电影管理体制，发展电影事业。

第四十七条 国家保障电影创作自由，重视和培养电影专业人才，重视和加强电影理论研究，繁荣电影创作，提高电影质量。

第四十八条 国家建立电影事业发展专项资金，并采取其他优惠措施，支持电影事业的发展。

电影事业发展专项资金缴纳单位应当按照国家有关规定履行缴纳义务。

第四十九条 电影事业发展专项资金扶持、资助下列项目：

（一）国家倡导并确认的重点电影片的摄制和优秀电影剧本的征集；

（二）重点制片基地的技术改造；

（三）电影院的改造和放映设施的技术改造；

（四）少数民族地区、边远贫困地区和农村地区的电影事业的发展；

（五）需要资助的其他项目。

第五十条 国家鼓励、扶持科学教育片、纪录片、美术片及儿童电影片的制片、发行和放映。

第五十一条 国家对少数民族地区、边远贫困地区和农村地区发行、放映电影实行优惠政策。

国家对从事农村16毫米电影片发行、放映业务的单位和个人予以扶持。具体办法由国务院广播电影电视行政部门、国务院文化行政部门会同国务院财政部门规定。

第五十二条　县级以上地方人民政府制定的本行政区域建设规划，应当包括电影院和放映设施的建设规划。

改建、拆除电影院和放映设施，应当报经所在地县级以上地方人民政府电影行政部门审查批准，县级以上地方人民政府电影行政部门应当依据国家有关规定作出批准或者不批准的决定。

第五十三条　县级以上地方人民政府电影行政部门和其他有关行政部门，对干扰、阻止和破坏电影片的制片、发行、放映的行为，应当及时采取措施予以制止，并依法查处。

大众传播媒体不得宣扬非法电影。

## 第七章　罚则

第五十四条　国务院广播电影电视行政部门和县级以上地方人民政府电影行政部门或者其他有关部门及其工作人员，利用职务上的便利收受他人财物或者其他好处，批准不符合法定设立条件的电影片的制片、发行和放映单位，或者不履行监督职责，或者发现违法行为不予查处，造成严重后果的，对负有责任的主管人员和其他直接责任人员依照刑法关于受贿罪、滥用职权罪、玩忽职守罪或者其他罪的规定，依法追究刑事责任；尚不够刑事处罚的，给予降级或者撤职的行政处分。

第五十五条　违反本条例规定，擅自设立电影片的制片、发行、放映单位，或者擅自从事电影制片、进口、发行、放映活动的，由工商行政管理部门予以取缔；依照刑法关于非法经营罪的规定，依法追究刑事责任；尚不够刑事处罚的，没收违法经营的电影片和违法所得以及进行违法经营活动的专用工具、设备；违法所得5万元以上的，并处违法所得5倍以上10倍以下的罚款；没有违法所得或者违法所得不足5万元的，并处20万元以上50万元以下的罚款。

第五十六条　摄制含有本条例第二十五条禁止内容的电影片，或者洗印加工、进口、发行、放映明知或者应知含有本条例第二十五条禁止内容的电影片的，依照刑法有关规定，依法追究刑事责任；尚不够刑事处罚的，由电影行政部门责令停业整顿，没收违法经营的电影片和违法所得；违法所得5万元以上的，并处违法所得5倍以上10倍以下的罚款；没有违法所得或者违法所得不足5万元的，并处20万元以上50万元以下的罚款；情节严重的，并由原发证机关吊销许可证。

第五十七条　走私电影片，依照刑法关于走私罪的规定，依法追究刑事责任；尚不够刑事处罚的，由海关依法给予行政处罚。

第五十八条　出口、发行、放映未取得《电影片公映许可证》的电影片的，由电影行政部门责令停止违法行为，没收违法经营的电影片和违法所得；违法所得5

万元以上的，并处违法所得 10 倍以上 15 倍以下的罚款；没有违法所得或者违法所得不足 5 万元的，并处 20 万元以上 50 万元以下的罚款；情节严重的，并责令停业整顿或者由原发证机关吊销许可证。

第五十九条　有下列行为之一的，由电影行政部门责令停止违法行为，没收违法经营的电影片和违法所得；违法所得 5 万元以上的，并处违法所得 5 倍以上 10 倍以下的罚款；没有违法所得或者违法所得不足 5 万元的，并处 10 万元以上 30 万元以下的罚款；情节严重的，并责令停业整顿或者由原发证机关吊销许可证：

（一）未经批准，擅自与境外组织或者个人合作摄制电影，或者擅自到境外从事电影摄制活动的；

（二）擅自到境外进行电影底片、样片的冲洗或者后期制作，或者未按照批准文件载明的要求执行的；

（三）洗印加工未取得《摄制电影许可证》、《摄制电影片许可证（单片）》的单位摄制的电影底片、样片，或者洗印加工未取得《电影片公映许可证》的电影片拷贝的；

（四）未经批准，接受委托洗印加工境外电影底片、样片或者电影片拷贝，或者未将洗印加工的境外电影底片、样片或者电影片拷贝全部运输出境的；

（五）利用电影资料片从事或者变相从事经营性的发行、放映活动的；

（六）未按照规定的时间比例放映电影片，或者不执行国务院广播电影电视行政部门停止发行、放映决定的。

第六十条　境外组织、个人在中华人民共和国境内独立从事电影片摄制活动的，由国务院广播电影电视行政部门责令停止违法活动，没收违法摄制的电影片和进行违法活动的专用工具、设备，并处 30 万元以上 50 万元以下的罚款。

第六十一条　未经批准，擅自举办中外电影展、国际电影节，或者擅自提供电影片参加境外电影展、电影节的，由国务院广播电影电视行政部门责令停止违法活动，没收违法参展的电影片和违法所得；违法所得 2 万元以上的，并处违法所得 5 倍以上 10 倍以下的罚款；没有违法所得或者违法所得不足 2 万元的，并处 2 万元以上 10 万元以下的罚款。

第六十二条　未经批准，擅自改建、拆除电影院或者放映设施的，由县级以上地方人民政府电影行政部门责令限期恢复电影院或者放映设施的原状，给予警告，对负有责任的主管人员和其他直接责任人员依法给予纪律处分。

第六十三条　单位违反本条例，被处以吊销许可证行政处罚的，应当按照国家有关规定到工商行政管理部门办理变更登记或者注销登记；逾期未办理的，由工商行政管理部门吊销营业执照。

第六十四条　单位违反本条例，被处以吊销许可证行政处罚的，其法定代表人或者主要负责人自吊销许可证之日起 5 年内不得担任电影片的制片、进口、出口、发行和放映单位的法定代表人或者主要负责人。

个人违反本条例，未经批准擅自从事电影片的制片、进口、发行业务，或者擅自举办中外电影展、国际电影节或者擅自提供电影片参加境外电影展、电影节的，5 年内不得从事相关电影业务。

第六十五条　未按照国家有关规定履行电影事业发展专项资金缴纳义务的，由省级以上人民政府电影行政部门责令限期补交，并自欠缴之日起按日加收所欠缴金额万分之五的滞纳金。

第六十六条　依照本条例的规定实施罚款的行政处罚，应当依照有关法律、行政法规的规定，实行罚款决定与罚款收缴分离；收缴的罚款应当全部上缴国库。

## 第八章　附则

第六十七条　国家实行《摄制电影许可证》和《电影发行经营许可证》、《电影放映经营许可证》年检制度。年检办法由国务院广播电影电视行政部门制定。

第六十八条　本条例自 2002 年 2 月 1 日起施行。1996 年 6 月 19 日国务院发布的《电影管理条例》同时废止。

# 音像制品管理条例

国务院令第 341 号，2001 年 12 月 25 日

## 第一章 总则

第一条 为了加强音像制品的管理，促进音像事业的健康发展和繁荣，丰富人民群众的文化生活，促进社会主义物质文明和精神文明建设，制定本条例。

第二条 本条例适用于录有内容的录音带、录像带、唱片、激光唱盘和激光视盘等音像制品的出版、制作、复制、进口、批发、零售、出租等活动。

音像制品用于广播电视播放的，适用广播电视法律、行政法规。

第三条 出版、制作、复制、进口、批发、零售、出租音像制品，应当遵守宪法和有关法律、法规，坚持为人民服务和为社会主义服务的方向，传播有益于经济发展和社会进步的思想、道德、科学技术和文化知识。

音像制品禁止载有下列内容：

（一）反对宪法确定的基本原则的；

（二）危害国家统一、主权和领土完整的；

（三）泄露国家秘密、危害国家安全或者损害国家荣誉和利益的；

（四）煽动民族仇恨、民族歧视，破坏民族团结，或者侵害民族风俗、习惯的；

（五）宣扬邪教、迷信的；

（六）扰乱社会秩序，破坏社会稳定的；

（七）宣扬淫秽、赌博、暴力或者教唆犯罪的；

（八）侮辱或者诽谤他人，侵害他人合法权益的；

（九）危害社会公德或者民族优秀文化传统的；

（十）有法律、行政法规和国家规定禁止的其他内容的。

第四条 国务院出版行政部门负责全国音像制品的出版、制作和复制的监督管理工作；国务院文化行政部门负责全国音像制品的进口、批发、零售和出租的监督管理工作；国务院其他有关行政部门按照国务院规定的职责分工，负责有关的音像制品经营活动的监督管理工作。

县级以上地方人民政府负责出版管理的行政部门（以下简称出版行政部门）负责本行政区域内音像制品的出版、制作和复制的监督管理工作；县级以上地方人民

政府文化行政部门负责本行政区域内音像制品的进口、批发、零售和出租的监督管理工作；县级以上地方人民政府其他有关行政部门在各自的职责范围内负责有关的音像制品经营活动的监督管理工作。

第五条　国家对出版、制作、复制、进口、批发、零售、出租音像制品，实行许可制度；未经许可，任何单位和个人不得从事音像制品的出版、制作、复制、进口、批发、零售、出租等活动。

依照本条例发放的许可证和批准文件，不得出租、出借、出售或者以其他任何形式转让。

第六条　国务院出版行政部门、文化行政部门负责制定音像事业的发展规划，按照国务院规定的职责分工分别确定全国音像出版单位、音像复制单位和音像制品成品进口经营单位的总量、布局和结构。

第七条　音像制品经营活动的监督管理部门及其工作人员不得从事或者变相从事音像制品经营活动，并不得参与或者变相参与音像制品经营单位的经营活动。

## 第二章　出版

第八条　设立音像出版单位，应当具备下列条件：

（一）有音像出版单位的名称、章程；

（二）有符合国务院出版行政部门认定的主办单位及其主管机关；

（三）有确定的业务范围；

（四）有适应业务范围需要的组织机构和符合国家规定的资格条件的音像出版专业人员；

（五）有适应业务范围需要的资金、设备和工作场所；

（六）法律、行政法规规定的其他条件。

审批设立音像出版单位，除依照前款所列条件外，还应当符合音像出版单位总量、布局和结构的规划。

第九条　申请设立音像出版单位，由所在地省、自治区、直辖市人民政府出版行政部门审核同意后，报国务院出版行政部门审批。国务院出版行政部门应当自收到申请书之日起60日内作出批准或者不批准的决定，并通知申请人。批准的，发给《音像制品出版许可证》，由申请人持《音像制品出版许可证》到工商行政管理部门登记，依法领取营业执照；不批准的，应当说明理由。

申请书应当载明下列内容：

（一）音像出版单位的名称、地址；

（二）音像出版单位的主办单位及其主管机关的名称、地址；

（三）音像出版单位的法定代表人或者主要负责人的姓名、住址、资格证明文件；

（四）音像出版单位的资金来源和数额。

第十条　音像出版单位变更名称、主办单位或者其主管机关、业务范围，或者兼并其他音像出版单位，或者因合并、分立而设立新的音像出版单位的，应当依照本条例第九条的规定办理审批手续，并到原登记的工商行政管理部门办理相应的登记手续。

音像出版单位变更地址、法定代表人或者主要负责人，或者终止出版经营活动的，应当到原登记的工商行政管理部门办理变更登记或者注销登记，并向国务院出版行政部门备案。

第十一条　音像出版单位的年度出版计划和涉及国家安全、社会安定等方面的重大选题，应当经所在地省、自治区、直辖市人民政府出版行政部门审核后报国务院出版行政部门备案；重大选题音像制品未在出版前报备案的，不得出版。

第十二条　音像出版单位应当在其出版的音像制品及其包装的明显位置，标明出版单位的名称、地址和音像制品的版号、出版时间、著作权人等事项；出版进口的音像制品，还应当标明进口批准文号。

音像出版单位应当自音像制品出版之日起30日内向国家图书馆、中国版本图书馆和国务院出版行政部门免费送交样本。

第十三条　音像出版单位不得向任何单位或者个人出租、出借、出售或者以其他任何形式转让本单位的名称，不得向任何单位或者个人出售或者以其他形式转让本单位的版号。

第十四条　任何单位和个人不得以购买、租用、借用、擅自使用音像出版单位的名称或者购买、伪造版号等形式从事音像制品出版活动。

图书出版社、报社、期刊社、电子出版物出版社，不得出版非配合本版出版物的音像制品；但是，可以按照国务院出版行政部门的规定，出版配合本版出版物的音像制品，并参照音像出版单位享有权利、承担义务。

第十五条　音像出版单位可以与香港特别行政区、澳门特别行政区、台湾地区或者外国的组织、个人合作制作音像制品。具体办法由国务院出版行政部门制定。

第十六条　音像出版单位实行编辑责任制度，保证音像制品的内容符合本条例的规定。

第十七条　音像出版单位以外的单位申请设立独立从事音像制品的制作业务的单位（以下简称音像制作单位），由所在地省、自治区、直辖市人民政府出版行政部门审批。省、自治区、直辖市人民政府出版行政部门应当自收到申请书之日起60日内作出批准或者不批准的决定，并通知申请人。批准的，发给《音像制品制作许可证》，由申请人持《音像制品制作许可证》到工商行政管理部门登记，依法领取营业执照；不批准的，应当说明理由。广播、电视节目制作经营单位的设立，依照有关法律、行政法规的规定办理。

申请书应当载明下列内容：

（一）音像制作单位的名称、地址；

（二）音像制作单位的法定代表人或者主要负责人的姓名、住址、资格证明文件；

（三）音像制作单位的资金来源和数额。

审批设立音像制作单位，除依照前款所列条件外，还应当兼顾音像制作单位总量、布局和结构。

第十八条　音像制作单位变更名称、业务范围，或者兼并其他音像制作单位，或者因合并、分立而设立新的音像制作单位的，应当依照本条例第十七条的规定办理审批手续，并到原登记的工商行政管理部门办理相应的登记手续。

音像制作单位变更地址、法定代表人或者主要负责人，或者终止制作经营活动的，应当到原登记的工商行政管理部门办理变更登记或者注销登记，并向省、自治区、直辖市人民政府出版行政部门备案。

第十九条　音像出版单位不得委托未取得《音像制品制作许可证》的单位制作音像制品。

音像制作单位接受委托制作音像制品的，应当按照国家有关规定，与委托的出版单位订立制作委托合同；验证委托的出版单位的《音像制品出版许可证》或者本版出版物的证明及由委托的出版单位盖章的音像制品制作委托书。

音像制作单位不得出版、复制、批发、零售、出租音像制品。

## 第三章　复制

第二十条　设立音像复制单位应当具备下列条件：

（一）有音像复制单位的名称、章程；

（二）有确定的业务范围；

（三）有适应业务范围需要的组织机构和人员；

（四）有适应业务范围需要的资金、设备和复制场所；

（五）法律、行政法规规定的其他条件。

审批设立音像复制单位，除依照前款所列条件外，还应当符合音像复制单位总量、布局和结构的规划。

第二十一条　申请设立音像复制单位，由所在地省、自治区、直辖市人民政府出版行政部门审核同意后，报国务院出版行政部门审批。国务院出版行政部门应当自收到申请书之日起60日内作出批准或者不批准的决定，并通知申请人。批准的，发给《音像制品复制许可证》，由申请人持《音像制品复制许可证》到工商行政管理部门登记，依法领取营业执照；不批准的，应当说明理由。

申请书应当载明下列内容：

（一）音像复制单位的名称、地址；

（二）音像复制单位的法定代表人或者主要负责人的姓名、住址；

（三）音像复制单位的资金来源和数额。

第二十二条　音像复制单位变更业务范围，或者兼并其他音像复制单位，或者因合并、分立而设立新的音像复制单位的，应当依照本条例第二十一条的规定办理审批手续，并到工商行政管理部门办理相应的登记手续。

音像复制单位变更名称、地址、法定代表人或者主要负责人，或者终止复制经营活动的，应当到原登记的工商行政管理部门办理变更登记或者注销登记，并向国务院出版行政部门备案。

第二十三条　音像复制单位接受委托复制音像制品的，应当按照国家有关规定，与委托的出版单位订立复制委托合同；验证委托的出版单位的《音像制品出版许可证》和营业执照副本及其盖章的音像制品复制委托书及著作权人的授权书；接受委托复制的音像制品属于非卖品的，应当验证经省、自治区、直辖市人民政府出版行政部门核发并由委托单位盖章的音像制品复制委托书。

音像复制单位应当自完成音像制品复制之日起2年内，保存委托合同和所复制的音像制品的样本以及验证的有关证明文件的副本，以备查验。

第二十四条　音像复制单位不得接受非音像出版单位或者个人的委托复制经营性的音像制品；不得自行复制音像制品；不得批发、零售、出租音像制品。

第二十五条　从事光盘复制的音像复制单位复制光盘，必须使用蚀刻有国务院出版行政部门核发的激光数码储存片来源识别码的注塑模具。

第二十六条　音像复制单位接受委托复制境外音像制品，应当事先将该音像制品的样品报经省、自治区、直辖市人民政府出版行政部门审核同意，并持著作权人的授权书依法到著作权行政管理部门登记；复制的音像制品应当全部运输出境。

## 第四章　进口

第二十七条　音像制品成品进口业务由国务院文化行政部门指定音像制品成品进口经营单位经营；未经指定，任何单位或者个人不得经营音像制品成品进口业务。

第二十八条　进口用于出版的音像制品，以及进口用于批发、零售、出租等的音像制品成品，应当报国务院文化行政部门进行内容审查。

国务院文化行政部门应当自收到音像制品内容审查申请书之日起30日内作出批准或者不批准的决定，并通知申请人。批准的，发给批准文件；不批准的，应当说明理由。

进口用于出版的音像制品的单位、音像制品成品进口经营单位应当持国务院文化行政部门的批准文件到海关办理进口手续。

第二十九条　进口用于出版的音像制品，其著作权事项应当向国务院著作权行政管理部门登记。

第三十条　进口供研究、教学参考的音像制品，应当委托音像制品成品进口经营单位依照本条例第二十八条的规定办理。

进口用于展览、展示的音像制品，经国务院文化行政部门批准后，到海关办理临时进口手续。

依照本条规定进口的音像制品，不得进行经营性复制、批发、零售、出租和放映。

## 第五章　批发、零售和出租

第三十一条　设立音像制品批发、零售、出租单位，应当具备下列条件：

（一）有音像制品批发、零售、出租单位的名称、章程；

（二）有确定的业务范围；

（三）有适应业务范围需要的组织机构和人员；

（四）有适应业务范围需要的资金和场所；

（五）法律、行政法规规定的其他条件。

第三十二条　申请设立全国性音像制品连锁经营单位，应当由其总部所在地省、自治区、直辖市人民政府文化行政部门审核同意后，报国务院文化行政部门审批。申请设立音像制品批发单位，应当报所在地省、自治区、直辖市人民政府文化行政部门审批。申请从事音像制品零售、出租业务，应当报县级地方人民政府文化行政部门审批。文化行政部门应当自收到申请书之日起 30 日内作出批准或者不批准的决定，并通知申请人。批准的，应当发给《音像制品经营许可证》，由申请人持《音像制品经营许可证》到工商行政管理部门登记，依法领取营业执照；不批准的，应当说明理由。

《音像制品经营许可证》应当注明音像制品经营活动的种类。

第三十三条　音像制品批发、零售、出租单位变更名称、业务范围，或者兼并其他音像制品批发、零售、出租单位，或者因合并、分立而设立新的音像制品批发、零售、出租单位的，应当依照本条例第三十二条的规定办理审批手续，并到原登记的工商行政管理部门办理相应的登记手续。

音像制品批发、零售、出租单位变更地址、法定代表人或者主要负责人或者终止经营活动，从事音像制品零售、出租经营活动的个人变更业务范围、地址或者终止经营活动的，应当到原登记的工商行政管理部门办理变更登记或者注销登记，并向原批准的文化行政部门备案。

第三十四条　音像出版单位可以按照国家有关规定，批发、零售本单位出版的音像制品。从事非本单位出版的音像制品的批发、零售业务的，应当依照本条例第三十二条的规定办理审批手续，并到原登记的工商行政管理部门办理登记手续。

第三十五条　国家允许设立从事音像制品分销业务的中外合作经营企业。具体实施办法和步骤，由国务院文化行政部门会同国务院对外经济贸易主管部门按照有关规定规定。

第三十六条　音像制品批发单位和从事音像制品零售、出租等业务的单位或者个人，不得经营非音像出版单位出版的音像制品或者非音像复制单位复制的音像制品，不得经营未经国务院文化行政部门批准进口的音像制品，不得经营侵犯他人著作权的音像制品。

## 第六章　罚则

第三十七条　出版行政部门、文化行政部门、工商行政管理部门或者其他有关行政部门及其工作人员，利用职务上的便利收受他人财物或者其他好处，批准不符合法定设立条件的音像制品出版、制作、复制、进口、批发、零售、出租单位，或者不履行监督职责，或者发现违法行为不予查处，造成严重后果的，对负有责任的主管人员和其他直接责任人员依照刑法关于受贿罪、滥用职权罪、玩忽职守罪或者其他罪的规定，依法追究刑事责任；尚不够刑事处罚的，给予降级或者撤职的行政处分。

第三十八条　音像制品经营活动的监督管理部门的工作人员从事或者变相从事音像制品经营活动的，参与或者变相参与音像制品经营单位的经营活动的，依法给予撤职或者开除的行政处分。

音像制品经营活动的监督管理部门有前款所列行为的，对负有责任的主管人员和其他直接责任人员依照前款规定处罚。

第三十九条　未经批准，擅自设立音像制品出版、制作、复制、进口、批发、零售、出租、放映单位，擅自从事音像制品出版、制作、复制业务或者进口、批发、零售、出租、放映经营活动的，由出版行政部门、工商行政管理部门依照法定职权予以取缔；依照刑法关于非法经营罪的规定，依法追究刑事责任；尚不够刑事处罚的，没收违法经营的音像制品和违法所得以及进行违法活动的专用工具、设备；违法经营额 1 万元以上的，并处违法经营额 5 倍以上 10 倍以下的罚款；违法经营额不足 1 万元的，并处 5 万元以下的罚款。

第四十条　出版含有本条例第三条第二款禁止内容的音像制品，或者制作、复制、批发、零售、出租、放映明知或者应知含有本条例第三条第二款禁止内容的音像制品的，依照刑法有关规定，依法追究刑事责任；尚不够刑事处罚的，由出版行政部门、文化行政部门、公安部门依据各自职权责令停业整顿，没收违法经营的音像制品和违法所得；违法经营额 1 万元以上的，并处违法经营额 5 倍以上 10 倍以下的罚款；违法经营额不足1万元的，可以并处5万元以下的罚款；情节严重的，并由原发证机关吊销许可证。

第四十一条　走私音像制品的，依照刑法关于走私罪的规定，依法追究刑事责任；尚不够刑事处罚的，由海关依法给予行政处罚。

第四十二条　有下列行为之一的，由出版行政部门责令停止违法行为，给予警告，没收违法经营的音像制品和违法所得；违法经营额1万元以上的，并处违法经营额5倍以上10倍以下的罚款；违法经营额不足1万元的，并处1万元以上5万元以下的罚款；情节严重的，并责令停业整顿或者由原发证机关吊销许可证：

（一）音像出版单位向其他单位、个人出租、出借、出售或者以其他任何形式转让本单位的名称，出售或者以其他形式转让本单位的版号的；

（二）音像出版单位委托未取得《音像制品制作许可证》的单位制作音像制品，或者委托未取得《音像制品复制许可证》的单位复制音像制品的；

（三）音像出版单位出版未经国务院文化行政部门批准擅自进口的音像制品的；

（四）音像制作单位、音像复制单位未依照本条例的规定验证音像出版单位的委托书、有关证明的；

（五）音像复制单位擅自复制他人的音像制品，或者接受非音像出版单位、个人的委托复制经营性的音像制品，或者自行复制音像制品的。

第四十三条　音像出版单位违反国家有关规定与香港特别行政区、澳门特别行政区、台湾地区或者外国的组织、个人合作制作音像制品，音像复制单位违反国家有关规定接受委托复制境外音像制品，未经省、自治区、直辖市人民政府出版行政部门审核同意，或者未将复制的境外音像制品全部运输出境的，由省、自治区、直辖市人民政府出版行政部门责令改正，没收违法经营的音像制品和违法所得；违法经营额1万元以上的，并处违法经营额5倍以上10倍以下的罚款；违法经营额不足1万元的，并处1万元以上5万元以下的罚款；情节严重的，并由原发证机关吊销许可证。

第四十四条　有下列行为之一的，由出版行政部门、文化行政部门责令改正，给予警告；情节严重的，并责令停业整顿或者由原发证机关吊销许可证：

（一）音像出版单位未将其年度出版计划和涉及国家安全、社会安定等方面的重大选题报国务院出版行政部门备案的；

（二）音像制品出版、制作、复制、批发、零售、出租单位变更名称、地址、法定代表人或者主要负责人、业务范围等，未依照本条例规定办理审批、备案手续的；

（三）音像出版单位未在其出版的音像制品及其包装的明显位置标明本条例规定的内容的；

（四）音像出版单位未依照本条例的规定送交样本的；

（五）音像复制单位未依照本条例的规定留存备查的材料的；

（六）从事光盘复制的音像复制单位复制光盘，使用未蚀刻国务院出版行政部门核发的激光数码储存片来源识别码的注塑模具的。

第四十五条　有下列行为之一的，由文化行政部门责令停止违法行为，给予警告，没收违法经营的音像制品和违法所得；违法经营额 1 万元以上的，并处违法经营额 5 倍以上 10 倍以下的罚款；违法经营额不足 1 万元的，并处 1 万元以上 5 万元以下的罚款；情节严重的，并责令停业整顿或者由原发证机关吊销许可证：

（一）批发、零售、出租、放映非音像出版单位出版的音像制品或者非音像复制单位复制的音像制品的；

（二）批发、零售、出租或者放映未经国务院文化行政部门批准进口的音像制品的；

（三）批发、零售、出租、放映供研究、教学参考或者用于展览、展示的进口音像制品的；

（四）音像出版单位出版未经国务院文化行政部门批准进口的音像制品的。

第四十六条　单位违反本条例的规定，被处以吊销许可证行政处罚的，应当到工商行政管理部门办理变更登记或者注销登记；逾期未办理的，由工商行政管理部门吊销营业执照。

第四十七条　单位违反本条例的规定，被处以吊销许可证行政处罚的，其法定代表人或者主要负责人自许可证被吊销之日起 10 年内不得担任音像制品出版、制作、复制、进口、批发、零售、出租单位的法定代表人或者主要负责人。

从事音像制品零售、出租或者放映业务的个人违反本条例的规定，被处以吊销许可证行政处罚的，自许可证被吊销之日起 10 年内不得从事音像制品零售、出租或者放映业务。

第四十八条　依照本条例的规定实施罚款的行政处罚，应当依照有关法律、行政法规的规定，实行罚款决定与罚款收缴分离；收缴的罚款必须全部上缴国库。

## 第七章　附则

第四十九条　自本条例施行之日起，不再审批设立经营性音像制品放映单位；已经依法设立的，不得更新现有设备，并于 5 年内予以关闭；关闭前，由文化行政部门进行监督管理。

第五十条　依照本条例发放许可证，除按照法定标准收取成本费外，不得收取其他任何费用。

第五十一条　本条例自 2002 年 2 月 1 日起施行。1994 年 8 月 25 日国务院发布的《音像制品管理条例》同时废止。

# 出版管理条例

中华人民共和国国务院令第 343 号，国务院 2001 年 12 月 25 日发布

## 第一章　总则

第一条　为了加强对出版活动的管理，发展和繁荣有中国特色社会主义出版事业，保障公民依法行使出版自由的权利，促进社会主义精神文明和物质文明建设，根据宪法，制定本条例。

第二条　在中华人民共和国境内从事出版活动，适用本条例。

本条例所称出版活动，包括出版物的出版、印刷或者复制、进口、发行。

本条例所称出版物，是指报纸、期刊、图书、音像制品、电子出版物等。

第三条　出版事业必须坚持为人民服务、为社会主义服务的方向，坚持以马克思列宁主义、毛泽东思想和邓小平理论为指导，传播和积累有益于提高民族素质、有益于经济发展和社会进步的科学技术和文化知识，弘扬民族优秀文化，促进国际文化交流，丰富和提高人民的精神生活。

第四条　从事出版活动，应当将社会效益放在首位，实现社会效益与经济效益相结合。

第五条　公民依法行使出版自由的权利，各级人民政府应当予以保障。

公民在行使出版自由的权利的时候，必须遵守宪法和法律，不得反对宪法确定的基本原则，不得损害国家的、社会的、集体的利益和其他公民的合法的自由和权利。

第六条　国务院出版行政部门负责全国的出版活动的监督管理工作。国务院其他有关部门按照国务院规定的职责分工，负责有关的出版活动的监督管理工作。

县级以上地方各级人民政府负责出版管理的行政部门（以下简称出版行政部门）负责本行政区域内出版活动的监督管理工作。县级以上地方各级人民政府其他有关部门在各自的职责范围内，负责有关的出版活动的监督管理工作。

第七条　出版行政部门根据已经取得的违法嫌疑证据或者举报，对涉嫌违法从事出版物出版、印刷或者复制、进口、发行等活动的行为进行查处时，可以检查与违法活动有关的物品；对有证据证明是与违法活动有关的物品，可以查封或者扣押。

第八条　出版行业的社会团体按照其章程，在出版行政部门的指导下，实行自律管理。

## 第二章　出版单位的设立与管理

第九条　报纸、期刊、图书、音像制品和电子出版物等应当由出版单位出版。

本条例所称出版单位，包括报社、期刊社、图书出版社、音像出版社和电子出版物出版社等。

法人出版报纸、期刊，不设立报社、期刊社的，其设立的报纸编辑部、期刊编辑部视为出版单位。

第十条　国务院出版行政部门制定全国出版单位总量、结构、布局的规划，指导、协调出版事业发展。

第十一条　设立出版单位，应当具备下列条件：

（一）有出版单位的名称、章程；

（二）有符合国务院出版行政部门认定的主办单位及其主管机关；

（三）有确定的业务范围；

（四）有 30 万元以上的注册资本和固定的工作场所；

（五）有适应业务范围需要的组织机构和符合国家规定的资格条件的编辑出版专业人员；

（六）法律、行政法规规定的其他条件。

审批设立出版单位，除依照前款所列条件外，还应当符合国家关于出版单位总量、结构、布局的规划。

第十二条　设立出版单位，由其主办单位向所在地省、自治区、直辖市人民政府出版行政部门提出申请；省、自治区、直辖市人民政府出版行政部门审核同意后，报国务院出版行政部门审批。

第十三条　设立出版单位的申请书应当载明下列事项：

（一）出版单位的名称、地址；

（二）出版单位的主办单位及其主管机关的名称、地址；

（三）出版单位的法定代表人或者主要负责人的姓名、住址、资格证明文件；

（四）出版单位的资金来源及数额。

设立报社、期刊社或者报纸编辑部、期刊编辑部的，申请书还应当载明报纸或者期刊的名称、刊期、开版或者开本、印刷场所。

申请书应当附具出版单位的章程和设立出版单位的主办单位及其主管机关的有关证明材料。

第十四条　国务院出版行政部门应当自收到设立出版单位的申请之日起 90 日内，作出批准或者不批准的决定，并由省、自治区、直辖市人民政府出版行政部门书面通知主办单位；不批准的，应当说明理由。

第十五条　设立出版单位的主办单位应当自收到批准决定之日起60日内，向所在地省、自治区、直辖市人民政府出版行政部门登记，领取出版许可证。登记事项由国务院出版行政部门规定。

出版单位经登记后，持出版许可证向工商行政管理部门登记，依法领取营业执照。

第十六条　报社、期刊社、图书出版社、音像出版社电子出版物出版社等应当具备法人条件，经核准登记后，取得法人资格，以其全部法人财产独立承担民事责任。

依照本条例第九条第三款的规定，视为出版单位的报纸编辑部、期刊编辑部不具有法人资格，其民事责任由其主办单位承担。

第十七条　出版单位变更名称、主办单位或者其主管机关、业务范围，合并或者分立，出版新的报纸、期刊，或者报纸、期刊变更名称、刊期的，应当依照本条例第十二条、第十三条的规定办理审批手续，并到原登记的工商行政管理部门办理相应的登记手续。

出版单位除前款所列变更事项外的其他事项的变更，应当经主办单位及其主管机关审查同意，向所在地省、自治区、直辖市人民政府出版行政部门申请变更登记，并报国务院出版行政部门备案后，到原登记的工商行政管理部门办理变更登记。

第十八条　出版单位终止出版活动的，应当向所在地省、自治区、直辖市人民政府出版行政部门办理注销登记，并报国务院出版行政部门备案后，到原登记的工商行政管理部门办理注销登记。

第十九条　图书出版社、音像出版社和电子出版物出版社自登记之日起满180日未从事出版活动的，报社、期刊社自登记之日起满90日未出版报纸、期刊的，由原登记的出版行政部门注销登记，并报国务院出版行政部门备案。

因不可抗力或者其他正当理由发生前款所列情形的，出版单位可以向原登记的出版行政部门申请延期。

第二十条　图书出版社、音像出版社和电子出版物出版社的年度出版计划及涉及国家安全、社会安定等方面的重大选题，应当经所在地省、自治区、直辖市人民政府出版行政部门审核后报国务院出版行政部门备案；涉及重大选题，未在出版前报备案的出版物，不得出版。具体办法由国务院出版行政部门制定。

期刊社的重大选题，应当依照前款规定办理备案手续。

第二十一条　出版行政部门应当加强对本行政区域内出版单位出版活动的日常监督管理。

出版单位应当按照国务院出版行政部门的规定，将从事出版活动的情况向出版行政部门提出书面报告。

第二十二条　出版单位不得向任何单位或者个人出售或者以其他形式转让本单位的名称、书号、刊号或者版号、版面，并不得出租本单位的名称、刊号。

第二十三条　出版单位发行其出版物前，应当按照国家有关规定向国家图书馆、中国版本图书馆和国务院出版行政部门免费送交样本。

## 第三章　出版物的出版

第二十四条　公民可以依照本条例规定，在出版物上自由表达自己对国家事务、经济和文化事业、社会事务的见解和意愿，自由发表自己从事科学研究、文学艺术创作和其他文化活动的成果。

合法出版物受法律保护，任何组织和个人不得非法干扰、阻止、破坏出版物的出版。

第二十五条　出版单位实行编辑责任制度，保障出版物刊载的内容符合本条例的规定。

第二十六条　任何出版物不得含有下列内容：

（一）反对宪法确定的基本原则的；

（二）危害国家统一、主权和领土完整的；

（三）泄露国家秘密、危害国家安全或者损害国家荣誉和利益的；

（四）煽动民族仇恨、民族歧视，破坏民族团结，或者侵害民族风俗、习惯的；

（五）宣扬邪教、迷信的；

（六）扰乱社会秩序，破坏社会稳定的；

（七）宣扬淫秽、赌博、暴力或者教唆犯罪的；

（八）侮辱或者诽谤他人，侵害他人合法权益的；

（九）危害社会公德或者民族优秀文化传统的；

（十）有法律、行政法规和国家规定禁止的其他内容的。

第二十七条　以未成年人为对象的出版物不得含有诱发未成年人模仿违反社会公德的行为和违法犯罪的行为的内容，不得含有恐怖、残酷等妨害未成年人身心健康的内容。

第二十八条　出版物的内容不真实或者不公正，致使公民、法人或者其他组织的合法权益受到侵害的，其出版单位应当公开更正，消除影响，并依法承担其他民事责任。

报纸、期刊发表的作品内容不真实或者不公正，致使公民、法人或者其他组织的合法权益受到侵害的，当事人有权要求有关出版单位更正或者答辩，有关出版单位应当在其近期出版的报纸、期刊上予以发表；拒绝发表的，当事人可以向人民法院提起诉讼。

第二十九条　出版物必须按照国家的有关规定载明作者、出版者、印刷者或者复制者、发行者的名称、地址，书号、刊号或者版号，出版日期、刊期以及其他有关事项。

出版物的规格、开本、版式、装帧、校对等必须符合国家标准和规范要求，保证出版物的质量。

第三十条　任何单位和个人不得伪造、假冒出版单位和个人不得伪造、假冒出版单位名称或者报纸、期刊名称出版出版物。

第三十一条　中学小学教科书由国务院教育行政部门审定或者组织审定，其出版、印刷、发行单位由省级以上人民政府出版行政部门、教育行政部门会同价格主管部门以招标或者其他公开、公正的方式确定；其他任何单位或者个人不得从事中学小学教科书的出版、印刷、发行业务。具体办法和实施步骤由国务院出版行政部门会同国务院教育行政部门、价格主管部门规定。

## 第四章　出版物的印刷或者复制和发行

第三十二条　从事出版物印刷或者复制业务的单位，应当向所在地省、自治区、直辖市人民政府出版行政部门提出申请，经审核许可，并依照国家有关规定到公安机关和工商行政管理部门办理相关手续后，方可从事出版物的印刷或者复制。

未经许可并办理相关手续的，不得印刷报纸、期刊、图书，不得复制音像制品、电子出版物。

第三十三条　出版单位不得委托未取得出版物印刷或者复制许可的单位印刷或者复制出版物。

出版单位委托印刷或者复制单位印刷或者复制出版物的，必须提供符合国家规定的印刷或者复制出版物的有关证明，并依法与印刷或者复制单位签订合同。

印刷或者复制单位不得接受非出版单位和个人的委托印刷报纸、期刊、图书或者复制音像制品、电子出版物，不得擅自印刷、发行报纸、期刊、图书或者复制、发行音像制品、电子出版物。

第三十四条　印刷或者复制单位经所在地省、自治区、直辖市人民政府出版行政部门批准，可以承接境外出版物的印刷或者复制业务；但是，印刷或者复制的境外出版物必须全部运输出境，不得在境内发行。

境外委托印刷或者复制的出版物的内容，应当经省、自治区、直辖市人民政府出版行政部门审核。委托人应当持有著作权人授权书，并向著作权行政管理部门登记。

第三十五条　印刷或者复制单位应当自完成出版物的印刷或者复制之日起 2 年内，留存一份承接的出版物样本备查。

第三十六条　从事报纸、期刊、图书的全国性连锁经营业务的单位，应当由其总机构所在地省、自治区、直辖市人民政府出版行政部门审核许可后，报国务院出版行政部门审查批准，并向工商行政管理部门依法领取营业执照。

从事报纸、期刊、图书总发行业务的发行单位，经国务院出版行政部门审核许可，并向工商行政管理部门依法领取营业执照后，方可从事报纸、期刊、图书总发行业务。

从事报纸、期刊、图书批发业务的发行单位，经省、自治区、直辖市人民政府出版行政部门审核许可，并向工商行政管理部门依法领取营业执照后，方可从事报纸、期刊、图书的批发业务。

邮政企业发行报纸、期刊，依照邮政法的规定办理。

第三十七条　从事报纸、期刊、图书零售业务的单位和个人，经县级人民政府出版行政部门批准，并向工商行政管理部门依法领取营业执照后，方可从事出版物的零售业务。

第三十八条　出版单位可以发行本出版单位出版的出版物，不得发行其他出版单位出版的出版物。

第三十九条　国家允许设立从事图书、报纸、期刊分销业务的中外合资经营企业、中外合作经营企业、外资企业。具体实施办法和步骤由国务院出版行政部门会同国务院对外经济贸易主管部门按照有关规定规定。

第四十条　印刷或者复制单位、发行单位不得印刷或者复制、发行有下列情形之一的出版物：

（一）含有本条例第二十六条、第二十七条禁止内容的；

（二）非法进口的；

（三）伪造、假冒出版单位名称或者报纸、期刊名称的；

（四）未署出版单位名称的；

（五）中学小学教科书未经依法审定的；

（六）侵犯他人著作权的。

## 第五章　出版物的进口

第四十一条　出版物进口业务，由依照本条例设立的出版物进口经营单位经营；其中经营报纸、期刊进口业务的，须由国务院出版行政部门指定。

未经批准，任何单位和个人不得从事出版物进口业务；未经指定，任何单位和个人不得从事报纸、期刊进口业务。

第四十二条　设立出版物进口经营单位，应当具备下列条件：

（一）有出版物进口经营单位的名称、章程；

（二）是国有独资企业并有符合国务院出版行政部门认定的主办单位及其主管机关；

（三）有确定的业务范围；

（四）有与出版物进口业务相适应的组织机构和符合国家规定的资格条件的专业人员；

（五）有与出版物进口业务相适应的资金；

（六）有固定的经营场所；

（七）法律、行政法规和国家规定的其他条件。

审批设立出版物进口经营单位，除依照前款所列条件外，还应当符合国家关于出版物进口经营单位总量、结构、布局的规划。

第四十三条 设立出版物进口经营单位，应当向国务院出版行政部门提出申请，经审查批准，取得国务院出版行政部门核发的出版物进口经营许可证后，持证到工商行政管理部门依法领取营业执照。

设立出版物进口经营单位，还应当依照对外贸易法律、行政法规的规定办理相应手续。

第四十四条 出版物进口经营单位进口的出版物，不得含有本条例第二十六条、第二十七条禁止的内容

出版物进口经营单位负责对其进口的出版物进行内容审查。省级以上人民政府出版行政部门可以对出版物进口经营单位进口的出版物直接进行内容审查。出版物进口经营单位无法判断其进口的出版物是否含有本条例第二十六条、第二十七条禁止内容的，可以请求省级以上人民政府出版行政部门进行内容审查。省级以上人民政府出版行政部门应出版物进口经营单位的请求，对其进口的出版物进行内容审查的，可以按照国务院价格主管部门批准的标准收取费用。

国务院出版行政部门可以禁止特定出版物的进口。

第四十五条 出版物进口经营单位应当在进口出版物前将拟进口的出版物目录报省级以上人民政府出版行政部门备案；省级以上人民政府出版行政部门发现有禁止进口的或者暂缓进口的出版物的，应当及时通知出版物进口经营单位并通报海关。对通报禁止进口或者暂缓进口的出版物，出版物进口经营单位不得进口，海关不得放行。

出版物进口备案的具体办法由国务院出版行政部门制定。

第四十六条 发行进口出版物的，必须从依法设立的出版物进口经营单位进货；其中发行进口报纸、期刊的，必须从国务院出版行政部门指定的出版物进口经营单位进货。

第四十七条 出版物进口经营单位在境内举办境外出版物展览，必须报经国务院出版行政部门批准。未经批准，任何单位和个人不得举办境外出版物展览。

依照前款规定展览的境外出版物需要销售的，应当按照国家有关规定办理相关手续。

## 第六章 保障与奖励

第四十八条 国家制定有关政策，保障、促进出版事业的发展与繁荣。

第四十九条 国家支持、鼓励下列优秀的、重点的出版物的出版：

（一）对阐述、传播宪法确定的基本原则有重大作用的；

（二）对在人民中进行爱国主义、集体主义、社会主义教育和弘扬社会公德、职业道德、家庭美德有重要意义的；

（三）对弘扬民族优秀文化和及时反映国内外新的科学文化成果有重大贡献的；

（四）具有重要思想价值、科学价值或者文化艺术价值的。

第五十条　国家对教科书的出版发行，予以保障。

国家扶持少数民族语言文字出版物和盲文出版物的出版发行。

国家对在少数民族地区、边疆地区、经济不发达地区和在农村发行出版物，实行优惠政策。

第五十一条　报纸、期刊交由邮政企业发行的，邮政企业应当保证按照合同约定及时、准确发行。

承运出版物的运输企业，应当对出版物的运输提供方便。

第五十二条　国家对为发展、繁荣出版事业作出重要贡献的单位和个人，给予奖励。

第五十三条　对非法干扰、阻止和破坏出版物出版、印刷或者复制、进口、发行的行为，县级以上各级人民政府出版行政部门及其他有关部门，应当及时采取措施，予以制止。

## 第七章　法律责任

第五十四条　出版行政部门或者其他有关部门的工作人员，利用职务上的便利收受他人财物或者其他好处，批准不符合法定设立条件的出版、印刷或者复制、进口、发行单位，或者不履行监督职责，或者发现违法行为不予查处，造成严重后果的，依照刑法关于受贿罪、滥用职权罪、玩忽职守罪或者其他罪的规定，依法追究刑事责任；尚不够刑事处罚的，给予降级或者撤职的行政处分。

第五十五条　未经批准，擅自设立出版物的出版、印刷或者复制、进口、发行单位，或者擅自从事出版物的出版、印刷或者复制、进口、发行业务，假冒出版单位名称或者伪造、假冒报纸、期刊名称出版出版物的，由出版行政部门、工商行政管理部门依照法定职权予以取缔；依照刑法关于非法经营罪的规定，依法追究刑事责任；尚不够刑事处罚的，没收出版物、违法所得和从事违法活动的专用工具、设备，违法经营额1万元以上的，并处违法经营额5倍以上10倍以下的罚款，违法经营额不足1万元的，并处1万元以上5万元以下的罚款；侵犯他人合法权益的，依法承担民事责任。

第五十六条　有下列行为之一，触犯刑律的，依照刑法有关规定，依法追究刑事责任；尚不够刑事处罚的，由出版行政部门责令限期停业整顿，没收出版物、违法所得，违法经营额1万元以上的，并处违法经营额5倍以上10倍以下的罚款；违法经营额不足1万元的，并处1万元以上5万元以下的罚款；情节严重的，由原发证机关吊销许可证：

（一）出版、进口含有本条例第二十六条、第二十七条禁止内容的出版物的；

（二）明知或者应知出版物含有本条例第二十六条、第二十七条禁止内容而印刷或者复制、发行的；

（三）明知或者应知他人出版含有本条例第二十六条、第二十七条禁止内容的出版物而向其出售或者以其他形式转让本出版单位的名称、书号、刊号、版号、版面，或者出租本单位的名称、刊号的。

第五十七条　有下列行为之一的，由出版行政部门责令停止违法行为，没收出版物、违法所得，违法经营额 1 万元，并处违法经营额 5 倍以上 10 倍以下的罚款；违法经营额不足 1 万元的，并处 1 万元以上 5 万元以下的罚款；情节严重的，责令限期停业整顿或者由原发证机关吊销许可证：

（一）进口、印刷或者复制、发行国务院出版行政部门禁止进口的出版物的；

（二）印刷或者复制走私的境外出版物的；

（三）发行进口出版物未从本条例规定的出版物进口经营单位进货的。

第五十八条　走私出版物的，依照刑法关于走私罪的规定，依法追究刑事责任；尚不够刑事处罚的，由海关依照海关法的规定给予行政处罚。

第五十九条　有下列行为之一的，由出版行政部门没收出版物、违法所得，违法经营额 1 万元以上的，并处违法经营额 5 倍以上 10 倍以下的罚款；违法经营额不足 1 万元的，并处 1 万元以上 5 万元以下的罚款；情节严重的，责令限期停业整顿或者由原发证机关吊销许可证：

（一）印刷或者复制单位未取得印刷或者复制许可而印刷或者复制出版物的；

（二）印刷或者复制单位接受非出版单位和个人的委托印刷或者复制出版物的；

（三）印刷或者复制单位未履行法定手续印刷或者复制境外出版物的，印刷或者复制的境外出版物没有全部运输出境的；

（四）印刷或者复制单位、发行单位或者个人发行未署出版单位名称的出版物的；

（五）出版、印刷、发行单位出版、印刷、发行未经依法审定的中学小学教科书，或者非依照本条例规定确定的单位从事中学小学教科书的出版、印刷、发行业务的。

第六十条　出版单位出售或者以其他形式转让本出版单位的名称、书号、刊号、版号、版面，或者出租本单位的名称、刊号的，由出版行政部门责令停止违法行为，给予警告，没收违法经营的出版物、违法所得，违法经营额 1 万元以上的，并处违法经营额 5 倍以上 10 倍以下的罚款；违法经营额不足 1 万元的，并处 1 万元以上 5 万元以下的罚款；情节严重的，责令限期停业整顿或者由原发证机关吊销许可证。

第六十一条　有下列行为之一的，由出版行政部门责令改正，给予警告；情节严重的，责令限期停业整顿或者由原发证机关吊销许可证：

（一）出版单位变更名称、主办单位或者其主管机关、业务范围，合并或者分立，出版新的报纸、期刊，或者报纸、期刊改变名称、刊期，以及出版单位变更其他事项，未依照本条例的规定到出版行政部门办理审批、变更登记手续的；

（二）出版单位未将其年度出版计划和涉及国家安全、社会安定等方面的重大选题备案的；

（三）出版单位未依照本条例的规定送交出版物的样本的；

（四）印刷或者复制单位未依照本条例的规定留存备查的材料的；

（五）出版物进口经营单位未依照本条例的规定将其进口的出版物目录备案的。

第六十二条　未经批准，举办境外出版物展览的，由出版行政部门责令停止违法行为，没收出版物、违法所得；情节严重的，责令限期停业整顿或者由原发证机关吊销许可证。

第六十三条　印刷或者复制、批发、零售、出租、散发含有本条例第二十六条、第二十七条禁止内容的出版物或者其他非法出版物的，当事人对非法出版物的来源作出说明、指认，经查证属实的，没收出版物、违法所得，可以减轻或者免除其他行政处罚。

第六十四条　单位违反本条例，被处以吊销许可证行政处罚的，应当按照国家有关规定到工商行政管理部门办理变更登记或者注销登记；逾期未办理的，由工商行政管理部门吊销营业执照。

第六十五条　单位违反本条例被处以吊销许可证行政处罚的，其法定代表人或者主要负责人自许可证被吊销之日起 10 年内不得担任出版、印刷或者复制、进口、发行单位的法定代表人或者主要负责人。

第六十六条　依照本条例的规定实施罚款的行政处罚，应当依照有关法律、行政法规的规定，实行罚款决定与罚款收缴分离；收缴的罚款必须全部上缴国库。

## 第八章　附则

第六十七条　行政法规对音像制品的出版、复制、进口、发行另有规定的，适用其规定。

接受境外机构或者个人赠送出版物的管理办法、订户订购境外出版物的管理办法、互联网出版管理办法和电子出版物出版的管理办法，由国务院出版行政部门根据本条例的原则另行制定。

第六十八条　本条例自 2002 年 2 月 1 日起施行。1997 年 1 月 2 日国务院发布的《出版管理条例》同时废止。

# 计算机软件保护条例（2001年）

国务院 2001 年 12 月 20 日第 339 号令公布， 2002 年 1 月 1 日起施行

## 第一章　总则

第一条　为了保护计算机软件著作权人的权益，调整计算机软件在开发、传播和使用中发生的利益关系，鼓励计算机软件的开发与应用，促进软件产业和国民经济信息化的发展，根据《中华人民共和国著作权法》，制定本条例。

第二条　本条例所称计算机软件（以下简称软件），是指计算机程序及其有关文档。

第三条　本条例下列用语的含义：

（一）计算机程序，是指为了得到某种结果而可以由计算机等具有信息处理能力的装置执行的代码化指令序列，或者可以被自动转换成代码化指令序列的符号化指令序列或者符号化语句序列。同一计算机程序的源程序和目标程序为同一作品。

（二）文档，是指用来描述程序的内容、组成、设计、功能规格、开发情况、测试结果及使用方法的文字资料和图表等，如程序设计说明书、流程图、用户手册等。

（三）软件开发者，是指实际组织开发、直接进行开发，并对开发完成的软件承担责任的法人或者其他组织；或者依靠自己具有的条件独立完成软件开发，并对软件承担责任的自然人。

（四）软件著作权人，是指依照本条例的规定，对软件享有著作权的自然人、法人或者其他组织。

第四条　受本条例保护的软件必须由开发者独立开发，并已固定在某种有形物体上。

第五条　中国公民、法人或者其他组织对其所开发的软件，不论是否发表，依照本条例享有著作权。

外国人、无国籍人的软件首先在中国境内发行的，依照本条例享有著作权。

外国人、无国籍人的软件，依照其开发者所属国或者经常居住地国同中国签订的协议或者依照中国参加的国际条约享有的著作权，受本条例保护。

第六条　本条例对软件著作权的保护不延及开发软件所用的思想、处理过程、操作方法或者数学概念等。

第七条　软件著作权人可以向国务院著作权行政管理部门认定的软件登记机构办理登记。软件登记机构发放的登记证明文件是登记事项的初步证明。

办理软件登记应当缴纳费用。软件登记的收费标准由国务院著作权行政管理部门会同国务院价格主管部门规定。

## 第二章　软件著作权

第八条　软件著作权人享有下列各项权利：

（一）发表权，即决定软件是否公之于众的权利；

（二）署名权，即表明开发者身份，在软件上署名的权利；

（三）修改权，即对软件进行增补、删节，或者改变指令、语句顺序的权利；

（四）复制权，即将软件制作一份或者多份的权利；

（五）发行权，即以出售或者赠与方式向公众提供软件的原件或者复制件的权利；

（六）出租权，即有偿许可他人临时使用软件的权利，但是软件不是出租的主要标的的除外；

（七）信息网络传播权，即以有线或者无线方式向公众提供软件，使公众可以在其个人选定的时间和地点获得软件的权利；

（八）翻译权，即将原软件从一种自然语言文字转换成另一种自然语言文字的权利；

（九）应当由软件著作权人享有的其他权利。

软件著作权人可以许可他人行使其软件著作权，并有权获得报酬。

软件著作权人可以全部或者部分转让其软件著作权，并有权获得报酬。

第九条　软件著作权属于软件开发者，本条例另有规定的除外。

如无相反证明，在软件上署名的自然人、法人或者其他组织为开发者。

第十条　由两个以上的自然人、法人或者其他组织合作开发的软件，其著作权的归属由合作开发者签订书面合同约定。无书面合同或者合同未作明确约定，合作开发的软件可以分割使用的，开发者对各自开发的部分可以单独享有著作权；但是，行使著作权时，不得扩展到合作开发的软件整体的著作权。合作开发的软件不能分割使用的，其著作权由各合作开发者共同享有，通过协商一致行使；不能协商一致，又无正当理由的，任何一方不得阻止他方行使除转让权以外的其他权利，但是所得收益应当合理分配给所有合作开发者。

第十一条　接受他人委托开发的软件，其著作权的归属由委托人与受托人签订书面合同约定；无书面合同或者合同未作明确约定的，其著作权由受托人享有。

第十二条　由国家机关下达任务开发的软件，著作权的归属与行使由项目任务书或者合同规定；项目任务书或者合同中未作明确规定的，软件著作权由接受任务的法人或者其他组织享有。

第十三条　自然人在法人或者其他组织中任职期间所开发的软件有下列情形之一的，该软件著作权由该法人或者其他组织享有，该法人或者其他组织可以对开发软件的自然人进行奖励：

（一）针对本职工作中明确指定的开发目标所开发的软件；

（二）开发的软件是从事本职工作活动所预见的结果或者自然的结果；

（三）主要使用了法人或者其他组织的资金、专用设备、未公开的专门信息等物质技术条件所开发并由法人或者其他组织承担责任的软件。

第十四条　软件著作权自软件开发完成之日起产生。

自然人的软件著作权，保护期为自然人终生及其死亡后 50 年，截止于自然人死亡后第 50 年的 12 月 31 日；软件是合作开发的，截止于最后死亡的自然人死亡后 50 年的 12 月 31 日。

法人或者其他组织的软件著作权，保护期为 50 年，截止于软件首次发表后第 50 年的 12 月 31 日，但软件自开发完成之日起 50 年内未发表的，本条例不再保护。

第十五条　软件著作权属于自然人的，该自然人死亡后，在软件著作权的保护期内，软件著作权的继承人可以依照《中华人民共和国继承法》的有关规定，继承本条例第八条规定的除署名权以外的其他权利。

软件著作权属于法人或者其他组织的，法人或者其他组织变更、终止后，其著作权在本条例规定的保护期内由承受其权利义务的法人或者其他组织享有；没有承受其权利义务的法人或者其他组织的，由国家享有。

第十六条　软件的合法复制品所有人享有下列权利：

（一）根据使用的需要把该软件装入计算机等具有信息处理能力的装置内；

（二）为了防止复制品损坏而制作备份复制品。这些备份复制品不得通过任何方式提供给他人使用，并在所有人丧失该合法复制品的所有权时，负责将备份复制品销毁；

（三）为了把该软件用于实际的计算机应用环境或者改进其功能、性能而进行必要的修改；但是，除合同另有约定外，未经该软件著作权人许可，不得向任何第三方提供修改后的软件。

第十七条　为了学习和研究软件内含的设计思想和原理，通过安装、显示、传输或者存储软件等方式使用软件的，可以不经软件著作权人许可，不向其支付报酬。

## 第三章　软件著作权的许可使用和转让

第十八条　许可他人行使软件著作权的，应当订立许可使用合同。

许可使用合同中软件著作权人未明确许可的权利，被许可人不得行使。

第十九条　许可他人专有行使软件著作权的，当事人应当订立书面合同。

没有订立书面合同或者合同中未明确约定为专有许可的，被许可行使的权利应当视为非专有权利。

第二十条　转让软件著作权的，当事人应当订立书面合同。

第二十一条　订立许可他人专有行使软件著作权的许可合同，或者订立转让软件著作权合同，可以向国务院著作权行政管理部门认定的软件登记机构登记。

第二十二条　中国公民、法人或者其他组织向外国人许可或者转让软件著作权的，应当遵守《中华人民共和国技术进出口管理条例》的有关规定。

## 第四章　法律责任

第二十三条　除《中华人民共和国著作权法》或者本条例另有规定外，有下列侵权行为的，应当根据情况，承担停止侵害、消除影响、赔礼道歉、赔偿损失等民事责任：

（一）未经软件著作权人许可，发表或者登记其软件的；

（二）将他人软件作为自己的软件发表或者登记的；

（三）未经合作者许可，将与他人合作开发的软件作为自己单独完成的软件发表或者登记的；

（四）在他人软件上署名或者更改他人软件上的署名的；

（五）未经软件著作权人许可，修改、翻译其软件的；

（六）其他侵犯软件著作权的行为。

第二十四条　除《中华人民共和国著作权法》、本条例或者其他法律、行政法规另有规定外，未经软件著作权人许可，有下列侵权行为的，应当根据情况，承担停止侵害、消除影响、赔礼道歉、赔偿损失等民事责任；同时损害社会公共利益的，由著作权行政管理部门责令停止侵权行为，没收违法所得，没收、销毁侵权复制品，可以并处罚款；情节严重的，著作权行政管理部门并可以没收主要用于制作侵权复制品的材料、工具、设备等；触犯刑律的，依照刑法关于侵犯著作权罪、销售侵权复制品罪的规定，依法追究刑事责任：

（一）复制或者部分复制著作权人的软件的；

（二）向公众发行、出租、通过信息网络传播著作权人的软件的；

（三）故意避开或者破坏著作权人为保护其软件著作权而采取的技术措施的；

（四）故意删除或者改变软件权利管理电子信息的；

（五）转让或者许可他人行使著作权人的软件著作权的。

有前款第（一）项或者第（二）项行为的，可以并处每件 100 元或者货值金额 5

倍以下的罚款；有前款第（三）项、第（四）项或者第（五）项行为的，可以并处 5 万元以下的罚款。

第二十五条　侵犯软件著作权的赔偿数额，依照《中华人民共和国著作权法》第四十八条的规定确定。

第二十六条　软件著作权人有证据证明他人正在实施或者即将实施侵犯其权利的行为，如不及时制止，将会使其合法权益受到难以弥补的损害的，可以依照《中华人民共和国著作权法》第四十九条的规定，在提起诉讼前向人民法院申请采取责令停止有关行为和财产保全的措施。

第二十七条　为了制止侵权行为，在证据可能灭失或者以后难以取得的情况下，软件著作权人可以依照《中华人民共和国著作权法》第五十条的规定，在提起诉讼前向人民法院申请保全证据。

第二十八条　软件复制品的出版者、制作者不能证明其出版、制作有合法授权的，或者软件复制品的发行者、出租者不能证明其发行、出租的复制品有合法来源的，应当承担法律责任。

第二十九条　软件开发者开发的软件，由于可供选用的表达方式有限而与已经存在的软件相似的，不构成对已经存在的软件的著作权的侵犯。

第三十条　软件的复制品持有人不知道也没有合理理由应当知道该软件是侵权复制品的，不承担赔偿责任；但是，应当停止使用、销毁该侵权复制品。如果停止使用并销毁该侵权复制品将给复制品使用人造成重大损失的，复制品使用人可以在向软件著作权人支付合理费用后继续使用。

第三十一条　软件著作权侵权纠纷可以调解。

软件著作权合同纠纷可以依据合同中的仲裁条款或者事后达成的书面仲裁协议，向仲裁机构申请仲裁。

当事人没有在合同中订立仲裁条款，事后又没有书面仲裁协议的，可以直接向人民法院提起诉讼。

## 第五章　附则

第三十二条　本条例施行前发生的侵权行为，依照侵权行为发生时的国家有关规定处理。

第三十三条　本条例自 2002 年 1 月 1 日起施行。1991 年 6 月 4 日国务院发布的《计算机软件保护条例》同时废止。

# 中华人民共和国著作权法实施条例（2002 年）

国务院令第 359 号公布，自 2002 年 9 月 15 日起施行

第一条　根据《中华人民共和国著作权法》（以下简称著作权法），制定本条例。

第二条　著作权法所称作品，是指文学、艺术和科学领域内具有独创性并能以某种有形形式复制的智力成果。

第三条　著作权法所称创作，是指直接产生文学、艺术和科学作品的智力活动。

为他人创作进行组织工作，提供咨询意见、物质条件，或者进行其他辅助工作，均不视为创作。

第四条　著作权法和本条例中下列作品的含义：

（一）文字作品，是指小说、诗词、散文、论文等以文字形式表现的作品；

（二）口述作品，是指即兴的演说、授课、法庭辩论等以口头语言形式表现的作品；

（三）音乐作品，是指歌曲、交响乐等能够演唱或者演奏的带词或者不带词的作品；

（四）戏剧作品，是指话剧、歌剧、地方戏等供舞台演出的作品；

（五）曲艺作品，是指相声、快书、大鼓、评书等以说唱为主要形式表演的作品；

（六）舞蹈作品，是指通过连续的动作、姿势、表情等表现思想情感的作品；

（七）杂技艺术作品，是指杂技、魔术、马戏等通过形体动作和技巧表现的作品；

（八）美术作品，是指绘画、书法、雕塑等以线条、色彩或者其他方式构成的有审美意义的平面或者立体的造型艺术作品；

（九）建筑作品，是指以建筑物或者构筑物形式表现的有审美意义的作品；

（十）摄影作品，是指借助器械在感光材料或者其他介质上记录客观物体形象的艺术作品；

（十一）电影作品和以类似摄制电影的方法创作的作品，是指摄制在一定介质上，由一系列有伴音或者无伴音的画面组成，并且借助适当装置放映或者以其他方式传播的作品；

（十二）图形作品，是指为施工、生产绘制的工程设计图、产品设计图，以及反映地理现象、说明事物原理或者结构的地图、示意图等作品；

（十三）模型作品，是指为展示、试验或者观测等用途，根据物体的形状和结

构，按照一定比例制成的立体作品。

第五条　著作权法和本条例中下列用语的含义：

（一）时事新闻，是指通过报纸、期刊、广播电台、电视台等媒体报道的单纯事实消息；

（二）录音制品，是指任何对表演的声音和其他声音的录制品；

（三）录像制品，是指电影作品和以类似摄制电影的方法创作的作品以外的任何有伴音或者无伴音的连续相关形象、图像的录制品；

（四）录音制作者，是指录音制品的首次制作人；

（五）录像制作者，是指录像制品的首次制作人；

（六）表演者，是指演员、演出单位或者其他表演文学、艺术作品的人。

第六条　著作权自作品创作完成之日起产生。

第七条　著作权法第二条第三款规定的首先在中国境内出版的外国人、无国籍人的作品，其著作权自首次出版之日起受保护。

第八条　外国人、无国籍人的作品在中国境外首先出版后，30日内在中国境内出版的，视为该作品同时在中国境内出版。

第九条　合作作品不可以分割使用的，其著作权由各合作作者共同享有，通过协商一致行使；不能协商一致，又无正当理由的，任何一方不得阻止他方行使除转让以外的其他权利，但是所得收益应当合理分配给所有合作作者。

第十条　著作权人许可他人将其作品摄制成电影作品和以类似摄制电影的方法创作的作品的，视为已同意对其作品进行必要的改动，但是这种改动不得歪曲篡改原作品。

第十一条　著作权法第十六条第一款关于职务作品的规定中的"工作任务"，是指公民在该法人或者该组织中应当履行的职责。

著作权法第十六条第二款关于职务作品的规定中的"物质技术条件"，是指该法人或者该组织为公民完成创作专门提供的资金、设备或者资料。

第十二条　职务作品完成两年内，经单位同意，作者许可第三人以与单位使用的相同方式使用作品所获报酬，由作者与单位按约定的比例分配。

作品完成两年的期限，自作者向单位交付作品之日起计算。

第十三条　作者身份不明的作品，由作品原件的所有人行使除署名权以外的著作权。作者身份确定后，由作者或者其继承人行使著作权。

第十四条　合作作者之一死亡后，其对合作作品享有的著作权法第十条第一款第（五）项至第（十七）项规定的权利无人继承又无人受遗赠的，由其他合作作者享有。

第十五条　作者死亡后，其著作权中的署名权、修改权和保护作品完整权由作者的继承人或者受遗赠人保护。

著作权无人继承又无人受遗赠的,其署名权、修改权和保护作品完整权由著作权行政管理部门保护。

第十六条　国家享有著作权的作品的使用,由国务院著作权行政管理部门管理。

第十七条　作者生前未发表的作品,如果作者未明确表示不发表,作者死亡后 50 年内,其发表权可由继承人或者受遗赠人行使;没有继承人又无人受遗赠的,由作品原件的所有人行使。

第十八条　作者身份不明的作品,其著作权法第十条第一款第(五)项至第(十七)项规定的权利的保护期截止于作品首次发表后第 50 年的 12 月 31 日。作者身份确定后,适用著作权法第二十一条的规定。

第十九条　使用他人作品的,应当指明作者姓名、作品名称;但是,当事人另有约定或者由于作品使用方式的特性无法指明的除外。

第二十条　著作权法所称已经发表的作品,是指著作权人自行或者许可他人公之于众的作品。

第二十一条　依照著作权法有关规定,使用可以不经著作权人许可的已经发表的作品的,不得影响该作品的正常使用,也不得不合理地损害著作权人的合法利益。

第二十二条　依照著作权法第二十三条、第三十二条第二款、第三十九条第三款的规定使用作品的付酬标准,由国务院著作权行政管理部门会同国务院价格主管部门制定、公布。

第二十三条　使用他人作品应当同著作权人订立许可使用合同,许可使用的权利是专有使用权的,应当采取书面形式,但是报社、期刊社刊登作品除外。

第二十四条　著作权法第二十四条规定的专有使用权的内容由合同约定,合同没有约定或者约定不明的,视为被许可人有权排除包括著作权人在内的任何人以同样的方式使用作品;除合同另有约定外,被许可人许可第三人行使同一权利,必须取得著作权人的许可。

第二十五条　与著作权人订立专有许可使用合同、转让合同的,可以向著作权行政管理部门备案。

第二十六条　著作权法和本条例所称与著作权有关的权益,是指出版者对其出版的图书和期刊的版式设计享有的权利,表演者对其表演享有的权利,录音录像制作者对其制作的录音录像制品享有的权利,广播电台、电视台对其播放的广播、电视节目享有的权利。

第二十七条　出版者、表演者、录音录像制作者、广播电台、电视台行使权利,不得损害被使用作品和原作品著作权人的权利。

第二十八条　图书出版合同中约定图书出版者享有专有出版权但没有明确其具体内容的,视为图书出版者享有在合同有效期限内和在合同约定的地域范围内以同种文字的原版、修订版出版图书的专有权利。

第二十九条 著作权人寄给图书出版者的两份订单在 6 个月内未能得到履行，视为著作权法第三十一条所称图书脱销。

第三十条 著作权人依照著作权法第三十二条第二款声明不得转载、摘编其作品的，应当在报纸、期刊刊登该作品时附带声明。

第三十一条 著作权人依照著作权法第三十九条第三款声明不得对其作品制作录音制品的，应当在该作品合法录制为录音制品时声明。

第三十二条 依照著作权法第二十三条、第三十二条第二款、第三十九条第三款的规定，使用他人作品的，应当自使用该作品之日起 2 个月内向著作权人支付报酬。

第三十三条 外国人、无国籍人在中国境内的表演，受著作权法保护。

外国人、无国籍人根据中国参加的国际条约对其表演享有的权利，受著作权法保护。

第三十四条 外国人、无国籍人在中国境内制作、发行的录音制品，受著作权法保护。

外国人、无国籍人根据中国参加的国际条约对其制作、发行的录音制品享有的权利，受著作权法保护。

第三十五条 外国的广播电台、电视台根据中国参加的国际条约对其播放的广播、电视节目享有的权利，受著作权法保护。

第三十六条 有著作权法第四十七条所列侵权行为，同时损害社会公共利益的，著作权行政管理部门可以处非法经营额 3 倍以下的罚款；非法经营额难以计算的，可以处 10 万元以下的罚款。

第三十七条 有著作权法第四十七条所列侵权行为，同时损害社会公共利益的，由地方人民政府著作权行政管理部门负责查处。

国务院著作权行政管理部门可以查处在全国有重大影响的侵权行为。

第三十八条 本条例自 2002 年 9 月 15 日起施行。1991 年 5 月 24 日国务院批准、1991 年 5 月 30 日国家版权局发布的《中华人民共和国著作权法实施条例》同时废止。

# 著作权行政处罚实施办法（2003 年）

2003 年 7 月 16 日国家版权局局务会议审议通过，自 2003 年 9 月 1 日起施行

## 第一章 总则

第一条 （立法目的）为规范著作权行政管理部门的行政处罚行为，保护公民、法人和其他组织的合法权益，根据《中华人民共和国行政处罚法》（以下称"行政处罚法"）、《中华人民共和国著作权法》（以下称"著作权法"）和其他有关法律、行政法规，制定本办法。

第二条 （执法主体）国家版权局以及地方人民政府享有著作权行政执法权的有关部门（以下称"地方著作权行政管理部门"），在法定职权范围内就本办法列举的违法行为实施行政处罚。法律、法规另有规定的，从其规定。

第三条 （违法行为）本办法所称的违法行为是指：

（一）著作权法第四十七条列举的侵权行为，同时损害公共利益的；

（二）《计算机软件保护条例》第二十四条列举的侵权行为，同时损害公共利益的；

（三）其他法律、法规、规章规定的应予行政处罚的著作权违法行为。

第四条 （处罚种类）对本办法列举的违法行为，著作权行政管理部门可以依法给予下列种类的行政处罚：

（一）责令停止侵权行为；

（二）没收违法所得；

（三）没收侵权复制品；

（四）罚款；

（五）没收主要用于制作侵权复制品的材料、工具、设备等；

（六）法律、法规、规章规定的其他行政处罚。

## 第二章 管辖和适用

第五条 （地域管辖）本办法列举的违法行为，由侵权行为实施地、侵权结果发生地、侵权复制品储藏地或者依法查封扣押地的著作权行政管理部门负责查处。法

律、行政法规另有规定的除外。

第六条（级别管辖）国家版权局可以查处在全国有重大影响的违法行为，以及认为应当由其查处的其他违法行为。地方著作权行政管理部门负责查处本辖区发生的违法行为。

第七条（管辖争议和指定管辖）两个以上地方著作权行政管理部门对同一违法行为均有管辖权时，由先立案的著作权行政管理部门负责查处该违法行为。

地方著作权行政管理部门因管辖权发生争议或者管辖不明时，由争议双方协商解决；协商不成的，报请共同的上一级著作权行政管理部门指定管辖，其共同的上一级著作权行政管理部门也可以直接指定管辖。

上级著作权行政管理部门在必要时，可以处理下级著作权行政管理部门管辖的有重大影响的案件，也可以将自己管辖的案件交由下级著作权行政管理部门处理；下级著作权行政管理部门认为其管辖的案件案情重大、复杂，需要由上级著作权行政管理部门处理的，可以报请上一级著作权行政管理部门处理。

第八条（移送）著作权行政管理部门发现查处的违法行为，根据我国刑法规定涉嫌构成犯罪的，应当由该著作权行政管理部门依照国务院《行政执法机关移送涉嫌犯罪案件的规定》将案件移送司法部门处理。

第九条（时效）著作权行政管理部门对违法行为予以行政处罚的时效为两年，从违法行为发生之日起计算。违法行为有连续或者继续状态的，从行为终了之日起计算。侵权复制品仍在发行的，视为违法行为仍在继续。

违法行为在两年内未被发现的，不再给予行政处罚。法律另有规定的除外。

## 第三章　处罚程序

第十条（一般程序）除行政处罚法规定适用简易程序的情况外，著作权行政处罚适用行政处罚法规定的一般程序。

第十一条（立案）著作权行政管理部门适用一般程序查处违法行为，应当立案。

对本办法列举的违法行为，著作权行政管理部门可以自行决定立案查处，或者根据有关部门移送的材料决定立案查处，也可以根据被侵权人、利害关系人或者其他知情人的投诉或者举报决定立案查处。

第十二条（投诉）投诉人就本办法列举的违法行为申请立案查处的，应当提交申请书、权利证明、被侵权作品（或者制品）以及其他证据。

申请书应当说明当事人的姓名（或者名称）、地址以及申请查处所根据的主要事实、理由。

投诉人委托代理人代为申请的，应当由代理人出示委托书。

第十三条（受理）著作权行政管理部门应当在收到所有投诉材料之日起十五日

内，决定是否受理并通知投诉人。不予受理的，应当书面告知理由。

第十四条（承办）立案时应当填写立案审批表，同时附上投诉或者举报材料、上级著作权行政管理部门交办或者有关部门移送案件的材料、执法人员的检查报告等有关材料，由本部门负责人批准立案并指定两名以上办案人员进行调查处理。

办案人员与案件有利害关系的，应当自行回避；没有回避的，当事人可以申请其回避。办案人员的回避，由本部门负责人批准。负责人的回避，由本级人民政府批准。

第十五条（紧急措施）执法人员在执法过程中，发现违法行为正在实施，情况紧急来不及立案的，可以采取下列措施：

（一）对违法行为予以制止或者纠正；

（二）对侵权复制品和主要用于违法行为的材料、工具、设备等依法先行登记保存；

（三）收集、调取其他有关证据。

执法人员应当及时将有关情况和材料报所在著作权行政管理部门，并办理立案手续。

第十六条（取证）立案后，办案人员应当及时进行调查，并要求法定举证责任人在著作权行政管理部门指定的期限内举证。

办案人员取证时可以采取下列手段收集、调取有关证据：

（一）查阅、复制与涉嫌违法行为有关的文件档案、账簿和其他书面材料；

（二）对涉嫌侵权复制品进行抽样取证；

（三）对涉嫌侵权复制品先行登记保存。

第十七条（出示执法证件）办案人员在执法中应当向当事人或者有关人员出示由国家版权局或者地方人民政府制发的行政执法证件。

第十八条（证据种类）办案时收集的证据包括：

（一）书证；

（二）物证；

（三）证人证言；

（四）视听资料；

（五）当事人陈述；

（六）鉴定结论；

（七）检查、勘验笔录。

第十九条（当事人提供证据）当事人提供的涉及著作权的底稿、原件、合法出版物、著作权登记证书、认证机构出具的证明、取得权利的合同，以及当事人自行或者委托他人以定购、现场交易等方式购买侵权复制品而取得的实物、发票等，可以作为证据。

第二十条（制作清单）办案人员抽样取证、先行登记保存有关证据，应当有当事人在场。对有关物品应当当场制作清单一式二份，由办案人员和当事人签名、盖章后，分别交由当事人和办案人员所在著作权行政管理部门保存。当事人不在场或者拒绝签名、盖章的，由现场两名以上办案人员注明情况。

第二十一条（先行登记保存程序）办案人员先行登记保存有关证据，应当经本部门负责人批准，并向当事人交付证据先行登记保存通知书。当事人或者有关人员在证据保存期间不得转移、损毁有关证据。

先行登记保存的证据，应当加封著作权行政管理部门先行登记保存封条，由当事人就地保存。先行登记保存的证据确需移至他处的，可以移至适当的场所保存。情况紧急来不及办理本条规定的手续时，办案人员可以先行采取措施，事后及时补办手续。

第二十二条（先行登记保存后续措施）对先行登记保存的证据，应当在交付证据先行登记保存通知书后七日内作出下列处理决定：

（一）需要鉴定的，送交鉴定；

（二）违法事实成立，应当予以没收的，依照法定程序予以没收；

（三）应当移送有关部门处理的，将案件连同证据移送有关部门处理；

（四）违法事实不成立，或者依法不应予以没收的，解除登记保存措施；

（五）其他有关法定措施。

第二十三条（委托调查）著作权行政管理部门在查处案件过程中，委托其他著作权行政管理部门代为调查的，须出具委托书。受委托的著作权行政管理部门应当积极予以协助。

第二十四条（专业鉴定）对查处案件中的专业性问题，著作权行政管理部门可以委托专门机构或者聘请专业人员进行鉴定。

第二十五条（调查报告）调查终结后，办案人员应当提交案件调查报告，说明有关行为是否违法，提出处理意见及有关事实、理由和依据，并附上全部证据材料。

第二十六条（告知当事人）著作权行政管理部门拟作出行政处罚决定的，应当由本部门负责人签发行政处罚事先告知书，告知当事人拟作出行政处罚决定的事实、理由和依据，并告知当事人依法享有的陈述权、申辩权和其他权利。

行政处罚事先告知书应当由著作权行政管理部门直接送达当事人，当事人应当在送达回执上签名、盖章。当事人拒绝签收的，由送达人员注明情况，并报告本部门负责人。著作权行政管理部门也可以采取邮寄送达方式告知当事人。无法找到当事人时，可以以公告形式告知。

第二十七条（当事人陈述、申辩期限）当事人要求陈述、申辩的，应当在被告知后七日内，或者自发布公告之日起三十日内，向著作权行政管理部门提出陈述、申辩意见以及相应的事实、理由和证据。当事人在此期间未行使陈述权、申辩权的，视为放弃权利。

采取直接送达方式告知的，以当事人签收之日为被告知日期；采取邮寄送达方式告知的，以回执上注明的收件日期为被告知日期。

第二十八条（复核）办案人员应当充分听取当事人的陈述、申辩意见，对当事人提出的事实、理由和证据进行复核，并提交复核报告。

著作权行政管理部门不得因当事人的申辩加重处罚。

第二十九条（处理决定）著作权行政管理部门负责人应当对案件调查报告及复核报告进行审查，并根据审查结果分别作出下列处理决定：

（一）确属应当予以行政处罚的违法行为的，根据侵权人的过错程度、侵权时间长短、侵权范围大小及损害后果等情节，予以行政处罚；

（二）违法行为轻微的，可以不予行政处罚；

（三）违法事实不成立的，不予行政处罚；

（四）违法行为涉嫌构成犯罪的，移送司法部门处理。

对情节复杂或者重大的违法行为给予较重的行政处罚，由著作权行政管理部门负责人集体讨论决定。

第三十条（罚款）著作权行政管理部门作出罚款决定时，罚款数额应当依照《中华人民共和国著作权法实施条例》第三十六条和《计算机软件保护条例》第二十四条的规定确定。

第三十一条（情节严重的处罚）违法行为情节严重的，著作权行政管理部门可以没收主要用于制作侵权复制品的材料、工具、设备等。

前款所称"情节严重"，是指：

（一）个人违法所得数额（即获利数额）在五千元以上，单位违法所得数额在三万元以上的；

（二）个人非法经营数额在三万元以上，单位非法经营数额在十万元以上的；

（三）个人经营侵权复制品两千册（张或盒）以上，单位经营侵权复制品五千册（张或盒）以上的；

（四）因侵犯著作权曾经被追究法律责任，又侵犯著作权的；

（五）造成其他重大影响或者严重后果的。

第三十二条（一事不再罚）对当事人的同一违法行为，其他行政机关已经予以罚款的，著作权行政管理部门不得再予罚款，但仍可以视具体情况予以本办法第四条所规定的其他种类的行政处罚。

第三十三条（听证标准）著作权行政管理部门作出较大数额罚款决定或者法律、行政法规规定应当听证的其他行政处罚决定前，应当告知当事人有要求举行听证的权利。

前款所称"较大数额罚款"，是指对个人处以两万元以上、对单位处以十万元以上的罚款。地方性法规、规章对听证要求另有规定的，依照地方性法规、规章办理。

第三十四条（听证）当事人要求听证的，著作权行政管理部门应当依照行政处罚法第四十二条规定的程序组织听证。当事人不承担组织听证的费用。

第三十五条（法律文书）著作权行政管理部门决定予以行政处罚的，应当制作行政处罚决定书。

著作权行政管理部门决定不予行政处罚，违法行为轻微的，应当制作不予行政处罚通知书，说明不予行政处罚的事实、理由和依据，并送达当事人；违法事实不成立的，应当制作调查结果通知书，并送达当事人。

著作权行政管理部门决定移送司法部门处理的案件，应当制作涉嫌犯罪案件移送书，并连同有关材料和证据及时移送有管辖权的司法部门。

第三十六条（送达）行政处罚决定书应当由著作权行政管理部门在宣告后当场交付当事人。当事人不在场的，应当在七日内送达当事人。

第三十七条（申请行政复议和提起行政诉讼）当事人对国家版权局的行政处罚不服的，可以向国家版权局申请行政复议；当事人对地方著作权行政管理部门的行政处罚不服的，可以向该部门的本级人民政府或者其上一级著作权行政管理部门申请行政复议。

当事人对行政处罚或者行政复议决定不服的，可以依法提起行政诉讼。

## 第四章　执行程序

第三十八条（履行处罚决定）当事人收到行政处罚决定书后，应当在行政处罚决定书规定的期限内予以履行。

当事人申请行政复议或者提起行政诉讼的，行政处罚不停止执行。法律另有规定的除外。

第三十九条（处置没收物）没收的侵权复制品应当销毁，或者经被侵权人同意后以其他适当方式处理。

销毁侵权复制品时，著作权行政管理部门应当指派两名以上执法人员监督销毁过程，核查销毁结果，并制作销毁记录。

对没收的主要用于制作侵权复制品的材料、工具、设备等，著作权行政管理部门应当依法公开拍卖或者依照国家有关规定处理。

第四十条（代执行）上级著作权行政管理部门作出的行政处罚决定，可以委托下级著作权行政管理部门代为执行。代为执行的下级著作权行政管理部门，应当将执行结果报告该上级著作权行政管理部门。

## 第五章　附则

第四十一条（行政处罚统计）著作权行政管理部门应当按照国家统计法规建立著作权行政处罚统计制度，每年向上一级著作权行政管理部门提交一次著作权行政处罚统计报告。

第四十二条（立卷归档）行政处罚决定或者复议决定执行完毕后，著作权行政管理部门应当及时将案件材料立卷归档。

立卷归档的材料主要包括：行政处罚决定书、立案审批表、案件调查报告、复核报告、复议决定书、听证笔录、听证报告、证据材料、财物处理单据以及其他有关材料。

第四十三条（法律文书制作）本办法涉及的有关法律文书，应当参照国家版权局确定的有关文书格式制作。

第四十四条（实施）本办法自 2003 年 9 月 1 日起施行。国家版权局 1997 年 1 月 28 日发布的《著作权行政处罚实施办法》同时废止，本办法施行前发布的其他有关规定与本办法相抵触的，依照本办法执行。

# 计算机软件著作权登记办法

(2002 年 2 月 20 日国家版权局 2002 年 1 号令发布，根据 2004 年 7 月 1 日起
施行的 《关于实施〈中华人民共和国行政许可法〉清理有关规章、
规范性文件的决定》 进行修正)

## 第一章　总则

第一条　为贯彻《计算机软件保护条例》（以下简称《条例》）制定本办法。

第二条　为促进我国软件产业发展，增强我国信息产业的创新能力和竞争能力，国家著作权行政管理部门鼓励软件登记，并对登记的软件予以重点保护。

第三条　本办法适用于软件著作权登记、软件著作权专有许可合同和转让合同登记。

第四条　软件著作权登记申请人应当是该软件的著作权人以及通过继承、受让或者承受软件著作权的自然人、法人或者其他组织。

软件著作权合同登记的申请人，应当是软件著作权专有许可合同或者转让合同的当事人。

第五条　申请人或者申请人之一为外国人、无国籍人的，适用本办法。

第六条　国家版权局主管全国软件著作权登记管理工作。

国家版权局认定中国版权保护中心为软件登记机构。

经国家版权局批准，中国版权保护中心可以在地方设立软件登记办事机构。

## 第二章　登记申请

第七条　申请登记的软件应是独立开发的，或者经原著作权人许可对原有软件修改后形成的在功能或者性能方面有重要改进的软件。

第八条　合作开发的软件进行著作权登记的，可以由全体著作权人协商确定一名著作权人作为代表办理。著作权人协商不一致的，任何著作权人均可在不损害其他著作权人利益的前提下申请登记，但应当注明其他著作权人。

第九条　申请软件著作权登记的，应当向中国版权保护中心提交以下材料：

（一）按要求填写的软件著作权登记申请表；

（二）软件的鉴别材料；

（三）相关的证明文件。

第十条　软件的鉴别材料包括程序和文档的鉴别材料。

程序和文档的鉴别材料应当由源程序和任何一种文档前、后各连续 30 页组成。整个程序和文档不到 60 页的，应当提交整个源程序和文档。除特定情况外，程序每页不少于 50 行，文档每页不少于 30 行。

第十一条　申请软件著作权登记的，应当提交以下主要证明文件：

（一）自然人、法人或者其他组织的身份证明；

（二）有著作权归属书面合同或者项目任务书的，应当提交合同或者项目任务书；

（三）经原软件著作权人许可，在原有软件上开发的软件，应当提交原著作权人的许可证明；

（四）权利继承人、受让人或者承受人，提交权利继承、受让或者承受的证明。

第十二条　申请软件著作权登记的，可以选择以下方式之一对鉴别材料作例外交存：

（一）源程序的前、后各连续的 30 页，其中的机密部分用黑色宽斜线覆盖，但覆盖部分不得超过交存源程序的 50%；

（二）源程序连续的前 10 页，加上源程序的任何部分的连续的 50 页；

（三）目标程序的前、后各连续的 30 页，加上源程序的任何部分的连续的 20 页。

文档作例外交存的，参照前款规定处理。

第十三条　软件著作权登记时，申请人可以申请将源程序、文档或者样品进行封存。除申请人或者司法机关外，任何人不得启封。

第十四条　软件著作权转让合同或者专有许可合同当事人可以向中国版权保护中心申请合同登记。申请合同登记时，应当提交以下材料：

（一）按要求填写的合同登记表；

（二）合同复印件；

（三）申请人身份证明。

第十五条　申请人在登记申请批准之前，可以随时请求撤回申请。

第十六条　软件著作权登记人或者合同登记人可以对已经登记的事项作变更或者补充。申请登记变更或者补充时，申请人应当提交以下材料：

（一）按照要求填写的变更或者补充申请表；

（二）登记证书或者证明的复印件；

（三）有关变更或者补充的材料。

第十七条　登记申请应当使用中国版权保护中心制定的统一表格，并由申请人盖章（签名）。

申请表格应当使用中文填写。提交的各种证件和证明文件是外文的，应当附中文译本。

申请登记的文件应当使用国际标准 A4 型 297mm×210mm（长×宽）纸张。

第十八条　申请文件可以直接递交或者挂号邮寄。申请人提交有关申请文件时，应当注明申请人、软件的名称，有受理号或登记号的，应当注明受理号或登记号。

## 第三章　审查和批准

第十九条　对于本办法第九条和第十四条所指的申请，以收到符合本办法第二章规定的材料之日为受理日，并书面通知申请人。

第二十条　中国版权保护中心应当自受理日起 60 日内审查完成所受理的申请，申请符合《条例》和本办法规定的，予以登记，发给相应的登记证书，并予以公告。

第二十一条　有下列情况之一的，不予登记并书面通知申请人：

（一）表格内容填写不完整、不规范，且未在指定期限内补正的；

（二）提交的鉴别材料不是《条例》规定的软件程序和文档的；

（三）申请文件中出现的软件名称、权利人署名不一致，且未提交证明文件的；

（四）申请登记的软件存在权属争议的。

第二十二条　中国版权保护中心要求申请人补正其他登记材料的，申请人应当在 30 日内补正，逾期未补正的，视为撤回申请。

第二十三条　国家版权局根据下列情况之一，可以撤销登记：

（一）最终的司法判决；

（二）著作权行政管理部门作出的行政处罚决定。

第二十四条　中国版权保护中心可以根据申请人的申请，撤销登记。

第二十五条　登记证书遗失或损坏的，可申请补发或换发。

## 第四章　软件登记公告

第二十六条　除本办法另有规定外，任何人均可查阅软件登记公告以及可公开的有关登记文件。

第二十七条　软件登记公告的内容如下：

（一）软件著作权的登记；

（二）软件著作权合同登记事项；

（三）软件登记的撤销；

（四）其他事项。

## 第五章　费用

第二十八条　申请软件登记或者办理其他事项，应当交纳下列费用：

（一）软件著作权登记费；

（二）软件著作权合同登记费；

（三）变更或补充登记费；

（四）登记证书费；

（五）封存保管费；

（六）例外交存费；

（七）查询费；

（八）撤销登记申请费；

（九）其他需交纳的费用。

具体收费标准由国家版权局会同国务院价格主管部门规定并公布。

第二十九条　申请人自动撤回申请或者登记机关不予登记的，所交费用不予退回。

第三十条　本办法第二十八条规定的各种费用，可以通过邮局或银行汇付，也可以直接向中国版权保护中心交纳。

## 第六章　附则

第三十一条　本办法规定的、中国版权保护中心指定的各种期限，第一日不计算在内。期限以年或者月计算的，以最后一个月的相应日为届满日；该月无相应日的，以该月的最后一日为届满日。届满日是法定节假日的，以节假日后的第一个工作日为届满日。

第三十二条　申请人向中国版权保护中心邮寄的各种文件，以寄出的邮戳日为递交日。信封上寄出的邮戳日不清晰的，除申请人提出证明外，以收到日为递交日。中国版权保护中心邮寄的各种文件，送达地是省会、自治区首府及直辖市的，自文件发出之日满十五日，其他地区满二十一日，推定为收件人收到文件之日。

第三十三条　申请人因不可抗力或其他正当理由，延误了本办法规定或者中国版权保护中心指定的期限，在障碍消除后三十日内，可以请求顺延期限。

第三十四条　本办法由国家版权局负责解释和补充修订。

第三十五条　本办法自发布之日起实施。

# 著作权集体管理条例（2005 年）

2005 年 1 月 14 日第 429 号国务院令

## 第一章　总则

第一条　为了规范著作权集体管理活动，便于著作权人和与著作权有关的权利人（以下简称权利人）行使权利和使用者使用作品，根据《中华人民共和国著作权法》（以下简称著作权法）制定本条例。

第二条　本条例所称著作权集体管理，是指著作权集体管理组织经权利人授权，集中行使权利人的有关权利并以自己的名义进行的下列活动：

（一）与使用者订立著作权或者与著作权有关的权利许可使用合同（以下简称许可使用合同）；

（二）向使用者收取使用费；

（三）向权利人转付使用费；

（四）进行涉及著作权或者与著作权有关的权利的诉讼、仲裁等。

第三条　本条例所称著作权集体管理组织，是指为权利人的利益依法设立，根据权利人授权、对权利人的著作权或者与著作权有关的权利进行集体管理的社会团体。

著作权集体管理组织应当依照有关社会团体登记管理的行政法规和本条例的规定进行登记并开展活动。

第四条　著作权法规定的表演权、放映权、广播权、出租权、信息网络传播权、复制权等权利人自己难以有效行使的权利，可以由著作权集体管理组织进行集体管理。

第五条　国务院著作权管理部门主管全国的著作权集体管理工作。

第六条　除依照本条例规定设立的著作权集体管理组织外，任何组织和个人不得从事著作权集体管理活动。

## 第二章　著作权集体管理组织的设立

第七条　依法享有著作权或者与著作权有关的权利的中国公民、法人或者其他组织，可以发起设立著作权集体管理组织。

设立著作权集体管理组织，应当具备下列条件：

（一）发起设立著作权集体管理组织的权利人不少于 50 人；

（二）不与已经依法登记的著作权集体管理组织的业务范围交叉、重合；

（三）能在全国范围代表相关权利人的利益；

（四）有著作权集体管理组织的章程草案、使用费收取标准草案和向权利人转付使用费的办法（以下简称使用费转付办法）草案。

第八条　著作权集体管理组织章程应当载明下列事项：

（一）名称、住所；

（二）设立宗旨；

（三）业务范围；

（四）组织机构及其职权；

（五）会员大会的最低人数；

（六）理事会的职责及理事会负责人的条件和产生、罢免的程序；

（七）管理费提取、使用办法；

（八）会员加入、退出著作权集体管理组织的条件、程序；

（九）章程的修改程序；

（十）著作权集体管理组织终止的条件、程序和终止后资产的处理。

第九条　申请设立著作权集体管理组织，应当向国务院著作权管理部门提交证明符合本条例第七条规定的条件的材料。国务院著作权管理部门应当自收到材料之日起 60 日内，作出批准或者不予批准的决定。批准的，发给著作权集体管理许可证；不予批准的，应当说明理由。

第十条　申请人应当自国务院著作权管理部门发给著作权集体管理许可证之日起 30 日内，依照有关社会团体登记管理的行政法规到国务院民政部门办理登记手续。

第十一条　依法登记的著作权集体管理组织，应当自国务院民政部门发给登记证书之日起 30 日内，将其登记证书副本报国务院著作权管理部门备案；国务院著作权管理部门应当将报备的登记证书副本以及著作权集体管理组织章程、使用费收取标准、使用费转付办法予以公告。

第十二条　著作权集体管理组织设立分支机构，应当经国务院著作权管理部门批准，并依照有关社会团体登记管理的行政法规到国务院民政部门办理登记手续。经依法登记的，应当将分支机构的登记证书副本报国务院著作权管理部门备案，由国务院著作权管理部门予以公告。

第十三条　著作权集体管理组织应当根据下列因素制定使用费收取标准：

（一）使用作品、录音录像制品等的时间、方式和地域范围；

（二）权利的种类；

（三）订立许可使用合同和收取使用费工作的繁简程度。

第十四条　著作权集体管理组织应当根据权利人的作品或者录音录像制品等使用情况制定使用费转付办法。

第十五条　著作权集体管理组织修改章程，应当将章程修改草案报国务院著作权管理部门批准，并依法经国务院民政部门核准后，由国务院著作权管理部门予以公告。

第十六条　著作权集体管理组织被依法撤销登记的，自被撤销登记之日起不得再进行著作权集体管理业务活动。

## 第三章　著作权集体管理组织的机构

第十七条　著作权集体管理组织会员大会（以下简称会员大会）为著作权集体管理组织的权力机构。会员大会由理事会依照本条例规定负责召集。理事会应当于会员大会召开 60 日以前将会议的时间、地点和拟审议事项予以公告；出席会员大会的会员，应当于会议召开 30 日以前报名。报名出席会员大会的会员少于章程规定的最低人数时，理事会应当将会员大会报名情况予以公告，会员可以于会议召开 5 日以前补充报名，并由全部报名出席会员大会的会员举行会员大会。

会员大会行使下列职权：

（一）制定和修改章程；

（二）制定和修改使用费收取标准；

（三）制定和修改使用费转付办法；

（四）选举和罢免理事；

（五）审议批准理事会的工作报告和财务报告；

（六）制定内部管理制度；

（七）决定使用费转付方案和著作权集体管理组织提取管理费的比例；

（八）决定其他重大事项。

会员大会每年召开一次；经 10％以上会员或者理事会提议，可以召开临时会员大会。会员大会作出决定，应当经出席会议的会员过半数表决通过。

第十八条　著作权集体管理组织设立理事会，对会员大会负责，执行会员大会决定。理事会成员不得少于 9 人。

理事会任期为 4 年，任期届满应当进行换届选举。因特殊情况可以提前或者延期换届，但是换届延期不得超过 1 年。

## 第四章　著作权集体管理活动

第十九条　权利人可以与著作权集体管理组织以书面形式订立著作权集体管理合同，授权该组织对其依法享有的著作权或者与著作权有关的权利进行管理。权利人符合章程规定加入条件的，著作权集体管理组织应当与其订立著作权集体管理合同，不得拒绝。权利人与著作权集体管理组织订立著作权集体管理合同并按照章程规定履行相应手续后，即成为该著作权集体管理组织的会员。

第二十条　权利人与著作权集体管理组织订立著作权集体管理合同后，不得在合同约定期限内自己行使或者许可他人行使合同约定的由著作权集体管理组织行使的权利。

第二十一条　权利人可以依照章程规定的程序，退出著作权集体管理组织，终止著作权集体管理合同。但是，著作权集体管理组织已经与他人订立许可使用合同的，该合同在期限届满前继续有效；该合同有效期内，权利人有权获得相应的使用费并可以查阅有关业务材料。

第二十二条　外国人、无国籍人可以通过与中国的著作权集体管理组织订立相互代表协议的境外同类组织，授权中国的著作权集体管理组织管理其依法在中国境内享有的著作权或者与著作权有关的权利。

前款所称相互代表协议，是指中国的著作权集体管理组织与境外的同类组织相互授权对方在其所在国家或者地区进行集体管理活动的协议。

著作权集体管理组织与境外同类组织订立的相互代表协议应当报国务院著作权管理部门备案，由国务院著作权管理部门予以公告。

第二十三条　著作权集体管理组织许可他人使用其管理的作品、录音录像制品等，应当与使用者以书面形式订立许可使用合同。著作权集体管理组织不得与使用者订立专有许可使用合同。使用者以合理的条件要求与著作权集体管理组织订立许可使用合同，著作权集体管理组织不得拒绝。许可使用合同的期限不得超过 2 年；合同期限届满可以续订。

第二十四条　著作权集体管理组织应当建立权利信息查询系统，供权利人和使用者查询。权利信息查询系统应当包括著作权集体管理组织管理的权利种类和作品、录音录像制品等的名称、权利人姓名或者名称、授权管理的期限。

权利人和使用者对著作权集体管理组织管理的权利的信息进行咨询时，该组织应当予以答复。

第二十五条　除著作权法第二十三条、第三十二条第二款、第三十九条第三款、第四十二条第二款和第四十三条规定应当支付的使用费外，著作权集体管理组织应当根据国务院著作权管理部门公告的使用费收取标准，与使用者约定收取使用费的具体数额。

第二十六条 两个或者两个以上著作权集体管理组织就同一使用方式向同一使用者收取使用费，可以事先协商确定由其中一个著作权集体管理组织统一收取。统一收取的使用费在有关著作权集体管理组织之间经协商分配。

第二十七条 使用者向著作权集体管理组织支付使用费时，应当提供其使用的作品、录音录像制品等的名称、权利人姓名或者名称和使用的方式、数量、时间等有关使用情况；许可使用合同另有约定的除外。

使用者提供的有关使用情况涉及该使用者商业秘密的，著作权集体管理组织负有保密义务。

第二十八条 著作权集体管理组织可以从收取的使用费中提取一定比例作为管理费，用于维持其正常的业务活动。

著作权集体管理组织提取管理费的比例应当随着使用费收入的增加而逐步降低。

第二十九条 著作权集体管理组织收取的使用费，在提取管理费后，应当全部转付给权利人，不得挪作他用。

著作权集体管理组织转付使用费，应当编制使用费转付记录。使用费转付记录应当载明使用费总额、管理费数额、权利人姓名或者名称、作品或者录音录像制品等的名称、有关使用情况、向各权利人转付使用费的具体数额等事项，并应当保存10年以上。

## 第五章 对著作权集体管理组织的监督

第三十条 著作权集体管理组织应当依法建立财务、会计制度和资产管理制度，并按照国家有关规定设置会计账簿。

第三十一条 著作权集体管理组织的资产使用和财务管理受国务院著作权管理部门和民政部门的监督。

著作权集体管理组织应当在每个会计年度结束时制作财务会计报告，委托会计师事务所依法进行审计，并公布审计结果。

第三十二条 著作权集体管理组织应当对下列事项进行记录，供权利人和使用者查阅：

（一）作品许可使用情况；

（二）使用费收取和转付情况；

（三）管理费提取和使用情况。

权利人有权查阅、复制著作权集体管理组织的财务报告、工作报告和其他业务材料；著作权集体管理组织应当提供便利。

第三十三条 权利人认为著作权集体管理组织有下列情形之一的，可以向国务院著作权管理部门检举：

（一）权利人符合章程规定的加入条件要求加入著作权集体管理组织，或者会员依照章程规定的程序要求退出著作权集体管理组织，著作权集体管理组织拒绝的；

（二）著作权集体管理组织不按照规定收取、转付使用费，或者不按照规定提取、使用管理费的；

（三）权利人要求查阅本条例第三十二条规定的记录、业务材料，著作权集体管理组织拒绝提供的。

第三十四条　使用者认为著作权集体管理组织有下列情形之一的，可以向国务院著作权管理部门检举：

（一）著作权集体管理组织违反本条例第二十三条规定拒绝与使用者订立许可使用合同的；

（二）著作权集体管理组织未根据公告的使用费收取标准约定收取使用费的具体数额的；

（三）使用者要求查阅本条例第三十二条规定的记录，著作权集体管理组织拒绝提供的。

第三十五条　权利人和使用者以外的公民、法人或者其他组织认为著作权集体管理组织有违反本条例规定的行为的，可以向国务院著作权管理部门举报。

第三十六条　国务院著作权管理部门应当自接到检举、举报之日起 60 日内对检举、举报事项进行调查并依法处理。

第三十七条　国务院著作权管理部门可以采取下列方式对著作权集体管理组织进行监督，并应当对监督活动作出记录：

（一）检查著作权集体管理组织的业务活动是否符合本条例及其章程的规定；

（二）核查著作权集体管理组织的会计账簿、年度预算和决算报告及其他有关业务材料；

（三）派员列席著作权集体管理组织的会员大会、理事会等重要会议。

第三十八条　著作权集体管理组织应当依法接受国务院民政部门和其他有关部门的监督。

## 第六章　法律责任

第三十九条　著作权集体管理组织有下列情形之一的，由国务院著作权管理部门责令限期改正：

（一）违反本条例第二十二条规定，未将与境外同类组织订立的相互代表协议报国务院著作权管理部门备案的；

（二）违反本条例第二十四条规定，未建立权利信息查询系统的；

（三）未根据公告的使用费收取标准约定收取使用费的具体数额的。

著作权集体管理组织超出业务范围管理权利人的权利的，由国务院著作权管理部门责令限期改正，其与使用者订立的许可使用合同无效；给权利人、使用者造成损害的，依法承担民事责任。

第四十条　著作权集体管理组织有下列情形之一的，由国务院著作权管理部门责令限期改正；逾期不改正的，责令会员大会或者理事会根据本条例规定的权限罢免或者解聘直接负责的主管人员：

（一）违反本条例第十九条规定拒绝与权利人订立著作权集体管理合同的，或者违反本条例第二十一条的规定拒绝会员退出该组织的要求的；

（二）违反本条例第二十三条规定，拒绝与使用者订立许可使用合同的；

（三）违反本条例第二十八条规定提取管理费的；

（四）违反本条例第二十九条规定转付使用费的；

（五）拒绝提供或者提供虚假的会计账簿、年度预算和决算报告或者其他有关业务材料的。

第四十一条　著作权集体管理组织自国务院民政部门发给登记证书之日起超过6个月无正当理由未开展著作权集体管理活动，或者连续中止著作权集体管理活动6个月以上的，由国务院著作权管理部门吊销其著作权集体管理许可证，并由国务院民政部门撤销登记。

第四十二条　著作权集体管理组织从事营利性经营活动的，由工商行政管理部门依法予以取缔，没收违法所得；构成犯罪的，依法追究刑事责任。

第四十三条　违反本条例第二十七条的规定，使用者能够提供有关使用情况而拒绝提供，或者在提供有关使用情况时弄虚作假的，由国务院著作权管理部门责令改正；著作权集体管理组织可以中止许可使用合同。

第四十四条　擅自设立著作权集体管理组织或者分支机构，或者擅自从事著作权集体管理活动的，由国务院著作权管理部门或者民政部门依照职责分工予以取缔，没收违法所得；构成犯罪的，依法追究刑事责任。

第四十五条　依照本条例规定从事著作权集体管理组织审批和监督工作的国家行政机关工作人员玩忽职守、滥用职权、徇私舞弊，构成犯罪的，依法追究刑事责任；尚不构成犯罪的，依法给予行政处分。

## 第七章　附则

第四十六条　本条例施行前已经设立的著作权集体管理组织，应当自本条例生效之日起3个月内，将其章程、使用费收取标准、使用费转付办法及其他有关材料报国务院著作权管理部门审核，并将其与境外同类组织订立的相互代表协议报国务院著作权管理部门备案。

第四十七条　依照著作权法第二十三条、第三十二条第二款、第三十九条第三款的规定使用他人作品，未能依照《中华人民共和国著作权法实施条例》第三十二条的规定向权利人支付使用费的，应当将使用费连同邮资以及使用作品的有关情况送交管理相关权利的著作权集体管理组织，由该著作权集体管理组织将使用费转付给权利人。

负责转付使用费的著作权集体管理组织应当建立作品使用情况查询系统，供权利人、使用者查询。

负责转付使用费的著作权集体管理组织可以从其收到的使用费中提取管理费，管理费按照会员大会决定的该集体管理组织管理费的比例减半提取。除管理费外，该著作权集体管理组织不得从其收到的使用费中提取其他任何费用。

第四十八条　本条例自 2005 年 3 月 1 日起施行。

# 互联网著作权行政保护办法

国家版权局、信息产业部 2005 年 5 月 30 日发布

第一条 为了加强互联网信息服务活动中信息网络传播权的行政保护，规范行政执法行为，根据《中华人民共和国著作权法》及有关法律、行政法规，制定本办法。

第二条 本办法适用于互联网信息服务活动中根据互联网内容提供者的指令，通过互联网自动提供作品、录音录像制品等内容的上载、存储、链接或搜索等功能，且对存储或传输的内容不进行任何编辑、修改或选择的行为。

互联网信息服务活动中直接提供互联网内容的行为，适用著作权法。

本办法所称"互联网内容提供者"是指在互联网上发布相关内容的上网用户。

第三条 各级著作权行政管理部门依照法律、行政法规和本办法对互联网信息服务活动中的信息网络传播权实施行政保护。国务院信息产业主管部门和各省、自治区、直辖市电信管理机构依法配合相关工作。

第四条 著作权行政管理部门对侵犯互联网信息服务活动中的信息网络传播权的行为实施行政处罚，适用《著作权行政处罚实施办法》。

侵犯互联网信息服务活动中的信息网络传播权的行为由侵权行为实施地的著作权行政管理部门管辖。侵权行为实施地包括提供本办法第二条所列的互联网信息服务活动的服务器等设备所在地。

第五条 著作权人发现互联网传播的内容侵犯其著作权，向互联网信息服务提供者或者其委托的其他机构（以下统称"互联网信息服务提供者"）发出通知后，互联网信息服务提供者应当立即采取措施移除相关内容，并保留著作权人的通知 6 个月。

第六条 互联网信息服务提供者收到著作权人的通知后，应当记录提供的信息内容及其发布的时间、互联网地址或者域名。互联网接入服务提供者应当记录互联网内容提供者的接入时间、用户账号、互联网地址或者域名、主叫电话号码等信息。

前款所称记录应当保存 60 日，并在著作权行政管理部门查询时予以提供。

第七条 互联网信息服务提供者根据著作权人的通知移除相关内容的，互联网内容提供者可以向互联网信息服务提供者和著作权人一并发出说明被移除内容不侵犯著作权的反通知。反通知发出后，互联网信息服务提供者即可恢复被移除的内容，

且对该恢复行为不承担行政法律责任。

第八条　著作权人的通知应当包含以下内容：

（一）涉嫌侵权内容所侵犯的著作权权属证明；

（二）明确的身份证明、住址、联系方式；

（三）涉嫌侵权内容在信息网络上的位置；

（四）侵犯著作权的相关证据；

（五）通知内容的真实性声明。

第九条　互联网内容提供者的反通知应当包含以下内容：

（一）明确的身份证明、住址、联系方式；

（二）被移除内容的合法性证明；

（三）被移除内容在互联网上的位置；

（四）反通知内容的真实性声明。

第十条　著作权人的通知和互联网内容提供者的反通知应当采取书面形式。

著作权人的通知和互联网内容提供者的反通知不具备本办法第八条、第九条所规定内容的，视为未发出。

第十一条　互联网信息服务提供者明知互联网内容提供者通过互联网实施侵犯他人著作权的行为，或者虽不明知，但接到著作权人通知后未采取措施移除相关内容，同时损害社会公共利益的，著作权行政管理部门可以根据《中华人民共和国著作权法》第四十七条的规定责令停止侵权行为，并给予下列行政处罚：

（一）没收违法所得；

（二）处以非法经营额 3 倍以下的罚款；非法经营额难以计算的，可以处 10 万元以下的罚款。

第十二条　没有证据表明互联网信息服务提供者明知侵权事实存在的，或者互联网信息服务提供者接到著作权人通知后，采取措施移除相关内容的，不承担行政法律责任。

第十三条　著作权行政管理部门在查处侵犯互联网信息服务活动中的信息网络传播权案件时，可以按照《著作权行政处罚实施办法》第十二条规定要求著作权人提交必备材料，以及向互联网信息服务提供者发出的通知和该互联网信息服务提供者未采取措施移除相关内容的证明。

第十四条　互联网信息服务提供者有本办法第十一条规定的情形，且经著作权行政管理部门依法认定专门从事盗版活动，或有其他严重情节的，国务院信息产业主管部门或者省、自治区、直辖市电信管理机构依据相关法律、行政法规的规定处理；互联网接入服务提供者应当依据国务院信息产业主管部门或者省、自治区、直辖市电信管理机构的通知，配合实施相应的处理措施。

第十五条　互联网信息服务提供者未履行本办法第六条规定的义务，由国务院信息产业主管部门或者省、自治区、直辖市电信管理机构予以警告，可以并处三万元以下罚款。

第十六条　著作权行政管理部门在查处侵犯互联网信息服务活动中的信息网络传播权案件过程中，发现互联网信息服务提供者的行为涉嫌构成犯罪的，应当依照国务院《行政执法机关移送涉嫌犯罪案件的规定》将案件移送司法部门，依法追究刑事责任。

第十七条　表演者、录音录像制作者等与著作权有关的权利人通过互联网向公众传播其表演或者录音录像制品的权利的行政保护适用本办法。

第十八条　本办法由国家版权局和信息产业部负责解释。

第十九条　本办法自 2005 年 5 月 30 日起施行。

# 信息网络传播权保护条例 (2006 年)

国务院令第 468 号公布，自 2006 年 7 月 1 日起施行

第一条　为保护著作权人、表演者、录音录像制作者（以下统称权利人）的信息网络传播权，鼓励有益于社会主义精神文明、物质文明建设的作品的创作和传播，根据《中华人民共和国著作权法》（以下简称著作权法），制定本条例。

第二条　权利人享有的信息网络传播权受著作权法和本条例保护。除法律、行政法规另有规定的外，任何组织或者个人将他人的作品、表演、录音录像制品通过信息网络向公众提供，应当取得权利人许可，并支付报酬。

第三条　依法禁止提供的作品、表演、录音录像制品，不受本条例保护。权利人行使信息网络传播权，不得违反宪法和法律、行政法规，不得损害公共利益。

第四条　为了保护信息网络传播权，权利人可以采取技术措施。

任何组织或者个人不得故意避开或者破坏技术措施，不得故意制造、进口或者向公众提供主要用于避开或者破坏技术措施的装置或者部件，不得故意为他人避开或者破坏技术措施提供技术服务。但是，法律、行政法规规定可以避开的除外。

第五条　未经权利人许可，任何组织或者个人不得进行下列行为：

（一）故意删除或者改变通过信息网络向公众提供的作品、表演、录音录像制品的权利管理电子信息，但由于技术上的原因无法避免删除或者改变的除外；

（二）通过信息网络向公众提供明知或者应知未经权利人许可被删除或者改变权利管理电子信息的作品、表演、录音录像制品。

第六条　通过信息网络提供他人作品，属于下列情形的，可以不经著作权人许可，不向其支付报酬：

（一）为介绍、评论某一作品或者说明某一问题，在向公众提供的作品中适当引用已经发表的作品；

（二）为报道时事新闻，在向公众提供的作品中不可避免地再现或者引用已经发表的作品；

（三）为学校课堂教学或者科学研究，向少数教学、科研人员提供少量已经发表的作品；

（四）国家机关为执行公务，在合理范围内向公众提供已经发表的作品；

（五）将中国公民、法人或者其他组织已经发表的、以汉语言文字创作的作品翻

译成的少数民族语言文字作品，向中国境内少数民族提供；

（六）不以营利为目的，以盲人能够感知的独特方式向盲人提供已经发表的文字作品；

（七）向公众提供在信息网络上已经发表的关于政治、经济问题的时事性文章；

（八）向公众提供在公众集会上发表的讲话。

第七条　图书馆、档案馆、纪念馆、博物馆、美术馆等可以不经著作权人许可，通过信息网络向本馆馆舍内服务对象提供本馆收藏的合法出版的数字作品和依法为陈列或者保存版本的需要以数字化形式复制的作品，不向其支付报酬，但不得直接或者间接获得经济利益。当事人另有约定的除外。

前款规定的为陈列或者保存版本需要以数字化形式复制的作品，应当是已经损毁或者濒临损毁、丢失或者失窃，或者其存储格式已经过时，并且在市场上无法购买或者只能以明显高于标定的价格购买的作品。

第八条　为通过信息网络实施九年制义务教育或者国家教育规划，可以不经著作权人许可，使用其已经发表作品的片断或者短小的文字作品、音乐作品或者单幅的美术作品、摄影作品制作课件，由制作课件或者依法取得课件的远程教育机构通过信息网络向注册学生提供，但应当向著作权人支付报酬。

第九条　为扶助贫困，通过信息网络向农村地区的公众免费提供中国公民、法人或者其他组织已经发表的种植养殖、防病治病、防灾减灾等与扶助贫困有关的作品和适应基本文化需求的作品，网络服务提供者应当在提供前公告拟提供的作品及其作者、拟支付报酬的标准。自公告之日起 30 日内，著作权人不同意提供的，网络服务提供者不得提供其作品；自公告之日起满 30 日，著作权人没有异议的，网络服务提供者可以提供其作品，并按照公告的标准向著作权人支付报酬。网络服务提供者提供著作权人的作品后，著作权人不同意提供的，网络服务提供者应当立即删除著作权人的作品，并按照公告的标准向著作权人支付提供作品期间的报酬。

依照前款规定提供作品的，不得直接或者间接获得经济利益。

第十条　依照本条例规定不经著作权人许可、通过信息网络向公众提供其作品的，还应当遵守下列规定：

（一）除本条例第六条第（一）项至第（六）项、第七条规定的情形外，不得提供作者事先声明不许提供的作品；

（二）指明作品的名称和作者的姓名（名称）；

（三）依照本条例规定支付报酬；

（四）采取技术措施，防止本条例第七条、第八条、第九条规定的服务对象以外的其他人获得著作权人的作品，并防止本条例第七条规定的服务对象的复制行为对著作权人利益造成实质性损害；

（五）不得侵犯著作权人依法享有的其他权利。

第十一条　通过信息网络提供他人表演、录音录像制品的，应当遵守本条例第六条至第十条的规定。

第十二条　属于下列情形的，可以避开技术措施，但不得向他人提供避开技术措施的技术、装置或者部件，不得侵犯权利人依法享有的其他权利：

（一）为学校课堂教学或者科学研究，通过信息网络向少数教学、科研人员提供已经发表的作品、表演、录音录像制品，而该作品、表演、录音录像制品只能通过信息网络获取；

（二）不以营利为目的，通过信息网络以盲人能够感知的独特方式向盲人提供已经发表的文字作品，而该作品只能通过信息网络获取；

（三）国家机关依照行政、司法程序执行公务；

（四）在信息网络上对计算机及其系统或者网络的安全性能进行测试。

第十三条　著作权行政管理部门为了查处侵犯信息网络传播权的行为，可以要求网络服务提供者提供涉嫌侵权的服务对象的姓名（名称）、联系方式、网络地址等资料。

第十四条　对提供信息存储空间或者提供搜索、链接服务的网络服务提供者，权利人认为其服务所涉及的作品、表演、录音录像制品，侵犯自己的信息网络传播权或者被删除、改变了自己的权利管理电子信息的，可以向该网络服务提供者提交书面通知，要求网络服务提供者删除该作品、表演、录音录像制品，或者断开与该作品、表演、录音录像制品的链接。通知书应当包含下列内容：

（一）权利人的姓名（名称）、联系方式和地址；

（二）要求删除或者断开链接的侵权作品、表演、录音录像制品的名称和网络地址；

（三）构成侵权的初步证明材料。

权利人应当对通知书的真实性负责。

第十五条　网络服务提供者接到权利人的通知书后，应当立即删除涉嫌侵权的作品、表演、录音录像制品，或者断开与涉嫌侵权的作品、表演、录音录像制品的链接，并同时将通知书转送提供作品、表演、录音录像制品的服务对象；服务对象网络地址不明、无法转送的，应当将通知书的内容同时在信息网络上公告。

第十六条　服务对象接到网络服务提供者转送的通知书后，认为其提供的作品、表演、录音录像制品未侵犯他人权利的，可以向网络服务提供者提交书面说明，要求恢复被删除的作品、表演、录音录像制品，或者恢复与被断开的作品、表演、录音录像制品的链接。书面说明应当包含下列内容：

（一）服务对象的姓名（名称）、联系方式和地址；

（二）要求恢复的作品、表演、录音录像制品的名称和网络地址；

（三）不构成侵权的初步证明材料。

服务对象应当对书面说明的真实性负责。

第十七条　网络服务提供者接到服务对象的书面说明后，应当立即恢复被删除的作品、表演、录音录像制品，或者可以恢复与被断开的作品、表演、录音录像制品的链接，同时将服务对象的书面说明转送权利人。权利人不得再通知网络服务提供者删除该作品、表演、录音录像制品，或者断开与该作品、表演、录音录像制品的链接。

第十八条　违反本条例规定，有下列侵权行为之一的，根据情况承担停止侵害、消除影响、赔礼道歉、赔偿损失等民事责任；同时损害公共利益的，可以由著作权行政管理部门责令停止侵权行为，没收违法所得，并可处以 10 万元以下的罚款；情节严重的，著作权行政管理部门可以没收主要用于提供网络服务的计算机等设备；构成犯罪的，依法追究刑事责任：

（一）通过信息网络擅自向公众提供他人的作品、表演、录音录像制品的；

（二）故意避开或者破坏技术措施的；

（三）故意删除或者改变通过信息网络向公众提供的作品、表演、录音录像制品的权利管理电子信息，或者通过信息网络向公众提供明知或者应知未经权利人许可而被删除或者改变权利管理电子信息的作品、表演、录音录像制品的；

（四）为扶助贫困通过信息网络向农村地区提供作品、表演、录音录像制品超过规定范围，或者未按照公告的标准支付报酬，或者在权利人不同意提供其作品、表演、录音录像制品后未立即删除的；

（五）通过信息网络提供他人的作品、表演、录音录像制品，未指明作品、表演、录音录像制品的名称或者作者、表演者、录音录像制作者的姓名（名称），或者未支付报酬，或者未依照本条例规定采取技术措施防止服务对象以外的其他人获得他人的作品、表演、录音录像制品，或者未防止服务对象的复制行为对权利人利益造成实质性损害的。

第十九条　违反本条例规定，有下列行为之一的，由著作权行政管理部门予以警告，没收违法所得，没收主要用于避开、破坏技术措施的装置或者部件；情节严重的，可以没收主要用于提供网络服务的计算机等设备，并可处以 10 万元以下的罚款；构成犯罪的，依法追究刑事责任：

（一）故意制造、进口或者向他人提供主要用于避开、破坏技术措施的装置或者部件，或者故意为他人避开或者破坏技术措施提供技术服务的；

（二）通过信息网络提供他人的作品、表演、录音录像制品，获得经济利益的；

（三）为扶助贫困通过信息网络向农村地区提供作品、表演、录音录像制品，未在提供前公告作品、表演、录音录像制品的名称和作者、表演者、录音录像制作者的姓名（名称）以及报酬标准的。

第二十条　网络服务提供者根据服务对象的指令提供网络自动接入服务，或者对服务对象提供的作品、表演、录音录像制品提供自动传输服务，并具备下列条件的，不承担赔偿责任：

（一）未选择并且未改变所传输的作品、表演、录音录像制品；

（二）向指定的服务对象提供该作品、表演、录音录像制品，并防止指定的服务对象以外的其他人获得。

第二十一条　网络服务提供者为提高网络传输效率，自动存储从其他网络服务提供者获得的作品、表演、录音录像制品，根据技术安排自动向服务对象提供，并具备下列条件的，不承担赔偿责任：

（一）未改变自动存储的作品、表演、录音录像制品；

（二）不影响提供作品、表演、录音录像制品的原网络服务提供者掌握服务对象获取该作品、表演、录音录像制品的情况；

（三）在原网络服务提供者修改、删除或者屏蔽该作品、表演、录音录像制品时，根据技术安排自动予以修改、删除或者屏蔽。

第二十二条　网络服务提供者为服务对象提供信息存储空间，供服务对象通过信息网络向公众提供作品、表演、录音录像制品，并具备下列条件的，不承担赔偿责任：

（一）明确标示该信息存储空间是为服务对象所提供，并公开网络服务提供者的名称、联系人、网络地址；

（二）未改变服务对象所提供的作品、表演、录音录像制品；

（三）不知道也没有合理的理由应当知道服务对象提供的作品、表演、录音录像制品侵权；

（四）未从服务对象提供作品、表演、录音录像制品中直接获得经济利益；

（五）在接到权利人的通知书后，根据本条例规定删除权利人认为侵权的作品、表演、录音录像制品。

第二十三条　网络服务提供者为服务对象提供搜索或者链接服务，在接到权利人的通知书后，根据本条例规定断开与侵权的作品、表演、录音录像制品的链接的，不承担赔偿责任；但是，明知或者应知所链接的作品、表演、录音录像制品侵权的，应当承担共同侵权责任。

第二十四条　因权利人的通知导致网络服务提供者错误删除作品、表演、录音录像制品，或者错误断开与作品、表演、录音录像制品的链接，给服务对象造成损失的，权利人应当承担赔偿责任。

第二十五条　网络服务提供者无正当理由拒绝提供或者拖延提供涉嫌侵权的服务对象的姓名（名称）、联系方式、网络地址等资料的，由著作权行政管理部门予以警告；情节严重的，没收主要用于提供网络服务的计算机等设备。

第二十六条　本条例下列用语的含义：

信息网络传播权，是指以有线或者无线方式向公众提供作品、表演或者录音录像制品，使公众可以在其个人选定的时间和地点获得作品、表演或者录音录像制品的权利。

技术措施，是指用于防止、限制未经权利人许可浏览、欣赏作品、表演、录音录像制品的或者通过信息网络向公众提供作品、表演、录音录像制品的有效技术、装置或者部件。

权利管理电子信息，是指说明作品及其作者、表演及其表演者、录音录像制品及其制作者的信息，作品、表演、录音录像制品权利人的信息和使用条件的信息，以及表示上述信息的数字或者代码。

第二十七条　本条例自 2006 年 7 月 1 日起施行。

# 著作权行政处罚实施办法（2009 年）

2009 年 4 月 21 日国家版权局第 1 次局务会议通过，自 2009 年 6 月 15 日起施行

## 第一章　总则

第一条　为规范著作权行政管理部门的行政处罚行为，保护公民、法人和其他组织的合法权益，根据《中华人民共和国行政处罚法》（以下称行政处罚法）、《中华人民共和国著作权法》（以下称著作权法）和其他有关法律、行政法规，制定本办法。

第二条　国家版权局以及地方人民政府享有著作权行政执法权的有关部门（以下称著作权行政管理部门），在法定职权范围内就本办法列举的违法行为实施行政处罚。法律、法规另有规定的，从其规定。

第三条　本办法所称的违法行为是指：

（一）著作权法第四十七条列举的侵权行为，同时损害公共利益的；

（二）《计算机软件保护条例》第二十四条列举的侵权行为，同时损害公共利益的；

（三）《信息网络传播权保护条例》第十八条列举的侵权行为，同时损害公共利益的；第十九条、第二十五条列举的侵权行为；

（四）《著作权集体管理条例》第四十一条、第四十四条规定的应予行政处罚的行为；

（五）其他有关著作权法律、法规、规章规定的应给予行政处罚的违法行为。

第四条　对本办法列举的违法行为，著作权行政管理部门可以依法责令停止侵权行为，并给予下列行政处罚：

（一）警告；

（二）罚款；

（三）没收违法所得；

（四）没收侵权制品；

（五）没收安装存储侵权制品的设备；

（六）没收主要用于制作侵权制品的材料、工具、设备等；

（七）法律、法规、规章规定的其他行政处罚。

## 第二章　管辖和适用

第五条　本办法列举的违法行为，由侵权行为实施地、侵权结果发生地、侵权制品储藏地或者依法查封扣押地的著作权行政管理部门负责查处。法律、行政法规另有规定的除外。

侵犯信息网络传播权的违法行为由侵权人住所地、实施侵权行为的网络服务器等设备所在地或侵权网站备案登记地的著作权行政管理部门负责查处。

第六条　国家版权局可以查处在全国有重大影响的违法行为，以及认为应当由其查处的其他违法行为。地方著作权行政管理部门负责查处本辖区发生的违法行为。

第七条　两个以上地方著作权行政管理部门对同一违法行为均有管辖权时，由先立案的著作权行政管理部门负责查处该违法行为。

地方著作权行政管理部门因管辖权发生争议或者管辖不明时，由争议双方协商解决；协商不成的，报请共同的上一级著作权行政管理部门指定管辖；其共同的上一级著作权行政管理部门也可以直接指定管辖。

上级著作权行政管理部门在必要时，可以处理下级著作权行政管理部门管辖的有重大影响的案件，也可以将自己管辖的案件交由下级著作权行政管理部门处理；下级著作权行政管理部门认为其管辖的案件案情重大、复杂，需要由上级著作权行政管理部门处理的，可以报请上一级著作权行政管理部门处理。

第八条　著作权行政管理部门发现查处的违法行为，根据我国刑法规定涉嫌构成犯罪的，应当由该著作权行政管理部门依照国务院《行政执法机关移送涉嫌犯罪案件的规定》将案件移送司法部门处理。

第九条　著作权行政管理部门对违法行为予以行政处罚的时效为两年，从违法行为发生之日起计算。违法行为有连续或者继续状态的，从行为终了之日起计算。侵权制品仍在发行或仍在向公众进行传播的，视为违法行为仍在继续。

违法行为在两年内未被发现的，不再给予行政处罚。法律另有规定的除外。

## 第三章　处罚程序

第十条　除行政处罚法规定适用简易程序的情况外，著作权行政处罚适用行政处罚法规定的一般程序。

第十一条　著作权行政管理部门适用一般程序查处违法行为，应当立案。

对本办法列举的违法行为，著作权行政管理部门可以自行决定立案查处，或者根据有关部门移送的材料决定立案查处，也可以根据被侵权人、利害关系人或者其他知情人的投诉或者举报决定立案查处。

第十二条　投诉人就本办法列举的违法行为申请立案查处的，应当提交申请书、权利证明、被侵权作品（或者制品）以及其他证据。

申请书应当说明当事人的姓名（或者名称）、地址以及申请查处所根据的主要事实、理由。

投诉人委托代理人代为申请的，应当由代理人出示委托书。

第十三条　著作权行政管理部门应当在收到所有投诉材料之日起十五日内，决定是否受理并通知投诉人。不予受理的，应当书面告知理由。

第十四条　立案时应当填写立案审批表，同时附上相关材料，包括投诉或者举报材料、上级著作权行政管理部门交办或者有关部门移送案件的有关材料、执法人员的检查报告等，由本部门负责人批准，指定两名以上办案人员负责调查处理。

办案人员与案件有利害关系的，应当自行回避；没有回避的，当事人可以申请其回避。办案人员的回避，由本部门负责人批准。负责人的回避，由本级人民政府批准。

第十五条　执法人员在执法过程中，发现违法行为正在实施，情况紧急来不及立案的，可以采取下列措施：

（一）对违法行为予以制止或者纠正；

（二）对涉嫌侵权制品、安装存储涉嫌侵权制品的设备和主要用于违法行为的材料、工具、设备等依法先行登记保存；

（三）收集、调取其他有关证据。

执法人员应当及时将有关情况和材料报所在著作权行政管理部门，并于发现情况之日起七日内办理立案手续。

第十六条　立案后，办案人员应当及时进行调查，并要求法定举证责任人在著作权行政管理部门指定的期限内举证。

办案人员取证时可以采取下列手段收集、调取有关证据：

（一）查阅、复制与涉嫌违法行为有关的文件档案、账簿和其他书面材料；

（二）对涉嫌侵权制品进行抽样取证；

（三）对涉嫌侵权制品、安装存储涉嫌侵权制品的设备、涉嫌侵权的网站网页、涉嫌侵权的网站服务器和主要用于违法行为的材料、工具、设备等依法先行登记保存。

第十七条　办案人员在执法中应当向当事人或者有关人员出示由国家版权局或者地方人民政府制发的行政执法证件。

第十八条　办案时收集的证据包括：

（一）书证；

（二）物证；

（三）证人证言；

（四）视听资料；

（五）当事人陈述；

（六）鉴定结论；

（七）检查、勘验笔录。

第十九条 当事人提供的涉及著作权的底稿、原件、合法出版物、作品登记证书、著作权合同登记证书、认证机构出具的证明、取得权利的合同，以及当事人自行或者委托他人以订购、现场交易等方式购买侵权复制品而取得的实物、发票等，可以作为证据。

第二十条 办案人员抽样取证、先行登记保存有关证据，应当有当事人在场。对有关物品应当当场制作清单一式两份，由办案人员和当事人签名、盖章后，分别交由当事人和办案人员所在著作权行政管理部门保存。当事人不在场或者拒绝签名、盖章的，由现场两名以上办案人员注明情况。

第二十一条 办案人员先行登记保存有关证据，应当经本部门负责人批准，并向当事人交付证据先行登记保存通知书。当事人或者有关人员在证据保存期间不得转移、损毁有关证据。

先行登记保存的证据，应当加封著作权行政管理部门先行登记保存封条，由当事人就地保存。先行登记保存的证据确需移至他处的，可以移至适当的场所保存。情况紧急来不及办理本条规定的手续时，办案人员可以先行采取措施，事后及时补办手续。

第二十二条 对先行登记保存的证据，应当在交付证据先行登记保存通知书后七日内作出下列处理决定：

（一）需要鉴定的，送交鉴定；

（二）违法事实成立，应当予以没收的，依照法定程序予以没收；

（三）应当移送有关部门处理的，将案件连同证据移送有关部门处理；

（四）违法事实不成立，或者依法不应予以没收的，解除登记保存措施；

（五）其他有关法定措施。

第二十三条 著作权行政管理部门在查处案件过程中，委托其他著作权行政管理部门代为调查的，须出具委托书。受委托的著作权行政管理部门应当积极予以协助。

第二十四条 对查处案件中的专业性问题，著作权行政管理部门可以委托专门机构或者聘请专业人员进行鉴定。

第二十五条 调查终结后，办案人员应当提交案件调查报告，说明有关行为是否违法，提出处理意见及有关事实、理由和依据，并附上全部证据材料。

第二十六条 著作权行政管理部门拟作出行政处罚决定的，应当由本部门负责人签发行政处罚事先告知书，告知当事人拟作出行政处罚决定的事实、理由和依据，并告知当事人依法享有的陈述权、申辩权和其他权利。

行政处罚事先告知书应当由著作权行政管理部门直接送达当事人，当事人应当在送达回执上签名、盖章。当事人拒绝签收的，由送达人员注明情况，把送达文书留在受送达人住所，并报告本部门负责人。著作权行政管理部门也可以采取邮寄送达方式告知当事人。无法找到当事人时，可以以公告形式告知。

第二十七条　当事人要求陈述、申辩的，应当在被告知后七日内，或者自发布公告之日起三十日内，向著作权行政管理部门提出陈述、申辩意见以及相应的事实、理由和证据。当事人在此期间未行使陈述权、申辩权的，视为放弃权利。

采取直接送达方式告知的，以当事人签收之日为被告知日期；采取邮寄送达方式告知的，以回执上注明的收件日期为被告知日期。

第二十八条　办案人员应当充分听取当事人的陈述、申辩意见，对当事人提出的事实、理由和证据进行复核，并提交复核报告。

著作权行政管理部门不得因当事人申辩加重处罚。

第二十九条　著作权行政管理部门负责人应当对案件调查报告及复核报告进行审查，并根据审查结果分别作出下列处理决定：

（一）确属应当予以行政处罚的违法行为的，根据侵权人的过错程度、侵权时间长短、侵权范围大小及损害后果等情节，予以行政处罚；

（二）违法行为轻微并及时纠正，没有造成危害后果的，不予行政处罚；

（三）违法事实不成立的，不予行政处罚；

（四）违法行为涉嫌构成犯罪的，移送司法部门处理。

对情节复杂或者重大的违法行为给予较重的行政处罚，由著作权行政管理部门负责人集体讨论决定。

第三十条　著作权行政管理部门作出罚款决定时，罚款数额应当依照《中华人民共和国著作权法实施条例》第三十六条、《计算机软件保护条例》第二十四条的规定和《信息网络传播权保护条例》第十八条、第十九条的规定确定。

第三十一条　违法行为情节严重的，著作权行政管理部门可以没收主要用于制作侵权制品的材料、工具、设备等。

具有下列情形之一的，属于前款所称"情节严重"：

（一）违法所得数额（即获利数额）二千五百元以上的；

（二）非法经营数额在一万五千元以上的；

（三）经营侵权制品在二百五十册（张或份）以上的；

（四）因侵犯著作权曾经被追究法律责任，又侵犯著作权的；

（五）造成其他重大影响或者严重后果的。

第三十二条 对当事人的同一违法行为，其他行政机关已经予以罚款的，著作权行政管理部门不得再予罚款，但仍可以视具体情况予以本办法第四条所规定的其他种类的行政处罚。

第三十三条 著作权行政管理部门作出较大数额罚款决定或者法律、行政法规规定应当听证的其他行政处罚决定前，应当告知当事人有要求举行听证的权利。

前款所称"较大数额罚款"，是指对个人处以两万元以上、对单位处以十万元以上的罚款。地方性法规、规章对听证要求另有规定的，依照地方性法规、规章办理。

第三十四条 当事人要求听证的，著作权行政管理部门应当依照行政处罚法第四十二条规定的程序组织听证。当事人不承担组织听证的费用。

第三十五条 著作权行政管理部门决定予以行政处罚的，应当制作行政处罚决定书。

著作权行政管理部门认为违法行为轻微，决定不予行政处罚的，应当制作不予行政处罚通知书，说明不予行政处罚的事实、理由和依据，并送达当事人；违法事实不成立的，应当制作调查结果通知书，并送达当事人。

著作权行政管理部门决定移送司法部门处理的案件，应当制作涉嫌犯罪案件移送书，并连同有关材料和证据及时移送有管辖权的司法部门。

第三十六条 行政处罚决定书应当由著作权行政管理部门在宣告后当场交付当事人。当事人不在场的，应当在七日内送达当事人。

第三十七条 当事人对国家版权局的行政处罚不服的，可以向国家版权局申请行政复议；当事人对地方著作权行政管理部门的行政处罚不服的，可以向该部门的本级人民政府或者其上一级著作权行政管理部门申请行政复议。

当事人对行政处罚或者行政复议决定不服的，可以依法提起行政诉讼。

## 第四章 执行程序

第三十八条 当事人收到行政处罚决定书后，应当在行政处罚决定书规定的期限内予以履行。

当事人申请行政复议或者提起行政诉讼的，行政处罚不停止执行。法律另有规定的除外。

第三十九条 没收的侵权制品应当销毁，或者经被侵权人同意后以其他适当方式处理。

销毁侵权制品时，著作权行政管理部门应当指派两名以上执法人员监督销毁过程，核查销毁结果，并制作销毁记录。

对没收的主要用于制作侵权制品的材料、工具、设备等，著作权行政管理部门应当依法公开拍卖或者依照国家有关规定处理。

第四十条　上级著作权行政管理部门作出的行政处罚决定，可以委托下级著作权行政管理部门代为执行。代为执行的下级著作权行政管理部门，应当将执行结果报告该上级著作权行政管理部门。

## 第五章　附则

第四十一条　本办法所称的侵权制品包括侵权复制品和假冒他人署名的作品。

第四十二条　著作权行政管理部门应当按照国家统计法规建立著作权行政处罚统计制度，每年向上一级著作权行政管理部门提交著作权行政处罚统计报告。

第四十三条　行政处罚决定或者复议决定执行完毕后，著作权行政管理部门应当及时将案件材料立卷归档。

立卷归档的材料主要包括：行政处罚决定书、立案审批表、案件调查报告、复核报告、复议决定书、听证笔录、听证报告、证据材料、财物处理单据以及其他有关材料。

第四十四条　本办法涉及的有关法律文书，应当参照国家版权局确定的有关文书格式制作。

第四十五条　本办法自 2009 年 6 月 15 日起施行。国家版权局 2003 年 9 月 1 日发布的《著作权行政处罚实施办法》同时废止，本办法施行前发布的其他有关规定与本办法相抵触的，依照本办法执行。

# 广播电台电视台播放录音制品支付报酬暂行办法

国务院令第 566 号公布，自 2010 年 1 月 1 日起施行

第一条　为了保障著作权人依法行使广播权，方便广播电台、电视台播放录音制品，根据《中华人民共和国著作权法》（以下称著作权法）第四十三条的规定，制定本办法。

第二条　广播电台、电视台可以就播放已经发表的音乐作品向著作权人支付报酬的方式、数额等有关事项与管理相关权利的著作权集体管理组织进行约定。

广播电台、电视台播放已经出版的录音制品，已经与著作权人订立许可使用合同的，按照合同约定的方式和标准支付报酬。

广播电台、电视台依照著作权法第四十三条的规定，未经著作权人的许可播放已经出版的录音制品（以下称播放录音制品）的，依照本办法向著作权人支付报酬。

第三条　本办法所称播放，是指广播电台、电视台以无线或者有线的方式进行的首播、重播和转播。

第四条　广播电台、电视台播放录音制品，可以与管理相关权利的著作权集体管理组织约定每年向著作权人支付固定数额的报酬；没有就固定数额进行约定或者约定不成的，广播电台、电视台与管理相关权利的著作权集体管理组织可以以下列方式之一为基础，协商向著作权人支付报酬：

（一）以本台或者本台各频道（频率）本年度广告收入扣除 15％成本费用后的余额，乘以本办法第五条或者第六条规定的付酬标准，计算支付报酬的数额；

（二）以本台本年度播放录音制品的时间总量，乘以本办法第七条规定的单位时间付酬标准，计算支付报酬的数额。

第五条　以本办法第四条第（一）项规定方式确定向著作权人支付报酬的数额的，自本办法施行之日起 5 年内，按照下列付酬标准协商支付报酬的数额：

（一）播放录音制品的时间占本台或者本频道（频率）播放节目总时间的比例（以下称播放时间比例）不足 1％的，付酬标准为 1.01％；

（二）播放时间比例为 1％以上不足 3％的，付酬标准为 0.02％；

（三）播放时间比例为 3％以上不足 6％的，相应的付酬标准为 0.09％到 0.15％，播放时间比例每增加 1％，付酬标准相应增加 0.03％；

（四）播放时间比例为 6％以上 10％以下的，相应的付酬标准为 0.24％到 0.4％，

播放时间比例每增加1％，付酬标准相应增加0.04％；

（五）播放时间比例超过10％不足30％的，付酬标准为0.5％；

（六）播放时间比例为30％以上不足50％的，付酬标准为0.6％；

（七）播放时间比例为50％以上不足80％的，付酬标准为0.7％；

（八）播放时间比例为80％以上的，付酬标准为0.8％。

第六条　以本办法第四条第（一）项规定方式确定向著作权人支付报酬的数额的，自本办法施行届满5年之日起，按照下列付酬标准协商支付报酬的数额：

（一）播放时间比例不足1％的，付酬标准为0.02％；

（二）播放时间比例为1％以上不足3％的，付酬标准为0.03％；

（三）播放时间比例为3％以上不足6％的，相应的付酬标准为0.12％到0.2％，播放时间比例每增加1％，付酬标准相应增加0.04％；

（四）播放时间比例为6％以上10％以下的，相应的付酬标准为0.3％到0.5％，播放时间比例每增加1％，付酬标准相应增加0.05％；

（五）播放时间比例超过10％不足30％的，付酬标准为0.6％；

（六）播放时间比例为30％以上不足50％的，付酬标准为0.7％；

（七）播放时间比例为50％以上不足80％的，付酬标准为0.8％；

（八）播放时间比例为80％以上的，付酬标准为0.9％。

第七条　以本办法第四条第（二）项规定的方式确定向著作权人支付报酬的数额的，按照下列付酬标准协商支付报酬的数额：

（一）广播电台的单位时间付酬标准为每分钟0.30元；

（二）电视台的单位时间付酬标准自本办法施行之日起5年内为每分钟1.50元，自本办法施行届满5年之日起为每分钟2元。

第八条　广播电台、电视台播放录音制品，未能依照本办法第四条的规定与管理相关权利的著作权集体管理组织约定支付报酬的固定数额，也未能协商确定应支付报酬的，应当依照本办法第四条第（一）项规定的方式和第五条、第六条规定的标准，确定向管理相关权利的著作权集体管理组织支付报酬的数额。

第九条　广播电台、电视台转播其他广播电台、电视台播放的录音制品的，其播放录音制品的时间按照实际播放时间的10％计算。

第十条　中部地区的广播电台、电视台依照本办法规定方式向著作权人支付报酬的数额，自本办法施行之日起5年内，按照依据本办法规定计算出的数额的50％计算。

西部地区的广播电台、电视台以及全国专门对少年儿童、少数民族和农村地区等播出的专业频道（频率），依照本办法规定方式向著作权人支付报酬的数额，自本办法施行之日起5年内，按照依据本办法规定计算出的数额的10％计算；自本办法施行届满 5 年之日起，按照依据本办法规定计算出的数额的 50% 计算。

第十一条 县级以上人民政府财政部门将本级人民政府设立的广播电台、电视台播放录音制品向著作权人支付报酬的支出作为核定其收支的因素，根据本地区财政情况综合考虑，统筹安排。

第十二条 广播电台、电视台向著作权人支付报酬，以年度为结算期。

广播电台、电视台应当于每年度第一季度将其上年度应当支付的报酬交由著作权集体管理组织转付给著作权人。

广播电台、电视台通过著作权集体管理组织向著作权人支付报酬时，应当提供其播放作品的名称、著作权人姓名或者名称、播放时间等情况，双方已有约定的除外。

第十三条 广播电台、电视台播放录音制品，未向管理相关权利的著作权集体管理组织会员以外的著作权人支付报酬的，应当按照本办法第十二条的规定将应支付的报酬送交管理相关权利的著作权集体管理组织；管理相关权利的著作权集体管理组织应当向著作权人转付。

第十四条 著作权集体管理组织向著作权人转付报酬，除本办法已有规定外，适用《著作权集体管理条例》的有关规定。

第十五条 广播电台、电视台依照本办法规定将应当向著作权人支付的报酬交给著作权集体管理组织后，对著作权集体管理组织与著作权人之间的纠纷不承担责任。

第十六条 广播电台、电视台与著作权人或者著作权集体管理组织因依照本办法规定支付报酬产生纠纷的，可以依法向人民法院提起民事诉讼，或者根据双方达成的书面仲裁协议向仲裁机构申请仲裁。

第十七条 本办法自 2010 年 1 月 1 日起施行。

# 中华人民共和国现行著作权法（2010 年）

（1990 年 9 月 7 日第七届全国人民代表大会常务委员会第十五次会议通过
根据 2001 年 10 月 27 日第九届全国人民代表大会常务委员会第二十四次会议
《关于修改 〈中华人民共和国著作权法〉 的决定》 第一次修正　根据
2010 年 2 月 26 日第十一届全国人民代表大会常务委员会第十三次会议
《关于修改 〈中华人民共和国著作权法〉 的决定》 第二次修正）

## 第一章　总则

第一条　为保护文学、艺术和科学作品作者的著作权，以及与著作权有关的权益，鼓励有益于社会主义精神文明、物质文明建设的作品的创作和传播，促进社会主义文化和科学事业的发展与繁荣，根据宪法制定本法。

第二条　中国公民、法人或者其他组织的作品，不论是否发表，依照本法享有著作权。

外国人、无国籍人的作品根据其作者所属国或者经常居住地国同中国签订的协议或者共同参加的国际条约享有的著作权，受本法保护。

外国人、无国籍人的作品首先在中国境内出版的，依照本法享有著作权。

未与中国签订协议或者共同参加国际条约的国家的作者以及无国籍人的作品首次在中国参加的国际条约的成员国出版的，或者在成员国和非成员国同时出版的，受本法保护。

第三条　本法所称的作品，包括以下列形式创作的文学、艺术和自然科学、社会科学、工程技术等作品：

（一）文字作品；

（二）口述作品；

（三）音乐、戏剧、曲艺、舞蹈、杂技艺术作品；

（四）美术、建筑作品；

（五）摄影作品；

（六）电影作品和以类似摄制电影的方法创作的作品；

（七）工程设计图、产品设计图、地图、示意图等图形作品和模型作品；

（八）计算机软件；

（九）法律、行政法规规定的其他作品。

第四条 著作权人行使著作权，不得违反宪法和法律，不得损害公共利益。国家对作品的出版、传播依法进行监督管理。

第五条 本法不适用于：

（一）法律、法规，国家机关的决议、决定、命令和其他具有立法、行政、司法性质的文件，及其官方正式译文；

（二）时事新闻；

（三）历法、通用数表、通用表格和公式。

第六条 民间文学艺术作品的著作权保护办法由国务院另行规定。

第七条 国务院著作权行政管理部门主管全国的著作权管理工作；各省、自治区、直辖市人民政府的著作权行政管理部门主管本行政区域的著作权管理工作。

第八条 著作权人和与著作权有关的权利人可以授权著作权集体管理组织行使著作权或者与著作权有关的权利。著作权集体管理组织被授权后，可以以自己的名义为著作权人和与著作权有关的权利人主张权利，并可以作为当事人进行涉及著作权或者与著作权有关的权利的诉讼、仲裁活动。

著作权集体管理组织是非营利性组织，其设立方式、权利义务、著作权许可使用费的收取和分配，以及对其监督和管理等由国务院另行规定。

## 第二章 著作权

### 第一节 著作权人及其权利

第九条 著作权人包括：

（一）作者；

（二）其他依照本法享有著作权的公民、法人或者其他组织。

第十条 著作权包括下列人身权和财产权：

（一）发表权，即决定作品是否公之于众的权利；

（二）署名权，即表明作者身份，在作品上署名的权利；

（三）修改权，即修改或者授权他人修改作品的权利；

（四）保护作品完整权，即保护作品不受歪曲、篡改的权利；

（五）复制权，即以印刷、复印、拓印、录音、录像、翻录、翻拍等方式将作品制作一份或者多份的权利；

（六）发行权，即以出售或者赠与方式向公众提供作品的原件或者复制件的权利；

（七）出租权，即有偿许可他人临时使用电影作品和以类似摄制电影的方法创作的作品、计算机软件的权利，计算机软件不是出租的主要标的的除外；

（八）展览权，即公开陈列美术作品、摄影作品的原件或者复制件的权利；

（九）表演权，即公开表演作品，以及用各种手段公开播送作品的表演的权利；

（十）放映权，即通过放映机、幻灯机等技术设备公开再现美术、摄影、电影和以类似摄制电影的方法创作的作品等的权利；

（十一）广播权，即以无线方式公开广播或者传播作品，以有线传播或者转播的方式向公众传播广播的作品，以及通过扩音器或者其他传送符号、声音、图像的类似工具向公众传播广播的作品的权利；

（十二）信息网络传播权，即以有线或者无线方式向公众提供作品，使公众可以在其个人选定的时间和地点获得作品的权利；

（十三）摄制权，即以摄制电影或者以类似摄制电影的方法将作品固定在载体上的权利；

（十四）改编权，即改变作品，创作出具有独创性的新作品的权利；

（十五）翻译权，即将作品从一种语言文字转换成另一种语言文字的权利；

（十六）汇编权，即将作品或者作品的片段通过选择或者编排，汇集成新作品的权利；

（十七）应当由著作权人享有的其他权利。

著作权人可以许可他人行使前款第（五）项至第（十七）项规定的权利，并依照约定或者本法有关规定获得报酬。

著作权人可以全部或者部分转让本条第一款第（五）项至第（十七）项规定的权利，并依照约定或者本法有关规定获得报酬。

## 第二节　著作权归属

第十一条　著作权属于作者，本法另有规定的除外。

创作作品的公民是作者。

由法人或者其他组织主持，代表法人或者其他组织意志创作，并由法人或者其他组织承担责任的作品，法人或者其他组织视为作者。

如无相反证明，在作品上署名的公民、法人或者其他组织为作者。

第十二条　改编、翻译、注释、整理已有作品而产生的作品，其著作权由改编、翻译、注释、整理人享有，但行使著作权时不得侵犯原作品的著作权。

第十三条　两人以上合作创作的作品，著作权由合作作者共同享有。没有参加创作的人，不能成为合作作者。

合作作品可以分割使用的，作者对各自创作的部分可以单独享有著作权，但行使著作权时不得侵犯合作作品整体的著作权。

第十四条　汇编若干作品、作品的片段或者不构成作品的数据或者其他材料，对其内容的选择或者编排体现独创性的作品，为汇编作品，其著作权由汇编人享有，但行使著作权时，不得侵犯原作品的著作权。

第十五条　电影作品和以类似摄制电影的方法创作的作品的著作权由制片者享有，但编剧、导演、摄影、作词、作曲等作者享有署名权，并有权按照与制片者签订的合同获得报酬。

电影作品和以类似摄制电影的方法创作的作品中的剧本、音乐等可以单独使用的作品的作者有权单独行使其著作权。

第十六条　公民为完成法人或者其他组织工作任务所创作的作品是职务作品，除本条第二款的规定以外，著作权由作者享有，但法人或者其他组织有权在其业务范围内优先使用。作品完成两年内，未经单位同意，作者不得许可第三人以与单位使用的相同方式使用该作品。

有下列情形之一的职务作品，作者享有署名权，著作权的其他权利由法人或者其他组织享有，法人或者其他组织可以给予作者奖励：

（一）主要是利用法人或者其他组织的物质技术条件创作，并由法人或者其他组织承担责任的工程设计图、产品设计图、地图、计算机软件等职务作品；

（二）法律、行政法规规定或者合同约定著作权由法人或者其他组织享有的职务作品。

第十七条　受委托创作的作品，著作权的归属由委托人和受托人通过合同约定。合同未作明确约定或者没有订立合同的，著作权属于受托人。

第十八条　美术等作品原件所有权的转移，不视为作品著作权的转移，但美术作品原件的展览权由原件所有人享有。

第十九条　著作权属于公民的，公民死亡后，其本法第十条第一款第（五）项至第（十七）项规定的权利在本法规定的保护期内，依照继承法的规定转移。

著作权属于法人或者其他组织的，法人或者其他组织变更、终止后，其本法第十条第一款第（五）项至第（十七）项规定的权利在本法规定的保护期内，由承受其权利义务的法人或者其他组织享有；没有承受其权利义务的法人或者其他组织的，由国家享有。

### 第三节　权利的保护期

第二十条　作者的署名权、修改权、保护作品完整权的保护期不受限制。

第二十一条　公民的作品，其发表权、本法第十条第一款第（五）项至第（十七）项规定的权利的保护期为作者终生及其死亡后五十年，截止于作者死亡后第五十年的12月31日；如果是合作作品，截止于最后死亡的作者死亡后第五十年的12月31日。

法人或者其他组织的作品、著作权（署名权除外）由法人或者其他组织享有的职务作品，其发表权、本法第十条第一款第（五）项至第（十七）项规定的权利的保护期为五十年，截止于作品首次发表后第五十年的 12 月 31 日，但作品自创作完成后五十年内未发表的，本法不再保护。

电影作品和以类似摄制电影的方法创作的作品、摄影作品，其发表权、本法第十条第一款第（五）项至第（十七）项规定的权利的保护期为五十年，截止于作品首次发表后第五十年的 12 月 31 日，但作品自创作完成后五十年内未发表的，本法不再保护。

### 第四节　权利的限制

第二十二条　在下列情况下使用作品，可以不经著作权人许可，不向其支付报酬，但应当指明作者姓名、作品名称，并且不得侵犯著作权人依照本法享有的其他权利：

（一）为个人学习、研究或者欣赏，使用他人已经发表的作品；

（二）为介绍、评论某一作品或者说明某一问题，在作品中适当引用他人已经发表的作品；

（三）为报道时事新闻，在报纸、期刊、广播电台、电视台等媒体中不可避免地再现或者引用已经发表的作品；

（四）报纸、期刊、广播电台、电视台等媒体刊登或者播放其他报纸、期刊、广播电台、电视台等媒体已经发表的关于政治、经济、宗教问题的时事性文章，但作者声明不许刊登、播放的除外；

（五）报纸、期刊、广播电台、电视台等媒体刊登或者播放在公众集会上发表的讲话，但作者声明不许刊登、播放的除外；

（六）为学校课堂教学或者科学研究，翻译或者少量复制已经发表的作品，供教学或者科研人员使用，但不得出版发行；

（七）国家机关为执行公务在合理范围内使用已经发表的作品；

（八）图书馆、档案馆、纪念馆、博物馆、美术馆等为陈列或者保存版本的需要，复制本馆收藏的作品；

（九）免费表演已经发表的作品，该表演未向公众收取费用，也未向表演者支付报酬；

（十）对设置或者陈列在室外公共场所的艺术作品进行临摹、绘画、摄影、录像；

（十一）将中国公民、法人或者其他组织已经发表的以汉语言文字创作的作品翻译成少数民族语言文字作品在国内出版发行；

（十二）将已经发表的作品改成盲文出版。

前款规定适用于对出版者、表演者、录音录像制作者、广播电台、电视台的权利的限制。

第二十三条　为实施九年制义务教育和国家教育规划而编写出版教科书，除作者事先声明不许使用的外，可以不经著作权人许可，在教科书中汇编已经发表的作品片段或者短小的文字作品、音乐作品或者单幅的美术作品、摄影作品，但应当按照规定支付报酬，指明作者姓名、作品名称，并且不得侵犯著作权人依照本法享有的其他权利。

前款规定适用于对出版者、表演者、录音录像制作者、广播电台、电视台的权利的限制。

## 第三章　著作权许可使用和转让合同

第二十四条　使用他人作品应当同著作权人订立许可使用合同，本法规定可以不经许可的除外。

许可使用合同包括下列主要内容：

（一）许可使用的权利种类；

（二）许可使用的权利是专有使用权或者非专有使用权；

（三）许可使用的地域范围、期间；

（四）付酬标准和办法；

（五）违约责任；

（六）双方认为需要约定的其他内容。

第二十五条　转让本法第十条第一款第（五）项至第（十七）项规定的权利，应当订立书面合同。

权利转让合同包括下列主要内容：

（一）作品的名称；

（二）转让的权利种类、地域范围；

（三）转让价金；

（四）交付转让价金的日期和方式；

（五）违约责任；

（六）双方认为需要约定的其他内容。

第二十六条　以著作权出质的，由出质人和质权人向国务院著作权行政管理部门办理出质登记。

第二十七条　许可使用合同和转让合同中著作权人未明确许可、转让的权利，未经著作权人同意，另一方当事人不得行使。

第二十八条　使用作品的付酬标准可以由当事人约定，也可以按照国务院著作权行政管理部门会同有关部门制定的付酬标准支付报酬。当事人约定不明确的，按照国务院著作权行政管理部门会同有关部门制定的付酬标准支付报酬。

第二十九条 出版者、表演者、录音录像制作者、广播电台、电视台等依照本法有关规定使用他人作品的，不得侵犯作者的署名权、修改权、保护作品完整权和获得报酬的权利。

## 第四章 出版、表演、录音录像、播放

### 第一节 图书、报刊的出版

第三十条 图书出版者出版图书应当和著作权人订立出版合同，并支付报酬。

第三十一条 图书出版者对著作权人交付出版的作品，按照合同约定享有的专有出版权受法律保护，他人不得出版该作品。

第三十二条 著作权人应当按照合同约定期限交付作品。图书出版者应当按照合同约定的出版质量、期限出版图书。

图书出版者不按照合同约定期限出版，应当依照本法第五十四条的规定承担民事责任。

图书出版者重印、再版作品的，应当通知著作权人，并支付报酬。图书脱销后，图书出版者拒绝重印、再版的，著作权人有权终止合同。

第三十三条 著作权人向报社、期刊社投稿的，自稿件发出之日起十五日内未收到报社通知决定刊登的，或者自稿件发出之日起三十日内未收到期刊社通知决定刊登的，可以将同一作品向其他报社、期刊社投稿。双方另有约定的除外。

作品刊登后，除著作权人声明不得转载、摘编的外，其他报刊可以转载或者作为文摘、资料刊登，但应当按照规定向著作权人支付报酬。

第三十四条 图书出版者经作者许可，可以对作品修改、删节。

报社、期刊社可以对作品作文字性修改、删节。对内容的修改，应当经作者许可。

第三十五条 出版改编、翻译、注释、整理、汇编已有作品而产生的作品，应当取得改编、翻译、注释、整理、汇编作品的著作权人和原作品的著作权人许可，并支付报酬。

第三十六条 出版者有权许可或者禁止他人使用其出版的图书、期刊的版式设计。

前款规定的权利的保护期为十年，截止于使用该版式设计的图书、期刊首次出版后第十年的 12 月 31 日。

### 第二节 表演

第三十七条 使用他人作品演出，表演者（演员、演出单位）应当取得著作权人许可，并支付报酬。演出组织者组织演出，由该组织者取得著作权人许可，并支付报酬。

使用改编、翻译、注释、整理已有作品而产生的作品进行演出，应当取得改编、翻译、注释、整理作品的著作权人和原作品的著作权人许可，并支付报酬。

第三十八条　表演者对其表演享有下列权利：

（一）表明表演者身份；

（二）保护表演形象不受歪曲；

（三）许可他人从现场直播和公开传送其现场表演，并获得报酬；

（四）许可他人录音录像，并获得报酬；

（五）许可他人复制、发行录有其表演的录音录像制品，并获得报酬；

（六）许可他人通过信息网络向公众传播其表演，并获得报酬。

被许可人以前款第（三）项至第（六）项规定的方式使用作品，还应当取得著作权人许可，并支付报酬。

第三十九条　本法第三十八条第一款第（一）项、第（二）项规定的权利的保护期不受限制。

本法第三十八条第一款第（三）项至第（六）项规定的权利的保护期为五十年，截止于该表演发生后第五十年的 12 月 31 日。

## 第三节　录音录像

第四十条　录音录像制作者使用他人作品制作录音录像制品，应当取得著作权人许可，并支付报酬。

录音录像制作者使用改编、翻译、注释、整理已有作品而产生的作品，应当取得改编、翻译、注释、整理作品的著作权人和原作品著作权人许可，并支付报酬。

录音制作者使用他人已经合法录制为录音制品的音乐作品制作录音制品，可以不经著作权人许可，但应当按照规定支付报酬；著作权人声明不许使用的不得使用。

第四十一条　录音录像制作者制作录音录像制品，应当同表演者订立合同，并支付报酬。

第四十二条　录音录像制作者对其制作的录音录像制品，享有许可他人复制、发行、出租、通过信息网络向公众传播并获得报酬的权利；权利的保护期为五十年，截止于该制品首次制作完成后第五十年的 12 月 31 日。

被许可人复制、发行、通过信息网络向公众传播录音录像制品，还应当取得著作权人、表演者许可，并支付报酬。

## 第四节　广播电台、电视台播放

第四十三条　广播电台、电视台播放他人未发表的作品，应当取得著作权人许可，并支付报酬。

广播电台、电视台播放他人已发表的作品，可以不经著作权人许可，但应当支付报酬。

第四十四条　广播电台、电视台播放已经出版的录音制品，可以不经著作权人许可，但应当支付报酬。当事人另有约定的除外。具体办法由国务院规定。

第四十五条　广播电台、电视台有权禁止未经其许可的下列行为：

（一）将其播放的广播、电视转播；

（二）将其播放的广播、电视录制在音像载体上以及复制音像载体。

前款规定的权利的保护期为五十年，截止于该广播、电视首次播放后第五十年的 12 月 31 日。

第四十六条　电视台播放他人的电影作品和以类似摄制电影的方法创作的作品、录像制品，应当取得制片者或者录像制作者许可，并支付报酬；播放他人的录像制品，还应当取得著作权人许可，并支付报酬。

## 第五章　法律责任和执法措施

第四十七条　有下列侵权行为的，应当根据情况，承担停止侵害、消除影响、赔礼道歉、赔偿损失等民事责任：

（一）未经著作权人许可，发表其作品的；

（二）未经合作者许可，将与他人合作创作的作品当作自己单独创作的作品发表的；

（三）没有参加创作，为谋取个人名利，在他人作品上署名的；

（四）歪曲、篡改他人作品的；

（五）剽窃他人作品的；

（六）未经著作权人许可，以展览、摄制电影和以类似摄制电影的方法使用作品，或者以改编、翻译、注释等方式使用作品的，本法另有规定的除外；

（七）使用他人作品，应当支付报酬而未支付的；

（八）未经电影作品和以类似摄制电影的方法创作的作品、计算机软件、录音录像制品的著作权人或者与著作权有关的权利人许可，出租其作品或者录音录像制品的，本法另有规定的除外；

（九）未经出版者许可，使用其出版的图书、期刊的版式设计的；

（十）未经表演者许可，从现场直播或者公开传送其现场表演，或者录制其表演的；

（十一）其他侵犯著作权以及与著作权有关的权益的行为。

第四十八条　有下列侵权行为的，应当根据情况，承担停止侵害、消除影响、赔礼道歉、赔偿损失等民事责任；同时损害公共利益的，可以由著作权行政管理部门责令停止侵权行为，没收违法所得，没收、销毁侵权复制品，并可处以罚款；情节严重的，著作权行政管理部门还可以没收主要用于制作侵权复制品的材料、工具、设备等；构成犯罪的，依法追究刑事责任：

（一）未经著作权人许可，复制、发行、表演、放映、广播、汇编、通过信息网络向公众传播其作品的，本法另有规定的除外；

（二）出版他人享有专有出版权的图书的；

（三）未经表演者许可，复制、发行录有其表演的录音录像制品，或者通过信息网络向公众传播其表演的，本法另有规定的除外；

（四）未经录音录像制作者许可，复制、发行、通过信息网络向公众传播其制作的录音录像制品的，本法另有规定的除外；

（五）未经许可，播放或者复制广播、电视的，本法另有规定的除外；

（六）未经著作权人或者与著作权有关的权利人许可，故意避开或者破坏权利人为其作品、录音录像制品等采取的保护著作权或者与著作权有关的权利的技术措施的，法律、行政法规另有规定的除外；

（七）未经著作权人或者与著作权有关的权利人许可，故意删除或者改变作品、录音录像制品等的权利管理电子信息的，法律、行政法规另有规定的除外；

（八）制作、出售假冒他人署名的作品的。

第四十九条　侵犯著作权或者与著作权有关的权利的，侵权人应当按照权利人的实际损失给予赔偿；实际损失难以计算的，可以按照侵权人的违法所得给予赔偿。赔偿数额还应当包括权利人为制止侵权行为所支付的合理开支。

权利人的实际损失或者侵权人的违法所得不能确定的，由人民法院根据侵权行为的情节，判决给予五十万元以下的赔偿。

第五十条　著作权人或者与著作权有关的权利人有证据证明他人正在实施或者即将实施侵犯其权利的行为，如不及时制止将会使其合法权益受到难以弥补的损害的，可以在起诉前向人民法院申请采取责令停止有关行为和财产保全的措施。

人民法院处理前款申请，适用《中华人民共和国民事诉讼法》第九十三条至第九十六条和第九十九条的规定。

第五十一条　为制止侵权行为，在证据可能灭失或者以后难以取得的情况下，著作权人或者与著作权有关的权利人可以在起诉前向人民法院申请保全证据。

人民法院接受申请后，必须在四十八小时内作出裁定；裁定采取保全措施的，应当立即开始执行。

人民法院可以责令申请人提供担保，申请人不提供担保的，驳回申请。

申请人在人民法院采取保全措施后十五日内不起诉的，人民法院应当解除保全措施。

第五十二条　人民法院审理案件，对于侵犯著作权或者与著作权有关的权利的，可以没收违法所得、侵权复制品以及进行违法活动的财物。

第五十三条　复制品的出版者、制作者不能证明其出版、制作有合法授权的，复制品的发行者或者电影作品或者以类似摄制电影的方法创作的作品、计算机软件、录音录像制品的复制品的出租者不能证明其发行、出租的复制品有合法来源的，应当承担法律责任。

第五十四条　当事人不履行合同义务或者履行合同义务不符合约定条件的，应当依照《中华人民共和国民法通则》、《中华人民共和国合同法》等有关法律规定承担民事责任。

第五十五条　著作权纠纷可以调解，也可以根据当事人达成的书面仲裁协议或者著作权合同中的仲裁条款，向仲裁机构申请仲裁。

当事人没有书面仲裁协议，也没有在著作权合同中订立仲裁条款的，可以直接向人民法院起诉。

第五十六条　当事人对行政处罚不服的，可以自收到行政处罚决定书之日起三个月内向人民法院起诉，期满不起诉又不履行的，著作权行政管理部门可以申请人民法院执行。

## 第六章　附则

第五十七条　本法所称的著作权即版权。

第五十八条　本法第二条所称的出版，指作品的复制、发行。

第五十九条　计算机软件、信息网络传播权的保护办法由国务院另行规定。

第六十条　本法规定的著作权人和出版者、表演者、录音录像制作者、广播电台、电视台的权利，在本法施行之日尚未超过本法规定的保护期的，依照本法予以保护。

本法施行前发生的侵权或者违约行为，依照侵权或者违约行为发生时的有关规定和政策处理。

第六十一条　本法自 1991 年 6 月 1 日起施行。

# 台湾地区"著作权法施行细则"（1955年）

1955 年 5 月 27 日修正公布，同日施行

第一条　凡著作物未经注册而已通行二十年以上者，不得依本法声请注册。

第二条　依本法以著作物声请注册者，应备样本二份，并附具申请请书，载明左列各款事项：

一、著作物之名称及件数；

二、著作人姓名、年龄、籍贯、住址；

三、发行人姓名、年龄、籍贯、住址；

四、著作权所有人姓名、年龄、籍贯、住址；

五、最初发行年、月、日；

六、依法令应受审查之著作物，其审查机关名称及发给证照字号与年月日。

著作物确实不能具备样本者，得以著作物详细说明书或图书代替之。

承继著作权声请注册者，毋庸备具样本。

第三条　著作物之所有人以著作物委托他人声请注册或在注册前，已将著作物转让由受让人声请注册者，应附具委托书或转让证明书声请之。

第四条　著作物用官署、学校、公司、会所或其他法人或团体名义者，声请注册时，应记明该法人或团体之名称及事务所所在地与代表人之姓名、住址。

第五条　著作物之注册，由"内政部"将应登记之各事项登记于著作物注册簿上。

著作物经注册后，应由"内政部"发给执照，并刊登"政府公报"公告之。

第六条　凡已注册之著作物，应于其末幅标明某年月日经"内政部"注册字样，并注明执照号数。

第七条　本细则第五条第一项之注册簿，不问何人，均得请求准其查阅或抄录之。

第八条　声请注册及请求查阅或抄录注册簿等项公费，每件定额如左：

一、著作物注册费照著作物定价之十倍缴纳，有二种以上之定价者，以其最高者为准，经"教育部"审定之教科书注册费照该书定价之五倍缴纳；

二、雕刻模型注册费照该物最高定价百分之二十缴纳；

三、发音片、照片、注册照该物最高定价缴纳；

四、电影片注册费每五百公尺三十元，不满五百公尺以五百公尺计算；

五、继承或受让著作权注册与第一款同；

六、执照遗失补领费十元；

七、查阅注册簿费五元；

八、抄录注册簿费每百字五元，未满百字者以百字计算。

第九条　著作物之定价过高者，"内政部"得令发行人酌减之。

前项定价之酌减，如系教科书，"内政部"应会商"教育部"办理之。

第十条　外国人有专供中国人应用之著作物时，得依本法声请注册。

前项外国人以其本国承诺中国人民得在该国享有著作权者为限。

第十一条　依"著作权法"第二条审查著作物，得酌支审查费，其款额不得超过该著作物应缴注册费之二分之一。

第十二条　未经注册而刊载"有著作权翻印必究"等字样之著作物，应于本法施行后一年内补行注册或删去各该字样，否则依本法第三十四条之规定处罚之。

第十三条　电影片在本法修正施行前已发行，于本法修正施行后一年内声请注册者，其注册之日，视为最初发行之日。

第十四条　本细则自"著作权法"施行之日施行。

# 台湾地区"著作权法施行细则"（1959 年）

1959 年 8 月 10 日修正公布，同日施行

第一条　凡著作物未经注册而已通行二十年以上者，不得依本法声请注册。

第二条　依本法以著作物声请注册者，应备样本二份，并附具申请请书，载明左列各款事项：

一、著作物之名称及件数；

二、著作人姓名、年龄、籍贯、住址；

三、发行人姓名、年龄、籍贯、住址；

四、著作权所有人姓名、年龄、籍贯、住址；

五、最初发行年、月、日；

六、依法令应受审查之著作物，其审查机关名称及发给证照字号与年月日。

著作物确实不能具备样本者，得以著作物详细说明书或图书代替之。

承继著作权声请注册者，毋庸备具样本。

第三条　著作物之所有人，以著作物委托他人声请注册，或在注册前已将著作物转让由受让人声请注册者，应附具委托书或转让证明书声请之。

第四条　著作物用官署、学校、公司、会所或其他法人或团体名义者，声请注册时，应记明该法人或团体之名称及事务所所在地与代表人之姓名、住址。

第五条　著作物之注册，由"内政部"将应登记之各事项登记于著作物注册簿上。

著作物经注册后，应由"内政部"发给执照，并刊登"政府公报"公告之。

第六条　凡已注册之著作物，应于其末幅标明某年月日经"内政部"注册字样，并注明执照号数。

第七条　本细则第五条第一项之注册簿，不问何人，均得请求准其查阅或抄录之。

第八条　声请注册及请求查阅或抄录注册簿等项公费，每件定额如左：

一、著作物注册费照著作物定价之十倍缴纳，有二种以上之定价者，以其最高者为准，经"教育部"审定之教科书注册费照该书定价之五倍缴纳；

二、雕刻模型注册费照该物最高定价百分之二十缴纳；

三、发音片、照片、注册照该物最高定价缴纳；

四、电影片注册费每五百公尺三十元，不满五百公尺以五百公尺计算；

五、继承或受让著作权注册与第一款同；

六、执照遗失补领费十元；

七、查阅注册簿费五元；

八、抄录注册簿费每百字五元，未满百字者以百字计算。

第九条　著作物之定价过高者，"内政部"得令发行人酌减之。

前项定价之酌减，如系教科书，"内政部"应会商"教育部"办理之。

第十条　外国人著作物如无违反中国法令情事，其权利人得依本法声请注册。

前项外国人以其本国承认中国人民得在该国享有著作权者为限。

· 依本条规定注册之外文书籍，其著作权之保护，不包括翻译同意权。

第十一条　依"著作权法"第二条审查著作物，得酌支审查费，其款额不得超过该著作物应缴注册费之二分之一。

第十二条　未经注册而刊载"有著作权翻印必究"等字样之著作物，应于本法施行后一年内补行注册或删去各该字样，否则依本法第三十四条之规定处罚之。

第十三条　各县市政府对擅自翻印或仿制业经注册之著作物，得依"出版法"第廿八条及"出版法"第卅九条第一项第一款之规定予以扣押，必要时得采取其他有效行政措施以遏止侵害。

第十四条　电影片在本法修正施行前已发行，于本法修正施行后一年内声请注册者，其注册之日，视为最初发行之日。

第十五条　本细则自"著作权法"施行之日施行。

# 台湾地区"著作权法"（1964 年）

1964 年 7 月 10 日公布修正

## 第一章　总则

第一条　就下列著作物，依本法注册专有重制之利益者，为有著作权：

一、文字之著译。

二、美术之制作。

三、乐谱剧本。

四、发音片、照片或电影片。

就乐谱剧本、发音片或电影片有著作权者，并得专有公开演奏或上演之权。

第二条　著作物之注册，由"内政部"掌管之。

"内政部"对于依法令应受审查之著作物，在未经法定审查机关审查前，不予注册。

第三条　著作权得转让于他人。

## 第二章　著作权之所属及限制

第四条　著作权归著作人终身享有之，并得于著作人死亡后由继承人继续享有三十年，但另有规定者，不在此限。

第五条　著作物系由数人合作者，其著作权归各著作人共同终身享有之，著作人中有死亡者，由其继承人继续享有其应有之权利。

前项继承人得继续享有其权利，迄于著作人中最后死亡者之死亡后三十年。

第六条　著作物于著作人死亡后始发行者，其著作权之年限为三十年。

第七条　著作物用官署、学校、公司、会所或其他法人或团体名义者，其著作权之年限为三十年。

第八条　凡用笔名或别号之著作物，于声请注册时，必须呈报真实姓名，其享有著作权之年限与第四条规定者同。

第九条　照片、发音片得由著作人享有著作权十年。但系受他人报酬而著作者，不在此限。

刊入学术或文艺著作物中之照片，如系特为该著作物而著作者，其著作权归该著作物之著作人享有之。

前项照片著作权，在该学术或文艺著作物之著作权未消灭前，继续存在。

电影片得由著作人享有著作权十年。但以依法令准演者为限。

第十条　从一种文字著作以他种文字翻译成书者，得享有著作权二十年。但不得禁止他人就原著另译。

第十一条　著作权之年限，自最初发行之日起算。

第十二条　著作物逐次发行或分数次发行者，应于每次发行时，分别声请注册。

第十三条　著作权人死亡后无继承人者，其著作权消灭。

第十四条　著作权之移转及继承，非经注册，不得对抗第三人。

第十五条　著作物系由数人合作，而有少数人或一人不愿注册者，如性质上可以分割，应将其所作部分除外，其不能分割者，应由余人酬以相当之利益，其著作权则归余人所享有。

第十六条　出资聘人所成之著作物，其著作权归出资人享有之。但当事人间有特约者，从其特约。

第十七条　讲议演述虽经他人笔述，或由官署、学校印刷，其著作权仍归讲演人享有之。但别有约定或经讲演人之允许者，不在此限。

第十八条　揭载于新闻纸、杂志之事项，得注明不许转载，其未经注明不许转载者，转载人应注明其原载之新闻纸或杂志。

## 第三章　著作权之侵害

第十九条　著作物经注册后，其权利人得对于他人之翻印仿制或以其他方法侵害利益，提起诉讼。

著作物在声请注册尚未核发执照前，受有前项侵害时，该著作物所有人得提出注册声请有关证件，提起诉讼，但其注册声请经核定驳回者，不适用之。

前二项规定于出版人就该著作物享有出版权者，不适用之。

第二十条　受让或继承他人之著作权者，不得将原著作物改窜割裂变匿姓名或更换名目发行之，但得原著作人同意或受有遗嘱者，不在此限。

第二十一条　著作权年限已满之著作物，视为公共物，但不问何人不得将其改窜割裂变匿姓名或更换名目发行之。

第二十二条　无著作权或著作权年限已满之著作物，经制版人整理排印出版继续发行并依法注册者，由制版人享有制版权十年；其出版物，非制版所有人，不得照像翻印。

第二十三条　冒用他人姓名发行自己之著作物者，以侵害他人著作权论。

第二十四条　未发行著作物之原本及其著作权，不得因债务之执行而受强制处分，但已经本人允诺者，不在此限。

第二十五条　左列各款情形，经注明原著作之出处者，不以侵害他人著作权论：

一、节选他人著作，以编辑普遍教科书者。

二、以节录方式引用他人著作，供自己著作之参证注译者。

第二十六条　就已经注册之著作物，为左列各款之行为者，如未得原著作人之同意，以侵害他人著作权论；但著作权已消灭者不在此限。

一、用原著作物名称继续著作者。

二、选辑他人著作或录原著作，加以评注、索引、增补或附录者。

三、就他人著作之练习问题，发行解答书者。

四、用文字、图画、摄影、发音或其他方法重制、演奏他人之著作物者。

前项第三款所称他人著作，如系"教育部"审定之教科书，并应得"教育部"之许可。

第二十七条　著作权之侵害经著作权人提起诉讼时，除依本法处罚外，被害人所受之损失，应由侵害人赔偿。

第二十八条　著作物由数人合作者，其著作权受侵害时，得不俟余人之同意，提起诉讼，请求赔偿其所受之损害。

第二十九条　因著作权之侵害提起民事或刑事诉讼时，得由原告告诉人或自诉人请求法院将涉于假冒之著作，暂行停止其发行。

于有前项处分后，经法院审明并非假冒，其判决确定者，被告因停止发行所受之损失，应由原告告诉人或自诉人赔偿之。

第三十条　著作权之侵害，经法院审明并非有意假冒者，得免处罚，但被告应将所得利益偿还原告。

## 第四章　罚则

第三十一条　各省县市政府对擅自翻印或仿制业经注册之著作物，经著作权人之检举，得予扣押，移送法院处理。

第三十二条　以发售为目的，输入擅自翻印或仿制之著作物于"国境"内者，应予禁止，必要时得予没入或销毁之。

第三十三条　擅自翻印他人业经注册之著作物者，处二年以下有期徒刑，得并科二千元以下罚金；其知情代为印刷或销售者亦同。

仿制或以其他方法侵害他人之著作权者，处一年以下有期徒刑、拘役，得并科一千元以下罚金；其知情代为印刷或销售者亦同。

以犯前两项罪之一为常业者，处三年以下有期徒刑，得并科三千元以下罚金。

第三十四条　违反第二十条之规定者，处一千元以下罚金。

第三十五条　违反第二十一条之规定者，处一千五百元以下罚金。

第三十六条　违反第二十二条规定，擅自照像翻印者，由主管机关没入其出版物，并销毁其制版。

第三十七条　注册时呈报不实者，除处五百元以下之罚金外，并得由"内政部"注销其注册。

第三十八条　未经注册之著作物，于其末幅假刊某年月日业经注册字样者，处八百元以下罚金，并禁止其销售；其有触犯刑法者，并依刑法有关规定处断。

第三十九条　依第三十三条至第三十五条处罚者，其著作物没收之，并得销毁其制版。

第四十条　第三十三条第三十四条之罪，须告诉乃论；但犯第三十四条之罪而著作人死亡者，不在此限。

## 第五章　附则

第四十一条　本法施行细则，由"内政部"定之。

第四十二条　本法自公布日施行。

# 台湾地区"著作权法施行细则"（1965年）

1965年5月11日修正公布，同日施行

第一条　本细则依"著作权法"（以下简称本法）第四十一条订定之。

第二条　本细则所称出版物及制版权，系指本法第二十二条所规定者而言。

第三条　本法第二十二条所称无著作权之著作物，系指本法第一条第一项各款所列举之著作物未依本细则第四条所定期限声请注册者及同项各款所未列举之著作物而言。

所称著作权年限已满之著作物，系指已经向"内政部"注册之著作物，依本法第四条至第十条所定之著作权年限已满者而言。

第四条　凡著作物未经注册，而已通行二十年以上者，不得依本法声请注册享有著作权，其经原著作人为阐发新理而修订发行者，其通行期间，自修订发行之日起算。

第五条　依本法以著作物声请注册者，应备样本二份，并附具申请书载明左列各款事项：

一、著作物之名称件数及定价；

二、著作人、著作权所有人及发行人之姓名、出生年月日、籍贯、住址；

三、最初发行年月日；

四、已受审查之著作物，其审查机关名称及发给证照字号与年月日。

翻译之著作物，应附送原文本审查后发还。

著作物确实不能具备样本者，得以著作物详细说明书或图书代替之。

继承或受让业经注册之著作物声请注册者，应附送继承或受让证件，并附缴原著作权注册执照，毋庸备具样本。

第六条　依前条声请注册之著作物，如有本法第二十六条第一项各款所定情事者，应附缴原著作人之同意书或著作权已消灭之切结，如有同条第二项所定情事者，并应附具"教育部"之许可证件。

第七条　依本法以出版物声请注册者，应备样本二份，并附具申请书载明左列各款事项：

一、出版物之名称件数定价及最初发行年月日；

二、原著作物之名称及原著作人姓名；

三、制版人、制版权所有人及发行人之姓名、出生年月日、籍贯、住址；

四、已受审查之出版物，其审查机关名称及发给证照字号与年月日；

五、出版物整理排印简要情形。

继承或受让业经注册之出版物声请注册者，应附具继承或受让证件，并缴附原制版权注册执照。

第八条　出版物依前条声请注册时，应附送原著作物，并出具该著作物为无著作权或著作权年限已满之切结。其原著作物审查后发还。

第九条　继承或受让未经注册之著作物或出版物声请注册者，须附送继承或受让证件。

第十条　著作物或出版物之所有人以著作物或出版物委托他人声请注册者，应附具委托书声请之。

第十一条　声请注册之著作物或出版物，应依"出版法"第二十条之规定，记载著作人发行人之姓名、住所、发行年月日、发行版次、发行所、印制所之名称及所在地并标明定价。

出版物并应记载制版人之姓名住所及制版年月日。

第十二条　著作物或出版物用机关、学校、公司、会所或其他法人或团体名义者声请注册时，应记明其名称及事务所所在地与代表人姓名住址。

第十三条　著作物或出版物之注册，由"内政部"将应登记之各事项，登记于著作物或出版物注册簿上。

著作物或出版物经注册后，应由"内政部"发给执照并刊登"政府公报"公布之。

第十四条　凡已注册之著作物或出版物，应标明某年月日经"内政部"注册字样并注明执照字号。

第十五条　本细则第十三条第一项之注册簿，不问何人，均得请求准其查阅或抄录之。

第十六条　声请注册及请求查阅或抄录注册簿等项公费，每件定额如左：

一、著作物或出版物注册费，照著作物或出版物定价之六倍缴纳，有二种以上之定价者，以其最高者为准，经"教育部"审定之教科书注册费，照该书定价之三倍缴纳；

二、雕刻模型注册费，照该物最高定价百分之二十缴纳；

三、电影片注册费，每五百公尺三十元，不满五百公尺以五百公尺计算；

四、继承或受让已经注册之著作物或出版物，申请注册者，其注册费依第一至第三款之规定减半缴纳；

五、执照遗失补领费十元；

六、查阅注册簿费十五元；

七、抄录注册簿费每百字十五元，未满百字者以百字计算。

外国人著作物在台湾地区境内发行版本者，其注册费按其台湾地区版定价照前项第一款之规定缴纳之。

第十七条　著作物或出版物之定价过高者，"内政部"得令发行人酌减之。

前项定价之酌减，如系教科书，"内政部"应会商"教育部"办理之。

第十八条　外国人著作物，如无违反中国法令情事，其权利人得依本法声请注册。

前项外国人以其本国承认中国人民得在该国享有著作权者为限。

依本条规定注册之外文书籍，其著作权之保护，不包括翻译同意权。

第十九条　依"著作权法"第二条及第二十二条审查著作物或出版物，得支审查费，其款额不得超出该著作物或出版物应缴之注册费。

第二十条　本法第三十二条及第三十六条所规定之情事，由当地县市政府负责办理，但没入及销毁著作物或没入出版物及销毁其制版，应层报"内政部"核定之。

第二十一条　出版物制版权之年限，自其最初制版发行之日起算，出版物在本法修正前已发行，于本细则公布后一年内声请注册者，以本细则公布之日，视为最初发行之日。

第二十二条　本法第二条、第三条、第十三条、第十四条、第十六条、第三十七条之规定，于出版物之注册亦适用之。

第二十三条　未依本法注册取得著作权或制版权之著作物，遇有非著作人以之制版或照相翻印及非制版人以之照相翻印者，著作人或制版人得依"民法"侵权行为之规定，诉请司法机关办理。

第二十四条　本细则自公布日施行。

# 台湾地区"著作权法"（1985 年）

1985 年 7 月 10 日修正公布

## 第一章 总则

第一条 为保障著作人著作权益，调和社会公共利益，促进"国家"文化发展，特制定本法。本法未规定者，适用其他法律之规定。

第二条 本法主管机关为"内政部"。

第三条 本法用词定义如左：

一、著作：指属于文学、科学、艺术或其他学术范围之创作。

二、著作权：指因著作完成而发生第四条所定之权利。

三、著作人：指创作著作之人。

四、著作权人：指著作人或依法取得著作权之人。

五、著作有关之权利人：指出版人、发行人、制版人或其他得就著作依法主张权利之人。

六、文字著述：指以文字、数字或符号产生之著作。

七、语言著述：指专以口述产生之著作。

八、文字著述之翻译：指从一种文字之著述，以他种文字或符号翻译成之著作。但文字语体之变换不属之。

九、语言著述之翻译：指从一种语言著述，以他种语言翻译成之著作。

十、编辑著作：指利用二种以上之文字、语言著述或其翻译，经整理、增删、组合或编排产生整体创意之新著作。但不得侵害各该著作之著作权。

十一、美术著作：指著作人以智巧、匠技、描绘、或表现之绘画、建筑图、雕塑、书法或其他具有美感之著作。但有标示作用，或涉及本体形貌以外意义，或系表达物体结构、实用物品形状、文字字体、色彩及布局、构想、观念之设计不属之。

十二、图形著作：指卡通、漫画、连环图、动作分解图及其他不属美术、地图、科技或工程设计图形之单张图或其图集之著作。前款但书准用之。

十三、音乐著作：指作曲或具有创意之音乐改作著作。但为适合乐器演奏所为之改作而非旋律之创作不属之。

十四、录音著作：指声音首次直接附着于媒介物所成之著作。

十五、电影著作：指有系统之声音、影像首次直接附着于电影用媒介物之著作。

十六、录影著作：指有系统之声音、影像首次直接附着于录影用媒介物之著作。

十七、摄影著作：指藉科技器械就实体物拍摄所成之著作。但就他人之摄影为再拍摄者不属之。

十八、演讲、演奏、演艺、舞蹈著作：指以声音或动作所为之现场表演。

十九、电脑程式著作：指直接或间接使电脑产生一定结果为目的所组成之指令。

二十、地图著作：指表示地理事项之平面图或立体图及其图集。

二十一、科技或工程设计图形著作：指器械结构或分解图、电路图或其他科技或工程设计图形及其图集著作，附有说明文字者亦同。但制造、操作、营造之手册或说明书不属之。

二十二、制版权：指无著作权或著作权期间届满之著作，经制版人整理、排印或就原件影印发行而产生之权利。

二十三、重制权：指不变更著作形态而再现其内容之权。如为图形著作，就平面或立体转变成立体或平面者，视同重制。

二十四、编辑权：指著作人就其本人著作，享有整理、增删、组合或编排产生著作之权。

二十五、翻译权：指著作人就其本人著作，享有以他种文字、符号、语言翻译产生著作之权。

二十六、出租权：指著作原件或其重制物为营利而出租之权。

二十七、改作权：指变更原著作之表现形态使其内容再现之权。

二十八、公开口述权：指将著作内容口述于公众之权。

二十九、公开播送权：指用有线电或无线电或其他方法将著作内容以影像或声音播送于现场以外公众之权。

三十、公开上映权：指用器械装置或其他方法将著作内容以影像再现于现场公众之权。

三十一、公开演奏权：指用乐器或其他方法将著作内容以声音再现于现场公众之权。

三十二、公开展示权：指将著作原件或其复制物展示于公众之权。

第四条　下列著作，除本法另有规定外，其著作人于著作完成时享有著作权：

一、文字著述。

二、语言著述。

三、文字著述之翻译。

四、语言著述之翻译。

五、编辑著述。

六、美术著作。

七、图形著作。

八、音乐著作。

九、电影著作。

十、录音著作。

十一、录影著作。

十二、摄影著作。

十三、演讲、演奏、演艺、舞蹈著作。

十四、电脑程式著作。

十五、地图著作。

十六、科技或工程设计图形著作。

十七、其他著作。

前项著作之著作权人，依著作性质，除得专有重制、公开口述、公开播送、公开上映、公开演奏、公开展示、编辑、翻译、出租等权利外，并得专有改作之权。

第五条　下列各款不得为著作权之标的：

一、"宪法"、法令及公文书。

二、标语及通用之符号、名词、公式、数表、表格、簿册、时历。

三、单纯传达事实之新闻报导。

四、各类考试试题。

第六条　第四条第一项所定之著作，得申请著作权注册。但有左列情事之一者，不适用之：

一、不合法本法规定者。

二、依法应受审查而未经该管机关审查核准者。

三、经依法禁止出售或散布者。

著作权经注册者，应发给执照。

著作权经注册后，发现有第一项情事之一者，应撤销其注册。

第七条　著作权得全部或部分转让他人或与他人共有。

著作权让与之范围，依双方约定；其约定不明者，推定由让与人享有。

## 第二章　著作权之归属及限制

第八条　著作权归著作人终身享有。但本法另有规定者，不在此限。

第九条　数人合作之著作，其著作权归各著作人共同依前条规定享有，著作人中有死亡者，由其继承人继续享有其应有之权利。

前项继承人得继续享有其权利，至著作人中最后死亡者死亡后三十年。

第十条 出资聘人完成之著作，其著作权归出资人享有之。但当事人间另有约定者，从其约定。

第十一条 著作权自始依法归机关、学校、公司或其他法人或团体享有者，其期间为三十年。

第十二条 编辑、电影、录音、录影、摄影及电脑程式著作，其著作权期间为三十年。

刊入或附属于著作之电影、录音、录影、摄影，为该著作而作者，其著作权归该著作之著作权人享有。在该著作之著作权期间未届满前，继续存在。

第十三条 文字著述之翻译，其著作权期间为三十年。但不得限制他人就原著另译。语言著作以文字翻译者亦同。

翻译"本国"人之著作，应取得原著之著作权人同意。

文字著述之翻译，除原著与译著之著作权属于同一人或经原著之著作权人同意者外，不得以译文与原文并列。

原著中之一般附图、图例及摄影，为阐释原著所必须者，得转载于翻译著作中，但图片及其有关之文字说明，除通用之符号、名词外，均应翻译。

第十四条 终身享有之著作权，经转让或继承者，由受让人或继承人自受让或继承之日起，继续享有三十年。非终身享有之著作权，经转让或继承者，由受让人或继承人继续享足其剩余之期间。

合著之共同著作人，其部分著作权转让与合著人者，受让部分之著作权期间与其自著部分应享之期间同。

第十五条 著作权之期间自著作完成之日起算。著作完成日期不详者，依该著作最初发行之日起算。

著作经增订而新增部分性质上可以分割者，该部分视为新著作；其不能分割或系修订者，视为原著作之一部。

第十六条 著作权之转让、继承或设定质权，非经注册，不得对抗第三人。

第十七条 外国人之著作合于左列各款之一者，得依本法申请著作权注册：

一、于"中华民国"境内首次发行者。

二、依条约或其本国法令、惯例，"中华民国"人之著作得在该国享受同等权利者。

前项注册之著作权，著作权人享有本法所定之权利。但不包括专创性之音乐、科技或工程设计图形或美术著作专集以外之翻译。

前项著作权人为未经认许成立之外国法人，对于第三十八条至第四十四条之罪得为告诉或提起自诉。但以依条约或其本国法令、惯例，"中华民国"人之著作得在该国享受同等权利者为限。

第十八条　演讲、演奏、演艺或舞蹈，非经著作权人或著作有关之权利人同意，他人不得笔录、录音、录影或摄影。但新闻报导或专供自己使用者，不在此限。

第十九条　揭载于新闻纸、杂志之著作，经注明不许转载者，不得转载或播送。未经注明不许转载者，得由其他新闻纸、杂志转载或由广播、电视台播送。但应注明或播送其出处。如为具名之著作，并应注明或播送著作人姓名。

前项著作，非著作权人不得另行编印单行版本。但经著作权人同意者，不在此限。

第二十条　音乐著作，其著作权人自行或供人录制商用视听著作，自该视听著作最初发行之日起满二年者，他人得以书面载明使用方法及报酬请求使用其音乐著作，另行录制。

前项请求，著作权人应于一个月内表示同意或进行协议；逾期未予同意或协议不成立，当事人之一方得申请主管机关依规定报酬率裁决应给之报酬后，由请求人录制。报酬率由主管机关定之。

第二十一条　音乐著作权人及利用音乐著作之人为保障并调和其权益，得依法共同成立法人团体，受主管机关监督与辅导，办理音乐著作之录制使用及使用报酬之收取与分配等有关事项。其监督与辅导办法，由主管机关定之。

第二十二条　未发行之著作原件及其著作权，除作为买卖之标的或经本人允诺者外，不得作为强制执行之标的。

第二十三条　著作权有左列情形之一者，其期间视同届满：

一、著作权人死亡无继承人者。

二、著作权人为法人或团体，于解散后，其著作权依法应归属于地方自治团体者。

第二十四条　无著作权或著作权期间届满之著作，经制版人整理排印或就原件影印发行并依法注册者，由制版人享有制版权十年。

前项之著作为电影，经制版人申请目的事业主管机关发给准演执照并依法注册者，由制版人享有制版权四年。

制版权之转让、继承或设定质权，准用本法关于著作权之有关规定。

## 第三章　著作权之侵害

第二十五条　受让或继承著作权者，不得将原著作改窜、割裂、变匿姓名或更换名目发行之。但经原著作人同意或本于其遗嘱者，不在此限。

第二十六条　无著作权或著作权期间届满之著作，视为公共所有。但不问何人不得将其改窜、割裂、变匿姓名或更换名目发行之。

第二十七条　著作不得冒用他人名义发行。

第二十八条 下列各款情形，除本法另有规定外，未经著作权人同意或授权者，视为侵害著作权：

一、用原著作名称继续著作者。

二、选辑他人著作或录原著作加以评注、索引、增补或附录者。

三、就他人著作之练习问题发行解答书者。

四、重制、公开口述、公开播送、公开上映、公开演奏、公开展示或出租他人之著作者。

五、用文字、图解、图画、录音、录影、摄影或其他方法改作他人之著作者。

六、就他人平面或立体图形仿制、重制为立体或平面著作者。

七、出版人出版著作权人之著作，未依约定办理致损害著作权人之利益者。

前项第三款所称他人著作为"教育部"审定之教科书者，并应得"教育部"之许可。

第二十九条 下列各款情形，经注明原著作出处者，不以侵害他人著作权论：

一、节选他人著作，以编辑"教育部"审定之教科书者。

二、以节录方式引用他人著作，供自己著作之参证注释者。

三、为学术研究复制他人著作，专供自己使用者。

电脑程式合法持有人为配合其所使用机器之需要而修改其程式，或因备用存档需要而复制其程式，不以侵害他人著作权论。但经修改或复制之程式，限于该持有人自行使用。

第三十条 已发行之著作，得为盲人以点字重制之。

经政府许可以增进盲人福利为目的之机构，得录音已发行之著作专供盲人使用。

第三十一条 政府办理之各种考试、公立或经立案之私立学校入学考试，得重制或节录已发行之著作，供为试题之用。

第三十二条 供公众使用之图书馆、博物馆、历史馆、科学馆、艺术馆，于左列各款情形之一，得就其收藏之著作重制之：

一、应阅览人之要求，供个人之研究，影印已发行著作之一部分或揭载于期刊之整篇著作。但每人以一份为限。

二、基于保存资料之必要。

三、应同性质机构之要求。

前项第二款、第三款之重制，以该著作绝版或无法购得者为限。

第三十三条 著作权人对于侵害其著作权者，除依本法请求处罚外，并得请求排除其侵害；其受有损害时，并得请求赔偿；有侵害之虞者，并得请求防止之。数人共同不法侵害著作权者，连带负损害赔偿责任。

前项损害赔偿额，除得依侵害人所得利益与被害人所受损失推定外，不得低于各该被侵害著作实际零售价格之五百倍，无零售价格者，由法院依侵害情节酌情定其赔偿额。

侵害他人著作权，被害人得于法院判决确定后，将判决书一部或全部登报公告，其费用由侵害人负担。

第三十四条　著作权之共有人于著作权受侵害时，得不俟其他共有人之同意提起诉讼，请求赔偿其所受之损害。

第三十五条　省（市）、县（市）政府或司法警察官、司法警察对侵害他人业经著作权注册之著作，经告诉、告发者，得扣押其侵害物，依法移送侦办。

第三十六条　以发售为目的输入或输出侵害他人业经著作权注册之著作，应予禁止；必要时得没入其侵害物。

第三十七条　著作权或制版权注册之申请有虚伪情事者，应不予注册；于注册后始发现者，应撤销其注册。

## 第四章　罚则

第三十八条　擅自重制他人之著作者，处六月以上三年以下有期徒刑，得并科三万元以下罚金；其代为重制者亦同。

销售、出租或意图销售、出租而陈列、持有前项著作者，处二年以下有期徒刑，得并科二万元以下罚金。意图营利而交付前项著作者亦同。

第三十九条　仿制他人著作或以其他方法侵害他人之著作权者，处二年以下有期徒刑，得并科二万元以下罚金；其代为制作者亦同。

销售、出租或意图销售、出租而陈列、持有前项著作者，处一年以下有期徒刑，得并科一万元以下罚金。意图营利而交付前项著作者亦同。

第四十条　以犯前二条之罪之一为常业者，处六月以上五年以下有期徒刑，得并科五万元以下罚金。

第四十一条　违反第十三条第二项、第十八条或第十九条之规定者，科一万元以下罚金。

第四十二条　擅自复制业经制版权注册之制版者，处一年以下有期徒刑，得并科一万元以下罚金。

第四十三条　违反第二十五条或第二十七条之规定者，处六月以下有期徒刑，得并科五千元以下罚金。

第四十四条　违反第二十六条之规定者，处一年以下有期徒刑，得并科一万元以下罚金。

第四十五条　未经注册之著作或制版物刊有业经注册或其他同义字样者，除由主管机关禁止销售外，科八千元以下罚金。

第四十六条　依第三十八条至第四十四条处罚者，其重制物、仿制物、复制物、供犯罪所用之机具、制版、底片、模型等没收之。

第四十七条　第三十八条至第四十三条之罪，须告诉乃论。但犯第四十三条之罪而著作人或被冒用人死亡者，不在此限。

第四十八条　法人之代表人、法人或自然人之代理人、受雇人或其他从业人员，因执行业务，犯第三十八条至第四十五条之罪者，除依各该条规定处罚其行为人外，对该法人或自然人亦科以各该条之罚金刑。

## 第五章　附则

第四十九条　依本法申请注册，应缴纳规费，其金额由主管机关定之。

第五十条　著作权之争议，得由当事人申请主管机关调解之。其争议调解办法，由主管机关定之。

第五十一条　本法施行细则，由"内政部"定之。

第五十二条　本法自公布日施行。

# 台湾地区"著作权法施行细则"(1986 年)

1986 年 6 月 16 日修正发布，同日施行

第一条　本细则依"著作权法"（以下简称本法）第五十一条规定订定之。

第二条　本法所称原件，系指著作首次附着之物。

第三条　本法第四条第一项所定著作，除第二款、第四款、第十三款外，其公开发行之重制物，应注明著作权人姓名、著作完成或最初发行日期。如已依本法规定注册者，并应注明执照字号。

第四条　依本法第六条第一项前段、第十七条第一项申请著作权注册者，应检具申请书一份、著作样本二份及有关证明文件，并分别依第五条、第七条、第八条及第十二条规定办理。

第五条　下列著作申请著作权注册时，应检附著作原件或原著作，于审定后发还：

一、未发行之著作。

二、美术、图形、科技或工程设计图形著作。

三、摄影著作。

四、翻译著作。

五、其他经主管机关指定之著作。

第六条　著作原件或样本，如因性质特殊或庞大、易损或昂贵，确实不便或不能缴交者，得申请主管机关减免，或以著作详细说明书、六面摄影图说或其他代替物为之。

第七条　著作依本法第六条第一项第二款规定应受审查者，于申请著作权注册时，应附具该管机关核准文件及影本各一份。

第八条　利用他人著作产生之著作，依法应经同意或授权者，于申请著作权注册时，应附具原著作权人之同意书或授权书。

第九条　数人合作之著作，而其中有人不愿申请注册者，著作人得就其可分割之自作部分申请注册。

第十条　依本法第十六条规定申请著作权转让、继承或设定质权注册者，应依下列规定办理：

一、著作权未注册者，除依申请注册有关规定办理外，并检具受让、继承或设

定质权之证明文件。

二、著作权已注册者，检具申请书一份、受让、继承或设定质权之证明文件及缴回原领著作权注册执照。

前项申请，遇有利害关系人异议而已提起民事诉讼者，于案件裁判确定或撤回前，主管机关得不予受理。

第十一条　本法第十五条第一项、第二十条第一项所称最初发行及第十七条第一项第一款所称首次发行，系指首次将著作原件重制并予公开散布而言。

第十二条　揭载于新闻纸、杂志之著作，由各该新闻纸、杂志社申请著作权注册者，应附具著作权证明文件。由著作人申请者，得以切结书代替之。

第十三条　本法第二十条第一项所定自该视听著作最初发行之日，如系发行于本法修正施行前，其著作权期间仍在存续中者，以本法修正施行日为该视听著作最初发行之日。

第十四条　依本法第二十四条规定申请制版权注册者，应检具申请书、保证书、制版之原著作各一份、著作样本二份及有关证明文件。

前项保证书应载明用为制版之原著作为无著作权或著作权期间届满之著作。

第十五条　申请著作权注册之著作样本，应于适当位置载明下列各款事项：

一、著作名称、零售价格。

二、著作人、出版人或发行人姓名、地址。

三、著作完成日期或最初发行日期、版次。

四、印制所或发行所名称及所在地。

未发行或非销售之著作样本，免记载零售价格，无出版人或发行人者，免记载前项第二款、第四款之事项。

翻译著作样本应载明事项，除前二项规定外，并应载明原著作名称、原著作人姓名、版次及发行日期。但原著作无上述各项记载者，不在此限。

第十六条　申请制版权注册之著作样本，应于适当位置载明下列各款事项：

一、制版之原著作名称、原著作人姓名。

二、制版人姓名、制版所名称及所在地。

三、制版最初发行日期、版次、零售价格。

无原著作名称或原著作人姓名不详者，免记载前项第一款之事项。

第十七条　委任他人代理申请注册者，应附具委任书。代理人变更或解任时，委任人应以书面向主管机关为之。

第十八条　著作权、制版权准予注册者，由主管机关发给执照，并将注册事项登载于注册簿及刊登"政府公报"。

第十九条　申请注册缴交之著作样本经主管机关为准驳之处分后，不得请求发还。

第二十条　著作权或制版权之注册簿及第四条所定之著作样本，任何人均得申请查阅。

第二十一条　著作权人或制版权人于申请著作权或制版权注册时，得请求按著作权人或制版权人人数加发执照。

第二十二条　著作权或制版权执照遗失时，应亲具切结书，报请补发，嗣后发现已报失之执照，应即缴销。

著作权或制版权执照损坏时，应附具原领执照，报请换发。

依前二项规定补发或换发执照，主管机关应刊登政府公报。

第二十三条　本法第二十八条第一项各款情形，经著作权人授权者，被授权者在授权范围内对第三人之同意，视为著作权人之同意。

第二十四条　本法第三十六条所定事项，由海关、当地"直辖市"或县（市）政府负责执行。但"直辖市"或县（市）政府没入重制物或仿制物，应报请主管机关核备。

第二十五条　审查著作，得发给审查费。

第二十六条　依本法第六条第三项及第三十七条规定撤销注册者，除刊登"政府公报"外，应通知持照人将原执照缴回。

第二十七条　制版权之期间，自其制版最初发行之日起算。但原件影印制版权利标的在本法修正施行前十年内发行或电影制版权利标的在本法修正施行前四年内发行，而于本细则修正发布后一年内申请注册者，以本细则发布之日为最初发行之日。

第二十八条　著作于本法修正施行前已完成注册，其著作权期间仍在存续中者，不得依本法重复申请注册。

著作完成于本法修正施行前，并合于本法修正施行前申请著作权注册之规定者，于本法修正后，得依本法之规定申请著作权注册。

本法修正增订之著作，依本法所定期间，其著作权仍在存续中者，适用本法规定。但侵害行为之处罚，须该行为发生于本法修正施行后，始适用本法。

第二十九条　本细则自发布日施行。

# 台湾地区"著作权法施行细则"（1989 年）

1989 年 11 月 27 日修正发布，同日施行

第一条　本细则依"著作权法"（以下简称本法）第五十一条规定。

第二条　本法所称原件，系指著作首次附着之物。

第三条　本法第三条第十六款所称录影用媒介物，系指录影片、录影带、碟影片或其他供有系统之声音、影像附着之任何媒介物。

第四条　本法第四条第一项所定著作，除第二款、第四款、第十三款外，其公开发行之重制物，应注明著作权人姓名、著作完成或最初发行日期。如已依本法规定注册者，并应注明执照字号。

第五条　依本法第六条第一项前段、第十七条第一项申请著作权注册者，应检具申请书一份、著作样本二份及有关证明文件，并分别依第五条、第七条及第八条规定办理。

第六条　下列著作申请著作权注册时，应检附著作原件或原著作，于审定后发还：

一、未发行之著作。

二、美术、图形、科技或工程设计图形著作。

三、摄影著作。

四、翻译著作。

五、其他经主管机关指定之著作。

第七条　著作原件或样本，如因性质特殊或庞大、易损或昂贵，确实不便或不能缴交者，得申请主管机关减免，或以著作详细说明书、四面、五面或六面摄影图说或其他代替物为之。

第八条　著作依本法第六条第一项第二款规定应受审查者，于申请著作权注册时，应附具该管机关核准文件及影本各一份。

第九条　利用他人著作产生之著作，依法应经同意或授权者，于申请著作权注册时，应附具原著作权人之同意书或授权书。

第十条　数人合作之著作，而其中有人不愿申请注册者，著作人得就其可分割之自作部分申请注册。

第十一条　依本法第十六条规定申请著作权转让、继承或设定质权注册者，应

依下列规定办理：

一、著作权未注册者，除依申请注册有关规定办理外，并检具受让、继承或设定质权之证明文件。

二、著作权已注册者，检具申请书一份、受让、继承或设定质权之证明文件及缴回原领著作权注册执照。

前项申请，遇有利害关系人异议而已提起民事诉讼者，于案件裁判确定或撤回前，主管机关得不予受理。

第十二条　本法第十五条第一项、第二十条第一项所称最初发行及第十七条第一项第一款所称首次发行，系指首次将著作原件重制并予公开散布而言。

第十三条　（删除）

第十四条　本法第二十条第一项所定自该视听著作最初发行之日，如系发行于本法修正施行前，其著作权期间仍在存续中者，以本法修正施行日为该视听著作最初发行之日。

第十五条　依本法第二十四条规定申请制版权注册者，应检具申请书、保证书、制版之原著作各一份、著作样本二份及有关证明文件。

前项保证书应载明用为制版之原著作为无著作权或著作权期间届满之著作。

第十六条　申请著作权注册之著作样本，应于适当位置载明下列各款事项：

一、著作名称、零售价格。

二、著作人、出版人或发行人姓名、地址。

三、著作完成日期或最初发行日期、版次。

四、印制所或发行所名称及所在地。

未发行或非销售之著作样本，免记载零售价格，无出版人或发行人者，免记载前项第二款、第四款之事项。

翻译著作样本应载明事项，除前二项规定外，并应载明原著作名称、原著作人姓名、版次及发行日期。但原著作无上述各项记载者，不在此限。

第十七条　申请制版权注册之著作样本，应于适当位置载明下列各款事项：

一、制版之原著作名称、原著作人姓名。

二、制版人姓名、制版所名称及所在地。

三、制版最初发行日期、版次、零售价格。

无原著作名称或原著作人姓名不详者，免记载前项第一款之事项。

第十八条　委任他人代理申请注册者，应附具委任书。代理人变更或解任时，委任人应以书面向主管机关为之。

第十九条　著作权、制版权准予注册者，由主管机关发给执照，并将注册事项登载于注册簿及刊登"政府公报"。

第二十条　申请注册缴交之著作样本经主管机关为准驳之处分后，不得请求发还。

第二十一条　著作权或制版权之注册簿及第四条所定之著作样本，任何人均得申请查阅。

第二十二条　著作权人或制版权人于申请著作权或制版权注册时，得请求按著作权人或制版权人人数加发执照。

第二十三条　著作权或制版权执照遗失时，应亲具切结书，报请补发，嗣后发现已报失之执照，应即缴销。

著作权或制版权执照损坏时，应附具原领执照，报请换发。

依前二项规定补发或换发执照，主管机关应刊登"政府公报"。

第二十四条　本法第二十八条第一项各款情形，经著作权人授权者，被授权者在授权范围内对第三人之同意，视为著作权人之同意。

第二十五条　本法第三十六条所定事项，由海关、当地"直辖市"或县（市）政府负责执行。但"直辖市"或县（市）政府没入重制物或仿制物，应报请主管机关核备。

第二十六条　审查著作，得发给审查费。

第二十七条　依本法第六条第三项及第三十七条规定撤销注册者，除刊登"政府公报"外，应通知执照人将原执照作废。

第二十八条　制版权之期间，自其制版最初发行之日起算。但原件影印制版权利标的在本法修正施行前十年内发行或电影制版权利标的在本法修正施行前四年内发行，而于本细则修正发布后一年内申请注册者，以本细则发布之日为最初发行之日。

第二十九条　著作于本法修正施行前已完成注册，其著作权期间仍在存续中者，不得依本法重复申请注册。

著作完成本法修正施行前，并合于本法修正施行前申请著作权注册之规定者，于本法修正后，得依本法之规定申请著作权注册。

本法修正增订之著作，依本法所定期间，其著作权仍在存续中者，适用本法规定。但侵害行为之处罚，须该行为发生于本法修正施行后，始适用本法。

第三十条　本细则自发布日施行。

# 台湾地区 1990 年 1 月 24 日公布增订"著作权法"第 50 条之 1 条，并修正第 3、28、39 条

| 修正前条文 | 修正后条文 |
|---|---|
| 第三条　本法用词定义如左：<br>一、著作：指属于文学、科学、艺术或其他学术范围之创作。<br>二、著作权：指因著作完成而发生第四条所定之权利。<br>三、著作人：指创作著作之人。<br>四、著作权人：指著作人或依法取得著作权之人。<br>五、著作有关之权利人：指出版人、发行人、制版人或其他得就著作依法主张权利之人。<br>六、文字著述：指以文字、数字或符号产生之著作。<br>七、语言著述：指专以口述产生之著作。<br>八、文字著述之翻译：指从一种文字之著述，以他种文字或符号翻译成之著作。但文字语体之变换不属之。<br>九、语言著述之翻译：指从一种语言著述，以他种语言翻译成之著作。<br>十、编辑著作：指利用二种以上之文字、语言著述或其翻译，经整理、增删、组合或编排产生整体创意之新著作。但不得侵害各该著作之著作权。<br>十一、美术著作：指著作人以智巧、匠技、描绘、或表现之绘画、建筑图、雕塑、书法或其他具有美感之著作。但有标示作用，或涉及本体形貌以外意义，或系表达物体结构、实用物品形状、文字字体、色彩及布局、构想、观念之设计不属之。<br>十二、图形著作：指卡通、漫画、连环图、动作分解图及其他不属美术、地图、科技或工程设计图形之单张图或其图集之著作。前款但书准用之。 | 第三条　本法用词定义如左：<br>一、著作：指属于文学、科学、艺术或其他学术范围之创作。<br>二、著作权：指因著作完成而发生第四条所定之权利。<br>三、著作人：指创作著作之人。<br>四、著作权人：指著作人或依法取得著作权之人。<br>五、著作有关之权利人：指出版人、发行人、制版人或其他得就著作依法主张权利之人。<br>六、文字著述：指以文字、数字或符号产生之著作。<br>七、语言著述：指专以口述产生之著作。<br>八、文字著述之翻译：指从一种文字之著述，以他种文字或符号翻译成之著作。但文字语体之变换不属之。<br>九、语言著述之翻译：指从一种语言著述，以他种语言翻译成之著作。<br>十、编辑著作：指利用二种以上之文字、语言著述或其翻译，经整理、增删、组合或编排产生整体创意之新著作。但不得侵害各该著作之著作权。<br>十一、美术著作：指著作人以智巧、匠技、描绘或表现之绘画、建筑图、雕塑、书法或其他具有美感之著作。但有标示作用，或涉及本体形貌以外意义，或系表达物体结构、实用物品形状、文字字体、色彩及布局、构想、观念之设计不属之。<br>十二、图形著作：指卡通、漫画、连环图、动作分解图及其他不属美术、地图、科技或工程设计图形之单张图或其图集之著作。前款但书准用之。 |

续前表

| 修正前条文 | 修正后条文 |
| --- | --- |
| 十三、音乐著作：指作曲或具有创意之音乐改作著作。但为适合乐器演奏所为之改作而非旋律之创作不属之。<br><br>十四、录音著作：指声音首次直接附着于媒介物所成之著作。<br><br>十五、电影著作：指有系统之声音、影像首次直接附着于电影用媒介物之著作。<br><br>十六、录影著作：指有系统之声音、影像首次直接附着于录影用媒介物之著作。<br><br>十七、摄影著作：指藉科技器械就实体物拍摄所成之著作。但就他人之摄影为再拍摄者不属之。<br><br>十八、演讲、演奏、演艺、舞蹈著作：指以声音或动作所为之现场表演。<br><br>十九、电脑程式著作：指直接或间接使电脑产生一定结果为目的所组成之指令。<br><br>二十、地图著作：指表示地理事项之平面图或立体图及其图集。<br><br>二十一、科技或工程设计图形著作：指器械结构或分解图、电路图或其他科技或工程设计图形及其图集著作，附有说明文字者亦同。但制造、操作、营造之手册或说明书不属之。<br><br>二十二、制版权：指无著作权或著作权期间届满之著作，经制版人整理、排印或就原件影印发行而产生之权利。<br><br>二十三、重制权：指不变更著作形态而再现其内容之权。如为图形著作，就平面或立体转变成立体或平面者，视同重制。<br><br>二十四、编辑权：指著作人就其本人著作，享有整理、增删、组合或编排产生著作之权。<br><br>二十五、翻译权：指著作人就其本人著作，享有以他种文字、符号、语言翻译产生著作之权。<br><br>二十六、出租权：指著作原件或其重制物为营利而出租之权。<br><br>二十七、改作权：指变更原著作之表现形态使其内容再现之权。<br><br>二十八、公开口述权：指将著作内容口述于公众之权。 | 十三、音乐著作：指作曲或具有创意之音乐改作著作。但为适合乐器演奏所为之改作而非旋律之创作不属之。<br><br>十四、录音著作：指声音首次直接附着于媒介物所成之著作。<br><br>十五、电影著作：指有系统之声音、影像首次直接附着于电影用媒介物之著作。<br><br>十六、录影著作：指有系统之声音、影像首次直接附着于录影用媒介物之著作。<br><br>十七、摄影著作：指藉科技器械就实体物拍摄所成之著作。但就他人之摄影为再拍摄者不属之。<br><br>十八、演讲、演奏、演艺、舞蹈著作：指以声音或动作之现场表演。<br><br>十九、电脑程式著作：指直接或间接使电脑产生一定结果为目的所组成之指令。<br><br>二十、地图著作：指表示地理事项之平面图或立体图及其图集。<br><br>二十一、科技或工程设计图形著作：指器械结构或分解图、电路图或其他科技或工程设计图形及其图集著作，附有说明文字者亦同。但制造、操作、营造之手册或说明书不属之。<br><br>二十二、制版权：指无著作权或著作权期间届满之著作，经制版人整理、排印或就原件影印发行而产生之权利。<br><br>二十三、重制权：指不变更著作形态而再现其内容之权。如为图形著作，就平面或立体转变成立体或平面者，视同重制。<br><br>二十四、编辑权：指著作人就其本人著作，享有整理、增删、组合或编排产生著作之权。<br><br>二十五、翻译权：指著作人就其本人著作，享有以他种文字、符号、语言翻译产生著作之权。<br><br>二十六、出租权：指著作原件或其重制物为营利而出租之权。<br><br>二十七、改作权：指变更原著作之表现形态使其内容再现之权。<br><br>二十八、公开口述权：指将著作内容口述于公众之权。 |

续前表

| 修正前条文 | 修正后条文 |
|---|---|
| 二十九、公开播送权：指用有线电或无线电或其他方法将著作内容以影像或声音播送于现场以外公众之权。<br><br>三十、公开上映权：指用器械装置或其他方法将著作内容以影像再现于现场公众之权。<br><br>三十一、公开演奏权：指用乐器或其他方法将著作内容以声音再现于现场公众之权。<br><br>三十二、公开展示权：指将著作原件或其复制物展示于公众之权。 | 二十九、公开播送权：指用有线电或无线电或其他方法将著作内容以影像或声音播送于现场以外公众之权。<br><br>三十、公开上映权：指用单一或多数视听机、其他机械装置或其他方法，将著作内容以影像再现于现场或现场以外一定场所公众之权。<br><br>三十一、公开演奏权：指用乐器或其他方法将著作内容以声音再现于现场公众之权。<br><br>三十二、公开展示权：指将著作原件或其复制物展示于公众之权。<br><br>前项第三十款所称之现场或现场以外一定场所，指电影院、俱乐部、录影带或碟影片播映场所、旅馆房间、供公众使用之交通工具或其他供不特定人进出之场所。 |
| 第二十八条　下列各款情形，除本法另有规定外，未经著作权人同意或授权者，视为侵害著作权：<br>一、用原著作名称继续著作者。<br>二、选辑他人著作或录原著作加以评注、索引、增补或附录者。<br>三、就他人著作之练习问题发行解答书者。<br>四、重制、公开口述、公开播送、公开上映、公开演奏、公开展示或出租他人之著作者。<br>五、用文字、图解、图画、录音、录影、摄影或其他方法改作他人之著作者。<br>六、就他人平面或立体图形仿制、重制为立体或平面著作者。<br>七、出版人出版著作权人之著作，未依约定办理致损害著作权人之利益者。<br>前项第三款所称他人著作为"教育部"审定之教科书者，并应得"教育部"之许可。 | 第二十八条　左列各款情形，除本法另有规定外，未经著作权人同意或授权者，视为侵害著作权：<br>一、用原著作名称继续著作者。<br>二、选辑他人著作或录原著作加以评注、索引、增补或附录者。<br>三、就他人著作之练习问题发行解答书者。<br>四、重制他人之著作者。<br>五、公开口述、公开播送、公开上映、公开演奏、公开展示或出租他人之著作者。<br>六、用文字、图解、图画、录音、录影、摄影或其他方法改作他人之著作者。<br>七、就他人平面或立体图形仿制、重制为立体或平面著作者。<br>八、出版人出版著作权人之著作，未依约定办理致损害著作权人之利益者。<br>前项第三款所称他人著作为"教育部"审定之教科书者，并应得"教育部"之许可。<br>已取得合法著作复制物之所有权者，得出借、出租或出售该复制物。 |

续前表

| 修正前条文 | 修正后条文 |
| --- | --- |
| 　　第三十九条　仿制他人著作或以其他方法侵害他人之著作权者，处二年以下有期徒刑，得并科二万元以下罚金；其代为制作者亦同。<br>　　销售、出租或意图销售、出租而陈列、持有前项著作者，处一年以下有期徒刑，得并科一万元以下罚金。意图营利而交付前项著作者亦同。 | 　　第三十九条　仿制他人著作或以仿制以外之方法侵害他人之著作权者，处二年以下有期徒刑，得并科二万元以下罚金。代为制作者亦同。<br>　　销售、出租或意图销售、出租而陈列、持有前项著作者，处一年以下有期徒刑，得并科一万元以下罚金。意图营利而交付前项著作者亦同。 |
|  | 　　第五十条之一　著作已完成注册于"中华民国"七十四年七月十日本法修正施行前，其著作权期间仍在存续中者，依本法所定期间计算其著作权期间。<br>　　完成于"中华民国"七十四年七月十日本法修正施行前未经注册取得著作权之著作，其发行未满二十年者，于"中华民国"七十四年七月十日本法修正施行后适用本法之规定。但侵害行为之赔偿及处罚，须该行为发生于本法修正施行后，始适用本法。<br>　　"中华民国"七十四年七月十日本法修正增订之著作，依"中华民国"七十四年七月十日本法修正所定期间，其著作权仍在存续中者，适用本法规定。但侵害行为之赔偿及处罚，须该行为发生于本法增订该著作后，始适用本法。 |

# 台湾地区"著作权法施行细则"（1990 年）

1990 年 3 月 12 日修正发布，同日施行

第一条 本细则依"著作权法"（以下简称本法）第五十一条规定订定之。

第二条 本法所称原件，系指著作首次附着之物。

第三条 本法第三条第十六款所称录影用媒介物，系指录影片、录影带、碟影片或其他供有系统之声音、影像附着之任何媒介物。

第四条 本法第四条第一项所定著作，除第二款、第四款、第十三款外，其公开发行之重制物，应注明著作权人姓名、著作完成或最初发行日期。如已依本法规定注册者，并应注明执照字号。

第五条 依本法第六条第一项前段、第十七条第一项申请著作权注册者，应检具申请书一份、著作样本二份及有关证明文件，并分别依第五条、第七条、第八条规定办理。

前项注册，其为电影著作、录影著作验或电脑程式著作者，著作样本得仅检具一份；电影著作之著作样本并得以该著作之录影带代之。

第六条 下列著作申请著作权注册时，应检附著作原件或原著作，于审定后发还：

一、未发行之著作。

二、美术、图形、科技或工程设计图形著作。

三、摄影著作。

四、翻译著作。

五、其他经主管机关指定之著作。

第七条 著作原件或样本，如因性质特殊或庞大、易损或昂贵，确实不便或不能缴交者，得申请主管机关减免，或以著作详细说明书、四面、五面或六面摄影图说或其他代替物为之。

第八条 著作依本法第六条第一项第二款规定应受审查者，于申请著作权注册时，应附具该管机关核准文件及影本各一份。

第九条 利用他人著作产生之著作，依法应经同意或授权者，于申请著作权注册时，应附具原著作权人之同意书或授权书。

第十条 数人合作之著作，而其中有人不愿申请注册者，著作人得就其可分割

之自作部分申请注册。

第十一条　依本法第十六条规定申请著作权转让、继承或设定质权注册者，应依下列规定办理：

一、著作权未注册者，除依申请注册有关规定办理外，并检具受让、继承或设定质权之证明文件。

二、著作权已注册者，检具申请书一份、受让、继承或设定质权之证明文件及缴回原领著作权注册执照。

前项申请，遇有利害关系人异议而已提起民事诉讼者，于案件裁判确定或撤回前，主管机关得不予受理。

第十二条　本法第十五条第一项、第二十条第一项所称最初发行及第十七条第一项第一款所称首次发行，系指首次将著作原件重制并予公开散布而言。

第十三条　（删除）

第十四条　本法第二十条第一项所定自该视听著作最初发行之日，如系发行于本法修正施行前，其著作权期间仍在存续中者，以本法修正施行日为该视听著作最初发行之日。

第十五条　依本法第二十四条规定申请制版权注册者，应检具申请书、保证书、制版之原著作各一份、著作样本二份及有关证明文件。

前项保证书应载明用为制版之原著作为无著作权或著作权期间届满之著作。

第十六条　申请著作权注册之著作样本，应于适当位置载明下列各款事项：

一、著作名称、零售价格。

二、著作人、出版人或发行人姓名、地址。

三、著作完成日期或最初发行日期、版次。

四、印制所或发行所名称及所在地。

未发行或非销售之著作样本，免记载零售价格，无出版人或发行人者，免记载前项第二款、第四款之事项。

翻译著作样本应载明事项，除前二项规定外，并应载明原著作名称、原著作人姓名、版次及发行日期。但原著作无上述各项记载者，不在此限。

第十七条　申请制版权注册之著作样本，应于适当位置载明下列各款事项：

一、制版之原著作名称、原著作人姓名。

二、制版人姓名、制版所名称及所在地。

三、制版最初发行日期、版次、零售价格。

无原著作名称或原著作人姓名不详者，免记载前项第一款之事项。

第十八条　委任他人代理申请注册者，应附具委任书。代理人变更或解任时，委任人应以书面向主管机关为之。

第十九条 著作权、制版权准予注册者，由主管机关发给执照，并将注册事项登载于注册簿及刊登"政府公报"。

第二十条 申请注册缴交之著作样本经主管机关为准驳之处分后，不得请求发还。

第二十一条 著作权或制版权之注册簿及第四条所定之著作样本，任何人均得申请查阅。

第二十二条 著作权人或制版权人于申请著作权或制版权注册时，得请求按著作权人或制版权人人数加发执照。

第二十三条 著作权或制版权执照遗失时，应亲具切结书，报请补发，嗣后发现已报失之执照，应即缴销。

著作权或制版权执照损坏时，应附具原领执照，报请换发。

依前二项规定补发或换发执照，主管机关应刊登"政府公报"。

第二十四条 本法第二十八条第一项各款情形，经著作权人授权者，被授权者在授权范围内对第三人之同意，视为著作权人之同意。

第二十五条 本法第三十六条所定事项，由海关、当地"直辖市"或县（市）政府负责执行。但"直辖市"或县（市）政府没入重制物或仿制物，应报请主管机关核备。

第二十六条 审查著作，得发给审查费。

第二十七条 依本法第六条第三项及第三十七条规定撤销注册者，除刊登"政府公报"外，应通知著作权人原领执照作废。

第二十八条 制版权之期间，自其制版最初发行之日起算。但原件影印制版权利标的在本法修正施行前十年内发行或电影制版权利标的在本法修正施行前四年内发行，而于本细则修正发布后一年内申请注册者，以本细则发布之日为最初发行之日。

第二十九条（删除）

第三十条 本细则自发布日施行。

# 台湾地区"著作权法"（1992 年）

1992 年 6 月 10 日公布修正

## 第一章　总则

第一条　为保障著作人著作权益，调和社会公共利益，促进"国家"文化发展，特制定本法。本法未规定者，适用其他法律之规定。

第二条　本法所称主管机关为"内政部"。

"内政部"得设"著作权局"，执行著作权行政事务；其组织，另以法律定之。

第三条　本法用词定义如左：

一、著作：指属于文学、科学、艺术或其他学术范围之创作。

二、著作人：指创作著作之人。

三、著作权：指因著作完成所生之著作人格权及著作财产权。

四、公众：指不特定人或特定之多数人。在家庭及其家居生活以外聚集多数人之场所之人，亦属之。

五、重制：指以印刷、复印、录音、录影、摄影、笔录或其他方法有形之重复制作。于剧本、音乐著作或其他类似著作演出或播送时予以录音或录影；或依建筑设计图或建筑模型建造建筑物者，亦属之。

六、公开口述：指以言词或其他方法向公众传达著作内容。

七、公开播送：指基于公众接收讯息为目的，以有线电、无线电或其他器材，借声音或影像向公众传达著作内容。

八、公开上映：指以单一或多数视听机或其他传送影像之方法向现场或现场以外一定场所之公众传达著作内容。

九、公开演出：指以演技、舞蹈、歌唱、弹奏乐器或其他方法向现场之公众传达著作内容。

十、公开展示：指向公众展示著作原件。

十一、改作：指以翻译、编曲、改写、拍摄影片或其他方法就原著作另为创作。

十二、散布：指不问有偿或无偿，将著作之原件或重制物提供公众交易或流通。

十三、发行：指权利人重制并散布能满足公众合理需要之重制物。

十四、公开发表：指权利人以发行、播送、上映、口述、演出、展示或其他方法向公众公开提示著作内容。

前项第八款所称之现场或现场以外一定场所，包含电影院、俱乐部、录影带或碟影片播映场所、旅馆房间、供公众使用之交通工具或其他供不特定人进出之场所。

第四条　外国人之著作合于左列情形之一者，得依本法享有著作权。但条约或协定另有约定，经"立法院"议决通过者，从其约定。

一、于"中华民国"管辖区域内首次发行，或于"中华民国"管辖区域外首次发行后三十日内在"中华民国"管辖区域内发行者。但以该外国人之本国，对"中华民国"人之著作，在相同之情形下，亦予保护且经查证属实者为限。

二、依条约、协定或其本国法令、惯例，"中华民国"人之著作得在该国享有著作权者。

## 第二章　著作及著作人

### 第一节　著作

第五条　本法所称著作，例示如左：

一、语文著作。

二、音乐著作。

三、戏剧、舞蹈著作。

四、美术著作。

五、摄影著作。

六、图形著作。

七、视听著作。

八、录音著作。

九、建筑著作。

十、电脑程式著作。

前项各款著作例示内容，由主管机关定之。

第六条　就原著作改作之创作为衍生著作，以独立之著作保护之。

衍生著作之保护，对原著作之著作权不生影响。

第七条　就资料之选择及编排具有创作性者为编辑著作，以独立之著作保护之。

编辑著作之保护，对其所收编著作之著作权不生影响。

第八条　二人以上共同完成之著作，其各人之创作，不能分离利用者，为共同著作。

第九条　左列各款不得为著作权之标的：

一、"宪法"、法律、命令或公文。

二、"中央"或地方机关就前款著作作成之翻译物或编辑物。

三、标语及通用之符号、名词、公式、数表、表格、簿册或时历。

四、单纯为传达事实之新闻报导所作成之语文著作。

五、依"法令"举行之各类考试试题。

## 第二节 著作人

第十条 在著作之原件或其已发行之重制物上，或将著作公开发表时，以通常之方法表示著作人之本名或众所周知之别名者，推定为该著作之著作人。

前项规定，于著作发行日期、地点之推定，准用之。

第十一条 法人之受雇人，在法人之企划下，完成其职务上之著作，以该受雇人为著作人。但契约约定以法人或其代表人为著作人者，从其约定。

第十二条 受聘人在出资人之企划下完成之著作，除前条情形外，以该受聘人为著作人。但契约约定以出资人或其代表人为著作人者，从其约定。

# 第三章 著作权

## 第一节 通则

第十三条 著作人于著作完成时享有著作权。

第十四条 第十条第一项规定，于著作财产权人之推定，准用之。

## 第二节 著作人格权

第十五条 著作人就其著作享有公开发表之权利。

有左列情形之一者，推定著作人同意公开发表其著作：

一、著作人将其尚未公开发表著作之著作财产权让与他人或授权他人利用时，因著作财产权之行使或利用而公开发表者。

二、著作人将其尚未公开发表之美术著作或摄影著作之著作原件让与他人，受让人以其著作原件公开展示者。

三、依"学位授予法"撰写之硕士、博士论文，著作人已取得学位者。

四、视听著作之制作人依第三十八条规定利用该视听著作而公开发表者。

第十六条 著作人于著作之原件或其重制物上或于著作公开发表时，有表示其本名、别名或不具名之权利。著作人就其著作所生之衍生著作，亦有相同之权利。

利用著作之人，得使用自己之封面设计，并加冠设计人或主编之姓名或名称。但著作人有特别表示或违反社会使用惯例者，不在此限。

依著作利用之目的及方法，于著作人之利益无损害之虞，且不违反社会使用惯例者，得省略著作人之姓名或名称。

第十七条 著作人有保持其著作之内容、形式及名目同一性之权利。但有左列情形之一者，不适用之：

一、依第四十七条规定为教育目的之利用，在必要范围内所为之节录、用字、用语之变更或其他非实质内容之改变。

二、为使电脑程式著作，适用特定之电脑，或改正电脑程式设计明显而无法达成原来著作目的之错误，所为必要之改变。

三、建筑物著作之增建、改建、修缮或改塑。

四、其他依著作之性质、利用目的及方法所为必要而非实质内容之改变。

第十八条　著作人死亡或消灭者，关于其著作人格权之保护，视同生存或存续，任何人不得侵害。但依利用行为之性质及程度、社会之变动或其他情事可认为不违反该著作人之意思者，不构成侵害。

第十九条　共同著作之著作人格权，非经著作人全体同意，不得行使之。各著作人，无正当理由者，不得拒绝同意。

共同著作之著作人，得于著作人中选定代表人行使著作人格权。

对于前项代表人之代表权所加限制，不得对抗善意第三人。

第二十条　未公开发表之著作原件及其著作财产权，除作为买卖之标的或经本人允诺者外，不得作为强制执行之标的。

第二十一条　著作人格权专属于著作人本身，不得让与或继承。

### 第三节　著作财产权

### 第一款　著作财产权之种类

第二十二条　著作人专有重制其著作之权利。

第二十三条　著作人专有公开口述其语文著作之权利。

第二十四条　著作人专有公开播送其著作之权利。

第二十五条　著作人专有公开上映其视听著作之权利。

第二十六条　著作人专有公开演出其语文、音乐或戏剧、舞蹈著作之权利。

第二十七条　著作人专有对其未发行之美术著作或摄影著作公开展示其著作原件之权利。

第二十八条　著作人专有将其著作改作成衍生著作或编辑成编辑著作之权利。

第二十九条　著作人专有出租其著作之权利。

### 第二款　著作财产权之存续期间

第三十条　著作财产权，除本法另有规定外，存续于著作人生存期间及其死亡后五十年。

著作于著作人死亡后四十年至五十年间首次公开发表者，著作财产权之期间，自公开发表时起存续十年。

第三十一条　共同著作之著作财产权，存续至最后死亡之著作人死亡后五十年。

第三十二条　别名著作或不具名著作之著作财产权，存续至著作公开发表后五十年。但可证明其著作人死亡已逾五十年者，其著作财产权消灭。

有左列情形之一者，不适用前项规定：

一、著作人之别名为众所周知者。

二、于前项期间内，依第七十四条规定为著作人本名之登记者。

第三十三条　法人为著作人之著作，其著作财产权存续至其著作公开发表后五十年。但著作在创作完成时起算十年内未公开发表者，其著作财产权存续至创作完成时起五十年。

第三十四条　摄影、视听、录音及电脑程式著作之著作财产权存续至著作公开发表后五十年。

前条但书规定，于前项准用之。

第三十五条　第三十条至第三十四条所定存续期间，以该期间届满当年之末日为期间之终止。

继续或逐次公开发表之著作，依公开发表日计算著作财产权存续期间时，如各次公开发表能独立成一著作者，著作财产权存续期间自各别公开发表日起算。如各次公开发表不能独立成一著作者，以能独立成一著作时之公开发表日起算。

前项情形，如继续部分未于前次公开发表日后三年内公开发表者，其著作财产权存续期间自前次公开发表日起算。

### 第三款　著作财产权之让与、行使及消灭

第三十六条　著作财产权得全部或部分让与他人或与他人共有。

著作财产权让与之范围依当事人之约定；其约定不明之部分，推定为未让与。

各类著作财产权之让与价格及使用报酬，不得低于主管机关公告之标准。主管机关每年应依"国民"所得额之成长幅度适时调整。

第三十七条　著作财产权人得授权他人利用其著作，其授权利用之地域、时间、内容、利用方法或其他事项，依当事人之约定；其约定不明之部分，推定为未授权。

前项被授权人非经著作财产权人同意，不得将其被授予之权利再授权第三人利用。

第三十八条　视听著作之制作人所为之重制、公开播送、公开上映、附加字幕或变换配音，得不经著作人之同意。但契约另有约定者，从其约定。

第三十九条　以著作财产权为质权之标的物者，除设定时另有约定外，著作财产权人得行使其著作财产权。

第四十条　共同著作之著作财产权，非经著作人全体同意，不得行使之；各著作人非经其他共同著作人之同意，不得以其应有部分让与他人或为他人设定质权。各著作人，无正当理由者，不得拒绝同意。

共同著作各著作人之应有部分，依共同著作人间之约定定之；无约定者，依各

著作人参与创作之程度定之。各著作人参与创作之程度不明时，推定为均等。

共同著作之著作人抛弃其应有部分者，其应有部分由其他共同著作人依其应有部分之比例分享之。

前项规定，于共同著作之著作人死亡无继承人或消灭后无承受人者，准用之。

共同著作之著作人，得于著作人中选定代表人行使著作财产权。对于代表人之代表权所加限制，不得对抗善意第三人。

前五项之规定，于因其他关系成立之共有著作财产权，准用之。

第四十一条　著作人投稿于新闻纸、杂志或授权公开播送其著作者，除另有约定外，推定著作人仅授予刊载或公开播送一次之权利，对著作人之其他权利不生影响。

第四十二条　著作财产权因存续期间届满而消灭。于存续期间内，有左列情形之一者，亦同：

一、著作财产权人死亡，其著作财产权依法应归属"国库"者。

二、著作财产权人为法人，于其消灭后，其著作财产权依法应归属于地方自治团体者。

第四十三条　著作财产权消灭之著作，除本法另有规定外，任何人均得自由利用。

**第四款　著作财产权之限制**

第四十四条　立法或行政机关，因立法或行政目的所需，认有必要将他人著作列为内部参考资料时，在合理范围内，得重制他人之著作。但依该著作之种类、用途及其重制物之数量、方法，有害于著作财产权人之利益或系电脑程式著作者，不在此限。

第四十五条　专为司法程序使用之必要，在合理范围内，得重制他人之著作。

前条但书规定，于前项情形准用之。

第四十六条　依法设立之各级学校及其担任教学之人，为学校授课需要，在合理范围内，得重制他人已公开发表之著作。

第四十四条但书规定，于前项情形准用之。

第四十七条　依法设立之各级学校或教育机构及其担任教学之人，为教育目的之必要，在合理范围内，得公开播送他人已公开发表之著作，或将其揭载于教育行政机关审定之教科书或教师手册中。但依著作之种类、用途及其公开播送或揭载之方法，有害于著作财产权人之利益者，不在此限。

第四十八条　供公众使用之图书馆、博物馆、历史馆、科学馆、艺术馆或其他文教机构，于左列情形之一，得就其收藏之著作重制之：

一、应阅览人供个人研究之要求，重制已公开发表著作之一部分或期刊中之单篇著作，每人以一份为限。

二、基于保存资料之必要者。

三、就绝版或难以购得之著作，应同性质机构之要求者。

第四十九条　以广播、摄影、录影、新闻纸或其他方法为时事报导者，在报导之必要范围内，得利用其报导过程中所接触之著作。

第五十条　以"中央"或地方机关或公法人名义公开发表之著作，得由新闻纸、杂志转载，或由广播电台或电视电台公开播送。

第五十一条　供个人或家庭为非营利之目的，在合理范围内，得利用图书馆及非供公众使用之机器重制已公开发表之著作。

第五十二条　为报导、评论、教学、研究或其他正当目的之必要，在合理范围内，得引用已公开发表之著作。

第五十三条　已公开发表之著作，得为盲人以点字重制之。

经政府许可以增进盲人福利为目的之机构，得录音已公开发表之著作专供盲人使用。

第五十四条　政府、依法设立之各级学校或教育机构办理之各种考试，得重制已公开发表之著作，供为试题之用。但已公开发表之著作如为试题者，不适用之。

第五十五条　非以营利为目的，未对观众或听众直接或间接收取任何费用，且未对表演人支付报酬者，得于公益性之活动中公开口述、公开播送、公开上映或公开演出他人已公开发表之著作。

前项情形，利用人应支付使用报酬。使用报酬率，由主管机关定之。

第五十六条　广播电台或电视电台，为播送之目的，得以自己之设备录音或录影该著作。但以其播送业经著作财产权人之授权或合于本法规定者为限。

前项录制物之使用次数及保存期间，依当事人之约定。

第五十七条　美术著作或摄影著作之原件所有人或经其同意之人，得公开展示其原件。

前项公开展示之人，为向参观人解说其著作，得于说明书内重制其著作。

第五十八条　于街道、公园、建筑物之外壁或其他向公众开放之户外场所长期展示之美术著作或建筑著作，除左列情形外，得以任何方法利用之：

一、以建筑方式重制建筑物。

二、以雕塑方式重制雕塑物。

三、为于本条规定之场所长期展示目的所为之重制。

四、以贩卖重制物为目的所为之重制。

第五十九条　合法电脑程式著作重制物之所有人得因配合其所使用机器之需要，修改其程式，或因备用存档之需要重制其程式。但限于该所有人自行使用。

前项所有人因灭失以外之事由,丧失原重制物之所有权者,除经著作财产权人同意外,应将其修改或重制之程式销毁之。

第六十条 合法著作重制物之所有人,得出租该重制物。但录音及电脑程式著作之重制物,不适用之。

第六十一条 揭载于新闻纸、杂志有关政治、经济或社会上时事问题之论述,得由其他新闻纸、杂志转载或由广播电台或电视电台公开播送。但经注明不许转载或公开播送者,不在此限。

第六十二条 政治或宗教上之公开演说、裁判程序及"中央"或地方机关之公开陈述,任何人得利用之。但专就特定人之演说或陈述,编辑成编辑著作者,应经著作财产权人之同意。

第六十三条 依第四十四条至第四十七条、第四十八条第一款、第四十九条至第五十五条、第六十一条及第六十二条规定利用他人著作者,得翻译该著作。

第六十四条 依第四十四条至第四十七条、第四十九条、第五十条、第五十二条、第五十三条、第五十五条、第五十七条、第五十八条、第六十条至第六十二条规定利用他人著作者,应明示其出处。

前项明示出处,就著作人之姓名或名称,除不具名著作或著作人不明者外,应以合理之方式为之。

第六十五条 著作之利用是否合于第四十四条至第六十三条规定,应审酌一切情状,尤应注意左列事项,以为判断之标准:

一、利用之目的及性质,包括系为商业目的或非营利教育目的。

二、著作之性质。

三、所利用之质量及其在整个著作所占之比例。

四、利用结果对著作潜在市场与现在价值之影响。

第六十六条 第四十四条至第六十三条规定,对著作人之著作人格权不生影响。

**第五款 著作利用之强制授权**

第六十七条 著作首次发行满一年,在大陆以外任何地区无中文翻译本发行或其发行中文翻译本已绝版者,欲翻译之人,为教学、研究或调查之目的,有左列情形之一者,经申请主管机关许可强制授权,并给付使用报酬后,得翻译并以印刷或类似之重制方式发行之:

一、已尽相当努力,无法联络著作财产权人致不能取得授权者。

二、曾要求著作财产权人授权而无法达成协议者。

前项申请,主管机关应于提出申请九个月后始予许可;于九个月期间内,著作财产权人或其授权之人以通常合理价格发行中文翻译本或原著作人将其著作重制物自流通中全部收回者,主管机关应不许可。

第六十八条 广播电台或电视电台为专门使用于教育之目的或对特定行业专家传播技术或科学研究之结果者，就其依前条规定所为之翻译，得以录音、录影之方式公开播送并得授权其他广播电台或电视电台以同一目的公开播送之。

前项翻译，不得以营利为目的而使用之。

广播电台或电视电台就为教育活动所发行之视听著作内容予以翻译者，准用前二项规定。

第六十九条 录有音乐著作之销售用录音著作公开发行满二年，欲利用该音乐著作录制其他销售用录音著作之人，有第六十七条第一项各款规定情形之一者，经申请主管机关许可强制授权，并给付使用报酬后，得利用该音乐著作，另行录制。

第七十条 依前三条规定利用著作者，不得将其翻译物或录音著作之重制物销售至"中华民国"管辖区域外。

第七十一条 依第六十七条或第六十九条规定，取得强制授权之许可后，有左列情形之一者，主管机关应撤销其许可：

一、未依主管机关许可之方式利用著作者。

二、强制授权许可后，发现其申请有虚伪情事者。

第七十二条 依第六十七条规定，取得强制授权之许可后，有左列情形之一者，主管机关应终止其许可：

一、原著作著作财产权人或其授权之人，于"中华民国"管辖区域内，以通常合理之价格发行中文翻译本且其内容与依强制授权许可发行之中文翻译本内容大体相同。

二、原著作人将其著作重制物自流通中全部收回。

前项强制授权许可终止前，申请人已完成之重制物，得继续销售。

第七十三条 第六十七条及第六十九条规定之申请许可强制授权之办法，由主管机关定之。

## 第四节 登记

第七十四条 著作人或第八十六条规定之人，得向主管机关申请著作人登记。

著作财产权人，得向主管机关申请登记其著作财产权、著作之首次公开发表日或首次发行日。

第七十五条 有左列情形之一者，非经登记，不得对抗第三人：

一、著作财产权之让与、专属授权或处分之限制。

二、以著作财产权为标的物之质权之设定、让与、变更、消灭或处分之限制。但因混同、著作财产权或担保债权之消灭而质权消灭者，不在此限。

第七十六条 主管机关应备置登记簿，记载前二条所为之登记事项，并刊登"政府公报"公告之。

前项登记簿，任何人均得申请查阅或请求发给誊本。

第七十七条 有左列情形之一者，主管机关不受理登记：

一、申请登记之标的不属本法规定之著作者。

二、依第七十四条第二项规定申请登记著作财产权，而其著作财产权已消灭者。

三、著作依法应受审查，而未经该管机关审查核准者。

四、著作经依法禁止出售或散布者。

五、申请登记之事项虚伪者。

第七十八条 有左列情形之一者，主管机关应撤销其登记：

一、登记后发现有前条各款情形之一者。

二、原申请人申请撤销者。

## 第四章 制版权

第七十九条 无著作财产权或著作财产权消灭之"中华民国"人之文字著述或美术著作，经制版人就文字著述整理排印，或就美术著作原件影印首次发行，并依法登记者，制版人就其排印或影印之版面，专有以印刷或类似方式重制之权利。

制版人之权利，自制版完成时起算存续十年。

前项保护期间，以该期间届满当年之末日，为期间之终止。

第八十条 第四十二条及第四十三条有关著作财产权消灭之规定、第四十四条至第四十九条、第五十一条、第五十二条、第五十四条、第六十四条及第六十五条关于著作财产权限制之规定及第七十五条至第七十八条关于著作财产权登记之规定，于制版权准用之。

## 第五章 著作权仲介团体与 "著作权审议及调解委员会"

第八十一条 著作财产权人为行使权利、收受及分配使用报酬，经主管机关之许可，得组成著作权仲介团体。

前项团体之许可设立、组织、职权及其监督、辅导，另以法律定之。

第八十二条 主管机关应设置"著作权审议及调解委员会"，办理左列事项：

一、第三十六条第三项、第五十五条第二项、第六十七条及第六十九条规定之最低让与价格或使用报酬之审议。

二、著作权仲介团体与利用人间，对使用报酬争议之调解。

三、著作权或制版权争议之调解。

四、其他有关著作权审议及调解之咨询。

前项第三款所定争议之调解，其涉及刑事者，以告诉乃论之案件为限。

第八十三条 前条"著作权审议及调解委员会"之组织规程及有关争议之调解办法，由主管机关拟订，报请"行政院"核定后发布之。

## 第六章　权利侵害之救济

第八十四条　著作权或制版权之权利人对于侵害其权利者，得请求排除之，有侵害之虞者，得请求防止之。

著作权或制版权之权利人，为前项请求时，对于侵害行为作成之物或专供侵害所用之物，得请求销毁或为其他必要之处置。

第八十五条　侵害著作人格权者，负损害赔偿责任。虽非财产上之损害，被害人亦得请求赔偿相当之金额。

前项侵害，被害人并得请求表示著作人之姓名或名称、更正内容或为其他回复名誉之适当处分。

第八十六条　著作人死亡后，除其遗嘱另有指定外，左列之人，依顺序对于违反第十八条或有违反之虞者，得依第八十四条及前条第二项规定，请求救济：

一、配偶。

二、子女。

三、父母。

四、孙子女。

五、兄弟姊妹。

六、祖父母。

第八十七条　有左列情形之一者，视为侵害著作权或制版权：

一、以侵害著作人名誉之方法利用其著作者。

二、明知为侵害著作权或制版权之物而散布或意图散布而陈列或持有或意图营利而交付者。

三、意图在"中华民国"管辖区域内散布而输入在该区域内重制系属侵害著作权或制版权之物者。

四、明知系侵害电脑程式著作财产权之重制物而仍作为直接营利之使用者。

第八十八条　因故意或过失不法侵害他人之著作财产权或制版权者，负损害赔偿责任。数人共同不法侵害者，连带负赔偿责任。

前项损害赔偿，被害人得依左列规定择一请求：

一、依"民法"第二百十六条规定请求。但被害人不能证明其损害时，得以其行使权利依通常情形可得预期之利益，减除被侵害后行使同一权利所得利益之差额，为其所受损害。

二、请求侵害人因侵害行为所得之利益。但侵害人不能证明其成本或必要费用时，以其侵害行为所得之全部收入，为其所得利益。

依前项规定，如被害人不易证明其实际损害额，得请求法院依侵害情节，在新台币一万元以上五十万元以下酌定赔偿额。如损害行为属故意且情节重大者，赔偿额得增至新台币一百万元。

第八十九条　被害人得请求由侵害人负担费用，将判决书内容全部或一部登载新闻纸、杂志。

第九十条　共同著作之各著作权人，对于侵害其著作权者，得各依本章之规定，请求救济，并得按其应有部分，请求损害赔偿。

前项规定，于因其他关系成立之共有著作财产权或制版权之共有人，准用之。

## 第七章　罚则

第九十一条　擅自重制他人之著作者，处六月以上三年以下有期徒刑，得并科新台币二十万元以下罚金；其代为重制者亦同。

意图销售或出租而擅自重制他人著作者，处六月以上五年以下有期徒刑，得并科新台币三十万元以下罚金。

第九十二条　擅自以公开口述、公开播送、公开上映、公开演出、公开展示、改作、出租或其他方法侵害他人之著作财产权者，处三年以下有期徒刑，得并科新台币十五万元以下罚金。

第九十三条　有左列情形之一者，处二年以下有期徒刑，得并科新台币十万元以下罚金：

一、侵害第十五条至第十七条规定之著作人格权者。

二、违反第七十条规定者。

三、以第八十七条各款方法之一侵害他人之著作权者。

第九十四条　以犯第九十一条、第九十二条或第九十三条之罪为常业者，处一年以上七年以下有期徒刑，得并科新台币四十五万元以下罚金。

第九十五条　有左列情形之一者，处一年以下有期徒刑，得并科新台币五万元以下罚金：

一、违反第十八条规定者。

二、侵害第七十九条规定之制版权者。

三、以第八十七条各款方法之一侵害他人制版权者。

第九十六条　违反第五十九条第二项或第六十四条规定者，科新台币五万元以下罚金。

第九十七条　未经登记之制版物，刊有业经登记或其他同义字样者，科新台币三万元以下罚金。

第九十八条　犯第九十一条至第九十五条之罪，供犯罪所用或因犯罪所得之物，没收之。

第九十九条　犯第九十一条至第九十五条之罪者，因被害人或其他有告诉权人之声请，得令将判决书全部或一部登报，其费用由被告负担。

第一百条　本章之罪，须告诉乃论。但第九十四条、第九十五条第一款及第九十七条之罪，不在此限。

第一百零一条　法人之代表人、法人或自然人之代理人、受雇人或其他从业人员，因执行业务，犯第九十一条至第九十七条之罪者，除依各该条规定处罚其行为人外，对该法人或自然人亦科各该条之罚金。

对前项行为人、法人或自然人之一方告诉或撤回告诉者，其效力及于他方。

第一百零二条　未经认许之外国法人，对于第九十一条至第九十六条之罪，得为告诉或提起自诉。

第一百零三条　司法警察官或司法警察对侵害他人之著作权或制版权，经告诉、告发者，得依法扣押其侵害物，并移送侦办。

第一百零四条　著作权或制版权之权利人对输入或输出侵害其著作权或制版权之物者，得提供相当于海关核估该进口货物完税价格或出口货物离岸价格之保证金，作为被查扣人因查扣所受损害之赔偿担保，申请海关先予查扣。

前项查扣之物，经申请人取得法院确定判决，属侵害著作权或制版权者，由海关予以没入。

有左列情形之一者，除由海关撤销查扣外，申请人并应赔偿被查扣人因查扣所受之损害：

一、查扣之物经法院确定判决，不属侵害著作权或制版权之物者。

二、申请人于海关受理查扣之日起七日内未起诉者。

三、申请人于海关受理查扣后申请撤销查扣者。

有左列情形之一者，海关应依申请人之申请返还保证金：

一、提供保证金之原因消灭者。

二、撤销查扣后，申请人证明已定二十日以上之期间，催告被查扣人行使权利而未行使者。

三、被查扣人同意返还者。

被查扣人就第一项之保证金，与质权人有同一之权利。

## 第八章　附则

第一百零五条　依本法申请著作权或制版权登记者，应缴纳申请费、登记费及公告费。

依本法申请强制授权、调解、查阅登记簿或请求发给誊本者，应缴纳申请费。

前二项收费标准，由主管机关定之。

第一百零六条　著作合于本法修正施行前第五十条之一规定，于本法修正施行后，依修正施行前之本法，其著作权期间仍在存续中者，除本章另有规定外，适用本法规定。

第一百零七条　著作于"中华民国"七十四年七月十日本法修正施行后完成者，除本章另有规定外，适用本法规定。

第一百零八条　外国人之著作，合于本法修正施行前第十七条第一项第一款或第二款之规定而未经注册取得著作权，有左列情形之一者，除本章另有规定外，适用本法规定：

一、于"中华民国"七十四年七月十日本法修正施行前发行未满二十年，依修正施行前之本法，著作权期间仍在存续中者。

二、"中华民国"七十四年七月十日本法增订之著作，于"中华民国"七十四年七月十日本法修正施行前完成，依修正施行前之本法，著作权期间仍在存续中者。

三、于"中华民国"七十四年七月十日本法修正施行后完成者。

第一百零九条　本法增订之著作，于本法修正施行前完成者，除本章另有规定外，适用本法规定。

第一百一十条　第十条及第十四条规定，于本法修正施行前已完成注册之著作，不适用之。

第一百一十一条　第十一条及第十二条规定，对于依修正施行前本法第十条及第十一条规定取得著作权者，不适用之。

第一百一十二条　本法修正施行前，翻译受修正施行前本法保护之外国人著作，如未经其著作权人同意者，于本法修正施行后，除合于第四十四条至第六十五条规定者外，不得再重制。

前项翻译之重制物，本法修正施行满二年后，不得再行销售。

第一百一十三条　依本法修正施行前第二十四条第一项规定享有之制版权，于本法修正施行后制版权未消灭者，适用第四章规定。

第一百一十四条　本法修正施行前所为之著作权及制版权侵害之认定及救济，适用行为时之规定。

第一百一十五条　"本国"与外国之团体或机构互订保护着作权之协议，经"行政院"核准者，视为第四条所称协定。

第一百一十六条　本法施行细则，由主管机关定之。

第一百一十七条　本法自公布日施行。

# 台湾地区"著作权法施行细则"（1992年）

1992 年 6 月 10 日修正发布同日施行

第一条　本细则依"著作权法"（以下简称本法）第一百十六条规定订定之。

第二条　本法所称原件，系指著作首次附着之物。

第三条　本法第七十四条及第七十五条规定之著作权登记，其种类如左：

一、著作人登记。

二、著作财产权登记。

三、著作首次公开发表日或首次发行日登记。

四、著作财产权让与登记。

五、著作财产权专属授权或处分之限制登记。

六、以著作财产权为标的物之质权设定、让与、变更、消灭或处分限制登记（以下简称著作权质权登记）。

第四条　本法第七十九条及第八十条准用第七十五条规定之制版权登记，其种类如左：

一、制版权取得登记。

二、制版权让与登记。

三、制版权专属授权或处分之限制登记。

四、以制版权为标的物之质权设定、让与、变更、消灭或处分之限制登记（以下简称制版权质权登记）。

第五条　申请著作人登记，应由著作人为之。著作人死亡者，应由本法第八十六条规定之人为之。

申请著作财产权、著作首次公开发表日或首次发行日登记，应由著作财产权人为之。

申请著作财产权让与、专属授权、处分之限制或著作权质权登记，应由权利人为之。

第六条　申请著作权登记，除本细则另有规定外，应检具左列文件：

一、著作权登记申请书。

二、著作样本一份及主管机关指定之著作内容说明书或著作原件。

三、依法令应检具之证明文件正本及影本各一份。

前项第二款著作样本应符合主管机关指定之规格。

第一项第二款之著作原件及第三款之证明文件正本，于核验后发还。

第七条　著作权登记申请书，除本细则另有规定外，应记载左列事项，由申请人或代理人签名或盖章：

一、申请人姓名或名称、出生或设立年、月、日及住、居所。申请人为法人者，其代表人之姓名。

二、由代理人申请登记者，其姓名或名称及住、居所。代理人为法人者，其代表人之姓名。

三、著作名称。

四、著作类别。

五、著作人姓名或名称及其国籍。

六、著作完成日或首次公开发表日。

七、登记项目。

八、登记原因及其发生年、月、日。

九、已注册或登记者，其著作权执照号码或登记案号。

依本法第四条第一款规定申请著作权登记者，其申请书应记载首次发行之国家或地区及该款规定发行事实之日期。

本法第四条但书规定之外国人申请著作权登记者，其申请书应记载著作财产权人之姓名或名称、国籍、出生或设立年、月、日及住、居所、著作首次发行日、首次发行之国家或地区、在条约或协定规定国家内发行日及著作人之住、居所。如著作财产权系受让取得者，并应记载其受让日期。

第八条　申请著作人登记者，其申请书应记载著作人之出生或设立年、月、日及住、居所；如著作人已死亡者，其死亡日期；如以别名公开发表其著作者，其别名。

本法第八十六条规定之人为第一项申请者，应检具著作人死亡证明文件影本及申请人身份证明文件影本。

第九条　申请著作财产权登记者，其申请书应记载左列事项：

一、著作财产权人之姓名或名称、国籍、出生或设立年、月、日及住、居所。

二、著作财产权之范围；其为共有者，应记载其应有部分。

第十条　申请著作首次公开发表日或首次发行日登记者，其申请书应记载左列事项：

一、著作财产权人之姓名或名称及其国籍。

二、著作首次公开发表日或首次发行日。

第十一条　申请著作财产权让与登记者，其申请书应记载左列事项：

一、著作财产权让与人及受让人之姓名或名称、国籍、出生或设立年、月、日及住、居所。

二、著作财产权让与之范围；其为部分让与者，应记载其让与之应有部分或权利种类。

前项申请，应检具著作财产权让与之证明文件。

第一项之申请，其著作权在本法修正施行前业经注册者，应缴回原领著作权注册执照。

第十二条　申请著作财产权专属授权或处分之限制登记者，其申请书应记载左列事项：

一、被授权或限制之权利人及著作财产权人之姓名或名称、国籍、出生或设立年、月、日及住、居所。

二、授权或限制之内容。

前项申请，应检具授权或限制之证明文件。

第十三条　申请著作权质权登记者，其申请书应记载左列事项：

一、质权人及出质人或质权让与人及受让人之姓名或名称、国籍、出生或设立年、月、日及住、居所。

二、债务人之姓名或名称、出生或设立年、月、日及住、居所。

三、债权金额。

四、登记原因有存续期间、清偿日期、利息、违约金或赔偿数额之约定者，其约定。

前项第二款至第四款规定之事项，于申请质权变更或消灭登记者，免予记载。

申请质权设定登记或质权让与登记者，应记载质权标的物之范围。申请质权变更登记者，应记载变更登记之事项。申请质权处分之限制登记者，应记载限制之内容。

前项申请，应检具质权设定、让与、变更、消灭或处分之限制之证明文件。

申请质权让与、变更、处分之限制或消灭登记，其质权在本法修正施行前业经注册者，应缴回原领著作权设定质权证明书。

第十四条　前六条之登记，得同时或分别申请之；如由同一申请人同时申请者，其著作样本及主管机关指定之著作内容说明书仅须检具一份；其证明文件相同者，亦同。

业经著作权登记而再申请登记者，著作样本、著作内容说明书及证明文件，主管机关得减免之。

第十五条　著作样本，应于适当位置标明左列事项：

一、著作名称。

二、著作人之姓名或名称。

三、著作财产权人之姓名或名称。

申请著作人登记者，得免标明前项第三款规定事项。

衍生、编辑著作之著作样本，并应标明所改作或所编辑原著作之著作名称、著作人姓名或名称。但原著作无该项记载者，不在此限。

第十六条　著作原件或样本，如因性质特殊或庞大、易损或昂贵，确实不便或不能缴交者，得申请主管机关减免，或以著作详细说明书、四面、五面或六面摄影图说或其他代替物为之。

第十七条　著作依法应受审查者，于申请著作权登记时，应检具该管机关核准文件。

第十八条　申请著作人登记时，其著作人为外国人者，应检具著作人之国籍或法人之证明文件。但得以著作人之宣誓书代之。

申请著作权登记时，除前项登记外，其著作财产权人为外国人者，应检具著作财产权人之国籍或法人之证明文件。但得以著作财产权人之宣誓书代之。

依本法第四条第一款规定申请者，应检具该款规定发行事实之证明文件。

依本法第四条但书规定申请者，应检具符合该规定之证明文件。

第一项及第二项之证明文件或宣誓书，应经"中华民国"驻外使领馆、代表处、办事处或其他"外交部"授权机构验证或经"中华民国"法院认证。

第十九条　申请人持外国公文书申请著作权登记者，准用前条第五项规定。

第二十条　共同著作，其著作人之一人或数人，为著作人全体之利益，得申请全体著作人登记。本法第八十六条规定之人，亦同。

第二十一条　前条规定，于共有著作财产权人中之一人或数人申请著作财产权、著作首次公开发表日或首次发行日登记，准用之。

第二十二条　申请制版权取得登记，应由制版人为之。

申请制版权让与、专属授权、处分之限制或制版权质权登记，应由权利人为之。

第二十三条　申请制版权取得登记者，应检具左列文件：

一、制版权登记申请书。

二、被制版之文字著述或美术著作无著作财产权或著作财产权消灭之证明文件。

三、被制版之文字著述之原著作或美术著作之原件。

四、制版物样本一份。

前项第一款登记申请书应记载被制版之原著作名称及原著作人之姓名或名称。

无第一项第二款之证明文件者，应检具保证书，载明被制版之文字著述或美术著作无著作财产权或著作财产权消灭。

第二十四条　制版物样本，应于适当位置标明左列事项：

一、被制版之原著作名称及原著作人之姓名或名称。

二、制版人之姓名或名称。

三、制版完成日期。原著作未标明前项第一款之事项者，免予标明。

第二十五条　第七条、第九条、第十一条至第十四条及第十六条至第十九条规定，于制版权登记准用之。

第二十六条　有左列情形之一者，主管机关应通知申请人限期补正：

一、未依规定缴纳申请费、登记费及公告费者。

二、著作权或制版权登记申请书应载事项，未记载或记载不完整者。

三、应检具之文件欠缺者。

四、著作样本或制版物样本未依主管机关指定之规格或著作样本与著作原件不符者。

五、其他得补正之情形者。

第二十七条　有左列情形之一者，主管机关应以书面叙明理由，发还申请案：

一、著作权或制版权登记申请书未经申请人或代理人签名或盖章者。

二、申请登记之事项，非本法所定之登记者。

三、申请人非第五条或第二十二条所定之人者。

四、申请书记载事项与其证明文件或样本不符者。

五、申请书记载事项与登记簿原有记载不符者。

六、遇有利害关系人异议而其内容涉及私权争执者。

七、主管机关依前条规定限期补正，逾期未补正或未照补正事项完全补正者。

第二十八条　主管机关核准著作权、制版权登记，除将登记之事项载于登记簿及刊登"政府公报"外，应按申请人之人数检附登记簿誊本，以书面通知申请人。

第二十九条　著作权或制版权登记后，发现申请登记之事项错误时，得由申请人或其继承人检具证明文件，申请更正登记。

第三十条　主管机关所为之著作权或制版权登记有错误或遗漏之情形者，申请人或其继承人得申请主管机关更正之。主管机关亦得径行更正，并通知申请人。

第三十一条　著作权或制版权登记后，其已登记之事项变更者，得由原申请人或其继承人检具证明文件，申请变更登记。

第三十二条　申请登记缴交之著作样本及证明文件，经主管机关为准驳之处分后，不得请求发还。

前项证明文件，申请人或出具人得申请查阅或影印。利害关系人检具利害关系证明文件者，亦得申请查阅之。

第三十三条　著作权或制版权之登记簿及经登记之著作样本及制版物样本，任何人均得申请查阅。

第三十四条　委任他人代理申请时，应检具委任书或代理权限之证明文件。代理人变更或解任时，委任人应以书面向主管机关为之。

第三十五条　申请人提出之文件系外文者，应检具中文译本。

第三十六条　依本法第七十八条及第八十条准用第七十八条规定撤销登记者，除刊登"政府公报"外，应以书面通知原申请人。

第三十七条　本细则修正施行前已完成注册者，于本细则修正施行后，得缴回原领执照或证明书，依本细则规定申请登记。

前项申请，主管机关得减免其应缴之文件，并得减免其申请费。

第三十八条　著作权、制版权登记申请书、登记簿及其他必要书表之格式，由主管机关定之。

第三十九条　著作权或制版权之权利人依本法第一百零四条第一项规定对输入或输出侵害其著作权或制版权之物申请查扣者，应以书面为之，并检附左列有关文件连同保证金向货物输入或输出地海关申请：

一、依法享有著作权或制版权之证明文件。

二、输入或输出货物侵害其著作权或制版权之证据及必要说明。

三、申请人之印鉴证明文件。

四、其他有关证明文件。

申请人已依前项规定提出文件并缴纳保证金时，海关应即受理查扣，并另以书面通知被查扣人。

申请人未依第一项规定办理者，其申请不予受理。

第四十条　申请人于海关受理查扣之日起七日内向法院起诉者，应将已向法院起诉之证明文件送原申请查扣海关备查。

申请人未于规定期限内起诉者，由海关撤销查扣，并依有关进、出口货物通关之规定办理。

第四十一条　本法第一百零四条第一项第一款所称原因消灭，系指申请人取得胜诉之确定判决或与被查扣人达成和解，已无继续提供保证金之必要者而言。

第四十二条　本细则自发布日施行。

# 台湾地区 1992 年 7 月 6 日公布修正
# "著作权法"第 53 条

| 修正前条文 | 修正后条文 |
|---|---|
| 第五十三条　已公开发表之著作，得为盲人以点字重制之。<br>　经政府许可以增进盲人福利为目的之机构，得录音已公开发表之著作专供盲人使用。 | 第五十三条　已公开发表之著作，得为盲人以点字重制之。<br>　以增进盲人福利为目的，经主管机关许可之机构或团体，得以录音、电脑或其他方式利用已公开发表之著作，专供盲人使用。 |

# 台湾地区 1993 年 4 月 24 日公布修正"著作权法"第 87 条；并增订第 87 条之 1 条文

| 修正前条文 | 修正后条文 |
|---|---|
| 　第八十七条　有左列情形之一者，视为侵害著作权或制版权：<br>　一、以侵害著作人名誉之方法利用其著作者。<br>　二、明知为侵害著作权或制版权之物而散布或意图散布而陈列或持有或意图营利而交付者。<br>　三、意图在"中华民国"管辖区域内散布而输入在该区域内重制系属侵害著作权或制版权之物者。<br>　四、明知系侵害电脑程式著作财产权之重制物而仍作为直接营利之使用者。 | 　第八十七条　有左列情形之一者，除本法另有规定外，视为侵害著作权或制版权：<br>　一、以侵害著作人名誉之方法利用其著作者。<br>　二、明知为侵害著作权或制版权之物而散布或意图散布而陈列或持有或意图营利而交付者。<br>　三、输入未经著作财产权人或制版权人授权重制之重制物或制版物者。<br>　四、未经著作财产权人同意而输入著作原件或其重制物者。<br>　五、明知系侵害电脑程式著作财产权之重制物而仍作为直接营利之使用者。 |
|  | 　第八十七条之一　有左列情形之一者，前条第四款之规定，不适用之：<br>　一、为供"中央"或地方机关之利用而输入。但为供学校或其他教育机构之利用而输入或非以保存资料之目的而输入视听著作原件或其重制物者，不在此限。<br>　二、为供非营利之学术、教育或宗教机构保存资料之目的而输入视听著作原件或一定数量重制物，或为其图书馆借阅或保存资料之目的而输入视听著作以外之其他著作原件或一定数量重制物，并应依第四十八条规定利用之。<br>　三、为供输入者个人非散布之利用或属入境人员行李之一部分而输入著作原件或一定数量重制物者。<br>　四、附含于货物、机器或设备之著作原件或其重制物，随同货物、机器或设备之合法输入而输入者，该著作原件或其重制物于使用或操作货物机器或设备时不得重制。<br>　五、附属于货物、机器或设备之说明书或操作手册随同货物、机器或设备之合法输入而输入者。但以说明书或操作手册为主要输入者，不在此限。 |

# 台湾地区 1998 年 1 月 21 日公布修正
# "著作权法"全部条文

## 第一章　总则

第一条　为保障著作人著作权益，调和社会公共利益，促进"国家"文化发展，特制定本法。本法未规定者，适用其他法律之规定。

第二条　本法所称主管机关为"内政部"。

第三条　本法用词定义如下：

一、著作：指属于文学、科学、艺术或其他学术范围之创作。

二、著作人：指创作著作之人。

三、著作权：指因著作完成所生之著作人格权及著作财产权。

四、公众：指不特定人或特定之多数人。但家庭及其正常社交之多数人，不在此限。

五、重制：指以印刷、复印、录音、录影、摄影、笔录或其他方法有形之重复制作。于剧本、音乐著作或其他类似著作演出或播送时予以录音或录影；或依建筑设计图或建筑模型建造建筑物者，亦属之。

六、公开口述：指以言词或其他方法向公众传达著作用容。

七、公开播送：指基于公众接收讯息为目的，以有线电、无线电或其他器材，借声音或影像向公众传达著作内容。由原播送人以外之人，以有线电或无线电将原播送之声音或影像向公众传达者，亦属之。

八、公开上映：指以单一或多数视听机或其他传送影像之方法于同一时间向现场或现场以外一定场所之公众传达著作内容。

九、公开演出：指以演技、舞蹈、歌唱、弹奏乐器或其他方法向现场之公众传达著作内容。以扩音器或其他器材，将原播送之声音或影像向公众传达者，亦属之。

十、改作：指以翻译、编曲、改写、拍摄影片或其他方法就原著作另为创作。

十一、散布：指不问有偿或无偿，将著作之原件或重制物提供公众交易或流通。

十二、发行：指权利人散布能满足公众合理需要之重制物。

十三、公开发表：指权利人以发行、播送、上映、口述、演出、展示或其他方法向公众公开提示著作内容。

十四、原件：指著作首次附着之物。

前项第八款所称之现场或现场以外一定场所，包含电影院、俱乐部、录影带或碟影片播映场所、旅馆房间、供公众使用之交通工具或其他供不特定人进出之场所。

第四条 外国人之著作合于下列情形之一者，得依本法享有著作权。但条约或协定另有约定，经"立法院"议决通过者，从其约定：

一、于"中华民国"管辖区域内首次发行，或于"中华民国"管辖区域外首次发行后三十日内在"中华民国"管辖区域内发行者。但以该外国人之本国，对"中华民国"人之著作，在相同之情形下，亦予保护且经查证属实者为限。

二、依条约、协定或其本国法令、惯例，"中华民国"人之著作得在该国享有著作权者。

## 第二章 著作

第五条 本法所称著作，例示如下：

一、语文著作。

二、音乐著作。

三、戏剧、舞蹈著作。

四、美术著作。

五、摄影著作。

六、图形著作。

七、视听著作。

八、录音著作。

九、建筑著作。

十、电脑程式著作。

前项各款著作例示内容，由主管机关订定之。

第六条 就原著作改作之创作为衍生著作，以独立之著作保护之。

衍生著作之保护，对原著作之著作权不生影响。

第七条 就资料之选择及编排具有创作性者为编辑著作，以独立之著作保护之。

编辑著作之保护，对其所收编著作之著作权不生影响。

第七条之一 表演人对既有著作之表演，以独立之著作保护之。

表演之保护，对原著作之著作权不生影响。

第八条 二人以上共同完成之著作，其各人之创作，不能分离利用者，为共同著作。

第九条 下列各款不得为著作权之标的：

一、"宪法"、法律、命令或公文。

二、"中央"或地方机关就前款著作作成之翻译物或编辑物。

三、标语及通用之符号、名词、公式、数表、表格、簿册或时历。

四、单纯为传达事实之新闻报导所作成之语文著作。

五、依法令举行之各类考试试题及其备用试题。

前项第一款所称公文，包括公务员于职务上草拟之文告、讲稿、新闻稿及其他文书。

## 第三章　著作人及著作权

### 第一节　通则

第十条　著作人于著作完成时享有著作权。但本法另有规定者，从其规定。

第十条之一　依本法取得之著作权，其保护仅及于该著作之表达，而不及于其所表达之思想、程序、制程、系统、操作方法、概念、原理、发现。

### 第二节　著作人

第十一条　受雇人于职务上完成之著作，以该受雇人为著作人。但契约约定以雇用人为著作人者，从其约定。

依前项规定，以受雇人为著作人者，其著作财产权归雇用人享有。但契约约定其著作财产权归受雇人享有者，从其约定。

前二项所称受雇人，包括公务员。

第十二条　出资聘请他人完成之著作，除前条情形外，以该受聘人为著作人。但契约约定以出资人为著作人者，从其约定。

依前项规定，以受聘人为著作人者，其著作财产权依契约约定归受聘人或出资人享有。未约定著作财产权之归属者，其著作财产权归受聘人享有。

依前项规定著作财产权归受聘人享有者，出资人得利用该著作。

第十三条　在著作之原件或其已发行之重制物上，或将著作公开发表时，以通常之方法表示著作人之本名或众所周知之别名者，推定为该著作之著作人。

前项规定，于著作发行日期、地点及著作财产权人之推定，准用之。

第十四条（删除）

### 第三节　著作人格权

第十五条　著作人就其著作享有公开发表之权利。但公务员，依第十一条及第十二条规定为著作人，而著作财产权归该公务员隶属之法人享有者，不适用之。

有下列情形之一者，推定著作人同意公开发表其著作：

一、著作人将其尚未公开发表著作之著作财产权让与他人或授权他人利用时，因著作财产权之行使或利用而公开发表者。

二、著作人将其尚未公开发表之美术著作或摄影著作之著作原件或其重制物让与他人，受让人以其著作原件或其重制物公开展示者。

三、依"学位授予法"撰写之硕士、博士论文，著作人已取得学位者。

依第十一条第二项及第十二条第二项规定，由雇用人或出资人自始取得尚未公开发表著作之著作财产权者，因其著作财产权之让与、行使或利用而公开发表者，视为著作人同意公开发表其著作。

前项规定，于第十二条第三项准用之。

第十六条 著作人于著作之原件或其重制物上或于著作公开发表时，有表示其本名、别名或不具名之权利。著作人就其著作所生之衍生著作，亦有相同之权利。

前条第一项但书规定，于前项准用之。

利用著作之人，得使用自己之封面设计，并加冠设计人或主编之姓名或名称。但著作人有特别表示或违反社会使用惯例者，不在此限。

依著作利用之目的及方法，于著作人之利益无损害之虞，且不违反社会使用惯例者，得省略著作人之姓名或名称。

第十七条 著作人享有禁止他人以歪曲、割裂、窜改或其他方法改变其著作之内容、形式或名目致损害其名誉之权利。

第十八条 著作人死亡或消灭者，关于其著作人格权之保护，视同生存或存续，任何人不得侵害。但依利用行为之性质及程度、社会之变动或其他情事可认为不违反该著作人之意思者，不构成侵害。

第十九条 共同著作之著作人格权，非经著作人全体同意，不得行使之。各著作人无正当理由者，不得拒绝同意。

共同著作之著作人，得于著作人中选定代表人行使著作人格权。

对于前项代表人之代表权所加限制，不得对抗善意第三人。

第二十条 未公开发表之著作原件及其著作财产权，除作为买卖之标的或经本人允诺者外，不得作为强制执行之标的。

第二十一条 著作人格权专属于著作人本身，不得让与或继承。

## 第四节 著作财产权

### 第一款 著作财产权之种类

第二十二条 著作人除本法另有规定外，专有重制其著作之权利。

著作人专有以录音、录影或摄影重制其表演之权利。

第二十三条 著作人专有公开口述其语文著作之权利。

第二十四条 著作人专有公开播送其著作之权利。但将表演重制或公开播送后再公开播送者，不在此限。

第二十五条 著作人专有公开上映其视听著作之权利。

第二十六条 著作人除本法另有规定外，专有公开演出其语文、音乐或戏剧、舞蹈著作之权利。

著作人专有以扩音器或其他器材公开演出其表演之权利。但将表演重制或公播送后再以扩音器或其他器材公开演出者，不在此限。

第二十七条　著作人专有公开展示其未发行之美术著作或摄影著作之权利。

第二十八条　著作人专有将其著作改作成衍生著作或编辑成编辑著作之权利。但表演不适用之。

第二十九条　著作人专有出租其著作之权利。但表演不适用之。

第二十九条之一　依第十一条第二项或第十二条第二项规定取得著作财产权之雇用人或出资人，专有第二十二条至第二十九条规定之权利。

**第二款　著作财产权之存续期间**

第三十条　著作财产权，除本法另有规定外，存续于著作人之生存期间及其死亡后五十年。

著作于著作人死亡后四十年至五十年间首次公开发表者，著作财产权之期间，自公开发表时起存续十年。

第三十一条　共同著作之著作财产权，存续至最后死亡之著作人死亡后五十年。

第三十二条　别名著作或不具名著作之著作财产权，存续至著作公开发表后五十年。但可证明其著作人死亡已逾五十年者，其著作财产权消灭。

前项规定，于著作人之别名为众所周知者，不适用之。

第三十三条　法人为著作人之著作，其著作财产权存续至其著作公开发表后五十年。但著作在创作完成时起算五十年内未公开发表者，其著作财产权存续至创作完成时起五十年。

第三十四条　摄影、视听、录音、电脑程式及表演之著作财产权存续至著作公开发表后五十年。

前条但书规定，于前项准用之。

第三十五条　第三十条至第三十四条所定存续期间，以该期间届满当年之末日为期间之终止。

继续或逐次公开发表之著作，依公开发表日计算著作财产权存续期间时，如各次公开发表能独立成一著作者，著作财产权存续期间自各别公开发表日起算。如各次公开发表不能独立成一著作者，以能独立成一著作时之公开发表日起算。

前项情形，如继续部分未于前次公开发表日后三年内公开发表者，其著作财产权存续期间自前次公开发表日起算。

**第三款　著作财产权之让与、行使及消灭**

第三十六条　著作财产权得全部或部分让与他人或与他人共有。

著作财产权之受让人，在其受让范围内，取得著作财产权。

著作财产权让与之范围依当事人之约定；其约定不明之部分，推定为未让与。

第三十七条　著作财产权人得授让他人利用著作，其授权利用之地域、时间、内容、利用方法或其他事项，依当事人之约定；其约定不明之部分，推定为未授权。

前项被授权人非经著作财产权人同意，不得将其被授予之权利再授权第三人利用。

第三十八条（删除）

第三十九条 以著作财产权为质权之标的物者，除设定时另有约定外，著作财产权人得行使其著作财产权。

第四十条 共同著作各著作人之应有部分，依共同著作人间之约定定之；无约定者，依各著作人参与创作之程度定之。各著作人参与创作之程度不明时，推定为均等。

共同著作之著作人抛弃其应有部分者，其应有部分由其他共同著作人依其应有部分之比例分享之。

前项规定，于共同著作之著作人死亡无继承人或消灭后无承受人者，准用之。

第四十条之一 共有之著作财产权，非经著作财产权人全体同意，不得行使之；各著作财产权人非经其他共有著作财产权人之同意，不得以其应有部分让与他人或为他人设定质权。各著作财产权人，无正当理由者，不得拒绝同意。

共有著作财产权人，得于著作财产权人中选定代表人行使著作财产权。对于代表人之代表权所加限制，不得对抗善意第三人。

前条第二项及第三项规定，于共有著作财产权准用之。

第四十一条 著作财产权人投稿于新闻纸、杂志或授权公开播送著作者，除另有约定外，推定仅授予刊载或公开播送一次之权利，对著作财产权人之其他权利不生影响。

第四十二条 著作财产权因存续期间届满而消灭。于存续期间内，有下列情形之一者，亦同：

一、著作财产权人死亡，其著作财产权依法应归属"国库"者。

二、著作财产权人为法人，于其消灭后，其著作财产权依法应归属于地方自治团体者。

第四十三条 著作财产权消灭之著作，除本法另有规定外，任何人均得自由利用。

**第四款 著作财产权之限制**

第四十四条 "中央"或地方机关，因立法或行政目的所需，认有必要将他人著作列为内部参考资料时，在合理范围内，得重制他人之著作。但依该著作之种类、用途及其重制物之数量、方法，有害于著作财产权人之利益者，不在此限。

第四十五条 专为司法程序使用之必要，在合理范围内，得重制他人之著作。

前条但书规定，于前项情形准用之。

第四十六条 依法设立之各级学校及其担任教学之人，为学校授课需要，在合理范围内，得重制他人已公开发表之著作。

第四十四条但书规定，于前项情形准用之。

第四十七条 为编制依法令应经教育行政机关审定之教科用书，或教育行政机关编制教科用书者，在合理范围内，得重制、改作或编辑他人已公开发表之著作。

前项规定，于编制附随于该教科用书且专供教学之人教学用之辅助用品，准用之。但以由该教科用书编制者编制为限。

依法设立之各级学校或教育机构，为教育目的之必要，在合理范围内，得公开播送他人已公开发表之著作。

前三项情形，利用人应将利用情形通知著作财产权人并支付使用报酬。使用报酬率，由主管机关定之。

第四十八条 供公众使用之图书馆、博物馆、历史馆、科学馆、艺术馆或其他文教机构，于下列情形之一，得就其收藏之著作重制之：

一、应阅览人供个人研究之要求，重制已公开发表著作之一部分，或期刊或已公开发表之研讨会论文集之单篇著作，每人以一份为限。

二、基于保存资料之必要者。

三、就绝版或难以购得之著作，应同性质机构之要求者。

第四十八条之一 “中央”或地方机关、依法设立之教育机构或供公众使用之图书馆，得重制下列已公开发表之著作所附之摘要：

一、依“学位授予法”撰写之硕士、博士论文，著作人已取得学位者。

二、刊载于期刊中之学术论文。

三、已公开发表之研讨会论文集或研究报告。

第四十九条 以广播、摄影、录影、新闻纸或其他方法为时事报导者，在报导之必要范围内，得利用其报导过程中所接触之著作。

第五十条 以“中央”或地方机关或公法人名义公开发表之著作，在合理范围内，得重制或公开播送。

第五十一条 供个人或家庭为非营利之目的，在合理范围内，得利用图书馆及非供公众使用之机器重制已公开发表之著作。

第五十二条 为报导、评论、教学、研究或其他正当目的之必要，在合理范围内，得引用已公开发表之著作。

第五十三条 已公开发表之著作，得为盲人以点字重制之。

以增进盲人福利为目的，经主管机关许可之机构或团体，得以录音、电脑或其他方式利用已公开发表之著作，专供盲人使用。

第五十四条 “中央”或地方机关、依法设立之各级学校或教育机构办理之各种考试，得重制已公开发表之著作，供为试题之用。但已公开发表之著作如为试题者，不适用之。

第五十五条 非以营利为目的，未对观众或听众直接或间接收取任何费用，且未对表演人支付报酬者，得于活动中公开口述、公开播送、公开上映或公开演出他人已公开发表之著作。

第五十六条　广播或电视，为播送之目的，得以自己之设备录音或录影该著作。但以其播送业经著作财产权人之授权或合于本法规定者为限。

前项录制物除经主管机关核准保存于指定之处所外，应于录音或录影后一年内销毁之。

第五十六条之一　为加强收视效能，得以依法令设立之社区共同天线同时转播依法设立无线电视台播送之著作，不得变更其形式或内容。

有线电视之系统经营者得提供基本频道，同时转播依法设立无线电视台播送之著作，不得变更其形式或内容。

第五十七条　美术著作或摄影著作原件或合法重制物之所有人或经其同意之人，得公开展示该著作原件或合法重制物。

前项公开展示之人，为向参观人解说著作，得于说明书内重制该著作。

第五十八条　于街道、公园、建筑物之外壁或其他向公众开放之户外场所长期展示之美术著作或建筑著作，除下列情形外，得以任何方法利用之：

一、以建筑方式重制建筑物。

二、以雕塑方式重制雕塑物。

三、为于本条规定之场所长期展示目的所为之重制。

四、专门以贩卖美术著作重制物为目的所为之重制。

第五十九条　合法电脑程式著作重制物之所有人得因配合其所使用机器之需要，修改其程式，或因备用存档之需要重制其程式。但限于该所有人自行使用。

前项所有人因灭失以外之事由，丧失原重制物之所有权者，除经著作财产权人同意外，应将其修改或重制之程式销毁之。

第六十条　合法著作重制物之所有人，得出租该重制物。但录音及电脑程式著作之重制物，不适用之。

附含于货物、机器或设备之电脑程式著作重制物，随同货物、机器或设备合法出租且非该项出租之主要标的物者，不适用前项但书之规定。

第六十一条　揭载于新闻纸、杂志有关政治、经济或社会上时事问题之论述，得由其他新闻纸、杂志转载或由广播或电视公开播送。但经注明不许转载或公开播送者，不在此限。

第六十二条　政治或宗教上之公开演说、裁判程序及"中央"或地方机关之公开陈述，任何人得利用之。但专就特定人之演说或陈述，编辑成编辑著作者，应经著作财产权人之同意。

第六十三条　依第四十四条、第四十五条、第四十八条第一款、第四十八条之一至第五十条、第五十二条至第五十五条、第六十一条及第六十二条规定得利用他人著作者，得翻译该著作。

依第四十六条及第五十一条规定得利用他人著作者，得改作该著作。

第六十四条　依第四十四条至第四十七条、第四十八条之一至第五十条、第五十二条、第五十三条、第五十五条、第五十七条、第五十八条、第六十条至第六十三条规定利用他人著作者，应明示其出处。

前项明示出处，就著作人之姓名或名称，除不具名著作或著作人不明者外，应以合理之方式为之。

第六十五条　著作之合理使用，不构成著作财产权之侵害。

著作之利用是否合于第四十四条至第六十三条规定或其他合理使用之情形，应审酌一切情状，尤应注意下列事项，以为判断之标准：

一、利用之目的及性质，包括系为商业目的或非营利教育目的。

二、著作之性质。

三、所利用之质量及其在整个著作所占之比例。

四、利用结果对著作潜在市场与现在价值之影响。

第六十六条　第四十四条至第六十三条及第六十五条规定，对著作人之著作人格权不生影响。

**第五款　著作利用之强制授权**

第六十七条（删除）

第六十八条（删除）

第六十九条　录有音乐著作之销售用录音著作发行满六个月，欲利用该音乐著作录制其他销售用录音著作者，经申请主管机关许可强制授权，并给付使用报酬后，得利用该音乐著作，另行录制。

前项申请许可强制授权及使用报酬之办法，由主管机关定之。

第七十条　依前条规定利用音乐著作者，不得将其录音著作之重制物销售至“中华民国”管辖区域外。

第七十一条　依第六十九条规定，取得强制授权之许可后，有下列情形之一者，主管机关应撤销其许可：

一、未依主管机关许可之方式利用著作者。

二、强制授权许可后，发现其申请有虚伪情事者。

第七十二条（删除）

第七十三条（删除）

第七十四条（删除）

第七十五条（删除）

第七十六条 （删除）

第七十七条 （删除）

第七十八条 （删除）

## 第四章 制版权

第七十九条 无著作财产权或著作财产权消灭之文字著述或美术著作，经制版人就文字著述整理印刷，或就美术著作原件以影印、印刷或类似方式重制首次发行，并依法登记者，制版人就其版面，专有以影印、印刷或类似方式重制之权利。

制版人之权利，自制版完成时起算存续十年。

前项保护期间，以该期间届满当年之末日，为期间之终止。

第一项登记之办法，由主管机关定之。

第八十条 第四十二条及第四十三条有关著作财产权消灭之规定、第四十四条至第四十八条、第四十九条、第五十一条、第五十二条、第五十四条、第六十四条及第六十五条关于著作财产权限制之规定，于制版权准用之。

## 第五章 著作权仲介团体与 "著作权审议及调解委员会"

第八十一条 著作财产权人为行使权利、收受及分配使用报酬，经主管机关之许可，得组成著作权仲介团体。

前项团体之许可设立、组织、职权及其监督、辅导，另以法律定之。

第八十二条 主管机关应设置"著作权审议及调解委员会"，办理下列事项：

一、第四十七条第四项规定及著作权仲介团体所订定使用报酬率之审议。

二、著作权仲介团体与利用人间，对使用报酬争议之调解。

三、著作权或制版权争议之调解。

四、其他有关著作权审议及调解之咨询。

前项第三款所定争议之调解，其涉及刑事者，以告诉乃论之案件为限。

第八十三条 前条"著作权审议及调解委员会"之组织规程及有关争议之调解办法，由主管机关拟订，报请"行政院"核定后发布之。

## 第六章 权利侵害之救济

第八十四条 著作权人或制版权人对于侵害其权利者，得请求排除之，有侵害之虞者，得请求防止之。

第八十五条 侵害著作人格权者，负损害赔偿责任。虽非财产上之损害，被害人亦得请求赔偿相当之金额。

前项侵害，被害人并得请求表示著作人之姓名或名称、更正内容或为其他回复名誉之适当处分。

第八十六条　著作人死亡后，除其遗嘱另有指定外，下列之人，依顺序对于违反第十八条或有违反之虞者，得依第八十四条及前条第二项规定，请求救济：

一、配偶。

二、子女。

三、父母。

四、孙子女。

五、兄弟姊妹。

六、祖父母。

第八十七条　有下列情形之一者，除本法另有规定外，视为侵害著作权或制版权：

一、以侵害著作人名誉之方法利用其著作者。

二、明知为侵害著作权或制版权之物而散布或意图散布而陈列或持有或意图营利而交付者。

三、输入未经著作财产权人或制版权人授权重制之重制物或制版物者。

四、未经著作财产权人同意而输入著作原件或其重制物者。

五、明知系侵害电脑程式著作财产权之重制物而仍作为直接营利之使用者。

第八十七条之一　有下列情形之一者，前条第四款之规定，不适用之：

一、为供"中央"或地方机关之利用而输入。但为供学校或其他教育机构之利用而输入或非以保存资料之目的而输入视听著作原件或其重制物者，不在此限。

二、为供非营利之学术、教育或宗教机构保存资料之目的而输入视听著作原件或一定数量重制物，或为其图书馆借阅或保存资料之目的而输入视听著作以外之其他著作原件或一定数量重制物，并应依第四十八条规定利用之。

三、为供输入者个人非散布之利用或属入境人员行李之一部分而输入著作原件或一定数量重制物者。

四、附含于货物、机器或设备之著作原件或其重制物，随同货物、机器或设备之合法输入而输入者，该著作原件或其重制物于使用或操作货物、机器或设备时不得重制。

五、附属于货物、机器或设备之说明书或操作手册，随同货物、机器或设备之合法输入而输入者。但以说明书或操作手册为主要输入者，不在此限。

前项第二款及第三款之一定数量，由主管机关另定之。

第八十八条　因故意或过失不法侵害他人之著作财产权或制版权者，负损害赔偿责任。数人共同不法侵害者，连带负赔偿责任。

前项损害赔偿，被害人得依下列规定择一请求：

一、依"民法"第二百十六条之规定请求。但被害人不能证明其损害时，得以其行使权利依通常情形可得预期之利益，减除被侵害后行使同一权利所得利益之差额，为其所受损害。

二、请求侵害人因侵害行为所得之利益。但侵害人不能证明其成本或必要费用时，以其侵害行为所得之全部收入，为其所得利益。

依前项规定，如被害人不易证明其实际损害额，得请求法院依侵害情节，在新台币一万元以上五十万元以下酌定赔偿额。如损害行为属故意且情节重大者，赔偿额得增至新台币一百万元。

第八十八条之一　依第八十四条或前条第一项请求时，对于侵害行为作成之物或主要供侵害所用之物，得请求销毁或为其他必要之处置。

第八十九条　被害人得请求由侵害人负担费用，将判决书内容全部或一部登载新闻纸、杂志。

第八十九条之一　第八十五条及第八十八条之损害赔偿请求权，自请求权人知有损害及赔偿义务人时起，二年间不行使而消减。自有侵权行为时起，逾十年者亦同。

第九十条　共同著作之各著作权人，对于侵害其著作权者，得各依本章之规定，请求救济，并得按其应有部分，请求损害赔偿。

前项规定，于因其他关系成立之共有著作财产权或制版权之共有人准用之。

第九十条之一　著作权人或制版权人对输入或输出侵害其著作权或制版权之物者，得申请海关先予查扣。

前项申请应以书面为之，并释明侵害之事实，及提供相当于海关核估该进口货物完税价格或出口货物离岸价格之保证金，作为被查扣人因查扣所受损害之赔偿担保。

申请人或被查扣人得向海关申请检视被查扣之物。

查扣之物，经申请人取得法院民事确定判决，属侵害著作权或制版权者，由海关予以没入。没入物之货柜延滞费、仓租、装卸费等有关费用暨处理销毁费用应由被查扣人负担。

前项处理销毁所需费用，经海关限期通知缴纳而不缴纳者，移送法院强制执行。

有下列情形之一者，除由海关撤销查扣依有关进出口货物通关规定办理外，申请人并应赔偿被查扣人因查扣所受之损害：

一、查扣之物经法院确定判决，不属侵害著作权或制版权之物者。

二、海关于通知申请人受理查扣之日起十二日内，未被告知就查扣物为侵害物之诉讼已提起者。

三、申请人申请撤销查扣者。

前项第二款规定之期限，海关得视需要延长十二日。

有下列情形之一者，海关应依申请人之申请返还保证金：

一、申请人取得胜诉之确定判决或与被查扣人达成和解，已无继续提供保证金之必要者。

二、撤销查扣后，申请人证明已定二十日以上之期间，催告被查扣人行使权利而未行使者。

三、被查扣人同意返还者。

被查扣人就第二项之保证金，与质权人有同一之权利。

第九十条之二　前条之实施办法，由主管机关会同"财政部"定之。

## 第七章　罚则

第九十一条　擅自以重制之方法侵害他人之著作财产权者，处六月以上三年以下有期徒刑，得并科新台币二十万元以下罚金。

意图销售或出租而擅自以重制之方法侵害他人之著作财产权者，处六月以上五年以下有期徒刑，得并科新台币三十万元以下罚金。

第九十二条　擅自以公开口述、公开播送、公开上映、公开演出、公开展示、改作、编辑或出租之方法侵害他人之著作财产权者，处三年以下有期徒刑，得并科新台币十五万元以下罚金。

第九十三条　有下列情形之一者，处二年以下有期徒刑，得并科新台币十万元以下罚金：

一、侵害第十五条至第十七条规定之著作人格权者。

二、违反第七十条规定者。

三、以第八十七条各款方法之一侵害他人之著作权者。

第九十四条　以犯第九十一条、第九十二条或第九十三条之罪为常业者，处一年以上七年以下有期徒刑，得并科新台币四十五万元以下罚金。

第九十五条　有下列情形之一者，处一年以下有期徒刑，得并科新台币五万元以下罚金：

一、违反第十八条规定者。

二、侵害第七十九条规定之制版权者。

三、以第八十七条各款方法之一侵害他人制版权者。

四、违反第一百十二条规定者。

第九十六条　违反第五十九条第二项或第六十四条规定者，科新台币五万元以下罚金。

第九十七条　（删除）

第九十八条　（删除）

第九十九条　犯第九十一条至第九十五条之罪者，因被害人或其他有告诉权人之声请，得令将判决书全部或一部登报，其费用由被告负担。

第一百条　本章之罪，须告诉乃论。但第九十四条及第九十五条第一款之罪，不在此限。

第一百零一条　法人之代表人、法人或自然人之代理人、受雇人或其他从业人员，因执行业务，犯第九十一条至第九十六条之罪者，除依各该条规定处罚其行为人外，对该法人或自然人亦科各该条之罚金。

对前项行为人、法人或自然人之一方告诉或撤回告诉者，其效力及于他方。

第一百零二条　未经认许之外国法人，对于第九十一条至第九十六条之罪，得为告诉或提起自诉。

第一百零三条　司法警察官或司法警察对侵害他人之著作权或制版权，经告诉、告发者，得依法扣押其侵害物，并移送侦办。

第一百零四条（删除）

## 第八章　附则

第一百零五条　依本法申请强制授权、制版权登记、调解、查阅制版权之登记或请求发给誊本者，应缴纳规费。

前项收费标准，由主管机关定之。

第一百零六条　著作完成于"中华民国"八十一年六月十日本法修正施行前，且合于修正施行前本法第一百零六条至第一百零九条规定之一者，除本章另有规定外，适用本法。

著作完成于"中华民国"八十一年六月十日本法修正施行后者，适用本法。

第一百零六条之一　著作完成于世界贸易组织协定在"中华民国"管辖区域内生效日之前，未依历次本法规定取得著作权而依本法所定著作财产权期间计算仍在存续中者，除本章另有规定外，适用本法。但外国人著作在其源流国保护期间已届满者，不适用之。

前项但书所称源流国依西元一九七一年保护文学与艺术著作之伯恩公约第五条规定决定之。

第一百零六条之二　依前条规定受保护之著作，其利用人于世界贸易组织协定在"中华民国"管辖区域内生效日之前，已着手利用该著作或为利用该著作已进行重大投资者，除本章另有规定外，自该生效日起二年内，得继续利用，不适用第六章及第七章规定。

第一百零六条之三　于世界贸易组织协定在"中华民国"管辖区域内生效日之前，就第一百零六条之一著作改作完成之衍生著作，且受历次本法保护者，于该生效日以后，得继续利用，不适用第六章及第七章规定。

前项情形，于该生效日起满二年后，利用人应对原著作著作财产权人支付符合该著作一般经自由磋商所应支付之使用报酬。

前二项规定，对衍生著作之保护，不生影响。

第一百零七条（删除）

第一百零八条（删除）

第一百零九条（删除）

第一百一十条　第十三条规定，于"中华民国"八十一年六月十日本法修正施行前已完成注册之著作，不适用之。

第一百一十一条　有下列情形之一者，第十一条及第十二条之规定，不适用之：

一、依"中华民国"八十一年六月十日修正施行前本法第十条及第十一条规定取得著作权者。

二、依修正施行前本法第十一条及第十二条规定取得著作权者。

第一百一十二条　"中华民国"八十一年六月十日本法修正施行前，翻译受"中华民国"八十一年六月十日修正施行前本法保护之外国人著作，如未经其著作权人同意者，于"中华民国"八十一年六月十日本法修正施行后，除合于第四十四条至第六十五条规定者外，不得再重制。

前项翻译之重制物，于"中华民国"八十一年六月十日本法修正施行满二年后，不得再行销售。

第一百一十三条　本法修正施行前取得之制版权，适用本法规定。

第一百一十四条（删除）

第一百一十五条　"本国"与外国之团体或机构互订保护著作权之协议，经"行政院"核准者，视为第四条所称协定。

第一百一十五条之一　本法修正施行前著作权或制版权注册簿或登记簿，主管机关得提供民众阅览。

第一百一十五条之二　法院为处理著作权诉讼案件，得设立专业法庭或指定专人办理。

著作权诉讼案件法院应以判决书正本一份送主管机关。

第一百一十六条（删除）

第一百一十七条　本法自公布日施行。但第一百零六条之一至第一百零六条之三规定，自世界贸易组织协定在"中华民国"管辖区域内生效日起施行。

# 台湾地区"民法"债篇第九节"出版"

1929 年 11 月 22 日"国民政府"制定公布全文 604 条，并自 1930 年 5 月 5 日施行。

1999 年 4 月 21 日修正第 515～521、523～527 条条文，并增订第 515－1 条条文，并删除第 522 条条文。

第五百十五条　称出版者，谓当事人约定，一方以文学、科学、艺术或其他之著作，为出版而交付于他方，他方担任印刷或以其他方法重制及发行之契约。

投稿于新闻纸或杂志经刊登者，推定成立出版契约。

第五百十五条之一　出版权于出版权授予人依出版契约将著作交付于出版人时，授予出版人。

依前项规定授予出版人之出版权，于出版契约终了时消灭。

第五百十六条　著作财产权人之权利，于合法授权实行之必要范围内，由出版人行使之。

出版授权与人，应担保其于契约成立时，有出版授予之权利，如著作受法律上之保护者，并应担保该著作有著作权。

出版权授予人，已将著作之全部或一部，交付第三人出版，或经第三人公开发表，为其所明知者，应于契约成立前将其情事告知出版人。

第五百十七条　出版权授予人于出版人得重制发行之出版物未卖完时，不得就其著作之全部或一部，为不利于出版人之处分。但契约另有订定者，不在此限。

第五百十八条　版数未约定者，出版人仅得出一版。

出版人依约得出数版或永远出版者，如于前版之出版物卖完后，怠于新版之重制时，出版权授予人得申请法院令出版人于一定期限内，再出新版。逾期不遵行者，丧失其出版权。

第五百十九条　出版人对于著作，不得增减或变更。

出版人应以适当之格式重制著作。并应为必要之广告及用通常之方法推销出版物。

出版物之卖价，由出版人定之。但不得过高，致碍出版物之销行。

第五百二十条　著作人于不妨害出版人出版之利益，或增加其责任之范围内，得订正或修改著作。但对出版人因此所生不可预见之费用，应负赔偿责任。

出版人于重制新版前，应予著作人以订正或修改著作之机会。

第五百二十一条 同一著作人之数著作，为个别出版而交付于出版人者，出版人不得将其数著作，并合出版。

出版权授予人就同一著作人或数著作人之数著作为并合出版，而交付于出版人者，出版人不得将著作，各别出版。

第五百二十二条（删除）

第五百二十三条 如依情形非受报酬，即不为著作之交付者，视为允与报酬。

出版人有出数版之权者，其次版之报酬，及其他出版之条件，推定与前版相同。

第五百二十四条 著作全部出版者，于其全部重制完毕时，分部出版者，于其各部分重制完毕时应给付报酬。

报酬之全部或一部，依销行之多寡而定者，出版人应依习惯计算，支付报酬，并应提出销行之证明。

第五百二十五条 著作交付出版人后，因不可抗力致灭失者，出版人仍负给付报酬之义务。

灭失之著作，如出版权授予人另存有稿本者，有将该稿本交付于出版人之义务。无稿本时，如出版权授予人是著作人，且不多费劳力，即可重者，应重作之。

前项情形，出版权授予人得请求相当之赔偿。

第五百二十六条 重制完毕之出版物，于发行前，因不可抗力，致全部或一部灭失者，出版人得以自己费用，就灭失之出版物，补行出版，对于出版权授予人，无须补给报酬。

第五百二十七条 著作未完成前，如著作人死亡，或丧失能力，或非因其过失致不能完成其著作者，其出版契约关系消灭。

前项情形，如出版契约关系之全部或一部之继续，为可能且公平者，法院得许其继续，并命为必要之处置。

# 台湾地区 2001 年 11 月 12 日公布修正"著作权法"第 2、34、37、71、81、82、90 之 1 条

| 修改前条文 | 修改后条文 |
|---|---|
| 第二条 本法所称主管机关为"内政部"。 | 第二条 本法主管机关为"经济部"。<br>前项业务，由"经济部"设专责机关办理。 |
| 第三十四条 摄影、视听、录音、电脑程式及表演之著作财产权存续至著作公开发表后五十年。<br>前条但书规定，于前项准用之。 | 第三十四条 摄影、视听、录音及表演之著作财产权存续至著作公开发表后五十年。<br>前条但书规定，于前项准用之。 |
| 第三十七条 著作财产权人得授让他人利用著作，其授权利用之地域、时间、内容、利用方法或其他事项，依当事人之约定；其约定不明之部分，推定为未授权。<br>前项被授权人非经著作财产权人同意，不得将其被授予之权利再授权第三人利用。 | 第三十七条 著作财产权人得授权他人利用著作，其授权利用之地域、时间、内容、利用方法或其他事项，依当事人之约定；其约定不明之部分，推定为未授权。<br>前项授权经公证人作成公证书者，不因著作财产权人嗣后将其著作财产权让与或再为授权而受影响。<br>非专属授权之被授权人非经著作财产权人同意，不得将其被授予之权利再授权第三人利用。<br>专属授权之被授权人在被授权范围内，得以著作财产权人之地位行使权利。著作财产权人在专属授权范围内，不得行使权利。<br>第二项至第四项规定，于本法修正施行前所为之授权，不适用之。<br>音乐著作经授权重制于电脑伴唱机者，利用人利用该电脑伴唱机公开演出该著作，不适用第七章规定。但属于著作权仲介团体管理之音乐著作，不在此限。 |
| 第七十一条 依第六十九条规定，取得强制授权之许可后，有下列情形之一者，主管机关应撤销其许可：<br>一、未依主管机关许可之方式利用著作者。<br>二、强制授权许可后，发现其申请有虚伪情事者。 | 第七十一条 依第六十九条规定，取得强制授权之许可后，发现其申请有虚伪情事者，著作权专责机关应撤销其许可。<br>依第六十九条规定，取得强制授权之许可后，未依著作权专责机关许可之方式利用著作者，著作权专责机关应废止其许可。 |

续前表

| 修改前条文 | 修改后条文 |
|---|---|
| 第八十一条 著作财产权人为行使权利、收受及分配使用报酬，经主管机关之许可，得组成著作权仲介团体。<br><br>前项团体之许可设立、组织、职权及其监督、辅导，另以法律定之。 | 第八十一条 著作财产权人为行使权利、收受及分配使用报酬，经著作权专责机关之许可，得组成著作权仲介团体。<br><br>专属授权之被授权人，亦得加入著作权仲介团体。<br><br>第一项团体之许可设立、组织、职权及其监督、辅导，另以法律定之。 |
| 第八十二条 主管机关应设置"著作权审议及调解委员会"，办理下列事项：<br>一、第四十七条第四项规定及著作权仲介团体所订定使用报酬率之审议。<br>二、著作权仲介团体与利用人间，对使用报酬争议之调解。<br>三、著作权或制版权争议之调解。<br>四、其他有关著作权审议及调解之咨询。<br>前项第三款所定争议之调解，其涉及刑事者，以告诉乃论之案件为限。 | 第八十二条 著作权专责机关应设置"著作权审议及调解委员会"，办理下列事项：<br>一、第四十七条第四项规定使用报酬率之审议。<br>二、著作权仲介团体与利用人间，对使用报酬争议之调解。<br>三、著作权或制版权争议之调解。<br>四、其他有关著作权审议及调解之咨询。<br>前项第三款所定争议之调解，其涉及刑事者，以告诉乃论之案件为限。 |
| 第九十条之一 著作权人或制版权人对输入或输出侵害其著作权或制版权之物者，得申请海关先予查扣。<br>前项申请应以书面为之，并释明侵害之事实，及提供相当于海关核估该进口货物完税价格或出口货物离岸价格之保证金，作为被查扣人因查扣所受损害之赔偿担保。<br>申请人或被查扣人得向海关申请检视被查扣之物。<br>查扣之物，经申请人取得法院民事确定判决，属侵害著作或制版权者，由海关予以没入。没入物之货柜延滞费、仓租、装卸费等有关费用暨处理销毁费用应由被查扣人负担。<br>前项处理销毁所需费用，经海关限期通知缴纳而不缴纳者，移送法院强制执行。<br>有下列情形之一者，除由海关撤销查扣依有关进出口货物通关规定办理外，申请人并应赔偿被查扣人因查扣所受之损害：<br>一、查扣之物经法院确定判决，不属侵害著作或制版权之物者。<br>二、海关于通知申请人受理查扣之日起十二日内，未被告知就查扣物为侵害物之诉讼已提起者。<br>三、申请人申请撤销查扣者。<br>前项第二款规定之期限，海关得视需要延长十二日。 | 第九十条之一 著作权人或制版权人对输入或输出侵害其著作权或制版权之物者，得申请海关先予查扣。<br>前项申请应以书面为之，并释明侵害之事实，及提供相当于海关核估该进口货物完税价格或出口货物离岸价格之保证金，作为被查扣人因查扣所受损害之赔偿担保。<br>海关受理查扣之申请，应即通知申请人。如认符合前项规定而实施查扣时，应以书面通知申请人及被查扣人。<br>申请人或被查扣人，得向海关申请检视被查扣之物。<br>查扣之物，经申请人取得法院民事确定判决，属侵害著作或制版权者，由海关予以没入。没入物之货柜延滞费、仓租、装卸费等有关费用暨处理销毁费用应由被查扣人负担。<br>前项处理销毁所需费用，经海关限期通知缴纳而不缴纳者，依法移送强制执行。<br>有下列情形之一者，除由海关废止查扣依有关进出口货物通关规定办理外，申请人并应赔偿被查扣人因查扣所受之损害：<br>一、查扣之物经法院确定判决，不属侵害著作或制版权之物者。<br>二、海关于通知申请人受理查扣之日起十二日内，未被告知就查扣物为侵害物之诉讼已提起者。 |

续前表

| 修改前条文 | 修改后条文 |
| --- | --- |
| 有下列情形之一者，海关应依申请人之申请返还保证金：<br>一、申请人取得胜诉之确定判决或与被查扣人达成和解，已无继续提供保证金之必要者。<br>二、撤销查扣后，申请人证明已定二十日以上之期间，催告被查扣人行使权利而未行使者。<br>三、被查扣人同意返还者。<br>被查扣人就第二项之保证金，与质权人有同一之权利。 | 三、申请人申请废止查扣者。<br>前项第二款规定之期限，海关得视需要延长十二日。<br>有下列情形之一者，海关应依申请人之申请返还保证金：<br>一、申请人取得胜诉之确定判决或与被查扣人达成和解，已无继续提供保证金之必要者。<br>二、废止查扣后，申请人证明已定二十日以上之期间，催告被查扣人行使权利而未行使者。<br>三、被查扣人同意返还者。<br>被查扣人就第二项之保证金，与质权人有同一之权利。 |

# 台湾地区 2003 年 7 月 9 日公布修正 "著作权法" 全部条文

## 第一章　总则

第一条　为保障著作人著作权益，调和社会公共利益，促进"国家"文化发展，特制定本法。本法未规定者，适用其他法律之规定。

第二条　本法主管机关为"经济部"。

著作权业务，由"经济部"指定专责机关办理。

第三条　本法用词定义如下：

一、著作：指属于文学、科学、艺术或其他学术范围之创作。

二、著作人：指创作著作之人。

三、著作权：指因著作完成所生之著作人格权及著作财产权。

四、公众：指不特定人或特定之多数人。但家庭及其正常社交之多数人，不在此限。

五、重制：指以印刷、复印、录音、录影、摄影、笔录或其他方法直接、间接、永久或暂时之重复制作。于剧本、音乐著作或其他类似著作演出或播送时予以录音或录影；或依建筑设计图或建筑模型建造建筑物者，亦属之。

六、公开口述：指以言词或其他方法向公众传达著作内容。

七、公开播送：指基于公众直接收听或收视为目的，以有线电、无线电或其他器材之广播系统传送讯息之方法，借声音或影像，向公众传达著作内容。由原播送人以外之人，以有线电、无线电或其他器材之广播系统传送讯息之方法，将原播送之声音或影像向公众传达者，亦属之。

八、公开上映：指以单一或多数视听机或其他传送影像之方法于同一时间向现场或现场以外一定场所之公众传达著作内容。

九、公开演出：指以演技、舞蹈、歌唱、弹奏乐器或其他方法向现场之公众传达著作内容。以扩音器或其他器材，将原播送之声音或影像向公众传达者，亦属之。

十、公开传输：指以有线电、无线电之网路或其他通讯方法，借声音或影像向公众提供或传达著作内容，包括使公众得于其各自选定之时间或地点，以上述方法接收著作内容。

十一、改作：指以翻译、编曲、改写、拍摄影片或其他方法就原著作另为创作。

十二、散布：指不问有偿或无偿，将著作之原件或重制物提供公众交易或流通。

十三、公开展示：指向公众展示著作内容。

十四、发行：指权利人散布能满足公众合理需要之重制物。

十五、公开发表：指权利人以发行、播送、上映、口述、演出、展示或其他方法向公众公开提示著作内容。

十六、原件：指著作首次附着之物。

十七、权利管理电子资讯：指于著作原件或其重制物，或于著作向公众传达时，所表示足以确认著作、著作名称、著作人、著作财产权人或其授权之人及利用期间或条件之相关电子资讯；以数字、符号表示此类资讯者，亦属之。

前项第八款所称之现场或现场以外一定场所，包含电影院、俱乐部、录影带或碟影片播映场所、旅馆房间、供公众使用之交通工具或其他供不特定人进出之场所。

第四条　外国人之著作合于下列情形之一者，得依本法享有著作权。但条约或协定另有约定，经"立法院"议决通过者，从其约定：

一、于"中华民国"管辖区域内首次发行，或于"中华民国"管辖区域外首次发行后三十日内在"中华民国"管辖区域内发行者。但以该外国人之本国，对"中华民国"人之著作，在相同之情形下，亦予保护且经查证属实者为限。

二、依条约、协定或其本国法令、惯例，"中华民国"人之著作得在该国享有著作权者。

## 第二章　著作

第五条　本法所称著作，例示如下：

一、语文著作。

二、音乐著作。

三、戏剧、舞蹈著作。

四、美术著作。

五、摄影著作。

六、图形著作。

七、视听著作。

八、录音著作。

九、建筑著作。

十、电脑程式著作。

前项各款著作例示内容，由主管机关订定之。

第六条　就原著作改作之创作为衍生著作，以独立之著作保护之。

衍生著作之保护，对原著作之著作权不生影响。

第七条　就资料之选择及编排具有创作性者为编辑著作，以独立之著作保护之。

编辑著作之保护，对其所收编著作之著作权不生影响。

第七条之一　表演人对既有著作或民俗创作之表演，以独立之著作保护之。

表演之保护，对原著作之著作权不生影响。

第八条　二人以上共同完成之著作，其各人之创作，不能分离利用者，为共同著作。

第九条　下列各款不得为著作权之标的：

一、"宪法"、法律、命令或公文。

二、"中央"或地方机关就前款著作作成之翻译物或编辑物。

三、标语及通用之符号、名词、公式、数表、表格、簿册或时历。

四、单纯为传达事实之新闻报导所作成之语文著作。

五、依法令举行之各类考试试题及其备用试题。

前项第一款所称公文，包括公务员于职务上草拟之文告、讲稿、新闻稿及其他文书。

## 第三章　著作人及著作权

### 第一节　通则

第十条　著作人于著作完成时享有著作权。但本法另有规定者，从其规定。

第十条之一　依本法取得之著作权，其保护仅及于该著作之表达，而不及于其所表达之思想、程序、制程、系统、操作方法、概念、原理、发现。

### 第二节　著作人

第十一条　受雇人于职务上完成之著作，以该受雇人为著作人。但契约约定以雇用人为著作人者，从其约定。

依前项规定，以受雇人为著作人者，其著作财产权归雇用人享有。但契约约定其著作财产权归受雇人享有者，从其约定。

前二项所称受雇人，包括公务员。

第十二条　出资聘请他人完成之著作，除前条情形外，以该受聘人为著作人。但契约约定以出资人为著作人者，从其约定。

依前项规定，以受聘人为著作人者，其著作财产权依契约约定归受聘人或出资人享有。未约定著作财产权之归属者，其著作财产权归受聘人享有。

依前项规定著作财产权归受聘人享有者，出资人得利用该著作。

第十三条　在著作之原件或其已发行之重制物上，或将著作公开发表时，以通常之方法表示著作人之本名或众所周知之别名者，推定为该著作之著作人。

前项规定，于著作发行日期、地点及著作财产权人之推定，准用之。

第十四条（删除）

## 第三节　著作人格权

第十五条　著作人就其著作享有公开发表之权利。但公务员，依第十一条及第十二条规定为著作人，而著作财产权归该公务员隶属之法人享有者，不适用之。

有下列情形之一者，推定著作人同意公开发表其著作：

一、著作人将其尚未公开发表著作之著作财产权让与他人或授权他人利用时，因著作财产权之行使或利用而公开发表者。

二、著作人将其尚未公开发表之美术著作或摄影著作之著作原件或其重制物让与他人，受让人以其著作原件或其重制物公开展示者。

三、依"学位授予法"撰写之硕士、博士论文，著作人已取得学位者。

依第十一条第二项及第十二条第二项规定，由雇用人或出资人自始取得尚未公开发表著作之著作财产权者，因其著作财产权之让与、行使或利用而公开发表者，视为著作人同意公开发表其著作。

前项规定，于第十二条第三项准用之。

第十六条　著作人于著作之原件或其重制物上或于著作公开发表时，有表示其本名、别名或不具名之权利。著作人就其著作所生之衍生著作，亦有相同之权利。

前条第一项但书规定，于前项准用之。

利用著作之人，得使用自己之封面设计，并加冠设计人或主编之姓名或名称。但著作人有特别表示或违反社会使用惯例者，不在此限。

依著作利用之目的及方法，于著作人之利益无损害之虞，且不违反社会使用惯例者，得省略著作人之姓名或名称。

第十七条　著作人享有禁止他人以歪曲、割裂、窜改或其他方法改变其著作之内容、形式或名目致损害其名誉之权利。

第十八条　著作人死亡或消灭者，关于其著作人格权之保护，视同生存或存续，任何人不得侵害。但依利用行为之性质及程度、社会之变动或其他情事可认为不违反该著作人之意思者，不构成侵害。

第十九条　共同著作之著作人格权，非经著作人全体同意，不得行使之。各著作人无正当理由者，不得拒绝同意。

共同著作之著作人，得于著作人中选定代表人行使著作人格权。

对于前项代表人之代表权所加限制，不得对抗善意第三人。

第二十条　未公开发表之著作原件及其著作财产权，除作为买卖之标的或经本人允诺者外，不得作为强制执行之标的。

第二十一条　著作人格权专属于著作人本身，不得让与或继承。

### 第四节　著作财产权

#### 第一款　著作财产权之种类

第二十二条　著作人除本法另有规定外，专有重制其著作之权利。

表演人专有以录音、录影或摄影重制其表演之权利。

前二项规定，于专为网路中继性传输，或使用合法著作，属技术操作过程中必要之过渡性、附带性而不具独立经济意义之暂时性重制，不适用之。但电脑程式不在此限。

前项网路中继性传输之暂时性重制情形，包括网路浏览、快速存取或其他为达成传输功能之电脑或机械本身技术上所不可避免之现象。

第二十三条　著作人专有公开口述其语文著作之权利。

第二十四条　著作人除本法另有规定外，专有公开播送其著作之权利。

表演人就其经重制或公开播送后之表演，再公开播送者，不适用前项规定。

第二十五条　著作人专有公开上映其视听著作之权利。

第二十六条　著作人除本法另有规定外，专有公开演出其语文、音乐或戏剧、舞蹈著作之权利。

表演人专有以扩音器或其他器材公开演出其表演之权利。但将表演重制后或公开播送后再以扩音器或其他器材公开演出者，不在此限。

录音著作经公开演出者，著作人得请求公开演出之人支付使用报酬。

前项录音著作如有重制表演之情形者，由录音著作之著作人及表演人共同请求支付使用报酬。其由一方先行请求者，应将使用报酬分配予他方。

第二十六条之一　著作人除本法另有规定外，专有公开传输其著作之权利。

表演人就其经重制于录音著作之表演，专有公开传输之权利。

第二十七条　著作人专有公开展示其未发行之美术著作或摄影著作之权利。

第二十八条　著作人专有将其著作改作成衍生著作或编辑成编辑著作之权利。但表演不适用之。

第二十八条之一　著作人除本法另有规定外，专有以移转所有权之方式，散布其著作之权利。

表演人就其经重制于录音著作之表演，专有以移转所有权之方式散布之权利。

第二十九条　著作人除本法另有规定外，专有出租其著作之权利。

表演人就其经重制于录音著作之表演，专有出租之权利。

第二十九条之一　依第十一条第二项或第十二条第二项规定取得著作财产权之雇用人或出资人，专有第二十二条至第二十九条规定之权利。

#### 第二款　著作财产权之存续期间

第三十条　著作财产权，除本法另有规定外，存续于著作人之生存期间及其死亡后五十年。

著作于著作人死亡后四十年至五十年间首次公开发表者，著作财产权之期间，自公开发表时起存续十年。

第三十一条　共同著作之著作财产权，存续至最后死亡之著作人死亡后五十年。

第三十二条　别名著作或不具名著作之著作财产权，存续至著作公开发表后五十年。但可证明其著作人死亡已逾五十年者，其著作财产权消灭。

前项规定，于著作人之别名为众所周知者，不适用之。

第三十三条　法人为著作人之著作，其著作财产权存续至其著作公开发表后五十年。但著作在创作完成时起算五十年内未公开发表者，其著作财产权存续至创作完成时起五十年。

第三十四条　摄影、视听、录音及表演之著作财产权存续至著作公开发表后五十年。

前条但书规定，于前项准用之。

第三十五条　第三十条至第三十四条所定存续期间，以该期间届满当年之末日为期间之终止。

继续或逐次公开发表之著作，依公开发表日计算著作财产权存续期间时，如各次公开发表能独立成一著作者，著作财产权存续期间自各别公开发表日起算。如各次公开发表不能独立成一著作者，以能独立成一著作时之公开发表日起算。

前项情形，如继续部分未于前次公开发表日后三年内公开发表者，其著作财产权存续期间自前次公开发表日起算。

### 第三款　著作财产权之让与、行使及消灭

第三十六条　著作财产权得全部或部分让与他人或与他人共有。

著作财产权之受让人，在其受让范围内，取得著作财产权。

著作财产权让与之范围依当事人之约定；其约定不明之部分，推定为未让与。

第三十七条　著作财产权人得授权他人利用著作，其授权利用之地域、时间、内容、利用方法或其他事项，依当事人之约定；其约定不明之部分，推定为未授权。

前项授权不因著作财产权人嗣后将其著作财产权让与或再为授权而受影响。

非专属授权之被授权人非经著作财产权人同意，不得将其被授予之权利再授权第三人利用。

专属授权之被授权人在被授权范围内，得以著作财产权人之地位行使权利，并得以自己名义为诉讼上之行为。著作财产权人在专属授权范围内，不得行使权利。

第二项至前项规定，于"中华民国"九十年十一月十二日本法修正施行前所为之授权，不适用之。

音乐著作经授权重制于电脑伴唱机者，利用人利用该电脑伴唱机公开演出该著

作，不适用第七章规定。但属于著作权仲介团体管理之音乐著作，不在此限。

第三十八条（删除）

第三十九条 以著作财产权为质权之标的物者，除设定时另有约定外，著作财产权人得行使其著作财产权。

第四十条 共同著作各著作人之应有部分，依共同著作人间之约定定之；无约定者，依各著作人参与创作之程度定之。各著作人参与创作之程度不明时，推定为均等。

共同著作之著作人抛弃其应有部分者，其应有部分由其他共同著作人依其应有部分之比例分享之。

前项规定，于共同著作之著作人死亡无继承人或消灭后无承受人者，准用之。

第四十条之一 共有之著作财产权，非经著作财产权人全体同意，不得行使之；各著作财产权人非经其他共有著作财产权人之同意，不得以其应有部分让与他人或为他人设定质权。各著作财产权人，无正当理由者，不得拒绝同意。

共有著作财产权人，得于著作财产权人中选定代表人行使著作财产权。对于代表人之代表权所加限制，不得对抗善意第三人。

前条第二项及第三项规定，于共有著作财产权准用之。

第四十一条 著作财产权人投稿于新闻纸、杂志或授权公开播送著作者，除另有约定外，推定仅授予刊载或公开播送一次之权利，对著作财产权人之其他权利不生影响。

第四十二条 著作财产权因存续期间届满而消灭。于存续期间内，有下列情形之一者，亦同：

一、著作财产权人死亡，其著作财产权依法应归属于"国库"者。

二、著作财产权人为法人，于其消灭后，其著作财产权依法应归属于地方自治团体者。

第四十三条 著作财产权消灭之著作，除本法另有规定外，任何人均得自由利用。

**第四款　著作财产权之限制**

第四十四条 "中央"或地方机关，因立法或行政目的所需，认有必要将他人著作列为内部参考资料时，在合理范围内，得重制他人之著作。但依该著作之种类、用途及其重制物之数量、方法，有害于著作财产权人之利益者，不在此限。

第四十五条 专为司法程序使用之必要，在合理范围内，得重制他人之著作。

前条但书规定，于前项情形准用之。

第四十六条 依法设立之各级学校及其担任教学之人，为学校授课需要，在合理范围内，得重制他人已公开发表之著作。

第四十四条但书规定，于前项情形准用之。

第四十七条　为编制依法令应经教育行政机关审定之教科用书，或教育行政机关编制教科用书者，在合理范围内，得重制、改作或编辑他人已公开发表之著作。

前项规定，于编制附随于该教科用书且专供教学之人教学用之辅助用品，准用之。但以由该教科用书编制者编制为限。

依法设立之各级学校或教育机构，为教育目的之必要，在合理范围内，得公开播送他人已公开发表之著作。

前三项情形，利用人应将利用情形通知著作财产权人并支付使用报酬。使用报酬率，由主管机关定之。

第四十八条　供公众使用之图书馆、博物馆、历史馆、科学馆、艺术馆或其他文教机构，于下列情形之一，得就其收藏之著作重制之：

一、应阅览人供个人研究之要求，重制已公开发表著作之一部分，或期刊或已公开发表之研讨会论文集之单篇著作，每人以一份为限。

二、基于保存资料之必要者。

三、就绝版或难以购得之著作，应同性质机构之要求者。

第四十八条之一　"中央"或地方机关、依法设立之教育机构或供公众使用之图书馆，得重制下列已公开发表之著作所附之摘要：

一、依"学位授予法"撰写之硕士、博士论文，著作人已取得学位者。

二、刊载于期刊中之学术论文。

三、已公开发表之研讨会论文集或研究报告。

第四十九条　以广播、摄影、录影、新闻纸、网路或其他方法为时事报导者，在报导之必要范围内，得利用其报导过程中所接触之著作。

第五十条　以"中央"或地方机关或公法人之名义公开发表之著作，在合理范围内，得重制、公开播送或公开传输。

第五十一条　供个人或家庭为非营利之目的，在合理范围内，得利用图书馆及非供公众使用之机器重制已公开发表之著作。

第五十二条　为报导、评论、教学、研究或其他正当目的之必要，在合理范围内，得引用已公开发表之著作。

第五十三条　已公开发表之著作，得为视觉障碍者、听觉机能障碍者以点字、附加手语翻译或文字重制之。

以增进视觉障碍者、听觉机能障碍者福利为目的，经依法立案之非营利机构或团体，得以录音、电脑、口述影像、附加手语翻译或其他方式利用已公开发表之著作，专供视觉障碍者、听觉机能障碍者使用。

第五十四条　"中央"或地方机关、依法设立之各级学校或教育机构办理之各种考试，得重制已公开发表之著作，供为试题之用。但已公开发表之著作如为试题者，不适用之。

第五十五条　非以营利为目的，未对观众或听众直接或间接收取任何费用，且未对表演人支付报酬者，得于活动中公开口述、公开播送、公开上映或公开演出他人已公开发表之著作。

第五十六条　广播或电视，为公开播送之目的，得以自己之设备录音或录影该著作。但以其公开播送业经著作财产权人之授权或合于本法规定者为限。

前项录制物除经著作权专责机关核准保存于指定之处所外，应于录音或录影后六个月内销毁之。

第五十六条之一　为加强收视效能，得以依法令设立之社区共同天线同时转播依法设立无线电视台播送之著作，不得变更其形式或内容。

第五十七条　美术著作或摄影著作原件或合法重制物之所有人或经其同意之人，得公开展示该著作原件或合法重制物。

前项公开展示之人，为向参观人解说著作，得于说明书内重制该著作。

第五十八条　于街道、公园、建筑物之外壁或其他向公众开放之户外场所长期展示之美术著作或建筑著作，除下列情形外，得以任何方法利用之：

一、以建筑方式重制建筑物。

二、以雕塑方式重制雕塑物。

三、为于本条规定之场所长期展示目的所为之重制。

四、专门以贩卖美术著作重制物为目的所为之重制。

第五十九条　合法电脑程式著作重制物之所有人得因配合其所使用机器之需要，修改其程式，或因备用存档之需要重制其程式。但限于该所有人自行使用。

前项所有人因灭失以外之事由，丧失原重制物之所有权者，除经著作财产权人同意外，应将其修改或重制之程式销毁之。

第五十九条之一　在“中华民国”管辖区域内取得著作原件或其合法重制物所有权之人，得以移转所有权之方式散布之。

第六十条　著作原件或其合法著作重制物之所有人，得出租该原件或重制物。但录音及电脑程式著作，不适用之。

附含于货物、机器或设备之电脑程式著作重制物，随同货物、机器或设备合法出租且非该项出租之主要标的物者，不适用前项但书之规定。

第六十一条　揭载于新闻纸、杂志或网路上有关政治、经济或社会上时事问题之论述，得由其他新闻纸、杂志转载或由广播或电视公开播送，或于网路上公开传输。但经注明不许转载、公开播送或公开传输者，不在此限。

第六十二条　政治或宗教上之公开演说、裁判程序及“中央”或地方机关之公开陈述，任何人得利用之。但专就特定人之演说或陈述，编辑成编辑著作者，应经著作财产权人之同意。

第六十三条 依第四十四条、第四十五条、第四十八条第一款、第四十八条之一至第五十条、第五十二条至第五十五条、第六十一条及第六十二条规定得利用他人著作者，得翻译该著作。

依第四十六条及第五十一条规定得利用他人著作者，得改作该著作。

依第四十六条至第五十条、第五十二条至第五十四条、第五十七条第二项、第五十八条、第六十一条及第六十二条规定利用他人著作者，得散布该著作。

第六十四条 依第四十四条至第四十七条、第四十八条之一至第五十条、第五十二条、第五十三条、第五十五条、第五十七条、第五十八条、第六十条至第六十三条规定利用他人著作者，应明示其出处。

前项明示出处，就著作人之姓名或名称，除不具名著作或著作人不明者外，应以合理之方式为之。

第六十五条 著作之合理使用，不构成著作财产权之侵害。

著作之利用是否合于第四十四条至第六十三条规定或其他合理使用之情形，应审酌一切情状，尤应注意下列事项，以为判断之基准：

一、利用之目的及性质，包括系为商业目的或非营利教育目的。

二、著作之性质。

三、所利用之质量及其在整个著作所占之比例。

四、利用结果对著作潜在市场与现在价值之影响。

著作权人团体与利用人团体就著作之合理使用范围达成协议者，得为前项判断之参考。

前项协议过程中，得咨询著作权专责机关之意见。

第六十六条 第四十四条至第六十三条及第六十五条规定，对著作人之著作人格权不生影响。

### 第五款 著作利用之强制授权

第六十七条（删除）

第六十八条（删除）

第六十九条 录有音乐著作之销售用录音著作发行满六个月，欲利用该音乐著作录制其他销售用录音著作者，经申请著作权专责机关许可强制授权，并给付使用报酬后，得利用该音乐著作，另行录制。

前项音乐著作强制授权许可、使用报酬之计算方式及其他应遵行事项之办法，由主管机关定之。

第七十条 依前条规定利用音乐著作者，不得将其录音著作之重制物销售至

"中华民国"管辖区域外。

第七十一条　依第六十九条规定，取得强制授权之许可后，发现其申请有虚伪情事者，著作权专责机关应撤销其许可。

依第六十九条规定，取得强制授权之许可后，未依著作权专责机关许可之方式利用著作者，著作权专责机关应废止其许可。

第七十二条（删除）

第七十三条（删除）

第七十四条（删除）

第七十五条（删除）

第七十六条（删除）

第七十七条（删除）

第七十八条（删除）

## 第四章　制版权

第七十九条　无著作财产权或著作财产权消灭之文字著述或美术著作，经制版人就文字著述整理印刷，或就美术著作原件以影印、印刷或类似方式重制首次发行，并依法登记者，制版人就其版面，专有以影印、印刷或类似方式重制之权利。

制版人之权利，自制版完成时起算存续十年。

前项保护期间，以该期间届满当年之末日，为期间之终止。

制版权之让与或信托，非经登记，不得对抗第三人。

制版权登记、让与登记、信托登记及其他应遵行事项之办法，由主管机关定之。

第八十条　第四十二条及第四十三条有关著作财产权消灭之规定、第四十四条至第四十八条、第四十九条、第五十一条、第五十二条、第五十四条、第六十四条及第六十五条关于著作财产权限制之规定，于制版权准用之。

### 第四章之一　权利管理电子资讯

第八十条之一　著作权人所为之权利管理电子资讯，不得移除或变更。但有下列情形之一者，不在此限：

一、因行为时之技术限制，非移除或变更著作权利管理电子资讯即不能合法利用该著作。

二、录制或传输系统转换时，其转换技术上必要之移除或变更。

明知著作权利管理电子资讯，业经非法移除或变更者，不得散布或意图散布而输入或持有该著作原件或其重制物，亦不得公开播送、公开演出或公开传输。

## 第五章　著作权仲介团体与"著作权审议及调解委员会"

第八十一条　著作财产权人为行使权利、收受及分配使用报酬，经著作权专责机关之许可，得组成著作权仲介团体。

专属授权之被授权人，亦得加入著作权仲介团体。

第一项团体之许可设立、组织、职权及其监督、辅导，另以法律定之。

第八十二条　著作权专责机关应设置"著作权审议及调解委员会"，办理下列事项：

一、第四十七条第四项规定使用报酬率之审议。

二、著作权仲介团体与利用人间，对使用报酬争议之调解。

三、著作权或制版权争议之调解。

四、其他有关著作权审议及调解之咨询。

前项第二款之调解不成立时，应依法仲裁。

第一项第三款所定争议之调解，其涉及刑事者以告诉乃论罪之案件为限。

第八十二条之一　著作权专责机关应于调解成立后七日内，将调解书送请管辖法院审核。

前项调解书，法院应尽速审核，除有违反法令、公序良俗或不能强制执行者外，应由法官签名并盖法院印信，除抽存一份外，发还著作权专责机关送达当事人。

法院未予核定之事件，应将其理由通知著作权专责机关。

第八十二条之二　调解经法院核定后，当事人就该事件不得再行起诉、告诉或自诉。

前项经法院核定之民事调解，与民事确定判决有同一之效力；经法院核定之刑事调解，以给付金钱或其他代替物或有价证券之一定数量为标的者，其调解书具有执行名义。

第八十二条之三　民事事件已系属于法院，在判决确定前，调解成立，并经法院核定者，视为于调解成立时撤回起诉。

刑事事件于侦查中或第一审法院辩论终结前，调解成立，经法院核定，并经当事人同意撤回者，视为于调解成立时撤回告诉或自诉。

第八十二条之四　民事调解经法院核定后，有无效或得撤销之原因者，当事人得向原核定法院提起宣告调解无效或撤销调解之诉。

前项诉讼，当事人应于法院核定之调解书送达后三十日内提起之。

第八十三条　前条"著作权审议及调解委员会"之组织规程及有关争议之调解办法，由主管机关拟订，报请"行政院"核定后发布之。

## 第六章 权利侵害之救济

第八十四条 著作权人或制版权人对于侵害其权利者，得请求排除之，有侵害之虞者，得请求防止之。

第八十五条 侵害著作人格权者，负损害赔偿责任。虽非财产上之损害，被害人亦得请求赔偿相当之金额。

前项侵害，被害人并得请求表示著作人之姓名或名称、更正内容或为其他回复名誉之适当处分。

第八十六条 著作人死亡后，除其遗嘱另有指定外，下列之人，依顺序对于违反第十八条或有违反之虞者，得依第八十四条及前条第二项规定，请求救济：

一、配偶。

二、子女。

三、父母。

四、孙子女。

五、兄弟姊妹。

六、祖父母。

第八十七条 有下列情形之一者，除本法另有规定外，视为侵害著作权或制版权：

一、（删除）

二、明知为侵害制版权之物而散布或意图散布而公开陈列或持有者。

三、输入未经著作财产权人或制版权人授权重制之重制物或制版物者。

四、未经著作财产权人同意而输入著作原件或其重制物者。

五、明知系侵害电脑程式著作财产权之重制物而作为营业之使用者。

六、明知为侵害著作财产权之物而以移转所有权或出租以外之方式散布者，或明知为侵害著作财产权之物意图散布而公开陈列或持有者。

第八十七条之一 有下列情形之一者，前条第四款之规定，不适用之：

一、为供"中央"或地方机关之利用而输入。但为供学校或其他教育机构之利用而输入或非以保存资料之目的而输入视听著作原件或其重制物者，不在此限。

二、为供非营利之学术、教育或宗教机构保存资料之目的而输入视听著作原件或一定数量重制物，或为其图书馆借阅或保存资料之目的而输入视听著作以外之其他著作原件或一定数量重制物，并应依第四十八条规定利用之。

三、为供输入者个人非散布之利用或属入境人员行李之一部分而输入著作原件或一定数量重制物者。

四、附含于货物、机器或设备之著作原件或其重制物，随同货物、机器或设备之合法输入而输入者，该著作原件或其重制物于使用或操作货物、机器或设备时不得重制。

五、附属于货物、机器或设备之说明书或操作手册，随同货物、机器或设备之合法输入而输入者。但以说明书或操作手册为主要输入者，不在此限。

前项第二款及第三款之一定数量，由主管机关另定之。

第八十八条　因故意或过失不法侵害他人之著作财产权或制版权者，负损害赔偿责任。数人共同不法侵害者，连带负赔偿责任。

前项损害赔偿，被害人得依下列规定择一请求：

一、依"民法"第二百十六条之规定请求。但被害人不能证明其损害时，得以其行使权利依通常情形可得预期之利益，减除被侵害后行使同一权利所得利益之差额，为其所受损害。

二、请求侵害人因侵害行为所得之利益。但侵害人不能证明其成本或必要费用时，以其侵害行为所得之全部收入，为其所得利益。

依前项规定，如被害人不易证明其实际损害额，得请求法院依侵害情节，在新台币一万元以上一百万元以下酌定赔偿额。如损害行为属故意且情节重大者，赔偿额得增至新台币五百万元。

第八十八条之一　依第八十四条或前条第一项请求时，对于侵害行为作成之物或主要供侵害所用之物，得请求销毁或为其他必要之处置。

第八十九条　被害人得请求由侵害人负担费用，将判决书内容全部或一部登载新闻纸、杂志。

第八十九条之一　第八十五条及第八十八条之损害赔偿请求权，自请求权人知有损害及赔偿义务人时起，二年间不行使而消减。自有侵权行为时起，逾十年者亦同。

第九十条　共同著作之各著作权人，对于侵害其著作权者，得各依本章之规定，请求救济，并得按其应有部分，请求损害赔偿。

前项规定，于因其他关系成立之共有著作财产权或制版权之共有人准用之。

第九十条之一　著作权人或制版权人对输入或输出侵害其著作权或制版权之物者，得申请海关先予查扣。

前项申请应以书面为之，并释明侵害之事实，及提供相当于海关核估该进口货物完税价格或出口货物离岸价格之保证金，作为被查扣人因查扣所受损害之赔偿担保。

海关受理查扣之申请，应即通知申请人。如认符合前项规定而实施查扣时，应以书面通知申请人及被查扣人。

申请人或被查扣人，得向海关申请检视被查扣之物。

查扣之物，经申请人取得法院民事确定判决，属侵害著作权或制版权者，由海关予以没入。没入物之货柜延滞费、仓租、装卸费等有关费用暨处理销毁费用应由被查扣人负担。

前项处理销毁所需费用，经海关限期通知缴纳而不缴纳者，依法移送强制执行。

有下列情形之一者，除由海关废止查扣依有关进出口货物通关规定办理外，申请人并应赔偿被查扣人因查扣所受之损害：

一、查扣之物经法院确定判决，不属侵害著作权或制版权之物者。

二、海关于通知申请人受理查扣之日起十二日内，未被告知就查扣物为侵害物之诉讼已提起者。

三、申请人申请废止查扣者。

前项第二款规定之期限，海关得视需要延长十二日。

有下列情形之一者，海关应依申请人之申请返还保证金：

一、申请人取得胜诉之确定判决或与被查扣人达成和解，已无继续提供保证金之必要者。

二、废止查扣后，申请人证明已定二十日以上之期间，催告被查扣人行使权利而未行使者。

三、被查扣人同意返还者。

被查扣人就第二项之保证金，与质权人有同一之权利。

第九十条之二　前条之实施办法，由主管机关会同"财政部"定之。

第九十条之三　违反第八十条之一规定，致著作权人受损害者，负赔偿责任。数人共同违反者，负连带赔偿责任。

第八十四条、第八十八条之一、第八十九条之一及第九十条之一规定，于违反第八十条之一规定者，准用之。

## 第七章　罚则

第九十一条　意图营利而以重制之方法侵害他人之著作财产权者，处五年以下有期徒刑、拘役，或并科新台币二十万元以上二百万元以下罚金。

非意图营利而以重制之方法侵害他人之著作财产权，重制份数超过五份，或其侵害总额按查获时获得合法著作重制物市价计算，超过新台币三万元者，处三年以下有期徒刑、拘役或科或并科新台币七十五万元以下罚金。

以重制于光碟之方法犯第一项之罪者，处五年以下有期徒刑、拘役，或并科新台币五十万元以上五百万元以下罚金。

第九十一条之一　意图营利而以移转所有权之方法散布著作原件或其重制物而侵害他人之著作财产权者，处三年以下有期徒刑、拘役或科或并科新台币七十五万元以下罚金。

非意图营利而以移转所有权之方法散布著作原件或其重制物，或意图散布而公开陈列或持有而侵害他人之著作财产权者，散布份数超过五份，或其侵害总额按查获时获得合法著作重制物市价计算，超过新台币三万元者，处二年以下有期徒刑、拘役，或科或并科新台币五十万元以下罚金。

犯第一项之罪，其重制物为光碟者，处三年以下有期徒刑、拘役，或并科新台币一百五十万元以下罚金。

犯前项之罪，经供出其物品来源，因而破获者，得减轻其刑。

第九十二条 意图营利而以公开口述、公开播送、公开上映、公开演出、公开传输、公开展示、改作、编辑或出租之方法侵害他人著作财产权者，处三年以下有期徒刑、拘役，或并科新台币七十五万元以下罚金。

非意图营利而犯前项之罪，其所侵害之著作超过五件，或权利人所受损害超过新台币三万元者，处二年以下有期徒刑、拘役，或科或并科新台币五十万元以下罚金。

第九十三条 意图营利而有下列情形之一者，处二年以下有期徒刑、拘役，或并科新台币五十万元以下罚金：

一、违反第七十条规定者。

二、以第八十七条第二款、第三款、第五款或第六款之方法侵害他人之著作财产权者。

非意图营利而犯前项之罪，其重制物超过五份，或权利人所受损害超过新台币三万元者，处一年以下有期徒刑、拘役，或科或并科新台币二十五万元以下罚金。

第九十四条 以犯第九十一条第一项、第二项、第九十一条之一、第九十二条或第九十三条之罪为常业者，处一年以上七年以下有期徒刑，得并科新台币三十万元以上、三百万元以下罚金。

以犯第九十一条第三项之罪为常业者，处一年以上七年以下有期徒刑，得并科新台币八十万元以上、八百万元以下罚金。

第九十五条 违反第一百十二条规定者，处一年以下有期徒刑、拘役或科或并科新台币二万元以上、二十五万元以下罚金。

第九十六条 违反第五十九条第二项或第六十四条规定者，科新台币五万元以下罚金。

第九十六条之一 违反第八十条之一者，处一年以下有期徒刑、拘役或科或并科新台币二万元以上、二十五万元以下罚金。

第九十六条之二 依本章科罚金时，应审酌犯人之资力及犯罪所得之利益。如所得之利益超过罚金最多额时，得于所得利益之范围内酌量加重。

第九十七条 （删除）

第九十八条 犯第九十一条至第九十六条之一之罪，供犯罪所用或因犯罪所得之物，得没收之。但犯第九十一条第三项及第九十一条之一第三项之罪者，其得没收之物不以属于犯人者为限。

第九十八条之一 犯第九十一条第三项或第九十一条之一第三项之罪，其行为人逃逸而无从确认者，供犯罪所用或因犯罪所得之物，司法警察机关得径为没入。

前项没入之物，除没入款项缴交"国库"外，销毁之。其销毁或没入款项之处理程序，准用"社会秩序维护法"相关规定办理。

第九十九条 犯第九十一条至第九十五条之罪者，因被害人或其他有告诉权人之声请，得令将判决书全部或一部登报，其费用由被告负担。

第一百条 本章之罪，须告诉乃论。但犯第九十一条第三项、第九十一条之一第三项及第九十四条之罪，不在此限。

第一百零一条 法人之代表人、法人或自然人之代理人、受雇人或其他从业人员，因执行业务，犯第九十一条至第九十六条之一之罪者，除依各该条规定处罚其行为人外，对该法人或自然人亦科各该条之罚金。

对前项行为人、法人或自然人之一方告诉或撤回告诉者，其效力及于他方。

第一百零二条 未经认许之外国法人，对于第九十一条至第九十六条之一之罪，得为告诉或提起自诉。

第一百零三条 司法警察官或司法警察对侵害他人之著作权或制版权，经告诉、告发者，得依法扣押其侵害物，并移送侦办。

第一百零四条 （删除）

## 第八章 附则

第一百零五条 依本法申请强制授权、制版权登记、制版权让与登记、制版权信托登记、调解、查阅制版权登记或请求发给誊本者，应缴纳规费。

前项收费基准，由主管机关定之。

第一百零六条 著作完成于"中华民国"八十一年六月十日本法修正施行前，且合于"中华民国"八十七年一月二十一日修正施行前本法第一百零六条至第一百零九条规定之一者，除本章另有规定外，适用本法。

著作完成于"中华民国"八十一年六月十日本法修正施行后者，适用本法。

第一百零六条之一 著作完成于世界贸易组织协定在"中华民国"管辖区域内生效日之前，未依历次本法规定取得著作权而依本法所定著作财产权期间计算仍在存续中者，除本章另有规定外，适用本法。但外国人著作在其源流国保护期间已届满者，不适用之。

前项但书所称源流国依西元一九七一年保护文学与艺术著作之伯恩公约第五条规定决定之。

第一百零六条之二　依前条规定受保护之著作，其利用人于世界贸易组织协定在"中华民国"管辖区域内生效日之前，已着手利用该著作或为利用该著作已进行重大投资者，除本章另有规定外，自该生效日起二年内，得继续利用，不适用第六章及第七章规定。

自"中华民国"九十二年六月六日本法修正施行起，利用人依前项规定利用著作者，除出租或出借之情形外，应对被利用著作之著作财产权人支付该著作一般经自由磋商所应支付合理之使用报酬。

依前条规定受保护之著作，利用人未经授权所完成之重制物，自本法修正公布一年后，不得再行销售。但仍得出租或出借。

利用依前条规定受保护之著作另行创作之著作重制物，不适用前项规定，但除合于第四十四条至第六十五条规定外，应对被利用著作之著作财产权人支付该著作一般经自由磋商所应支付合理之使用报酬。

第一百零六条之三　于世界贸易组织协定在"中华民国"管辖区域内生效日之前，就第一百零六条之一著作改作完成之衍生著作，且受历次本法保护者，于该生效日以后，得继续利用，不适用第六章及第七章规定。

自"中华民国"九十二年六月六日本法修正施行起，利用人依前项规定利用著作者，应对原著作之著作财产权人支付该著作一般经自由磋商所应支付合理之使用报酬。

前二项规定，对衍生著作之保护，不生影响。

第一百零七条（删除）

第一百零八条（删除）

第一百零九条（删除）

第一百一十条　第十三条规定，于"中华民国"八十一年六月十日本法修正施行前已完成注册之著作，不适用之。

第一百一十一条　有下列情形之一者，第十一条及第十二条规定，不适用之：

一、依"中华民国"八十一年六月十日修正施行前本法第十条及第十一条规定取得著作权者。

二、依"中华民国"八十七年一月二十一日修正施行前本法第十一条及第十二条规定取得著作权者。

第一百一十二条　"中华民国"八十一年六月十日本法修正施行前，翻译受"中华民国"八十一年六月十日修正施行前本法保护之外国人著作，如未经其著作权人同意者，于"中华民国"八十一年六月十日本法修正施行后，除合于第四十四条至第六十五条规定者外，不得再重制。

前项翻译之重制物，于"中华民国"八十一年六月十日本法修正施行满二年后，不得再行销售。

第一百一十三条 自"中华民国"九十二年六月六日本法修正施行前取得之制版权，依本法所定权利期间计算仍在存续中者，适用本法规定。

第一百一十四条（删除）

第一百一十五条 "本国"与外国之团体或机构互订保护著作权之协议，经"行政院"核准者，视为第四条所称协定。

第一百一十五条之一 制版权登记簿、注册簿或制版物样本，应提供民众阅览抄录。

"中华民国"八十七年一月二十一日本法修正施行前之著作权注册簿、登记簿或著作样本，得提供民众阅览抄录。

第一百一十五条之二 法院为处理著作权诉讼案件，得设立专业法庭或指定专人办理。

著作权诉讼案件，法院应以判决书正本一份送著作权专责机关。

第一百一十六条（删除）

第一百一十七条 本法除"中华民国"八十七年一月二十一日修正公布之第一百零六条之一至第一百零六条之三规定，自世界贸易组织协定在"中华民国"管辖区域内生效日起施行外，自公布日施行。

# 台湾地区 2004 年 9 月 1 日公布修正 "著作权法" 第 3、22、26、82、87、90 之 1、90 之 3、91、91 之 1、92、93、96 之 1 条，增订第 80 之 2 条，修正第四章之一章名

| 修改前条文 | 修改后条文 |
|---|---|
| 第三条　本法用词定义如下： | 第三条　本法用词定义如下： |
| 一、著作：指属于文学、科学、艺术或其他学术范围之创作。 | 一、著作：指属于文学、科学、艺术或其他学术范围之创作。 |
| 二、著作人：指创作著作之人。 | 二、著作人：指创作著作之人。 |
| 三、著作权：指因著作完成所生之著作人格权及著作财产权。 | 三、著作权：指因著作完成所生之著作人格权及著作财产权。 |
| 四、公众：指不特定人或特定之多数人。但家庭及其正常社交之多数人，不在此限。 | 四、公众：指不特定人或特定之多数人。但家庭及其正常社交之多数人，不在此限。 |
| 五、重制：指以印刷、复印、录音、录影、摄影、笔录或其他方法直接、间接、永久或暂时之重复制作。于剧本、音乐著作或其他类似著作演出或播送时予以录音或录影；或依建筑设计图或建筑模型建造建筑物者，亦属之。 | 五、重制：指以印刷、复印、录音、录影、摄影、笔录或其他方法直接、间接、永久或暂时之重复制作。于剧本、音乐著作或其他类似著作演出或播送时予以录音或录影；或依建筑设计图或建筑模型建造建筑物者，亦属之。 |
| 六、公开口述：指以言词或其他方法向公众传达著作内容。 | 六、公开口述：指以言词或其他方法向公众传达著作内容。 |
| 七、公开播送：指基于公众直接收听或收视为目的，以有线电、无线电或其他器材之广播系统传送讯息之方法，借声音或影像，向公众传达著作内容。由原播送人以外之人，以有线电、无线电或其他器材之广播系统传送讯息之方法，将原播送之声音或影像向公众传达者，亦属之。 | 七、公开播送：指基于公众直接收听或收视为目的，以有线电、无线电或其他器材之广播系统传送讯息之方法，借声音或影像，向公众传达著作内容。由原播送人以外之人，以有线电、无线电或其他器材之广播系统传送讯息之方法，将原播送之声音或影像向公众传达者，亦属之。 |
| 八、公开上映：指以单一或多数视听机或其他传送影像之方法于同一时间向现场或现场以外一定场所之公众传达著作内容。 | 八、公开上映：指以单一或多数视听机或其他传送影像之方法于同一时间向现场或现场以外一定场所之公众传达著作内容。 |
| 九、公开演出：指以演技、舞蹈、歌唱、弹奏乐器或其他方法向现场之公众传达著作内容。以扩音器或其他器材，将原播送之声音或影像向公众传达者，亦属之。 | 九、公开演出：指以演技、舞蹈、歌唱、弹奏乐器或其他方法向现场之公众传达著作内容。以扩音器或其他器材，将原播送之声音或影像向公众传达者，亦属之。 |

续前表

| 修正前条文 | 修正后条文 |
|---|---|
| 　　十、公开传输：指以有线电、无线电之网路或其他通讯方法，借声音或影像向公众提供或传达著作内容，包括使公众得于其各自选定之时间或地点，以上述方法接收著作内容。<br>　　十一、改作：指以翻译、编曲、改写、拍摄影片或其他方法就原著作另为创作。<br>　　十二、散布：指不问有偿或无偿，将著作之原件或重制物提供公众交易或流通。<br>　　十三、公开展示：指向公众展示著作内容。<br>　　十四、发行：指权利人散布能满足公众合理需要之重制物。<br>　　十五、公开发表：指权利人以发行、播送、上映、口述、演出、展示或其他方法向公众公开提示著作内容。<br>　　十六、原件：指著作首次附着之物。<br>　　十七、权利管理电子资讯：指于著作原件或其重制物，或于著作向公众传达时，所表示足以确认著作、著作名称、著作人、著作财产权人或其授权之人及利用期间或条件之相关电子资讯；以数字、符号表示此类资讯者，亦属之。<br>　　前项第八款所称之现场或现场以外一定场所，包含电影院、俱乐部、录影带或碟影片播映场所、旅馆房间、供公众使用之交通工具或其他供不特定人进出之场所。 | 　　十、公开传输：指以有线电、无线电之网路或其他通讯方法，借声音或影像向公众提供或传达著作内容，包括使公众得于其各自选定之时间或地点，以上述方法接收著作内容。<br>　　十一、改作：指以翻译、编曲、改写、拍摄影片或其他方法就原著作另为创作。<br>　　十二、散布：指不问有偿或无偿，将著作之原件或重制物提供公众交易或流通。<br>　　十三、公开展示：指向公众展示著作内容。<br>　　十四、发行：指权利人散布能满足公众合理需要之重制物。<br>　　十五、公开发表：指权利人以发行、播送、上映、口述、演出、展示或其他方法向公众公开提示著作内容。<br>　　十六、原件：指著作首次附着之物。<br>　　十七、权利管理电子资讯：指于著作原件或其重制物，或于著作向公众传达时，所表示足以确认著作、著作名称、著作人、著作财产权人或其授权之人及利用期间或条件之相关电子资讯；以数字、符号表示此类资讯者，亦属之。<br>　　十八、防盗拷措施：指著作权人所采取有效禁止或限制他人擅自进入或利用著作之设备、器材、零件、技术或其他科技方法。<br>　　前项第八款所称之现场或现场以外一定场所，包含电影院、俱乐部、录影带或碟影片播映场所、旅馆房间、供公众使用之交通工具或其他供不特定人进出之场所。 |
| 　　第二十二条　著作人除本法另有规定外，专有重制其著作之权利。<br>　　表演人专有以录音、录影或摄影重制其表演之权利。<br>　　前二项规定，于专为网路中继性传输，或使用合法著作，属技术操作过程中必要之过渡性、附带性而不具独立经济意义之暂时性重制，不适用之。但电脑程式不在此限。<br>　　前项网路中继性传输之暂时性重制情形，包括网路浏览、快速存取或其他为达成传输功能之电脑或机械本身技术上所不可避免之现象。 | 　　第二十二条　著作人除本法另有规定外，专有重制其著作之权利。<br>　　表演人专有以录音、录影或摄影重制其表演之权利。<br>　　前二项规定，于专为网路合法中继性传输，或合法使用著作，属技术操作过程中必要之过渡性、附带性而不具独立经济意义之暂时性重制，不适用之。但电脑程式著作，不在此限。<br>　　前项网路合法中继性传输之暂时性重制情形，包括网路浏览、快速存取或其他为达成传输功能之电脑或机械本身技术上所不可避免之现象。 |

续前表

| 修正前条文 | 修正后条文 |
|---|---|
| 　第二十六条　著作人除本法另有规定外，专有公开演出其语文、音乐或戏剧、舞蹈著作之权利。<br>　表演人专有以扩音器或其他器材公开演出其表演之权利。但将表演重制后或公开播送后再以扩音器或其他器材公开演出者，不在此限。<br>　录音著作经公开演出者，著作人得请求公开演出之人支付使用报酬。<br>　前项录音著作如有重制表演之情形者，由录音著作之著作人及表演人共同请求支付使用报酬。其由一方先行请求者，应将使用报酬分配予他方。 | 　第二十六条　著作人除本法另有规定外，专有公开演出其语文、音乐或戏剧、舞蹈著作之权利。<br>　表演人专有以扩音器或其他器材公开演出其表演之权利。但将表演重制后或公开播送后再以扩音器或其他器材公开演出者，不在此限。<br>　录音著作经公开演出者，著作人得请求公开演出之人支付使用报酬。 |
| | 　第八十条之二　著作权人所采取禁止或限制他人擅自进入著作之防盗拷措施，未经合法授权不得予以破解、破坏或以其他方法规避之。<br>　破解、破坏或规避防盗拷措施之设备、器材、零件、技术或资讯，未经合法授权不得制造、输入、提供公众使用或为公众提供服务。<br>　前二项规定，于下列情形不适用之：<br>　一、为维护"国家"安全者。<br>　二、"中央"或地方机关所为者。<br>　三、档案保存机构、教育机构或供公众使用之图书馆，为评估是否取得资料所为者。<br>　四、为保护未成年人者。<br>　五、为保护个人资料者。<br>　六、为电脑或网路进行安全测试者。<br>　七、为进行加密研究者。<br>　八、为进行还原工程者。<br>　九、其他经主管机关所定情形。<br>　前项各款之内容，由主管机关定之，并定期检讨。 |
| 　第四章之一　权利管理电子资讯 | 　第四章之一　权利管理电子资讯及防盗拷措施 |

续前表

| 修正前条文 | 修正后条文 |
| --- | --- |
| 第八十二条　著作权专责机关应设置"著作权审议及调解委员会"，办理下列事项：<br>　　一、第四十七条第四项规定使用报酬率之审议。<br>　　二、著作权仲介团体与利用人间，对使用报酬争议之调解。<br>　　三、著作权或制版权争议之调解。<br>　　四、其他有关著作权审议及调解之咨询。<br>　　前项第二款之调解不成立时，应依法仲裁。<br>　　第一项第三款所定争议之调解，其涉及刑事者以告诉乃论罪之案件为限。 | 第八十二条　著作权专责机关应设置"著作权审议及调解委员会"，办理下列事项：<br>　　一、第四十七条第四项规定使用报酬率之审议。<br>　　二、著作权仲介团体与利用人间，对使用报酬争议之调解。<br>　　三、著作权或制版权争议之调解。<br>　　四、其他有关著作权审议及调解之咨询。<br>　　前项第三款所定争议之调解，其涉及刑事者以告诉乃论罪之案件为限。 |
| 第八十七条　有下列情形之一者，除本法另有规定外，视为侵害著作权或制版权：<br>　　一、（删除）<br>　　二、明知为侵害制版权之物而散布或意图散布而公开陈列或持有者。<br>　　三、输入未经著作财产权人或制版权人授权重制之重制物或制版物者。<br>　　四、未经著作财产权人同意而输入著作原件或其重制物者。<br>　　五、明知系侵害电脑程式著作财产权之重制物而作为营业之使用者。<br>　　六、明知为侵害著作财产权之物而以移转所有权或出租以外之方式散布者，或明知为侵害著作财产权之物意图散布而公开陈列或持有者。<br>　　第九十条之一　著作权人或制版权人对输入或输出侵害其著作或制版权之物者，得申请海关先予查扣。<br>　　前项申请应以书面为之，并释明侵害之事实，及提供相当于海关核估该进口货物完税价格或出口货物离岸价格之保证金，作为被查扣人因查扣所受损害之赔偿担保。<br>　　海关受理查扣之申请，应即通知申请人。如认符合前项规定而实施查扣时，应以书面通知申请人及被查扣人。<br>　　申请人或被查扣人，得向海关申请检视被查扣之物。 | 第八十七条　有下列情形之一者，除本法另有规定外，视为侵害著作权或制版权：<br>　　一、以侵害著作人名誉之方法利用其著作者。<br>　　二、明知为侵害制版权之物而散布或意图散布而公开陈列或持有者。<br>　　三、输入未经著作财产权人或制版权人授权重制之重制物或制版物者。<br>　　四、未经著作财产权人同意而输入著作原件或其重制物者。<br>　　五、以侵害电脑程式著作财产权之重制物作为营业之使用者。<br>　　六、明知为侵害著作财产权之物而以移转所有权或出租以外之方式散布者，或明知为侵害著作财产权之物，意图散布而公开陈列或持有者。<br>　　第九十条之一　著作权人或制版权人对输入或输出侵害其著作或制版权之物者，得申请海关先予查扣。<br>　　前项申请应以书面为之，并释明侵害之事实，及提供相当于海关核估该进口货物完税价格或出口货物离岸价格之保证金，作为被查扣人因查扣所受损害之赔偿担保。<br>　　海关受理查扣之申请，应即通知申请人。如认符合前项规定而实施查扣时，应以书面通知申请人及被查扣人。<br>　　申请人或被查扣人，得向海关申请检视被查扣之物。 |

续前表

| 修正前条文 | 修正后条文 |
|---|---|
| 　　查扣之物，经申请人取得法院民事确定判决，属侵害著作权或制版权者，由海关予以没入。没入物之货柜延滞费、仓租、装卸费等有关费用暨处理销毁费用应由被查扣人负担。<br>　　前项处理销毁所需费用，经海关限期通知缴纳而不缴纳者，依法移送强制执行。<br>　　有下列情形之一者，除由海关废止查扣依有关进出口货物通关规定办理外，申请人并应赔偿被查扣人因查扣所受之损害：<br>　　一、查扣之物经法院确定判决，不属侵害著作权或制版权之物者。<br>　　二、海关于通知申请人受理查扣之日起十二日内，未被告知就查扣物为侵害物之诉讼已提起者。<br>　　三、申请人申请废止查扣者。<br>　　前项第二款规定之期限，海关得视需要延长十二日。<br>　　有下列情形之一者，海关应依申请人之申请返还保证金：<br>　　一、申请人取得胜诉之确定判决或与被查扣人达成和解，已无继续提供保证金之必要者。<br>　　二、废止查扣后，申请人证明已定二十日以上之期间，催告被查扣人行使权利而未行使者。<br>　　三、被查扣人同意返还者。<br>　　被查扣人就第二项之保证金，与质权人有同一之权利。 | 　　查扣之物，经申请人取得法院民事确定判决，属侵害著作权或制版权者，由海关予以没入。没入物之货柜延滞费、仓租、装卸费等有关费用暨处理销毁费用应由被查扣人负担。<br>　　前项处理销毁所需费用，经海关限期通知缴纳而不缴纳者，依法移送强制执行。<br>　　有下列情形之一者，除由海关废止查扣依有关进出口货物通关规定办理外，申请人并应赔偿被查扣人因查扣所受损害：<br>　　一、查扣之物经法院确定判决，不属侵害著作权或制版权之物者。<br>　　二、海关于通知申请人受理查扣之日起十二日内，未被告知就查扣物为侵害物之诉讼已提起者。<br>　　三、申请人申请废止查扣者。<br>　　前项第二款规定之期限，海关得视需要延长十二日。<br>　　有下列情形之一者，海关应依申请人之申请返还保证金：<br>　　一、申请人取得胜诉之确定判决或与被查扣人达成和解，已无继续提供保证金之必要者。<br>　　二、废止查扣后，申请人证明已定二十日以上之期间，催告被查扣人行使权利而未行使者。<br>　　三、被查扣人同意返还者。<br>　　被查扣人就第二项之保证金与质权人有同一之权利。<br>　　海关于执行职务时，发现进出口货物外观显有侵害著作权之嫌者，得于一个工作日内通知权利人并通知进出口人提供授权资料。权利人接获通知后对于空运出口货物应于四小时内，空运进口及海运进出口货物应于一个工作日内至海关协助认定。权利人不明或无法通知，或权利人未于通知期限内至海关协助认定，或经权利人认定系争标的物未侵权者，若无违反其他通关规定，海关应即放行。<br>　　经认定疑似侵权之货物，海关应采行暂不放行措施。<br>　　海关采行暂不放行措施后，权利人于三个工作日内，未依第一项至第十项向海关申请查扣，或未采行保护权利之民、刑事诉讼程序，若无违反其他通关规定，海关应即予放行。 |

续前表

| 修正前条文 | 修正后条文 |
|---|---|
| 　　第九十条之三　违反第八十条之一规定，致著作权人受损害者，负赔偿责任。数人共同违反者，负连带赔偿责任。 | 　　第九十条之三　违反第八十条之一或第八十条之二规定，致著作权人受损害者，负赔偿责任。数人共同违反者，负连带赔偿责任。<br>　　第八十四条、第八十八条之一、第八十九条之一及第九十条之一规定，于违反第八十条之一或第八十条之二规定者，准用之。 |
| 　　第九十一条　意图营利而以重制之方法侵害他人之著作财产权者，处五年以下有期徒刑、拘役，或并科新台币二十万元以上、二百万元以下罚金。<br>　　非意图营利而以重制之方法侵害他人之著作财产权，重制份数超过五份，或其侵害总额按查获时获得合法著作重制物市价计算，超过新台币三万元者，处三年以下有期徒刑、拘役或科或并科新台币七十五万元以下罚金。<br>　　以重制于光碟之方法犯第一项之罪者，处五年以下有期徒刑、拘役，或并科新台币五十万元以上五百万元以下罚金。 | 　　第九十一条　擅自以重制之方法侵害他人之著作财产权者，处三年以下有期徒刑、拘役，或科或并科新台币七十五万元以下罚金。<br>　　意图销售或出租而擅自以重制之方法侵害他人之著作财产权者，处六月以上五年以下有期徒刑，得并科新台币二十万元以上、二百万元以下罚金。<br>　　以重制于光碟之方法犯前项之罪者，处六月以上五年以下有期徒刑，得并科新台币五十万元以上、五百万元以下罚金。<br>　　著作仅供个人参考或合理使用者，不构成著作权侵害。 |
| 　　第九十一条之一　意图营利而以移转所有权之方法散布著作原件或其重制物而侵害他人之著作财产权者，处三年以下有期徒刑、拘役或科或并科新台币七十五万元以下罚金。<br>　　非意图营利而以移转所有权之方法散布著作原件或其重制物，或意图散布而公开陈列或持有而侵害他人之著作财产权者，散布份数超过五份，或其侵害总额按查获时获得合法著作重制物市价计算，超过新台币三万元者，处二年以下有期徒刑、拘役，或科或并科新台币五十万元以下罚金。<br>　　犯第一项之罪，其重制物为光碟者，处三年以下有期徒刑、拘役，或并科新台币一百五十万元以下罚金。<br>　　犯前项之罪，经供出其物品来源，因而破获者，得减轻其刑。 | 　　第九十一条之一　擅自以移转所有权之方法散布著作原件或其重制物而侵害他人之著作财产权者，处三年以下有期徒刑、拘役，或科或并科新台币五十万元以下罚金。<br>　　明知系侵害著作财产权之重制物而散布或意图散布而公开陈列或持有者，处三年以下有期徒刑，得并科新台币七万元以上七十五万元以下罚金。<br>　　犯前项之罪，其重制物为光碟者，处六月以上三年以下有期徒刑，得并科新台币二十万元以上、二百万元以下罚金。但违反第八十七条第四款规定输入之光碟，不在此限。<br>　　犯前二项之罪，经供出其物品来源，因而破获者，得减轻其刑。 |

续前表

| 修正前条文 | 修正后条文 |
|---|---|
| 第九十二条　意图营利而以公开口述、公开播送、公开上映、公开演出、公开传输、公开展示、改作、编辑或出租之方法侵害他人著作财产权者，处三年以下有期徒刑、拘役，或并科新台币七十五万元以下罚金。<br>非意图营利而犯前项之罪，其所侵害之著作超过五件，或权利人所受损害超过新台币三万元者，处二年以下有期徒刑、拘役，或科或并科新台币五十万元以下罚金。 | 第九十二条　擅自以公开口述、公开播送、公开上映、公开演出、公开传输、公开展示、改作、编辑、出租之方法侵害他人之著作财产权者，处三年以下有期徒刑、拘役，或科或并科新台币七十五万元以下罚金。 |
| 第九十三条　意图营利而有下列情形之一者，处二年以下有期徒刑、拘役，或并科新台币五十万元以下罚金：<br>一、违反第七十条规定者。<br>二、以第八十七条第二款、第三款、第五款或第六款之方法侵害他人之著作财产权者。<br>非意图营利而犯前项之罪，其重制物超过五份，或权利人所受损害超过新台币三万元者，处一年以下有期徒刑、拘役，或科或并科新台币二十五万元以下罚金。 | 第九十三条　有下列情形之一者，处二年以下有期徒刑、拘役，或科或并科新台币五十万元以下罚金：<br>一、侵害第十五条至第十七条规定之著作人格权者。<br>二、违反第七十条规定者。<br>三、以第八十七条第一款、第三款、第五款或第六款方法之一侵害他人之著作权者。但第九十一条之一第二项及第三项规定情形，不包括在内。 |
| 第九十六条之一　违反第八十条之一者，处一年以下有期徒刑、拘役或科或并科新台币二万元以上二十五万元以下罚金。 | 第九十六条之一　有下列情形之一者，处一年以下有期徒刑、拘役或科或并科新台币二万元以上二十五万元以下罚金：<br>一、违反第八十条之一规定者。<br>二、违反第八十条之二第二项规定者。 |

# 台湾地区 2006 年 5 月 30 日公布修正"著作权法"第 98～102、117 条，删除第 94 条

| 修改前条文 | 修改后条文 |
|---|---|
| 第九十四条　以犯第九十一条第一项、第二项、第九十一条之一、第九十二条或第九十三条之罪为常业者，处一年以上七年以下有期徒刑，得并科新台币三十万元以上三百万元以下罚金。<br>以犯第九十一条第三项之罪为常业者，处一年以上七年以下有期徒刑，得并科新台币八十万元以上八百万元以下罚金。 | （删除） |
| 第九十八条　犯第九十一条至第九十六条之一之罪，供犯罪所用或因犯罪所得之物，得没收之。但犯第九十一条第三项及第九十一条之一第三项之罪者，其得没收之物不以属于犯人者为限。 | 第九十八条　犯第九十一条至第九十三条、第九十五条至第九十六条之一之罪，供犯罪所用或因犯罪所得之物，得没收之。但犯第九十一条第三项及第九十一条之一第三项之罪者，其得没收之物，不以属于犯人者为限。 |
| 第九十九条　犯第九十一条至第九十五条之罪者，因被害人或其他有告诉权人之声请，得令将判决书全部或一部登报，其费用由被告负担。 | 第九十九条　犯第九十一条至第九十三条、第九十五条之罪者，因被害人或其他有告诉权人之声请，得令将判决书全部或一部登报，其费用由被告负担。 |
| 第一百条　本章之罪，须告诉乃论。但犯第九十一条第三项、第九十一条之一第三项及第九十四条之罪，不在此限。 | 第一百条　本章之罪，须告诉乃论。但犯第九十一条第三项及第九十一条之一第三项之罪，不在此限。 |
| 第一百零一条　法人之代表人、法人或自然人之代理人、受雇人或其他从业人员，因执行业务，犯第九十一条至第九十六条之一之罪者，除依各该条规定处罚其行为人外，对该法人或自然人亦科各该条之罚金。<br>对前项行为人、法人或自然人之一方告诉或撤回告诉者，其效力及于他方。 | 第一百零一条　法人之代表人、法人或自然人之代理人、受雇人或其他从业人员，因执行业务，犯第九十一条至第九十三条、第九十五条至第九十六条之一之罪者，除依各该条规定处罚其行为人外，对该法人或自然人亦科各该条之罚金。<br>对前项行为人、法人或自然人之一方告诉或撤回告诉者，其效力及于他方。 |

续前表

| 修正前条文 | 修正后条文 |
|---|---|
| 第一百零二条　未经认许之外国法人，对于第九十一条至第九十六条之一之罪，得为告诉或提起自诉。 | 第一百零二条　未经认许之外国法人，对于第九十一条至第九十三条、第九十五条至第九十六条之一之罪，得为告诉或提起自诉。 |
| 第一百一十七条　本法除"中华民国"八十七年一月二十一日修正公布之第一百零六条之一至第一百零六条之三规定，自世界贸易组织协定在"中华民国"管辖区域内生效日起施行外，自公布日施行。 | 第一百一十七条　本法除"中华民国"八十七年一月二十一日修正公布之第一百零六条之一至第一百零六条之三规定，自世界贸易组织协定在"中华民国"管辖区域内生效日起施行，及"中华民国"九十五年五月五日修正之条文，自"中华民国"九十五年七月一日施行外，自公布日施行。 |

# 台湾地区 2007 年 7 月 11 日公布修正"著作权法"第 87、93 条，增订第 97 之 1 条

| 修改前条文 | 修改后条文 |
| --- | --- |
| 第八十七条　有下列情形之一者，除本法另有规定外，视为侵害著作权或制版权： | 第八十七条　有下列情形之一者，除本法另有规定外，视为侵害著作权或制版权： |
| 一、以侵害著作人名誉之方法利用其著作者。 | 一、以侵害著作人名誉之方法利用其著作者。 |
| 二、明知为侵害制版权之物而散布或意图散布而公开陈列或持有者。 | 二、明知为侵害制版权之物而散布或意图散布而公开陈列或持有者。 |
| 三、输入未经著作财产权人或制版权人授权重制之重制物或制版物者。 | 三、输入未经著作财产权人或制版权人授权重制之重制物或制版物者。 |
| 四、未经著作财产权人同意而输入著作原件或其重制物者。 | 四、未经著作财产权人同意而输入著作原件或其重制物者。 |
| 五、以侵害电脑程式著作财产权之重制物作为营业之使用者。 | 五、以侵害电脑程式著作财产权之重制物作为营业之使用者。 |
| 六、明知为侵害著作财产权之物而以移转所有权或出租以外之方式散布者，或明知为侵害著作财产权之物，意图散布而公开陈列或持有者。 | 六、明知为侵害著作财产权之物而以移转所有权或出租以外之方式散布者，或明知为侵害著作财产权之物，意图散布而公开陈列或持有者。 |
| | 七、未经著作财产权人同意或授权，意图供公众透过网路公开传输或重制他人著作，侵害著作财产权，对公众提供可公开传输或重制著作之电脑程式或其他技术，而受有利益者。 |
| | 前项第七款之行为人，采取广告或其他积极措施，教唆、诱使、煽惑、说服公众利用电脑程式或其他技术侵害著作财产权者，为具备该款之意图。 |

续前表

| 修正前条文 | 修正后条文 |
|---|---|
| 　　第九十三条　有下列情形之一者，处二年以下有期徒刑、拘役，或科或并科新台币五十万元以下罚金：<br>　　一、侵害第十五条至第十七条规定之著作人格权者。<br>　　二、违反第七十条规定者。<br>　　三、以第八十七条第一款、第三款、第五款或第六款方法之一侵害他人之著作权者。但第九十一条之一第二项及第三项规定情形，不包括在内。 | 　　第九十三条　有下列情形之一者，处二年以下有期徒刑、拘役，或科或并科新台币五十万元以下罚金：<br>　　一、侵害第十五条至第十七条规定之著作人格权者。<br>　　二、违反第七十条规定者。<br>　　三、以第八十七条第一项第一款、第三款、第五款或第六款方法之一侵害他人之著作权者。但第九十一条之一第二项及第三项规定情形，不在此限。<br>　　四、违反第八十七条第一项第七款规定者。 |
| | 　　第九十七条之一　事业以公开传输之方法，犯第九十一条、第九十二条及第九十三条第四款之罪，经法院判决有罪者，应即停止其行为；如不停止，且经主管机关邀集专家学者及相关业者认定侵害情节重大，严重影响著作财产权人权益者，主管机关应限期一个月内改正，届期不改正者，得命令停业或勒令歇业。 |

# 台湾地区 2009 年 5 月 13 日公布修正"著作权法"第 3 条，增订第 90 条之 4～之 12 条条文及第六章之一章名

| 修改前条文 | 修改后条文 |
|---|---|
| 第三条　本法用词，定义如下： | 第三条　本法用词，定义如下： |
| 一、著作：指属于文学、科学、艺术或其他学术范围之创作。 | 一、著作：指属于文学、科学、艺术或其他学术范围之创作。 |
| 二、著作人：指创作著作之人。 | 二、著作人：指创作著作之人。 |
| 三、著作权：指因著作完成所生之著作人格权及著作财产权。 | 三、著作权：指因著作完成所生之著作人格权及著作财产权。 |
| 四、公众：指不特定人或特定之多数人。但家庭及其正常社交之多数人，不在此限。 | 四、公众：指不特定人或特定之多数人。但家庭及其正常社交之多数人，不在此限。 |
| 五、重制：指以印刷、复印、录音、录影、摄影、笔录或其他方法直接、间接、永久或暂时之重复制作。于剧本、音乐著作或其他类似著作演出或播送时予以录音或录影；或依建筑设计图或建筑模型建造建筑物者，亦属之。 | 五、重制：指以印刷、复印、录音、录影、摄影、笔录或其他方法直接、间接、永久或暂时之重复制作。于剧本、音乐著作或其他类似著作演出或播送时予以录音或录影；或依建筑设计图或建筑模型建造建筑物者，亦属之。 |
| 六、公开口述：指以言词或其他方法向公众传达著作内容。 | 六、公开口述：指以言词或其他方法向公众传达著作内容。 |
| 七、公开播送：指基于公众直接收听或收视为目的，以有线电、无线电或其他器材之广播系统传送讯息之方法，借声音或影像，向公众传达著作内容。由原播送人以外之人，以有线电、无线电或其他器材之广播系统传送讯息之方法，将原播送之声音或影像向公众传达者，亦属之。 | 七、公开播送：指基于公众直接收听或收视为目的，以有线电、无线电或其他器材之广播系统传送讯息之方法，借声音或影像，向公众传达著作内容。由原播送人以外之人，以有线电、无线电或其他器材之广播系统传送讯息之方法，将原播送之声音或影像向公众传达者，亦属之。 |
| 八、公开上映：指以单一或多数视听机或其他传送影像之方法于同一时间向现场或现场以外一定场所之公众传达著作内容。 | 八、公开上映：指以单一或多数视听机或其他传送影像之方法于同一时间向现场或现场以外一定场所之公众传达著作内容。 |
| 九、公开演出：指以演技、舞蹈、歌唱、弹奏乐器或其他方法向现场之公众传达著作内容。以扩音器或其他器材，将原播送之声音或影像向公众传达者，亦属之。 | 九、公开演出：指以演技、舞蹈、歌唱、弹奏乐器或其他方法向现场之公众传达著作内容。以扩音器或其他器材，将原播送之声音或影像向公众传达者，亦属之。 |

续前表

| 修正前条文 | 修正后条文 |
| --- | --- |
| 十、公开传输：指以有线电、无线电之网路或其他通讯方法，借声音或影像向公众提供或传达著作内容，包括使公众得于其各自选定之时间或地点，以上述方法接收著作内容。<br><br>十一、改作：指以翻译、编曲、改写、拍摄影片或其他方法就原著作另为创作。<br><br>十二、散布：指不问有偿或无偿，将著作之原件或重制物提供公众交易或流通。<br><br>十三、公开展示：指向公众展示著作内容。<br><br>十四、发行：指权利人散布能满足公众合理需要之重制物。<br><br>十五、公开发表：指权利人以发行、播送、上映、口述、演出、展示或其他方法向公众公开提示著作内容。<br><br>十六、原件：指著作首次附着之物。<br><br>十七、权利管理电子资讯：指于著作原件或其重制物，或于著作向公众传达时，所表示足以确认著作、著作名称、著作人、著作财产权人或其授权之人及利用期间或条件之相关电子资讯；以数字、符号表示此类资讯者，亦属之。<br><br>前项第八款所称之现场或现场以外一定场所，包含电影院、俱乐部、录影带或碟影片播映场所、旅馆房间、供公众使用之交通工具或其他供不特定人进出之场所。 | 十、公开传输：指以有线电、无线电之网路或其他通讯方法，借声音或影像向公众提供或传达著作内容，包括使公众得于其各自选定之时间或地点，以上述方法接收著作内容。<br><br>十一、改作：指以翻译、编曲、改写、拍摄影片或其他方法就原著作另为创作。<br><br>十二、散布：指不问有偿或无偿，将著作之原件或重制物提供公众交易或流通。<br><br>十三、公开展示：指向公众展示著作内容。<br><br>十四、发行：指权利人散布能满足公众合理需要之重制物。<br><br>十五、公开发表：指权利人以发行、播送、上映、口述、演出、展示或其他方法向公众公开提示著作内容。<br><br>十六、原件：指著作首次附着之物。<br><br>十七、权利管理电子资讯：指于著作原件或其重制物，或于著作向公众传达时，所表示足以确认著作、著作名称、著作人、著作财产权人或其授权之人及利用期间或条件之相关电子资讯；以数字、符号表示此类资讯者，亦属之。<br><br>十八、防盗拷措施：指著作权人所采取有效禁止或限制他人擅自进入或利用著作之设备、器材、零件、技术或其他科技方法。<br><br>十九、网路服务提供者，指提供下列服务者：<br><br>（一）连线服务提供者：透过所控制或营运之系统或网路，以有线或无线方式，提供资讯传输、发送、接收，或于前开过程中之中介及短暂储存之服务者。<br><br>（二）快速存取服务提供者：应使用者之要求传输资讯后，透过所控制或营运之系统或网路，将该资讯为中介及暂时储存，以供其后要求传输该资讯之使用者加速进入该资讯之服务者。<br><br>（三）资讯储存服务提供者：透过所控制或营运之系统或网路，应使用者之要求提供资讯储存之服务者。<br><br>（四）搜寻服务提供者：提供使用者有关网路资讯之索引、参考或连结之搜寻或连结之服务者。<br><br>前项第八款所定现场或现场以外一定场所，包含电影院、俱乐部、录影带或碟影片播映场所、旅馆房间、供公众使用之交通工具或其他供不特定人进出之场所。 |

续前表

| 修正前条文 | 修正后条文 |
|---|---|
| | 第六章之一 网路服务提供者之民事免责事由 |
| | 第九十条之四 符合下列规定之网路服务提供者，适用第九十条之五至第九十条之八之规定：<br>一、以契约、电子传输、自动侦测系统或其他方式，告知使用者其著作权或制版权保护措施，并确实履行该保护措施。二、以契约、电子传输、自动侦测系统或其他方式，告知使用者若有三次涉有侵权情事，应终止全部或部分服务。三、公告接收通知文件之联系窗口资讯。四、执行第三项之通用辨识或保护技术措施。连线服务提供者于接获著作权人或制版权人就其使用者所为涉有侵权行为之通知后，将该通知以电子邮件转送该使用者，视为符合前项第一款规定。著作权人或制版权人已提供为保护着作权或制版权之通用辨识或保护技术措施，经主管机关核可者，网路服务提供者应配合执行之。 |
| | 第九十条之五 有下列情形者，连线服务提供者对其使用者侵害他人著作权或制版权之行为，不负赔偿责任：<br>一、所传输资讯，系由使用者所发动或请求。<br>二、资讯传输、发送、连结或储存，系经由自动化技术予以执行，且连线服务提供者未就传输之资讯为任何筛选或修改。 |
| | 第九十条之六 有下列情形者，快速存取服务提供者对其使用者侵害他人著作权或制版权之行为，不负赔偿责任：<br>一、未改变存取之资讯。<br>二、于资讯提供者就该自动存取之原始资讯为修改、删除或阻断时，透过自动化技术为相同之处理。<br>三、经著作权人或制版权人通知其使用者涉有侵权行为后，立即移除或使他人无法进入该涉有侵权之内容或相关资讯。 |

续前表

| 修正前条文 | 修正后条文 |
|---|---|
| | 第九十条之七　有下列情形者，资讯储存服务提供者对其使用者侵害他人著作权或制版权之行为，不负赔偿责任：<br>一、对使用者涉有侵权行为不知情。<br>二、未直接自使用者之侵权行为获有财产上利益。<br>三、经著作权人或制版权人通知其使用者涉有侵权行为后，立即移除或使他人无法进入该涉有侵权之内容或相关资讯。 |
| | 第九十条之八　有下列情形者，搜寻服务提供者对其使用者侵害他人著作权或制版权之行为，不负赔偿责任：<br>一、对所搜寻或连结之资讯涉有侵权不知情。<br>二、未直接自使用者之侵权行为获有财产上利益。<br>三、经著作权人或制版权人通知其使用者涉有侵权行为后，立即移除或使他人无法进入该涉有侵权之内容或相关资讯。 |
| | 第九十条之九　资讯储存服务提供者应将第九十条之七第三款处理情形，依其与使用者约定之联络方式或使用者留存之联络资讯，转送该涉有侵权之使用者。但依其提供服务之性质无法通知者，不在此限。<br>前项之使用者认其无侵权情事者，得检具回复通知文件，要求资讯储存服务提供者回复其被移除或使他人无法进入之内容或相关资讯。 |
| | 资讯储存服务提供者于接获前项之回复通知后，应立即将回复通知文件转送著作权人或制版权人。<br>著作权人或制版权人于接获资讯储存服务提供者前项通知之次日起十个工作日内，向资讯储存服务提供者提出已对该使用者诉讼之证明者，资讯储存服务提供者不负回复之义务。<br>著作权人或制版权人未依前项规定提出诉讼之证明，资讯储存服务提供者至迟应于转送回复通知之次日起十四个工作日内，回复被移除或使他人无法进入之内容或相关资讯。但无法回复者，应事先告知使用者，或提供其他适当方式供使用者回复。 |

续前表

| 修正前条文 | 修正后条文 |
|---|---|
| | 第九十条之十　有下列情形之一者，网路服务提供者对涉有侵权之使用者，不负赔偿责任：<br>　　一、依第九十条之六至第九十条之八之规定，移除或使他人无法进入该涉有侵权之内容或相关资讯。<br>　　二、知悉使用者所为涉有侵权情事后，善意移除或使他人无法进入该涉有侵权之内容或相关资讯。 |
| | 第九十条之十一　因故意或过失，向网路服务提供者提出不实通知或回复通知，致使用者、著作权人、制版权人或网路服务提供者受有损害者，负损害赔偿责任。 |
| | 第九十条之十二　第九十条之四联系窗口之公告、第九十条之六至第九十条之九之通知、回复通知内容、应记载事项、补正及其他应遵行事项之办法，由主管机关定之。 |

# 台湾地区 2010 年 2 月 10 日公布修正"著作权法"第 53 条，公布修正"著作权法"第 37、81、82 条条文及第五章章名

| 修改前条文 | 修改后条文 |
| --- | --- |
| 第三十七条　著作财产权人得授权他人利用著作，其授权利用之地域、时间、内容、利用方法或其他事项，依当事人之约定；其约定不明之部分，推定为未授权。<br><br>前项授权不因著作财产权人嗣后将其著作财产权让与或再为授权而受影响。<br><br>非专属授权之被授权人非经著作财产权人同意，不得将其被授予之权利再授权第三人利用。<br><br>专属授权之被授权人在被授权范围内，得以著作财产权人之地位行使权利，并得以自己名义为诉讼上之行为。著作财产权人在专属授权范围内，不得行使权利。<br><br>第二项至前项规定，于"中华民国"九十年十一月十二日本法修正施行前所为之授权，不适用之。<br><br>音乐著作经授权重制于电脑伴唱机者，利用人利用该电脑伴唱机公开演出该著作，不适用第七章规定。但属于著作权仲介团体管理之音乐著作，不在此限。 | 第三十七条　著作财产权人得授权他人利用著作，其授权利用之地域、时间、内容、利用方法或其他事项，依当事人之约定；其约定不明之部分，推定为未授权。<br><br>前项授权不因著作财产权人嗣后将其著作财产权让与或再为授权而受影响。<br><br>非专属授权之被授权人非经著作财产权人同意，不得将其被授予之权利再授权第三人利用。<br><br>专属授权之被授权人在被授权范围内，得以著作财产权人之地位行使权利，并得以自己名义为诉讼上之行为。著作财产权人在专属授权范围内，不得行使权利。<br><br>第二项至前项规定，于"中华民国"九十年十一月十二日本法修正施行前所为之授权，不适用之。<br><br>有下列情形之一者，不适用第七章规定。但属于著作权集体管理团体管理之著作，不在此限：<br><br>一、音乐著作经授权重制于计算机伴唱机者，利用人利用该计算机伴唱机公开演出该著作。<br><br>二、将原播送之著作再公开播送。<br><br>三、以扩音器或其他器材，将原播送之声音或影像向公众传达。<br><br>四、著作经授权重制于广告后，由广告播送人就该广告为公开播送或同步公开传输，向公众传达。 |

续前表

| 修正前条文 | 修正后条文 |
| --- | --- |
| 第五十三条 已公开发表之著作，得为视觉障碍者、听觉机能障碍者以点字、附加手语翻译或文字重制之。<br><br>以增进视觉障碍者、听觉机能障碍者福利为目的，经依法立案之非营利机构或团体，得以录音、电脑、口述影像、附加手语翻译或其他方式利用已公开发表之著作，专供视觉障碍者、听觉机能障碍者使用。 | 第五十三条 已公开发表之著作，得为视觉障碍者、学习障碍者、听觉机能障碍者或其他视、听觉认知有障碍者以点字、附加手语翻译或文字重制之。<br><br>以增进视觉障碍者、学习障碍者、听觉机能障碍者或其他视、听觉认知有障碍者福利为目的，经依法立案之非营利机构或团体，得以录音、电脑、口述影像、附加手语翻译或其他方式利用已公开发表之著作，专供视觉障碍者、学习障碍者、听觉机能障碍者或其他视、听觉认知有障碍者使用。 |
| 第五章 著作权仲介团体与"著作权审议及调解委员会" | 第五章 著作权集体管理团体与"著作权审议及调解委员会" |
| 第八十一条 著作财产权人为行使权利、收受及分配使用报酬，经著作权专责机关之许可，得组成著作权仲介团体。<br><br>专属授权之被授权人，亦得加入著作权仲介团体。<br><br>第一项团体之许可设立、组织、职权及其监督、辅导，另以法律定之。 | 第八十一条 著作财产权人为行使权利、收受及分配使用报酬，经著作权专责机关之许可，得组成著作权集体管理团体。<br><br>专属授权之被授权人，亦得加入著作权集体管理团体。<br><br>第一项团体之许可设立、组织、职权及其监督、辅导，另以法律定之。 |
| 第八十二条 著作权专责机关应设置"著作权审议及调解委员会"，办理下列事项：<br>一、第四十七条第四项规定使用报酬率之审议。<br>二、著作权仲介团体与利用人间，对使用报酬争议之调解。<br>三、著作权或制版权争议之调解。<br>四、其他有关著作权审议及调解之咨询。<br>前项第三款所定争议之调解，其涉及刑事者以告诉乃论罪之案件为限。 | 第八十二条 著作权专责机关应设置"著作权审议及调解委员会"，办理下列事项：<br>一、第四十七条第四项规定使用报酬率之审议。<br>二、著作权集体管理团体与利用人间，对使用报酬争议之调解。<br>三、著作权或制版权争议之调解。<br>四、其他有关著作权审议及调解之咨询。<br>前项第三款所定争议之调解，其涉及刑事者，以告诉乃论罪之案件为限。 |

# 台湾地区现行"著作权法"（2010年）

"中华民国"17年5月14日制定40条，"中华民国"17年5月14日公布

"中华民国"33年3月31日修正全文37条，"中华民国"33年4月27日公布

"中华民国"37年12月31日修正第30～34条，"中华民国"38年1月13日公布

"中华民国"53年6月30日修正第25、26、33～35、37～40条，增订第22、31、32、36、41条，原第22条至第29条递改为第23条至第30条，原第30条至第32条递改为第33条至第35条，原第33条至第36条递改为第37条至第40条，原第37条递改为第42条；"中华民国"53年7月10日公布

"中华民国"74年6月28日修正全文52条；"中华民国"74年7月10日公布

"中华民国"79年1月11日修正第3、28、39条，增订第50之1条；"中华民国"79年1月24日公布

"中华民国"81年5月22日修正全文117条，"中华民国"81年6月10日公布

"中华民国"81年6月19日修正第53条，"中华民国"81年7月6日公布

"中华民国"82年4月22日修正第87条，增订第87之1条；"中华民国"82年4月24日公布

"中华民国"86年12月30日修正全文117条，"中华民国"87年1月21日公布

"中华民国"90年10月25日修正第2、34、37、71、81、82、90之1条；"中华民国"90年11月12日公布

"中华民国"92年6月6日修正第2、3、7之1、22、24、26、29、37、49、50、53、56、56之1、60、61、63、65、69、79、82、87、88、91～95、98、100～102、105、106、106之2、106之3、111、113、115之1、115之2、117条，增订第26之1、28之1、59之1、80之1、82之1～82之4、90之3、91之1、96之1、96之2、98之1条，增订第四章之一章名；"中华民国"92年7月9日公布

"中华民国"93年8月24日修正第3、22、26、82、87、90之1、90之3、91、91之1、92、93、96之1条，增订第80之2条，修正第四章之一章名；"中华民国"93年9月1日公布

"中华民国"95年5月5日修正第98、99～102、117条，删除第94条；"中华民国"95年5月30日公布

"中华民国"96年6月14日修正第87、93条，增订第97之1条；"中华民国"

96 年 7 月 11 日公布

"中华民国" 98 年 4 月 21 日修正第 3 条，增订第 90 之 4～之 12 条条文及第六章之一章名；"中华民国" 98 年 5 月 13 日公布

"中华民国" 99 年 1 月 5 日修正第 53 条，"中华民国" 99 年 2 月 10 日公布

"中华民国" 99 年 1 月 12 日修正第 37、81、82 条，修正第五章章名；"中华民国" 99 年 2 月 10 日公布

## 第一章　总则

第一条　为保障著作人著作权益，调和社会公共利益，促进"国家"文化发展，特制定本法。本法未规定者，适用其他法律之规定。

第二条　本法主管机关为"经济部"。

著作权业务，由"经济部"指定专责机关办理。

第三条　本法用词，定义如下：

一、著作：指属于文学、科学、艺术或其他学术范围之创作。

二、著作人：指创作著作之人。

三、著作权：指因著作完成所生之著作人格权及著作财产权。

四、公众：指不特定人或特定之多数人。但家庭及其正常社交之多数人，不在此限。

五、重制：指以印刷、复印、录音、录影、摄影、笔录或其他方法直接、间接、永久或暂时之重复制作。于剧本、音乐著作或其他类似著作演出或播送时予以录音或录影；或依建筑设计图或建筑模型建造建筑物者，亦属之。

六、公开口述：指以言词或其他方法向公众传达著作内容。

七、公开播送：指基于公众直接收听或收视为目的，以有线电、无线电或其他器材之广播系统传送讯息之方法，借声音或影像，向公众传达著作内容。由原播送人以外之人，以有线电、无线电或其他器材之广播系统传送讯息之方法，将原播送之声音或影像向公众传达者，亦属之。

八、公开上映：指以单一或多数视听机或其他传送影像之方法于同一时间向现场或现场以外一定场所之公众传达著作内容。

九、公开演出：指以演技、舞蹈、歌唱、弹奏乐器或其他方法向现场之公众传达著作内容。以扩音器或其他器材，将原播送之声音或影像向公众传达者，亦属之。

十、公开传输：指以有线电、无线电之网路或其他通讯方法，借声音或影像向公众提供或传达著作内容，包括使公众得于其各自选定之时间或地点，以上述方法接收著作内容。

十一、改作：指以翻译、编曲、改写、拍摄影片或其他方法就原著作另为创作。

十二、散布：指不问有偿或无偿，将著作之原件或重制物提供公众交易或流通。

十三、公开展示：指向公众展示著作内容。

十四、发行：指权利人散布能满足公众合理需要之重制物。

十五、公开发表：指权利人以发行、播送、上映、口述、演出、展示或其他方法向公众公开提示著作内容。

十六、原件：指著作首次附着之物。

十七、权利管理电子资讯：指于著作原件或其重制物，或于著作向公众传达时，所表示足以确认著作、著作名称、著作人、著作财产权人或其授权之人及利用期间或条件之相关电子资讯；以数字、符号表示此类资讯者，亦属之。

十八、防盗拷措施：指著作权人所采取有效禁止或限制他人擅自进入或利用著作之设备、器材、零件、技术或其他科技方法。

十九、网路服务提供者，指提供下列服务者：

（一）连线服务提供者：透过所控制或营运之系统或网路，以有线或无线方式，提供资讯传输、发送、接收，或于前开过程中之中介及短暂储存之服务者。

（二）快速存取服务提供者：应使用者之要求传输资讯后，透过所控制或营运之系统或网路，将该资讯为中介及暂时储存，以供其后要求传输该资讯之使用者加速进入该资讯之服务者。

（三）资讯储存服务提供者：透过所控制或营运之系统或网路，应使用者之要求提供资讯储存之服务者。

（四）搜寻服务提供者：提供使用者有关网路资讯之索引、参考或连结之搜寻或连结之服务者。

前项第八款所定现场或现场以外一定场所，包含电影院、俱乐部、录影带或碟影片播映场所、旅馆房间、供公众使用之交通工具或其他供不特定人进出之场所。

第四条　外国人之著作合于下列情形之一者，得依本法享有著作权。但条约或协定另有约定，经"立法院"议决通过者，从其约定：

一、于"中华民国"管辖区域内首次发行，或于"中华民国"管辖区域外首次发行后三十日内在"中华民国"管辖区域内发行者。但以该外国人之本国，对"中华民国"人之著作，在相同之情形下，亦予保护且经查证属实者为限。

二、依条约、协定或其本国法令、惯例，"中华民国"人之著作得在该国享有著作权者。

## 第二章　著作

第五条　本法所称著作，例示如下：

一、语文著作。

二、音乐著作。

三、戏剧、舞蹈著作。

四、美术著作。

五、摄影著作。

六、图形著作。

七、视听著作。

八、录音著作。

九、建筑著作。

十、电脑程式著作。

前项各款著作例示内容，由主管机关订定之。

第六条　就原著作改作之创作为衍生著作，以独立之著作保护之。

衍生著作之保护，对原著作之著作权不生影响。

第七条　就资料之选择及编排具有创作性者为编辑著作，以独立之著作保护之。

编辑著作之保护，对其所收编著作之著作权不生影响。

第七条之一　表演人对既有著作或民俗创作之表演，以独立之著作保护之。

表演之保护，对原著作之著作权不生影响。

第八条　二人以上共同完成之著作，其各人之创作，不能分离利用者，为共同著作。

第九条　下列各款不得为著作权之标的：

一、"宪法"、法律、命令或公文。

二、"中央"或地方机关就前款著作作成之翻译物或编辑物。

三、标语及通用之符号、名词、公式、数表、表格、簿册或时历。

四、单纯为传达事实之新闻报导所作成之语文著作。

五、依法令举行之各类考试试题及其备用试题。

前项第一款所称公文，包括公务员于职务上草拟之文告、讲稿、新闻稿及其他文书。

## 第三章　著作人及著作权

### 第一节　通则

第十条　著作人于著作完成时享有著作权。但本法另有规定者，从其规定。

第十条之一　依本法取得之著作权，其保护仅及于该著作之表达，而不及于其所表达之思想、程序、制程、系统、操作方法、概念、原理、发现。

### 第二节　著作人

第十一条　受雇人于职务上完成之著作，以该受雇人为著作人。但契约约定以雇用人为著作人者，从其约定。

依前项规定，以受雇人为著作人者，其著作财产权归雇用人享有。但契约约定其著作财产权归受雇人享有者，从其约定。

前二项所称受雇人，包括公务员。

第十二条　出资聘请他人完成之著作，除前条情形外，以该受聘人为著作人。但契约约定以出资人为著作人者，从其约定。

依前项规定，以受聘人为著作人者，其著作财产权依契约约定归受聘人或出资人享有。未约定著作财产权之归属者，其著作财产权归受聘人享有。

依前项规定著作财产权归受聘人享有者，出资人得利用该著作。

第十三条　在著作之原件或其已发行之重制物上，或将著作公开发表时，以通常之方法表示著作人之本名或众所周知之别名者，推定为该著作之著作人。

前项规定，于著作发行日期、地点及著作财产权人之推定，准用之。

第十四条（删除）

## 第三节　著作人格权

第十五条　著作人就其著作享有公开发表之权利。但公务员，依第十一条及第十二条规定为著作人，而著作财产权归该公务员隶属之法人享有者，不适用之。

有下列情形之一者，推定著作人同意公开发表其著作：

一、著作人将其尚未公开发表著作之著作财产权让与他人或授权他人利用时，因著作财产权之行使或利用而公开发表者。

二、著作人将其尚未公开发表之美术著作或摄影著作之著作原件或其重制物让与他人，受让人以其著作原件或其重制物公开展示者。

三、依"学位授予法"撰写之硕士、博士论文，著作人已取得学位者。

依第十一条第二项及第十二条第二项规定，由雇用人或出资人自始取得尚未公开发表著作之著作财产权者，因其著作财产权之让与、行使或利用而公开发表者，视为著作人同意公开发表其著作。

前项规定，于第十二条第三项准用之。

第十六条　著作人于著作之原件或其重制物上或于著作公开发表时，有表示其本名、别名或不具其名之权利。著作人就其著作所生之衍生著作，亦有相同之权利。

前条第一项但书规定，于前项准用之。

利用著作之人，得使用自己之封面设计，并加冠设计人或主编之姓名或名称。但著作人有特别表示或违反社会使用惯例者，不在此限。

依著作利用之目的及方法，于著作人之利益无损害之虞，且不违反社会使用惯例者，得省略著作人之姓名或名称。

第十七条　著作人享有禁止他人以歪曲、割裂、窜改或其他方法改变其著作之内容、形式或名目致损害其名誉之权利。

第十八条　著作人死亡或消灭者，关于其著作人格权之保护，视同生存或存续，任何人不得侵害。但依利用行为之性质及程度、社会之变动或其他情事可认为不违反该著作人之意思者，不构成侵害。

第十九条　共同著作之著作人格权，非经著作人全体同意，不得行使之。各著作人无正当理由者，不得拒绝同意。

共同著作之著作人，得于著作人中选定代表人行使著作人格权。

对于前项代表人之代表权所加限制，不得对抗善意第三人。

第二十条　未公开发表之著作原件及其著作财产权，除作为买卖之标的或经本人允诺者外，不得作为强制执行之标的。

第二十一条　著作人格权专属于著作人本身，不得让与或继承。

## 第四节　著作财产权
### 第一款　著作财产权之种类

第二十二条　著作人除本法另有规定外，专有重制其著作之权利。

表演人专有以录音、录影或摄影重制其表演之权利。

前二项规定，于专为网路合法中继性传输，或合法使用著作，属技术操作过程中必要之过渡性、附带性而不具独立经济意义之暂时性重制，不适用之。但电脑程式著作，不在此限。

前项网路合法中继性传输之暂时性重制情形，包括网路浏览、快速存取或其他为达成传输功能之电脑或机械本身技术上所不可避免之现象。

第二十三条　著作人专有公开口述其语文著作之权利。

第二十四条　著作人除本法另有规定外，专有公开播送其著作之权利。

表演人就其经重制或公开播送后之表演，再公开播送者，不适用前项规定。

第二十五条　著作人专有公开上映其视听著作之权利。

第二十六条　著作人除本法另有规定外，专有公开演出其语文、音乐或戏剧、舞蹈著作之权利。

表演人专有以扩音器或其他器材公开演出其表演之权利。但将表演重制后或公开播送后再以扩音器或其他器材公开演出者，不在此限。

录音著作经公开演出者，著作人得请求公开演出之人支付使用报酬。

第二十六条之一　著作人除本法另有规定外，专有公开传输其著作之权利。

表演人就其经重制于录音著作之表演，专有公开传输之权利。

第二十七条　著作人专有公开展示其未发行之美术著作或摄影著作之权利。

第二十八条　著作人专有将其著作改作成衍生著作或编辑成编辑著作之权利。但表演不适用之。

第二十八条之一 著作人除本法另有规定外，专有以移转所有权之方式，散布其著作之权利。

表演人就其经重制于录音著作之表演，专有以移转所有权之方式散布之权利。

第二十九条 著作人除本法另有规定外，专有出租其著作之权利。

表演人就其经重制于录音著作之表演，专有出租之权利。

第二十九条之一 依第十一条第二项或第十二条第二项规定取得著作财产权之雇用人或出资人，专有第二十二条至第二十九条规定之权利。

**第二款 著作财产权之存续期间**

第三十条 著作财产权，除本法另有规定外，存续于著作人之生存期间及其死亡后五十年。

著作于著作人死亡后四十年至五十年间首次公开发表者，著作财产权之期间，自公开发表时起存续十年。

第三十一条 共同著作之著作财产权，存续至最后死亡之著作人死亡后五十年。

第三十二条 别名著作或不具名著作之著作财产权，存续至著作公开发表后五十年。但可证明其著作人死亡已逾五十年者，其著作财产权消灭。

前项规定，于著作人之别名为众所周知者，不适用之。

第三十三条 法人为著作人之著作，其著作财产权存续至其著作公开发表后五十年。但著作在创作完成时起算五十年内未公开发表者，其著作财产权存续至创作完成时起五十年。

第三十四条 摄影、视听、录音及表演之著作财产权存续至著作公开发表后五十年。

前条但书规定，于前项准用之。

第三十五条 第三十条至第三十四条所定存续期间，以该期间届满当年之末日为期间之终止。

继续或逐次公开发表之著作，依公开发表日计算著作财产权存续期间时，如各次公开发表能独立成一著作者，著作财产权存续期间自各别公开发表日起算。如各次公开发表不能独立成一著作者，以能独立成一著作时之公开发表日起算。

前项情形，如继续部分未于前次公开发表日后三年内公开发表者，其著作财产权存续期间自前次公开发表日起算。

**第三款 著作财产权之让与、行使及消灭**

第三十六条 著作财产权得全部或部分让与他人或与他人共有。

著作财产权之受让人，在其受让范围内，取得著作财产权。

著作财产权让与之范围依当事人之约定；其约定不明之部分，推定为未让与。

第三十七条 著作财产权人得授权他人利用著作，其授权利用之地域、时间、内容、利用方法或其他事项，依当事人之约定；其约定不明之部分，推定为未授权。

前项授权不因著作财产权人嗣后将其著作财产权让与或再为授权而受影响。

非专属授权之被授权人非经著作财产权人同意，不得将其被授予之权利再授权第三人利用。

专属授权之被授权人在被授权范围内，得以著作财产权人之地位行使权利，并得以自己名义为诉讼上之行为。著作财产权人在专属授权范围内，不得行使权利。

第二项至前项规定，于"中华民国"九十年十一月十二日本法修正施行前所为之授权，不适用之。

有下列情形之一者，不适用第七章规定。但属于著作权集体管理团体管理之著作，不在此限：

一、音乐著作经授权重制于计算机伴唱机者，利用人利用该计算机伴唱机公开演出该著作。

二、将原播送之著作再公开播送。

三、以扩音器或其他器材，将原播送之声音或影像向公众传达。

四、著作经授权重制于广告后，由广告播送人就该广告为公开播送或同步公开传输，向公众传达。

第三十八条　（删除）

第三十九条　以著作财产权为质权之标的物者，除设定时另有约定外，著作财产权人得行使其著作财产权。

第四十条　共同著作各著作人之应有部分，依共同著作人间之约定定之；无约定者，依各著作人参与创作之程度定之。各著作人参与创作之程度不明时，推定为均等。

共同著作之著作人抛弃其应有部分者，其应有部分由其他共同著作人依其应有部分之比例分享之。

前项规定，于共同著作之著作人死亡无继承人或消灭后无承受人者，准用之。

第四十条之一　共有之著作财产权，非经著作财产权人全体同意，不得行使之；各著作财产权人非经其他共有著作财产权人之同意，不得以其应有部分让与他人或为他人设定质权。各著作财产权人，无正当理由者，不得拒绝同意。

共有著作财产权人，得于著作财产权人中选定代表人行使著作财产权。对于代表人之代表权所加限制，不得对抗善意第三人。

前条第二项及第三项规定，于共有著作财产权准用之。

第四十一条　著作财产权人投稿于新闻纸、杂志或授权公开播送著作者，除另有约定外，推定仅授予刊载或公开播送一次之权利，对著作财产权人之其他权利不生影响。

第四十二条　著作财产权因存续期间届满而消灭。于存续期间内，有下列情形之一者，亦同：

一、著作财产权人死亡，其著作财产权依法应归属"国库"者。

二、著作财产权人为法人，于其消灭后，其著作财产权依法应归属于地方自治团体者

第四十三条　著作财产权消灭之著作，除本法另有规定外，任何人均得自由利用。

### 第四款　著作财产权之限制

第四十四条　"中央"或地方机关，因立法或行政目的所需，认有必要将他人著作列为内部参考资料时，在合理范围内，得重制他人之著作。但依该著作之种类、用途及其重制物之数量、方法，有害于著作财产权人之利益者，不在此限。

第四十五条　专为司法程序使用之必要，在合理范围内，得重制他人之著作。

前条但书规定，于前项情形准用之。

第四十六条　依法设立之各级学校及其担任教学之人，为学校授课需要，在合理范围内，得重制他人已公开发表之著作。

第四十四条但书规定，于前项情形准用之。

第四十七条　为编制依法令应经教育行政机关审定之教科用书，或教育行政机关编制教科用书者，在合理范围内，得重制、改作或编辑他人已公开发表之著作。

前项规定，于编制附随于该教科用书且专供教学之人教学用之辅助用品，准用之。但以由该教科用书编制者编制为限。

依法设立之各级学校或教育机构，为教育目的之必要，在合理范围内，得公开播送他人已公开发表之著作。

前三项情形，利用人应将利用情形通知著作财产权人并支付使用报酬。使用报酬率，由主管机关定之。

第四十八条　供公众使用之图书馆、博物馆、历史馆、科学馆、艺术馆或其他文教机构，于下列情形之一，得就其收藏之著作重制之：

一、应阅览人供个人研究之要求，重制已公开发表著作之一部分，或期刊或已公开发表之研讨会论文集之单篇著作，每人以一份为限。

二、基于保存资料之必要者。

三、就绝版或难以购得之著作，应同性质机构之要求者。

第四十八条之一　"中央"或地方机关、依法设立之教育机构或供公众使用之图书馆，得重制下列已公开发表之著作所附之摘要：

一、依"学位授予法"撰写之硕士、博士论文，著作人已取得学位者。

二、刊载于期刊中之学术论文。

三、已公开发表之研讨会论文集或研究报告。

第四十九条 以广播、摄影、录影、新闻纸、网路或其他方法为时事报导者，在报导之必要范围内，得利用其报导过程中所接触之著作。

第五十条 以"中央"或地方机关或公法人之名义公开发表之著作，在合理范围内，得重制、公开播送或公开传输。

第五十一条 供个人或家庭为非营利之目的，在合理范围内，得利用图书馆及非供公众使用之机器重制已公开发表之著作。

第五十二条 为报导、评论、教学、研究或其他正当目的之必要，在合理范围内，得引用已公开发表之著作。

第五十三条 已公开发表之著作，得为视觉障碍者、学习障碍者、听觉机能障碍者或其他视、听觉认知有障碍者以点字、附加手语翻译或文字重制之。

以增进视觉障碍者、学习障碍者、听觉机能障碍者或其他视、听觉认知有障碍者福利为目的，经依法立案之非营利机构或团体，得以录音、电脑、口述影像、附加手语翻译或其他方式利用已公开发表之著作，专供视觉障碍者、学习障碍者、听觉机能障碍者或其他视、听觉认知有障碍者使用。

第五十四条 "中央"或地方机关、依法设立之各级学校或教育机构办理之各种考试，得重制已公开发表之著作，供为试题之用。但已公开发表之著作如为试题者，不适用之。

第五十五条 非以营利为目的，未对观众或听众直接或间接收取任何费用，且未对表演人支付报酬者，得于活动中公开口述、公开播送、公开上映或公开演出他人已公开发表之著作。

第五十六条 广播或电视，为公开播送之目的，得以自己之设备录音或录影该著作。但以其公开播送业经著作财产权人之授权或合于本法规定者为限。

前项录制物除经著作权专责机关核准保存于指定之处所外，应于录音或录影后六个月内销毁之。

第五十六条之一 为加强收视效能，得以依法令设立之社区共同天线同时转播依法设立无线电视台播送之著作，不得变更其形式或内容。

第五十七条 美术著作或摄影著作原件或合法重制物之所有人或经其同意之人，得公开展示该著作原件或合法重制物。

前项公开展示之人，为向参观人解说著作，得于说明书内重制该著作。

第五十八条 于街道、公园、建筑物之外壁或其他向公众开放之户外场所长期展示之美术著作或建筑著作，除下列情形外，得以任何方法利用之：

一、以建筑方式重制建筑物。

二、以雕塑方式重制雕塑物。

三、为于本条规定之场所长期展示目的所为之重制。

四、专门以贩卖美术著作重制物为目的所为之重制。

第五十九条　合法电脑程式著作重制物之所有人得因配合其所使用机器之需要，修改其程式，或因备用存档之需要重制其程式。但限于该所有人自行使用。

前项所有人因灭失以外之事由，丧失原重制物之所有权者，除经著作财产权人同意外，应将其修改或重制之程式销毁之。

第五十九条之一　在"中华民国"管辖区域内取得著作原件或其合法重制物所有权之人，得以移转所有权之方式散布之。

第六十条　著作原件或其合法著作重制物之所有人，得出租该原件或重制物。但录音及电脑程式著作，不适用之。

附含于货物、机器或设备之电脑程式著作重制物，随同货物、机器或设备合法出租且非该项出租之主要标的物者，不适用前项但书之规定。

第六十一条　揭载于新闻纸、杂志或网路上有关政治、经济或社会上时事问题之论述，得由其他新闻纸、杂志转载或由广播或电视公开播送，或于网路上公开传输。但经注明不许转载、公开播送或公开传输者，不在此限。

第六十二条　政治或宗教上之公开演说、裁判程序及"中央"或地方机关之公开陈述，任何人得利用之。但专就特定人之演说或陈述，编辑成编辑著作者，应经著作财产权人之同意。

第六十三条　依第四十四条、第四十五条、第四十八条第一款、第四十八条之一至第五十条、第五十二条至第五十五条、第六十一条及第六十二条规定得利用他人著作者，得翻译该著作。

依第四十六条及第五十一条规定得利用他人著作者，得改作该著作。

依第四十六条至第五十条、第五十二条至第五十四条、第五十七条第二项、第五十八条、第六十一条及第六十二条规定利用他人著作者，得散布该著作。

第六十四条　依第四十四条至第四十七条、第四十八条之一至第五十条、第五十二条、第五十三条、第五十五条、第五十七条、第五十八条、第六十条至第六十三条规定利用他人著作者，应明示其出处。

前项明示出处，就著作人之姓名或名称，除不具名著作或著作人不明者外，应以合理之方式为之。

第六十五条　著作之合理使用，不构成著作财产权之侵害。

著作之利用是否合于第四十四条至第六十三条规定或其他合理使用之情形，应审酌一切情状，尤应注意下列事项，以为判断之基准：

一、利用之目的及性质，包括系为商业目的或非营利教育目的。

二、著作之性质。

三、所利用之质量及其在整个著作所占之比例。

四、利用结果对著作潜在市场与现在价值之影响。

著作权人团体与利用人团体就著作之合理使用范围达成协议者，得为前项判断之参考。

前项协议过程中，得咨询著作权专责机关之意见。

第六十六条　第四十四条至第六十三条及第六十五条规定，对著作人之著作人格权不生影响。

**第五款　著作利用之强制授权**

第六十七条　（删除）

第六十八条　（删除）

第六十九条　录有音乐著作之销售用录音著作发行满六个月，欲利用该音乐著作录制其他销售用录音著作者，经申请著作权专责机关许可强制授权，并给付使用报酬后，得利用该音乐著作，另行录制。

前项音乐著作强制授权许可、使用报酬之计算方式及其他应遵行事项之办法，由主管机关定之。

第七十条　依前条规定利用音乐著作者，不得将其录音著作之重制物销售至"中华民国"管辖区域外。

第七十一条　依第六十九条规定，取得强制授权之许可后，发现其申请有虚伪情事者，著作权专责机关应撤销其许可。

依第六十九条规定，取得强制授权之许可后，未依著作权专责机关许可之方式利用著作者，著作权专责机关应废止其许可。

第七十二条　（删除）

第七十三条　（删除）

第七十四条　（删除）

第七十五条　（删除）

第七十六条　（删除）

第七十七条　（删除）

第七十八条　（删除）

## 第四章　制版权

第七十九条　无著作财产权或著作财产权消灭之文字著述或美术著作，经制版人就文字著述整理印刷，或就美术著作原件以影印、印刷或类似方式重制首次发行，并依法登记者，制版人就其版面，专有以影印、印刷或类似方式重制之权利。

制版人之权利，自制版完成时起算存续十年。

前项保护期间，以该期间届满当年之末日，为期间之终止。

制版权之让与或信托，非经登记，不得对抗第三人。

制版权登记、让与登记、信托登记及其他应遵行事项之办法，由主管机关定之。

第八十条　第四十二条及第四十三条有关著作财产权消灭之规定、第四十四条至第四十八条、第四十九条、第五十一条、第五十二条、第五十四条、第六十四条及第六十五条关于著作财产权限制之规定，于制版权准用之。

### 第四章之一　权利管理电子资讯及防盗拷措施

第八十条之一　著作权人所为之权利管理电子资讯，不得移除或变更。但有下列情形之一者，不在此限：

一、因行为时之技术限制，非移除或变更著作权利管理电子资讯即不能合法利用该著作。

二、录制或传输系统转换时，其转换技术上必要之移除或变更。

明知著作权利管理电子资讯，业经非法移除或变更者，不得散布或意图散布而输入或持有该著作原件或其重制物，亦不得公开播送、公开演出或公开传输。

第八十条之二　著作权人所采取禁止或限制他人擅自进入著作之防盗拷措施，未经合法授权不得予以破解、破坏或以其他方法规避之。

破解、破坏或规避防盗拷措施之设备、器材、零件、技术或资讯，未经合法授权不得制造、输入、提供公众使用或为公众提供服务。

前二项规定，于下列情形不适用之：

一、为维护"国家"安全者。

二、"中央"或地方机关所为者。

三、档案保存机构、教育机构或供公众使用之图书馆，为评估是否取得资料所为者。

四、为保护未成年人者。

五、为保护个人资料者。

六、为电脑或网路进行安全测试者。

七、为进行加密研究者。

八、为进行还原工程者。

九、其他经主管机关所定情形。

前项各款之内容，由主管机关定之，并定期检讨。

### 第五章　著作权集体管理团体与 "著作权审议及调解委员会"

第八十一条　著作财产权人为行使权利、收受及分配使用报酬，经著作权专责机关之许可，得组成著作权集体管理团体。

专属授权之被授权人，亦得加入著作权集体管理团体。

第一项团体之许可设立、组织、职权及其监督、辅导，另以法律定之。

第八十二条 著作权专责机关应设置"著作权审议及调解委员会"，办理下列事项：

一、第四十七条第四项规定使用报酬率之审议。

二、著作权集体管理团体与利用人间，对使用报酬争议之调解。

三、著作权或制版权争议之调解。

四、其他有关著作权审议及调解之咨询。

前项第三款所定争议之调解，其涉及刑事者，以告诉乃论罪之案件为限。

第八十二条之一 著作权专责机关应于调解成立后七日内，将调解书送请管辖法院审核。

前项调解书，法院应尽速审核，除有违反法令、公序良俗或不能强制执行者外，应由法官签名并盖法院印信，除抽存一份外，发还著作权专责机关送达当事人。

法院未予核定之事件，应将其理由通知著作权专责机关。

第八十二条之二 调解经法院核定后，当事人就该事件不得再行起诉、告诉或自诉。

前项经法院核定之民事调解，与民事确定判决有同一之效力；经法院核定之刑事调解，以给付金钱或其他代替物或有价证券之一定数量为标的者，其调解书具有执行名义。

第八十二条之三 民事事件已系属于法院，在判决确定前，调解成立，并经法院核定者，视为于调解成立时撤回起诉。

刑事事件于侦查中或第一审法院辩论终结前，调解成立，经法院核定，并经当事人同意撤回者，视为于调解成立时撤回告诉或自诉。

第八十二条之四 民事调解经法院核定后，有无效或得撤销之原因者，当事人得向原核定法院提起宣告调解无效或撤销调解之诉。

前项诉讼，当事人应于法院核定之调解书送达后三十日内提起之。

第八十三条 前条"著作权审议及调解委员会"之组织规程及有关争议之调解办法，由主管机关拟订，报请"行政院"核定后发布之。

## 第六章 权利侵害之救济

第八十四条 著作权人或制版权人对于侵害其权利者，得请求排除之，有侵害之虞者，得请求防止之。

第八十五条 侵害著作人格权者，负损害赔偿责任。虽非财产上之损害，被害人亦得请求赔偿相当之金额。

前项侵害，被害人并得请求表示著作人之姓名或名称、更正内容或为其他回复名誉之适当处分。

第八十六条　著作人死亡后，除其遗嘱另有指定外，下列之人，依顺序对于违反第十八条或有违反之虞者，得依第八十四条及前条第二项规定，请求救济：

一、配偶。

二、子女。

三、父母。

四、孙子女。

五、兄弟姊妹。

六、祖父母。

第八十七条　有下列情形之一者，除本法另有规定外，视为侵害著作权或制版权：

一、以侵害著作人名誉之方法利用其著作者。

二、明知为侵害制版权之物而散布或意图散布而公开陈列或持有者。

三、输入未经著作财产权人或制版权人授权重制之重制物或制版物者。

四、未经著作财产权人同意而输入著作原件或其重制物者。

五、以侵害电脑程式著作财产权之重制物作为营业之使用者。

六、明知为侵害著作财产权之物而以移转所有权或出租以外之方式散布者，或明知为侵害著作财产权之物，意图散布而公开陈列或持有者。

七、未经著作财产权人同意或授权，意图供公众透过网路公开传输或重制他人著作，侵害著作财产权，对公众提供可公开传输或重制著作之电脑程式或其他技术，而受有利益者。

前项第七款之行为人，采取广告或其他积极措施，教唆、诱使、煽惑、说服公众利用电脑程式或其他技术侵害著作财产权者，为具备该款之意图。

第八十七条之一　有下列情形之一者，前条第四款之规定，不适用之：

一、为供"中央"或地方机关之利用而输入。但为供学校或其他教育机构之利用而输入或非以保存资料之目的而输入视听著作原件或其重制物者，不在此限。

二、为供非营利之学术、教育或宗教机构保存资料之目的而输入视听著作原件或一定数量重制物，或为其图书馆借阅或保存资料之目的而输入视听著作以外之其他著作原件或一定数量重制物，并应依第四十八条规定利用之。

三、为供输入者个人非散布之利用或属入境人员行李之一部分而输入著作原件或一定数量重制物者。

四、附含于货物、机器或设备之著作原件或其重制物，随同货物、机器或设备之合法输入而输入者，该著作原件或其重制物于使用或操作货物、机器或设备时不得重制。

五、附属于货物、机器或设备之说明书或操作手册，随同货物、机器或设备之合法输入而输入者。但以说明书或操作手册为主要输入者，不在此限。

前项第二款及第三款之一定数量，由主管机关另定之。

第八十八条 因故意或过失不法侵害他人之著作财产权或制版权者，负损害赔偿责任。数人共同不法侵害者，连带负赔偿责任。

前项损害赔偿，被害人得依下列规定择一请求：

一、依"民法"第二百十六条之规定请求。但被害人不能证明其损害时，得以其行使权利依通常情形可得预期之利益，减除被侵害后行使同一权利所得利益之差额，为其所受损害。

二、请求侵害人因侵害行为所得之利益。但侵害人不能证明其成本或必要费用时，以其侵害行为所得之全部收入，为其所得利益。

依前项规定，如被害人不易证明其实际损害额，得请求法院依侵害情节，在新台币一万元以上一百万元以下酌定赔偿额。如损害行为属故意且情节重大者，赔偿额得增至新台币五百万元。

第八十八条之一 依第八十四条或前条第一项请求时，对于侵害行为作成之物或主要供侵害所用之物，得请求销毁或为其他必要之处置。

第八十九条 被害人得请求由侵害人负担费用，将判决书内容全部或一部登载新闻纸、杂志。

第八十九条之一 第八十五条及第八十八条之损害赔偿请求权，自请求权人知有损害及赔偿义务人时起，二年间不行使而消减。自有侵权行为时起，逾十年者亦同。

第九十条 共同著作之各著作权人，对于侵害其著作权者，得各依本章之规定，请求救济，并得按其应有部分，请求损害赔偿。

前项规定，于因其他关系成立之共有著作财产权或制版权之共有人准用之。

第九十条之一 著作权人或制版权人对输入或输出侵害其著作权或制版权之物者，得申请海关先予查扣。

前项申请应以书面为之，并释明侵害之事实，及提供相当于海关核估该进口货物完税价格或出口货物离岸价格之保证金，作为被查扣人因查扣所受损害之赔偿担保。

海关受理查扣之申请，应即通知申请人。如认符合前项规定而实施查扣时，应以书面通知申请人及被查扣人。

申请人或被查扣人，得向海关申请检视被查扣之物。

查扣之物，经申请人取得法院民事确定判决，属侵害著作权或制版权者，由海关予以没入。没入物之货柜延滞费、仓租、装卸费等有关费用暨处理销毁费用应由被查扣人负担。

前项处理销毁所需费用，经海关限期通知缴纳而不缴纳者，依法移送强制执行。

有下列情形之一者，除由海关废止查扣依有关进出口货物通关规定办理外，申请人并应赔偿被查扣人因查扣所受损害：

一、查扣之物经法院确定判决，不属侵害著作权或制版权之物者。

二、海关于通知申请人受理查扣之日起十二日内，未被告知就查扣物为侵害物之诉讼已提起者。

三、申请人申请废止查扣者。

前项第二款规定之期限，海关得视需要延长十二日。

有下列情形之一者，海关应依申请人之申请返还保证金：

一、申请人取得胜诉之确定判决或与被查扣人达成和解，已无继续提供保证金之必要者。

二、废止查扣后，申请人证明已定二十日以上之期间，催告被查扣人行使权利而未行使者。

三、被查扣人同意返还者。

被查扣人就第二项之保证金与质权人有同一之权利。

海关于执行职务时，发现进出口货物外观显有侵害著作权之嫌者，得于一个工作日内通知权利人并通知进出口人提供授权资料。权利人接获通知后对于空运出口货物应于四小时内，空运进口及海运进出口货物应于一个工作日内至海关协助认定。权利人不明或无法通知，或权利人未于通知期限内至海关协助认定，或经权利人认定系争标的物未侵权者，若无违反其他通关规定，海关应即放行。

经认定疑似侵权之货物，海关应采行暂不放行措施。

海关采行暂不放行措施后，权利人于三个工作日内，未依第一项至第十项向海关申请查扣，或未采行保护权利之民、刑事诉讼程序，若无违反其他通关规定，海关应即予放行。

第九十条之二　前条之实施办法，由主管机关会同"财政部"定之。

第九十条之三　违反第八十条之一或第八十条之二规定，致著作权人受损害者，负赔偿责任。数人共同违反者，负连带赔偿责任。

第八十四条、第八十八条之一、第八十九条之一及第九十条之一规定，于违反第八十条之一或第八十条之二规定者，准用之。

## 第六章之一　网路服务提供者之民事免责事由

第九十条之四　符合下列规定之网路服务提供者，适用第九十条之五至第九十条之八之规定：

一、以契约、电子传输、自动侦测系统或其他方式，告知使用者其著作权或制版权保护措施，并确实履行该保护措施。

二、以契约、电子传输、自动侦测系统或其他方式，告知使用者若有三次涉有侵权情事，应终止全部或部分服务。

三、公告接收通知文件之联系窗口资讯。

四、执行第三项之通用辨识或保护技术措施。连线服务提供者于接获著作权人或制版权人就其使用者所为涉有侵权行为之通知后，将该通知以电子邮件转送该使用者，视为符合前项第一款规定。著作权人或制版权人已提供为保护着作权或制版权之通用辨识或保护技术措施，经主管机关核可者，网路服务提供者应配合执行之。

第九十条之五　有下列情形者，连线服务提供者对其使用者侵害他人著作权或制版权之行为，不负赔偿责任：

一、所传输资讯，系由使用者所发动或请求。

二、资讯传输、发送、连结或储存，经由自动化技术予以执行，且连线服务提供者未就传输之资讯为任何筛选或修改。

第九十条之六　有下列情形者，快速存取服务提供者对其使用者侵害他人著作权或制版权之行为，不负赔偿责任：

一、未改变存取之资讯。

二、于资讯提供者就该自动存取之原始资讯为修改、删除或阻断时，透过自动化技术为相同之处理。

三、经著作权人或制版权人通知其使用者涉有侵权行为后，立即移除或使他人无法进入该涉有侵权之内容或相关资讯。

第九十条之七　有下列情形者，资讯储存服务提供者对其使用者侵害他人著作权或制版权之行为，不负赔偿责任：

一、对使用者涉有侵权行为不知情。

二、未直接自使用者之侵权行为获有财产上利益。

三、经著作权人或制版权人通知其使用者涉有侵权行为后，立即移除或使他人无法进入该涉有侵权之内容或相关资讯。

第九十条之八　有下列情形者，搜寻服务提供者对其使用者侵害他人著作权或制版权之行为，不负赔偿责任：

一、对所搜寻或连结之资讯涉有侵权不知情。

二、未直接自使用者之侵权行为获有财产上利益。

三、经著作权人或制版权人通知其使用者涉有侵权行为后，立即移除或使他人无法进入该涉有侵权之内容或相关资讯。

第九十条之九　资讯储存服务提供者应将第九十条之七第三款处理情形，依其与使用者约定之联络方式或使用者留存之联络资讯，转送该涉有侵权之使用者。但依其提供服务之性质无法通知者，不在此限。

前项之使用者认其无侵权情事者，得检具回复通知文件，要求资讯储存服务提供者回复其被移除或使他人无法进入之内容或相关资讯。

资讯储存服务提供者于接获前项之回复通知后，应立即将回复通知文件转送著作权人或制版权人。

著作权人或制版权人于接获资讯储存服务提供者前项通知之次日起十个工作日内，向资讯储存服务提供者提出已对该使用者诉讼之证明者，资讯储存服务提供者不负回复之义务。

著作权人或制版权人未依前项规定提出诉讼之证明，资讯储存服务提供者至迟应于转送回复通知之次日起十四个工作日内，回复被移除或使他人无法进入之内容或相关资讯。但无法回复者，应事先告知使用者，或提供其他适当方式供使用者回复。

第九十条之十　有下列情形之一者，网路服务提供者对涉有侵权之使用者，不负赔偿责任：

一、依第九十条之六至第九十条之八之规定，移除或使他人无法进入该涉有侵权之内容或相关资讯。

二、知悉使用者所为涉有侵权情事后，善意移除或使他人无法进入该涉有侵权之内容或相关资讯。

第九十条之十一　因故意或过失，向网路服务提供者提出不实通知或回复通知，致使用者、著作权人、制版权人或网路服务提供者受有损害者，负损害赔偿责任。

第九十条之十二　第九十条之四联系窗口之公告、第九十条之六至第九十条之九之通知、回复通知内容、应记载事项、补正及其他应遵行事项之办法，由主管机关定之。

## 第七章　罚则

第九十一条　擅自以重制之方法侵害他人之著作财产权者，处三年以下有期徒刑、拘役，或科或并科新台币七十五万元以下罚金。

意图销售或出租而擅自以重制之方法侵害他人之著作财产权者，处六月以上五年以下有期徒刑，得并科新台币二十万元以上二百万元以下罚金。

以重制于光碟之方法犯前项之罪者，处六月以上五年以下有期徒刑，得并科新台币五十万元以上五百万元以下罚金。

著作仅供个人参考或合理使用者，不构成著作权侵害。

第九十一条之一　擅自以移转所有权之方法散布著作原件或其重制物而侵害他

人之著作财产权者，处三年以下有期徒刑、拘役，或科或并科新台币五十万元以下罚金。

明知系侵害著作财产权之重制物而散布或意图散布而公开陈列或持有者，处三年以下有期徒刑，得并科新台币七万元以上七十五万元以下罚金。

犯前项之罪，其重制物为光碟者，处六月以上三年以下有期徒刑，得并科新台币二十万元以上二百万元以下罚金。但违反第八十七条第四款规定输入之光碟，不在此限。

犯前二项之罪，经供出其物品来源，因而破获者，得减轻其刑。

第九十二条　擅自以公开口述、公开播送、公开上映、公开演出、公开传输、公开展示、改作、编辑、出租之方法侵害他人之著作财产权者，处三年以下有期徒刑、拘役，或科或并科新台币七十五万元以下罚金。

第九十三条　有下列情形之一者，处二年以下有期徒刑、拘役，或科或并科新台币五十万元以下罚金：

一、侵害第十五条至第十七条规定之著作人格权者。

二、违反第七十条规定者。

三、以第八十七条第一项第一款、第三款、第五款或第六款方法之一侵害他人之著作权者。但第九十一条之一第二项及第三项规定情形，不在此限。

四、违反第八十七条第一项第七款规定者。

第九十四条　（删除）

第九十五条　违反第一百十二条规定者，处一年以下有期徒刑、拘役或科或并科新台币二万元以上二十五万元以下罚金。

第九十六条　违反第五十九条第二项或第六十四条规定者，科新台币五万元以下罚金。

第九十六条之一　有下列情形之一者，处一年以下有期徒刑、拘役或科或并科新台币二万元以上二十五万元以下罚金：

一、违反第八十条之一规定者。

二、违反第八十条之二第二项规定者。

第九十六条之二　依本章科罚金时，应审酌犯人之资力及犯罪所得之利益。如所得之利益超过罚金最多额时，得于所得利益之范围内酌量加重。

第九十七条　（删除）

第九十七条之一　事业以公开传输之方法，犯第九十一条、第九十二条及第九十三条第四款之罪，经法院判决有罪者，应即停止其行为；如不停止，且经主管机关邀集专家学者及相关业者认定侵害情节重大，严重影响著作财产权人权益者，主管机关应限期一个月内改正，届期不改正者，得命令停业或勒令歇业。

第九十八条　犯第九十一条至第九十三条、第九十五条至第九十六条之一之罪，供犯罪所用或因犯罪所得之物，得没收之。但犯第九十一条第三项及第九十一条之一第三项之罪者，其得没收之物，不以属于犯人者为限。

第九十八条之一　犯第九十一条第三项或第九十一条之一第三项之罪，其行为人逃逸而无从确认者，供犯罪所用或因犯罪所得之物，司法警察机关得径为没入。

前项没入之物，除没入款项缴交"国库"外，销毁之。其销毁或没入款项之处理程序，准用"社会秩序维护法"相关规定办理。

第九十九条　犯第九十一条至第九十三条、第九十五条之罪者，因被害人或其他有告诉权人之声请，得令将判决书全部或一部登报，其费用由被告负担。

第一百条　本章之罪，须告诉乃论。但犯第九十一条第三项及第九十一条之一第三项之罪，不在此限。

第一百零一条　法人之代表人、法人或自然人之代理人、受雇人或其他从业人员，因执行业务，犯第九十一条至第九十三条、第九十五条至第九十六条之一之罪者，除依各该条规定处罚其行为人外，对该法人或自然人亦科各该条之罚金。

对前项行为人、法人或自然人之一方告诉或撤回告诉者，其效力及于他方。

第一百零二条　未经认许之外国法人，对于第九十一条至第九十三条、第九十五条至第九十六条之一之罪，得为告诉或提起自诉。

第一百零三条　司法警察官或司法警察对侵害他人之著作权或制版权，经告诉、告发者，得依法扣押其侵害物，并移送侦办。

第一百零四条（删除）

## 第八章　附则

第一百零五条　依本法申请强制授权、制版权登记、制版权让与登记、制版权信托登记、调解、查阅制版权登记或请求发给誊本者，应缴纳规费。

前项收费基准，由主管机关定之。

第一百零六条　著作完成于"中华民国"八十一年六月十日本法修正施行前，且合于"中华民国"八十七年一月二十一日修正施行前本法第一百零六条至第一百零九条规定之一者，除本章另有规定外，适用本法。

著作完成于"中华民国"八十一年六月十日本法修正施行后者，适用本法。

第一百零六条之一　著作完成于世界贸易组织协定在"中华民国"管辖区域内生效日之前，未依历次本法规定取得著作权而依本法所定著作财产权期间计算仍在存续中者，除本章另有规定外，适用本法。但外国人著作在其源流国保护期间已届满者，不适用之。

前项但书所称源流国依西元一九七一年保护文学与艺术著作之伯恩公约第五条

规定决定之。

第一百零六条之二 依前条规定受保护之著作，其利用人于世界贸易组织协定在"中华民国"管辖区域内生效日之前，已着手利用该著作或为利用该著作已进行重大投资者，除本章另有规定外，自该生效日起二年内，得继续利用，不适用第六章及第七章规定。

自"中华民国"九十二年六月六日本法修正施行起，利用人依前项规定利用著作者，除出租或出借之情形外，应对被利用著作之著作财产权人支付该著作一般经自由磋商所应支付合理之使用报酬。

依前条规定受保护之著作，利用人未经授权所完成之重制物，自本法修正公布一年后，不得再行销售。但仍得出租或出借。

利用依前条规定受保护之著作另行创作之著作重制物，不适用前项规定，但除合于第四十四条至第六十五条规定外，应对被利用著作之著作财产权人支付该著作一般经自由磋商所应支付合理之使用报酬。

第一百零六条之三 于世界贸易组织协定在"中华民国"管辖区域内生效日之前，就第一百零六条之一著作改作完成之衍生著作，且受历次本法保护者，于该生效日以后，得继续利用，不适用第六章及第七章规定。

自"中华民国"九十二年六月六日本法修正施行起，利用人依前项规定利用著作者，应对原著作之著作财产权人支付该著作一般经自由磋商所应支付合理之使用报酬。

前二项规定，对衍生著作之保护，不生影响。

第一百零七条（删除）

第一百零八条（删除）

第一百零九条（删除）

第一百一十条 第十三条规定，于"中华民国"八十一年六月十日本法修正施行前已完成注册之著作，不适用之。

第一百一十一条 有下列情形之一者，第十一条及第十二条规定，不适用之：

一、依"中华民国"八十一年六月十日修正施行前本法第十条及第十一条规定取得著作权者。

二、依"中华民国"八十七年一月二十一日修正施行前本法第十一条及第十二条规定取得著作权者。

第一百一十二条 "中华民国"八十一年六月十日本法修正施行前，翻译受"中华民国"八十一年六月十日修正施行前本法保护之外国人著作，如未经其著作权人同意者，于"中华民国"八十一年六月十日本法修正施行后，除合于第四十四条至第六十五条规定者外，不得再重制。

前项翻译之重制物，于"中华民国"八十一年六月十日本法修正施行满二年后，不得再行销售。

第一百一十三条　自"中华民国"九十二年六月六日本法修正施行前取得之制版权，依本法所定权利期间计算仍在存续中者，适用本法规定。

第一百一十四条（删除）

第一百一十五条　"本国"与外国之团体或机构互订保护着作权之协议，经"行政院"核准者，视为第四条所称协定。

第一百一十五条之一　制版权登记簿、注册簿或制版物样本，应提供民众阅览抄录。

"中华民国"八十七年一月二十一日本法修正施行前之著作权注册簿、登记簿或著作样本，得提供民众阅览抄录。

第一百一十五条之二　法院为处理著作权诉讼案件，得设立专业法庭或指定专人办理。

著作权诉讼案件，法院应以判决书正本一份送著作权专责机关。

第一百一十六条（删除）

第一百一十七条　本法除"中华民国"八十七年一月二十一日修正公布之第一百零六条之一至第一百零六条之三规定，自世界贸易组织协定在"中华民国"管辖区域内生效日起施行，及"中华民国"九十五年五月五日修正之条文，自"中华民国"九十五年七月一日施行外，自公布日施行。

# 香港地区　版权条例

| 章： | 528 | 版权条例 | 宪报编号： | 版本 |
|---|---|---|---|---|

| | | 详题 | 15 of 2007 | 06/07/2007 |
|---|---|---|---|---|

本条例旨在就版权及有关权利，以及就相关事宜订定条文。

（由 2007 年第 15 号第 3 条修订）

［本条例，但第 142 至 149 条及附表 4 第 5 段除外　1997 年 6 月 27 日　1997 年第 92 号

第 142 至 144 条　1997 年 7 月 25 日　1997 年第 406 号法律公告

第 145 至 149 条及附表 4 第 5 段　2001 年 7 月 13 日　2001 年第 127 号法律公告］

（本为 1997 年第 92 号）

| 条： | 1 | 简称及释义 | L. N. 127 of 2001 | 13/07/2001 |
|---|---|---|---|---|

## 第 I 部　导言

（1）本条例可引称为《版权条例》。

（2）（已失时效而略去）

（3）显示界定第 II 部及第 III 部使用的词句的条文的表分别在第 199、239 条列明。

| 条： | 2 | 版权及版权作品 | | 30/06/1997 |
|---|---|---|---|---|

## 第 II 部　版权

**第 I 分部**

**版权的存在、拥有权及期限**

**引言**

（1）版权是按照本部而存在于下列类别的作品的产权——

（a）原创的文学作品、戏剧作品、音乐作品或艺术作品；

（b）声音纪录、影片、广播或有线传播节目；及

（c）已发表版本的排印编排。

（2）在本部中，"版权作品"（copyright work）指有版权存在的该等类别作品中的任何作品。

（3）除非本部中关于享有版权保护所须具备的资格的规定均已获符合（参阅第177条及该条所提述的条文），否则版权并不存在于任何作品。

[比照 1988 c. 48 s. 1 U. K.]

| 条： | 3 | 存在于版权作品的权利 | | 30/06/1997 |

（1）某类别作品的版权的拥有人具有作出第Ⅱ分部中指明的作为的独有权利，亦即该类别作品的版权所限制的作为。

（2）就某些类别的版权作品而言，第Ⅳ分部（精神权利）所赋予的下列权利惠及作品的作者或导演（无论他是否版权拥有人）而存在——

（a）第89条（作者或导演的被识别权利）；及

（b）第92条（反对作品受贬损处理的权利）。

[比照 1988 c. 48 s. 2 U. K.]

| 条： | 4 | 文学作品、戏剧作品及音乐作品 | | 30/06/1997 |

## 作品类别及有关条文

（1）在本部中——

"文学作品"（literary work）指除戏剧作品或音乐作品外的任何写出、讲出或唱出的作品，并据此包括——

（a）数据或其他材料的任何形式的编汇，且因其内容的选取或编排而构成智力创作，并包括（但不限于）列表；

（b）计算机程序；及

（c）为计算机程序而备的预备设计材料；

"音乐作品"（musical work）指由音乐构成的作品，但不包括拟伴随该等音乐而唱出或讲出的文字或表演的动作；

"戏剧作品"（dramatic work）包括舞蹈作品或哑剧作品。

（2）除非文学作品、戏剧作品或音乐作品以书面或其他方式记录，否则版权并不存在于该等作品，而在该等作品经如此记录之前，其版权亦不存在；在本部中，凡提述该等作品的制作时间，即提述该等作品经如此记录的时间。

（3）就第（2）款而言，作品是否由作者记录或是否经作者的允许而记录并不具

关键性；如作品并非由作者记录，则第（2）款对版权是否在独立于经记录的作品的情况下存在于纪录本身此一问题，并无影响。

[比照 1988 c.48 s.3 U.K.]

| 条： | 5 | 艺术作品 | | 30/06/1997 |
|---|---|---|---|---|

在本部中——

"平面美术作品"（graphic work）包括——

（a）任何髹扫画、绘画、图形、地图、图表或图则；及

（b）任何雕刻、蚀刻、版画、木刻或相类的作品；

"建筑物"（building）包括固定的构筑物以及建筑物或固定构筑物的部分；

"照片"（photograph）指借着把光或其他放射物记录在任何媒体上而在该媒体上产生影像或借任何方法从该媒体产生影像的纪录，但该纪录不构成影片的一部分；

"雕塑品"（sculpture）包括为制作雕塑品而制作的铸模或模型；

"艺术作品"（artistic work）指——

（a）平面美术作品、照片、雕塑品或拼图（不论其艺术质量）；

（b）属建筑物或建筑物模型的建筑作品；或

（c）美术工艺作品。

[比照 1988 c.48 s.4 U.K.]

| 条： | 6 | 声音纪录 | | 30/06/1997 |
|---|---|---|---|---|

（1）在本部中，"声音纪录"（sound recording）指——

（a）声音的纪录，而该声音可从该纪录回放；或

（b）记录一项文学作品、戏剧作品或音乐作品的整项或任何部分的纪录，而重现该作品或部分的声音可从该纪录产生，不论该纪录是记录在什么媒体上，亦不论该声音以什么方法回放或产生。

（2）如某一声音纪录是以前的声音纪录的复制品，则版权并不存在于该某一声音纪录；如某一声音纪录在某程度上是以前的声音纪录的复制品，则版权在该程度上并不存在于该某一声音纪录。

[比照 1988 c.48 s.5A U.K.]

| 条： | 7 | 影片 | | 30/06/1997 |
|---|---|---|---|---|

（1）在本部中，"影片"（film）指纪录在任何媒体上的纪录，而活动影像可借任何方法自该纪录产生。

（2）就本部而言，一部影片所附同的声带须视作该影片的一部分。

（3）在不损害第（2）款的一般性的原则下，凡该款适用，则——

（a）在本部中，凡提述放映一部影片，包括播放该影片所附同的影片声带；及

（b）提述播放声音纪录，并不包括播放影片所附同的影片声带。

（4）如某一影片是以前的影片的复制品，则版权并不存在于该某一影片；如某一影片在某程度上是以前的影片的复制品，则版权在该程度上并不存在于该某一影片。

〔比照 1988 c. 48 s. 5B U. K.〕

| 条： | 8 | 广播 | | 30/06/1997 |

（1）在本部中，"广播"（broadcast）指借无线电讯传送——

（a）能够被在香港或其他地方的公众人士合法地接收的声音或影像及声音或表述声音或影像及声音的东西；或

（b）为向在香港或其他地方的公众人士播送而传送的声音或影像及声音或表述声音或影像及声音的东西，

但传送方法并非透过向公众提供作品的复制品或表演的录制品的服务。

（2）经编码处理的传送只有在传送人或提供该传送的内容的人将或授权将译码器提供予在香港或其他地方的公众人士的情况下，才可视为能够被在香港或其他地方的公众人士合法地接收。

（3）在本部中，凡提述作出广播的人、广播某作品的人或将某作品包括在广播内的人，即提述——

（a）传送有关节目的人（如该人对广播内容负有任何程度的责任）；及

（b）任何提供有关节目的人，而该人与传送该节目的人作出该节目的传送所需的安排，而在本部中，在广播方面提述节目，即提述广播所包括的任何项目。

（4）将凡载有节目的信号在作出广播的人的控制与责任下，于某地点进入一项无间断的连锁传讯程序（以卫星传送而言，包括将广播信号传送往卫星然后送返地球的连锁程序），则就本部而言，广播即属自该地点作出。

（5）在本部中，凡提述接收广播，即包括接收借电讯系统转播的广播。

（6）如某项广播侵犯另一广播或有线传播节目的版权，则版权并不存在于该某项广播或，如某项广播在某程度上侵犯另一广播或有线传播节目的版权，则版权在该程度上并不存在于该某项广播。

〔比照 1988 c. 48 s. 6 U. K.〕

| 条： | 9 | 有线传播节目 | 22 of 1999 | 01/07/1997 |

附注：

具追溯力的适应化修订——见 1999 年第 22 号第 3 条

（1）在本部中——

"互相连接"（interconnection）包括涉及更改技术特质、形式或系数的互相连接；

"有线传播节目"（cable programme）指包括在有线传播节目服务内的项目；

"有线传播节目服务"（cable programme service）指全部或主要由任何人为下述目的而借电讯系统（不论是否由该人或任何其他人营运）合法地发送声音、影像、其他数据或该等项目的任何组合所构成的服务——

（a）供在香港或其他地方的 2 个或多于 2 个地点借无线电讯以外的方法合法地接收（不论该等声音、影像、其他数据或该等项目的组合是否以供同时接收或应该服务的不同使用者的要求而供在不同时间接收）；或

（b）供在香港或其他地方的某地点为于该地点向公众人士或任何群体播送该等声音、影像，数据或该等项目的组合而合法地接收（不论以任何方法接收），

并包括有多点式微波传输系统作为组成部分的服务，但不包括根据第（2）款列为例外项目的服务；

"影像"（visual images）就第（2）（a）款中的例外项目而言，指可被看成活动图像的一连串影像；

"声音"（sounds）就第（2）（a）款中的例外项目而言，指语音或音乐或语音及音乐，但就任何电讯系统而言，则不包括为利便使用借该系统提供的电讯服务而提供数据的语音。

（2）以下为"有线传播节目服务"的定义的例外项目——

（a）全部或主要由任何人传送声音或影像或声音及影像所构成的服务（例如一般称为视像会议及视像电话的服务），但该服务的一项基本特点须为在传送声音或影像或声音及影像之时，在每个接收的地点将会或可能借赖以传送该等声音或影像或声音及影像的电讯系统或其部分（视属何情况而定），将声音或影像或声音及影像传送供该人接收；

（b）向公众提供作品的复制品或表演的录制品的服务，但不包括以传送活动影像的表述为一项基本特点的服务（例如一般称为自选影像服务的服务）；

（c）由作出广播的人营运的某一电讯系统，而该系统作出的每项传送均属以下传送——

（ⅰ）自传送站借无线电讯传送声音、影像或用作传达（不论是在人与人之间、物与物之间或人与物之间）任何并非声音或影像形式的事物的信号供大众接收；或

（ⅱ）在单一组处所内传送将如此传送或已如此传送的声音、影像或该等信号；

（d）营运以光为唯一涉及传送某些事物的媒介的电讯系统，而借光传送的该等事物的传送方式，是使该等事物无须其他东西而能够用眼睛接收或看见的；

（e）由某人营运并非与另一电讯系统连接的某一电讯系统，而组成该某一系统的器具均位于——

（i）单一占用的单一组处所（但作为的提供予以商业方式营运的处所的居民或住客的休憩设施的一部分而运作的服务则除外）；或

（ii）车辆、船只、航空器或气垫船或以机械方式连在一起的数量为2或以上的车辆、船只、航空器或气垫船；

（f）由个人单独营运的并非与另一电讯系统连接的某一电讯系统，而——

（i）组成该某一电讯系统的所有器具均由该人所控制；及

（ii）其所传送的所有事物凡属语音、音乐及其他声音、影像、用作传达（不论是在人与人之间、物与物之间或人与物之间）任何并非声音或影像形式的事物的信号，或用作驱动或操控机械或器具的信号，均纯粹为该人的家居用途而传送，

而在（e）段及本段中提述另一电讯系统，并不包括提述（c）段提及的电讯系统（不论是否由作出广播的人或任何其他人所营运）；或

（g）就某人所经营的业务而言，为该业务而营运并非与另一电讯系统连接的某一电讯系统，而以下条件就该某一电讯系统而获符合——

（i）除经营该业务的人外，并没有其他人涉及控制组成该系统的器具；

（ii）并没有语音、音乐及其他声音、影像、用作传达（不论是在人与人之间、物与物之间或人与物之间）任何并非声音或影像形式的事物的信号，或用作驱动或操控机械或器具的信号以为另一人提供服务的方式而借该系统传送；

（iii）如该系统传送的东西属声音或影像，该等声音或影像并没有为了供经营该业务的人或其从事该业务的运作的雇员以外的人聆听或观看而传送；

（iv）如该系统传送的东西属用作传达（不论是在人与人之间、物与物之间或人与物之间）任何并非声音或影像形式的事物的信号，该等信号并没有为传达事物予经营该业务的人、其从事该业务的运作的雇员或在业务过程中使用并且由经营该业务的人控制的东西以外的人或东西而传送；及

（v）如该系统传送的东西属语音、音乐及其他声音，该等语音、音乐及声音并没有为驱动或操控并非用于业务过程中的机械或器具而传送。

（3）行政长官会同行政会议可在其觉得适当的过渡性条文的规限下，借命令修订第（2）款以删除例外项目。（由1999年第22号第3条修订）

（4）在本部中，凡提述将有线传播节目或作品包括在有线传播节目服务中，即提述将该等节目或作品作为该服务的一部分而传送；而凡提述将有线传播节目或作品包括在该服务中的人，即提述提供该服务的人。

（5）如某一有线传播节目——

（a）借某广播的接收和实时再传送而包括在有线传播节目服务内，版权并不存在于该某一有线传播节目；或

（b）侵犯另一有线传播节目或某广播的版权，版权并不存在于该某一有线传播节目，如某一有线传播节目在某程度上侵犯该等版权，版权在该程度上并不存在于该某一有线传播节目。

〔比照 1988 c. 48 s. 7 U. K. & 1956 c. 74 s. 14A U. K.〕

| 条： | 10 | 已发表版本 | | 30/06/1997 |
|---|---|---|---|---|

（1）在本部中，"已发表版本"（published edition）就其排印编排的版权而言，指一项或多于一项文学作品、戏剧作品或音乐作品的整项或部分的已发表版本。

（2）如已发表版本的排印编排重复以前版本的排印编排，则版权并不存在于该已发表版本的排印编排；如已发表版本的排印编排在某程度上重复以前版本的排印编排，则版权在该程度上并不存在于该已发表版本的排印编排。

〔比照 1988 c. 48 s. 8 U. K.〕

| 条： | 11 | 作品的作者 | | 30/06/1997 |
|---|---|---|---|---|

## 作者及版权的拥有权

（1）在本部中，"作者"（author）就作品而言，指创作该作品的人。

（2）以下的人视为创作作品的人——

（a）就声音纪录而言，指制作人；

（b）就影片而言，指制作人及主要导演；

（c）就某一广播而言，指作出广播的人〔参看第 8（3）条〕；就借接收和实时再传送而转播另一广播的广播而言，指作出该另一广播的人；

（d）就有线传播节目而言，指提供包括该节目在内的有线传播节目服务的人；

（e）就已发表版本的排印编排而言，指发表人。

（3）如文学作品、戏剧作品、音乐作品或艺术作品是计算机产生的，作出创作该作品所需的安排的人视为作者。

（4）就本部而言，如作品的作者的身份不为人知，该作品属"作者不为人知"的作品；如作品是合作作品而所有合作作者的身份均不为人知，该作品属"作者不为人知"的作品。

（5）就本部而言，如不能借合理查究而确定作者的身份，则该作者的身份须视为不为人知；但如该作者的身份一旦为人所知，则该作者的身份此后即不得视为不

为人知。

[比照 1988 c.48 s.9 U.K.]

| 条: | 12 | 合作作品 | | 30/06/1997 |

（1）在本部中，"合作作品"（work of joint authorship）指2名或多于2名作者合作制作的作品，而各名作者的贡献是不能明显地与另一或其他作者的贡献分开的。

（2）除非任何影片的制作人和主要导演均属同一人，否则该影片须视为合作作品。

（3）如某广播是视为由多于一人作出的，则该广播须视为合作作品［第8（3）条］。

（4）在本部中，凡提述作品的作者，则就合作作品而言，须解释为提述该作品的全部作者，但另有规定的除外。

[比照 1988 c.48 s.10 U.K.]

| 条: | 13 | 版权的第一拥有权 | | 30/06/1997 |

除第14、15及16条另有规定外，作品的作者是该作品的任何版权的第一拥有人。

[比照 1988 c.48 s.11（1）U.K.]

| 条: | 14 | 雇员的作品 | | 30/06/1997 |

（1）凡文学作品、戏剧作品、音乐作品、艺术作品或影片是由雇员在受雇工作期间制作的，则——

（a）除任何协议有相反的规定外；及

（b）在符合第（2）款的规定下，

该雇员的雇主是该作品的版权的第一拥有人。

（2）除任何协议有相反的规定外，如有关雇主利用该等作品或在其允许下由他人利用该等作品，而利用的方式在该等作品创作当时是该雇主及有关雇员均不能合理地预料的，则雇主须就该项利用支付一笔偿金予该雇员，款额由该雇主及该雇员议定，如没有协议则由版权审裁处裁定。

[比照 1988 c.48 s.11（2）U.K.]

| 条: | 15 | 委托作品 | | 30/06/1997 |

（1）凡作品是某人委托制作的，而作者与委托人之间订有就版权的享有权作出

明确的规定的协议，则委托作品的版权属于根据该协议享有版权的人。

（2）尽管有第（1）款及第 13、103 条的规定，委托制作作品的人——

（a）具有专用特许，可为作者及该委托制作作品的人在委托制作作品时可合理地预料的目的，利用该委托作品；及

（b）有权制止为任何他可合理地提出反对的目的而利用委托作品。

| 条： | 16 | 政府版权等 | 22 of 1999 | 01/07/1997 |

附注：

具追溯力的适应化修订——见 1999 年第 22 号第 3 条

第 13、14 及 15 条不适用于政府版权或立法会版权（参看第 182 及 184 条），亦不适用于凭借第 188 条而存在的版权（某些国际组织的版权）。

（由 1999 年第 22 号第 3 条修订）

| 条： | 17 | 文学作品、戏剧作品、音乐作品或艺术作品的版权期限 | 15 of 2007 | 06/07/2007 |

详列交互参照：

182，183，184

## 版权的期限

（1）以下条文就文学作品、戏剧作品、音乐作品或艺术作品的版权期限而具有效力。

（2）除以下条文另有规定外，如有关作者于某公历年死亡，版权在自该年年终起计的 50 年期间完结时届满。

（3）除以下条文另有规定外，如属作者不为人知的作品，则——

（a）凡作品于某公历年首次制作，其版权自该年年终起计的 50 年期间完结时届满；或

（b）如该作品在该期间内某公历年首次向公众提供，其版权在自该年年终起计的 50 年期间完结时届满。

（4）如第（3）（a）或（b）款段所指明的期间完结前，作者的身份变成为人所知，则第（2）款适用。

（5）为施行第（3）款，"向公众提供"（making available to the public）——

（a）就文学作品、戏剧作品或音乐作品而言，包括——

（i）公开表演；或

（ⅱ）将作品广播或将其包括在有线传播节目服务内；

（b）就艺术作品而言，包括——

（ⅰ）公开陈列（由 2007 年第 15 号第 4 条修订）；

（ⅱ）公开放映包括该作品的影片；或

（ⅲ）将该作品包括在广播或有线传播节目服务内；

（c）作品的复制品如第 26 条所指而向公众提供，

但在为施行该款而就一般情况决定作品是否已向公众提供时，不得考虑任何未经授权的作为。

（6）如作品是由计算机产生而于某公历年制作的，则上述条文并不适用，而版权在自该年年终起计的 50 年期间完结时届满。

（7）就合作的作品而言，本条条文须如以下般予以修改——

（a）在第（2）款中，凡提述作者死亡须按以下规定解释——

（ⅰ）如所有作者的身份均为人所知，该提述即提述他们当中最后死亡的人的死亡；及

（ⅱ）如其中一名或多于一名作者的身份为人所知，但其他的一名或多于一名作者的身份不为人知，该提述即指为人所知的作者中最后死亡的人的死亡；及

（b）在第（4）款中，凡提述作者的身份变成为人所知，须解释为提述任何一个作者的身份变成为人所知。

（8）本条不适用于政府版权或立法会版权（参看第 182 至 184 条）或凭借第 188 条而存在的版权（某些国际组织的版权）。〈＊注：详列交互参照：第 182、183、184 条 ＊〉（由 1999 年第 22 号第 3 条修订）

〔比照 1988 c. 48 s. 12 U. K.〕

| 条： | 18 | 声音记录的版权期限 | 30/06/1997 |
| --- | --- | --- | --- |

（1）以下条文就声音纪录的版权期限而具有效力。

（2）除以下条文另有规定外—

（a）凡声音纪录于某公历年制作，该声音纪录的版权在自该年年终起计的 50 年期间完结时届满；或

（b）如声音纪录在该期间内于某公历年发行，则该纪录的版权在自该年年终起计的 50 年期间完结时届满。

（3）为施行第（2）款，当声音纪录首次发表、公开播放、广播或包括在有线传播节目服务内时，即属"发行"，但在决定任何声音纪录是否属已发行时，不得考虑任何未经授权的作为。

〔比照 1988 c. 48 s. 13A U. K.〕

| 条： | 19 | 影片的版权期限 | | 30/06/1997 |
|---|---|---|---|---|

（1）以下条文就影片的版权期限而具有效力。

（2）除以下条文另有规定外，如以下人士中最后死亡的人的死亡在某公历年发生，版权在自该年年终起计的 50 年期间完结时届满——

（a）主要导演；

（b）剧本的作者；

（c）对白的作者；或

（d）特别为影片创作并用于影片中的音乐的创作人。

（3）如一名或多于一名第（2）（a）至（d）款所提述的人士的身份为人所知，但其余的一名或多于一名该等人士的身份不为人知，则在该款中提述该等人士中最后死亡的人的死亡，须解释为提述身份为人所知的人士中最后死亡的人的死亡。

（4）倘若第（2）（a）至（d）款所提述的人士的身份不为人知——

（a）如影片于某公历年制作，该影片的版权自该年年终起计的 50 年期间完结时届满；或

（b）如影片在该期间于某公历年首次向公众提供，则该影片的版权在自该年年终起计的 50 年期间完结时届满。

（5）如在第（4）（a）或（b）款所指明的期间完结前上述人士的身份变成为人所知，则第（2）及（3）款适用。

（6）为施行第（4）款，"向公众提供"（making available to the public）包括——

（a）公开放映；

（b）作品的复制品如第 26 条所指而向公众提供；或

（c）广播或包括在有线传播节目服务内，

但为施行该款而就一般情况决定影片是否已向公众提供时，不得考虑任何未经授权的作为。

（7）如在任何个案中，无人属第（2）（a）至（d）段所指的人士，则上述条文并不适用，而如影片于某公历年制作，该影片的版权在自该年年终起计的 50 年期间完结时届满。

（8）就本条而言，如不能借合理查究而确定第（2）（a）至（d）款所提述的人士的身份，则该等人士的身份须视为不为人知；但如任何该等人士的身份一旦为人所知，则该人的身份此后即不得视为不为人知。

[比照 1988 c. 48 s. 13B U. K.]

| 条： | 20 | 广播及有线传播节目的版权期限 | | 30/06/1997 |
|---|---|---|---|---|

（1）以下条文就广播或有线传播节目的版权期限而具有效力。

（2）除以下条文另有规定外，于某公历年作出的广播的版权，在自该年年终起计的 50 年期间完结时届满；于某公历年包括在有线传播节目服务内的有线传播节目的版权，在自该年年终起计的 50 年期间完结时届满。

（3）回放的广播或有线传播节目的版权与原本的广播或有线传播节目的版权同时届满，因此，在原本的广播或有线传播节目的版权届满后，广播某回放的广播或将回放的有线传播节目包括在有线传播节目服务内，版权不会就该回放的广播或有线传播节目而产生。

（4）回放的广播或有线传播节目指回放以前作出的广播或以前包括在有线传播节目服务内的有线传播节目。

〔比照 1988 c. 48 s. 14 U. K.〕

| 条： | 21 | 已发表版本的排印编排的版权期限 | 30/06/1997 |
|---|---|---|---|

于某公历年首次发表的已发表版本的排印编排的版权，在自该年年终起计的 25 年期间完结时届满。

〔比照 1988 c. 48 s. 15 U. K.〕

| 条： | 22 | 作品的版权所限制的行为 | 15 of 2007 | 06/07/1997 |
|---|---|---|---|---|

## 第 II 分部　版权拥有人的权利
### 受版权所限制的作为

（1）作品的版权的拥有人按照本分部的以下条文，具有在香港作出以下作为的独有权利——

（a）复制该作品（参阅第 23 条）；

（b）向公众发放该作品的复制品（参阅第 24 条）；

（c）租赁该作品的复制品予公众（参阅第 25 条）；（由 2007 年第 15 号第 5 条代替）

（d）向公众提供该作品的复制品（参阅第 26 条）；

（e）公开表演、放映或播放该作品（参阅第 27 条）；

（f）将该作品广播或将该作品包括在有线传播节目服务内（参阅第 28 条）；

（g）制作该作品的改编本，或就该等改编本而作出任何上述作为（参阅第 29 条），而上述作为在本部中称为"受版权所限制的作为"。

（2）任何人未获作品的版权拥有人的特许，而自行或授权他人作出任何受版权所限制的作为，即属侵犯该作品的版权。

（3）在本部中，凡提述作出受作品版权所限制的作为，即提述——

（a）就该作品的整项或其任何实质部分；及

（b）直接或间接地，作出该作为，而任何介入作为本身是否侵犯版权则不具关键性。

（4）本分部在下列条文的规限下有效——

（a）第Ⅲ分部的条文（就版权作品而允许的作为）；及

（b）第Ⅷ分部的条文（与版权的特许有关的条文）。

［比照 1988 c. 48 s. 16 U. K.］

| 条： | 23 | 因复制而侵犯版权 | | 30/06/1997 |
|---|---|---|---|---|

（1）复制有关作品是受任何类别的版权作品的版权所限制的作为；在本部中，凡提述复制及复制品，均按以下条文解释。

（2）复制任何作品指以任何实质形式复制该作品，并包括借电子方法将作品贮存于任何媒体。

（3）就艺术作品而言，复制包括将平面作品制成立体的复制品以及将立体作品制成平面的复制品。

（4）就影片、电视广播或有线传播节目而言，复制包括制作的构成该影片、广播或有线传播节目的全部或任何实质部分的任何影像的照片。

（5）就已发表版本的排印编排而言，复制指制作该编排的精确复制品。

（6）就任何类别的作品而言，复制包括制作该等作品的短暂存在的复制品或为该等作品的其他用途而附带制作复制品。

［比照 1988 c. 48 s. 17 U. K.］

| 条： | 24 | 以向公众发放复制品方式侵犯版权 | | 30/06/1997 |
|---|---|---|---|---|

（1）向公众发放有关作品的复制品，是受任何类别的版权作品的版权所限制的作为。

（2）在本部中，凡提述向公众发放作品的复制品，即提述由版权拥有人或在其同意下将以前从未在香港或其他地方发行的复制品发行的作为。

（3）在本部中，凡提述向公众发放作品的复制品，并不包括——

（a）以前曾发行的复制品的任何其后的分发、售卖、租赁或借出（但参阅第25条：

以租赁而侵犯版权）；或

（b）该等复制品其后输入香港。

（4）在本部中，凡提述发放作品的复制品，包括发放原本的作品及发放电子形式的复制品。

［比照 1988 c. 48 s. 18 U. K.］

| 条： | 25 | 以租赁作品于<br>公众方式侵犯版权 | L. N. 47 of 2008；<br>L. N. 48 of 2008 | 25/04/2008 |
|---|---|---|---|---|

附注：

\* 斜体部分尚未实施。

（1）租赁任何以下作品的复制品予公众，是受该作品的版权所限制的作为——

（a）计算机程序；

（b）声音纪录；

（c）影片；

（d）收录在声音纪录内的文学作品、戏剧作品或音乐作品；

\*［ *（e）载于连环图册内的文学作品或艺术作品；或*

*（f）连环图册的已发表版本的排印编排。*］（由 2007 年第 15 号第 6 条代替）

（2）在本部中，除本条以下条文另有规定外，"租赁"（rental）指为直接或间接的经济或商业利益，而令作品的复制品在该复制品将予或可予归还的条款下供人使用。

（3）"租赁"（rental）一词不包括——

（a）提供作公开表演、播放或放映之用或作广播或包括在有线传播节目服务内之用；

（b）提供作公开陈列之用（由 2007 年第 15 号第 6 条修订）；或

（c）提供作即场参考之用。

（4）在本部中，凡提述租赁作品的复制品，包括租赁原本的作品。

［比照 1988 c.48 s.18A U.K.］

| 条： | 26 | 以向公众提供复制品方式侵犯版权 | 30/06/1997 |
|---|---|---|---|

（1）向公众提供有关作品的复制品是受任何类别的版权作品的版权所限制的作为。

（2）在本部中，凡提述向公众提供作品的复制品，即提述借有线或无线的方式提供，而如此提供的方法使公众人士可从其各自选择的地点及于其各自选择的时间观看或收听该作品（例如透过一般称为计算机互联网服务的服务而提供作品的复制品）。

（3）在本部中，凡提述向公众提供作品的复制品，包括提供原本的作品。

（4）仅提供使作品的复制品能够向公众提供的实物设施本身并不构成向公众提供作品的复制品的作为。

| 条： | 27 | 以公开表演、放映或播放作品方式侵犯版权 | | 30/06/1997 |
|---|---|---|---|---|

（1）公开表演有关作品是受文学作品、戏剧作品或音乐作品的版权所限制的作为。

（2）在本部中，就作品而言，"表演"（performance）——

（a）包括讲课、讲话、演说或讲道；及

（b）一般而言，包括借任何视像或有声方式表达，并包括借声音纪录、影片、广播或有线传播节目表达。

（3）公开播放或放映有关作品，是受声音纪录、影片、广播或有线传播节目的版权所限制的作为。

（4）如以器具接收借电子方法传送的影像或声音而将作品公开表演、播放或放映，因而侵犯该作品的版权，则发送影像或声音的人及（如属表演）表演者，均不视为对侵犯版权负责。

［比照 1988 c. 48 s. 19 U. K.］

| 条： | 28 | 以广播作品或将作品包括在有线传播节目服务内的方式侵犯版权 | | 30/06/1997 |
|---|---|---|---|---|

广播有关作品或将其包括在有线传播节目服务内，是受以下作品的版权所限制的作为——

（a）文学作品、戏剧作品、音乐作品或艺术作品；

（b）声音纪录或影片；或

（c）广播或有线传播节目。

［比照 1988 c. 48 s. 20 U. K.］

| 条： | 29 | 以改编或作出与改编有关的作为的方式侵犯版权 | | 30/06/1997 |
|---|---|---|---|---|

详列交互参照：第 23、24、25、26、27、28 条

（1）制作有关作品的改编本，是受文学作品、戏剧作品或音乐作品的版权所限制的作为。就此而言，当以书面或其他方式记录该等作品，即为制作改编本。

（2）就文学作品、戏剧作品或音乐作品的改编本而作出第 23 至 28 条或第（1）款所指明的作为中的任何作为，亦属受该等作品的版权所限制的作为。就此而言，在作出该作为时该改编本是否已经以书面或其他方式记录，并不具关键性。

〈＊注——详列交互参照：第 23、24、25、26、27、28 条 ＊〉

（3）在本部中"改编本"（adaptation）——

（a）就文学作品（计算机程序除外）或戏剧作品而言，指——

（ⅰ）该作品的翻译本；

（ⅱ）由戏剧作品转为非戏剧作品的戏剧作品的版本，或由非戏剧作品转为戏剧作品的非戏剧作品的版本（视属何情况而定）；

（ⅲ）全部或主要借图画表达故事或动作的该作品的任何版本，而该等图画是适宜在书本或在报章、杂志或相类期刊上复制的；

（b）就计算机程序而言，指该程序的编排版本或经更改的版本，或其翻译本；

（c）就音乐作品而言，指该作品的乐曲编排或改编谱。

（4）就计算机程序而言，"翻译本"（translation）包括由计算机程序转为计算机语言或代码的计算机程序的版本或由计算机语言或代码转为计算机程序的计算机程序的版本，或由一种计算机语言或代码转为另一种计算机语言或代码的计算机程序的版本。

（5）不得自本条而推论什么构成或并不构成复制某作品。

[比照 1988 c. 48 s. 21 U. K.]

| 条： | 30 | 间接侵犯版权：输入或输出侵犯版权复制品 | 30/06/1997 |

## 间接侵犯版权

任何人未获作品的版权拥有人的特许，将该作品的复制品输入或输出香港，而他知道或有理由相信该复制是该作品的侵犯版权复制品，而且他输入或输出该复制品并非供自己私人和家居使用，即属侵犯该作品的版权。

[比照 1988 c. 48 s. 22 U. K.]

| 条： | 31 | 间接侵犯版权：管有侵犯版权复制品或进行侵犯版权复制品交易 | 15 of 2007 | 06/07/2007 |

（1）任何人未获作品的版权拥有人的特许，就该作品的复制品作出以下作为，而他知道或有理由相信该复制品是该作品的侵犯版权复制品，即属侵犯该作品的版权——（由 2000 年第 64 号第 2 条修订）

（a）为任何贸易或业务的目的或在任何贸易或业务的过程中，管有该复制品（由 2000 年第 64 号第 2 条代替，由 2007 年第 15 号第 7 条修订）；

（b）将该复制品出售、出租、要约出售或要约出租，或为出售或出租而展示该复制品；

（c）为任何贸易或业务的目的或在任何贸易或业务的过程中，公开陈列或分发该复制品或（由 2000 年第 64 号第 2 条代替，由 2007 年第 15 号第 7 条修订）；

（d）并非为任何贸易或业务的目的，亦并非在任何贸易或业务的过程中，分发该复制品并达到损害版权拥有人的程度（由 2000 年第 64 号第 2 条修订，由 2007

年第 15 号第 7 条修订)。

(2) 就第 (1) (a) 及 (c) 款而言,有关的贸易或业务是否包含经营版权作品的侵犯版权复制品并不具关键性 (由 2000 年第 64 号第 2 条增补)。

[比照 1988 c. 48 s. 23 U. K.]

| 条: | 32 | 间接侵犯版权:提供制造侵犯版权复制品的方法 | 15 of 2007 | 06/07/2007 |
|---|---|---|---|---|

(1) 任何人未获作品的版权拥有人的特许而——

(a) 制作物品;

(b) 将物品输入或输出香港;

(c) 为任何贸易或业务的目的或在任何贸易或业务的过程中,管有物品 (由 2000 年第 64 号第三条代替。由 2007 年第 15 号第 8 条修订);或

(d) 将物品出售、出租、要约出售或要约出租,或为出售或出租而展示该物品,

而该物品是经特定设计或改装,用以制作该作品的复制品,而该人是在知道或有理由相信该物品是将用以制作该等侵犯版权复制品的情况下作出上述作为,则该人即属侵犯该作品的版权。

(2) 任何人未获作品的版权拥有人的特许,借电讯系统传送该作品 (但并非借广播或借包括在有线传播节目服务内而传送),而他是在知道或有理由相信将有作品的侵犯版权复制品借在香港或其他地方接收该传送而制作的情况不作出该传送,则该人即属侵犯该作品的版权。

(3) 就第 (1) (c) 款而言,有关的贸易或业务是否包含经营经特定设计或改装用以制作版权作品的复制品的物品,并不具关键性 (由 2000 年第 64 号第 3 条增补)。

[比照 1988 c. 48 s. 24 U. K.]

| 条: | 33 | 间接侵犯版权:允许处所用作进行侵犯版权表演 | | 30/06/1997 |
|---|---|---|---|---|

(1) 凡在公众娱乐场所作出的表演侵犯作品的版权,除非任何允许该场所用作该表演的人在他给予允许时有合理理由相信该表演不会侵犯版权,否则该人亦须对该项侵犯版权负上法律责任。

(2) 在本条中,"公众娱乐场所" (place of public entertainment) 包括主要占用作其他用途但不时亦供租用作公众娱乐用途的处所。

[比照 1988 c. 48 s. 25 U. K.]

| 条: | 34 | 间接侵犯版权:提供器具作侵犯版权表演等 | | 30/06/1997 |
|---|---|---|---|---|

（1）凡借使用以下器具公开表演作品或公开播放或放映作品而侵犯该作品的版权，则第（2）至（4）款所指明的人亦须对该项侵犯版权负上法律责任——

（a）播放声音纪录的器具；

（b）放映影片的器具；或

（c）接收借电子方法传送的影像或声音的器具。

（2）供应器具或其任何实质部分的人如在供应该器具或该部分时——

（a）知道或有理由相信该器具相当可能被人以侵犯版权的方式使用；或

（b）（如该器具的正常用途涉及公开表演、播放或放映）基于合理理由不相信该器具不会被人以侵犯版权的方式使用，则该供应人须对该项侵犯版权负上法律责任。

（3）允许该器具被带进处所的该处所的占用人如在给予允许时，知道或有理由相信该器具相当可能被人以侵犯版权的方式使用，该占用人亦须对该项侵犯版权负上法律责任。

（4）供应用作侵犯版权的声音纪录或影片的人如在供应该声音纪录或影片时，知道或有理由相信他所供应的声音纪录或影片或以他所供应的声音纪录或影片直接或间接制作的复制品相当可能被人以侵犯版权的方式使用，则该人亦须对该项侵犯版权负上法律责任。

［比照 1988 c. 48 s. 26 U. K.］

| 条： | 35 | "侵犯版权复制品"的含义 | 15 of 2007 | 06/07/2007 |
|---|---|---|---|---|

详列交互参照：

第 118、118A、119、120、121、122、123、124、125、126、127、128、129、130、131、132、133 条。

## 侵犯版权复制品

（1）在本部中，"侵犯版权复制品"（infringing copy）就版权作品而言，须按照本条解释。

（2）如某作品的复制品的制作构成侵犯有关作品的版权，则该复制品即属侵犯版权复制品。

（3）除第 35A 或 35B 条另有规定外，如——（由 2003 年第 27 号第 2 条修订；由 2007 年第 15 号第 9 条修订）

（a）某作品的复制品（附属作品的复制品除外）已输入或拟输入香港；及

（b）该复制品（附属作品的复制品除外）假使是在香港制作即会构成侵犯有关作品的版权，或违反关乎该作品的专用特许协议，

该复制品（附属作品的复制品除外）亦属侵犯版权复制品（附属作品的复制品

除外）。

（4）就第 118 至 133 条（刑事条文）而言，"侵犯版权复制品"（infringing copy）并不包括符合以下说明的某作品的复制品——〈＊注——详列交互参照：第 118、118A、119、120、121、122、123、124、125、126、127、128、129、130、131、132、133 条＊〉

（a）是在制作它的所在国家、地区或地方合法地制作的（由 2003 年第 27 号第 2 条修订）；

（b）已于自该作品在香港或其他地方发表的首天起计 15 个月届满之后的任何时间输入香港或拟于该 15 个月届满之后的任何时间输入香港（由 2007 年第 15 号第 9 条修订）；及

（c）假使是在香港制作即会构成侵犯有关作品的版权，或违反关乎该作品的专用特许协议，

亦不包括符合以下说明的某附属作品的复制品——

（i）是在制作它的所在国家、地区或地方合法地制作的（由 2003 年第 27 号第 2 条修订）；

（ii）已输入或拟输入香港；及

（iii）假使是在香港制作即会构成侵犯有关作品的版权，或违反关乎该作品的专用特许协议。

（5）就第Ⅶ分部（关乎输入侵犯版权物品的法律程序）而言，"侵犯版权复制品"（infringing copy）并不包括符合以下说明的某作品的复制品或某附属作品的复制品——

（a）是在制作它的所在国家、地区或地方合法地制作的（由 2003 年第 27 号第 2 条修订）；

（b）已输入或拟输入香港；及

（c）假使是在香港制作即会构成侵犯有关作品的版权，或违反关乎该作品的专用特许协议的。

（6）凡在任何法律程序中出现某作品的复制品是否侵犯版权复制品的问题，并且证明——

（a）该复制品是该作品的复制品；及

（b）版权存在于该作品或曾在任何时间存在于该作品，

则须推定该复制品是在版权存在于该作品时制作，直至相反证明成立为止。

（6A）凡在任何法律程序中，出现某作品的复制品（该复制品是在制作它的所在国家、地区或地方合法地制作的）是否仅凭借第（3）款而属侵犯版权复制品的问题，并且证明——

（a）（如属贮存于光盘的任何作品的复制品）该光盘没有按《防止盗用版权条例》（第 544 章）第 15 条规定，标上制造者代码；

（b）在该复制品上的卷标或标记、收录该复制品的物品或包装或盛载该复制品的包装物或盛器，显示该复制品是在香港以外的国家、地区或地方制作的；或

（c）在该复制品上的卷标或标记、收录该复制品的物品或包装或盛载该复制品的包装物或盛器，显示该复制品属禁止在香港分发、出售或供应的，或显示该复制品只限在香港以外的国家、地区或地方分发、出售或供应的，

则除非有相反证据，该复制品须推定为已输入香港。（由 2007 年第 15 号第 9 条增补）

（6B）在第（6A）（a）款中——

"光盘"（optical disc）具有《防止盗用版权条例》（第 544 章）第 2（1）条给予该词的含义；

"标上"（marked）具有《防止盗用版权条例》（第 544 章）第 15（3）条给予该词的含义；

"制造者代码"（manufacturer's code）具有《防止盗用版权条例》（第 544 章）第 2（1）条给予该词的含义。（由 2007 年第 15 号第 9 条增补）

（7）在本部中，"侵犯版权复制品"（infringing copy）包括凭借任何以下条文而被视为侵犯版权复制品的复制品——

（a）第 35B（5）条〔输入的复制品不属第 35（3）条所指的"侵犯版权复制品"〕；

（b）第 40B（5）条（为阅读残障人士制作的便于阅读文本）；

（c）第 40C（7）条（指明团体为阅读残障人士制作的便于阅读文本）；

（d）第 40D（2）条（指明团体管有的中间复制品）；

（e）第 40D（7）条（指明团体进行交易的中间复制品）；

（f）第 41A（7）条（为教学或接受教学的目的而制作的复制品）；

（g）第 41（5）条（为教学或考试的目的而制作的复制品）；

（h）第 44（3）条（教育机构为教育的目的而制作的纪录）；

（i）第 45（3）条（教育机构为教学的目的而借翻印进行复制）；

（j）第 46（4）（b）条（图书馆馆长或档案室负责人倚赖虚假的声明而制作的复制品）；

（k）第 54A（3）条（为公共行政的目的而制作的复制品）；

（l）第 64（2）条（在主体复制品转移时采用电子形式保留的作品的另一份复制品、改编本等）；

（m）第 72（2）条（为宣传售卖的艺术作品的目的而制作的复制品）；或

（n）第 77（4）条（为广播或有线传播节目的目的而制作的复制品）。（由 2007 年第 15 号第 9 条代替）

（8）就第（3）、（4）及（5）款而言，"附属作品"（accessory work）指以下作品——

（a）附贴于某物品上或在某物品上展示的标签所包含或构成的作品；

（b）包装或盛载某物品的包装物或盛器所包含或构成的作品；

（c）附贴于包装或盛载某物品的包装物或盛器上或在该等包装物或盛器上展示的标签所包含或构成的作品；

（d）某物品所附带并在售卖时与该物品一并提供的书面指示、保证书或其他数据所包含或构成的作品；或

（e）某物品所附带并在售卖时与该物品一并提供的具指示性质的声音纪录或影片，

而该物品（包括标签、包装物、盛器、指示、保证书、其他数据、声音纪录或影片，视属何情况而定）的经济价值并非主要归因于该作品的经济价值。

（9）（由 2003 年第 27 号第 2 条废除）

[比照 1988 c. 48 s. 27 U. K.]

| 条： | 35A | 计算机程序的复制品或与计算机程序载于同一物品的某些作品的复制品并非第 35（3）条所指的"侵犯版权复制品" | L. N. 211 of 2003 | 28/11/2003 |
|---|---|---|---|---|

（1）如本款适用的作品的复制品是在制作它的所在国家、地区或地方合法地制作的，则它并非第 35（3）条所指的侵犯版权复制品。

（2）如某作品的复制品——

（a）属计算机程序的复制品；或

（b）不属计算机程序的复制品，但与计算机程序的复制品载于同一物品，且并非第（3）或（4）款所规定者，

而假使没有第（1）款，该复制品便会是第 35（3）条所指的侵犯版权复制品，则第（1）款适用于该复制品。

（3）任何第（2）（b）款所描述的作品的复制品如符合以下说明，则第（1）款不适用于该复制品——

（a）该复制品是或实质上是整出电影或电视剧或电视电影的复制品；或

（b）如该复制品是某电影或电视剧或电视电影的部分的复制品，则——

（ⅰ）该电影或电视剧或电视电影的所有部分（指其复制品载于有关物品的部分）合起来构成或实质上构成整出该电影或电视剧或电视电影；或

（ⅱ）该电影或电视剧或电视电影的所有部分（指其复制品载于有关物品的部

分）的总计观看时间（就电影而言）超逾 15 分钟，或（就电视剧或电视电影而言）超逾 10 分钟，

而在（a）及（b）（ⅰ）段中对电视剧或电视电影的提述，就由一集或多于一集剧情组成的电视剧或电视电影而言，即为对该电视剧或电视电影的一集剧情的提述。

（4）任何第（2）（b）款所描述的作品的复制品如属——

（a）电影或电视剧或电视电影的复制品［第（3）款适用者除外］；

（b）音乐声音纪录或音乐视像纪录的复制品；或

（c）构成电子书的一部分的复制品，

（"指明作品复制品"）则在下述情况下，第（1）款不适用于该复制品：某人在获取载有该指明作品复制品的物品供自己使用时，其目的是为了获取载于该物品的各指明作品复制品的可能性，大于为了获取载于该物品的不属指明作品复制品的各作品的复制品的可能性。

（5）就第（4）款而言，于考虑获取某物品的目的是为了获取载于该物品的某作品的复制品的可能性时，任何计算机程序中如有任何部分的功能是提供方法以进行以下活动，则该等部分的复制品须被视为指明作品复制品的部分——

（a）观看或收听载于该物品的指明作品复制品，或（如该作品经编码处理）就该作品进行译码，以便能够观看或收听该指明作品复制品；或

（b）搜索载于该物品的指明作品复制品的任何特定部分。

（6）在本条中，"电子书"（e-book）指载于单一物品的作品的复制品的组合，而该组合包含——

（a）以下每项作品的一份或多于一份复制品——

（ⅰ）计算机程序；及

（ⅱ）文学作品（计算机程序除外）、戏剧作品、音乐作品或艺术作品（"主要作品"），

而其编排方式令主要作品的复制品以书本、杂志或期刊的电子版本的形式呈现；及（b）一份或多于一份影片或声音纪录的复制品（如该复制品或该等复制品是附同主要作品作说明用途的）。

（7）为免生疑问，在本条［第（6）款除外］中，对作品的复制品的提述，即为对整项作品的复制品或作品的任何实质部分的复制品的提述。

（由 2003 年第 27 号第 3 条增补）

| 条： | 35B | 输入的复制品不属第 35（3）条所指的"侵犯版权复制品" | 15 of 2007 | 06/07/2007 |
|---|---|---|---|---|

详列交互参照：

第 118、118A、119、120、121、122、123、124、125、126、127、128、129、130、131、132、133 条。

（1）任何本款适用的作品的复制品——

（a）如符合以下说明，则就将该复制品输入香港的人而言，不属第 35（3）条所指的侵犯版权复制品——

（ⅰ）该复制品是在制作它的所在国家、地区或地方合法地制作的；而且

（ⅱ）输入该复制品的本意，并非令某人可为任何贸易或业务的目的或在任何贸易或业务的过程中，经销该复制品；或

（b）如符合以下说明，则就管有该复制品的人而言，不属第 35（3）条所指的侵犯版权复制品——

（ⅰ）该复制品是在制作它的所在国家、地区或地方合法地制作的；而且

（ⅱ）管有该复制品的本意，并非令某人可为任何贸易或业务的目的或在任何贸易或业务的过程中，经销该复制品。

（2）第（1）款适用于任何类别作品的复制品，但符合以下说明的作品的复制品除外——

（a）属——

（ⅰ）音乐声音纪录；

（ⅱ）音乐视像纪录；

（ⅲ）电视剧或电视电影；或

（ⅳ）电影；而且

（b）正公开或拟公开播放或放映。

（3）尽管有第（2）款所订的例外情况，第（1）款仍适用于第（2）（a）款所提述的、符合以下说明的任何作品的复制品——

（a）正由或拟由某教育机构为该机构的教育目的而公开播放或放映的；或

（b）正由或拟由某指明图书馆为该图书馆的用途而公开播放或放映的。

（4）就第（3）（b）款而言，如任何图书馆属于根据第 46（1）（b）条指明的任何图书馆的类别，该图书馆须视为指明图书馆。

（5）凡某作品的复制品凭借第（1）款而不属侵犯版权复制品，如其后有人为任何贸易或业务的目的或在任何贸易或业务的过程中，经销该复制品——

（a）而该经销是在第 35（4）（b）条所述的 15 个月期间内进行的，则就第 118 至 133 条（刑事条文）而言，该复制品须就有关经销及就经销该复制品的人而言视为侵犯版权复制品；〈＊注——详列交互参照：第 118、118A、119、120、121、122、123、124、125、126、127、128、129、130、131、132、133 条 ＊〉

（b）则不论该经销是于何时进行的，就本条例的任何条文（第 118 至 133 条除

外）而言，

该复制品须就有关经销及就经销该复制品的人而言视为侵犯版权复制品。〈＊注——详列交互参照：第 118、118A、119、120、121、122、123、124、125、126、127、128、129、130、131、132、133 条 ＊〉

（6）在本条中，"经销"（deal in）指出售、出租、要约出售或要约出租、或为出售或出租而展示，或为牟利或报酬而分发。

（由 2007 年第 15 号第 10 条增补）

| 条： | 36 | 就第 30 及 31 条而言的免责辩护 | 36 15 of 2007 | 06/07/2007 |

## 免责辩护

（1）现声明如有某作品的复制品是在制作它的所在国家、地区或地方合法地制作的，且它仅凭借第 35（3）条而属侵犯版权复制品，则就第 30 及 31 条而言以及为免生疑问，在根据第 30 或 31 条而就某作品的复制品进行的侵犯版权诉讼中，如被告人证明——（由 2007 年第 15 号第 11 条修订）

（a）他已作出合理查究足以使他自己信纳该已输入或拟输入香港的该作品的复制品并非该作品的侵犯版权复制品；

（b）他基于合理理由而信纳在有关个案的情况下，该复制品并非侵犯版权复制品；及

（c）没有其他本会致使他合理地怀疑该复制品是侵犯版权复制品的情况，

则他已证明他没有理由相信该复制品是侵犯版权复制品。

（2）法院在裁定被告人是否已根据第（1）款证明他没有理由相信该复制品是侵犯版权复制品时，可顾及的因素包括（但不限于）以下事项——

（a）他是否已就有关类别作品向有关的行业团体作出查究；

（b）他是否已给予通知促请有关的版权拥有人或专用特许持有人注意他在输入和出售该作品的复制品方面的权益；

（c）他是否已遵从就有关类别作品的供应而可能存在的实务守则；

（d）对被告作出的该等查究的响应（如有的话）是否合理和及时；

（e）他是否已获提供有关的版权拥有人或专用特许持有人（视属何情况而定）的姓名或名称、地址及其联络之详细资料；

（f）他是否已获提供有关作品首日发表之日期；

（g）他是否已获提供任何有关专用特许之证明。

（3）凡某人一如第 30 或 31 条所述般侵犯版权，在针对该人侵犯版权的诉讼中，如该人证明以下事项，即可以此作为免责辩护——

（a）他已向版权拥有人或专用特许持有人（视属何情况而定）订购该作品的复

制品，以获得该作品的复制品的供应；

（b）他已向某人作出订购，但该人基于不合理理由而不作出提供或在不合理的条款下始同意提供，故此其作为并不合情理；及

（c）有关输入是在版权拥有人或专用特许特有人作出该不合情理的作为之后并且是在第 35（4）（b）条指明的期间届满之后进行的。

（4）法院在裁定版权拥有人或专用特许持有人是否已作出不合情理的作为时，须将个别行业为有秩序地分发该类别作品的复制品而既有的惯常做法列为考虑因素，尤其须考虑该订单如获履行，会否与版权拥有人或专用特许持有人对该作品的正常利用有所抵触，或会否不合理地损害版权拥有人或专用特许持有人的合法权益。

（5）法院在裁定是否基于"不合理理由"而不作出提供或在"不合理的条款下"始同意提供时，须考虑个别行业或个别公众的合理需求，包括但不限于价格及提货时间、该行业对在香港存货之处理、该行业对个别媒体、类别或语言的产品之一般处理、订单之大小、已作之查询以及有无任何人士以前曾经向个别供货商订货而未得到兑现。

| 条： | 37 | 引言条文 | | 30/06/1997 |
|---|---|---|---|---|

## 第III分部
## 就版权作品而允许的作为

### 引言

（1）本分部的条文指明某些在尽管有版权存在的情况下仍可就版权作品而作出的作为；该等条文只关乎侵犯版权的问题而不影响限制作出任何该等指明作为的任何其他权利或义务。

（2）凡本分部规定某项作为不属侵犯版权，或可作出该作为而不侵犯版权，而没有特别提及某类别的版权作品，则有关作为并不属侵犯任何类别的作品的版权。

（3）在决定本分部指明的作为是否可在尽管有版权存在的情况下就版权作品而作出时，基本考虑因素是该项作为并不与版权拥有人对作品的正常利用有所抵触，以及该项作为并没有不合理地损害版权拥有人的合法权益。

（4）不得从凭借本分部可予作出而不属侵犯版权的任何作为的描述，而推论受任何类别作品的版权所限制的作为的范围。

（5）本分部各条条文的解释互相独立，故某作为并不属于某条文的范围，并不表示另一条文不涵盖该作为。

［比照 1988 c. 48 s. 28 U. K.］

| 条： | 38 | 研究及私人研习 | 15 of 2007 | 06/07/2007 |
|---|---|---|---|---|

## 一般条文

(1) 为研究或私人研习而公平处理任何作品，不属侵犯该等作品的任何版权，就已发表版本而言，亦不属侵犯其排印编排的版权。（由 2007 年第 15 号第 12 条修订）

(2) 由并非属研究者或学生的人在以下的情况下进行复制，不属公平处理——

(a) 由图书馆馆长或代其行事的人作出根据第 49 条订立的规则不允许根据第 47 或 48 条作出的事情（文章或已发表作品的部分：对制造多份相同材料的复制品的限制）；或

(b) 在其他情况下，进行复制的人知道或有理由相信如此复制会造成实质上相同材料的复制品在实质上相同的时间提供予多于一人作实质上相同的用途。

(3) 法院在裁定对作品的处理是否第（1）款所指的公平处理时，须考虑有关个案的整体情况，并尤其须考虑——

(a) 该项处理的目的及性质，包括该项处理是否为非牟利的目的而作出以及是否属商业性质；

(b) 该作品的性质；

(c) 就该作品的整项而言，被处理的部分所占的数量及实质分量；及

(d) 该项处理对该作品的潜在市场或价值的影响。（由 2007 年第 15 号第 12 条代替）

[比照 1988 c. 48 s. 29 U. K.]

| 条： | 39 | 批评、评论及新闻报道 | | 30/06/1997 |
|---|---|---|---|---|

(1) 为批评或评论某一作品或另一作品或批评或评论某一作品的表演而公平处理该某一作品，只要附有足够的确认声明，即不属侵犯该某一作品的任何版权，而就已发表版本而言，亦不属侵犯其排印编排的版权。

(2) 为报导时事而公平处理某一作品，只要附有足够的确认声明［除第（3）款另有规定外］，不属侵犯该作品的任何版权。

(3) 借声音纪录、影片、广播或有线传播节目报导时事，不须附有确认声明。

[比照 1988 c. 48 s. 30 U. K.]

| 条： | 40 | 附带地包括版权材料 | | 30/06/1997 |
|---|---|---|---|---|

(1) 某项作品附带地包括在艺术作品、声音纪录、影片、广播或有线传播节目内，不属侵犯该作品的版权。

(2) 某项东西的制作若凭借第（1）款而不属侵犯版权，则向公众发放或提供该

东西的复制品，或播放、放映、广播该项东西，或将该项东西包括在有线传播节目服务内，亦不属侵犯版权。

（3）蓄意将音乐作品、伴随音乐而讲出或唱出的文字包括在另一作品中，或蓄意将声音纪录、广播或有线传播节目中包括音乐作品或该等文字的部分包括在另一作品中，并不视为附带地包括在该另一作品中。

[比照 1988 c.48 s.31 U.K.]

| 条： | 40A | 适用于第 40A 至 40F 条的定义 | 15 of 2007 | 06/07/2007 |
|---|---|---|---|---|

详列交互参照：

第 40B、40C、40D、40E、40F 条。

## 阅读残障人士

在本条及在第 40B 至 40F 条中——〈＊注——详列交互参照：第 40B、40C、40D、40E、40F 条 ＊〉

"便于阅读文本"（accessible copy）就某版权作品而言，指令阅读残障人士较易阅读或使用该作品的文本；

"指明团体"（specified body）指符合任何以下描述的团体——

(a) 附表1第1条所指明的教育机构；

(b) 根据《税务条例》（第112章）第88条获豁免缴税的教育机构；

(c) 获政府发放直接经常性补助金的教育机构；或

(d) 非为牟利而成立或营办的、主要宗旨属慈善性质的或是在其他情况下以促进阅读残障人士的福利为务的组织；

"借出"（lend）就某复制品而言，指在并非为直接或间接的经济或商业利益的情况下，提供该复制品予人使用，而使用条款是该复制品将予归还；

"阅读残障"（print disability）就某人而言，指——

(a) 失明；

(b) 该人的视力受到损害，以致该人不能依靠矫正视力镜片，将视力改善至一般可接受的能在没有特别强度或种类的光线下阅读的水平；

(c) 由于身体残疾以致无能力手持或调弄书本；或

(d) 由于身体残疾以致无能力使其眼睛聚焦或移动其眼睛以达至一般可接受的作阅读的程度。

（由 2007 年第 15 号第 13 条增补）

| 条： | 40B | 为阅读残障人士制作单一便于阅读文本 | 15 of 2007 | 06/07/2007 |
|---|---|---|---|---|

（1）如——

（a）任何阅读残障人士管有任何文学作品、戏剧作品、音乐作品或艺术作品的整项或其部分的文本（在本条中称为"原版文本"）；而

（b）由于其残疾以致他无法阅读或使用该原版文本，则由该人士或任何人代他制作一份该原版文本的便于阅读文本以供该人士个人使用，并不属侵犯该作品的版权，而就已发表版本而言，此举亦不属侵犯其排印编排的版权。

（2）在以下情况下，第（1）款不适用——

（a）有关原版文本属侵犯版权复制品；

（b）有关原版文本属音乐作品或其部分的原版文本，而制作便于阅读文本会涉及记录该作品或其部分的表演；或

（c）有关原版文本属戏剧作品或其部分的原版文本，而制作便于阅读文本会涉及记录该作品或其部分的表演。

（3）除非在阅读残障人士制作或任何人代他制作便于阅读文本之时，该文本的制作者已作出合理查究，并信纳无法以合理的商业价格，取得属可供该人士阅读或使用的形式的有关版权作品的文本，否则第（1）款不适用。

（4）任何人如根据本条代阅读残障人士制作便于阅读文本，并就此收取费用，该费用不得超逾为制作及供应该文本而招致的成本。

（5）凡任何便于阅读文本（若非因本条即属侵犯版权复制品者）按照本条制作或供应，但其后该文本被用以进行交易，则——

（a）就该交易而言，该文本须视为侵犯版权复制品；及

（b）如该交易侵犯版权，则就所有其后的目的而言，该文本须视为侵犯版权复制品。

（6）在第（5）款中，"被用以进行交易"（dealt with）指被出售、出租、要约出售或要约出租，或为出售或出租而展示。

（由 2007 年第 15 号第 13 条增补）

| 条： | 40C | 指明团体为阅读残障人士制作多份便于阅读文本 | 15 of 2007 | 06/07/2007 |

（1）如——

（a）任何指明团体管有任何文学作品、戏剧作品、音乐作品或艺术作品的商业发表的整项或其部分的文本（在本条中称为"原版文本"）；及

（b）阅读残障人士无法阅读或使用该原版文本，则该指明团体为该等人士制作或向该等人士供应该原版文本的便于阅读文本以供该等人士个人使用，并不属侵犯该作品的版权，而就已发表版本而言，此举亦不属侵犯其排印编排的版权。

（2）在以下情况下，第（1）款不适用——

（a）有关原版文本属侵犯版权复制品；

（b）有关原版文本属音乐作品或其部分的原版文本，而制作便于阅读文本会涉及记录该作品或其部分的表演；或

（c）有关原版文本属戏剧作品或其部分的原版文本，而制作便于阅读文本会涉及记录该作品或其部分的表演。

（3）除非在制作便于阅读文本之时，指明团体已作出合理查究，并信纳无法以合理的商业价格，取得属可供阅读残障人士阅读或使用的形式的有关版权作品的文本，否则第（1）款不适用。

（4）指明团体必须——

（a）在制作或供应便于阅读文本之前的一段合理时间内，将其制作或供应该等便于阅读文本的意向，通知有关版权拥有人；或

（b）在制作或供应便于阅读文本之后的一段合理时间内，将它已制作或供应该等便于阅读文本一事，通知有关版权拥有人。

（5）如指明团体在作出合理查究后，仍不能确定有关版权拥有人的身份及联络方法的详细数据，则第（4）款的规定不适用。

（6）指明团体如根据本条制作及供应便于阅读文本，并就此收取费用，该费用不得超逾为制作及供应该文本而招致的成本。

（7）凡任何便于阅读文本（若非因本条即属侵犯版权复制品者）按照本条制作或供应，但其后该文本被用以进行交易，则——

（a）就该交易而言，该文本须视为侵犯版权复制品；及

（b）如该交易侵犯版权，则就所有其后的目的而言，该文本须视为侵犯版权复制品。

（8）在第（7）款中，"被用以进行交易"（dealt with）指被出售、出租、要约出售或要约出租，或为出售或出租而展示。

（由 2007 年第 15 号第 13 条增补）

| 条： | 40D | 中间复制品 | 15 of 2007 | 06/07/2007 |
|---|---|---|---|---|

（1）任何根据第 40C 条有权制作原版文本的便于阅读文本的指明团体，可管有任何在制作该便于阅读文本的过程中必然产生的该原版文本的中间复制品，但——

（a）该指明团体只可为制作更多便于阅读文本的目的，而管有该中间复制品；及

（b）该指明团体必须在已不需再为该目的而管有该中间复制品之后的 3 个月内，将之销毁。

（2）任何并非按照第（1）款管有的中间复制品须视为侵犯版权复制品。

（3）指明团体可将根据第（1）款管有的中间复制品，借予或转移予另一同样根据第 40C 条有权制作有关版权作品的便于阅读文本的指明团体。

352

（4）指明团体必须——

（a）在借出或转移中间复制品之前的一段合理时间内，将其借出或转移该中间复制品的意向，通知有关版权拥有人；或

（b）在借出或转移中间复制品之后的一段合理时间内，将它已借出或转移该中间复制品一事，通知有关版权拥有人。

（5）如指明团体在作出合理查究后，仍不能确定有关版权拥有人的身份及联络方法的详细数据，则第（4）款的规定不适用。

（6）指明团体如就借出或转移本条所指的中间复制品收取费用，该费用不得超逾为借出或转移该中间复制品而招致的成本。

（7）凡任何中间复制品（若非因本条即属侵犯版权复制品者）按照本条被管有、借出或转移，但其后该中间复制品被用以进行交易，则——

（a）就该交易而言，该中间复制品须视为侵犯版权复制品；及

（b）如该交易侵犯版权，则就所有其后的目的而言，该中间复制品须视为侵犯版权复制品。

（8）在第（7）款中，"被用以进行交易"（dealt with）指被出售、出租、要约出售或要约出租，或为出售或出租而展示。

（由 2007 年第 15 号第 13 条增补）

| 条： | 40E | 指明团体须备存的纪录 | 15 of 2007 | 06/07/2007 |
|---|---|---|---|---|

（1）指明团体必须在根据第 40C 条制作或供应任何便于阅读文本之后，在切实可行范围内，尽快就该便于阅读文本作出纪录。

（2）第（1）款所提述的纪录必须载有——

（a）制作或供应有关便于阅读文本的日期；

（b）该便于阅读文本所采用的形式；

（c）有关原版文本的名称、发表人及版本；

（d）（如该便于阅读文本是为某团体或某类别人士制作或是供应予某团体或某类别人士的）有关团体的名称或对有关类别人士的描述；及

（e）（如制作或供应的便于阅读文本多于一份）该等便于阅读文本的总数。

（3）指明团体必须在根据第 40D 条借出或转移任何中间复制品之后，在切实可行范围内，尽快就该中间复制品作出纪录。

（4）第（3）款所提述的纪录必须载有——

（a）借得或获转移有关中间复制品的指明团体的名称，以及借出或转移该中间复制品的日期；

（b）该中间复制品所采用的形式；及

（c）有关原版文本的名称、发表人及版本。

（5）指明团体必须——

（a）在根据第（1）或（3）款作出任何纪录之后，保留该纪录最少3年；及

（b）容许有关版权拥有人或代该人行事的人在给予合理通知的情况下，于任何合理时间查阅该纪录及制作该纪录的复本。

（由 2007 年第 15 号第 13 条增补）

| 条： | 40F | 关于第 40A 至 40E 条的补充条文 | 15 of 2007 | 06/07/2007 |
| --- | --- | --- | --- | --- |

详列交互参照：

第 40A、40B、40C、40D、40E 条。

（1）本条补充第 40A 至 40E 条。〈＊注——详列交互参照：第 40A、40B、40C、40D、40E 条＊〉

（2）就任何版权作品的文本（根据第 40B 或 40C 条制作的便于阅读文本除外）而言，如阅读残障人士能像没患有阅读残障般阅读或使用该文本，该文本方可视为可供阅读残障人士阅读或使用。

（3）版权作品的便于阅读文本可采用的形式如下——

（a）该作品的声音纪录；

（b）该作品的点字、大字体或电子版本；或

（c）该作品的任何其他专门规格。

（4）任何版权作品的便于阅读文本可包含引领使用该作品的版本的设施，但不得包含——

（a）并非对克服因阅读残障而产生的困难属必要的改动；或

（b）侵犯第 92 条赋予该作品的作者的其作品不受贬损处理的精神权利的改动。

（由 2007 年第 15 号第 13 条增补）

| 条： | 41 | 为教学或考试的目的而作出的事情 | | 30/06/1997 |
| --- | --- | --- | --- | --- |

（1）如在教学或教学准备过程中在合理的范围内复制文学作品、戏剧作品、音乐作品或艺术作品，而该复制——

（a）由教学或接受教学的人作出；及

（b）并非借翻印程序进行，则该复制不属侵犯该作品的版权。

（2）在影片制作或影片声带制作的教学或教学准备过程中，因制作影片或影片声带而由教学或接受教学的人复制声音纪录、影片、广播或有线传播节目，并不属侵犯该作品的版权。

（3）为考试的目的并借拟出试题、向考生传达试题或解答试题而作出的任何事情，不属侵犯版权。

（4）第（3）款并不延伸而适用于制作音乐作品的翻印复制品供考生表演该作品之用。

（5）凡任何复制品（假若非因本条该复制品即属侵犯版权复制品）按照本条制作，但其后有人进行该复制品的交易，则就该项交易而言，该复制品须视为侵犯版权复制品，又如该项交易侵犯版权，则就所有其后的目的而言，该复制品须视为侵犯版权复制品。

就本款而言，"进行交易"（dealt with）指出售、出租、要约出售或要约出租，或为出售或出租而展示。

〔比照 1988 c. 48 s. 32 U. K. 〕

| 条： | 41A | 为教学或接受教学的目的而作的公平处理 | 15 of 2007 | 06/07/2007 |

附注：

由于技术方面的限制，在双语法例系统内，本条例第 41A 条被编排于第 41 条后面。该等条文的正确次序排列应为"41A，41"。

## 教育

（1）在由教育机构提供的指明课程中，教师或任何代表他的人或学生如为教学或接受教学的目的而公平处理任何作品，即不属侵犯该作品的版权，而就已发表版本而言，此举亦不属侵犯其排印编排的版权。

（2）法院在裁定对作品的处理是否第（1）款所指的公平处理时，须考虑有关个案的整体情况，并尤其须考虑——

（a）该项处理的目的及性质，包括该项处理是否为非牟利的目的而作出以及是否属商业性质；

（b）该作品的性质；

（c）就该作品的整项而言，被处理的部分所占的数量及实质分量；及

（d）该项处理对该作品的潜在市场或价值的影响。

（3）凡对作品的处理涉及在选集中收录已发表的文学作品或戏剧作品的任何片段或摘录——

（a）如此举并无附有足够的确认声明，则该项处理不属第（1）款所指的公平处理；及

（b）如此举附有足够的确认声明，则第（2）款适用于裁定该项处理是否属第（1）款所指的公平处理。

（4）凡对作品的处理涉及将任何广播或有线传播节目制作成纪录或制作该纪录的复制品——

（a）如该纪录并无载有确认作者或被记录的作品所蕴含的其他创作努力的声明，该项处理不属第（1）款所指的公平处理；及

（b）如该纪录载有确认作者或被记录的作品所蕴含的其他创作努力的声明，则第（2）款适用于裁定该项处理是否属第（1）款所指的公平处理。

（5）凡对作品的处理涉及透过全部或部分由任何教育机构控制的有线或无线网络而提供该作品的复制品——

（a）如该教育机构没有——

（ⅰ）采用科技措施，限制透过该网络而取用该作品的复制品，以令该作品的复制品，只提供予在有关指明课程中为教学或接受教学的目的而有需要使用该作品的复制品的人，或为保养或管理该网络的目的而有需要使用该作品的复制品的人；或

（ⅱ）确保将该作品的复制品贮存于该网络中的期间，不超过在有关指明课程中为教学或接受教学的目的而有需要保留的期间或（在任何情况下）不超过连续 12 个月的期间，则该项处理不属第（1）款所指的公平处理；而

（b）如该教育机构——

（ⅰ）采用科技措施，限制透过该网络而取用该作品的复制品，以令该作品的复制品，只提供予在有关指明课程中为教学或接受教学的目的而有需要使用该作品的复制品的人，或为保养或管理该网络的目的而有需要使用该作品的复制品的人；及

（ⅱ）确保将该作品的复制品贮存于该网络中的期间，不超过在有关指明课程中为教学或接受教学的目的而有需要保留的期间或（在任何情况下）不超过连续 12 个月的期间，则第（2）款适用于裁定该项处理是否属第（1）款所指的公平处理。

（6）在不损害第 37（5）条的一般性的原则下，凡对作品的处理涉及制作翻印复制品，则制作该等复制品并不属于第 45 条的范围，并不表示本条不涵盖该制作，而第（2）款适用于裁定该项处理是否属第（1）款所指的公平处理。

（7）凡任何复制品（若非因本条即属侵犯版权复制品者）按照本条制作，但其后该复制品被用以进行交易，则——

（a）就该交易而言，该复制品须视为侵犯版权复制品；及

（b）如该交易侵犯版权，则就所有其后的目的而言，该复制品须视为侵犯版权复制品。

（8）在第（7）款中，"被用以进行交易"（dealt with）指被出售、出租、要约出售或要约出租，或为出售或出租而展示。

（由 2007 年第 15 号第 14 条增补）

| 条： | 42 | 供教育用途的选集 | | 30/06/1997 |
|---|---|---|---|---|

（1）凡从已发表的文学作品或戏剧作品中摘录短的片段而将其包括在集合本中，而该集合本——

（a）是拟在教育机构中使用的，并且在集合本名称中及由集合本的发表人发放或代表集合本的发表人发放的宣传品中均如此描述；及

（b）主要是由没有版权存在的材料构成的，则只要该等作品本身并非拟在该教育机构中使用并且将该等作品包括在该集合本中是附有足够的确认声明的，将该片段包括在该集合本中并不属侵犯该作品的版权。

（2）第（1）款并不授权同一发表人在任何5年期间内，从由同一作者制作的版权作品中抽取多于2项摘录，以包括在该发表人所发表的集合本中。

（3）就作品的任何特定片段而言，第（2）款提述的从由同一作者制作的作品中抽取摘录——

（a）须视作包括从由该作者与他人共同制作的作品中抽取摘录；及

（b）如有关片段是从该等作品中抽取的，则须视作包括从由其中任何一位作者制作的作品（不论该作品为该作者单独制作或与另一作者共同制作）中抽取摘录。

（4）在本条中，凡提述在教育机构中使用作品，即提述为该等机构的教育目的而使用。

[比照 1988 c. 48 s. 33 U. K.]

| 条： | 43 | 在教育机构的活动过程中表演、播放或放映作品 | 15 of 2007 | 06/07/2007 |
| --- | --- | --- | --- | --- |

（1）凡——

（a）在教育机构的活动过程中由教师或学生表演文学作品、戏剧作品或音乐作品；或

（b）在教育机构中由任何人为教学的目的而表演文学作品、戏剧作品或音乐作品，而观众或听众只包括或主要包括该机构的教师和学生、该机构的学生的父母或监护人及与该机构的活动有直接关连的其他人，则就侵犯版权而言，该表演不属公开表演。（由 2007 年第 15 号第 15 条修订）

（2）为教学或接受教学的目的而在教育机构中向上述观众或听众播放或放映声音纪录、影片、广播或有线传播节目，就侵犯版权而言，不属公开播放或放映有关作品。（由 2007 年第 15 号第 15 条修订）

（3）（由 2007 年第 15 号第 15 条废除）

[比照 1988 c. 48 s. 34 U. K.]

| 条： | 44 | 由教育机构制作广播及有线传播节目的纪录 | | 30/06/1997 |
| --- | --- | --- | --- | --- |

（1）任何广播或有线传播节目的纪录或该纪录的复制品，在以下情况之下，可由教育机构或代教育机构为该机构的教育目的而制作，而不属侵犯该广播或有线传播节目或包括在其中的任何作品的版权——

（a）该机构制作的该纪录已包含确认作者的声明或确认被记录的作品所载的其

他创作努力的声明；及

（b）并非为图利而制作。

（2）如有特许计划下的特许授权进行有关的记录或复制，而制作纪录或复制品的人已知道或应已知道该事实，则本条并不授权进行有关的记录或复制或在该特许所授权的范围内进行有关的记录或复制。

（3）凡任何纪录或复制品（假若非因本条该复制品即属侵犯版权复制品）按照本条制作，但其后有人进行该复制品的交易，则就该项交易而言，该复制品须视为侵犯版权复制品，又如该项交易侵犯版权，则就所有其后的目的而言，该复制品须视为侵犯版权复制品。

就本款而言，"进行交易"（dealt with）指出售、出租、要约出售或要约出租，或为出售或出租而展示。

［比照 1988 c. 48 s. 35 U. K.］

| 条： | 45 | 教育机构或学生将已发表作品中的片段借翻印复制 | 15 of 2007 | 06/07/2007 |
| --- | --- | --- | --- | --- |

## 教育机构或学生将已发表作品中的片段借翻印复制

（由 2007 年第 15 号 16 条修订）

（1）教育机构或其代表可为教学目的，而学生亦可为在任何由教育机构提供的指明课程中接受教学的目的，在合理的范围内制作艺术作品或已发表的文学作品、戏剧作品或音乐作品的片段的翻印复制品，而不属侵犯该等作品的版权及排印编排的版权。（由 2007 年第 15 号 16 条修订）

（2）如有特许计划下的特许授权进行有关的复制，而制作复制品的人已知道或应已知道该事实，则本条并不授权进行有关的复制或在该特许所授权的范围内进行有关的复制。

（3）凡任何复制品（假使非因本条该复制品即属侵犯版权复制品）按照本条制作，但其后有人进行该复制品的交易，则就该项交易而言，该复制品须视为侵犯版权复制品，又如该项交易侵犯版权，则就所有其后的目的而言，该复制品须视为侵犯版权复制品。

就本款而言，"进行交易"（dealt with）指出售、出租、要约出售或要约出租，或为出售或出租而展示。

［比照 1988 c. 48 s. 36 U. K.］

| 条： | 46 | 图书馆及档案室：引言 | L. N. 130 of 2007 | 01/07/2007 |
| --- | --- | --- | --- | --- |

详列交互参照：

第 47、48、49、50、51、52、53 条。

附注：

有关《立法会决议》（2007 年第 130 号法律公告）所作之修订的保留及过渡性条文，见载于该决议第（12）段。

## 图书馆及档案室

（1）为施行在第 47 至 53 条（由图书馆馆长及档案室负责人进行复制）中任何条文，商务及经济发展局局长可——（由 1997 年第 362 号法律公告修订；由 2002 年第 106 号法律公告修订；由 2007 年第 130 号法律公告修订）〈＊注——详列交互参照：第 47、48、49、50、51、52、53 条＊〉

（a）借规例订明条件；及

（b）借宪报公告指明图书馆或档案室。

（2）在第 47 至 53 条中——〈＊注——详列交互参照：第 47、48、49、50、51、52、53 条＊〉

（a）在任何条文中，凡提述订明条件，即提述为施行该等条文而根据第（1）（a）款订明的条件；及

（b）在任何条文中，凡提述指明图书馆或指明档案室，即提述为施行该等条文而根据第（1）（b）款指明的图书馆或档案室。

（3）上述规例可——

（a）规定凡图书馆馆长或档案室负责人在制作或供应某作品的复制品前须信纳某事项——

（ⅰ）则该馆长或负责人可倚赖由要求获得该复制品的人就该事项而作出经签署的声明，但如该馆长或负责人知道该声明在任何要项上属虚假，则属例外；及

（ⅱ）在订明的情况下，如没有按订明格式作出经签署的声明，则该馆长或负责人不得制作或供应复制品；

（b）就不同类别的图书馆或档案室和为不同目的而订立不同的规定。

（4）凡要求获得复制品的人作出在任何要项上属虚假的声明并获供应复制品，而该复制品假使由该人制作即属侵犯版权复制品，则——

（a）该人须负上侵犯版权的法律责任，犹如他自己制作该复制品一样；及

（b）该复制品须视为侵犯版权复制品。

（5）在本条及第 47 至 53 条中，凡提述图书馆馆长或档案室负责人，包括代其行事的人。〈＊注——详列交互参照：第 47、48、49、50、51、52、53 条＊〉

[比照 1988 c. 48 s. 37 U. K.]

| 条： | 47 | 由图书馆馆长制作复制品：期刊内的文章 | | 30/06/2007 |
|---|---|---|---|---|

（1）如订明条件获符合，指明图书馆的馆长可制作和供应期刊内的文章的复制品，而不属侵犯该文本的版权、附同该文本的任何插图的版权，或该文本的排印编排的版权。

（2）订明条件必须包括以下各项——

（a）要求获得复制品的人，须令图书馆馆长信纳他是为研究或私人研习的目的而需要该等复制品，并且不会为任何其他目的使用该等复制品，方可获供应该等复制品；

（b）不得提供同一篇文章的多于一份复制品予同一人，亦不得从同一期的期刊提供多于一篇文章的复制品予同一人；及

（c）获供应复制品的人须就该等复制品支付一笔不少于制作该等复制品的成本（包括对图书馆的一般支出所作分担）的款项。

〔比照 1988 c. 48 s. 38 U. K.〕

| 条： | 48 | 由图书馆馆长制作复制品：已发表作品的部分 | | 30/06/1997 |
|---|---|---|---|---|

（1）如订明条件获符合，指明图书馆的馆长可从文学作品、戏剧作品或音乐作品（但并非期刊内的文章）的已发表版本，制作和供应该等作品的一部分的复制品，而不属侵犯该作品的版权、附同该作品的任何插图的版权，或该作品的排印编排的版权。

（2）订明条件必须包括以下各项——

（a）要求获得复制品的人，须令图书馆馆长信纳他是为研究或私人研习的目的而需要该等复制品，并且不会为任何其他目的使用该等复制品，方可获供应该等复制品；

（b）不得提供同一份材料的多于一份复制品予同一人，亦不得提供任何作品的超出合理比例的部分的复制品；及

（c）获供应复制品的人须就该等复制品支付一笔不少于制作该等复制品的成本（包括对图书馆的一般支出所作分担）的款项。

〔比照 1988 c. 48 s. 39 U. K.〕

| 条： | 49 | 对制造多份相同材料的复制品的限制 | | 30/06/1997 |
|---|---|---|---|---|

（1）为施行第47及48条（由图书馆馆长复制文章或已发表作品的一部分）而订立的规例，须载有条文，规定要求获得复制品的人，须令图书馆馆长信纳他对复制品的需求与其他人对该复制品的相近需求并无关连，方可获供应该复制品。

（2）上述规例可规定——

（a）如在实质上相同的时间为实质上相同的目的要求获得实质上属相同材料的复制品，则该等对复制品的需求须视为相近；及

（b）如某些人在同一时间及地点接受与材料有关的指示，则该等人的需求须视为有关连。

〔比照 1988 c. 48 s. 40 U. K.〕

| 条： | 50 | 由图书馆馆长制作复制品：供应复制品予其他图书馆 | | 30/06/1997 |

（1）如订明条件获符合，指明图书馆的馆长可制作和提供下列项目的复制品予另一指明图书馆——

（a）期刊内的文章；

（b）文学作品、戏剧作品或音乐作品的已发表版本的整项或部分；或

（c）声音纪录或影片，而不属侵犯该文章文本的版权、该作品的版权、附同该文章或作品的任何插图的版权，该文章或作品的排印编排的版权，或该声音纪录或影片的版权（视属何情况而定）。

（2）图书馆馆长如在制作复制品时，知道有权授权制作该复制品的人的姓名或名称和地址，或经合理查究后可确定该人的姓名或名称和地址，则第（1）（b）及（c）款并不适用。

〔比照 1988 c. 48 s. 41 U. K.〕

| 条： | 51 | 由图书馆馆长或档案室负责人制作复制品：作品的替代复制品 | | 30/06/1997 |

（1）如订明条件获符合，则指明图书馆的馆长或指明档案室的负责人可从属该图书馆或档案室的永久收藏品的任何项目，制作复制品——

（a）并借将复制品以增补或代替原有项目的形式收入永久收藏品，以保存或替代该原有项目；或

（b）以替代属另一指明图书馆或指明档案室的永久收藏品中已失去、毁灭或损毁的项目，而不属侵犯任何文学作品、戏剧作品或音乐作品的版权、附同该等作品的任何插图的版权、属已发表版本的作品的排印编排的版权，而就任何声音纪录或影片而言，则不属侵犯该声音纪录或影片的版权。

（2）订明条件必须包括施加以下限制的条文：只有在购买有关项目作该用途并非合理地切实可行的情况下，方可制作复制品。

〔比照 1988 c. 48 s. 42 U. K.〕

| 条： | 52 | 由图书馆馆长或档案室负责人制作复制品：某些未发表的 | | 30/06/1997 |

（1）如订明条件获符合，指明图书馆的馆长或指明档案室的负责人可在图书馆或档案室——

（a）从任何文件（包括电子形式的文件）制作和供应文学作品、戏剧作品或音乐作品的整项或部分的复制品；或

（b）制作和供应声音纪录或影片的整项或部分的复制品，而不属侵犯该等作品或附同该等作品的任何插图或声音纪录或影片的版权。

（2）如——

（a）该作品在存放于该图书馆或档案室之前已经发表；或

（b）版权拥有人已禁止将作品复制，而制作该等复制品的图书馆馆长或档案室负责人在制作复制品时，是知道或应该知道该事实的，则本条并不适用。

（3）订明条件必须包括以下各项——

（a）要求获得复制品的人，须令图书馆馆长或档案室负责人信纳他是为研究或私人研习的目的而需要该等复制品，并且不会用为任何其他目的使用该等复制品，方可获供应该等复制品；

（b）不得提供同一份材料的多于一份复制品予同一人；及

（c）获供应复制品的人须就该等复制品支付一笔不少于制作复制品的成本（包括对图书馆或档案室的一般支出所作分担）的款项。

[比照 1988 c. 48 s. 43 U. K.]

| 条： | 53 | 由图书馆馆长或档案室负责人制作复制品：在文化或历史方面有重要性的物品 | | 30/06/1997 |
| --- | --- | --- | --- | --- |

如某物品在文化或历史方面有重要性或有令人感兴趣之处，并相当可能因出售或输出而使香港失去该物品，则指明图书馆的馆长或指明档案室的负责人可制作该物品的复制品和将复制品存放于该图书馆或档案室，而不属侵犯有关该物品的版权。

[比照 1988 c. 48 s. 44 U. K.]

| 条： | 54 | 司法程序 | 15 of 2007 | 06/07/2007 |
| --- | --- | --- | --- | --- |

司法程序

（由 2007 年第 15 号第 18 条修订）

（1）为司法程序的目的而作出任何事情，并不属侵犯版权。

（2）为报导司法程序的目的而作出任何事情，并不属侵犯版权；但这不得解释为授权任何人复制本身是该等程序的已发表报导的作品。

（由 1999 年第 22 号第 3 条修订；由 2007 年第 15 号第 18 条修订）

[比照 1988 c. 48 s. 45 U. K.]

| 条： | 54A | 为公共行政的目的而公平处理 | 15 of 2007 | 06/07/2007 |
|------|-----|---------------------------|------------|------------|

附注：

由于技术方面的限制，在双语法例系统内，本条例第54A及54B条被编排于第54条后面。该等条文的正确次序排列应为"54A，54B，54"。

## 公共行政

（1）政府、行政会议、司法机构或任何区议会如为有效率地处理紧急事务的目的，而公平处理任何作品，即不属侵犯该作品的版权，而就已发表版本而言，此举亦不属侵犯其排印编排的版权。

（2）法院在裁定对作品的处理是否第（1）款所指的公平处理时，须考虑有关个案的整体情况，并尤其须考虑——

（a）该项处理的目的及性质，包括该项处理是否为非牟利的目的而作出以及是否属商业性质；

（b）该作品的性质；

（c）就该作品的整项而言，被处理的部分所占的数量及实质分量；及

（d）该项处理对该作品的潜在市场或价值的影响。

（3）凡任何复制品（若非因本条即属侵犯版权复制品者）按照本条制作，但其后该复制品被用以进行交易，则——

（a）就该交易而言，该复制品须视为侵犯版权复制品；及

（b）如该交易侵犯版权，则就所有其后的目的而言，该复制品须视为侵犯版权复制品。

（4）在第（3）款中，"被用以进行交易"（dealt with）指被出售、出租、要约出售或要约出租、或为出售或出租而展示。

（由2007年第15号第17条增补）

| 条： | 54B | 立法会 | 15 of 2007 | 06/07/2007 |
|------|-----|--------|------------|------------|

附注：

由于技术方面的限制，在双语法例系统内，本条例第54A及54B条被编排于第54条后面。该等条文的正确次序排列应为"54A，54B，54"。

（1）以下作为不属侵犯版权——

（a）为立法会程序的目的而作出任何事情；或

（b）为行使立法会的权力及执行其职能的目的而——

（ⅰ）由立法会议员或任何人代立法会议员；或

（ⅱ）由立法会行政管理委员会或任何人代立法会行政管理委员会，作出任何事情。

（2）为报导立法会程序的目的而作出任何事情，并不属侵犯版权；但这不得解释为授权任何人复制本身是该等程序的已发表报导的作品。

（由 2007 年第 15 号第 17 条增补）

| 条： | 55 | 法定研讯 | | 30/06/1997 |
|---|---|---|---|---|

（1）为法定研讯的程序的目的而作出任何事情，并不属侵犯版权。

（2）为报导公开进行的该等程序的目的而作出任何事情，并不属侵犯版权；但这不得解释为授权任何人复制本身是该等程序的已发表报导的作品。

（3）向公众发放或提供法定研讯的载有某作品或其材料的报告书的文本，并不属侵犯该作品的版权。

（4）在本条中——

"法定研讯"（statutory inquiry）指——

（a）依据《调查委员会条例》（第 86 章）进行的研讯或调查；或

（b）由条例或根据条例所施加的责任或由条例或根据条例所赋予的权力，而进行的研讯或调查。

［比照 1988 c. 48 s. 46 U. K.］

| 条： | 56 | 开放予公众查阅或在公事登记册内的材料 | 22 of 1999 | 01/07/1997 |
|---|---|---|---|---|

附注：

具追溯力的适应化修订——见 1999 年第 22 号第 3 条

（1）依据法例规定须开放予公众查阅的材料，或法定登记册内的材料，如由适当的人或在其授权下复制，并且只复制该材料中属于任何类别的事实数据，而复制的目的并不涉及向公众发放或提供该等复制品，则该项复制并不属侵犯版权。

（2）依据法例规定须开放予公众查阅的材料的复制品如由适当的人或在其授权下复制或向公众发放或提供，而目的是让公众可在较方便的时间或地点查阅该等材料，或为方便行使某项权利（而该法例规定是为该项权利的行使而施加的），则该项复制或向公众发放或提供并不属侵犯版权。

（3）凡依据法例规定须开放予公众查阅的材料，或法定登记册内的材料，载有一般人感兴趣的科学、技术、商业或经济方面的数据，如由适当的人或在其授权下复制该等材料或向公众发放或提供该等材料的复制品，而目的是使该等数据得以传布，则该项复制或向公众发放或提供并不属侵犯版权。

（4）行政长官可借规例规定在规例指明的情况下，第（1）、（2）或（3）款只适用于按规例指明的方式而加有标记的复制品。（由 1999 年第 22 号第 3 条修订）

（5）行政长官可借规例规定第（1）至（3）款须按规例指明的程度及作出的变通而适用于以下项目，一如第（1）至（3）款适用于依据法例规定须开放予公众查阅的材料或法定登记册内的材料一样——（由 1999 年第 22 号第 3 条修订）

（a）（i）由规例所指明的国际组织开放予公众查阅的材料；或

（ii）由规例所指明的人开放予公众查阅的材料，而该人乃根据香港是缔约一方的国际协议而在香港具有职能者；或

（b）由规例所指明的国际组织备存的登记册。

（6）在本条中——

"法例规定"（statutory requirement）指由条例或根据条例施加的规定；

"法定登记册"（statutory register）指依据由条例或根据条例施加的规定而备存的登记册、注册记录册或类似的名册；

"适当的人"（appropriate person）指须开放材料予公众查阅的人或备存法定登记册的人（视属何情况而定）。

[比照 1988 c. 48 s. 47 U. K.]

| 条： | 57 | 在公务过程中传达给政府的材料 | | 30/06/1997 |
|---|---|---|---|---|

（1）凡任何作品在公务过程中由版权拥有人或在版权拥有人的特许下已为任何目的而传达予政府，而记录或收录该作品的文件或其他实物是由政府拥有或由政府保管或控制的，本条即适用。

（2）凡某作品已为某目的传达予政府，则政府可为该目的或为版权拥有人可合理预料的有关连目的，复制该作品或向公众发放或提供该作品的复制品，而不属侵犯该作品的版权。

（3）如某作品先前已发表，但并非是凭借本条发表的，则政府不得凭借本条复制该作品或向公众发放或提供该作品的复制品。

（4）在第（1）款中，"公务"（public business）包括政府进行的任何活动。

（5）本条在政府与版权拥有人订立的协议的规限下具有效力。

[比照 1988 c. 48 s. 48 U. K.]

| 条： | 58 | 公共纪录 | 22 of 1999 | 01/07/1997 |
|---|---|---|---|---|

附注：

具追溯力的适应化修订——见 1999 年第 22 号第 3 条。

（1）开放予公众查阅的公共纪录内的材料可予复制，其复制品亦可供应予任何人，而该项复制及供应并不属侵犯版权。

（2）在本条中，"公共纪录"（public record）指在立法会程序、司法程序或行政事务的过程中制作、收到或取得的属任何性质或类别的纪录，并包括构成纪录的一部分或附连于纪录或在其他方面与纪录有关连的证物和其他具关键性的证据，而该等纪录是由任何政府部门或须由任何政府部门保管，或可能转移给政府的任何部门或由其取得的。（由 1999 年第 22 号第 3 条修订）

［比照 1988 c. 48 s. 49 U. K.］

| 条： | 59 | 根据法定权限所作出的作为 | | 30/06/1997 |
|---|---|---|---|---|

（1）凡某条例（不论何时制定）明确授权作出某作为，则除非该条例另有规定，否则作出该作为不属侵犯版权。

（2）本条不得解释为令任何可根据或凭借任何条例而提出的法定权限免责辩护不得提出。

［比照 1988 c. 48 s. 50 U. K.］

| 条： | 60 | 合法使用者可制作计算机程序的后备复制品 | | 30/06/1997 |
|---|---|---|---|---|

## 计算机程序：合法使用者

（1）计算机程序的复制品的合法用户如需要该程序的后备复制品供作他的合法用途，可制作该程序的后备复制品，而不属侵犯该程序的版权。

（2）就本条及第 61 条而言，某人如有合约权利使用某计算机程序，该人即为该程序的合法用户。

（3）本条在任何与本条条文相反的协议的规限下具有效力。

［比照 1988 c. 48 s. 50A U. K.］

| 条： | 61 | 合法用户可复制或改编程序 | | 30/06/1997 |
|---|---|---|---|---|

（1）如计算机程序的复制品的合法使用者为其合法用途所需而复制或改编该程序，则他进行该项复制或改编并不属侵犯该程序的版权。

（2）如为合法使用计算机程序而有此需要，该计算机程序的复制品的合法使用者尤可为更正该程序的错误所需而复制或改编该程序。

（3）本条不适用于根据第 60 条而允许的任何复制或改编。

［比照 1988 c. 48 s. 50C U. K.］

| 条： | 62 | 在一般印刷过程中使用字体 | 15 of 2007 | 06/07/2007 |
|---|---|---|---|---|

## 字体

(1) 以下的作为并不属侵犯由字体的设计所构成的艺术作品的版权——

(a) 在一般打字、作文、排版或印刷过程中使用该字体;

(b) 为该等用途而管有任何物品;或

(c) 就该等用途所产生的材料作出任何事情,而尽管某物品属该艺术作品的侵犯版权复制品,使用该物品亦不属侵犯该艺术作品的版权。

(2) 然而,凡任何物品是经特定设计或改装以产生以某种字体展现的材料,并且有人制作、输入或输出该等物品,或进行该等物品的交易,或为进行该等物品的交易而管有该等物品,则本部下列条文就该等人士而适用,犹如第(1)款提及的材料的产生确有侵犯由字体的设计所构成的艺术作品的版权一样——

第 32 条(间接侵犯版权:制作、输入、输出或管有用以制作侵犯版权复制品的物品,或进行该等物品的交易);

第 109 条(交付令);及

第 118(4)条(制作或管有该等物品的罪行)。

(3) 在第(2)款中,凡提述"进行物品的交易",即提述出售、出租、要约出售或要约出租、为出售或出租而展示有关物品、公开陈列或分发该有关物品。(由 2007 年第 15 号第 19 条修订)

[比照 1988 c. 48 s. 54 U. K. ]

| 条: | 63 | 产生以某种字体展现的材料的物品 | | 30/06/1997 |
|---|---|---|---|---|

(1) 凡任何物品是经特定设计或改装以产生以某种字体展现的材料,而该字体的设计是构成艺术作品的,则该艺术作品的版权拥有人如已将该物品推出市场或该物品已在其特许下推出市场,本条即适用于该艺术作品的版权。

(2) 凡首批该等物品于某公历年推出市场,则在自该年年终起计的 25 年期间完结后,任何人可借进一步制作该等物品或为制作该等物品而作出任何事情以复制有关作品,亦可就如此制作的物品作出任何事情,而不属侵犯该作品的版权。

(3) 在第(1)款中,"推出市场"(marketed)指在香港或在其他地方出售、出租、要约出售或要约出租,或为出售或出租而展示。

[比照 1988 c. 48 s. 55 U. K. ]

| 条: | 64 | 电子形式作品的复制品的转移 | | 30/06/1997 |
|---|---|---|---|---|

## 电子形式作品

(1) 凡有人购买电子形式作品的复制品(已向公众提供的复制品除外),而按购买的条款（不论是明订的或是隐含的或是凭借任何法律规则而有的条款），是容许该购买者在与其使用该作品有关连的情况下复制该作品，或改编该作品，或制作改编本的复制品的，本条即适用。

（2）如没有明订条款——

（a）禁止购买者将该复制品转移、施加在转移后仍继续的义务、禁止转让任何特许，或规定特许在转移时即告终止；或

（b）规定受让人可在什么条款下作出购买者获允许作出的事情，则凡属购买者获允许作出的事情，受让人均可作出，而不属侵犯版权；但购买者所制作的任何复制品、改编本或改编本的复制品，如没有一并转移，则在该项转移后，该等复制品、改编本或改编本的复制品就任何目的而言均视为侵犯版权复制品。

（3）凡原本购买的复制品已不能再用，而所转移的是取代该复制品而使用的进一步复制品，则第（2）款亦适用。

（4）上述条文亦适用于其后的转移，但在第（2）款中提述购买者，须代以提述其后的出让人。

[比照 1988 c. 48 s. 56 U. K.]

| 条： | 65 | 因向公众提供作品而允许作出的某些作为 | | 30/06/1997 |
|---|---|---|---|---|

凡某作品的复制品向公众人士提供，而为让该等公众人士中任何人观看或聆听该作品而在技术上需要制作一项短暂存在和附带的复制品，则尽管有第 23 条的规定，该项制作并不属侵犯该作品的版权。

| 条： | 66 | 不具名或以假名署名的作品：基于关于版权期限届满或作者死亡的假设而允许作出的作为 | | 30/06/1997 |
|---|---|---|---|---|

## 杂项：文学作品、戏剧作品、音乐作品及艺术作品

（1）在以下情况发生时所作出的作为，或依据在以下情况发生时所作的安排而作出的作为，并不属侵犯文学作品、戏剧作品、音乐作品或艺术作品的版权——

（a）不可能借合理查究而确定有关作者的身份；及

（b）假设有以下情况属合理——

（i）版权期限已届满；或

（ii）该作为或安排于某公历年作出，而作者已于该年开始之时之前的 50 年期间开始之时或之前死亡的。

（2）第（1）（b）（ii）款并不就以下作品而适用——

（a）有政府版权存在的作品；或

（b）版权原先是凭借第 188 条归属某国际组织的作品，且在该条之下的规例就

该作品指明超逾 50 年的版权期限。

(3) 就合作作品而言——

(a) 在第 (1) 款中提述不可能确定作者的身份,须解释为提述不可能确定所有作者的身份;及

(b) 在第 (1) (b) (ⅱ) 款中提述作者已死亡,须解释为提述所有作者已死亡。

[比照 1988 c. 48 s. 57 U. K.]

| 条: | 67 | 在某些情况下使用讲出的文字的笔记或纪录 | | 30/06/1997 |
|---|---|---|---|---|

(1) 凡为下列目的借书面或其他形式制作讲出的文字的纪录——

(a) 报导时事;或

(b) 广播作品的整项或其部分,或将作品的整项或其部分包括在有线传播节目服务内,

则如第 (2) 款所述条件获符合,使用该纪录或取自该纪录的材料(或复制该纪录或任何该等材料并使用该复制品)作上述用途,并不属侵犯该等作为文学作品的文字的版权。

(2) 有关的条件为——

(a) 该纪录是该等讲出的文字的直接纪录,而非取自以前的纪录或取自广播或有线传播节目;

(b) 有关讲者不禁止制作该记录,而如该作品已有版权存在,则制作该纪录并不属侵犯该版权;

(c) 将该纪录或取自该纪录的材料作有关使用,并非属在该纪录制作前由或代表有关讲者或版权拥有人所禁止的使用类别;及

(d) 由合法管有该纪录的人或在其授权下作有关使用。

[比照 1988 c. 48 s. 58 U. K.]

| 条: | 68 | 公开诵读或背诵 | | 30/06/1997 |
|---|---|---|---|---|

(1) 由一个人公开诵读或背诵已发表的文学作品或戏剧作品的合理摘录,只要附有足够的确认声明,即不属侵犯该作品的任何版权。

(2) 凡诵读或背诵凭借第 (1) 款并不属侵犯有关作品的版权,则将该诵读或背诵制作成声音纪录或予以广播或包括在有线传播节目服务内,并不属侵犯该作品的版权,但构成该声音纪录、广播或有线传播节目的材料,须主要是无须就其而依赖第 (1) 款者。

[比照 1988 c. 48 s. 59 U. K.]

| 条: | 69 | 科学或技术文章的撮录 | | 30/06/1997 |
|---|---|---|---|---|

（1）凡与科学或技术课题有关的文章在期刊上发表，并附有显示该文章内容的撮录，则复制该撮录或向公众发放或提供该撮录的复制品，并不属侵犯该撮录或该文章的版权。

［比照 1988 c. 48 s. 60（1）U. K.］

（2）如有特许计划下的特许授权作出有关的作为，而如此作出有关的作为的人已知道或应已知道该事实，则本条并不适用，或在该特许授权作出有关的作为的范围内不适用。

| 条： | 70 | 民歌的纪录 | L. N. 130 of 2007 | 01/07/2007 |

附注：

有关《立法会决议》（2007 年第 130 号法律公告）所作之修订的保留及过渡性条文，见载于该决议第（12）段。

（1）凡为了将歌曲表演的声音纪录包括在根据第（4）（b）款而获指定的机构设置的档案室内，而将歌曲的表演制作成声音纪录，则如第（2）款所列条件获符合，该项制作并不属侵犯作为文学作品的有关歌词的版权，亦不属侵犯伴奏的音乐作品的版权。

（2）有关的条件为——

（a）在制作有关纪录时该等歌词未曾发表并属作者不为人知；

（b）有关纪录的制作不属侵犯任何其他版权；及

（c）有关纪录的制作未为任何表演者禁止。

（3）如根据第（4）（a）款订明的条件获符合，则依据第（1）款而制作并包括在根据第（4）（b）款而获指定的机构设置的档案纪录内的声音纪录，可由档案负责人复制和供应予他人，而不属侵犯该声音纪录的版权或包括在该纪录内的作品的版权。

（4）商务及经济发展局局长可为施行本条而借规例——（由 2002 年第 106 号法律公告修订；由 2007 年第 130 号法律公告修订）

（a）订明某些条件；及

（b）指定任何机构，而商务及经济发展局局长除非信纳某机构并非为牟利而设立或经营，否则不得指定该机构。（由 1997 年第 362 号法律公告修订；由 2002 年第 106 号法律公告修订；由 2007 年第 130 号法律公告修订）

（5）根据第（4）（a）款订明的条件必须包括以下规定——

（a）要求获得复制品的人，须令档案室负责人信纳他是为研究或私人研习的目的而需要该等复制品，并且不会为其他目的而使用该等复制品，方可获供应该等复制品；及

（b）不得提供同一声音纪录的复制品多于一份予同一人。

（6）在本条中，凡提述档案室负责人，包括代其行事的人。

［比照 1988 c. 48 s. 61 U. K.］

| 条： | 71 | 某些公开展示的艺术作品的表述 | | 30/06/1997 |
|---|---|---|---|---|

（1）本条适用于——

（a）建筑物；及

（b）永久位于公众地方或开放予公众的处所的雕塑品、建筑物的模型及美术工艺作品。

（2）下列各项并不属侵犯该等作品的版权——

（a）制作表述该等作品的平面美术作品；

（b）为该等作品拍照或摄制影片；或

（c）广播该等作品的影像或将该等作品的影像包括在有线传播节目服务内。

（3）凡任何东西的制作凭借本条并不属侵犯版权，则向公众发放或提供该物品的复制品、广播该物品或将该物品包括在有线传播节目服务内，亦不属侵犯该版权。

［比照 1988 c. 48 s. 62 U. K.］

| 条： | 72 | 售卖艺术作品的宣传 | 15 of 2007 | 06/07/2007 |
|---|---|---|---|---|

（1）为宣传艺术作品供售卖而复制该作品或向公众发放或提供该复制品，并不属侵犯该作品的版权。

（2）凡任何复制品（假使非因本条该复制品即属侵犯版权复制品）按照本条制作，但其后有人进行该复制品的交易，则就该项交易而言，该复制品须视为侵犯版权复制品，又如该项交易侵犯版权，则就所有其后的目的而言，该复制品须视为侵犯版权复制品。

就本款而言，"进行交易"（dealt with）指出售、出租、要约出售或要约出租、公开陈列或分发，或为出售或出租而展示。（由 2007 年第 15 号第 20 条修订）

［比照 1988 c. 48 s. 63 U. K.］

| 条： | 73 | 同一艺术家制作其后的作品 | | 30/06/1997 |
|---|---|---|---|---|

凡某一艺术作品的作者并非该作品的版权拥有人，如他在制作另一艺术作品时复制该先前作品，则该作者如并非重复或模仿该先前作品的主要设计，该项复制并不属侵犯该先前作品的版权。

［比照 1988 c. 48 s. 64 U. K.］

| 条： | 74 | 重建建筑物 | | 30/06/1997 |
|---|---|---|---|---|

为重建某建筑物的目的而作出的任何事情，不属侵犯下列版权——

（a）该建筑物的版权；或

（b）建造该建筑物所按照的绘图或图则的版权（该建筑物由该绘图或图则的版权拥有人建造或在其特许下建造）。

[比照 1988 c. 48 s. 65 U. K.]

| 条： | 75 | 影片：基于关于版权期限届满等的假设而允许作出的作为 | | 30/06/1997 |
|---|---|---|---|---|

## 杂项：影片及声音纪录

（1）在以下情况发生时作出的作为，或依据在以下情况发生时所作的安排而作出的作为，并不属侵犯影片的版权——

（a）不可能借合理查究而确定任何第 19（2）（a）至（d）条所提述的人士（版权期限是参照该等人士的寿命而确定的）的身份；及

（b）假设有以下情况属合理——

（ⅰ）版权期限已届满；或

（ⅱ）该作为或安排于某公历年作出，而该等人士中最后死亡的人是在该年开始之时之前的 50 年期间开始之时或之前死亡的。

（2）第（1）（b）（ⅱ）款并不就以下影片而适用——

（a）有政府版权存在的影片；或

（b）版权原先是凭借第 188 条归属某国际组织的影片，且根据该条订立的规例就该等影片指明超逾 50 年的版权期限。

[比照 1988 c. 48 s. 66A U. K.]

| 条： | 76 | 表演、放映或展示或播放作品 | | 30/06/1997 |
|---|---|---|---|---|

（1）凡作为某会社、社团或其他组织的活动的一部分或为该会社、社团或其他组织的利益而表演、放映或展示或播放作品（广播或有线传播节目除外），并符合以下条件，则不属侵犯该作品的版权。

（2）有关的条件为——

（a）该会社、社团或组织并非为牟利而成立或经营，而其主要宗旨属慈善性质，或是关于宣扬宗教，或推广教育或社会福利的；及

（b）表演、放映或展示或播放该作品的地方的入场费的收益，纯粹是运用于该会社、社团或组织的目的。

[比照 1988 c. 48 s. 67 U. K.]

| 条： | 77 | 为广播或有线传播节目而附带制作纪录 | | 30/06/1997 |
|------|----|-----------------------------------|---|-----------|

## 杂项：广播及有线传播节目

(1) 如某人凭借版权特许或版权转让而获授权广播——

(a) 文学作品、戏剧作品或音乐作品或该等作品的改编本；

(b) 艺术作品；或

(c) 声音纪录或影片，

或将其包括在有线传播节目服务内，本条即适用。

(2) 该人凭借本条须视为获得作品的版权的拥有人特许，可为该广播或有线传播节目的目的而作出或授权他人作出以下事情——

(a) 就文学作品、戏剧作品或音乐作品或该等作品的改编本而言，将该作品或改编本制成声音纪录或影片；

(b) 就艺术作品而言，为该作品拍照或摄制影片；

(c) 就声音纪录或影片而言，制作该作品的复制品。

(3) 该项特许受以下条件规限——

(a) 有关的声音纪录、影片、照片或复制品不得用作任何其他用途；

(b) 在自有关的声音纪录、影片、照片或复制品首次用作广播或将其包括在有线传播节目服务内（视属何情况而定）起计的 3 个月内，必须将该声音纪录、影片、照片或复制品销毁。

(4) 按照本条制作的声音纪录、影片、照片或复制品——

(a) 就于违反第 (3)(a) 款提及的条件的情况下使用而言，须视为侵犯版权复制品；及

(b) 在该条件或第 (3)(b) 款提及的条件遭违反后，就所有目的而言，须视为侵犯版权复制品。

〔比照 1988 c. 48 s. 68 U. K. 〕

| 条： | 78 | 为监管和控制广播及有线传播节目而制作纪录 | | 30/06/1997 |
|------|----|------------------------------------------|---|-----------|

(1) 香港电台为维持监管和控制其广播的节目而将节目制作成纪录，或使用该等纪录，并不属侵犯版权。

(2) 以下制作或使用纪录并不属侵犯版权——

(a) 广播事务管理局为执行《广播事务管理局条例》（第 391 章）第 9 条提及的该局的职能而制作或使用纪录；或

(b) 依据广播事务管理局的指示履行该等职能而制作或使用纪录。

〔比照 1988 c. 48 s. 69 U. K. 〕

| 条: | 79 | 为迁就时间而制作纪录 | | 30/06/1997 |
|---|---|---|---|---|

纯粹为可在一个较方便的时间观看或聆听广播或有线传播节目的目的，而制作该广播或有线传播节目的纪录供私人和家居使用，并不属侵犯该广播或有线传播节目或其所包括的作品的版权。

[比照 1988 c. 48 s. 70 U. K. ]

| 条: | 80 | 电视广播或有线传播节目的照片 | | 30/06/1997 |
|---|---|---|---|---|

将构成电视广播或有线传播节目的一部分的影像的全部或部分拍成照片，或制作该等照片的复制品，供私人和家居使用，并不属侵犯该广播或有线传播节目或其所包括的任何影片的版权。

[比照 1988 c. 48 s. 71 U. K. ]

| 条: | 81 | 免费公开放映或播放广播或有线传播节目 | | 30/06/1997 |
|---|---|---|---|---|

（1）如向任何观众或听众公开放映或播放任何广播或有线传播节目（不包括经编码处理的广播或有线传播节目），而该等观众或听众并没有支付进入某地方观看或聆听该广播或有线传播节目的入场费，则该项放映或播放并不属侵犯——

（a）该项广播或有线传播节目的版权；或

（b）包括在其内的声音纪录或影片的版权。

（2）如有以下情况，观众或听众可视为已支付进入某地方观看或聆听广播或有线传播节目的入场费——

（a）该等观众或听众已支付进入某一地方的入场费，而观看或聆听广播或有线传播节目的地方构成该某一地方的一部分；或

（b）在该地方（或观看或聆听广播或有线传播节目的地方构成其一部分的地方）有货品供应或服务提供，而该货品或服务的价格——

（i）实质上可归因于提供观看或聆听该广播或节目的设施；或

（ii）高于通常在该地方收取的价格，并且可部分归因于上述设施。

（3）凡——

（a）某一地方是由慈善组织营办的，而在其内提供设施并非为牟利的，则以该地方的居民或住客身份入场的人并不视为已支付进入该某一地方观看或聆听广播或有线传播节目的入场费；

（b）某会社或社团的主要宗旨属慈善性质，而所支付的费用只是该会社或社团的会籍费用，且提供观看或聆听有关广播或有线传播节目的设施，亦只是为该会社或社团的主要目的而附带地提供的，则以该会社或社团的会员身份入场的人，并不

视为已支付进入某地方观看或聆听该广播或节目的入场费。

（4）凡作出该项广播或将该节目包括在有线传播节目服务内属侵犯声音纪录或影片的版权，则在评估该项侵犯版权行为的损害赔偿时，借接收该项广播或节目而使公众聆听或观看该声音纪录或影片这一事实须列为考虑因素。

[比照 1988 c. 48 s. 72 U. K.]

| 条： | 81A | 在车辆内播放声音广播 | 15 of 2007 | 06/07/2007 |
|------|------|------|------|------|

（1）凡在车辆内播放声音广播的主要目的，是让该车辆的司机取得公共信息[包括（但不限于）新闻报导、天气预测及关于交通情况的信息]，则如此播放声音广播并不属侵犯该声音广播的版权、该声音广播所包含的任何声音纪录的版权或该声音广播所包含的任何文学作品、戏剧作品或音乐作品的版权。

（2）在第（1）款中，"车辆"（vehicle）指任何为供在道路上使用而制造或改装的车辆。

（由 2007 年第 15 号第 21 条增补）

| 条： | 82 | 接收和再传送有线传播节目服务的广播 | 48 of 2000 | 07/07/2000 |
|------|------|------|------|------|

（1）任何人均不会因借接收和实时再传送没有作出更改的电视或声音广播而将任何节目包括在由以下系统或互相连接所提供的服务内，而侵犯该等广播的版权——

（a）在《电讯条例》（第 106 章）第 8（4）（e）条所指范围内的公共天线广播分配系统；

（b）在《电讯条例》（第 106 章）第 8（4）（e）条所指范围内的公共天线广播分配系统与根据《电讯条例》（第 106 章）领有牌照或当作领有牌照的收费电视网络之间的互相连接，而该项再传送的目的是供公共天线广播分配系统的用户接收；或（由 2000 年第 48 号第 44 条修订）

（c）领有根据《电讯规例》（第 106 章，附属法例 A）发出的广播传播站牌照的系统。

（2）任何人均不会因借接收和实时再传送没有作出更改的没有经编码处理的电视广播或没有经编码处理的声音广播而将任何节目包括在由以下系统或互相连接所提供的服务内，而侵犯该等广播的版权——

（a）领有根据《电讯规例》（第 106 章，附属法例 A）发出的卫星电视共享天线牌照的系统；或

（b）在领有根据《电讯规例》（第 106 章，附属法例 A）发出的卫星电视共享天线牌照的系统与根据《电讯条例》（第 106 章）领有牌照或当作领有牌照的收费电视

网络之间的互相连接,而该项再传送的目的是供卫星电视共享天线系统的用户接收(由 2000 年第 48 号第 44 条修订),

直至自按照第(5)款刊登通知当日起计的 6 个月届满为止。

(3)凡某电视广播或声音广播从香港或其他地方某地方作出或作向上传输,而该广播乃合法的广播,则任何人因借接收和实时再传送没有作出更改的该广播而将任何节目(该节目须属包含文学作品、戏剧作品或音乐作品或该等作品的改编本,或艺术作品,或声音纪录或影片者)包括在借第(1)或(2)款所指明的系统或互相连接所提供的服务内,则该人在任何关于侵犯该等作品、纪录或影片的版权(如有的话)的法律程序中的地位,犹如其为由版权拥有人批出的将该等作品、改编本、纪录或影片包括在任何已如此包括在该服务内的节目的特许的持有人一样。

(4)凡某电视广播或声音广播没有经编码处理,则任何人如借接收和实时再传送没有作出更改的该广播而将节目包括在借第(2)款所指明的系统或互相连接所提供的服务内,该人即当作已获该广播的制作者批给隐含特许以使用该系统接收和再传送该广播,而该隐含特许只可借按照第(5)款给予的通知撤销。

(5)根据第(4)款当作已批出特许的广播的制作者可在——

(a)一份营销于香港的中文报章;及

(b)一份营销于香港的英文报章,刊登撤销通知而撤销该特许。

〔比照 1988 c. 48 s. 73 U. K.〕

| 条: | 83 | 提供附有字幕的广播或有线传播节目的复制品 | L. N. 130 of 2007 | 01/07/2007 |
|---|---|---|---|---|

附注:

有关《立法会决议》(2007 年第 130 号法律公告)所作之修订的保留及过渡性条文,见载于该决议第(12)段。

(1)为了将附有字幕或在其他方面经变通以切合失聪或听觉有问题的人或身体上或精神上有其他方面残障的人的特殊需要的电视广播或有线传播节目的复制品提供予该等人士,根据第(3)款而指定的任何机构均可制作该等复制品并向公众发放及提供该等复制品,而不属侵犯该等广播或有线传播节目或其所包括的作品的版权。

(2)如有特许计划下的特许授权作出有关的作为,而如此作出有关的作为的人已知道或应已知道该事实,则本条并不适用,或在该特许授权作出有关的作为的范围内适用。

(3)商务及经济发展局局长可为施行本条而借宪报公告指定任何机构,而商务及经济发展局局长除非信纳某机构并非为牟利而设立或经营,否则不得指定该机构。

（由 1997 年第 362 号法律公告修订；由 2002 年第 106 号法律公告修订；由 2007 年第 130 号法律公告修订）

［比照 1988 c. 48 s. 74 U. K.］

| 条： | 84 | 为存盘而制作的纪录 | L. N. 130 of 2007 | 01/07/2007 |
|---|---|---|---|---|

附注：

有关《立法会决议》（2007 年第 130 号法律公告）所作之修订的保留及过渡性条文，见载于该决议第（12）段。

（1）任何人均可为了将属根据第（2）款而指定的种类的广播或有线传播节目的纪录或其复制品放在根据第（2）款而获指定的机构设置的档案室内，而制作该纪录或其复制品，而不属侵犯该广播或有线传播节目或其所包括的作品的版权。

（2）商务及经济发展局局长可为施行本条而借宪报公告指定某种类的广播或有线传播节目，及借宪报公告指定任何机构，而商务及经济发展局局长除非信纳某机构并非为牟利而成立或经营，否则不得指定该机构。（由 1997 年第 362 号法律公告修订；由 2002 年第 106 号法律公告修订；由 2007 年第 130 号法律公告修订）

［比照 1988 c. 48 s. 75 U. K.］

| 条： | 85 | 改编本 | | 30/06/1997 |
|---|---|---|---|---|

## 改编本

凡任何作为凭借本分部可作出而不属侵犯文学作品、戏剧作品或音乐作品的版权，则在该作品是改编自另一作品的改编本的情况下，该作为亦不属侵犯该另一作品的版权。

［比照 1988 c. 48 s. 76 U. K.］

| 条： | 86 | 相应外观设计 | | 30/06/1997 |
|---|---|---|---|---|

## 外观设计

在第 87 及 88 条中，"相应外观设计"（corresponding design），就一项艺术作品而言，指《注册外观设计条例》（第 522 章）所指的外观设计，而该外观设计如应用于某物品，即会产生就本部而言会被视为该艺术作品的复制品的东西。

［比照 1988 c. 48 s. 53（2）U. K.］

| 条： | 87 | 利用从艺术作品衍生的外观设计的效力 | | 30/06/1997 |
|---|---|---|---|---|

（1）如版权拥有人或在版权拥有人的特许下借以下方式利用艺术作品，本条即适用——

（a）借工业程序而制造就本部而言被视为该作品的复制品的物品；及

（b）在香港或其他地方将该等物品推出市场。

（2）凡包含经注册的相应外观设计的该等物品于某公历年首次推出市场，则在自该年年终起计的 25 年期间完结后，该项作品可借制作任何类别的物品而复制，或借为制作任何类别的物品而作出的事情而复制，并可就如此制作的物品作出任何事情，而不属侵犯该作品的版权。

（3）凡包含未经注册的相应外观设计的该等物品于某公历年首次推出市场，则在自该年年终起计的 15 年期间完结后，该项作品可借制作任何类别的物品而复制，或借为制作任何类别的物品而作出的事情而复制，并可就如此制作的物品作出任何事情，而不属侵犯该作品的版权。

（4）如艺术作品只有部分如第（1）款所提及般被利用，则第（2）或（3）款只就该部分而适用。

（5）在本条中——

（a）"经注册的相应外观设计"（registered corresponding design）指已根据《注册外观设计条例》（第 522 章）注册的相应外观设计；

（b）"未经注册的相应外观设计"（unregistered corresponding design）指未有根据《注册外观设计条例》（第 522 章）注册的相应外观设计，并包括根据该条例不属可予注册的相应外观设计；

（c）对物品的提述不包括影片；

（d）对将任何物品推出市场的提述，即对出售、出租、要约出售或要约出租，或为出售或出租而展示该物品的提述。

〔比照 1988 c. 48 s. 52 U. K.〕

| 条： | 88 | 依据外观设计的注册而作出的事情 | | 30/06/1997 |
|---|---|---|---|---|

在以下情况下作出任何事情，均不属侵犯艺术作品的版权——

（a）依据一项转让或特许而作出任何事情，而该转让或特许是由根据《注册外观设计条例》（第 522 号）注册为相应外观设计的注册拥有人的人作出或批出的；及

（b）真诚地依据有关注册并且在不知悉有任何关于取消该项注册或纠正外观设计注册纪录册内有关记项的法律程序的情况下作出该事情，

而即使注册为注册拥有人的人并不是就该条例而言的外观设计拥有人，上述条

文仍然适用。

[比照 1988 c. 48 s. 53（1）U. K.]

| 条: | 89 | 被识别为作者或导演的权利 | 15 of 2007 | 06/07/2007 |
|---|---|---|---|---|

## 第 IV 分部
## 精神权利
### 被识别为作者或导演的权利

（1）具有版权的文学作品、戏剧作品、音乐作品或艺术作品的作者以及具有版权的影片的导演，在本条提及的情况下具有被识别为作品的作者或导演的权利；但除非该权利已按照第 90 条宣示，否则该权利并未遭侵犯。（由 2007 年第 15 号第 22 条修订）

（2）凡有文学作品（但拟在音乐伴随下唱出或讲出的文字则除外）或戏剧作品——

（a）作商业发表、公开表演、广播或包括在有线传播节目服务内；或

（b）包括在影片或声音纪录中，而该影片或声音纪录的复制品是向公众发放或提供的，

则该作品的作者即具有被识别的权利；如有人将该作品的改编本作任何上述用途，则该权利包括被识别为该改编本所根据的原来作品的作者的权利。

（3）凡有音乐作品，或由拟在音乐伴随下唱出或讲出的文字所构成的文学作品——

（a）作商业发表、公开表演、广播或包括在有线传播节目服务内；

（b）被制成声音纪录，而该声音纪录的复制品是向公众发放或提供的；或

（c）包括在某影片的声带中，而该影片是公开放映的或该影片的复制品是向公众发放或提供的，则该作品的作者即具有被识别的权利；如有人将该作品的改编本作任何上述用途，则该权利包括被识别为该改编本所根据的原来作品的作者的权利。

（4）凡有——

（a）艺术作品作商业发表或公开陈列，或其影像作广播或包括在有线传播节目服务内；（由 2007 年第 15 号第 22 条修订）

（b）艺术作品的影像包括在影片中，而该影片是公开放映的或该影片的复制品是向公众发放或提供的；或

（c）建筑物形式或建筑物模型形式的建筑作品、雕塑品或美术工艺作品的艺术作品，是以平面美术作品表述或拍摄成照片的，而该平面美术作品或该照片的复制品是向公众发放或提供的，则该艺术作品的作者即具有被识别为作者的权利。

（5）建筑物形式的建筑作品的作者，亦有权在建成的有关建筑物上被识别为作

者；如有超过一座建筑物依照该设计建成，则作者有权在第一座如此建成的建筑物上被识别为作者。

（6）凡公开放映或广播某影片，或将某影片包括在有线传播节目服务内，或向公众发放或提供某影片的复制品，则该影片的导演即具有被识别的权利。

（7）在——

（a）影片或声音纪录的复制品作商业发表或向公众发放或提供方面，作者或导演根据本条具有的权利为有权在每份该等复制品之上或之内被识别，在如此被识别并不适当的情况下，则有权以相当可能使取得该等复制品的人知悉其身份的其他方式被识别；

（b）建筑物上识别身份方面，作者或导演根据本条具有的权利为有权以适当方法被识别，而该方法须能使进入或接近该建筑物的人看见该项识别的；及

（c）任何其他方面，作者或导演根据本条具有的权利为有权以任何方式被识别，而该方式须是相当可能使观看或聆听有关表演、陈列、放映、广播或有线传播节目的人知悉其身份的，（由 2007 年第 15 号第 22 条修订）

而在每种情况下，该项识别必须清楚和合理地显眼。

（8）如作者或导演在宣示其被识别的权利时指明用假名、英文名缩写或其他特定形式的识别方法，则必须采用该形式，否则可采用任何合理形式。（由 2007 年第 15 号第 22 条修订）

（9）本条在第 91 条的规限下具有效力。

［比照 1988 c. 48 s. 77 U. K.］

| 条： | 90 | 被识别的权利必须宣示 | 15 of 2007 | 06/07/2007 |
| --- | --- | --- | --- | --- |

## 被识别的权利必须宣示

（由 2007 年第 15 号第 23 条修订）

（1）除非第 89 条（被识别为作者或导演的权利）所赋予的权利已按照以下条文宣示，以对作出该条所提及作为的人就他作出该作为加以约束，否则任何人作出该条提及的作为，并不属侵犯该权利。

（2）该权利可借以下方式一般性地宣示，或就任何指明的作为或指明类别的作为宣示——（由 2007 年第 15 号第 23 条修订）

（a）在转让作品的版权时，在转让版权的文书中加入述明作者或导演就该作品宣示其被识别的权利的陈述；或

（b）由作者或导演签署的文书。

（3）被识别的权利可借以下方式就公开陈列的艺术作品而宣示——（由 2007 年第 15 号第 23 条修订）

（a）凡作者或其他版权第一拥有人放弃对艺术作品原版的管有或放弃对艺术作品复制品（由他本人所制作或在他指示或控制下所制作的）的管有，则确保作者在当时已在该原版或复制品上被识别，或已在附连原版或复制品的框架、装裱或其他东西上被识别或

（b）在作者或版权第一拥有人授权制作作品复制品的特许中，加入一项由批出特许的人签署或由他人代其签署的书面陈述，该陈述指出如依据特许而公开陈列该复制品，则作者即宣示其被识别的权利。

（4）受根据第（2）或（3）款宣示被识别的权利约束的人为——（由 2007 年第 15 号第 23 条修订）

（a）就根据第（2）（a）款宣示权利而言，承让人及透过承让人提出申索的人（不论他是否知悉该项宣示）；

（b）就根据第（2）（b）款宣示权利而言，得悉该项宣示的人；

（c）就根据第（3）（a）款宣示权利而言，获得有关原版或复制品的人（不论有关识别是否仍存在或可看见）；

（d）就根据第（3）（b）款宣示权利而言，特许持有人及获得依据特许而制作的复制品的人（不论他是否知悉该项宣示）。

（5）在就被识别的权利遭侵犯而进行的诉讼中，法庭在考虑补救时，须将宣示该权利的任何延误列为考虑因素。

（由 2007 年第 15 号第 23 条修订）

［比照 1988 c. 48 s. 78 U. K.］

| 条： | 91 | 权利的例外情况 | 15 of 2007 | 06/07/2007 |
|---|---|---|---|---|

（1）第 89 条（被识别为作者或导演的权利）所赋予的权利有以下例外情况。

（2）该权利并不就以下类别的作品而适用——

（a）计算机程序；

（b）字体设计；

（c）任何由计算机产生的作品。

（3）如作品版权原本是凭借第 14（1）条（雇员的作品）而归属作者的雇主，则该权利不适用于由有关版权拥有人或在其授权下所作出的任何事情。

（4）如任何作为凭借以下任何条文而不属侵犯作品的版权，则该作为亦不属侵犯被识别的权利——

（a）第 39 条（为某些目的而作的公平处理），但只限于该作为是关乎借声音纪录、影片、广播或有线传播节目而报导时事的范围内；

（b）第 40 条（附带地将作品包括在某艺术作品、声音纪录、影片、广播或有线

传播节目内）；

（c）第 41（3）条（试题）；

（ca）第 54B 条（立法会）；（由 2007 年第 15 号第 24 条增补）

（d）第 54 条（司法程序）；（由 1999 年第 22 号第 3 条修订；由 2007 年第 15 号第 24 条修订）

（e）第 55（1）或（2）条（法定研讯）；

（f）第 66 或 75 条（基于关于版权期限届满等的假设而允许作出的作为）。

（5）被识别的权利不就任何为报导时事的目的制作的作品而适用。

（6）如制作文学作品、戏剧作品、音乐作品或艺术作品的目的是将该等作品于——

（a）报章、杂志或相类期刊发表；或

（b）百科全书、字典、词典、年鉴或其他参考性汇集作品发表，

或作者同意为于上述刊物发表而提供作品，则被识别的权利不就该等作品于上述刊物发表而适用。

（7）凡——

（a）有政府版权或立法会版权存在于某作品被识别的权利不就该作品而适用（由 1999 年第 22 号第 3 条修订）；或

（b）某作品的版权凭借第 188 条而原本归属某国际组织，被识别的权利不就该作品而适用，但如作者或导演以前已在该作品上或作品的已发表版本上被识别为作者或导演，则属例外。

［比照 1988 c. 48 s. 79 U. K.］

| 条： | 92 | 反对作品受贬损处理的权利 | 15 of 2007 | 06/07/2007 |
|---|---|---|---|---|

## 反对作品受贬损处理的权利

（1）具有版权的文学作品、戏剧作品、音乐作品或艺术作品的作者以及具有版权的影片的导演，在本条提及的情况下具有使其作品不受贬损处理的权利。

（2）就本条而言——

（a）"处理"（treatment）作品指对作品进行任何增加、删除、修改或改编，但不包括——

（ⅰ）翻译文学作品或戏剧作品；或

（ⅱ）将音乐作品编曲或改作而只涉及转调或转音域；及

（b）如作品经处理后受歪曲或残缺不全，或在其他方面对作者或导演的荣誉或声誉具损害性，则该项处理属贬损处理，

而在以下条文中，凡提述作品受贬损处理，即须据此解释。

(3) 就文学作品、戏剧作品或音乐作品而言，任何人如——

(a) 将受贬损处理的作品作商业发表、公开表演、广播或包括在有线传播节目服务内；或

(b) 向公众发放或提供受贬损处理的作品的影片或声音纪录的复制品，或向公众发放或提供包括受贬损处理的作品在内的影片或声音纪录的复制品，该人即属侵犯该权利。

(4) 就艺术作品而言，任何人如——

(a) 将受贬损处理的作品作商业发表或公开陈列，或将受贬损处理的作品的影像广播或包括在有线传播节目服务内；(由 2007 年第 15 号第 25 条修订)

(b) 公开放映包括受贬损处理的作品的影像在内的影片，或向公众发放或提供该影片的复制品；或

(c) 向公众发放或提供表述受贬损处理的下列作品的平面美术作品或照片的复制品——

(ⅰ) 建筑物模型形式的建筑作品；

(ⅱ) 雕塑品；或

(ⅲ) 美术工艺作品，

该人即属侵犯该权利。

(5) 第 (4) 款不适用于建筑物形式的建筑作品；但如该等作品的作者已在该建筑物上被识别，而该建筑物属受贬损处理的标的物，则该作者有权要求除去该识别。

(6) 就影片而言，任何人如——

(a) 将受贬损处理的影片公开放映、广播或包括在有线传播节目服务内；或

(b) 向公众发放或提供受贬损处理的影片的复制品，该人即属侵犯该权利。

(7) 因先前并非由作者或导演作出的处理而产生的某作品的部分凡受到处理，则该等部分如源出于该作者或导演或相当可能被视为该作者或导演的作品，本条所赋予的权利的适用范围，即扩及对该等部分的处理。

(8) 本条在第 93 及 94 条（权利的例外情况及约制）的规限下具有效力。

〔比照 1988 c. 48 s. 80 U. K.〕

| 条： | 93 | 权利的例外情况 | 30/06/1997 |

(1) 第 92 条（反对作品受贬损处理的权利）所赋予的权利有以下例外情况。

(2) 该权利不适用于计算机程序或任何由计算机产生的作品。

(3) 该权利不就为报导时事的目的制作的作品而适用。

(4) 如制作文学作品、戏剧作品、音乐作品或艺术作品的目的是将该等作品于——

（a）报章、杂志或相类期刊发表；或

（b）百科全书、字典、词典、年鉴或其他参考性汇集作品发表，

或作者同意为于上述刊物发表而提供作品，则该权利不就该等作品于上述刊物发表而适用。

如该等作品在其已发表版本没有修改的情况下其后在其他地方被利用，则该权利亦不就该项利用而适用。

（5）如任何作为凭借第 66 或 75 条（在基于关于版权期限届满等的假设而允许作出的作为）而不属侵犯版权，则该作为亦不属侵犯该权利。

（6）在符合第（7）款的规定下，任何为以下目的而作出的事情均不属侵犯该权利——

（a）避免犯罪；或

（b）履行由成文法则或根据成文法则所施加的责任。

（7）凡作者或导演在第（6）款所指的有关作为作出之时被识别，或先前已在已发表的作品复制品之内或之上被识别，则必须有足够的卸责声明，第（6）款方具有效力。

[比照 1988 c. 48 s. 81 U. K.]

| 条： | 94 | 在某些情况下权利受约制 | 22 of 1999 | 01/07/1997 |

附注：

具追溯力的适应化修订——见 1999 年第 22 号第 3 条

（1）凡——

（a）某作品凭借第 14（1）条（在受雇工作期间制作的作品）而原本归属作者的雇主；

（b）有政府版权或立法会版权存在于某作品；及（由 1999 年第 22 号第 3 条修订）

（c）某作品的版权凭借第 188 条而原本归属某国际组织，

则本条适用于该作品。

（2）第 92 条（反对作品受贬损处理的权利）所赋予的权利，不适用于由第（1）款所提述作品的版权拥有人或在其授权下就该等作品所作出的任何事情，但如作者或导演——

（a）在有关作为作出之时被识别；或

（b）先前已在作品的已发表复制品之内或之上被识别，

则属例外，而凡该权利在该情况下适用，则只要有足够的卸责声明，该权利不

属遭侵犯。

[比照 1988 c. 48 s. 82 U. K.]

| 条： | 95 | 管有侵犯权利物品或进行侵犯权利物品的交易而侵犯权利 | 15 of 2007 | 06/07/2007 |
|------|-----|------|------|------|

(1) 任何人知道或有理由相信某物品属侵犯权利物品而将该物品作以下处置，即属侵犯第 92 条（反对作品受贬损处理的权利）所赋予的权利——

(a) 为任何贸易或业务的目的或在任何贸易或业务的过程中，管有该物品；（由 2000 年第 64 号第 4 条代替。由 2007 年第 15 号第 26 条修订）

(b) 将该物品出售、出租、要约出售或要约出租，或为出售或出租而展示该物品；

(c) 为任何贸易或业务的目的或在任何贸易或业务的过程中，公开陈列或分发该物品；或（由 2000 年第 64 号第 4 条代替。由 2007 年第 15 号第 26 条修订）

(d) 并非为任何贸易或业务的目的亦并非在任何贸易或业务的过程中，分发该物品致使作者或导演的荣誉或声誉蒙受不利影响。（由 2000 年第 64 号第 4 条修订；由 2007 年第 15 号第 26 条修订）

(1A) 就第 (1) (a) 及 (c) 款而言，有关的贸易或业务是否包含经营侵犯权利物品并不具关键性。（由 2000 年第 64 号第 4 条增补）

(2) "侵犯权利物品" (infringing article) 指某项作品或该作品的复制品，而该作品或复制品——

(a) 曾受到第 92 条所指的贬损处理；及

(b) 曾经或相当可能在侵犯该权利的情况下属该条提及的作为的标的物。

[比照 1988 c. 48 s. 83 U. K.]

| 条： | 96 | 作品的虚假署名 | 15 of 2007 | 06/07/2007 |
|------|-----|------|------|------|

## 作品的虚假署名

(1) 任何人在本条提及情况下具有——

(a) 免被虚假地署名为某文学作品、戏剧作品、音乐作品或艺术作品的作者的权利；及

(b) 免被虚假地署名为某影片的导演的权利，

而在本条中，"署名" (attribution) 就上述作品而言，指道出谁是作者或导演的陈述（明示的或隐含的）。

(2) 任何人如——

（a）向公众发放或提供任何在内里或上面有虚假署名的上述类别作品的复制品；或

（b）公开陈列在内里或上面有虚假署名的艺术作品或其复制品，（由 2007 年第 15 号第 27 条修订）

即属侵犯该权利。

（3）任何人如——

（a）将文学作品、戏剧作品或音乐作品当作某人的作品而公开表演、广播该作品或将该作品包括在有线传播节目服务内；或

（b）将影片当作某人所导演的影片而公开放映、广播该影片或将该影片包括在有线传播节目服务内，而他知道或有理由相信有关署名是虚假的，

他亦属侵犯该权利。

（4）凡有材料载有与第（2）或（3）款提及的作为有关的虚假署名，任何人如向公众发放或提供或公开展示该材料，亦属侵犯该权利。

（5）任何人为任何贸易或业务的目的或在任何贸易或业务的过程中——（由 2000 年第 64 号第 5 条修订；由 2007 年第 15 号第 27 条修订）

（a）管有在内里或上面有虚假署名的第（1）款提及的任何类别作品的复制品，或进行该等复制品的交易；或

（b）管有在内里或上面有虚假署名的艺术作品，或进行该等作品的交易，而他知道或有理由相信有该署名存在和该署名是虚假的，他亦属侵犯该权利。

（6）凡作者放弃对其艺术作品的管有后，该作品曾经被更改，则任何人如为任何贸易或业务的目的或在任何贸易或业务的过程中——（由 2000 年第 64 号第 5 条修订；由 2007 年第 15 号第 27 条修订）

（a）将该经更改的作品作为作者未经更改的作品（而他知道或有理由相信事实并非如此）而进行该经更改的作品的交易；或

（b）将经更改的作品的复制品作为作者未经更改作品的复制品（而他知道或有理由相信事实并非如此）而进行该复制品的交易，他亦属侵犯该权利。

（6A）就第（5）及（6）款而言，有关的贸易或业务是否包含经营——

（a）在内里或上面有虚假署名的作品或作品的复制品；或

（b）经更改的作品或经更改的作品的复制品，并不具关键性。（由 2000 年第 64 号第 5 条增补）

（7）在本条中，凡提述进行交易，即提述出售、出租、要约出售或要约出租、公开陈列、分发或为出售或出租而展示。（由 2007 年第 15 号第 27 条修订）

（8）凡有——

（a）文学作品、戏剧作品或音乐作品被虚假地陈述为某人的作品的改编本；或

（b）艺术作品的复制品被虚假地陈述为该艺术作品的作者所制作的复制品，而

事实并非如此，本条亦予适用，一如在某人被虚假署名为该作品的作者的情况下适用一样。

[比照 1988 c. 48 s. 84 U. K.]

| 条： | 97 | 权利的期限 | | 30/06/1997 |
|------|------|------|------|------|

**补充条文**

（1）第 89 条（被识别为作者或导演的权利）所赋予的权利以及第 92 条（反对作品受贬损处理的权利）所赋予的权利，在作品的版权存在的期间持续存在。

（2）第 96 条（虚假署名）所赋予的权利持续存在，直至有关的人死后 20 年为止。

[比照 1988 c. 48 s. 86 U. K.]

| 条： | 98 | 同意及放弃权利 | | 30/06/1997 |
|------|------|------|------|------|

（1）具有本分部所赋予的任何权利的人如同意作出某作为，则作出该作为并不属侵犯该权利。

（2）任何该等权利可借由放弃权利的人签署的文书而放弃。

（3）放弃权利——

（a）可关乎某特定作品、某指明类别的作品或一般地关乎所有作品，以及可关乎现存或未来的作品；及

（b）可以是有条件或无条件的，亦可明示为可予撤回的，

而放弃权利如是为惠及该项放弃权利所关乎的作品的版权拥有人或准拥有人而作出的，则可推定该项放弃权利亦延伸而适用于该拥有人或准拥有人的特许持有人及所有权继承人，但如明示有相反的意愿，则属例外。

（4）本分部不得解释为摒除与任何关乎第（1）款提及的权利的非正式放弃或其他处理有关的一般合约法或不容反悔法的施行。

[比照 1988 c. 48 s. 87 U. K.]

| 条： | 99 | 对合作作品适用的条文 | 15 of 2007 | 06/07/2007 |
|------|------|------|------|------|

（1）就合作作品而言，第 89 条（被识别为作者或导演的权利）所赋予的权利为每名合作作者被识别为合作作者的权利，而该权利须由每名合作作者按照第 90 条就其本身而宣示。（由 2007 年第 15 号第 28 条修订）

（2）就合作作品而言，第 92 条（反对作品受贬损处理的权利）所赋予的权利为每名合作作者的权利；如合作作者同意作品接受有关的处理，即属体现其权利。（由

2007 年第 15 号第 28 条修订)

（3）合作作者中的其中一名作者根据第 98 条放弃该等权利，并不影响其他合作作者的该等权利。

（4）在第 96 条（虚假署名）提及的情况下——

（a）任何有关合作作品的作者的虚假陈述；及

（b）就单人作品虚假地以合作作者署名，

均属侵犯第 96 条所赋予的权利，而上述虚假署名亦属侵犯每名署名（不论该署名是否正确）为任何类别作者的人的权利。

（5）本条条文经必要的修改后，亦适用于合作导演（或被指称为合作导演）的影片，一如该等条文适用于合作作品（或被指称为合作作品）的作品一样。

如某影片是由 2 名或多于 2 名导演合作制作，而且每名导演的贡献是与其他导演的贡献分不开的，该影片即属"合作导演"的影片。

［比照 1988 c. 48 s. 88 U. K.］

| 条： | 100 | 对作品的部分适用的条文 | | 30/06/1997 |
|---|---|---|---|---|

（1）第 89 条（被识别为作者或导演的权利）所赋予的权利就作品的整项或其任何实质部分而适用。

（2）第 92 条（反对作品受贬损处理的权利）所赋予的权利以及第 96 条（虚假署名）所赋予的权利，均就作品的整项或其任何部分而适用。

［比照 1988 c. 48 s. 89 U. K.］

| 条： | 101 | 转让及特许 | | 30/06/1997 |
|---|---|---|---|---|

## 第 V 分部
## 进行版权作品的权利的交易
## 版权

（1）版权可作为非土地财产或动产，借转让、遗嘱性质的处置或法律的施行而转传。

（2）版权的转让或其他方式的转传可以是局部的，即只局限适用于——

（a）版权拥有人具有独有权利可作出的一项或多于一项的事情，但并非版权拥有人具有独有权利可作出的全部事情；

（b）版权存在的期间的部分，而非该期间的整段。

（3）版权的转让必须采用书面形式，由转让人签署或由他人代其签署，否则无效。

（4）由版权拥有人批出的特许对其版权的权益的每名所有权继承人均具约束力，但付出有价值而并不知悉（不论实际知悉或法律构定的知悉）该特许存在的真诚购买人及从该购买人取得所有权的人则除外；在本部中，凡提述在版权拥有人的特许下或在没有版权拥有人的特许下而作出的任何事情，均据此解释。

〔比照 1988 c. 48 s. 90 U. K.〕

| 条： | 102 | 版权的准拥有人 | 30/06/1997 |
|---|---|---|---|

（1）在不损害第 14 及 15 条的原则下，凡版权的准拥有人借就未来版权订立并签署（或由他人代其签署）的协议，宣称将该未来版权（全部或局部）转让他人，则在该版权产生之时，承让人或借承让人提出申索的人如相对于所有其他人而言，将会有权要求将版权归属予他，该版权即凭借本款归属该承让人或其所有权继承人。

（2）在本部中——"未来版权"（future copyright）指就未来的作品或某种类的作品而将会或可能产生的版权，或将会或可能因某未来事件的发生而产生的版权；及"准拥有人"（prospective owner）须据此解释，并且包括凭借第（1）款提及的协议而预期会有权享有版权的人。

（3）由版权的准拥有人批出的特许对其权利的权益（或预期权益）的每名所有权继承人均具约束力，但付出有值代价而并不知悉（不论实际知悉或法律构定的知悉）该特许存在的真诚购买人及从该购买人取得所有权的人则除外；在本部中，凡提述在版权拥有人的特许下或在没有版权拥有人的特许下而作出的任何事情，均据此解释。

〔比照 1988 c. 48 s. 91 U. K.〕

| 条： | 103 | 专用特许 | 30/06/1997 |
|---|---|---|---|

（1）在本部中，"专用特许"（exclusive licence）指由版权拥有人签署或由他人代其签署的书面特许，授权特许持有人在摒除所有其他人（包括批出该特许的人）的情况下行使本应属该版权拥有人可行使的独有权利。

（2）在专用特许下的特许持有人所具有的相对于受特许约束的所有权继承人而言的权利，与其所具有的相对于批出该特许的人而言的权利相同。

〔比照 1988 c. 48 s. 92 U. K.〕

| 条： | 104 | 版权借遗嘱而与未发表作品一并转移 | 30/06/1997 |
|---|---|---|---|

凡某人根据遗赠（不论是特定遗赠或一般遗赠）而对以下项目享有实益或并非实益的权益——

（a）记录或载有在立遗嘱人死亡之前仍未发表的文学作品、戏剧作品、音乐作

品或艺术作品的原稿或其他实物；或

（b）录载在立遗嘱人死亡之前仍未发表的声音纪录或影片的原实物，

则只要该立遗嘱人在紧接其死亡前是该作品的版权的拥有人，该遗赠即包括该作品的版权，但如立遗嘱人的遗嘱或遗嘱更改附件显示相反的意愿，则属例外。

［比照 1988 c. 48 s. 93 U. K. ］

| 条： | 105 | 精神权利不可转让 | | 30/06/1997 |
|---|---|---|---|---|

## 精神权利

第Ⅳ分部（精神权利）所赋予的权利不可转让。

［比照 1988 c. 48 s. 94 U. K. ］

| 条： | 106 | 在死亡时转传精神权利 | 15 of 2007 | 30/06/1997 |
|---|---|---|---|---|

（1）凡享有第 89 条（作者或导演的被识别权利）或第 92 条（反对作品受贬损处理的权利）所赋予的权利的人死亡——

（a）该等权利转移予该人借遗嘱性质的处置而特定指示的人；

（b）如无该等指示但有关作品的版权构成其遗产的一部分，而该版权转移予某人，则该权利转移予该人；及

（c）如该权利没有根据（a）或（b）段转移，则该权利可由其遗产代理人行使；如该权利在某程度上没有根据（a）或（b）段转移，则该权利在该程度上可由其遗产代理人行使。

（2）凡构成某人遗产的一部分的版权部分转移予某人而部分则转移予另一人，例如某遗赠只局限适用于——

（a）版权拥有人具有独有权利作出或授权作出的一项或多于一项的事情，但并非版权拥有人具有独有权利作出或授权作出的全部事情；或

（b）版权存在的期间的部分，而非该期间的整段，

则任何凭借第（1）款而与版权一并转移的权利，亦相应地作出分拆。

（3）凡某权利凭借第（1）（a）或（b）款变成可由多于一人行使，则——

（a）就第 89 条（作者或导演的被识别权利）所赋予的权利而言，可由其中任何一人宣示；（由 2007 年第 15 号第 29 条修订）

（b）就第 92 条（反对作品受贬损处理的权利）所赋予的权利而言，该权利属可由该等人各自行使的权利；如其中任何一人同意有关的处理或作为，即属体现该人的权利；及（由 2007 年第 15 号第 29 条修订）

（c）如其中任何一人按照第 98 条放弃该权利，并不影响其他人的该权利。

（4）凡权利凭借第（1）款转移予某人，先前所作的同意或放弃对该人具约束力。

（5）凡某人获第96条（虚假署名）所赋予的权利在其死后遭侵犯，则该人的遗产代理人可就该项侵犯而提起诉讼。

（6）该遗产代理人凭借本条就某人的权利在该人死后遭侵犯而追讨所得的损害赔偿，须作为该人的遗产的一部分而传予，犹如该诉讼权在紧接该人死亡前已存在并归属该人一样。

［比照 1988 c. 48 s. 95 U. K.］

| 条： | 107 | 版权拥有人可就侵犯版权提起诉讼 | | 30/06/1997 |

## 第 VI 分部
## 侵犯权利的补救
## 版权拥有人的权利及补救

（1）版权拥有人可就侵犯版权提起诉讼。

（2）在就侵犯版权进行的诉讼中，原告人可得损害赔偿、强制令、交出利润或其他形式的济助，与就侵犯任何其他产权而可得者相同。

（3）本条在本分部的以下条文的规限下具有效力。

［比照 1988 c. 48 s. 96 U. K.］

| 条： | 108 | 关于侵犯版权诉讼中的损害赔偿的规定 | | 30/06/1997 |

（1）在就侵犯版权进行的诉讼中，如证明在侵犯版权时，被告人不知道和没有理由相信该诉讼所关乎的作品有版权存在，则原告人无权向被告人要求损害赔偿，但任何其他补救则不受影响。

（2）在就侵犯版权进行的诉讼中，法院在顾及案件的所有情况，尤其是以下情况后——

（a）该等权利受侵犯的昭彰程度；

（b）因侵犯版权行为而归于被告人的利益；及

（c）被告人的业务账目和纪录的完整程度、准确程度及可靠程度，可为在该案件达致公正所需而判给额外损害赔偿。

［比照 1988 c. 48 s. 97 U. K.］

| 条： | 109 | 交付令 | 15 of 2007 | 06/07/2007 |

（1）凡任何人——

（a）为任何贸易或业务的目的或在任何贸易或业务的过程中，管有、保管或控制某作品的侵犯版权复制品；或（由 2000 年第 64 号第 6 条修订；由 2007 年第 15 号第 30 条修订）

（b）管有、保管或控制某物品，而该物品是经特定设计或改装，用以制作某版权作品的复制品的，而该人知道或有理由相信该物品曾经或将会用作制作侵犯版权复制品，

则该作品的版权的拥有人可向法院申请命令，规定该等侵犯版权复制品或该物品须交付予他或法院所指示的其他人。

（1A）就第（1）（a）款而言，有关的贸易或业务是否包含经营版权作品的侵犯版权复制品并不具关键性。（由 2000 年第 64 号第 6 条增补）

（2）任何申请必须在第 110 条（期限过后不得以交付作补救）指明的期限结束前提出；除非法院亦根据第 111 条（处置侵犯版权复制品或其他物品的命令）作出命令，或法院认为有理由根据第 111 条作出命令，否则法院不得根据本条作出命令。

（3）如法院没有根据第 111 条作出命令，则依据一项根据本条作出的命令而获交付侵犯版权复制品或其他物品的人须保留该侵犯版权复制品或该物品，以听候法院根据该条作出命令或裁定不根据该条作出命令。

（4）本条并不影响法院的任何其他权力。

[比照 1988 c. 48 s. 99 U. K.]

| 条： | 110 | 期限过后不得以交付作为补救 | | 30/06/1997 |
|---|---|---|---|---|

（1）除本条以下条文另有规定外，任何人不得在自有关的侵犯版权复制品或物品的制作日期起计的 6 年期间完结后，根据第 109 条（在民事法律程序中的交付令）提出申请。

（2）如在上述期间的整段或任何部分，版权拥有人——

（a）无行为能力；或

（b）因欺诈或隐瞒事实而使他不能够发现令他有权申请该命令的事实，

则在自他不再无行为能力或在自他假使付出合理的努力便应可发现该等事实（视属何情况而定）的日期起计的 6 年期间完结之前的任何时间，均可提出该申请。

（3）在第（2）款中，"无行为能力"（disability）的含义与《时效条例》（第 347 章）中该词的含义相同。

[比照 1988 c. 48 s. 113 U. K.]

| 条： | 111 | 处置侵犯版权复制品或其他物品的命令 | 25 of 1998 | 01/07/1997 |
|---|---|---|---|---|

附注：

具追溯力的适应化修订——见 1998 年第 25 号第 2 条

(1) 凡有依据一项根据第 109 条作出的命令而交付的侵犯版权复制品或其他物品，则可向法院申请命令，以将该等复制品或其他物品——

(a) 没收归予版权拥有人所有；或

(b) 销毁或按法院认为合适的其他方法处置，

或向法院申请不应作出该等命令的裁决。

(2) 在考虑应作出什么命令（如有的话）时，法院须考虑就侵犯版权进行诉讼可获得的其他补救是否足以补偿版权拥有人和保护该版权拥有人的权益。

(3) 根据《高等法院条例》（第 4 章）第 54 条订立法院规则的权力，包括为施行本条而订立法院规则的权力。（由 1998 年第 25 号第 2 条修订）

(4) 为施行本条而订立的法院规则，可包括送达通知予对复制品或其他物品具有权益的人的规则，而任何该等人士均有权——

(a) 在为根据本条作出命令而进行的法律程序中出庭（不论他是否获送达通知）；及

(b) 提出上诉反对任何已作出的命令（不论他是否曾出庭）。

(5) 根据本条作出的命令，在可给予上诉通知的期限完结时始生效，如上诉通知在该期限完结前妥为给予，则在上诉的法律程序获最终裁定或遭放弃时始生效。

(6) 凡多于一人对复制品或其他物品享有权益，法院可作出其认为公正的命令，并尤其可指示将该复制品或物品出售或作其他处置，并将收益分配。

(7) 如法院裁定不应根据本条作出命令，则在复制品或其他物品交付之前管有、保管或控制该复制品或该其他物品的人，具有获发还该复制品或物品的权利。

(8) 在本条中，凡提述对复制品或其他物品享有权益的人，即包括可根据本条或第 231 条（该条就侵犯在表演中的权利订立相类的条文）就该复制品或该等其他物品作出命令而惠及的任何人。

[比照 1988 c. 48 s. 114 U. K.]

| 条： | 112 | 专用特许持有人的权利和补救 | | 30/06/1997 |
|---|---|---|---|---|

### 专用特许持有人的权利和补救

(1) 专用特许持有人就特许批出之后所发生的事项，具有在犹如该项特许是一项转让的情况下相同的权利和补救，但相对于版权拥有人而言，则属例外。

(2) 专用特许持有人的权利和补救与版权拥有人的权利和补救是同时具有的；而在本部的有关条文中，凡提述版权拥有人，亦据此解释。

(3) 在专用特许持有人凭借本条而提起的诉讼中，被告人可引用的免责辩护，与在假使该诉讼是版权的拥有人提起的情况下被告人可引用的免责辩护相同。

[比照 1988 c. 48 s. 101 U. K.]

| 条: | 113 | 行使同时具有的权利 | | 30/06/1997 |
|---|---|---|---|---|

（1）在符合第（2）款的规定下，凡版权拥有人或专用特许持有人就侵犯版权提起诉讼，而该版权拥有人及专用特许持有人就该诉讼（全部或部分）所关乎的侵犯版权同时具有诉讼权，则除非另一方加入作为原告人或被告人，否则该版权拥有人或专用特许持有人（视属何情况而定）如没有法院许可，不得进行该诉讼。

（2）凡专用特许持有人就侵犯版权提起诉讼，而该诉讼（全部或部分）关乎第35（3）条所指的侵犯版权复制品所涉的侵犯版权，则除非版权拥有人加入作为原告人，否则专用特许持有人如没有法院许可，不得进行该诉讼。

（3）如专用特许持有人根据第（2）款申请在没有版权拥有人加入作为原告人的情况下进行诉讼的许可，则除非有其他非版权拥有人或专用特许持有人所能控制的特别情况，而该等情况并非为讼费方面的考虑，否则法院不得批予许可。

（4）依据第（1）款加入作为被告人的版权拥有人或专用特许持有人，除非参与法律程序，否则无须对诉讼的任何讼费负上法律责任。

（5）本条的条文不影响法院应版权拥有人或专用特许持有人的单独申请而批予非正审济助。

（6）凡就侵犯版权提起诉讼，而版权拥有人及专用特许持有人不论是现在或过去就该诉讼（全部或部分）所关乎的侵犯版权同时具有诉讼权，则——

（a）法院在评估损害赔偿时须考虑——

（i）特许的条款；及

（ii）版权拥有人或专用特许持有人已就侵犯版权获判给或可得到的金钱上的补救；

（b）如法院已就侵犯版权向他们当中的另一方判给损害赔偿，或已指示交出所得利润予另一方，则法院不得指示交出所得利润；及

（c）如有交出所得利润的指示，法院须在他们之间的协议的规限下按法院认为公正而将利润分摊给他们，不论版权的拥有人或专用特许持有人是否同时是诉讼的一方，此等条文仍然适用。

（7）版权拥有人在申请根据第109条（交付令）作出的命令之前，须通知与他同时具有权利的任何专用特许持有人；而法院可应专用特许持有人的申请，在顾及该特许的条款后根据第109条作出其认为合适的命令。

[比照 1988c. 48 s. 102 U. K.]

| 条: | 114 | 侵犯精神权利的补救 | | 30/06/1997 |
|---|---|---|---|---|

### 侵犯精神权利的补救

（1）侵犯第Ⅳ分部（精神权利）所赋予的权利，可作为违反应对具有该项权利的人所尽的法定责任而就该侵犯提起诉讼。

（2）在就侵犯第92条（反对作品受贬损处理的权利）所赋予的权利而进行的法律程序中，法院如认为在当时情况下批出具有有关规定的条款的强制令是足够的补救，即可批出该强制令；上述有关规定指规定除非有按该法院批准的条款及方式作出的卸责声明，说明作者或导演与该作品的处理无涉，否则禁止作出任何作为。

[比照 1988 c. 48 s. 103 U. K.]

| 条： | 115 | 与文学作品、戏剧作品、音乐作品及艺术作品有关的推定 | | 30/06/1997 |
|---|---|---|---|---|

附注：

具追溯力的适应化修订——见 1999 年第 22 号第 3 条。

### 推定

（1）以下推定在凭借本分部就文学作品、戏剧作品、音乐作品及艺术作品而提起的法律程序中适用。

（2）凡看来属作者的姓名或名称在已发表的作品之上出现或在作品制作时在作品之上出现，则须推定姓名或名称在已发表作品之上出现或在作品制作时在作品之上出现的人——

（a）是该作品的作者；

（b）是并非在第 14（1）、182、184 或 188 条（在受雇工作期间制作的作品、政府版权、立法会版权或某些国际组织的版权）所指的情况下制作该作品的，（由 1999 年第 22 号第 3 条修订）直至相反证明成立为止。

（3）就被指称为合作作品的作品而言，第（2）款就每一名被指称为作者之一的人而适用。

（4）凡没有如第（2）款提及般出现看来属作者的姓名或名称，但有看来属发表人的姓名或名称在首次发表的该作品之上出现，则须推定姓名或名称如此出现的人是该作品在发表时的版权的拥有人，直至相反证明成立为止。

（5）如作品的作者已死亡，或经合理查究后仍不能确定作者的身份，则在没有相反证据的情况下，须推定——

（a）该作品是原本的作品；及

（b）原告人就什么是作品的首次发表和作出首次发表的所在国家的指称均属

正确。

［比照 1988 c. 48 s. 104 U. K.］

| 条： | 116 | 与声音纪录、影片及计算机程序有关的推定 | | 30/06/1997 |

（1）如向公众发放或提供的声音纪录的复制品附有卷标或其他标记，述明——

（a）在该复制品如此发放或提供的日期，某被指名的人是该声音纪录的版权的拥有人；或

（b）该声音纪录是在某指明年份或在某指明国家首次发表的，则在凭借本分部就该声音纪录而提起的法律程序中，该卷标或标记可获接纳为所述明事实的证据，且该卷标或标记须推定为正确的，直至相反证明成立为止。

（2）如向公众发放或提供的影片的复制品附有一项陈述，述明——

（a）某被指名的人是该影片的导演或制作人；

（b）某被指名的人是该影片的主要导演、剧本的作者、对白的作者或特别为该影片创作并用于该影片中的音乐的创作人；

（c）在该复制品如此发放或提供的日期，某被指名的人是该影片的版权的拥有人；或

（d）该影片是在某指明年份或在某指明国家首次发表的，则在凭借本分部就该影片而提起的法律程序中，该项陈述可获接纳为所述明事实的证据，且该项陈述须推定为正确的，直至相反证明成立为止。

（3）如向公众提供或以电子形式向公众发放的计算机程序的复制品附有一项陈述，述明——

（a）在该复制品如此发放或提供的日期某被指名的人是该程序的版权的拥有人；或

（b）该程序是在某指明国家首次发表的，或该程序的复制品是在某指明年份首次向公众提供或以电子形式向公众发放的，则在凭借本分部就该计算机程序而提起的法律程序中，该项陈述可获接纳为所述明事实的证据，且该项陈述须推定为正确的，直至相反证明成立为止。

（4）在关乎被指称为已在该等复制品向公众发放或提供的日期之前发生的侵犯权利的法律程序中，上述推定同样适用。

（5）如公开放映、广播或包括在有线传播节目服务内的影片附有一项陈述，述明——

（a）某被指名的人是该影片的导演或制作人；

（b）某被指名的人是该影片的主要导演、剧本的作者、对白的作者或特别为该影片创作并用于该影片中的音乐的创作人；或

（c）某被指名的人在紧接该影片制作完成后是该影片的版权的拥有人，则在凭借本分部就该影片而提起的法律程序中，该项陈述可获接纳为所述明事实的证据，且该项陈述须推定为正确的，直至相反证明成立为止。在关乎被指称为已在该影片公开放映、广播或包括在有线传播节目服务内的日期之前发生的侵犯权利的法律程序中，此项推定同样适用。

（6）就本条而言，任何指明某人为某影片的导演的陈述，除非出现相反的表示，否则即当作为意指该人是该影片的主要导演。

[比照 1988 c. 48 s. 105 U. K.]

| 条： | 117 | 与有政府版权的作品有关的推定 | | 30/06/1997 |
|---|---|---|---|---|

如文学作品、戏剧作品或音乐作品有政府版权存在，并且该作品的已刊印复制品上附有一项陈述，述明该作品作首次商业发表的年份，则在凭借本分部就该作品而提起的法律程序中，该项陈述可获接纳为所述明事实的证据，并且在没有相反证据的情况下，该项陈述须推定为正确的。

[比照 1988 c. 48 s. 106 U. K.]

| 条： | 118 | 关乎制作侵犯版权物品等或进行侵犯版权物品等交易的罪行 * | | 30/06/1997 |
|---|---|---|---|---|

详列交互参照：
第 115，116，117 条。

## 罪行

（1）任何人如未获版权作品（"该作品"）的版权拥有人的特许而作出以下作为，即属犯罪——

（a）制作该作品的侵犯版权复制品，以作出售或出租之用；

（b）将该作品的侵犯版权复制品输入香港，但并非供他私人和家居使用；

（c）将该作品的侵犯版权复制品输出香港，但并非供他私人和家居使用；

（d）为任何贸易或业务的目的或在任何贸易或业务的过程中，出售、出租、或要约出售或要约出租或为出售或出租而展示该作品的侵犯版权复制品；

（e）为任何包含经销版权作品的侵犯版权复制品的贸易或业务的目的或在任何该等贸易或业务的过程中，公开陈列或分发该作品的侵犯版权复制品；

（f）管有该作品的侵犯版权复制品，以期令——

（i）某人可为任何贸易或业务的目的或在任何贸易或业务的过程中，出售或出

租该侵犯版权复制品；或

（ⅱ）某人可为任何包含经销版权作品的侵犯版权复制品的贸易或业务的目的或在任何该等贸易或业务的过程中，公开陈列或分发该侵犯版权复制品；或

（g）分发该作品的侵犯版权复制品（但并非为任何包含经销版权作品的侵犯版权复制品的贸易或业务的目的，亦并非在任何该等贸易或业务的过程中分发），达到损害版权拥有人的权利的程度。（由 2007 年第 15 号第 31 条代替）

（1A）凡——

（a）任何人为任何贸易或业务的目的或在任何贸易或业务的过程中，公开陈列或分发版权作品的侵犯版权复制品；而

（b）如此陈列或分发该侵犯版权复制品的情况，令人合理地怀疑该贸易或业务包含经销版权作品的侵犯版权复制品，

则就任何根据第（1）（e）款提起的法律程序而言，除非有相反的证据，否则该贸易或业务须被推定为包含经销版权作品的侵犯版权复制品的贸易或业务。（由 2007 年第 15 号第 31 条增补）

（1B）凡——

（a）任何人管有版权作品的侵犯版权复制品，以期令某人可为任何贸易或业务的目的或在任何贸易或业务的过程中，公开陈列或分发该侵犯版权复制品；而

（b）如此管有该侵犯版权复制品的情况，令人合理地怀疑该贸易或业务包含经销版权作品的侵犯版权复制品，

则就任何根据第（1）（f）（ⅱ）款提起的法律程序而言，除非有相反的证据，否则该贸易或业务须被推定为包含经销版权作品的侵犯版权复制品的贸易或业务。（由 2007 年第 15 号第 31 条增补）

（2）第（1）（b）及（c）及（4）（b）及（c）款并不适用于过境物品。

（2A）任何人如未获本款适用的版权作品的版权拥有人的特许，而为任何贸易或业务的目的或在任何贸易或业务的过程中，管有该作品的侵犯版权复制品，以期令某人可为该贸易或业务的目的或在该贸易或业务的过程中，使用该侵犯版权复制品，该首述的人即属犯罪。（由 2007 年第 15 号第 31 条增补）

（2B）第（2A）款适用于属以下项目的版权作品——

（a）计算机程序；

（b）电影；

（c）电视剧或电视电影；

（d）音乐声音纪录；或

（e）音乐视像纪录。（由 2007 年第 15 号第 31 条增补）

（2C）第（2A）款不适用于任何属刊印形式的计算机程序的侵犯版权复制品。

（由 2007 年第 15 号第 31 条增补）

（2D）在以下情况下，第（2A）款并不就管有计算机程序的侵犯版权复制品一事而适用——

（a）该计算机程序包含本身不属计算机程序的作品的整项或其任何部分，而获提供该作品的复制品的公众人士中任何人观看或聆听该作品，在技术层面上需有该计算机程序；或

（b）该计算机程序包含在本身不属计算机程序的作品内作为其部分，而获提供该作品的复制品的公众人士中的任何人观看或聆听该作品，在技术层面上需有该计算机程序。（由 2007 年第 15 号第 31 条增补）

（2E）在以下情况下，第（2A）款并不适用于香港电影资料馆为保存文物的目的而管有电影、电视剧或电视电影、音乐声音纪录或音乐视像纪录的侵犯版权复制品——

（a）该侵犯版权复制品是由公众捐赠或提供予香港电影数据馆的；或

（b）该侵犯版权复制品是由香港电影资料馆制作的，而制作目的是保存或替代（a）段所提述的侵犯版权复制品，以对应丧失、损耗或损毁。（由 2007 年第 15 号第 31 条增补）

（2F）在以下情况下，第（2A）款并不适用于香港电影资料馆为就电影、电视剧或电视电影、音乐声音纪录或音乐视像纪录的侵犯版权复制品作出任何作为的目的〔该目的为第（2E）款所提述的目的以外者〕而管有该侵犯版权复制品——

（a）该侵犯版权复制品是——

（i）由公众捐赠或提供予香港电影数据馆的侵犯版权复制品；或

（ii）由香港电影资料馆制作的，而制作目的是保存或替代第（i）节所提述的侵犯版权复制品，以对应丧失、损耗或损毁；

（b）不可能借合理查究而确定有关作品的版权拥有人的身份及联络方法的详细数据；及

（c）不能按合理的商业条款而取得有关作品的并非侵犯版权复制品的复制品。（由 2007 年第 15 号第 31 条增补）

（2G）在以下情况下，第（2A）款不适用——

（a）管有侵犯版权复制品的人，是为了就该侵犯版权复制品提供法律服务而管有该复制品的，及——

（i）该人属在根据《法律执业者条例》（第 159 章）备存的律师登记册或大律师登记册上登记的人；或

（ii）该人已在香港以外司法管辖区获认许为法律执业者；

（b）管有侵犯版权复制品的人，是正在根据《大律师（认许资格及实习）规则》

（第 159 章，附属法例 AC）跟随某大律师从事实习大律师，而他管有该侵犯版权复制品，是为了协助该大律师就该侵犯版权复制品提供法律服务；

（c）管有侵犯版权复制品的人，是为了向有关版权作品的版权拥有人或专用特许持有人提供关乎该复制品的调查服务，而管有该复制品的；或

（d）管有侵犯版权复制品的人，是在其当事人的处所管有该复制品，而该复制品是其当事人向他提供的。（由 2007 年第 15 号第 31 条增补）

（2H）在不损害第 125 条的原则下，凡任何法人团体或合伙作出第（2A）款所提述的任何作为，则除非有证据显示下述的人并没有授权作出该作为，否则该人须被推定为亦曾作出该作为——

（a）就法人团体而言——

（i）于该作为作出之时负责该法人团体的内部管理的该法人团体的董事；或

（ii）（如没有上述董事）于该作为作出之时在该法人团体的董事的直接授权下负责该法人团体的内部管理的人；

（b）就合伙而言——

（i）于该作为作出之时负责该合伙的内部管理的该合伙的合伙人；或

（ii）（如没有上述合伙人）于该作为作出之时在该合伙的合伙人的直接授权下负责该合伙的内部管理的人。（由 2007 年第 15 号第 31 条增补）

（2I）任何凭借第（2H）款而被控犯第（2A）款所订罪行的被告人，在以下情况下须视为他并没有作出有关作为——

（a）所举出的证据已足够就他并没有授权作出有关作为带出争论点；而且

（b）控方没有提出足以排除合理疑点的相反证明。（由 2007 年第 15 号第 31 条增补）

（2J）就第（2I）（a）款而言——

（a）如法院信纳以下情况，则有关被告人须视为已举出足够的证据——

（i）有关被告人已安排有关法人团体或合伙拨出财务资源，以取得足够数量的关乎该法律程序的版权作品的复制品（该复制品不属侵犯版权复制品）以供该法人团体或合伙使用，而有关被告人亦已指示该等资源用作上述用途；或

（ii）有关法人团体或合伙已为取得足够数量的关乎该法律程序的版权作品的复制品（该复制品不属侵犯版权复制品）以供该法人团体或合伙使用，而招致开支；

（b）在不抵触（a）段的情况下，法院在裁定是否已举出足够证据时，可顾及〔包括（但不限于）〕——

（i）有关被告人是否已引入禁止该法人团体或合伙使用版权作品的侵犯版权复制品的政策或常规；

（ii）有关被告人是否已采取行动，以防止该法人团体或合伙使用版权作品的侵

犯版权复制品。（由 2007 年第 15 号第 31 条增补）

（3）任何被控第（1）或（2A）款所订罪行的人如证明他不知道亦无理由相信有关的复制品是版权作品的侵犯版权复制品，即可以此作为免责辩护。（由 2007 年第 15 号第 31 条修订）

（3A）任何被控犯第（2A）款所订罪行的人如证明以下事宜，即可以此作为免责辩护——

（a）他在受雇工作期间，管有有关的侵犯版权复制品；及

（b）有关的侵犯版权复制品是其雇主或代表其雇主的人向他提供，让他在他受雇工作期间使用的。（由 2007 年第 15 号第 31 条增补）

（3B）第（3A）款不适用于——

（a）在获取有关的侵犯版权复制品之时，职分属能够作出或影响关乎获取该复制品的决定的雇员；或

（b）在有关罪行发生之时，职分属能够作出或影响关乎使用或清除有关的侵犯版权复制品的决定的雇员。（由 2007 年第 15 号第 31 条增补）

（4）如任何人——

（a）制作任何物品；

（b）将任何物品输入香港；

（c）将任何物品输出香港；

（d）管有任何物品；或

（e）出售、出租、要约出售或要约出租任何物品，或为出售或出租而展示任何物品，而该物品是经特定设计或改装以供制作某版权作品的复制品，并且是用作或拟用作制作版权作品的侵犯版权复制品以供出售或出租，或以供为任何贸易或业务的目的或在任何贸易或业务的过程中使用，该人即属犯罪。（由 2000 年第 64 号第 7 条修订；由 2007 年第 15 号第 31 条修订）

（5）任何被控第（4）款所订罪行的人如证明他不知道亦无理由相信该物品是用作或拟用作制作侵犯版权复制品以供出售或出租，或以供为任何贸易或业务的目的或在任何贸易或业务的过程中使用，即可以此作为免责辩护。（由 2000 年第 64 号第 7 条修订；由 2007 年第 15 号第 31 条修订）

（6）如某版权作品的复制品仅凭借第 35（3）条而属侵犯版权复制品，并且没有根据第 35（4）条不被包括在内，而该复制品是在制作它的所在国家、地区或地方合法地制作的，则就第（1）（b）及（3）款而言，任何就该版权作品的复制品而被控第（1）款所订罪行的人如证明——（由 2007 年第 15 号第 31 条修订）

（a）他已作出合理查究足以使他自己信纳有关的复制品并非该作品的侵犯版权复制品；

（b）他基于合理理由而信纳在有关个案的情况下该复制品并非侵犯版权复制品；

（c）没有其他本会致使他合理地怀疑该复制品是侵犯版权复制品的情况，则他已证明他没有理由相信有关的复制品是该版权作品的侵犯版权复制品。

（7）法院在裁定被控人是否已根据第（6）款证明他没有理由相信有关的复制品是该作品的侵犯版权复制品时，可顾及的因素包括（但不限于）以下事项——

（a）他是否已就有关类别作品向有关的行业团体作出查究；

（b）他是否已给予通知促请有关的版权拥有人或专用特许持有人注意他在输入及出售该作品的复制品方面的权益；

（c）他是否已遵从就有关类别作品的供应而可能存在的实务守则；

（d）对被控人作出的该等查究的响应（如有的话）是否合理和及时；

（e）他是否已获得提供有关版权拥有人或专用特许持有人（视乎属何情况而定）之姓名、地址及其联络之详细资料；

（f）他是否已获得有关作品首次发表之日期；

（g）他是否已获提供任何有关专用特许之证明。

（8）任何人如管有任何物品，而他知道或有理由相信该物品是用作或拟用作制作任何版权作品的侵犯版权复制品以供出售或出租，或以供为任何贸易或业务的目的或在任何贸易或业务的过程中使用，该人即属犯罪。（由 2000 年第 64 号第 7 条修订；由 2007 年第 15 号第 31 条修订）

（8A）（由 2007 年第 15 号第 31 条废除）

（9）第 115 至 117 条（与版权有关的各种事宜的推定）不适用于就本条所订罪行而提起的法律程序。〈＊注——详列交互参照：第 115、116、117 条 ＊〉

（10）在本条中，“经销”（dealing in）指出售、出租或为牟利或报酬而分发。（由 2007 年第 15 号第 31 条增补）

［比照 1988 c. 48 s. 107 U. K.］

---

注：
• （由 2007 年第 15 号第 31 条修订）

| 条： | 118A | 第 60 及 61 条对第 118（1）条所订罪行的适用 | L. N. 211 of 2003 | 28/11/2003 |
|---|---|---|---|---|

就任何为第 118（1）条所订罪行而进行的法律程序而言——

（a）就第 60 及 61 条而言，某人如有合约权利在香港之内或以外的任何地方使用某计算机程序，该人即属该程序的合法用户，而第 60（2）条据此而具有效力；及

（b）第 60 及 61 条就第 35A（1）条适用的不属计算机程序的作品的复制品而适用，一如该两条就计算机程序的复制品而适用一样；据此，任何作为如根据第 60 或 61 条可就某计算机程序的复制品作出而不属侵犯该程序的版权，则该作为可就第 35A（1）条适用的不属计算机程序的作品的复制品作出，而不属侵犯该作品的版权。

（由 2003 年第 27 号第 4 条增补）

| 条： | 119 | 第 118 条所订罪行的罚则 | 15 of 2007 | 06/07/2007 |

（1）任何人犯第 118（1）或（2A）条所订罪行，一经循公诉程序定罪，可处监禁 4 年，并可就每份侵犯版权复制品处第 5 级罚款。（由 2000 年第 64 号第 8 条修订；由 2004 年第 4 号第 2 条修订；由 2007 年第 15 号第 32 条修订）

（2）任何人犯第 118（4）或（8）条所订罪行，一经循公诉程序定罪，可处罚款 $500 000 及监禁 8 年。

| 条： | 119A | 关乎在复制服务业务中管有侵犯版权复制品的罪行 | 4 of 2004 | 01/09/2004 |

（1）在本条中——

"报酬"（reward）指并非只具象征式价值的报酬；

"复制服务业务"（copying service business）指为牟利而经营的包括向公众要约提供翻印复制服务的业务，如某业务包括在多于一处地方向公众要约提供翻印复制服务，则指在一处该等地方进行的该业务的任何部分。

（2）任何人如为复制服务业务的目的或在该项业务的过程中，管有某版权作品在书本、杂志或期刊发表的版本的一份翻印复制品，而该复制品属该版权作品的侵犯版权复制品，该人即属犯罪。

（3）在就第（2）款所订罪行而进行的法律程序中，被控人如证明有关的某版权作品的侵犯版权复制品并非为有关的复制服务业务的目的而制作，亦非在该项业务的过程中制作，即可以此作为免责辩护。

（4）在就第（2）款所订罪行而进行的法律程序中，被控人如证明有关的某版权作品的侵犯版权复制品并非为牟利而制作，亦非为报酬而制作，即可以此作为免责辩护。

（5）在就第（2）款所订罪行而进行的法律程序中，被控人如证明他不知道亦无理由相信有关的某版权作品的复制品是该版权作品的侵犯版权复制品，即可以此作为免责辩护。

（6）任何人犯第（2）款所订罪行，一经循公诉程序定罪，可处监禁 4 年，并可就每份侵犯版权复制品处第 5 级罚款。

(7) 第 115、116 及 117 条（就与版权有关连的各种事宜而作出的推定）不适用于就第（2）款所订罪行而进行的法律程序。

（由 2004 年第 4 号第 3 条增补）

| 条： | 119B | 关乎定期或频密为分发而制作或分发属刊印形式并载于书本等的版权作品的侵犯版权复制品的罪行 | 15 of 2009；L. N. 68 of 2010 | 16/07/2010 |
|---|---|---|---|---|

(1) 任何人如为任何贸易或业务的目的或在任何贸易或业务的过程中，定期或频密作出任何以下作为，该人即属犯罪——

(a) 在未获第（2）款所描述的版权作品的版权拥有人的特许下，为分发而制作该作品的侵犯版权复制品，因而导致该版权拥有人蒙受经济损失；或

(b) 在未获第（2）款所描述的版权作品的版权拥有人的特许下，分发该作品的侵犯版权复制品，因而导致该版权拥有人蒙受经济损失。

(2) 第（1）(a) 及（b）款所提述的版权作品属刊印形式并载于以下项目的版权作品——

(a) 书本；

(b) 杂志；

(c) 期刊；或

(d) 报章。

(3) 在附表 1AA 及 1AB 所描述的情况中，第（1）款不适用。（由 2009 年第 15 号第 3 条代替）

(4) 第（1）款不适用于符合任何以下描述的教育机构——

(a) 附表 1 第 1 条所指明的教育机构；

(b) 根据《税务条例》（第 112 章）第 88 条获豁免缴税的教育机构；或

(c) 获政府发放直接经常性补助金的教育机构。

(5) 凡透过有线或无线网络分发侵犯版权复制品，而取用该复制品并不受认证或识别程序所限，则第（1）款不适用于该项分发。

(6) 如有关侵犯版权复制品符合以下说明，则第（1）款不适用——

(a) 该侵犯版权复制品属政府拥有的图书馆或档案室的特别收藏品的一部分，或属任何根据第（10）(a) 款指定的图书馆或档案室的特别收藏品的一部分；及

(b) 该侵犯版权复制品仅为以下用途而被分发——

(i) 在任何（a）段所提述的图书馆或档案室之内或在该图书馆或档案室举办的活动中，作即场参考之用；或

(ii) 为展览或研究的目的而借出予其他图书馆或档案室。

（7）第（6）（a）款所提述的图书馆或档案室如制作或分发任何属特别收藏品的项目的单一复制品，而制作或分发目的是保存或替代该项目，以对应丧失、损耗或损毁，则第（1）款不适用于该项制作或分发，但该复制品只可分发作第（6）（b）款所提述的用途之用。

（8）在第（6）及（7）款中，"特别收藏品"（special collection）——

（a）就政府拥有的图书馆或档案室而言，指主要由公众所捐赠或提供的、属康乐及文化事务署署长认为具有文化、历史或文物的重要性或价值的作品或物品、或作品或物品的复制品而组成的收藏品；

（b）就根据第（10）（a）款指定的图书馆或档案室而言，指主要由公众所捐赠或提供的、属该图书馆或档案室的主管或掌控机构（不论如何称述）认为具有文化、历史或文物的重要性或价值的作品或物品、或作品或物品的复制品而组成的收藏品。

（9）为施行第（6）及（7）款下的豁免，政府拥有的档案室包括政府拥有的博物馆。

（10）商务及经济发展局局长在顾及康乐及文化事务署署长的意见下，可——

（a）为施行第（6）（a）款而借宪报刊登的公告指定任何根据《税务条例》（第112章）第88条获豁免缴税的图书馆或档案室；及

（b）借规例订明任何根据（a）段指定的图书馆或档案室为符合享有第（6）及（7）款下的豁免的资格而必须符合的条件。

（11）在不损害第125条的原则下，凡任何法人团体或合伙作出第（1）款所提述的任何作为，则除非有证据显示下述的人并没有授权作出该作为，否则该人须被推定为亦曾作出该作为——

（a）就法人团体而言——

（i）于该作为作出之时负责该法人团体的内部管理的该法人团体的董事；或

（ii）（如没有上述董事）于该作为作出之时在该法人团体的董事的直接授权下负责该法人团体的内部管理的人；

（b）就合伙而言——

（i）于该作为作出之时负责该合伙的内部管理的该合伙的合伙人；或

（ii）（如没有上述合伙人）于该作为作出之时在该合伙的合伙人的直接授权下负责该合伙的内部管理的人。

（12）任何凭借第（11）款而被控犯第（1）款所订罪行的被告人，在以下情况下须视为他并没有作出有关作为——

（a）所举出的证据已足够就他并没有授权作出有关作为带出争论点；而且

（b）控方没有提出足以排除合理疑点的相反证明。

（13）就第（12）（a）款而言——

（a）如法院信纳以下情况，则有关被告人须视为已举出足够的证据——

（i）有关被告人已安排有关法人团体或合伙拨出财务资源，以按照该法人团体或合伙的需要取得适当特许以制作或分发、或制作及分发关乎该法律程序的版权作品的复制品以供该法人团体或合伙使用，而有关被告人亦已指示该等资源用作上述用途；

（ii）有关被告人已安排有关法人团体或合伙拨出财务资源，以取得足够数量的关乎该法律程序的版权作品的复制品（该复制品不属侵犯版权复制品）以供该法人团体或合伙使用，而有关被告人亦已指示该等资源用作上述用途；

（iii）有关法人团体或合伙已为按照该法人团体或合伙的需要取得适当特许以制作或分发、或制作及分发关乎该法律程序的版权作品的复制品以供该法人团体或合伙使用，而招致开支；或

（iv）有关法人团体或合伙已为取得足够数量的关乎该法律程序的版权作品的复制品（该复制品不属侵犯版权复制品）以供该法人团体或合伙使用，而招致开支；

（b）在不抵触（a）段的情况下，法院在裁定是否已举出足够证据时，可顾及〔包括（但不限于）〕第528章——版权条例62——

（i）有关被告人是否已引入禁止该法人团体或合伙制作及分发版权作品的侵犯版权复制品的政策或常规；

（ii）有关被告人是否已采取行动，以防止该法人团体或合伙制作或分发版权作品的侵犯版权复制品。

（14）任何被控犯第（1）款所订罪行的人如证明以下事宜，即可以此作为免责辩护——

（a）他已为取得有关版权拥有人的特许而采取足够而合理的步骤，但未能获得该版权拥有人及时响应；

（b）他已作出合理努力，但仍不能取得可透过商业途径取得的有关版权作品的复制品，而有关版权拥有人已拒绝按合理的商业条款向他批出特许；

（c）他不知道亦无理由相信所制作或分发的复制品是侵犯版权复制品；或

（d）他在作出合理查究后，仍不能确定有关版权拥有人的身份及联络方法的详细数据。

（15）就第（1）款所指的作为而被控犯任何罪行的人如证明以下事宜，即可以此作为免责辩护——

（a）他在受雇工作期间，作出该作为；及

（b）他按照其雇主或代表其雇主的人在他受雇工作期间给予他的指示，作出该作为。

（16）凡雇员在制作或分发有关的侵犯版权复制品之时，其职分属能够作出或影

响关乎制作或分发该侵犯版权复制品的决定，则第（15）款不适用于该雇员。

（17）任何人犯第（1）款所订罪行，一经循公诉程序定罪，可就每份侵犯版权复制品处第 5 级罚款，并可处监禁 4 年。

（18）第 115 及 117 条（与版权有关的各种事宜的推定）不适用于就第（1）款所订罪行而提起的法律程序。

（19）—（21）（由 2009 年第 15 号第 3 条废除）

（22）商务及经济发展局局长可借于宪报刊登的公告修订附表 1AA 及 1AB。（由 2009 年第 15 号第 3 条代替）

（由 2007 年第 15 号第 33 条增补）

| 条： | 120 | ♯在香港以外地方等制作侵犯版权复制品 | 15 of 2007 | 06/07/2007 |
|---|---|---|---|---|

详列交互参照：

第 115、116、117 条。

（1）任何人如在香港以外地方制作任何输往香港而非供他私人和家居使用的物品，而他知道该物品假使在香港制作即会构成版权作品的侵犯版权复制品，该人即属犯罪。

（2）任何人如在香港以外地方制作经特定设计或改装以供制作属某版权作品的复制品的物品，而他知道或有理由相信该物品将会在香港用作或拟在香港用作制作该版权作品的侵犯版权复制品以供出售或出租，或以供为任何贸易或业务的目的或在任何贸易或业务的过程中使用，该人即属犯罪。（由 2000 年第 64 号第 9 条修订；由 2007 年第 15 号第 34 条修订）

（2A）就第（2）款而言，有关的贸易或业务是否包含经营版权作品的侵犯版权复制品并不具关键性。（由 2000 年第 64 号第 9 条增补）

（3）任何人如在香港以外地方制作或从香港输出经特定设计或改装以供制作属某版权作品的复制品的物品，而他知道或有理由相信——

（a）该物品将会或拟在香港以外地方用作制作输往香港的另一物品；及

（b）（a）段提及的另一物品假使在香港制作，即会构成该版权作品的侵犯版权复制品，该人即属犯罪。

（4）任何人如在香港或其他地方协助、教唆、怂使或促致另一人犯第（1）、（2）或（3）款所订罪行，即属以主犯身份犯该罪。

（5）第（1）、（2）及（3）款所订罪行并不损害第 118 条所订罪行。

（6）任何人犯第（1）、（2）或（3）款所订罪行，一经定罪，可处罚款 $500 000 及监禁 8 年。

（7）就本条而言，"物品"（article）不包括过境物品。

（8）第 115 至 117 条（就与版权有关连的各种事宜而作出的推定）不适用于就本条所订罪行而进行的法律程序。〈＊注——详列交互参照：第 115、116、117 条＊〉

---

注：

♯《2001 年版权（暂停实施修订）条例》（第 568 章）规定就本条而暂停实施《2000 年知识产权（杂项修订）条例》（2000 年第 64 号）所作的若干修订。

| 条： | 120A | 提出检控的时限 | 15 of 2007 | 06/07/2007 |

自犯本条例所订罪行的日期起计的 3 年届满后，不得就该罪行而提出检控。

（由 1998 年第 22 号第 44 条增补。由 2007 年第 15 号第 35 条修订）

| 条： | 121 | 誓章证据 | L. N. 68 of 2010 | 16/07/2010 |

详列交互参照：

第 11、12、13、14、15、16、17、18、19、20、21 条。

## 补充条文

（1）为便利证明版权的存在及版权的拥有权，并在不损害第 11 至 16 条（作者及版权的拥有权）及第 17 至 21 条（版权的期限）的实施的原则下，任何誓章如看来是由版权作品的版权拥有人作出或由他人代其作出的，并且述明——〈＊注——详列交互参照：第 11、12、13、14、15、16、17、18、19、20、21 条＊〉（由 2007 年第 15 号第 36 条修订）

（a）该作品于何日期和地点制作或首次发表；

（b）该作品的作者的姓名或名称（由 2007 年第 15 号第 36 条代替）；

（ba）凡该作品的作者属个人——

（i）该作者的居籍所在地；

（ii）该作者的住处所在地；或

（iii）该作者具有居留权的地方（由 2007 年第 15 号第 36 条增补）；

（bb）凡该作品的作者属法人团体——

（i）该作者成立为法团的地方；或

（ii）该作者的主要营业地点（由 2007 年第 15 号第 36 条增补）；

（c）该版权拥有人的姓名或名称（由 2007 年第 15 号第 36 条修订）；

（d）该作品有版权存在；及

（e）附于誓章作为证物的该作品的复制品是该作品的真确复制品，

则在符合第（4）款所载的条件下，该誓章即须在根据本条例进行的任何法律程序中获接纳为证据而无须进一步证明。

(2) 为便利证明版权的存在及版权的拥有权，并在不损害第（1）款以及第 11 至 16 条（作者及版权的拥有权）及第 17 至 21 条（版权的期限）的实施的原则下，任何誓章如看来是由版权作品的版权拥有人作出或由他人代其作出的，并且——（由 2007 年第 15 号第 36 条修订）

(a) 述明——

(i) 该版权作品已在根据第（16）款订明的版权注册纪录册中注册；及（由 2004 年第 29 号法律公告修订）

(ii) 该作品有版权存在；及

(iii) 该版权拥有人的姓名或名称；及（由 2007 年第 15 号第 36 条修订）

(c) 附有由掌管版权注册纪录册的有关当局发出的该作品的注册证明书的副本作为证物，而该副本经第（4）（a）款指明的人核证为真确副本，

则在符合第（4）款所载的条件下，该誓章即须在根据本条例进行的任何法律程序中获接纳为证据而无须进一步证明。

(2A) 为利便确立第 35（3）（b）条所提述的事宜的目的，任何誓章如看来是由版权作品的版权拥有人作出或由他人代其作出的，并——

(a) 述明该版权拥有人的姓名或名称；

(b) 述明附于该誓章作为证物的该作品的复制品，是该作品的真确复制品；

(c) 述明——

(i) 附于该誓章作为证物的该作品的复制品，是在香港以外地方由该版权拥有人制作的；或

(ii) 附于该誓章作为证物的该作品的复制品，是在香港以外地方，由已获该版权拥有人的特许在该地制作该作品的复制品但没有获该版权拥有人的特许在香港制作该作品的复制品的人制作的；及

(d) 述明 (c)（ii）段所提述的人（如有的话）的姓名或名称及地址，则在符合第（4）款所载的条件下，该誓章即在根据本条例进行的任何法律程序中获接纳为证据，而无须进一步证明。（由 2007 年第 15 号第 36 条增补）

(2B) 就根据第 118（1）条提起的任何法律程序而言，任何誓章如看来是由版权作品的版权拥有人作出或由他人代其作出的，并——

(a) 述明该版权拥有人的姓名或名称；及

(b) 述明该誓章所指名的人并没有获该版权拥有人的特许，以就该作品作出第 118（1）（a）、（b）、（c）、（d）、（e）、（f）或（g）条所提述的任何作为，

则在符合第（4）款所载的条件下，该誓章须在该法律程序中获接纳为证据而无须进一步证明。（由 2007 年第 15 号第 36 条增补）

（2C）就根据第 118（2A）条提起的任何法律程序而言，任何誓章如看来是由版权作品的版权拥有人作出或由他人代其作出的，并——

（a）述明该版权拥有人的姓名或名称；及

（b）述明该誓章所指名的人并没有获该版权拥有人的特许，以就该作品作出第 118（2A）条所提述的任何作为，

则在符合第（4）款所载的条件下，该誓章须在该法律程序中获接纳为证据而无须进一步证明。（由 2007 年第 15 号第 36 条增补）

（3）凡有某誓章符合第（4）款的条件并根据第（1）、（2）、（2A）、（2B）、（2C）＊［或（2D）］款向法院出示，则在没有相反证据的情况下，法院须推定——（由 2007 年第 15 号第 36 条修订）

（a）该誓章内的陈述是真实

（b）该誓章是按照第（4）款作出和认证的。

（4）如符合下述条件，誓章即可根据第（1）、（2）、（2A）、（2B）、（2C）＊［或（2D）］款提交作为证据——（由 2007 年第 15 号第 36 条修订）

（a）该誓章——

（i）（如是在香港作出的）是在律师或《宣誓及声明条例》（第 11 章）所界定的监誓员面前宣誓作出的；或

（ii）（如是在香港以外地方作出的）是在公证人面前宣誓作出的；

（b）如该誓章是在律师、监誓员或公证人面前作出的，须由该公证人或领事馆官员签署认证，证明该誓章是如此作出的；

（c）该誓章载有宣誓人的声明，以表明尽其所知所信，该誓章的内容是真实的；及

（d）除第（6）款另有规定外，如该誓章于某项聆讯中作为证据提交，则该誓章的副本须在该聆讯展开前的 10 天之前，由控方或原告人送达或代控方或原告人送达每一名被告人。

（5）尽管誓章凭借本条而可获接纳为证据，任何被告人或其律师可在获送达誓章的副本的 3 天内送达要求誓章的宣誓人出庭的通知。

（6）各方可在聆讯前同意免除第（4）（d）款的规定。

（7）根据第（1）、（2）、（2A）、（2B）、（2C）＊［或（2D）］款而提交作为证据的誓章——（由 2007 年第 15 号第 36 条修订）

（a）如既非用中文亦非用英文写成，必须附有中文或英文译本，而除非检控人或原告人及被告人（或如多于一名被告人，则指全部被告人）同意或由他人代其同意，否则该译本必须由法院的翻译人员核证；

（b）如提述任何其他文件为证物，则根据第（4）（d）款送达法律程序的任何其他一方的誓章的副本须附有该文件的副本，或附有必需的数据，使获送达该誓章的

一方能够查阅该文件或其副本。

(8) 在不损害第（5）款的原则下——

(a) 送达誓章或由他人代为送达誓章的一方可传召宣誓人作供；及

(b) 如根据第（5）款就任何誓章送达通知的被告人令法院信纳——

(i)（在该誓章有述明某作品的版权的存在或拥有权的情况下）有关作品的版权的存在或拥有权确实受争议；

(ii)（在该誓章有述明某人是否已获某版权作品的版权拥有人的特许以作出某特定作为的情况下）有关的人是否已获该版权拥有人的特许以作出某特定作为确实受争议；或

(iii)［在该誓章属是根据第（2A）款作出的情况下］在该誓章内述明的第（i）及（ii）节所提述事宜以外的事宜确实受争议，

则法院可在聆讯前或在聆讯进行之时，要求该誓章的宣誓人到法院席前作供，法院亦可自行在聆讯前或在聆讯进行之时，要求该誓章的宣誓人到法院席前作供。（由 2007 年第 15 号第 36 条代替）

(9) 在不损害第（8）（a）款的原则下，根据本条而可获接纳为证据的誓章的宣誓人，只有在法院根据第（8）（b）款提出要求下才须到法院席前作供。

(10) 除非法院另有指示，否则凭借本条获接纳为证据的誓章须在聆讯时以高声宣读，凡法院指示无须高声宣读，则须就未经高声宣读的部分以口头作出交代。

(11) 在根据本条获接纳为证据的誓章中被称为证物和被识别的任何文件或物体，均须视为犹如由宣誓人在法院上出示为证物和予以识别的一样。

(12) 本条规定须送达任何人的文件可借以下方式送达——

(a) 交付该人或其律师；或

(b) 如文件须送达法人团体，则可于其注册办事处或主要办事处交付其秘书或书记，或以致予其秘书或书记的挂号邮递的方式寄往该地址。

(13) 在不损害法院判给讼费的权力的原则下，如被告人有以下情况，法院可判他须支付讼费——

(a) 他获送达第（1）、（2）、（2A）、（2B）、（2C）＊［或（2D）］款所描述的誓章（由 2007 年第 15 号第 36 条修订）；

(b) 他根据第（5）款亲自或通过其律师送达通知；及

(c) 他其后就有关罪行被定罪或被裁断须负上侵犯版权的法律责任（视属何情况而定）。

(14) 法院在根据第（13）款作出判给时，须顾及控方或原告人因被告人根据第（5）款送达的通知而招致的实际讼费，法院并可根据第（13）款判给超逾法院可判给的讼费限额（如有的话）的讼费。

（15）就第（1）（e）款而言，如有关作品是计算机程序（不论该程序属源代码或目标代码形式），则属只用目标代码形式的计算机程序的复制品亦可视为该程序的真确复制品。

（16）商务及经济发展局局长可借规例为施行第（2）款订明版权注册纪录册。（由 1997 年第 362 号法律公告修订；由 2002 年第 106 号法律公告修订；由 2007 年第 130 号法律公告修订）

（17）在本条中，"法院"（court）包括裁判官。

| 条： | 122 | 调查人员的权力 | L. N. 235 of 1998 | 29/05/1998 |
|---|---|---|---|---|

（1）获授权人员——

（a）（i）可在符合第 123 条的规定下进入和搜查任何地方；（由 1998 年第 22 号第 45 条修订）

（ii）可截停、登上和搜查任何船只（战舰除外）或航空器（军用航空器除外）；或

（iii）可截停和搜查任何车辆（军用车辆除外），但他须有合理理由怀疑在该处 \ 所、地方、船只、航空器或车辆中有——

（A）任何是版权作品的侵犯版权复制品的物品；

（B）任何经特定设计或改装以供制作某版权作品的复制品并且是用作或拟用作制作该作品的侵犯版权复制品的物品；或

（C）任何他觉得是或相当可能是本部所订罪行的证据或任何他觉得是包含或相当可能包含该证据的东西；及

（b）可检取、移走或扣留——

（i）任何他觉得是版权作品的侵犯版权复制品的物品，或任何经特定设计或改装以供制作某版权作品的复制品并且他觉得是拟用作制作该作品的侵犯版权复制品的物品；

（ii）任何他觉得是或相当可能是本部所订罪行的证据或任何他觉得是包含或相当可能包含该证据的东西；及

（iii）任何他有合理理由怀疑是或曾经在与本部所订罪行有关连的情况下使用的船只、航空器或车辆（战舰或军用航空器或军用车辆除外）。

（2）获授权人员可——

（a）强行进入他获本部赋权或授权进入和搜查的地方；（由 1998 年第 22 号第 45 条代替）

（b）强行登上他获本部赋权截停、登上和搜查的船只、航空器或车辆；

（c）强行移走妨碍他行使本部授予他的权力的人或东西；

（d）扣留他在获本部赋权或授权搜查的地方内发现的任何人，直至该地方已搜查完毕为止；

（e）防止任何人接近或登上他获本部赋权截停、登上和搜查的船只、航空器或车辆，直至该船只、航空器或车辆已搜查完毕为止。

（3）获授权人员可召请任何获授权人员协助他行使他在本条下的任何权力。（由1998 年第 22 号第 45 条增补）

| 条： | 123 | 发出授权进入和搜查的手令的权限 | L. N. 235 of 1998 | 29/05/1998 |
|---|---|---|---|---|

（1）裁判官如基于一项经宣誓而作的告发，信纳有合理理由怀疑任何地方内有根据第 122（1）（b）条可予检取、移走或扣留的物品或东西，则可发出手令授权任何获授权人员进入和搜查该地方。

（2）在符合第（3）款的规定下，获授权人员除非在根据本条发出的手令的权限下行事，否则不得根据第 122（1）（a）（i）条进入和搜查任何地方。

（3）如取得手令所必然引致的阻延可能导致失去证据或毁灭证据或因任何其他理由而使获取手令并非合理地切实可行，则获授权人员可在没有根据本条发出的手令的情况下根据第 122（1）（a）（i）条进入和搜查任何地方。

（由 1998 年第 22 号第 46 条代替）

| 条： | 124 | 妨碍调查人员 | | 30/06/1997 |
|---|---|---|---|---|

（1）在不损害任何其他条例的原则下，任何人如——

（a）故意妨碍获授权人员根据本条行使他的权力或执行他的职责；

（b）故意不遵从该获授权人员向他恰当地提出的要求；或

（c）无合理辩解而没有给予该获授权人员任何其他协助，而该等协助是该获授权人员为根据本条例行使他的权力或执行他的职责的目的而可合理要求给予的，

即属犯罪，一经定罪，可处第 4 级罚款及监禁 3 个月。

（2）任何人当被要求向根据本条例行使其权力或执行其职责的获授权人员提供资料时，如明知而向该获授权人员提供虚假或具误导性的资料，即属犯罪，一经定罪，可处第 4 级罚款及监禁 3 个月。

（3）本条并不要求任何人提供可导致他自己入罪的数据。

| 条： | 125 | 主犯以外的人的法律责任 | | 30/06/1997 |
|---|---|---|---|---|

（1）凡任何法人团体就任何作为而犯了本条例所订的罪行，而该罪行经证明是在该法人团体的任何董事、经理、秘书或其他相类高级人员或本意是以任何该等身份

行事的任何人同意或纵容下犯的，或经证明是可归因于该法人团体的任何董事、经理、秘书或其他相类高级人员或本意是以任何该等身份行事的任何人本身的任何作为的，则上述的人及该法人团体均属犯该罪行。

（2）凡任何法人团体的事务是由其成员管理的，而任何成员在与其管理职能相关连的情况下作出某作为，第（1）款即就该作为适用，犹如该成员是该法人团体的董事一样。

（3）凡由合伙的任何合伙人所犯的本条例所订的罪行，经证明是在该合伙的任何其他合伙人或任何与该合伙的管理有关的人同意或纵容下犯的，或证明是可归因于该合伙的任何其他合伙人或任何与该合伙的管理有关的人本身的任何作为的，则该其他合伙人或与该合伙的管理有关的人即属犯相同罪行。

| 条： | 126 | 披露资料等 | 25 of 1998；22 of 1999 | 01/07/1997 |
|------|-----|-----------|------------------------|------------|

附注：

具追溯力的适应化修订——见 1998 年第 25 号第 2 条；1999 年第 22 号第 3 条。

（1）根据第 122 条被检取或扣留的任何物品如属下列物品，或如关长有合理理由怀疑该被检取或扣留的物品属下列物品——

（a）版权作品的侵犯版权复制品；或

（b）经特定设计或改装以供制作某版权作品的复制品并曾用作或拟用作制作任何该等作品的侵犯版权复制品的物品，

则关长须在合理地切实可行范围内将检取或扣留一事（视属何情况而定）通知有关版权的拥有人或其获授权代理人。

（2）在第（1）款所指明的情况下，关长可向该版权的拥有人或其获授权代理人披露以下资料——

（a）该物品于何时间、地址或地点被检取或扣留；

（b）如该物品是自某人处检取或扣留的，该人的姓名或名称及地址；

（c）被检取或扣留的物品的性质及数量；

（d）该人就该项检取或扣留而向关长或任何获授权人员所作的任何陈述，但须事先得到该人的书面同意，如该人已死亡或关长在合理地查究该人的所在后仍未能找到该人，则不须事先得到该人的书面同意；及

（e）关乎被检取或扣留的物品，并且是关长认为适宜披露的任何其他数据或文件。

（3）凡——

（a）该版权的拥有人或其获授权代理人寻求披露并没有在第（2）款中提述的任

何数据或文件；或

(b) 关长并没有披露在第（2）款中提述的数据或文件，该拥有人或其获授权代理人即可向原讼法庭申请一项命令，规定关长披露该等数据或文件，而原讼法庭则可应该申请而作出其认为合适的命令以规定作出披露。（由 1998 年第 25 号第 2 条修订）

(4) 根据第（3）款提出的申请，可在事先给予关长通知的情况下借动议而开始进行。

（由 1999 年第 22 号第 3 条修订）

| 条： | 127 | 对在刑事法律程序中的告发人的保障 | | 30/06/1997 |
|---|---|---|---|---|

(1) 除非法院认为为维护司法公正而有需要，否则任何告发人的姓名或名称或身份和所提供的资料，不得在根据本部进行的刑事法律程序中披露。

(2) 法院可为防止任何该等披露而作出任何有需要的命令和采取任何有需要的程序。

| 条： | 128 | 检查物品，发还样本等 | 22 of 1999 | 01/07/1997 |
|---|---|---|---|---|

附注：

具追溯力的适应化修订——见 1999 年第 22 号第 3 条

(1) 根据第 122 条自某人处检取或扣留的物品如属下列物品，或如关长有合理理由怀疑该被检取或扣留的物品属下列物品——

(a) 版权作品的侵犯版权复制品；或

(b) 经特定设计或改装以供制作某版权作品的复制品并曾用作或拟用作制作任何该等作品的侵犯版权复制品的物品，关长或获授权人员可给予有关的版权作品的拥有人或其获授权代理人或该某人充分机会，为确定该物品是否版权作品的侵犯版权复制品或经特定设计或改装以供制作版权作品的复制品而检查该物品。

(2) 凡有多于一件物品根据第 122 条自某人处检取或扣留，如关长或获授权人员认为为确定该物品是否版权作品的侵犯版权复制品或为确定该物品是否属经特定设计或改装，用以制作版权作品的复制品的物品而有需要，则关长或获授权人员可在版权的拥有人或其授权代理人或该某人（视属何情况而定）给予关长或获授权人员所需承诺的条件下，允许该版权的拥有人或其授权代理人或该某人移走被检取或扣留的物品的样本。

(3) 就第（2）款而言，所需的承诺指给予该承诺的人会作出以下事情的书面承诺——

（a）在关长或获授权人员认为满意的指明时间，将样本交还关长或获授权人员；及

（b）以合理谨慎防止对样本造成不必要的损害。

（4）凡物品自某人处检取或扣留，如关长或任何获授权人员允许版权拥有人或其代理人或该某人按照本条检查任何该等物品，或移走任何样本，则就由于以下所述而使该某人蒙受的任何损失或损害而言，政府无须对他负上任何法律责任——

（a）检查时所招致对任何物品造成的损害；或

（b）版权拥有人或任何其他人对版权拥有人、其代理人或该某人移走的任何样本作出的任何事情或就该样本作出的任何事情，或版权拥有人或该某人对该样本作出的任何使用。

（由 1999 年第 22 号第 3 条修订）

| 条： | 129 | 多边合作 | 22 of 1999 | 01/07/1997 |
|---|---|---|---|---|

附注：

具追溯力的适应化修订——见 1999 年第 22 号第 3 条。

为促进在保护知识产权权利方面的多边合作，关长可向以下国家、地区或地方的海关当局或负责强制执行知识产权权利的其他当局披露依据本条例取得的资料——

（a）在有关时间属世界贸易组织成员的任何国家、地区或地方；或

（b）关长认为合适的国家、地区或地方。

（由 1999 年第 22 号第 3 条修订）

| 条： | 130 | 关乎披露资料的罪行 | 25 of 1998 | 01/07/1997 |
|---|---|---|---|---|

附注：

具追溯力的适应化修订——见 1998 年第 25 号第 2 条。

（1）除第（2）款另有规定外，任何人向任何其他人披露他依据本条例取得的任何资料，即属犯罪，但如该项披露——

（a）是他或任何其他人为根据本条例执行职能而作出的；或

（b）是根据法院的指示或命令而作出的，

则属例外。

（2）任何人如——

(a) 根据第 126 (1) 或 (2) 款披露资料，或根据原讼法庭命令〔根据第 126 (3) 条作出的〕披露资料；

(b) 根据第 129 条披露资料；

(c) 根据第 140 (1) 条披露资料，或根据原讼法庭命令〔根据第 140 (2) 条作出的〕披露资料；或

(d) 根据第 267 (1) 条披露资料，或根据原讼法庭命令〔根据第 267 (2) 条作出的〕披露资料，

则该人不属犯第 (1) 款所订罪行。(由 1998 年第 25 号第 2 条修订)

(3) 任何人犯第 (1) 款所订罪行，一经定罪，可处第 4 级罚款及监禁 1 年。

| 条: | 131 | 可没收被检取的物品等 | L. N. 68 of 2010 | 16/07/2010 |
|---|---|---|---|---|

(1) 不论是否有人被控以第 118、119A、119B 或 120 条所订罪行，任何获授权人员根据第 122 条检取或扣留的任何物品、船只、航空器、车辆或东西均可按照以下条文予以没收。(由 2004 年第 4 号第 4 条修订)

(2) 关长须在不抵触第 (3) 款的条文下和在自检取或扣留有关物品、船只、航空器、车辆或东西当日起计的 30 天内，向关长知悉在作出检取或扣留时或向紧接作出检取或扣留后是该物品、船只、航空器、车辆或东西的拥有人的人，送达检取通知书或扣留通知书。

(3) 如该物品、船只、航空器、车辆或东西是在下列的人在场时被检取或扣留的，则第 (2) 款并不适用——

(a) 该物品、船只、航空器、车辆或东西的拥有人，或该拥有人的雇员或代理人；

(b) 因犯罪行或涉嫌犯罪行而导致该物品、船只、航空器、车辆或东西被检取或扣留的人；或

(c) 就船只、航空器或车辆而言，则为船长或掌管人。

(4) 根据第 (2) 款发出并须送达某人的通知书如——

(a) 交付该人；

(b) 以致予该人的挂号邮递的方式寄往关长所知的该人的居住或业务地址 (如有的话)；或

(c) 在不能按照 (a) 或 (b) 段送达的情况下，在香港海关内的一处公众可以到达的地方展示段不少于 7 天的期间，该期间自检取或扣留该物品、船双、航空器、车辆或东西当日计的 30 天内起计，

即当作已妥为送达。

(5) 如任何物品、船只、航空器、车辆或东西根据第 (1) 款可予没收，则该物

品、船只、航空器、车辆或东西的拥有人或该拥有人的获授权代理人，或在作出检取或扣留时管有该物品、船只、航空器、车辆或东西的人，或对该物品、船只、航空器、车辆或东西享有法律或衡平法上的权益的人，可在自以下日期起计的 30 天内——

(a) 检取或扣留当日；或

(b) 如第（2）款所指的通知书——

(i) 是以交付方式送达须予送达的人的，则指送达当日；或

(ii) 是以挂号邮递方式寄送的，则指邮寄当日后第 2 天；或

(iii) 是按第（4）(c) 款所述展示的，则指如此展示该通知书的首日，向关长发出书面通知，述明其全名及接收送达文件的香港地址，并声请该物品、船只、航空器、车辆或东西不可没收。

(6) 申索人可随时借书面通知关长而撤回申索通知书。

(7) 如在第（5）款所指明的发出申索通知的适当期限届满当日，仍无人以书面向关长发出该通知，则该物品、船只、航空器、车辆或东西随即没收归予政府，但如有人就该被检取或扣留的物品、船只、航空器、车辆或东西而被控第 118、119A、119B 或 120 条所订罪行，则属例外。（由 2004 年第 4 号第 4 条修订）

（由 1999 年第 22 号第 3 条修订）

| 条： | 132 | 在有人被控的情况下物品等的处置 | L. N. 68 of 2010 | 16/07/2010 |
|---|---|---|---|---|

在不损害第 131 条的原则下，凡任何人被控第 118、119A、119B 或 120 条所订罪行，法院如信纳获授权人员就该罪行根据第 122 条检取或扣留的任何物品、船只、航空器、车辆或东西——（由 2004 年第 4 号第 5 条修订）

(a) 属版权作品的侵犯版权复制品；

(b) 属经特定设计或改装以供制作某版权作品的复制品并曾用作或拟用作制作任何该等作品的侵犯版权复制品的物品；或

(c) 曾在与本条例所订罪行有关连的情况下使用，则不论被控人是否就被控罪行被定罪，法院亦可命令将该物品、船只、航空器、车辆或东西——

(i) 没收归予政府；（由 1999 年第 22 号第 3 条修订）

(ii) 交付予法院觉得是有关版权的拥有人的人；或

(iii) 以法院认为合适的其他方式处置。

| 条： | 133 | 对没收申请的裁定 | 68 of 2010 | 16/07/2010 |
|---|---|---|---|---|

(1) 凡申索通知书根据第 131 条发出，则关长或获授权人员须向裁判官、区域法院或原讼法庭申请没收有关物品、船只、航空器、车辆或东西，但如关长在收到

申索通知书后的合理期间内，基于该案的证据而信纳该物品、船只、航空器、车辆或东西应交付予有关申索人，则属例外。（由 1998 年第 25 号第 2 条修订）

（2）关长或获授权人员须在申请书内述明申索人的姓名或名称及地址。

（3）凡有第（1）款所指的申请向裁判官提出，则该裁判官须向申索人发出传票规定其在聆讯该申请时到裁判官席前，并须安排将该传票文本送达关长。

（4）凡向区域法院或原讼法庭提出第（1）款所指的申请，则该申请可借动议开始。（由 1998 年第 25 号第 2 条修订）

（5）凡申索人是根据第 118、119A、119B 或 120 条就被检取或扣留的物品、船只、航空器、车辆或东西而提起的刑事法律程序中的被告人，而除该申索人外并无其他申索人，则法院可应关长就此而提出的申请，在紧接该刑事法律程序之后聆讯没收申请，而为根据本款进行聆讯，任何在根据或凭借第（3）或（4）款（视属何情况而定）发出或送达传票或任何聆讯通知书方面的规定，均不适用。（由 2004 年第 4 号第 6 条修订）

（6）凡申索人超过一名而其中一人是根据第 118、119A、119B 或 120 条就检取或扣留的物品、船只、航空器、车辆或东西而提起的刑事法律程序中的被告人，则法院可应关长就此而提出的申请，在紧接该刑事法律程序之后聆讯没收申请。（由 2004 年第 4 号第 6 条修订）

（7）如在聆讯第（1）款所指的申请时，申索人或其他虽非申索人但却属曾有权或本应有权根据第 131（5）条提出申索的人，到法院席前出席聆讯，法院须就该申请进行聆讯。

（8）法院可在没收申请的聆讯或在押后聆讯中，就下列人士所提出的关于为何不应将物品、船只、航空器、车辆或东西没收的声称，进行聆讯——

（a）未获送达检取通知书或扣留通知书，且在该物品、船只、航空器、车辆或东西被检取或扣留时并不在场的人，或在检取或扣留时或在紧接检取或扣留后，身份未为关长知悉的人；及

（b）法院觉得是有权利对该物品、船只、航空器、车辆或东西提出拥有权的申索，或是对该物品、船只、航空器、车辆或东西享有法律或衡平法上的权益的人。

（9）如在聆讯第（1）款所指的申请时，申索人或其他虽非申索人但却属曾有权或本应有权根据第 131（5）条提出申索的人，没有到法院席前出席聆讯，而法院信纳——

（a）根据第（3）或（4）款（视属何情况而定）须予送达的传票或聆讯通知书（如有的话）已经送达；

（b）在接收送达文件地址的人或被提名代申索人接收送达文件的律师，曾拒绝接收（a）段所提述的传票或聆讯通知书；或

(c) 就达成送达（a）段所提述的传票或聆讯通知书而言，提供予关长的接收送达文件地址属不齐全，

则法院可无须就该申索人的下落再作查讯而就该申请进行聆讯和作出裁定。

（10）根据第（1）款向裁判官提出的申请，就《裁判官条例》（第 227 章）第 8 条而言，须当作是一项申诉。

（11）在不损害第 132 条的原则下，在聆讯第（1）款所指的申请时，凡法院信纳有关物品、船只、航空器、车辆或东西属可予没收者，并且有如下情况（如适当的话），则法院须命令将该物品、船只、航空器、车辆或东西没收归予政府——

（a）到法院席前的人不能令法院信纳其曾有权或本应有权就被检取或扣留的物品、船只、航空器、车辆或东西根据第 131（5）条提出申索；及

（b）并无其他人到法院席前并令法院信纳其曾有权或本应有权提出该申索。

（12）在不损害第 132 条的原则下，在聆讯第（1）款所指的申请时，法院如在任何情况〔第（11）款提述的情况除外〕下信纳——

（a）某人属有权或本应有权就被检取或扣留的物品、船只、航空器、车辆或东西根据第 131（5）条提出申索者；及

（b）该物品、船只、航空器、车辆或东西属可予没收者，

即可命令将该物品、船只、航空器、车辆或东西——

（i）没收归予政府；

（ii）在符合第（13）款的规定下，并在符合法院于该命令所指明的任何条件下交付予申索人；或

（iii）在符合法院在该命令所指明的方式以及以法院在该命令所指明的条件下处置。

（13）除非申索人令法院信纳有关物品并非任何版权作品的侵犯版权复制品，或任何经特定设计或改装以供制作某版权作品的复制品并且是用作或拟用作制作该版权作品的侵犯版权复制品的物品（视属何情况而定），否则法院不得根据第（12）（ii）款就该物品作出命令。

（14）在法院已作出将物品、船只、航空器、车辆或东西交付某人的命令后，如无法寻获该人或该人拒绝接收该物品、船只、航空器、车辆或东西，则关长可向法院提出申请，而法院则可——

（a）命令将该物品、船只、航空器、车辆或东西没收归予政府；或

（b）作出法院认为就有关情况而言属合适的任何其他命令。

（15）除非在文意中另有规定，否则在本条或第 132 条中，凡提述法院，即包括提述裁判官。

（由 1999 年第 22 号第 3 条修订）

| 条: | 134 | 区域法院的司法管辖权 | L. N. 247 of 2000 | 01/09/2000 |
|---|---|---|---|---|

(1) 凡有关的侵犯版权复制品或指称的侵犯版权复制品及有关的其他物品的价值不超出《区域法院条例》(第 336 章)第 32 (1) 条就侵权行为诉讼所列明的限额,则区域法院可受理根据以下条文进行的法律程序——(由 2000 年第 28 号第 45 条修订)

(a) 第 109 条 (侵犯版权复制品或其他物品的交付令);

(b) 第 111 条 (处置侵犯版权复制品或其他物品的命令);或

(c) 第 113 (7) 条 (就版权拥有人在专用特许持有人具有同时具有的权利时行使权利的命令)。

(2) 本条并不影响原讼法庭的司法管辖权。

(由 1998 年第 25 号第 2 条修订)

[比照 1988 c. 48 s. 115 U. K.]

| 条: | 135 | 定义 | | 30/06/1997 |
|---|---|---|---|---|

# 第 Ⅶ 分部
## 关乎输入侵犯版权物品的法律程序

在本分部中——

"扣留令"(detention order) 指根据第 137 (1) 条作出的命令;

"权利持有人"(right holder) 指根据本条例存在于作品的版权的拥有人或专用特许持有人。

| 条: | 136 | 扣留令的申请 | 25 of 1998;22 of 1999 | 01/07/1997 |
|---|---|---|---|---|

附注:

具追溯力的适应化修订——见 1998 年第 25 号第 2 条;1999 年第 22 号第 3 条。

(1) 凡就某作品而言属权利持有人的人,有合理理由怀疑属构成该作品的侵犯版权复制品的物品可能被输入,则该权利持有人可向原讼法庭申请根据第 137 (1) 条作出的命令。(由 1998 年第 25 号第 2 条修订)

(2) 根据第 (1) 款提出的申请可以单方面提出,但须事先给予关长通知。(由 1999 年第 22 号第 3 条修订)

(3) 根据第 (1) 款提出的申请,必须采用法院规则订明的格式,并须有权利持有人作出的誓章支持,而该誓章须——

(a) 述明于提出申请时,有关的作品根据本部有版权存在;

(b) 述明宣誓人是该版权的拥有人或是专用特许持有人;

(c)（凡宣誓人宣称是专用特许持有人）述明宣誓人赖以证明他是专用特许持有人的事实，并附有宣誓人赖以证明他是专用特许持有人的文件作为证物;

(d) 述明附于誓章作为证物的该作品的复制品是该作品的获授权复制品;

(e) 述明提出申请的理由，包括宣誓人赖以显示有关物品表面看来是侵犯版权复制品的事实;

(f) 列出有关物品的足够详细说明，使关长可轻易辨认该物品;（由 1999 年第 22 号第 3 条修订）

(g) 列出预期采用的运输工具的详情及预期输入的日期，以及识别输入者的详情（如有的话）; 及

(h) 列出法院规则所订明的其他数据和附有法院规则订明的其他文件作为证物。

(4) 任何人不得就过境物品而根据第（1）款提出申请。

(5) 如有任何人输入任何物品供他私人和家居使用，则不得根据第（1）款就该输入提出申请。

(6) 第 121 条适用于任何根据本部而有版权存在的作品的版权的专用特许持有人按照第（3）款作出的誓章，而适用的方式与假使该誓章是由该版权拥有人作出而该条即会适用的方式相同。

| 条: | 137 | 扣留令的发出 | 25 of 1998; 22 of 1999 | 01/07/1997 |

附注:

具追溯力的适应化修订——见 1998 年第 25 号第 2 条; 1999 年第 22 号第 3 条。

(1) 凡有就根据第 136 条提出的申请而进行的聆讯，则如在进行该聆讯时权利持有人出示充分的证据，令原讼法庭信纳有关物品表面看来是侵犯版权复制品，则原讼法庭可作出命令，指示关长或任何获授权人员采取合理措施，于该物品输入时或输入后检取或扣留该物品。

(2) 原讼法庭可规定权利持有人提供保证或任何相等的担保，其款额须足以保障输入者及对被检取或扣留的物品享有权益的任何其他人（包括该物品的收货人及拥有人）在该项检取或扣留如属错误或该物品如根据第 138（6）条发还输入者时，可免受可能会招致的任何损失或损害。

(3) 扣留令可载有原讼法庭认为适当的条款及条件。

(4) 如任何物品已由关长或任何获授权人员依据任何法律检取或扣留，并正由其保管，则原讼法庭不得就该物品作出扣留令。

(5) 凡关长或任何获授权人员依据本分部或第 III 部第 III 分部以外的任何法律检

取或扣留任何物品，则就该物品而作出的任何扣留令即须停止具有效力。

（6）凡原讼法庭作出扣留令，则权利持有人须立即将该命令的副本一份送达关长。

（7）扣留令由作出的日期或由原讼法庭指明的较后的日期起具有效力，并须于自该日期起计的 60 天届满时停止具有效力，但如关长或任何获授权人员已依据该命令于该期间内检取或扣留该命令适用的任何物品，则属例外。

（由 1998 年第 25 号第 2 条修订；由 1999 年第 22 号第 3 条修订）

| 条： | 138 | 扣留令的强制执行 | L. N. 362of 1997；25 of 1998；22 of 1999 | 01/07/1997 |
|---|---|---|---|---|

附注：

具追溯力的适应化修订——见 1998 年第 25 号第 2 条；1999 年第 22 号第 3 条。

（1）凡有某扣留令送达关长，则关长或任何获授权人员须在该命令的条款及条件的规限下，检取或扣留该命令适用的任何物品。

（2）权利持有人须——

（a）向关长或任何获授权人员提供该物品及有关输入的充分资料，使该物品可以辨认和使付运的货物或有关输入可以识别，并提供关长或任何获授权人员为执行该扣留令而可合理要求的任何其他数据；

（b）将一笔关长认为足以偿付政府就执行该扣留令而相当可能招致的费用的款额存放于关长处；及

（c）在获得关长或任何获授权人员就将该物品被检取或扣留一事所给予的书面通知后，提供他要求的贮存空间及其他设施。

（3）如权利持有人没有遵从第（2）款，则关长或任何获授权人员可拒绝执行扣留令。

（4）关长可在给予权利持有人书面通知后，向原讼法庭申请执行该扣留令的指示，而原讼法庭在给予该权利持有人陈述的机会后，可发出其认为合适的指示。（由 1998 年第 25 号第 2 条修订）

（5）在任何物品依据扣留令被检取或扣留后，关长或任何获授权人员须立即将检取或扣留一事以书面通知——

（a）有关权利持有人；

（b）有关输入者；及

（c）该命令的条款规定须通知的任何其他人。

（6）如权利持有人在获给予有关检取或扣留的通知后 10 天内，没有以书面通知关长，谓关乎该物品的侵犯版权诉讼已根据本部提起，则除第（7）款及授权关长或任何获授权人员检取或扣留物品的任何法律另有规定外，关长或任何获授权人员须将已依据扣留令被检取或扣留的任何物品发还输入者。

(7) 原讼法庭可应权利持有人提出的申请,在给予关长及根据第(5)款规定须予通知的每名人士陈述的机会后,如信纳延长第(6)款所提述的期间的请求属合理,将该期间延长,但延长的期间以不超逾 10 天为限。(由 1998 年第 25 号第 2 条修订)

(8) 在根据第(7)款进行的法律程序中,原讼法庭可要求权利持有人除提供按照第 137(2)条提供的保证或任何相等的担保外,尚须提供额外的保证或任何相等的担保。(由 1998 年第 25 号第 2 条修订)

(9) 凡权利持有人在第(6)款所提述的期间内〔该期间或已根据第(7)款延长〕,已经以书面通知关长,谓关乎该物品的侵犯版权诉讼已根据本部提起,则关长或任何获授权人员须在侵犯版权法律程序中法院所作出的指示的规限下,继续保管该物品。

(10) 在计算第(6)款所提述的期间〔该期间或已根据第(7)款延长〕时,任何公众假期、烈风警告日或黑色暴雨警告日均不得计算在内。

(11) 在本条中——

"烈风警告日"(gale warning day)指全日或其中部分时间有烈风警告的日子,而"烈风警告"(gale warning)具有《司法程序(烈风警告期间聆讯延期)条例》(第 62 章)第 2 条给予该词的含义;

"黑色暴雨警告日"(black rainstorm warning day)指全日或其中部分时间有黑色暴雨警告的日子,而"黑色暴雨警告"(black rainstorm warning)指由香港天文台台长借使用通常称为黑色暴雨警告讯号的暴雨警告讯号而发出的关于在香港或香港附近出现暴雨的警告。(由 1997 年第 362 号法律公告修订)

(由 1999 年第 22 号第 3 条修订)

| 条: | 139 | 扣留令的更改或推翻 | 25 of 1998;<br>22 of 1999 | 01/07/1997 |
|---|---|---|---|---|

附注:

具追溯力的适应化修订——见 1998 年第 25 号第 2 条;1999 年第 22 号第 3 条。

(1) 关长或权利持有人可随时向原讼法庭申请更改扣留令。(由 1999 年第 22 号第 3 条修订)

(2) 受扣留令影响的输入者或任何其他人可随时向原讼法庭申请更改或推翻该命令。

(3) 根据第(1)或(2)款提出申请的人须将定出的聆讯该申请的日期,按原讼法庭法官的命令通知其他各方。

424

(4) 原讼法庭在聆讯根据第 (1) 或 (2) 款提出更改扣留令的申请时，可以其认为公正的方式更改该命令。

(5) 原讼法庭在聆讯根据第 (2) 款提出推翻扣留令的申请时，可在其认为公正的条款及条件下推翻该命令。

(6) 就第 (3) 款而言——

(a) 根据第 (1) 款提出的申请的各方，指关长、权利持有人及（如有关物品已依据扣留令被检取或扣留）输入者，以及根据第 138 (5) 条规定须予通知的任何其他人；及

(b) 根据第 (2) 款提出的申请的各方，指关长、权利持有人、申请人及输入者（如输入者并非申请人）。（由 1999 年第 22 号第 3 条修订）

（由 1998 年第 25 号第 2 条修订）

| 条： | 140 | 资料的披露 | 25 of 1998;<br>22 of 1999 | 01/07/1997 |

附注：

具追溯力的适应化修订——见 1998 年第 25 号第 2 条；1999 年第 22 号第 3 条。

(1) 凡有任何物品依据扣留令被检取或扣留，则关长可向权利持有人披露——

（a）输入者、付货人及收货人的姓名或名称及地址；

（b）依据该命令检取或扣留的物品的性质及数量；

（c）任何人就该项检取或扣留而向关长或任何获授权人员所作的任何陈述，但须事先得到该人的书面同意，如该人已死亡或关长在合理地查究该人的所在后仍未能找到该人，则不须事先得到该人的书面同意；及

（d）关乎依据该命令而被检取或扣留的物品，并且是关长认为适宜披露的任何其他数据或文件。

(2) 凡权利持有人寻求披露——

（a）并没有在第 (1) 款中提述的任何数据或文件；或

（b）在第 (1) 款中提述而关长并没有披露的数据或文件，

该权利持有人即可向原讼法庭申请一项命令，规定关长披露该等数据或文件，而原讼法庭则可应该申请而作出其认为合适的命令以规定作出披露。（由 1998 年第 25 号第 2 条修订）

(3) 根据第 (2) 款提出的申请，可在事先给予关长通知的情况下借动议而开始进行。

（由 1999 年第 22 号第 3 条修订）

| 条： | 141 | 检查物品、发还样本等 | L. N. 127 of 2001 | 13/07/2001 |
|---|---|---|---|---|

（1）凡有任何物品依据扣留令被检取或扣留，关长或任何获授权人员须——

（a）给予权利持有人充分机会，为确立其申索而检查该物品；及

（b）给予输入者同等机会，为反驳权利持有人的申索而检查该物品。

（2）凡有多于一件物品依据扣留令被检取或扣留，而权利持有人或输入者（视属何情况而定）给予关长或任何获授权人员所需的承诺，则关长或该获授权人员可允许该权利持有人或输入者移走被检取或扣留的物品的样本。

（3）就第（2）款而言，所需的承诺指给予该承诺的人会作出以下事情的书面承诺——

（a）在关长或获授权人员认为满意的指明时间，将样本交还关长或获授权人员；及

（b）以合理谨慎防止对样本造成不必要的损害。

（4）如关长或任何获授权人员允许权利持有人按照本条检查任何已被检取或扣留的物品，或移走任何样本，则就由于以下所述而使输入者蒙受的任何损失或损害而言，政府无须对该输入者负上任何法律责任——

（a）检查时所招致对任何物品造成的损害；或

（b）权利持有人或任何其他人对权利持有人移走的任何样本作出的任何事情或就该样本作出的任何事情，或权利持有人对该样本作出的任何使用。

（由 1999 年第 22 号第 3 条修订）

| 条： | 142 | 须缴付的费用 | L. N. 406 of 1997 | 25/07/1997 |
|---|---|---|---|---|

附注：

具追溯力的适应化修订——见 1999 年第 22 号第 3 条。

（1）关长可评定政府就执行扣留令而招致的费用，并可从权利持有人根据第 138（2）条缴付作为按金的款额中扣除该等费用。（由 1999 年第 22 号第 3 条修订）

（2）根据第（1）款评定的任何费用，须由权利持有人向政府缴付，并可作为民事债项追讨。

| 条： | 143 | 须付予输入者等的补偿 | L. N. 406 of 1997 | 25/07/1997 |
|---|---|---|---|---|

附注：

具追溯力的适应化修订——见 1998 年第 25 号第 2 条。

(1) 凡有任何物品依据任何扣留令被检取或扣留，而该物品又依据第 138（6）条予以发还，则该物品的输入者、收货人或拥有人可于该命令作出的日期后 6 个月内，向原讼法庭申请因该项检取或扣留而使他蒙受的任何损失或损害的补偿。

(2) 凡——

(a) 有任何物品依据扣留令被检取或扣留；

(b) 任何侵犯版权诉讼在第 138（6）条所提述的期间内〔该期间或已根据第 138（7）条延长〕根据本部就该物品而提起；及

(c) 该宗诉讼中止、侵犯版权的申索被撤回，或法院在侵犯版权法律程序中裁定该项侵犯版权并没有获得证明，则该物品的输入者、收货人或拥有人可在该宗诉讼中止、该项申索被撤回或法院作出裁定（视属何情况而定）的日期后 6 个月内，向原讼法庭申请因该项检取或扣留而使他蒙受的任何损失或损害的补偿。

(3) 原讼法庭可应根据第（1）或（2）款提出的申请，作出其认为合适的补偿令。

（由 1998 年第 25 号第 2 条修订）

| 条： | 144 | 规则 | L. N. 406 of 1997 | 25/07/1997 |

附注：

具追溯力的适应化修订——见 1998 年第 25 号第 2 条。

根据《高等法院规则》（第 4 章）第 54 条订立法院规则的权力，包括就规管和订明根据本分部在原讼法庭须遵守的程序及常规以及该等程序或常规的任何附带或有关事宜订立法院规则（包括订立订明任何根据本分部须由或可由法院规则订明的事宜或事情的规则）的权力。

（由 1998 年第 25 号第 2 条修订）

| 条： | 145 | 特许计划及特许机构 | L. N. 127 of 2001 | 13/07/2001 |

# 第Ⅷ分部
# 版权特许

(1) 在本部中，"特许计划"（licensing scheme）指任何列明以下项目的计划——

(a) 计划的营办人，或由该营办人代为行事的人愿意批出版权特许的个案种类；及

(b) 在该等个案种类中会据以批出特许的条款，而就此而言，"计划"（scheme）包括任何具有计划性质的东西，不论该东西是否被描述为计划或收费表，亦不论其有任何其他名称。

（2）在本条中，"版权特许"（copyright licences）指特许作出或授权作出受版权限制的作为中的任何作为的特许。

（3）在本分部中，凡提述涵盖多于一名作者的作品的特许或特许计划，不包括仅涵盖以下作品的特许或特许计划——

（a）由相同作者制作的单一部或多于一部的汇集作品；或

（b）由单一个人、商号、公司或公司集团或其雇员制作或分发的作品，或由单一个人、商号、公司或公司集团委托制作的作品，

而就此而言，"公司集团"（group of companies）具有《公司条例》（第 32 章）第 2 条给予该词的含义。

（4）在本分部中——

"特许机构"（licensing body）指不论是否根据第 149 条注册的社团或其他组织，其主要宗旨或其中一项主要宗旨是作为版权的拥有人或版权的准拥有人或作为其代理人而就版权特许进行洽谈或批出版权特许，此外，其宗旨包括批出涵盖多于一名作者的作品的特许；

"处长"（Registrar）指第 146 条所指明的版权特许机构注册处处长；

"注册"（registration）用作名词时指按照第 149 条将特许机构的名称记入注册纪录册内；而"注册"（registered）用作动词亦据此解释；

"注册纪录册"（register）指根据第 147 条设立的版权特许机构注册纪录册。

[比照 1988 c. 48 s. 116 U.K.]

| 条： | 146 | 版权特许机构注册处处长 | L. N. 127 of 200 | 13/07/2001 |

## 特许机构的注册

知识产权署署长即为版权特许机构注册处处长。

| 条： | 147 | 注册纪录册的备存及查阅 | L. N. 127 of 200 | 13/07/2001 |

（1）处长须按其决定的格式及方式设立和备存一份版权特许机构注册纪录册，该注册纪录册须载有处长认为合适的详情。

（2）注册纪录册须以处长借宪报公告指明的方式，在处长如此指明的地方供公开查阅，但在查阅前须先缴付处长如此指明的适当费用。

| 条： | 148 | 申请注册和续期 | L. N. 127 of 200 | 13/07/2001 |

（1）任何特许机构可按照处长借宪报公告指明的格式及方式申请注册或注册续期。

（2）申请必须附有——

428

(a) 适当的订明费用；及

(b) 一份书面陈述，该陈述须载有处长一般地指明或就该项申请而指明的详情。

(3) 由法人团体提出的申请，可由获该法人团体为此而授权的任何人签署，而处长可规定须就该项授权提交其认为必需的证明。

(4) 由合伙提出的申请必须由每一名合伙人签署。

(5) 不论申请是否获批准，根据本条所缴付的任何费用概不退还。

| 条： | 149 | 注册、注册证明书的发出 | L. N. 127 of 200 | 13/07/2001 |
|------|-----|------------------------|------------------|------------|

(1) 凡有某项注册申请提出，如处长信纳——

(a) 申请人是合适和适当的获注册人选；及

(b) 就将来而言，申请人至少借下列方法使公众可以得到关于为不同用途而收取的版权使用费的收费率的数据——

(i) 在其小册子及特许申请表内列明该等收费率；

(ii) 在其注册办事处及营业地点以显眼的方式向公众展示该等收费率；及

(iii) 在发出注册证明书后 2 星期内的任何一天于香港的一份中文报章及一份英文报章刊登该等收费率，

则处长可批准该项注册申请，并可将该申请人的姓名或名称记入注册纪录册内。

(2) 在注册纪录册内记入该申请人的记项后，处长即须向该申请人发出一份由处长决定格式的注册证明书，该证明书须就以下项目指明特许机构必须遵从的规定——

(a) 刊登版权使用费的收费率；及

(b) 按不超逾所刊登的版权使用费的收费率而收取版权使用费。

| 条： | 150 | 在证明书的有效期内更改使用费 | | 30/06/1997 |
|------|-----|------------------------------|--|------------|

(1) 注册特许机构如建议不按照在注册或注册续期的情况下而最近刊登的收费率收取版权使用费，须在所建议的新收费率的生效日期前的最少一个月前以书面通知处长，而该通知须连同该新收费率的充分详情。

(2) 该特许机构须在为不同用途而收取的版权使用费的新收费率的生效日期前的最少 14 天前，最起码以第 149 (1) (b) 条所指明的方法向公众提供与该新收费率有关的资料。

(3) 凡特许机构没有遵守第 (1) 或 (2) 款或没有遵守该两款，其注册即当作在新收费率的生效日期起被撤销。

| 条： | 151 | 注册的期限、续期及撤销 | | 30/06/1997 |
|------|-----|------------------------|--|------------|

（1）注册证明书在自其获批予的日期起计的 12 个月期间内或在该证明书中指明的较短期间内有效。

（2）注册特许机构可申请将其注册续期一段不超逾 12 个月的期间。

（3）注册续期的申请，须在现有注册期满失效前的最少一个月前提出。

（4）如有以下情况，处长可拒绝任何特许机构的注册续期申请，或将该特许机构的注册撤销——

（a）该特许机构不再是合适和恰当的获注册人选；或

（b）处长根据第（5）款或第 149（2）条就该特许机构而指明的任何规定不获遵守。

（5）在注册获得续期时，处长须向特许机构发出一份符合处长所决定的格式的新证明书，该证明书须指明关于以下事项的规定——

（a）版权使用费的收费率的发表；及

（b）收取不超逾所发表的收费率的版权使用费。

（6）如特许机构的注册续期申请被拒绝或其注册被撤销，则处长须将该特许机构的名称从注册纪录册中除去。

| 条： | 152 | 规例 | L. N. 130 of 2007 | 01/07/2007 |
| --- | --- | --- | --- | --- |

附注：

有关《立法会决议》（2007 年第 130 号法律公告）所作之修订的保留及过渡性条文，见载于该决议第（12）段。

商务及经济发展局局长可借规例——（由 1997 年第 362 号法律公告修订；由 2002 年第 106 号法律公告修订；由 2007 年第 130 号法律公告修订）

（a）订明申请注册及申请注册续期的费用；及

（b）为使注册制度更有效地施行而订定条文。

| 条： | 153 | 如真诚地行使本分部所指职能则无须负上法律责任 | | 30/06/1997 |
| --- | --- | --- | --- | --- |

（1）处长如在行使或本意是行使由本分部赋予或施加或根据本分部而赋予或施加的任何职能时，真诚地作出或没有作出任何事情，则处长不会就此而招致法律责任。

（2）在本条中，"职能"（functions）包括权力及职责。

| 条： | 154 | 第 155 至 160 条适用的特许计划 | 15 of 2007 | 06/07/2007 |
| --- | --- | --- | --- | --- |

详列交互参照：

第 155，156，157，158，159，160 条。

## 关于特许计划的转介及申请

第 155 至 160 条（关于特许计划的转介及申请）适用于由特许机构营办并涵盖多于一名作者的作品的特许计划，但只限于在该等计划是关乎以下项目的特许的范围内如此适用——〈＊注——详列交互参照：第 155、156、157、158、159、160 条 ＊〉

（a）复制该作品；

（b）［如该作品是第 25（1）（a）、（b）、（c）、（d）、（e）或（f）条所提述的作品］租赁该作品的复制品予公众；（由 2007 年第 15 号第 40 条修订）

（c）公开表演、播放或放映该作品；

（d）广播该作品或将该作品包括在有线传播节目服务内；

（e）向公众发放或提供该作品的复制品；

（f）制作该作品的改编本；或

（g）任何其他受该作品的版权所限制的作为，而凡在上述各条中提述的特许计划，即据此解释。

[比照 1988 c. 48 s. 117 U. K.]

| 条： | 155 | 将建议的特许计划转介审裁处 | | 30/06/1997 |
|---|---|---|---|---|

（1）凡某些人声称他们在特许计划会适用的某类别的个案中需要取得特许（不论是一般性地或是就任何类别个案），并有组织声称是该等人的代表，则该组织可将建议由任何特许机构营办的特许计划的条款转介审裁处。

（2）审裁处须首先决定是否受理该项转介，并可以该项转介为时过早为理由而拒绝受理。

（3）审裁处如决定受理该项转介，须考虑所转介的事宜，并作出审裁处裁定在当时情况下属合理的命令，以确认或更改建议的计划，而该确认或更改，可以是一般性的，亦可以是就该计划与该项转介所关乎的类别的个案有关的范围而作出的。

（4）所作出的命令可规定该命令无限期有效，亦可规定该命令在审裁处裁定的期间有效。

[比照 1988 c. 48 s. 118 U. K.]

| 条： | 156 | 将特许计划转介审裁处 | | 30/06/1997 |
|---|---|---|---|---|

（1）如在特许计划营办期间，在该计划的营办人与以下人士或组织之间发生争议，而——

（a）有人声称他需要在该计划所适用的类别的个案中取得特许；或

（b）有组织声称是该等人的代表，则在该计划所关乎的该类别个案的范围内，该人或该组织可将该计划转介版权审裁处。

（2）已根据本条转介审裁处的计划仍可继续营办，直至就该项转介进行的法律程序审结为止。

（3）审裁处须考虑争议中的事项，并作出审裁处裁定在当时情况下属合理的命令，以在有关计划与该项转介所关乎的类别的个案有关的范围内，确认或更改该计划。

（4）所作出的命令可规定该命令无限期有效，亦可规定该命令在审裁处裁定的期间有效。

[比照 1988 c. 48 s. 119 U. K.]

| 条： | 157 | 将计划再次转介审裁处 | | 30/06/1997 |
|---|---|---|---|---|

（1）凡先前根据第 155 条或第 156 条转介特许计划而版权审裁处已就该计划作出命令，或先前根据本条转介特许计划而版权审裁处已就该计划作出命令，则在该项命令仍然有效时——

（a）该计划的营办人；

（b）声称需要在该命令所适用的类别的个案中取得特许的人；或

（c）声称是该等人的代表的组织，

在该计划所关乎的该类别个案的范围内，可将该计划再度转介审裁处。

（2）除获审裁处特别许可外——

（a）在自就先前的转介作出的命令的日期起计的 12 个月内，不得就相同类别的个案将特许计划再度转介审裁处；或

（b）如作出的命令规定该项命令有效 15 个月或少于 15 个月，则在该项命令届满日期之前的最后 3 个月，方可就相同类别的个案将特许计划再度转介审裁处。

（3）如任何计划已根据本条转介审裁处并仍在营办，则该计划可继续营办，直至就该项转介进行的法律程序审结为止。

（4）审裁处须考虑争议中的事项，并作出审裁处裁定在当时情况下属合理的命令，在有关计划与该项转介所关乎的类别的个案有关的范围内，确认或更改或进一步更改该计划。

（5）所作出的命令可规定该命令无限期有效，亦可规定该命令在审裁处裁定的期间有效。

[比照 1988 c. 48 s. 120 U. K.]

| 条： | 158 | 申请批出与特许计划有关的特许 | | 30/06/1997 |
|---|---|---|---|---|

(1) 凡在特许计划所涵盖的个案中，有人声称该计划的营办人拒绝按照该计划向他批出特许或拒绝促致按照该计划向他批出特许，或在向该营办人提出要求之后的一段合理的时间内，该营办人没有如此做，则该人可向版权审裁处申请作出本条所指的命令。

(2) 凡在特许计划不包括的个案中，有人声称该计划的营办人——

(a) 已拒绝向他批出特许或拒绝促致向他批出特许，或在向该营办人提出要求之后的一段合理时间内，该营办人没有如此做，而在当时情况下不批出特许是不合理的；或

(b) 就特许建议不合理的条款，

则该人可向审裁处申请作出本条所指的命令。

(3) 就第 (2) 款而言，任何个案如有以下情况，则该个案须视为不包括在特许计划之内——

(a) 该计划规定特许的批出须符合某些条款，而该等条款将某些事项排除在该特许之外，而该个案属于该被排除在该特许之外的例外情况；或

(b) 该个案与根据该计划而获批出特许的个案相似至如该个案不获以相同方式处理便属不合理的程度。

(4) 审裁处如信纳该项声称是具备充分理由的，则审裁处须作出命令，宣布就该项命令指明的事项而言，申请人有权在审裁处裁定为按照该计划而属适用的条款下，或在当时情况下属合理的条款下 (视属何情况而定) 取得特许。

(5) 所作出的命令可规定该命令无限期有效，亦可规定该命令在审裁处裁定的期间有效。

[比照 1988 c. 48 s. 121 U. K.]

| 条： | 159 | 就与有权获得特许有关的命令而申请复核 | | 30/06/1997 |
|---|---|---|---|---|

(1) 凡版权审裁处已根据第 158 条作出命令，指某人根据特许计划而有权获得特许，则该计划的营办人或原申请人可向审裁处申请复核其命令。

(2) 除获审裁处特别许可外——

(a) 在自作出命令的日期起计的 12 个月内，或在自审裁处根据本条而就一项先前的申请作出裁决的日期起计的 12 个月内，不得提出申请；或

(b) 如作出的命令规定该项命令有效 15 个月或少于 15 个月，或因根据本条而就一项先前的申请作出的裁决而使该命令在自作出该项裁决起计的 15 个月内届满，则在该项命令届满日期之前的最后 3 个月，方可提出申请。

(3) 审裁处须应复核申请并在顾及按照有关的特许计划而适用的条款或有关的个案的情况 (视属何情况而定) 后，在审裁处裁定为合理的情况下，确认或更改其命令。

[比照 1988 c. 48 s. 122 U. K.]

| 条： | 160 | 审裁处就特许计划作出的命令的效力 | | 30/06/1997 |
|---|---|---|---|---|

（1）凡版权审裁处已根据以下条文确认或更改某特许计划，则只要该项命令继续有效，在该计划是关乎某类别的个案（而有关命令是就该个案作出的）的范围内，该特许计划即属有效或即属可继续营办（视属何情况而定）——

（a）第 155 条（将建议的计划的条款转介）；或

（b）第 156 或 157 条（将现有的计划转介审裁处）。

（2）在该项命令有效时，如任何人在该项命令所适用的种类的个案中——

（a）就涵盖有关个案的特许而向该计划的营办人缴付根据该计划而须缴付的任何收费，或如该等收费的款额不能确定，则向该营办人作出承诺，在款额确定后当即缴付该等收费；及

（b）遵从适用于该计划下的特许的其他条款，

则就侵犯版权而言，该人所处的地位，犹如该人在所有关键时间属有关版权的拥有人按照该计划而批出的特许的持有人一样。

（3）凡有命令更改须缴付的收费的款额，审裁处可指示该项命令自其作出的日期之前的日期起生效，但该生效日期不得早于作出转介的日期，或（如较迟的话）该计划实施的日期。

该项指示如作出的话，则——

（a）须就已缴付的收费而作出必需的偿还，或进一步付款；及

（b）第（2）（a）款所提述的根据该计划而须缴付的收费，须解释为提述凭借该命令而须缴付的收费。

（4）凡审裁处已根据第 158 条作出命令（关于有权根据特许计划获得特许的命令），而该项命令仍继续有效，该命令所惠及的人——

（a）如向该计划的营办人缴付按照该命令所须缴付的任何收费，或如款额不能确定，则作出承诺，在款额确定后当即缴付该等收费；及

（b）遵从该命令指明的其他条款，

则就侵犯版权而言，该人所处的地位，犹如该人在所有关键时间属有关版权的拥有人按照该命令所指明的条款而批出的特许的持有人一样。

［比照 1988 c. 48 s. 123 U. K.］

| 条： | 161 | 第 162 至 166 条适用的特许 | 15 of 2007 | 06/07/2007 |
|---|---|---|---|---|

详列交互参照：

第 162、163、164、165、166 条。

## 就特许机构批出的特许而作出的转介及申请

第 162 至 166 条（就特许机构批出的特许而作出的转介及申请）适用于由特许机构并非依据特许计划而批出并涵盖多于一名作者的作品的特许，但只限于该等特许授权作出以下事情的范围内如此适用——〈＊注——详列交互参照：第 162、163、164、165、166 条 ＊〉

(a) 复制该作品；

(b) ［如该作品是第 25 (1) (a)、(b)、(c)、(d)、(e) 或 (f) 条所提述的作品］租赁该作品的复制品予公众；（由 2007 年第 15 号第 41 条修订）

(c) 公开表演、播放或放映该作品；

(d) 广播该作品或将该作品包括在有线传播节目服务内；

(e) 向公众发放或提供该作品的复制品；

(f) 制作该作品的改编本；或

(g) 任何其他受该作品有关的版权所限制的作为，而凡在上述各条中提述的特许，即据此解释。

[比照 1988 c. 48 s. 124 U.K.]

| 条： | 162 | 将建议的特许转介审裁处 | | 30/06/1997 |
|---|---|---|---|---|

(1) 准特许持有人可将特许机构建议批出的特许的条款转介版权审裁处。

(2) 审裁处须首先决定是否受理该项转介，并可以该项转介为时过早为理由而拒绝受理。

(3) 审裁处如决定受理该项转介，须就建议的特许的条款作出考虑，并作出审裁处裁定在当时情况下属合理的命令，以确认或更改该等条款。

(4) 所作出的命令可规定该命令无限期有效，亦可规定该命令在审裁处裁定的期间有效。

[比照 1988 c. 48 s. 125 U.K.]

| 条： | 163 | 将即将失效的特许转介审裁处 | | 30/06/1997 |
|---|---|---|---|---|

(1) 任何特许如因时间届满或由于特许机构给予通知而到期失效，则该特许的持有人可基于该特许在当时情况下停止有效是不合理为理由而向版权审裁处提出申请。

(2) 在特许到期失效之前的最后 3 个月，该项申请方可提出。

(3) 已转介审裁处的特许仍可继续有效，直至就该转介而进行的法律程序审结为止。

（4）审裁处如裁断该项申请是具备充分理由的，须作出命令宣布有关的特许持有人继续有权按照审裁处裁定在当时情况下属合理的条款享有特许的利益。

（5）审裁处根据本条作出的命令可规定该命令无限期有效，亦可规定该命令在审裁处裁定的期间有效。

〔比照 1988 c. 48 s. 126 U. K.〕

| 条： | 164 | 版权审裁处可判给中期付款和限制非正审强制令的申请 | | 30/06/1997 |
|---|---|---|---|---|

（1）凡已有申请根据第 162 条或第 163 条向版权审裁处提出，审裁处可自行或应特许机构的申请，命令特许持有人就该审裁处认为属公正的使用费向该特许机构作出中期付款。

（2）凡已有转介或申请根据第 162 条或第 163 条向审裁处作出或提出，审裁处可自行或应准特许持有人或特许持有人的申请作出命令，规定在听候该项转介或申请的最终裁定前，或在审裁处作出进一步的命令前，该特许机构不得针对准特许持有人（如情况属根据第 162 条作出的转介）或不得针对特许持有人（如情况属根据第 163 条提出的申请）而申请任何非正审强制令。

（3）凡审裁处已根据第（2）款作出命令，特许机构为针对准特许持有人或特许持有人（视属何情况而定）而在任何法院申请非正审强制令，均不得受理，如已获受理，则须搁置，直至该项转介或申请获最终裁定或审裁处作出进一步的命令为止。

（4）除非根据第（2）款作出的命令于较早时终止，否则该命令在该项转介或申请（视属何情况而定）获最终裁定时停止有效。

| 条： | 165 | 申请复核就特许而作出的命令 | | 30/06/1997 |
|---|---|---|---|---|

（1）凡版权审裁处已根据第 162 条或第 163 条作出命令，特许机构或有权享有该命令的利益的人，可向审裁处申请复核其命令。

（2）除获审裁处的特别许可外——

（a）在自作出命令的日期起计的 12 个月内，或在自审裁处根据本条而就一项先前的申请作出裁决的日期起计的 12 个月内，不得提出申请；或

（b）如作出的命令规定该项命令有效 15 个月或少于 15 个月，或因根据本条而就一项先前的申请作出的裁决而使该命令在作出该项裁决起计的 15 个月内届满，则在该项命令届满日期之前的最后 3 个月，方可提出申请。

（3）审裁处须按其裁定在当时情况下属合理者而应复核申请确认或更改其命令。

〔比照 1988 c. 48 s. 127 U. K.〕

| 条： | 166 | 审裁处就特许作出的命令的效力 | | 30/06/1997 |
|---|---|---|---|---|

(1) 凡版权审裁处已根据第 162 或 163 条作出命令，而该项命令仍继续有效，则有权享有该命令的利益的人——

(a) 如向特许机构缴付按照该命令而须缴付的任何收费，或如款额不能确定，则作出承诺，在款额确定后当即缴付该等收费；及

(b) 遵从该命令指明的其他条款，

则就侵犯版权而言，该人所处的地位，犹如该人在所有关键时间属有关版权的拥有人按照该命令所指明的条款批出的特许的持有人一样。

(2) 该命令的利益，在以下情况下可以转让——

(a) 就根据第 162 条作出的命令而言，审裁处的命令的条款并不禁止转让；及

(b) 就根据第 163 条作出的命令而言，原有的特许的条款并不禁止转让。

(3) 审裁处可作出指示，规定根据第 162 或 163 条作出的命令，或在根据第 165 条作出的更改该命令下的须缴付收费的款额的范围内的另一命令，自其作出的日期之前的日期起生效，但该生效日期不得早于作出转介或提出申请的日期或（如较迟的话）批出该特许的日期或该特许到期失效的日期（视属何情况而定）。

(4) 该项指示如作出的话，则——

(a) 须就已缴付的收费而作出任何必需的偿还，或进一步付款；及

(b) 第（1）（a）款所提述的根据该命令而须缴付的收费，如该命令由一项较后的命令更改，则须解释为提述凭借该较后的命令而须缴付的收费。

| 条： | 167 | 一般考虑：不合理的歧视 | | 30/06/1997 |
|---|---|---|---|---|

### 在某些种类的个案中须考虑的因素

(1) 版权审裁处在审理其席前的每一宗个案时均须顾及公众利益，而就任何特许计划或特许根据本分部作出的转介或提出的申请而言，在裁定什么是合理时，须顾及——

(a) 其他情况相类的人可获提供的其他计划，或向该等人批出的其他特许；

(b) 该等特许计划的条款；

(c) 有关作品的性质；

(d) 有关各方的相对议价能力；及

(e) 特许持有人或准特许持有人可在何种程度上获提供的关乎特许计划或特许的条款的有关资料。

(2) 版权审裁处须行使其权力以确保在该转介或申请所关乎的计划或特许下的特许持有人或准特许持有人，和由同一人或由任何其他人所营办的其他计划下或批出的其他特许下的特许持有人之间，并没有存在任何不合理的歧视。

(3) 第（1）及（2）款提及审裁处须顾及的特定事宜，并不影响审裁处须顾及一

切有关考虑因素的一般责任，尤其是审裁处行使其权力会否与作品的正常利用造成冲突或会不合理地损害版权拥有人的合法权益。

[比照 1988 c. 48 s. 135 U. K.]

| 条： | 168 | 某些计划或特许中的隐含弥偿 | | 30/06/1997 |
|---|---|---|---|---|

## 计划或特许中的隐含弥偿

（1）凡有——

（a）就版权作品而对受限制作为给予特许的计划；及

（b）由特许机构批出的特许，在对其所适用的作品作出指明的详尽程度，不足以使特许持有人借查阅该计划或特许和查阅某一作品而断定该作品是否属于该计划或特许范围内的作品，则本条适用于该计划及特许。

（2）在本条所适用的——

（a）每一项计划中，均隐含由该计划的营办人对根据该计划获批出特许的人就有关法律责任而作出弥偿的承诺；及

（b）每一项特许中，均隐含由特许机构对特许持有人就有关法律责任而作出弥偿的承诺，上述有关法律责任是指特许持有人在属其特许的表面范围所包括的情况下，作出或授权作出受某一作品的版权所限制的作为，因而侵犯版权所招致的任何法律责任。

（3）如在任何个案中——

（a）从查阅特许及作品所得，该作品表面上并非不属于该特许所适用的作品类别的范围内的作品；及

（b）该特许没有明文规定其并不延伸适用于遭侵犯版权的作品类别，则该个案的情况属该特许的表面范围所包括的情况。

（4）在本条中，"法律责任"（liability）包括支付讼费的法律责任；凡有特许持有人因侵犯版权而有实际或打算针对他而进行的法律程序，则本条就该特许持有人因此而合理地招致的讼费而适用，一如本条适用于特许持有人就该项侵犯版权而有法律责任支付的款项一样。

（5）本条所适用的计划或特许可载有合理条文——

（a）就本条的隐含承诺而提出申索的方式和时限作出规定；

（b）使该计划的营办人或特许机构（视属何情况而定）能够接手进行对其有法律责任作出弥偿的款额有影响的任何法律程序。

（6）凡有根据第（2）款而有的隐含弥偿，则除第（7）款另有规定外，遭侵犯版权的作品的版权拥有人如并非上述计划或特许机构（视属何情况而定）的成员，法院可就该项侵犯版权而判给惠及版权拥有人的损害赔偿，其款额不得超逾在假如该

拥有人是该计划或特许机构的成员的情况下本会获得的款额。

（7）法院不得就损害赔偿判给会与作品的正常利用造成冲突或会不合理地损害版权拥有人的合法权益的款额。

〔比照 1988 c. 48 s. 136 U. K.〕

| 条： | 169 | 版权审裁处 | 25 of 1998；22 of 1999 | 01/07/1997 |

附注：

具追溯力的适应化修订——见 1998 年第 25 号第 2 条；1999 年第 22 号第 3 条。

## 第 IX 分部
## 版权审裁处
## 审裁处

（1）现设立一审裁处，名为版权审裁处。

（2）该审裁处由以下成员组成，而所有该等成员均由行政长官委任——（由1999 年第 22 号第 3 条修订）

（a）一名主席和一名副主席，而该两人均须具备根据《区域法院条例》（第 336章）

第 5 条获委任为区域法院法官的资格；及（由 1998 年第 25 号第 2 条修订）

（b）7 名普通成员，而每名该等成员均以其个人身份获委任。

| 条： | 170 | 审裁处的成员 | 22 of 1999 | 01/07/1997 |

附注：

具追溯力的适应化修订——见 1999 年第 22 号第 3 条。

（1）版权审裁处的成员须在符合以下条文的规定下，按照其委任条款任职和离职。

（2）审裁处的成员可借向行政长官发出的书面通知而辞职。

（3）如有关成员有以下情况，行政长官可借向该成员发出书面通知将其免职——

（a）他已破产或已与其债权人作出债务偿还安排；

（b）他因身体或精神上的疾病而无行为能力；或

（c）行政长官认为他因其他理由不能够或不适合履行其作为成员的职责。

（4）如审裁处的成员因疾病、缺勤或其他合理因由而在当其时不能够一般地或就个别法律程序履行其职位的职责，则行政长官可委任一名具备获委任担任该职位的资格的人，在一段不超逾 6 个月的期间内或就该等法律程序（视属何情况而定）执行该成员的职责。

（5）根据第（4）款获委任以代替另一人的人在其获委任的期间或就有关的法律
程序而具有的权力，须与该另一人所具有的相同。（由 1999 年第 22 号第 3 条修订）

〔比照 1988 c. 48 s. 146 U. K.〕

| 条： | 171 | 财政条文 | L. N. 130 of 2007 | 01/07/2007 |
|---|---|---|---|---|

附注：

有关《立法会决议》（2007 年第 130 号法律公告）所作之修订的保留及过渡性条
文，见载于该决议第（12）段。

（1）并非公职人员的版权审裁处成员须获付酬金（不论以薪金或费用形式）及
津贴，而该酬金及津贴由商务及经济发展局局长厘定。

（2）商务及经济发展局局长可为审裁处委任职员，而该等职员的人数及酬金由
商务及经济发展局局长厘定。

（3）审裁处成员的酬金和津贴、其任何职员的酬金，以及商务及经济发展局局
长所厘定的审裁处的其他开支，均由政府一般收入拨付。（由 1997 年第 362 号法律公
告修订；由 2002 年第 106 号法律公告修订；由 2007 年第 130 号法律公告修订）

〔比照 1988 c. 48 s. 147 U. K.〕

| 条： | 172 | 为法律程序的目的之组成 | 15 of 2007 | 06/07/2007 |
|---|---|---|---|---|

（1）为任何法律程序的目的，版权审裁处须由以下成员组成——

（a）一名主席，他须是审裁处主席或审裁处副主席；及

（b）2 名或多于 2 名普通成员。

（1A）尽管有第（1）款的规定，在根据第 174 条（一般程序规则）订立的规则
中为施行本款而指明的法律程序，可由任何以下人士单独开庭聆讯及裁定——

（a）审裁处主席；

（b）审裁处副主席；或

（c）审裁处主席所委任的具备适合资格的审裁处普通成员。（由 2007 年第 15 号第 42
条增补）

（2）如审裁处成员就任何事项的处理不能达致一致意见，则须以过半数票取决，
而在此情况下如票数相等，主席有权再投一票作为决定票。

（3）凡在审裁处席前进行的任何法律程序的聆讯已进行了一部分，但有一名或多
于一名审裁处成员不能继续聆讯，则只要审裁处成员的人数没有减至不足 3 名，就
该等法律程序而言，审裁处仍属妥为组成。

（4）如主席不能继续进行聆讯，则审裁处主席须——

（a）委任余下的其中一名成员以主席身份行事；及

（b）委任一名具备适合资格的人出席有关法律程序，并就其中产生的任何法律问题向成员提供意见。

（5）第（1A）或（4）（b）款而言，"具备适合资格"指本身是审裁处副主席或具备获委任为审裁处副主席的资格的人。（由 2007 年第 15 号第 42 条修订）

[比照 1988 c. 48 s. 148 U.K.]

| 条： | 173 | 审裁处的司法管辖权 | | 30/06/1997 |
| --- | --- | --- | --- | --- |

## 司法管辖权和程序

版权审裁处根据本部具有就根据以下各条文提出的法律程序进行聆讯和作出裁定的司法管辖权——

（a）第 14 条（对就作品的不能合理地预料的使用而向雇员支付的偿金作出裁定）；

（b）第 155、156 或 157 条（特许计划下的特许的转介）；

（c）第 158 或 159 条（就有权获得特许计划下的特许而提出的申请）；

（d）第 162、163 或 165 条（就特许机构的特许而作出转介或提出申请）；

（e）附表 2 第 6 段（反对的权利）；

（f）附表 2 第 14（3）段（侵犯版权的作为）。

[比照 1988 c. 48 s. 149 U.K.]

| 条： | 174 | 订立规则的一般权力 | 25 of 1998 | 01/07/1997 |
| --- | --- | --- | --- | --- |

附注：

具追溯力的适应化修订——见 1998 年第 25 号第 2 条。

（1）终审法院首席法官可就规管在版权审裁处席前进行的法律程序、就该等法律程序而可征收的费用及就强制执行该审裁处作出的命令，订立规则。（由 1998 年第 25 号第 2 条修订）

（2）该等规则可就审裁处而应用《仲裁条例》（第 341 章）的任何条文，而任何如此应用的条文必须在规则中列明或列于其附表中。

（3）规则可——

（a）规定除非审裁处信纳某代表组织就其声称代表的类别的人而言是合理地有代表性的，否则禁止审裁处受理由该代表组织根据第 155、156 或 157 条作出的转介；

（b）指明任何法律程序中的各方，并赋权审裁处使任何令审裁处信纳对有关事项有实质利害关系的任何人或组织成为该法律程序的一方；

（c）规定审裁处须给予法律程序中的各方按规则所规定的书面或口头方式呈述其案件的机会。

（4）规则可就为规管或订明根据第 176 条（就法律论点而向法院提出上诉）对审裁处的裁决提出上诉的任何附带或相应事项，订立条文。

[比照 1988 c. 48 s. 150 U. K.]

| 条： | 175 | 讼费、命令的证明等 | 25 of 1998 | 01/07/1997 |
|---|---|---|---|---|

附注：

具追溯力的适应化修订——见 1998 年第 25 号第 2 条。

（1）在特殊情况下，版权审裁处可命令在其席前进行的法律程序中任何一方的讼费须由审裁处所指示的任何其他一方缴付，而审裁处亦可就讼费的款额作出评定或结算，或指示讼费须以何种方式评定。

（2）终审法院首席法官可而借规则订明第（1）款所指的特殊情况。（由 1998 年第 25 号第 2 条修订）

（3）一份文件如看来是审裁处命令的副本，并看来是由主席核证为真确副本，则在没有相反证明的情况下，该文件在任何法律程序中须为该命令的充分证据。

[比照 1988 c. 48 s. 151 U. K.]

| 条： | 176 | 就法律论点向法院提出上诉 | 25 of 1998 | 01/07/1997 |
|---|---|---|---|---|

附注：

具追溯力的适应化修订——见 1998 年第 25 号第 2 条。

## 上诉

（1）由版权审裁处的裁决所引起的任何法律论点的上诉，须向原讼法庭提出。（由 1998 年第 25 号第 2 条修订）

（2）根据第 174 条订立的规则可限定任何上诉须在某段时间内提出。

（3）根据该条订立的规则可就以下事宜作出规定——

（a）在审裁处的裁决遭上诉的个案中，暂停实施审裁处的命令或授权或规定审裁处暂停实施其命令；

（b）就暂停实施的审裁处的命令的效力而对本部任何条文的实施作出变通；

（c）为确保因审裁处的命令暂停实施而受影响的人将会获告知该项暂停实施而刊

登通知或采取其他步骤。

［比照 1988 c. 48 s. 152 U. K.］

| 条： | 177 | 享有版权保护所须具备的资格 | 22 of 1999 | 01/07/1997 |
|---|---|---|---|---|

附注：

具追溯力的适应化修订——见 1999 年第 22 号第 3 条。

## 第 X 分部
## 享有版权保护所须具备的资格

（1）如作品符合以下条件，则有版权存在——

（a）作者符合第 178 条所列的资格规定；或

（b）该作品在香港或其他地方发表；或

（c）如该作品属广播或有线传播节目，该作品自香港或其他地方作出或发送。

（2）如某作品曾符合本分部或第 182、184 或 188 条（政府版权、立法会版权或某些国际组织的版权）所列的资格规定，则该作品的版权不会因任何其后发生的事情而停止存在。（由 1999 年第 22 号第 3 条修订）

［比照 1988 c. 48 s. 153 U. K.］

| 条： | 178 | 借作者而获得的资格 | | 30/06/1997 |
|---|---|---|---|---|

（1）如某作品的作者在关键时间——

（a）是以香港或其他地方为居籍或在香港或其他地方居住或在香港或其他地方有个人；或

（b）是根据任何国家、地区或地方的法律成立为法团的团体，则该作品享有版权保护的资格。

（2）如合作作品的任何作者在关键时间符合第（1）款所列的规定，则该作品享有版权保护的资格；但如某作品只根据本条方享有版权保护的资格，则就以下条文而言，只有符合第（1）款规定的作者方会获顾及——第 13 及 14（1）条（版权的第一拥有人；作者或作者的雇主可享有的权利）；第 17 及 19 条（版权的期限）及就第 17 及 19 条而适用的第 11（4）条（“作者不为人知”的含义）；及第 66 及 75 条（基于关于版权期限届满等的假设而允许作出的作为）。

［比照 1988 c. 48 s. 154 U. K.］

| 条： | 179 | 在香港注册的船舶、航空器及气垫船 | | 30/06/1997 |
|---|---|---|---|---|

本部适用于在根据香港法律而注册的船舶、航空器及气垫船上作出的事情，犹

如其适用于在香港作出的事情一样。

〔比照 1988 c. 48 s. 162 U.K.〕

| 条： | 180 | 对于某些不给予香港作品足够保护的国家的人民等不给予版权保护 | 22 of 1999 | 01/07/1997 |
|------|-----|------------------------------------------------------------|------------|------------|

附注：

具追溯力的适应化修订——见 1999 年第 22 号第 3 条。

（1）除第（4）款另有规定外，行政长官会同行政会议如觉得香港作品或某类或多于一类香港作品因受到某国家、地区或地方不利的待遇而在该国家、地区或地方没有得到足够的保护，则行政长官会同行政会议可借规例而按照本条，限制本部就与该国家、地区或地方有关的作者的作品而赋予的权利。

（2）行政长官会同行政会议须在规例中指定有关的国家、地区或地方，并须规定就规例所指明的目的而言，在规例所指明的日期之后在该国家、地区或地方首次发表的作品的作者如在该项发表时属下列身份，则该项作品并不具备凭借发表而享有版权保护的资格——

（a）作者是以该国家、地区或地方为其居籍或在该国家、地区或地方居住，或有该国家、地区或地方的居留权（但并非同时以香港为居籍或在香港居住或有香港的居留权）的个人；或

（b）作者是根据该国家、地区或地方的法律成立为法团的团体，而规例可在顾及第（1）款所提述的不利待遇的性质及程度后，为本部的全部目的或为规例所指明的某些目的，一般地或就规例所指明的个案种类，订定条文。

（3）在本条中，"香港作品"（Hong Kong works）指版权作品，而其作者在关键时间——

（a）是以香港为其居籍或在香港居住或有香港的居留权的个人；或

（b）是根据香港法律成立为法团的团体。

（4）行政长官会同行政会议不得就香港亦是缔约方或延伸适用于香港的双边或多边版权或有关 权利的公约的缔约国家、地区或地方行使其在本条下的权力。

（由 1999 年第 22 号第 3 条修订）
〔比照 1988 c. 48 s. 160 U.K.〕

| 条： | 181 | 首次发表及关键时间的含义 | 22 of 1999 | 30/06/1997 |
|------|-----|--------------------------|------------|------------|

（1）就第 180 条而言，在某国家、地区或地方的发表虽然与在其他地方的发表同时作出，该发表 仍视为首次发表；就此目的而言，于发表日期前 30 日内在其他地方

的发表，亦视为同时发表。

（2）就第 178 及 180 条而言，关乎文学作品、戏剧作品、音乐作品或艺术作品的关键时间为——

（a）就未发表的作品而言，指制作该作品的时间，如其制作历时一段期间，指该期间中相当大的部分；

（b）就已发表的作品而言，指作品首次发表的时间，如作者已在该时间前死亡，则指紧接他死亡之前的时间。

（3）就第 178 及 180 条而言，关乎其他类别的作品的关键时间如下——

（a）就声音纪录或影片而言，指其制作的时间；

（b）就广播而言，指作出广播的时间；

（c）就有线传播节目而言，指该节目包括在有线传播节目服务内的时间；

（d）就已发表版本的排印编排而言，指该版本首次发表的时间。

[比照 1988 c. 48 ss. 154 & 155 U. K.]

| 条： | 182 | 政府版权 | 22 of 1999 | 01/07/1997 |
|---|---|---|---|---|

附注：

具追溯力的适应化修订——见 1999 年第 22 号第 3 条。

第 XI 分部

杂项及一般条文

政府版权及立法会版权

（由 1999 年第 22 号第 3 条修订）

（1）凡某作品是由政府人员在执行其职责的过程中制作的——

（a）则尽管有第 177 条（享有版权保护所须具备的资格的一般规定）的规定，该作品仍具备版权保护的资格；及

（b）政府是该作品的任何版权的第一拥有人。

（2）上述作品的版权，尽管可能会转让或已经转让予另一人，在本部中均称为"政府版权"。

（3）作品的政府版权按以下规定持续存在——

（a）如该项作品于某公历年制作，则政府版权持续存在直至自该年年终起计的 125 年期间完结为止；或

（b）如该作品于某公历年制作，而该作品在自该年年终起计的 75 年期间完结之前已于另一公历年首次作商业发表，则该作品的政府版权持续存在直至自该另一年

年终起计的 50 年期间完结为止。

（4）就合作作品而言，凡其中一名或多于一名（但并非所有）作者属第（1）款所指范围内的人，则本条只就该等作者以及凭借该等作者对作品的贡献而存在的版权而适用。

（5）除以上提及的之外以及在本部另有明订的摒除条文的规限下，本部的条文就政府版权而适用，一如其就其他版权而适用一样。

（6）如任何作品有立法会版权存在，则本条不适用于该作品；如任何作品在某程度上有立法会版权存在，则本条在该程度上不适用于该作品（参阅第 184 及 185 条）。
（由 1999 年第 22 号第 3 条修订）

[比照 1988 c. 48 s. 163 U.K.]

| 条： | 183 | 条例的版权 | | 30/06/1997 |
| --- | --- | --- | --- | --- |

（1）政府享有每一条条例的版权。

（2）如某条例于某公历年在宪报刊登，则该条例的版权由条例在宪报刊登的日期起存在，直至自该年年终起计的 50 年期间完结为止。

（3）在本部中，凡提述政府版权（第 182 条除外），即包括本条所指的版权，而除以上提及的之外，本部的条文就本条所指的版权而适用，一如其就其他政府版权而适用一样。

（4）任何条例均没有其他版权或属版权性质的权利存在。

[比照 1988 c. 48 s. 164 U.K.]

| 条： | 184 | 立法会版权 | 22 of 1999 | 01/07/1997 |
| --- | --- | --- | --- | --- |

附注：
具追溯力的适应化修订——见 1999 年第 22 号第 3 条。

（1）凡某作品是由立法会制作的或在立法会的指示或控制下制作的——

（a）则尽管有第 177 条（享有版权保护所须具备的资格的一般规定）的规定，该作品仍具备版权保护的资格；及

（b）立法会是该作品的任何版权的第一拥有人。

（2）上述作品的版权，尽管可能会转让或已经转让予另一人，在本部中均称为"立法会版权"。

（3）如文学作品、戏剧作品、音乐作品或艺术作品于某公历年制作，则该项作品的立法会版权持续存在，直至自该年年终起计的 50 年期间完结为止。

（4）就本条而言，由立法会制作的或在立法会的指示或控制下制作的作品包括——

（a）立法会任何人员或雇员在执行其职责的过程中制作的任何作品；及

（b）立法会程序的任何声音纪录、影片、即场广播或即场有线传播节目，但任何作品并不仅因是立法会委托制作或是代立法会委托制作，而被视为由立法会制作或在立法会的指示或控制下制作。

（5）就合作作品而言，凡其中一名或多于一名（但并非所有）作者是代立法会行事的或是在立法会的指示或控制下行事的，则本条只就该等作者以及凭借该等作者对作品的贡献而存在的版权而适用。

（6）除以上提及的之外以及在本部另有明订的摒除条文的规限下，本部的条文就立法会版权而适用，一如其就其他版权而适用一样。

（由 1999 年第 22 号第 3 条修订）

［比照 1988 c. 48 s. 165 U. K.］

| 条： | 185 | 条例草案的版权 | 22 of 1999 | 01/07/1997 |
|------|-----|---------------|-----------|-----------|

附注：

具追溯力的适应化修订——见 1999 年第 22 号第 3 条。

（1）除议员条例草案外，每一条提交立法会的条例草案的版权均按照以下条文属政府所有。

（2）议员条例草案的版权属立法会所有。

（3）如条例草案于某公历年首次在宪报刊登，则本条所指的版权由条例草案首次在宪报刊登的日期起存在，而——

（a）在条例草案是在 1997 年 7 月 1 日前在宪报刊登的情况下——

（i）该项版权存在直至该条例草案获得批准为止；或

（ii）如该条例草案没有获得批准，则该项版权存在直至自该年年终起计的 50 年期间完结为止；及

（b）在条例草案是在 1997 年 7 月 1 日当日或之后在宪报刊登的情况下——

（i）该项版权存在直至行政长官签署该条例草案为止；或

（ii）如行政长官没有签署该条例草案，则该项版权存在直至自该年年终起计的 50 年期间完结为止。（由 1999 年第 22 号第 3 条代替）

（4）在本部中，凡提述政府版权（第 182 条除外），即包括第（1）款所指的版权；而除以上提及者外，本部的条文就第（1）款所指的版权而适用，一如其就其他政府版权而适用一样。

（5）在本部中，凡提述立法会版权（第 184 条除外），即包括第（2）款所指的版权；而除以上提及者外，本部的条文就第（2）款所指的版权而适用，一如其就其他

立法会版权而适用一样。

(6) 任何条例草案的版权一旦已根据本条存在，则该条例草案即没有其他版权或属版权性质的权利存在；但就未能在立法会的某一次会期获通过而在其后的会期再度提交的条例草案而言，此规定并不损害本条其后就该等条例草案而实施。

(7) 在本条中，"议员条例草案"（member's bill）指由一名立法会议员提交的不属政府法案的条例草案。

(由 1999 年第 22 号第 3 条修订)

［比照 1988 c. 48 s. 166 U. K.］

| 条： | 186 | 立法会：关于版权的补充条文 | 22 of 1999 | 01/07/1997 |
|---|---|---|---|---|

附注：

具追溯力的适应化修订——见 1999 年第 22 号第 3 条。

(1) 就版权的持有、进行交易和强制执行而言，以及就与版权有关的所有法律程序而言，立法会须当作具有法人团体的法律行为能力，而该行为能力并不受立法会的解散影响。

(2) 立法会作为版权拥有人的职能可由立法会主席代立法会执行，而立法会主席如就此而授权，或在立法会主席的职位悬空的情况下，该等职能可由立法会秘书处的秘书长执行。(由 1997 年第 115 号第 12 条修订)

(3) 就此而言，在立法会解散时是立法会主席的人可继续行事，直至相应的委任在立法会的下一次会期作出为止。

(由 1999 年第 22 号第 3 条修订)

［比照 1988 c. 48 s. 167 U. K.］

| 条： | 187 | 以提起与平行输入的作品的复制品有关的法律程序作无理威胁 | 15 of 2007 | 06/07/2007 |
|---|---|---|---|---|

以提起与平行输入的作品的复制品有关的法律程序作无理威胁

(由 2007 年第 15 号第 43 条修订)

## 其他杂项条文

(1) 如有某作品的复制品是在制作它的所在国家、地区或地方合法地制作的，而它仅凭借第 35 (3) 条而被指称为侵犯版权复制品，则凡任何人威胁他人会就该作品的复制品而根据第 30 及 31 条提起侵犯版权的法律程序，则因该威胁而感到受屈的人可向法院申请以下任何一项或多于一项济助——（由 2007 年第 15 号第 43 条修订）

（a）表明该项威胁是无充分理由的宣布；

（b）禁止继续作出该项威胁的强制令；

（c）他因该项威胁而蒙受任何损失的损害赔偿。

（2）如该人证明该威胁经作出，而他是因此而感到受屈的人，则他有权获得所申索的济助，但如被告人证明威胁要提起法律程序所针对的作为构成或假如作出本会构成该条所指的侵犯版权，则属例外。

（3）如仅就版权的存在一事作出通知，则不构成本条所指的以提起法律程序作威胁。

（4）本条不得使大律师或律师就为代表其当事人而以其专业身份作出的作为而在根据本条提起的诉讼中被起诉。

（5）根据本条而提起的诉讼中的被告人，可借反申索而申请他在就原告人侵犯关乎有关威胁的版权而提起的另一宗诉讼中，会有权获得的济助，而在任何该等个案中，本条例关于提起侵犯版权诉讼的条文在作出必要的变通后，即就该诉讼而适用。

〔比照 1988 c. 48 s. 253 U.K.〕

| 条： | 188 | 归属某些国际组织的版权 | 22 of 1999 | 01/07/1997 |
|---|---|---|---|---|

附注：

具追溯力的适应化修订——见 1999 年第 22 号第 3 条。

（1）凡原创文学作品、戏剧作品、音乐作品或艺术作品——

（a）是由任何国际组织的人员或雇员制作的，或是由该国际组织发表的；及

（b）并不具备根据第 178 条（借作者而获得的资格）享有版权保护的资格，则该作品凭借本条仍然有版权存在，而该组织是该版权的第一拥有人。

（2）凡有国际组织凭借本条而成为某作品的版权的第一拥有人，如该作品于某公历年制作，则该作品的版权持续存在，直至自该年年终起计的 50 年期间完结为止，或直至由行政长官根据第（4）款借规例指明的较长期间完结为止。（由 1999 年第 22号第 3 条修订）

（3）就版权的持有、进行交易和强制执行而言，以及就与版权有关的所有法律程序而言，国际组织须当作具有法人团体的法律行为能力以及在所有关键时间一直具有该行为能力。

（4）行政长官可为遵从适用于香港的国际义务的目的，借规例为施行本条就国际组织的版权期限指明较 50 年为长的期间。（由 1999 年第 22 号第 3 条修订）

〔比照 1988 c. 48 s. 168 U.K.〕

| 条： | 189 | 民间文学艺术等：不具名的未发表作品 | 15 of 2007 | 06/07/2007 |
|---|---|---|---|---|

民间文学艺术等不具名的未发表作品

（由 2007 年第 15 号第 44 条修订）

（1）就作者不为人知并且未发表的文学作品、戏剧作品、音乐作品或艺术作品而言，凡有证据显示其作者（或就合作作品而言，其中任何一名作者）借与香港以外的国家、地区或地方的联系而成为合资格的个人，则在本部的条文的规限下，该作者即推定为一名合资格的个人，而该项作品的版权亦据此存在，直至相反证明成立为止。

（2）如某机构根据该国家、地区或地方的法律获委任以保护和强制执行该等作品的版权，则商务及经济发展局局长可为本条的施行而借规例指定该机构。（由 1997 年第 362 号法律公告修订；由 2002 年第 106 号法律公告修订；由 2007 年第 130 号法律公告修订）

（3）经如此指定的机构在香港获承认为具有权限取代版权拥有人作出该机构根据该国家的法律获赋权作出的任何事情（转让版权除外），并尤其可以其本身的名义提起法律程序。

（4）在第（1）款中，"合资格的个人"（qualifying individual）指在关键时间（第178 条所指的）其作品 根据该条而具备版权保护资格的个人。

（5）如作者已将该项作品的版权转让，并已将该转让通知指定机构，则本条不适用；本条并不影响由作者或由合法地借作者提出申索的人作出的版权转让或批出的特许的法律效力。

［比照 1988 c. 48 s. 169 U. K.］

| 条： | 190 | 关长及获授权人员的保障 | 22 of 1999 | 01/07/1997 |
|---|---|---|---|---|

附注：

具追溯力的适应化修订——见 1999 年第 22 号第 3 条。

（1）关长及获授权人员无须为就执行其在本部下的任何职责而真诚地采取或真诚地遗漏采取任何行动而使任何人蒙受的任何损失或损害，负上任何法律责任。

（2）第（1）款就关长及获授权人员执行上述职责而真诚地采取或真诚地遗漏采取任何行动而赋予他们的保障，并不以任何方式影响政府须为所采取或遗漏采取的行动所负上的任何法律责任。

（由 1999 年第 22 号第 3 条修订）

| 条： | 191 | 过渡性条文及保留条文 | | 30/06/1997 |
|---|---|---|---|---|

## 过渡性条文及保留条文

附表 2 载有过渡性条文及保留条文，该等条文关乎在本部生效前制作的作品以及所作出的作为或发生的事情，并在其他方面关乎本部条文的实施。

[比照 1988 c. 48 s. 170 U.K.]

| 条： | 192 | 在其他成文法则或普通法下的权利和特权 | 22 of 1999 | 01/07/1997 |
|---|---|---|---|---|

附注：

具追溯力的适应化修订——见 1999 年第 22 号第 3 条。

（1）本部并不影响——

（a）任何人在任何成文法则下的任何权利或特权（除非该成文法则已由本条例明文废除、修订或作出变通）；

（b）并非在任何成文法则下存在的任何政府权利或特权；

（c）立法会的任何权利或特权（由 1999 年第 22 号第 3 条修订）；

（d）政府或任何从政府取得所有权的任何人出售或使用根据香港法律而被没收的物品，或以其他方式进行该等物品的交易的权利；

（e）关乎违反信托或破坏信用的任何衡平法规则的实施。

（2）除该等保留条文所规定外，并无任何版权或属版权性质的权利是并非凭借本部或就此而制定的成文法则而存在的。

（3）本部并不影响任何基于公众利益或其他理由而阻止或限制强制执行版权的法律规则。

（4）本部并不影响就侵犯第 IV 分部（精神权利）所赋予的权利中的任何权利的作为而具有的任何不论属民事或刑事的诉讼权或其他补救，而该诉讼权或其他补救是并非根据本部而具有的。

（5）第（1）款的保留条文在第 183（4）及 185（6）条（条例和条例草案的版权：摒除其他属版权性质的权利）的规限下具有效力。

[比照 1988 c. 48 s. 171 U.K.]

| 条： | 193 | 与解释有关的一般规定 | | 30/06/1997 |
|---|---|---|---|---|

## 释义

（1）本部重新述明并修订版权的法律，该法律即《1956 年版权法令》（1956 c. 74 U.K.）中经修订并延伸适用于香港的条义及经修订的《版权条例》（第 39 章）的条文。

（2）本部的条文凡与过往的法律的某一条文相对应，不得仅因词句的改变而解释为偏离过往的法律。

（3）为确定本部的条文是否偏离过往的法律，或为确定本部条文的真正解释，可参照根据过往的法律而作出的裁决。

[比照 1988 c. 48 s. 172 U. K.]

| 条： | 194 | 对版权拥有人的提述的解释 | | 30/06/1997 |
|---|---|---|---|---|

（1）凡不同的人就一项作品不同方面的版权具有权利（不论是由于局部转让或其他原因），则就本部某目的而言的版权拥有人即为有权享有与该目的有关的方面的版权的人。

（2）凡版权（或版权的任何方面）是由多于一人共同拥有的，则在本部中凡提述版权拥有人，即提述所有该等拥有人；故此特别是在需要取得版权拥有人特许的情况下，需要取得所有该等拥有人的特许。

[比照 1988 c. 48 s. 173 U. K.]

| 条： | 195 | "教育机构"和相关词句的含义 | L. N. 130 of 2007 | 01/07/2007 |
|---|---|---|---|---|

附注：

有关《立法会决议》（2007 年第 130 号法律公告）所作之修订的保留及过渡性条文，见载于该决议第（12）段。

（1）"教育机构"（educational establishment）指在附表 1 中指明的教育机构。

（2）就教育机构而言，在本部中的"教师"（teacher）和"学生"（pupil），分别包括任何教学者和接受教学者。

（3）在本部中，凡提述代某一教育机构作出任何事情，即指由任何人为该教育机构的目的而作出该等事情。

（4）教育局局长可借宪报公告修订附表 1。（由 1997 年第 362 号法律公告修订；由 2007 年第 130 号法律公告修订）

[比照 1988 c. 48 s. 174 U. K.]

| 条： | 196 | "发表"和"商业发表"的含义 | 15 of 2007 | 06/07/2007 |
|---|---|---|---|---|

（1）在本部中，"发表"（publication）就作品而言，指向公众发放或提供该作品的复制品；而相关词句亦据此解释。

（2）在本部中，"商业发表"（commercial publication）就文学作品、戏剧作品、音乐作品或艺术作品而言，指在收到定单前已预先制作的该等作品的复制品普遍地提供予公众的时候向公众发放或提供该等复制品，而相关词句亦据此解释。

(3) 就以建筑物形式的建筑作品而言，或就包含于建筑物内的艺术作品而言，该建筑物的建造即视作等同于该项作品的发表。

(4) 就本部而言，以下各项不构成发表，而凡提述商业发表，亦据此解释——

(a) 如属文学作品、戏剧作品或音乐作品——

(i) 表演该作品；或

(ii) 广播该作品或将其包括在有线传播节目服务内；

(b) 如属艺术作品——

(i) 陈列该作品（由 2007 年第 15 号第 45 条修订）；

(ii) 向公众发放或提供表述建筑物形式或建筑物模型形式的建筑作品的平面美术作品的复制品、向公众发放或提供表述雕塑品或美术工艺作品的平面美术作品的复制品，或向公众发放或提供该建筑作品、雕塑品或美术工艺作品的照片；

(iii) 向公众发放或提供包括该作品在内的影片的复制品；或

(iv) 广播该作品或将其包括在有线传播节目服务内；

(c) 如属声音纪录或影片——

(i) 公开播放或放映该作品；或

(ii) 广播该作品或将其包括在有线传播节目服务内。

(5) 在本部中，凡提述发表或商业发表，并不包括仅属似是而用意并非为满足公众的合理要求的发表。

(6) 就本条而言，任何未获授权的作为并没有予以顾及。

[比照 1988 c. 48 s. 175 U. K.]

| 条： | 197 | 签署的规定：对法人团体的适用 | 15 of 2007 | 06/07/2007 |
|------|-----|------|------|------|

(1) 在以下条文中，凡规定文书须由某人签署或须由他人代某人签署，则就法人团体而言，盖上其印章亦属符合该规定——

第 90 (3) (b) 条（特许人在依据特许而制作的复制品作公开陈列的情况下宣示作者的被识别权利）；

第 101 (3) 条（版权的转让）；

第 102 (1) 条（未来版权的转让）；

第 103 (1) 条（专用特许的批出）。

(2) 在以下条文中，凡规定文书须由某人签署，则就法人团体而言，由他人代该法人团体签署或盖上该法人团体的印章，亦属符合该规定——

第 90 (2) (b) 条（借文书宣示识别为作者的权利）；

第 98（2）条（放弃精神权利）。

（由 2007 年第 15 号第 46 条修订）

| 条： | 198 | 次要定义 | L. N. 47 of 2008；<br>L. N. 48 of 2008 | 25/04/2008 |
|---|---|---|---|---|

附注：

＊斜体部分尚未实施。

（1）在本部中——（由 2000 年第 64 号第 10 条修订）

"文章"（article）在提及在期刊中的文章的文意中，包括任何类别的项目；

"司法程序"（judicial proceedings）包括在任何法院，审裁处或具有权限就影响任何人的法律权利或责任的任何事宜作出裁决的人席前进行的法律程序；

"未经授权"（unauthorized）就任何就作品而作出的事情而言——

（a）指并非由版权拥有人作出或并非在版权拥有人的特许下作出；

（b）如该项作品没有版权存在，指并非由作者作出或并非在作者的特许下作出；或在第 14（1）条本会适用的情况下，并非由作者的雇主作出，或在作者的雇主的特许下作出；或在该两种情况的任何一种情况下，并非由合法地借作者或其雇主而提出申索的人作出或并非在该人的特许下作出；或

（c）指并非依据第 57 条（由政府对某些材料作出复制等）而作出；

"字体"（typeface）包括在印刷中使用的装饰花纹图案；

"足够的卸责声明"（sufficient disclaimer）就可构成侵犯第 92 条（反对作品受贬损处理的权利）所赋予权利的作为而言，指一项清晰和合理地显著的表示，谓某作品已受到未经其作者或导演同意的处理，而——

（a）该项表示是在作出上述作为之时作出的；及

（b）如作者或导演当时已被识别，则该项表示是与该识别并排出现的；

"足够的确认声明"（sufficient acknowledgement）指借有关作品的名称或其他描述而确认该项作品并除在以下情况外识别其作者的声明——

（a）就已发表作品而言，该项作品是不具名发表的；

（b）就未发表作品而言，任何人不能借合理查究而确定其作者的身份；

"受雇"（employed），"雇员"（employee），"雇主"（employer）及"雇用"（employment）指雇用合约或学徒训练合约下的雇用；

"音乐视像纪录"（musical visual recording）指任何附同完全是或有主要部分是由整项或部分音乐作品或由整项或部分音乐作品及有关的整项或部分文学作品所构成的声带的影片（由 2003 年第 27 号第 5 条增补）；

"音乐声音纪录"（musical sound recording）指完全是或有主要部分是由整项或部

分音乐作品或由整项或部分音乐作品及有关的整项或部分文学作品所构成的声音纪录；（由 2003 年第 27 号第 5 条增补）

"指明课程"（specified course of study）指符合任何以下描述的研习课程——

（a）为教授根据附表 1A 指明的机构或当局发出或审批的课程指引发展的课程（不论如何称述）而提供；或

（b）包含对学员在有关研习课程所涵盖的范围内的能力的评核而令学员获授予任何资格；（由 2007 年第 15 号第 47 条增补）

"书面"（writing）包括任何形式的记号或代码，不论是否手写的，亦不论其记录的方法或所记录于的媒体；而"写出"（written）亦据此解释；

"租赁权"（rental right）指版权拥有人授权租赁或禁止租赁任何以下作品的复制品的权利——

（a）计算机程序；

（b）声音纪录；

（c）影片；

（d）收录在声音纪录内的文学作品、戏剧作品或音乐作品；

*［（e）载于连环图册内的文学作品或艺术作品；或

（f）连环图册的已发表版本的排印编排］（由 2007 年第 15 号第 47 条修订）；

"国际组织"（international organization）指成员包括一个或多于一个国家，地区或地方的组织；

"无线电讯"（wireless telegraphy）指通过为发送电磁能量而建造或安排并非由任何实体物质所提供的线路而发送电磁能量；

"电子"（electronic）指借电能量，磁能量，电磁能量，电化能量或电机能量驱动，而"电子形式"（in electronic form）指只可借电子方法使用的形式；

"电讯系统"（telecommunications system）指借电子方法输送影像，声音或其他数据的系统；

"电视剧或电视电影"（television drama）指属一般称为电视剧或电视电影的一类影片；（由 2003 年第 27 号第 5 条增补）

"计算机产生"（computer—genereted）就作品而言，指该作品是在没有人类作者的情况下由计算机产生的；

"电影"（movie）指属一般称为电影的一类影片；（由 2003 年第 27 号第 5 条增补）

"业务"（business）包括——

（a）行业或专业；及

（b）并非为牟利而营办的业务；（由 2007 年第 15 号第 47 条代替）

"汇集作品"（collective work）指——

（a）合作作品；或

（b）不同作者有明显各自分开的贡献的作品，或收纳了不同作者的作品或不同作者的作品的某些部分的作品；

"过境物品"（article in transit）指以下物品——

（a）只为被带出香港而带进香港的物品；及

（b）在某船只或航空器之内或之上被带进香港并在所有时间均留在该船只或航空器之内或之上的物品；

"制作人"（producer）就声音纪录或影片而言，指从事进行制作声音纪录或影片所需安排的人；

"精确复制品"（facsimile copy）包括比例上经缩小或放大的复制品；

"输入"（import）指将任何物品带进香港或致使任何物品被带进香港；

"输出"（export）指将任何物品带出香港或致使任何物品被带出香港；

"获授权人员"（authorized officer）指获关长以书面授权行使本条例赋予获授权人员的任何权力和执行本条例委予获授权人员的任何职责的任何公职人员；（由 2002 年第 14 号第 3 条修订）

"关长"（Commissioner）指海关关长及海关副关长或助理关长；（由 1999 年第 22 号第 3 条代替）

"翻印程序"（reprographic process）指——

（a）制作精确复制品的程序；或

（b）涉及使用制作大量复制品的装置的程序，

而就借电子形式保存的作品而言，包括借电子方法进行的任何复制，但不包括影片或声音纪录的制作；

"翻印复制品"（reprographic copy）指借翻印程序制作的复制品。

（2）在第 31（2）、32（3）、95（1A）、96（6A）、109（1A）及 120（2A）条中，"经营"（dealing in）包括买入、出售、出租、输入、输出及分发。（由 2000 年第 64 号第 10 条增补。由 2007 年第 15 号第 47 条修订）

（3）在本部中，就在某国家、地区或地方制作的任何作品的复制品而言——

（a）"合法地制作"（lawfully made）指该复制品由下述的人制作——

（i）在该国家、地区或地方（视属何情况而定）享有该作品的版权的人；或

（ii）获第（i）节所提述的人的特许在该国家、地区或地方（视属何情况而定）制作该复制品的人；但

（b）如该复制品在某国家、地区或地方制作，而该国家、地区或地方没有保障该作品的版权的法律，或该作品在该国家、地区或地方的版权已期限届满，则"合法

地制作"（lawfully made）不包括该复制品。（由 2007 年第 15 号第 47 条代替）

（4）商务及经济发展局局长可借于宪报刊登的公告修订附表 1A。（由 2007 年第 15 号第 47 条增补）

[比照 1988 c. 48 s. 178 U. K.]

| 条： | 199 | 界定词句的索引 | 15 of 2007 | 06/07/2007 |
|------|-----|----------------|------------|------------|

下表显示界定或以其他方式解释在本部中使用的词句的条文（但就只在同一条中使用的词句作出界定或解释的条文则除外）——

| | |
|---|---|
| 已发表版本（在提及排印编排的版权的文意中） | 第 10 条 |
| 文章（在期刊中的） | 第 198（1）条 |
| 文学作品 | 第 4（1）条 |
| 不为人知（就作品的作者而言） | 第 11（5）条 |
| 立法会版权（由 1999 年第 22 号第 3 条修订） | 第 184（2）及 185（5）条 |
| 未来版权 | 第 102（2）条 |
| 司法程序 | 第 198（1）条 |
| 生效（在附表 2 中） | 该附表第 1（2）段 |
| 平面美术作品 | 第 5 条 |
| 代（就教育机构而言） | 第 195（3）条 |
| 未经授权（关于就任何作品而作出的事情） | 第 198（1）条 |
| 向公众提供复制品 | 第 26 条 |
| 向公众发放复制品 | 第 24 条 |
| 合作作品 | 第 12 条 |
| 合法地制作（由 2003 年第 27 号第 6 条增补） | 第 198（3）条 |
| 多于一名作者的作品（在第 VIII 分部中） | 第 145（3）条 |
| 扣留令 | 第 135 条 |
| 有线传播节目、有线传播节目服务（及相关词句） | 第 9 条 |
| 字体 | 第 198（1）条 |
| 作者 | 第 11 及 12（4）条 |
| 作者不为人知（的作品） | 第 11（4）条 |
| 作品（在附表 2 中） | 该附表第 2（1）段 |
| 改编本 | 第 29（3）条 |
| 足够的卸责声明 | 第 198（1）条 |
| 足够的确认声明 | 第 198（1）条 |

458

| | |
|---|---|
| 电讯系统 | 第 198（1）条 |
| 电视剧或电视电影（由 2003 年第 27 号第 6 条增补） | 第 198（1）条 |
| 计算机产生 | 第 198（1）条 |
| 电影（由 2003 年第 27 号第 6 条增补） | 第 198（1）条 |
| 照片 | 第 5 条 |
| 业务 | 第 198（1）条 |
| 汇集作品 | 第 198（1）条 |
| 过境物品 | 第 198（1）条 |
| 准拥有人（版权的准拥有人） | 第 102（2）条 |
| 经营（由 2000 年第 64 号第 11 条增补） | 第 198（2）条 |
| 制作人（就声音纪录或影片而言） | 第 198（1）条 |
| 制作（就文学作品、戏剧作品或音乐作品而言） | 第 4（2）条 |
| 图书馆馆长（在第 46 至 53 条中） | 第 46（5）条 |
| 复制品及复制 | 第 23 条 |
| 精确复制品 | 第 198（1）条 |
| 影片 | 第 7 条 |
| 节目（在提及广播的文意中） | 第 8（3）条 |
| 广播（及相关词句） | 第 8 条 |
| 输入 | 第 198（1）条 |
| 输出 | 第 198（1）条 |
| 学生 | 第 195（2）条 |
| 雕塑品 | 第 5 条 |
| 声音纪录 | 第 6 条 |
| 档案室负责人（在第 46 至 53 条中） | 第 46（5）条 |
| 获授权人员 | 第 198（1）条 |
| 关长（由 1999 年第 22 号第 3 条修订） | 第 198（1）条 |
| 戏剧作品 | 第 4（1）条 |
| 翻印程序 | 第 198（1）条 |
| 翻印复制品及翻印复制 | 第 198（1）条 |
| 艺术作品 | 第 5 条 |
| 签署 | 第 197 条 |
| 权利特有人 | 第 135 条 |

（由 2000 年第 64 号第 11 条修订）

［比照 1988 c. 48 s. 179 U. K.］

| 条： | 200 | 赋予表演者和具有录制权的人的权利 | L. N. 48 of 2008 | 06/07/2007 |
|---|---|---|---|---|

详列交互参照：

第 201、202、203、204、205、206、207、207A、208、209、210、211 条

# 第Ⅲ部　在表演中的权利

## 第Ⅰ分部
## 权利、侵犯权利及侵犯权利的补救

### 引言

（1）本部——

（a）借规定对任何表演的利用均须其表演者的同意，以赋权予有关表演者，使他可禁止未获他的同意而作出该利用（参阅第 201 至 207A 条）；及〈＊注——详列交互参照：第 201、202、203、204、205、206、207、207A 条＊〉（由 2007 年第 15 号第 49 条修订）

（b）就未获得对某项表演具有录制权的人的同意或表演者的同意而制作的录制品而赋权予对该项表演具有录制权的人（参阅第 208 至 211 条）。〈＊注——详列交互参照：第 208、209、210、211 条＊〉

（2）在本部中——

"表演"（performance）指——

（a）戏剧表演（包括舞蹈及哑剧）；

（b）音乐表演；

（c）诵读或背诵文学作品；

（ca）艺术作品的表演；（由 2007 年第 15 号第 49 条增补）

（cb）民间文学艺术作品；或（由 2007 年第 15 号第 49 条增补）

（d）综合表演或任何相类的演出，

但该项表演须属一项由一名或多于一名个人作出的非录制表演；

"表演者"（performer）指演员、歌手、乐师、舞蹈者或其他从事演戏、唱歌、演说、诵读、演出、演绎或以其他方式作出表演的人；

"录制品"、"录制"（fixation）就一项表演而言，指——

（a）自某项非录制表演直接制作的影片或声音纪录；

（b）自该项表演的广播制作的影片或声音纪录，或自包括该项表演的有线传播节目制作的影片或声音纪录；或

（c）自该项表演的另一录制品直接或间接制作的影片或声音纪录。

（3）本部赋予的权利独立于以下项目——

（a）任何已表演的作品的版权或关乎该作品的精神权利；或该表演的任何影片或声音纪录的版权或关乎该影片或声音纪录的精神权利；或包括该表演的广播或有线传播节目的版权或关乎该广播或有线传播节目的精神权利；及

（b）并非根据本部而产生的任何其他权利或责任。

〔比照 1988 c. 48 s. 180 U.K.〕

| 条： | 201 | 合资格表演 | 30/06/1997 |

## 表演者的权利

就本部关乎表演者的权利的条文而言，如某项表演是由以香港或其他地方为居籍或居于香港或其他地方或有香港或其他地方居留权的个人在香港或其他地方作出的，则该项表演属合资格表演。

〔比照 1988 c. 48 s. 181 U.K.〕

| 条： | 202 | 进行非录制表演的录制等须获得同意 | 30/06/1997 |

（1）任何人在未获得某合资格表演的表演者的同意下，作出以下作为，即属侵犯该表演者的权利——

（a）直接自非录制表演录制该合资格表演的整项或其任何实质部分；

（b）将该合资格表演的整项或其任何实质部分即场广播，或将该合资格表演的整项或其任何实质部分即场包括在任何有线广播节目服务内或即场向公众提供；或

（c）直接自非录制表演的广播或包括非录制表演的有线传播节目录制该合资格表演的整项或其任何实质部分，或直接自即场向公众提供的非录制表演录制该合资格表演的整项或其任何实质部分。

（2）任何人制作该等录制品供他作私人和家居使用，不属侵犯表演者的权利。

（3）在凭借本条提起的任何侵犯表演者的权利的诉讼中，如被告人证明在侵犯权利时，他有合理理由相信已获得同意，则不得针对该被告人而判给损害赔偿。

（4）在本条中，就一项表演而言，"即场向公众提供"（makes available to the public live）指借有线或无线的方式提供非录制表演，而提供的方法使在香港或其他地方的公众人士可从其各自选择的地点观看或收听该表演。

〔比照 1988 c. 48 s. 182 U.K.〕

| 条： | 203 | 复制录制品须获得同意 | 30/06/1997 |

（1）任何人在未获得某合资格表演的表演者的同意下，就该合资格表演的整项或其任何实质部分的录制品制作复制品而非供他私人和家居使用，即属侵犯该表演者的权利；而在本部中，凡提述复制及复制品，须按以下条文解释。

（2）该复制品是直接或是间接制作的，并不具关键性。

（3）制作录制品的复制品，指以任何实质形式复制该录制品，包括借电子方法将录制品贮存于任何媒体。

（4）表演者根据本条授权制作或禁止制作该等复制品的权利，在本部中称为"复制权"。

[比照 1988 c. 48 s. 182A U. K.]

| 条： | 204 | 向公众发放复制品获得同意 | | 30/06/1997 |

（1）任何人在未获某合资格表演的表演者的同意下，向公众发放该合资格表演的整项或其任何实质部分的录制品的复制品，即属侵犯该表演者的权利。

（2）在本部中，凡提述向公众发放录制品的复制品，即提述由表演者或在表演者的同意下将以前未曾在香港或其他地方发行的复制品发行的作为。

（3）在本部中，凡提述向公众发放录制品的复制品，并不包括——

（a）以前曾发行的复制品的任何其后的分发、售卖、租赁或借出；或

（b）该等复制品其后输入香港。

（4）在本部中，凡提述发放一项表演的录制品的复制品，包括发放非录制表演的原本录制品。

（5）表演者根据本条授权向公众发放或禁止向公众发放复制品的权利，在本部中称为"分发权利"。

[比照 1988 c. 48 s. 182B U. K.]

| 条： | 205 | 向公众提供复制品获得同意 | | 30/06/1997 |

（1）任何人在未获某合资格表演的表演者的同意下，向公众提供该合资格表演的整项或其任何实质部分的录制品的复制品，即属侵犯该表演者的权利。

（2）在本部中，凡提述向公众提供一项表演的录制品的复制品，即提述借有线或无线的方式提供该录制品的复制品，而如此提供的方法使在香港或其他地方的公众人士可从其各自选择的地点及于其各自选择的时间观看或收听该录制品（例如透过一般称为计算机互联网服务的服务而提供作品的复制品）。

（3）在本部中，凡提述提供一项表演的录制品的复制品，包括提供非录制表演的原本录制品。

（4）仅提供使一项表演的录制品的复制品能够向公众提供的实物设施本身并不构

成向公众提供录制品的复制品的作为。

（5）表演者根据本条授权向公众提供或禁止向公众提供录制品的复制品的权利，在本部中称为"向公众提供的权利"。

| 条： | 206 | 借使用在未获同意下制作的录制品而侵犯表演者的权利 | | 30/06/1997 |
|---|---|---|---|---|

（1）任何人在未获得某合资格表演的表演者的同意下，借任何录制品——

（a）将该合资格表演的整项或其任何实质部分公开放映或播放；或

（b）将该合资格表演的整项或其任何实质部分广播，或将合资格表演的整项或其任何实质部分包括在任何有线传播节目服务内，

而该录制品是在没有获得表演者的同意下制作的，且该人知道或有理由相信该录制品是在没有获得该表演者的同意下制作的，则该人即属侵犯该表演者的权利。

（2）任何人在未获得某合资格表演的表演者的同意下，在向公众提供录制品的过程中将该合资格表演的整项或其任何实质部分放映或播放，而该录制品是在没有获得该表演者的同意下制作的，且该人亦知道或有理由相信该录制品是在没有获得该表演者的同意下制作的，则该人亦属侵犯该表演者的权利。

〔比照 1988 c. 48 s. 183 U. K.〕

| 条： | 207 | 借输入、输出或管有侵犯权利的录制品或进行侵犯权利的录制品交易而侵犯表演者的权利 | 15of 2007 | 06/07/2007 |
|---|---|---|---|---|

（1）任何人在未获得某合资格表演的表演者的同意下，将该合资格表演的录制品——

（a）输入香港或输出香港而非供他私人和家居使用；或

（b）为任何贸易或业务的目的或在任何贸易或业务的过程中—（由 2007 年第 15 号第 50 条修订）

（i）管有；

（ii）向公众提供；

（iii）出售或出租；

（iv）要约出售或要约出租，或为出售或出租而展示；或

（v）分发，（由 2000 年第 64 号第 12 条代替）

而该录制品是侵犯权利的录制品，且该人亦知道或有理由相信该录制品是侵犯权利的录制品，则该人即属侵犯该表演者的权利。

（1A）就第（1）（b）款而言，有关的贸易或业务是否包含经营侵犯权利的录制品并不具关键性。（由 2000 年第 64 号第 12 条增补）

（2）在凭借本条提起的侵犯表演者的权利的诉讼中，如被告人证明该侵犯权利的

录制品是由他或他之前的所有权持有人不知情地取得的，则就该项侵犯权利而针对他的唯一补救，是一笔不超过就该项遭受申诉的作为而合理偿付的损害赔偿。

（3）在第（2）款中，"不知情地取得"（innocently acquired）指取得录制品的人不知道亦无理由相信该录制品是侵犯权利的录制品。

［比照 1988 c. 48 s. 184 U. K.］

| 条： | 207A | 借在未获同意下租赁复制品于公众而侵犯表演者的权利 | L. N. 48 of 2008 | 25/04/2008 |
|------|------|------|------|------|

（1）凡任何声音纪录录制了某合资格表演的整项或其任何实质部分，则任何人在未获有关表演者的同意下，租赁该声音纪录的复制品予公众，即属侵犯该表演者的权利。

（2）在本部中，"租赁"（rent）就任何声音纪录而言——

（a）除（b）段另有规定外，指为直接或间接的经济或商业利益而提供任何声音纪录的复制品予人使用，而使用条款是该复制品将予归还或可予归还；但

（b）不包括——

（i）提供该声音纪录的复制品作公开表演、播放或放映之用，或作广播之用，或供包含在有线传播节目服务内；

（ii）提供该声音纪录的复制品作公开陈列之用；或

（iii）提供该声音纪录的复制品作即场参考之用。

（3）在本部中，凡提述租赁声音纪录的复制品，即包括提述租赁该声音纪录的原本。

（4）表演者根据本条租赁任何声音纪录的复制品予公众的权利，在本部中称为"租赁权"。

（由 2007 年第 15 号第 51 条增补）

| 条： | 208 | 独有录制合约和具有录制权的人 | | 30/06/1997 |
|------|------|------|------|------|

## 具有录制权的人的权利

（1）在本部中，"独有录制合约"（exclusive fixation contract）指表演者与另一人之间的合约，而根据此合约，该另一人有权制作该表演者的一项或多于一项表演的录制品，以期将该等录制品作商业利用，并摒除所有其他人（包括该表演者）具有该项权利。

（2）在本部中，就某项表演而言，凡提述"具有录制权的人"，［除第（3）款另有规定外］即提述——

（a）身为规限该项表演的独有录制合约的立约一方并享有该合约的利益的人；或

(b) 上述合约的利益所转让予的人，

该人并须为合资格的人。

(3) 如某项表演受一项独有录制合约所规限，但第（2）款提及的人却并非合资格的人，则在本部中，就该项表演而言，凡提述"具有录制权的人"，即提述——

(a) 任何获该等并非合资格的人的特许而制作该项表演的录制品以期将该等录制品作商业利用的人；或

(b) 上述特许的利益所转让予的人，

该人并须为合资格的人。

(4) 在本条中，"以期作商业利用"（with a view to commercial exploitation）指以期将录制品出售或出租，或公开放映或播放，或向公众发放或提供。

[比照 1988 c. 48 s. 185 U. K.]

| 条： | 209 | 制作受独有合约规限的表演的录制品须获得同意 | 30/06/1997 |

(1) 任何人在未获得对某项表演具有录制权的人的同意或该表演的表演者的同意下，制作该表演的整项或其任何实质部分的录制品而非供他私人和家居使用，即属侵犯对该项表演具有录制权的人的权利。

(2) 在凭借本条提起的任何侵犯该等权利的诉讼中，如被告人证明在侵犯权利时，他有合理理由相信已获得同意，则不得针对该被告人而判给损害赔偿。

[比照 1988 c. 48 s. 186 U. K.]

| 条： | 210 | 借使用在未获同意下制作的录制品而侵犯录制权 | 30/06/1997 |

(1) 任何人在未获得对某项表演具有录制权的人的同意下，或（如该表演属合资格表演）该表演的表演者的同意下，借任何录制品——

(a) 公开放映或播放该表演的整项或其任何实质部分；或

(b) 将该表演的整项或其任何实质部分广播或将该表演的整项或其任何实质部分包括在任何有线传播节目服务内，而该录制品是在没有获得适当的同意下制作的，且该人亦知道或有理由相信该录制品是在没有获得适当的同意下制作的，则该人即属侵犯对该项表演具有录制权的人的权利。

(2) 任何人在未获得对某项表演具有录制权的人的同意下，或（如该表演属合资格表演）该表演的表演者的同意下，在向公众提供录制品的过程中将该表演的整项或其任何实质部分放映或播放，而该录制品是在没有获得适当的同意下制作的，且该人知道或有理由相信该录制品是在没有获得适当的同意下制作的，则该人即属侵犯对该表演具有录制权的人的权利。

(3) 在第（1）或（2）款中，凡提述"适当的同意"，即提述以下的人的同意——

（a）表演者；或

（b）在给予同意时，对表演具有录制权的人（如对表演具有录制权的人多于一人，则指所有该等人）。

[比照 1988 c. 48 s. 187 U. K.]

| 条： | 211 | 借输入、输出或管有侵犯权利的录制品或进行侵犯权利的录制品交易而侵犯录制权 | 15 of 2007 | 06/07/2007 |
|---|---|---|---|---|

（1）任何人在未获得对某项表演具有录制权的人的同意或（如该表演属合资格表演）该表演的表演者的同意下，将该项表演的录制品——

（a）输入香港或输出香港而非供他私人和家居使用；或

（b）为任何贸易或业务的目的或在任何贸易或业务的过程中——（由 2007 年第 15 号第 52 条修订）

（i）管有；

（ii）向公众提供；

（iii）出售或出租；

（iv）要约出售或要约出租，或为出售或出租而展示；或

（v）分发（由 2000 年第 64 号第 13 条代替），而该录制品是侵犯权利的录制品，且该人知道或有理由相信该录制品是侵犯权利的录制品，则该人即属侵犯对该项表演具有录制权的人的权利。

（1A）就第（1）（b）款而言，有关的贸易或业务是否包含经营侵犯权利的录制品并不具关键性。（由 2000 年第 64 号第 13 条增补）

（2）在凭借本条提起的侵犯该等权利的诉讼中，如被告人证明该侵犯权利的录制品是由他或他之前的所有权持有人不知情地取得的，则就该项侵犯权利而针对他判给的唯一补救，是判给一笔不超过就该项遭受申诉的作为而合理偿付的损害赔偿。

（3）在第（2）款中，"不知情地取得"（innocently acquired）指取得录制品的人不知道亦无理由相信该录制品是侵犯权利的录制品。

[比照 1988 c. 48 s. 188 U. K.]

| 条： | 212 | 在尽管有本分部赋予的权利的情况下仍允许的作为 | | 30/06/1997 |
|---|---|---|---|---|

**赋予权利的例外情况**

第 II 分部的条文指明在尽管有本部赋予的权利的情况下仍可作出的作为，而该等作为大致上与第 II 部第 III 分部（在尽管有版权的情况下仍允许的作为）中所指明

的某些作为相对应。

〔比照 1988 c. 48 s. 189 U. K.〕

| 条: | 213 | 审裁处在某些情况下代复制权的拥有人给予同意的权力 | | 30/06/1997 |
|-----|-----|------------------------------------------------|---|-----------|

（1）任何人如意欲制作某项表演的录制品的复制品，在借合理查究亦不能确定具有复制权的人的身份或下落的情况下，版权审裁处可应该人的申请而给予同意。

（2）审裁处所给予的同意，就本部中关乎表演者的权利的条文而言，具有由具有复制权的人所给予的同意的效力，而该项由审裁处所给予的同意亦可在审裁处在其命令上指明的任何条件的规限下而给予。

（3）除非根据第 174 条订立的规则（一般程序规则）所规定的通知书已予送达或审裁处在任何个别情况下指示的通知书已予送达，否则审裁处不得根据第（1）款给予同意。

（4）在任何情况下，审裁处均须考虑以下因素——

（a）原本录制品是否在表演者的同意下制作，并且由打算制作进一步录制品的人合法地管有或控制；

（b）凡原本录制品是根据某些安排而制作的，则进一步录制品的制作是否与该等安排的各方当事人的责任相符，又或是否与制作原本录制品的目的相符。

（5）凡审裁处根据本条给予同意，而申请人与具有复制权的人之间并无协议，则审裁处可就付款予该具有复制权的人作为给予同意的代价一事作出审裁处认为合适的命令。

〔比照 1988 c. 48 s. 190 U. K.〕

| 条: | 213A | 审裁处在某些情况下代表演者的租赁权的拥有人给予同意的权力 | L. N. 48 of 2008 | 30/06/1997 |
|-----|------|----------------------------------------------------|-----------------|-----------|

（1）欲租赁任何录制了表演的声音纪录的复制品的人，如在作出合理查究后，仍不能确定具有有关租赁权的人的身份或下落，则版权审裁处可应首述的人的申请而给予同意。

（2）审裁处所给予的同意的效力，就本部中关乎表演者的租赁权的条文而言，等同由具有租赁权的人所给予的同意，而审裁处可在它于其命令上指明的条件的规限下，给予该项同意。

（3）除非根据第 174 条（一般程序规则）订立的规则所规定的通知书或审裁处在任何个别情况下指示的通知书已予送达，否则审裁处不得根据第（1）款给予同意。

（4）凡审裁处根据本条给予同意，而申请人与具有租赁权的人之间并无协议，则审裁处须就付款予该具有租赁权的人作为给予同意的代价，作出审裁处认为合适的命令。

（由 2007 年第 15 号第 53 条增补）

| 条： | 214 | 权利的期限 | | 30/06/1997 |
|---|---|---|---|---|

## 权利的期限

（1）以下条文在本部赋予的权利的期限具有效力。

（2）本部就某项表演而赋予的权利于下述期间完结时届满——

（a）如该项表演该某公历年作出，则该权利在自该年年终起计的 50 年期间完结时届满；或

（b）如该项表演的录制品于该段期间中另一公历年发行，则该权利在自该年年终起计的 50 年期间完结时届满，

但须受以下条文规限。

（3）就第（2）款而言，录制品当首次发表、公开播放、放映、广播、包括在有线传播节目服务内或向公众提供时，即属"发行"，但在决定该录制品是否属已发行时，不得考虑任何未经授权的作为。

[比照 1988 c. 48 s. 191 U.K.]

| 条： | 215 | 表演者的经济权利 | L. N. 48 of 2008 | 25/04/2008 |
|---|---|---|---|---|

## 表演者的经济权利

（1）本部赋予表演者的以下权利属产权（"表演者的经济权利"）——

（a）复制权（第 203 条）；

（b）分发权利（第 204 条）；

（c）向公众提供的权利（第 205 条）；

（d）租赁权（第 207A 条）。（由 2007 年第 15 号第 54 条代替）

（2）在本部中，凡提述表演者的同意，须就表演者的经济权利而解释为提述权利拥有人的同意。

（3）凡不同的人就一项表演享有不同方面的表演者的经济权利（不论是由于局部转让或其他原因），则就本部某目的而言的权利拥有人即为有权享有与该目的有关的方面的权利的人。

（4）凡表演者的经济权利（或其任何方面）是由多于一人共同拥有的，则在本部中凡提述权利拥有人，即指所有该等拥有人；故此特别是在需要取得权利拥有人特许的情况下，需要取得所有该等拥有人的特许。

[比照 1988 c. 48 s. 191A U.K.]

| 条： | 216 | 转让及特许 | | 30/06/1997 |
|---|---|---|---|---|

（1）表演者的经济权利可作为非土地财产或动产，借转让、遗嘱性质的处置或法律的施行而转传。

（2）表演者的经济权利的转让或其他方式的转传可以是局部的，即只局限适用于——

（a）需要权利拥有人的同意的一项或多于一项的事情，但并非需要权利拥有人的同意的全部事情；

（b）该等权利存在的期间的部分，而非该期间的整段。

（3）表演者的经济权利的转让必须采用书面形式，由转让人签署或由他人代其签署，否则无效。

（4）由表演者的经济权利的拥有人批出的特许对该拥有人的表演者的经济权利的权益的每名所有权继承人均具约束力，但付出有值代价而并不知悉（不论实际知悉或法律构定的知悉）该特许存在的真诚购买人及从该购买人取得所有权的人则除外；在本部中，凡提述在该等权利的拥有人的特许下或在没有其特许下而作出的任何事情，均据此解释。

〔比照 1988 c. 48 s. 191B U. K.〕

| 条： | 217 | 表演者的经济权利的准拥有人 | | 30/06/1997 |
|---|---|---|---|---|

（1）凡某表演的表演者借就该表演的未来录制品订立并签署（或由他人代其签署）协议，宣称将其表演者的经济权利（全部或局部）转让他人，本条即适用。

（2）如在该等权利产生之时，承让人或在承让人之下申索的人如相对于所有其他人而言，将会有权要求将该等权利归属予他，该等权利即凭借本款归属该承让人或其所有权继承人。

（3）表演者的经济权利的准拥有人批出的特许对该准拥有人的表演者的经济权利的权益（或预期权益）的每名所有权继承人均具约束力，但付出有值代价而并不知悉（不论实际上知悉或法律构定的知悉）该特许存在的真诚购买人及从该购买人取得所有权的人则除外。

在本部中，凡提述在该等权利的拥有人的特许下或在没有其特许下而作出的任何事情，均据此解释。

（4）在第（3）款中，"准拥有人"（prospective owner）就表演者的经济权利而言，指凭借第（1）款提及的协议而预期会有权具有该等权利的人。

〔比照 1988 c. 48 s. 191C U. K.〕

| 条： | 218 | 专用特许 | | 30/06/1997 |
|---|---|---|---|---|

（1）在本部中，"专用特许"（exclusive licence）指由表演者的经济权利的拥有人或由他人代其签署的书面特许，授权特许持有人在摒除所有其他人（包括批出该特许的人）的情况下作出需要该等权利的拥有人同意的任何事情。

（2）在专用特许下的特许持有人所具有的相对于受特许约束的所有权继承人而言的权利，与其所具有的相对于批出该特许的人而言的权利相同。

〔比照 1988 c. 48 s. 191D U.K.〕

| 条： | 219 | 表演者的经济权利根据遗嘱而与未发表的原本录制品一并转移 | | 30/06/1997 |
|---|---|---|---|---|

凡某人根据遗赠（不论是一般遗赠或特定遗赠）而对录载立遗嘱人死亡之前仍未发表的表演的原本录制品的任何实物享有实益或并非实益的权益，该遗赠将解释为包括该立遗嘱人在紧接其死亡前就该录制品所具有的表演者的权利，但如立遗嘱人的遗嘱或遗嘱更改附件显示相反的意愿，则属例外。

〔比照 1988 c. 48 s. 191E U.K.〕

| 条： | 220 | 权利的拥有人可就侵犯权利提起诉讼 | | 30/06/1997 |
|---|---|---|---|---|

（1）就表演者的经济权利或本部对具有录制权的人所赋予的权利而言，该等权利的拥有人可就侵犯该等权利提起诉讼。

（2）在就侵犯表演者的经济权利或本部对具有录制权的人所赋予的权利进行的诉讼中，原告人可得损害赔偿、强制令、交出利润或其他形式的济助，与就侵犯任何其他产权而可得者相同。

（3）本条在本部的以下条文的规限下具有效力。

〔比照 1988 c. 48 s. 191I U.K.〕

| 条： | 221 | 关于侵犯权利诉讼中的损害赔偿的规定 | | 30/06/1997 |
|---|---|---|---|---|

（1）在就侵犯表演者的经济权利或本部对具有录制权的人所赋予的权利进行的诉讼中，如证明在侵犯该等权利时，被告人不知道和没有理由相信该诉讼所关乎的录制品有该等权利存在，则原告人无权向被告人要求损害赔偿，但任何其他补救则不受影响。

（2）在就侵犯表演者的经济权利或本部对具有录制权的人所赋予的权利进行的诉讼中，法院在顾及案件的所有情况，尤其是以下情况后——

（a）该等权利受侵犯的昭彰程度；

（b）因侵犯该等权利而归于被告人的利益；及

（c）被告人的业务账目和纪录的完整程度、准确程度及可靠程度，可为在该案件达致公正所需而判给额外损害赔偿。

[比照 1988 c. 48 s. 191J U. K.]

| 条： | 222 | 专用特许持有人的权利和救济 | | 30/06/1997 |
|---|---|---|---|---|

（1）专用特许持有人就特许批出之后所发生的事项，具有在犹如该项特许是一项转让的情况下相同的权利和补救，但相对表演者的经济权利的拥有人而言，则属例外。

（2）专用特许持有人的权利和补救与该等权利的拥有人的权利和补救是同时具有的；而在本部的有关条文中，凡提述该等权利的拥有人，亦据此解释。

（3）在专用特许持有人凭借本条而提起的诉讼中，被告人可引用的免责辩护，与在假使该诉讼是该等权利的拥有人提出的情况下被告人可引用的免责辩护相同。

[比照 1988 c. 48 s. 191L U. K.]

| 条： | 223 | 行使同时具有的权利 | | 30/06/1997 |
|---|---|---|---|---|

（1）凡表演者的经济权利的拥有人或专用特许持有人就侵犯表演者的经济权利提起诉讼，而该等权利的拥有人及专用特许持有人就该诉讼（全部或部分）所关乎的侵犯表演者的经济权利同时具有诉讼权，则除非另一方加入作为原告人或被告人，否则该等权利的拥有人或专用特许持有人（视属何情况而定）如没有法院许可，不得进行该诉讼。

（2）依据第（1）款加入作为被告人的该等权利的拥有人或专用特许持有人，除非参与法律程序，否则无须对诉讼的任何讼费负上法律责任。

（3）上述条文不影响法院应该等权利的拥有人或专用特许持有人的单独申请而批予非正审济助。

（4）凡就侵犯表演者的经济权利提出诉讼，而该等权利的拥有人及专用特许持有人是现在或过去就该诉讼（全部或部分）所关乎的侵犯权利，同时具有诉讼权，则——

（a）法院在评估损害赔偿时须考虑——

（i）特许的条款；及

（ii）该等权利的拥有人或专用特许持有人已就侵犯该等权利获判给或可得到的金钱上的补救；

（b）如法院已就侵犯该等权利向他们当中的另一方判给损害赔偿，或已指示交出所得利润予另一方，则法院不得指示交出所得利润；及

（c）如有交出所得利润的指示，法院须在他们之间的协议的规限下按法院认为公正而将利润分摊给他们，

不论该等权利的拥有人或专用特许持有人是否同时是诉讼的一方，此等条文仍

然适用。

(5) 表演者的经济权利的拥有人在申请根据第 228 条作出的命令（交付令）之前，须通知与他同时具有权利的任何专用特许持有人；而法院可应专用特许持有人的申请，在顾及该特许的条款后根据第 228 条作出其认为合适的命令。

〔比照 1988 c. 48 s. 191M U. K.〕

| 条： | 224 | 非经济权利 | | 30/06/1997 |
|---|---|---|---|---|

## 表演者的非经济权利

(1) 以下条文赋予表演者的权利不得转让或转传——

第 202 条（进行非录制表演的录制等须获得同意）；

第 206 条（借使用在未获同意下制作的录制品而侵犯表演者的权利）；及

第 207 条（借输入、输出或管有侵犯权利的录制品或进行侵犯权利的录制品交易而侵犯表演者的权利），

但在以下条文范围内则除外。

该等权利在本部中称为"表演者的非经济权利"。

(2) 在有权具有该等权利的人死亡时——

(a) 该等权利即转移予该人借遗嘱性质的处置而特别指示的人；及

(b) 如没有上述指示或在没有上述指示的范围内，该等权利可由该人的遗产代理人行使。

(3) 在本部中，凡提述表演者，如属在具有任何该等权利的人的文意中提述的，须解释为提述当其时有权行使该等权利的人。

(4) 凡任何权利凭借第（2）（a）款变为可由多于一人行使，则该权利可由各人独立于其他人而行使。

(5) 遗产代理人于某人死亡后凭借本条就任何侵犯权利而追讨所得的任何损害赔偿，须作为该人遗产的一部分而转予，犹如诉讼权利是在紧接该人死亡前已存在并已归属该人一样。

〔比照 1988 c. 48 s. 192A U. K.〕

| 条： | 225 | 具有录制权的人的权利的可转传性 | | 30/06/1997 |
|---|---|---|---|---|

(1) 本部赋予具有录制权的人的权利不得转让或转传。

(2) 在第 208（2）（b）或（3）（b）条将本部的权利赋予合约或特许的利益所转让予的人的范围内，第（1）款的条文并不影响第 208（2）（b）或（3）（b）条。

〔比照 1988 c. 48 s. 192B U. K.〕

| 条： | 226 | 同意 | | 30/06/1997 |
|------|------|------|------|------------|

（1）由具有表演者的非经济权利的人或由具有录制权的人为本部的施行而给予的同意，可就任何特定表演、任何指明类别的表演或一般地就表演而给予，并可关乎过往的或未来的表演。

（2）如具有录制权的人是根据有关的独有录制合约或特许透过另一人而取得该等权利的，则他须受该另一人所给予的任何同意以同样的方式被约束，犹如该项同意曾由他给予一样。

（3）凡表演者的非经济权利转移予另一人，则对先前有权享有该权利的人具约束力的任何同意，以同样的方式对获转移该权利的人具约束力，犹如该项同意曾由他给予一样。

［比照 1988 c. 48 s. 193 U. K.］

| 条： | 227 | 可就侵犯权利提起诉讼 | | 30/06/1997 |
|------|------|------|------|------------|

## 侵犯权利的补救

对表演者的非经济权利的侵犯，可作为违反对具有有关权利的人所负有的法定责任而就该项侵犯提起诉讼。

| 条： | 228 | 交付令 | 15 of 2007 | 30/06/1997 |
|------|------|------|------|------------|

## 交付侵犯权利的录制品

（1）凡任何人为任何贸易或业务的目的或在任何贸易或业务的过程中管有、保管或控制任何表演的侵犯权利的录制品，则根据本部就该项表演具有表演者权利或录制权的人可向法院申请命令，规定该录制品须交付予该人或法院指示的其他人。（由 2000 年第 64 号第 14 条修订；由 2007 年第 15 号第 55 条修订）

（1A）就第（1）款而言，有关的贸易或业务是否包含经营侵犯权利的录制品并不具关键性。（由 2000 年第 64 号第 14 条增补）

（2）任何申请不得在第 230 条指明的期间完结之后提出；除非法院亦根据第 231 条（处置侵犯权利的录制品的命令）作出命令或法院认为有理由根据第 231 条作出命令，否则法院不得作出命令。

（3）如法院没有根据第 231 条作出命令，则依据一项根据本条所作的命令而获交付录制品的人须保留该录制品，以听候法院根据该条作出命令或决定不作出命令。

（4）本条并不影响法院的任何其他权力。

［比照 1988 c. 48 s. 195 U. K.］

| 条： | 229 | "侵犯权利的录制品"的含义 | 15 of 2007 | 06/07/2007 |

（1）在本部中，就表演而言，"侵犯权利的录制品"（infringing fixation）须按照本条解释。

（2）就表演者权利而言，录制某表演的整项或其任何实质部分的录制品如在未获得该表演的表演者同意下制作而且并非作私人用途，则该录制品属侵犯权利的录制品。

（3）就具有录制权的人的权利而言，录制受独有录制合约所规限的表演的整项或其任何实质部分的录制品，如在未获得具有录制权的人的同意或该表演的表演者的同意下制作而且并非作私人用途，则该录制品属侵犯权利的录制品。

（4）除第229A条另有规定外，一项表演的录制品——（由2007年第15号第56条修订）

（a）如已输入或拟输入香港；及

（b）假使在香港制作，即会构成侵犯本部赋予、有关表演的权利，或违反关乎该表演的专用特许协议，

则该表演的录制品亦属侵犯权利的录制品。

（5）一项表演的录制品——

（a）如是在制作它的所在国家、地区或地方合法地制作的；（由2003年第27号第7条修订）

（b）如已输入或拟输入香港；及

（c）假使在香港制作，即会构成侵犯本部赋予有关表演的权利，或违反关乎该表演的专用特许协议，

则就第III分部（关乎输入侵犯权利的录制品的法律程序）而言，"侵犯权利的录制品"（infringing fixation）并不包括该录制品。

（6）凡在任何法律程序中出现某录制品是否侵犯权利的录制品的问题，并且可证明——

（a）该录制品属非录制表演的录制品；及

（b）本部赋予的权利存在于该表演或曾在任何时间存在于该表演，

则须推定该录制品是在本部赋予的权利存在于该表演时制作，直至相反证明成立为止。

（7）在本部中，"侵犯权利的录制品"（infringing fixation）包括凭借任何以下条文而被视为侵犯权利的录制品的录制品——

（a）第229A（5）条〔输入的录制品不属第229（4）条所指的"侵犯权利的录制品"〕；

（b）第242A（3）条（为教学或接受教学的目的而制作的录制品）；

(c) 第 243（3）条（为教学或考试的目的而制作的录制品）；

(d) 第 245（3）条（教育机构为教育目的而制作的录制品）；

(e) 第 246A（3）条（为公共行政的目的而制作的录制品）；

(f) 第 251（2）条（在主体录制品转移时采用电子形式保留的表演的录制品）；或

(g) 第 256（3）条（为广播或有线传播节目的目的而制作的录制品）。（由 2007年第 15 号第 56 条代替）

(8) 在第（5）（a）款中，就在某国家、地区或地方制作的任何表演的录制品而言——

(a)"合法地制作"（lawfully made）指该录制品由下述的人制作——

(i) 有关表演者；

(ii) 在该国家、地区或地方（视属何情况而定）就该表演具有录制权的人；或

(iii) 获有关表演者或第（ii）节所提述的人的同意在该国家、地区或地方（视属何情况而定）制作该录制品的人；但

(b) 如该录制品在某国家、地区或地方制作，而该国家、地区或地方没有保障该表演的在表演中的权利的法律，或该表演在该国家、地区或地方的在表演中的权利已期限届满，则"合法地制作"（lawfully made）不包括该录制品。（由 2007 年第 15号第 56 条代替）

[比照 1988 c. 48 s. 197 U. K.]

| 条： | 229A | 输入的录制品不属于第 229（4）条所指的"侵犯权利的录制品" | 15 of 2007 | 06/07/2007 |
|---|---|---|---|---|

(1) 任何本款适用的表演的录制品——

(a) 如符合以下说明，则就将该录制品输入香港的人而言，不属第 229（4）条所指的侵犯权利的录制品——

(i) 该录制品是在制作它的所在国家、地区或地方合法地制作的；而且

(ii) 输入该录制品的本意，并非令某人可为任何贸易或业务的目的或在任何贸易或业务的过程中，经销该录制品；或

(b) 如符合以下说明，则就管有该录制品的人而言，不属第 229（4）条所指的侵犯权利的录制品——

(i) 该录制品是在制作它的所在国家、地区或地方合法地制作的；而且

(ii) 管有该录制品的本意，并非令某人可为任何贸易或业务的目的或在任何贸易或业务的过程中，经销该录制品。

(2) 第（1）款适用于任何表演的录制品，但符合以下说明的表演的录制品除外——

（a）属——

（i）音乐声音纪录；

（ii）音乐视像纪录；

（iii）电视剧或电视电影；或

（iv）电影；而且

（b）正公开或拟公开播放或放映。

（3）尽管有第（2）款所订的例外情况，第（1）款仍适用于第（2）（a）款所提述的、符合以下说明的任何表演的录制品——

（a）正由或拟由某教育机构为该机构的教育目的而公开播放或放映的；或

（b）正由或拟由某指明图书馆为该图书馆的用途而公开播放或放映的。

（4）就第（3）（b）款而言，如任何图书馆属于根据第 46（1）（b）条指明的任何图书馆的类别，该图书馆须视为指明图书馆。

（5）凡某项表演的录制品凭借第（1）款而不属侵犯权利的录制品，如其后有人为任何贸易或业务的目的或在任何贸易或业务的过程中经销该录制品，则该录制品须就有关经销及就经销该录制品的人而言视为侵犯权利的录制品。

（6）在本条中，就在某国家、地区或地方制作的任何表演的录制品而言——

（a）"合法地制作"（lawfully made）指该录制品由下述的人制作—

（i）有关表演者；

（ii）在该国家、地区或地方（视属何情况而定）就该表演具有录制权的人；或

（iii）获有关表演者或第（ii）节所提述的人的同意在该国家、地区或地方（视属何情况而定）制作该录制品的人；但

（b）如该录制品在某国家、地区或地方制作，而该国家、地区或地方没有保障该表演的在表演中的权利的法律，或该表演在该国家、地区或地方的在表演中的权利已期限届满，则"合法地制作"（lawfully made）不包括该录制品。

（7）除第（6）款另有规定外，本条中所用词句的含义与第 35B 条中该等词句的含义相同。

（由 2007 年第 15 号第 57 条增补）

| 条： | 230 | 期限过后不得以交付作为补救 | | 30/06/1997 |
|---|---|---|---|---|

## 有关交付的补充条文

（1）除本条以下条文另有规定外，任何人不得在自有关的侵犯权利的录制品的制作日期起计 6 年期间完结后，根据第 228 条（在民事法律程序中的交付令）提出申请。

（2）如在上述期间的整段或任何部分，有权申请命令的人——

(a) 无行为能力；或

(b) 因欺诈或隐瞒事实而使他不能够发现令他有权提出申请的事实，

则在自他不再无行为能力或在自他假使付出合理努力便应可发现该等事实（视属何情况而定）的日期起计的 6 年期间完结之前的任何时间，他均可提出该申请。

(3) 在第（2）款中，"无行为能力"（disability）的含义，与在《时效条例》（第 347 章）中该词的含义相同。

[比照 1988 c. 48 s. 203 U. K.]

| 条： | 231 | 处置侵犯权利的录制品的命令 | 25 of 1998 | 01/07/1997 |
|---|---|---|---|---|

附注：

具追溯力的适应化修订——见 1998 年第 25 号第 2 条。

(1) 凡有依据一项根据第 228 条作出的命令而交付的侵犯权利的录制品，则可向法院申请命令，以将该侵犯权利的录制品——

(a) 按法院的指示没收归予对该项表演具有表演者的权利或录制权的人；或

(b) 销毁或按法院认为合适的其他方式处置，

或向法院申请不应作出该等命令的裁决。

(2) 在考虑应作出什么命令（如有的话）时，法院须考虑就侵犯本部赋予的权利进行诉讼可获得的其他补救是否足以补偿具有该等权利的人和保护他们的权益。

(3) 根据《高等法院条例》（第 4 章）第 54 条订立法院规则的权力，包括为施行本条而订立法院规则的权力。（由 1998 年第 25 号第 2 条修订）

(4) 为施行本条而订立的法院规则，可包括与送达通知予对录制品享有权益的人有关的规则，而任何该等人士均有权——

(a) 在为根据本条作出命令而进行的法律程序中出庭（不论他是否获送达通知）；及

(b) 提出上诉反对已作出的命令（不论他是否曾出庭）。

(5) 根据本条作出的命令，在可给予上诉通知的期限完结时始生效，如上诉通知在该期限完结前妥为给予，则在上诉的法律程序获最终裁定或遭放弃时始生效。

(6) 凡多于一人对某录制品具有权益，法院须作出其认为公正的命令，并尤其可指示将该录制品出售或作其他处置，并将收益分配。

(7) 如法院裁定不应根据本条作出命令，则在录制品交付之前管有、保管或控制该录制品的人，具有获发还该录制品的权利。

(8) 在本条中，凡提述对录制品具有权益的人，即包括可根据本条或根据第 111 条（该条就侵犯版权订立相类的条文）就该录制品作出命令而惠及的任何人。

[比照 1988 c. 48 s. 204 U. K.]

| 条： | 232 | 区域法院的司法管辖权 | L. N. 247 of 2000 | 01/09/2000 |
|---|---|---|---|---|

（1）凡有关的侵犯权利的录制品的价值不超出《区域法院条例》（第 336 章）第 32（1）条就侵权行为诉讼所列明的限额，则区域法院可受理根据以下条文进行的法律程序——（由 2000 年第 28 号第 45 条修订）

（a）第 228 条（交付侵犯权利的录制品的命令）；或

（b）第 231 条（处置侵犯权利的录制品的命令）。

（2）本条并不影响原讼法庭的司法管辖权。

（由 1998 年第 25 号第 2 条修订）

［比照 1988 c. 48 s. 205 U. K.］

| 条： | 233 | 版权审裁处的司法管辖权 | L. N. 48 of 2008 | 25/04/2008 |
|---|---|---|---|---|

## 版权审裁处的司法管辖区

（1）版权审裁处根据本部有根据以下各条文就法律程序进行聆讯和作出裁定的司法管辖权——

（a）第 213 条（申请代复制权的拥有人给予同意）；

（aa）第 213A 条（申请代表演者的租赁权的拥有人给予同意）；（由 2007 年第.15 号第 58 条增补）

（b）附表 3 第 6 段（相反权利）。

（2）在审裁处行使本部所指的任何司法管辖权时，第 II 部第 IX 分部的条文（关于版权审裁处的一般条文）即就该审裁处而适用。

［比照 1988 c. 48 s. 205B U. K.］

| 条： | 234 | 合资格的人 | | 30/06/1997 |
|---|---|---|---|---|

除第 236 条另有规定外，在本部中，"合资格的人"（qualifying person）指——

（a）以香港或其他地方为居籍或居于香港或其他地方或有香港或其他地方的居留权的个人；或

（b）根据任何国家、地区或地方的法律成立为法团的团体。

［比照 1988 c. 48 s. 206 U. K.］

| 条： | 235 | 在香港注册的船舶、航空器及气垫船 | | 30/06/1997 |
|---|---|---|---|---|

本部适用于在根据香港法律而注册的船舶、航空器或气垫船上作出的事情，犹如其适用于在香港作出的事情一样。

［比照 1988 c. 48 s. 210 U. K.］

| 条： | 236 | 对于某些不给予香港表演者足够保护的国家等的人民不给予保护 | 22 of 1999 | 01/07/1997 |
|---|---|---|---|---|

附注：

具追溯力的适应化修订——见 1999 年第 22 号第 3 条。

(1) 除第（5）款另有规定外，行政长官会同行政会议如觉得香港表演者的表演者权利或香港合资格的人的录制权因受到某国家、地区或地方对该等表演者或合资格的人的不利的待遇而在该国家、地区或地方没有得到足够的保护，则行政长官会同行政会议可借规例而按照本条，限制本部就与该国家、地区或地方有关的表演者的表演或与该国家、地区或地方有关的合资格的人制作的录制品而赋予的权利。

(2) 行政长官会同行政会议须在规例中指定有关的国家、地区或地方，并须规定就规例所指明的目的而言，在规例所指明的日期之后所作的表演或所制作的录制品如符合以下说明，则该项表演或录制品并不具备根据本部获得保护的资格——

(a) 如属一项表演，在表演时，表演者是以该国家、地区或地方为居籍或在该国家、地区或地方居住或有该国家、地区或地方的居留权（但并非同时以香港为居籍或在香港居住或有香港的居留权）的个人；或

(b) 如属录制品，在制作该录制品时，制作者是——

(i) 以该国家、地区或地方为居籍或在该国家、地区或地方居住或有该国家、地区或地方的居留权（而并非同时以香港为居籍或在香港居住或有香港的居留权）的个人；或

(ii) 根据该国家、地区或地方的法律成立为法团的团体，

而规例可在顾及第（1）款所提述的不利待遇的性质及程度后，为本部的全部目的或为规例所指明的某些目的，一般地或就规例所指明的个案种类，订定条文。

(3) 在本条中，"香港表演者"（Hong Kong performers）指以香港为居籍或在香港居住或有香港的居留权的属个人的表演者。

(4) 在本条中，"香港合资格的人"（Hong Kong qualifying persons）指以下合资格的人——

(a) 以香港为居籍或在香港居住或有香港的居留权的个人；或

(b) 是根据香港法律成立为法团的团体。

(5) 行政长官会同行政会议不得就香港亦是缔约方或延伸适用于香港的双边或多边版权或有关权利的公约的缔约国家、地区或地方行使其在本条下的权力。

（由 1999 年第 22 号第 3 条修订）

| 条： | 237 | 过渡性条文及保留条文 | | 30/06/1997 |
|---|---|---|---|---|

附表3载有过渡性条文及保留条文。该等条文关乎在本部生效前作出的表演以及所作出的作为或发生的事情，并在其他方面关乎本部条文的实施。

| 条： | 238 | 与版权条文中的词句具有相同含义的词句 | 15 of 2007 | 06/07/2007 |
|------|-----|------------------------------------------|-------------|-------------|

## 释义

（1）以下词句在本部中的含义，与该等词句在第 II 部（版权）中的含义相同——

文学作品；

有线传播节目；

有线传播节目服务；

版权审裁处；

业务；

过境物品；

发表；

影片；

广播；

输入；

输出；

声音纪录；

获授权人员；

关长；及

艺术作品。（由 1999 年第 22 号第 3 条修订；由 2007 年第 15 号第 59 条修订）

（1A）在第 207（1A）、211（1A）及 228（1A）条中，"经营"（dealing in）包括买入、出售、出租、输入、输出及分发。（由 2000 年第 64 号第 15 条增补）

（2）第 8（3）至（5）条、第 9（4）及 27（4）条（关于广播及有线传播节目服务的补充条文）的条文为施行本部并就侵犯本部赋予的权利而适用，一如该等条文为施行第 II 部并就侵犯版权而适用一样。

[比照 1988 c. 48 s. 211 U. K.]

| 条： | 239 | 界定词句的索引 | L. N. 48 of 2008 | 25/04/2008 |
|------|-----|----------------|-------------------|-------------|

下表显示界定或以其他方式解释本部所用词句的条文（但就只在同一条中使用的词句作出界定或解释的条文则除外）——

分发权　　　　　　　　　　　　　　　　第 204（5）条

文学作品　　　　　　　　　　　　　　　　第 238（1）条［及第 4（1）条］

[比照 1988 c. 48 s. 212 U.K.]

| 条： | 240 | 引言 | | 30/06/1997 |
|---|---|---|---|---|

## 第 II 分部

### 在表演中的权利：允许的作为

（1）本分部的条文指明某些在尽管有本部赋予的权利的情况下仍可就表演或录制品而作出的作为；该等条文只关乎侵犯该等权利的问题而不影响限制作出任何该等

指明作为的任何其他权利或义务。

（2）在决定本分部指明的作为是否可在尽管有本部赋予的权利的情况下就表演或录制品而作出时，基本考虑因素是该项作为并不与具有本部赋予的权利的权利拥有人对该表演或录制品的正常利用有所抵触以及该项作为并没有不合理地损害该等权利的权利拥有人的合法权益。

（3）不得从凭借本分部可予作出而不属侵犯本部赋予的权利的任何作为的描述，而推论该等权利的范围。

（4）本分部各条条文的解释须互相独立，故某作为并不属于某条文的范围，并不表示另一条文不涵盖该作为。

[比照 1988 c. 48 Sch. 2 para. 1 U. K. ]

| 条： | 241 | 引言 | | 30/06/1997 |
|---|---|---|---|---|

（1）为以下目的而公平处理任何表演或录制品，并不属侵犯本部赋予的任何权利——

（a）批评或评论该项表演或录制品或另一表演或录制品或批评或评论某一作品；或

（b）报导时事。

（2）本条中所用词句的含义与第 39 条中该等词句的含义相同。

[比照 1988 c. 48 Sch. 2 para. 2 U. K. ]

| 条： | 242 | 附带地包括表演或录制品 | | 30/06/1997 |
|---|---|---|---|---|

（1）任何表演或录制品如附带地包括在任何声音纪录、影片、广播或有线传播节目内，并不属侵犯本部赋予的权利。

（2）任何东西的制作若凭借第（1）款而不属侵犯该等权利，则就该等东西的复制品而作出的任何事情，或播放、放映或广播该东西或将该东西包括在有线传播节目服务内，亦不属侵犯该等权利。

（3）蓄意将由音乐组成或由伴随音乐而讲出或唱出的文字组成的表演或录制品包括在任何声音纪录、广播或有线传播节目内，并不视为附带地包括在该等声音纪录、广播或有线传播节目内。

（4）本条中所用词句的含义与第 40 条中该等词句的含义相同。

[比照 1988 c. 48 Sch. 2 para. 3 U. K. ]

| 条： | 242A | 为教学或接受教学的目的而作的公平处理 | 15 of 2007 | 06/07/2007 |
|---|---|---|---|---|

（1）在由教育机构提供的指明课程中，教师或任何代表他的人或学生如为教学或

接受教学的目的而公平处理某项表演或录制品，即不属侵犯本部赋予的任何权利。

（2）法院在裁定对表演或录制品的处理是否第（1）款所指的公平处理时，须考虑有关个案的整体情况，并尤其须考虑——

（a）该项处理的目的及性质，包括该项处理是否为非牟利的目的而作出以及是否属商业性质；

（b）该表演或录制品的性质；

（c）就该表演或录制品的整项而言，被处理的部分所占的数量及实质分量；及

（d）该项处理对该表演或录制品的潜在市场或价值的影响。

（3）凡任何录制品（若非因本条即属侵犯权利的录制品者）按照本条制作，但其后该录制品被用以进行交易，则——

（a）就该交易而言，该录制品须视为侵犯权利的录制品；及

（b）如该交易侵犯本部赋予的任何权利，则就所有其后的目的而言，该录制品须视为侵犯权利的录制品。

（4）凡对录制品的处理，涉及透过全部或部分由任何教育机构控制的有线或无线网络而提供该录制品的复制品——

（a）如该教育机构没有——

（i）采用科技措施，限制透过该网络而取用该录制品的复制品，以令该录制品的复制品，只提供予在有关指明课程中为教学或接受教学的目的而有需要使用该录制品的复制品的人，或为保养或管理该网络的目的而有需要使用该录制品的复制品的人；或

（ii）确保将该录制品的复制品贮存于该网络中的期间，不超过在有关指明课程中为教学或接受教学的目的而有需要保留的期间或（在任何情况下）不超过连续 12 个月的期间，则该项处理不属第（1）款所指的公平处理；而

（b）如该教育机构——

（i）采用科技措施，限制透过该网络而取用该录制品的复制品，以令该录制品的复制品，只提供予在有关指明课程中为教学或接受教学的目的而有需要使用该录制品的复制品的人，或为保养或管理该网络的目的而有需要使用该录制品的复制品的人；及

（ii）确保将该录制品的复制品贮存于该网络中的期间，不超过在有关指明课程中为教学或接受教学的目的而有需要保留的期间或（在任何情况下）不超过连续 12 个月的期间，

则第（2）款适用于裁定该项处理是否属第（1）款所指的公平处理。

（5）本条中所用词句的含义与第 41A 条中该等词句的含义相同。

（由 2007 年第 15 号第 61 条增补）

| 条： | 243 | 为教学或考试目的而作出的事情 | | 30/06/1997 |
|---|---|---|---|---|

（1）在影片制作或影片声带制作的教学或教学准备过程中，由教学或接受教学的人将任何表演的录制品在合理的范围内复制，并不属侵犯本部所赋予的权利。

（2）以下作为并不属侵犯本部所赋予的权利——

（a）为在考试中拟出试题或解答试题而复制任何表演的录制品；或

（b）为考试的目的，借向考生传达问题而作出的任何事情。

（3）凡任何录制品（假使非因本条该录制品即属侵犯权利的录制品）按照本条制作，但其后有人进行如此制作的录制品交易，则就该项交易而言，该录制品须视为侵犯权利的录制品，又如该项交易侵犯本部所赋予的任何权利，则就所有其后的目的而言，该录制品须视为侵犯权利的录制品。就本款而言，"进行交易"（dealt with）指出售、出租、要约出售或要约出租，或为出售或出租而展示。

（4）本条中所用词句的含义与第41条中该等词句的含义相同。

〔比照 1988 c. 48 Sch. 2 para. 4 U. K.〕

| 条： | 244 | 在教育机构播放或放映声音纪录、影片、广播或有线传播节目 | 15 of 2007 | 06/07/2007 |
|---|---|---|---|---|

（1）在任何教育机构内为教学的目的而播放或放映任何声音纪录、影片、广播或有线传播节目，而观众或听众只包括或主要包括该机构的教师和学生、该机构的学生的父母或监护人及与该机构的活动有直接关连的其他人，则就侵犯本部所赋予权利而言该项播放或放映不属公开播放或放映任何表演。（由 2007 年第 15 号第 62 条修订）

（2）（由 2007 年第 15 号第 62 条废除）

（3）本条中所用词句的含义与第43条中该等词句的含义相同。

〔比照 1988 c. 48 Sch. 2 para. 5 U. K.〕

| 条： | 245 | 由教学机构制作的广播及有线传播节目的记录 | | 30/06/1997 |
|---|---|---|---|---|

（1）任何广播或有线传播节目的纪录或该纪录的复制品可由教育机构或代教育机构为该机构的教育目的而制作，而不属侵犯本部就包括在其中的任何表演或录制品而赋予的任何权利。

（2）如有特许计划下的特许授权进行有关的记录或复制，而制作纪录或复制品的人已知道或应已知道该事实，则本条并不授权进行有关的记录或复制或在该特许所授权的范围内进行有关的记录或复制。

（3）凡任何纪录或复制品（假使非因本条该纪录或复制品即属侵犯权利的录制

品）按照本条制作，但其后有人进行该纪录或复制品的交易，则就该项交易而言，该纪录或复制品须视为侵犯权利的录制品，又如该项交易侵犯本部赋予的任何权利，则就所有其后的目的而言，该纪录或复制品须视为侵犯权利的录制品。

就本款而言，"进行交易"（dealt with）指出售、出租、要约出售或要约出租，或为出售或出租而展示。

（4）本条中所用词句的含义与第 44 条中该等词句的含义相同。

[比照 1988 c. 48 Sch. 2 para. 6 U. K.]

| 条： | 246 | 由图书馆馆长或档案室负责人制作复制品：在文化或历史方面有重要性的物品 | | 30/06/1997 |
|---|---|---|---|---|

（1）如某物品在文化或历史方面有重要性或有令人感兴趣之处，并相当可能因出售或输出而使香港失去该物品，则指明图书馆的馆长或指明档案室的负责人可制作该物品的复制品和将该复制品存放于该图书馆或档案室，而不属侵犯本部就该物品赋予的任何权利。

（2）本条中所用词句的含义与第 53 条中该等词句的含义相同。

[比照 1988 c. 48 Sch. 2 para. 7 U. K.]

| 条： | 246A | 为公共行政的目的而公平处理 | 15 of 2007 | 06/07/2007 |
|---|---|---|---|---|

（1）政府、行政会议、司法机构或任何区议会如为有效率地处理紧急事务的目的，而公平处理某项表演或录制品，即不属侵犯本部赋予的任何权利。

（2）法院在裁定对表演或录制品的处理是否第（1）款所指的公平处理时，须考虑有关个案的整体情况，并尤其须考虑——

（a）该项处理的目的及性质，包括该项处理是否为非牟利的目的而作出以及是否属商业性质；

（b）该表演或录制品的性质；

（c）就该表演或录制品的整项而言，被处理的部分所占的数量及实质分量；及

（d）该项处理对该表演或录制品的潜在市场或价值的影响。

（3）凡任何录制品（若非因本条即属侵犯权利的录制品者）按照本条制作，但其后该录制品被用以进行交易，则——

（a）就该交易而言，该录制品须视为侵犯权利的录制品；及

（b）如该交易侵犯本部赋予的任何权利，则就所有其后的目的而言，该录制品须视为侵犯权利的录制品。

（4）本条中所用词句的含义与第 54A 条中该等词句的含义相同。

（由 2007 年第 15 号第 63 条增补）

| 条： | 246B | 立法会 | 15 of 2007 | 06/07/2007 |
|---|---|---|---|---|

(1) 以下作为不属侵犯本部所赋予的权利——

(a) 为立法会程序的目的或为报导该等程序的目的而作出任何事情；或

(b) 为行使立法会的权力及执行其职能的目的而——

(i) 由立法会议员或任何人代立法会议员；或

(ii) 由立法会行政管理委员会或任何人代立法会行政管理委员会，作出任何事情。

(2) 本条中所用词句的含义与第 54B 条中该等词句的含义相同。

(由 2007 年第 15 号第 63 条增补)

| 条： | 247 | 司法程序 | 15 of 2007 | 06/07/2007 |
|---|---|---|---|---|

## 司法程序

(1) 为司法程序的目的或为报导该等程序的目的而作出任何事情，并不属侵犯本部所赋予的权利。(由 1999 年第 22 号第 3 条修订；由 2007 年第 15 号第 64 条修订)

(2) 本条中所用词句的含义与第 54 条中该等词句的含义相同。

[比照 1988 c. 48 Sch. 2 para. 8 U. K.]

| 条： | 248 | 法定研讯 | | 30/06/1997 |
|---|---|---|---|---|

(1) 为法定研讯程序的目的或为报导公开进行的该等程序的目的而作出任何事情，并不属侵犯本部赋予的权利。

(2) 本条中所用词句的含义与第 55 条中该等词句的含义相同。

[比照 1988 c. 48 Sch. 2 para. 9 U. K.]

| 条： | 249 | 公共纪录 | | 30/06/1997 |
|---|---|---|---|---|

(1) 开放予公众查阅的公共纪录内的材料可予复制，复制品亦可供应予任何人，而该项复制及供应并不属侵犯本部所赋予的任何权利。

(2) 本条中所用词句的含义与第 58 条中该等词句的含义相同。

[比照 1988 c. 48 Sch. 2 para. 10 U. K.]

| 条： | 250 | 根据法定权限所作出的作为 | | 30/06/1997 |
|---|---|---|---|---|

(1) 凡某条例（不论何时制定）明确授权作出某作为，则除非该条例另有规定，否则作出该作为不属侵犯本部赋予的权利。

(2) 本条不得解释为令任何可根据或凭借任何条例而提出的法定权限免责辩护不得提出。

(3) 本条中所用词句的含义与第 59 条中该等词句的含义相同。

[比照 1988 c. 48 Sch. 2 para. 11 U. K.]

| 条： | 251 | 表演的电子形式录制品的转移 | | 30/06/1997 |
|---|---|---|---|---|

(1) 凡有人购买任何表演的电子形式的录制品（已向公众提供的该等录制品除外），而按购买的条款（不论是明订的或是隐含的或是凭借任何法律规则而有的条款），是容许该购买者制作与其使用该录制品有关连的进一步录制品的，本条即适用。

(2) 如没有明订条款——

(a) 禁止购买者将该录制品转移、施加在转移后仍继续的义务、禁止转让任何同意，或规定同意在转移时即告终止；或

(b) 规定受让人可在什么条款下作出购买者获允许作出的事情，

则凡属购买者获允许作出的事情，受让人均可作出，而不属侵犯本部赋予的权利；但购买者所制作的任何录制品，如没有一并转移，则在该项转移后，该等录制品就任何目的而言均视为侵犯权利的录制品。

(3) 如原本购买的录制品已不能再用，而所转移的是取代该录制品而使用的进一步复制品，则第（2）款亦适用。

(4) 上述条文亦适用于其后的转移，但在第（2）款中提述购买者，须代以提述其后的出让人。

(5) 就在本部生效日期之前购买的录制品而言，本条不适用。

(6) 本条中所用词句的含义与第 64 条中该等词句的含义相同。

[比照 1988 c. 48 Sch. 2 para. 12 U. K.]

| 条： | 252 | 在向公众提供表演时允许进行的某些复制 | | 30/06/1997 |
|---|---|---|---|---|

凡某录制品向公众人士提供（如第 205 条所指者），而为让该等公众人士中任何人观看或聆听该录制品而合理地需要复制该录制品，该项复制在符合以下条件的前提下并不属侵犯本部赋予录制表演的权利：该作为并不抵触对该录制品的正常利用，且并非不合理地妨害表演者及具有录制权的人对该表演的合法权益。

| 条： | 253 | 在某些情况下使用讲出的文字的录制品 | | 30/06/1997 |
|---|---|---|---|---|

(1) 凡为下列目的制作文学作品的诵读或背诵的录制品——

(a) 报导时事；或

(b) 广播该朗读或背诵的整项或其部分，或将该朗读或背诵的整项或其部分包括在有线传播节目服务内，

则如第（2）款所述条件获符合，使用该录制品（或复制该录制品并使用该复制品）作上述用途，并不属侵犯本部赋予的权利。

（2）有关的条件为——

(a) 该录制品是朗读或背诵的直接录制品，而非取自以前的录制品或取自广播或有线传播节目；

(b) 朗读或背诵的人或代表该人的人不禁止制作该录制品；

(c) 将该录制品作有关使用并非属在该录制品制作前由或代表该人所禁止的使用类别；及

(d) 由合法管有该录制品的人或在其授权下作有关使用。

（3）本条中所用词句的含义与第 67 条中该等词句的含义相同。

[比照 1988 c. 48 Sch. 2 para. 13 U. K.]

| 条： | 254 | 民歌的录制品 | | 30/06/1997 |
| --- | --- | --- | --- | --- |

（1）凡为了将歌曲表演的录制品包括在指定机构所经办的档案室内，而将歌曲的表演制作成录制品，则如第（2）款所列条件获符合，该项制作并不属侵犯本部赋予的任何权利。

（2）有关的条件为——

(a) 在制作有关录制品时该等歌曲的歌词未曾发表并属作者不为人知；

(b) 有关录制品的制作不属侵犯任何版权；及

(c) 有关录制品的制作未为任何表演者禁止。

（3）如订明条件获符合，则依据第（1）款制作并包括在指定机构所经办的档案室内的录制品，可由档案室负责人复制和供应予他人，而不属侵犯本部赋予的任何权利。

（4）在本条中——

"订明条件"（the prescribed conditions）指为施行第 70 条而订明的条件；及

"指定机构"（designated body）指为施行第 70 条而指定的机构，

而本条中所用其他词句的含义与该条中该等词句的含义相同。

[比照 1988 c. 48 Sch. 2 para. 14 U. K.]

| 条： | 255 | 为会社、社团等目的而表演、放映或展示或播放作品 | | 30/06/1997 |
| --- | --- | --- | --- | --- |

（1）凡作为某会社、社团或其他组织的活动的一部分或为该会社、社团或其他组

织的利益而表演、放映或展示或播放作品（广播或有线传播节目除外），并符合以下条件，则不属侵犯本部赋予的任何权利。

（2）有关的条件为——

（a）该会社、社团或组织并非为牟利而成立或经营，而其主要宗旨属慈善性质，或是关于宣扬宗教，或推广教育或社会福利；及

（b）表演、放映或展示或播放该作品的地方的入场费的收益，纯粹是运用于该会社、社团或组织的目的。

（3）本条中所用词句的含义与第76条中该等词句的含义相同。

[比照 1988 c. 48 Sch. 2 para. 15 U. K.]

| 条： | 256 | 为广播或有线传播节目而附带地制作录制品 | | 30/06/1997 |
|---|---|---|---|---|

（1）任何人如打算广播某项表演的录制品，或将某项表演的录制品包括在有线传播节目服务内，则在不侵犯本部赋予的权利的情况下，就本部而言，该人须视为已获同意为广播或有线传播节目的目的而制作进一步录制品。

（2）该项同意须受以下条件规限——

（a）有关的进一步录制品不得用作任何其他用途；及

（b）在自有关的进一步录制品首次用作广播该项表演或将该项表演包括在有线传播节目服务内起计的3个月内，必须将该有关的进一步录制品销毁。

（3）按照本条制作的录制品——

（a）就于违反第（2）（a）款提及的条件的情况下使用而言，须视为侵犯权利的录制品；及

（b）在该条件或第（2）（b）款提及的条件遭违反后，就所有目的而言，须视为侵犯权利的录制品。

（4）本条中所用词句的含义与第77条中该等词句的含义相同。

[比照 1988 c. 48 Sch. 2 para. 16 U. K.]

| 条： | 257 | 为监管和控制广播及有线传播节目而制作纪录 | | 30/06/1997 |
|---|---|---|---|---|

（1）香港电台为维持监管和控制其广播的节目而将该等节目制作成纪录，或使用该等纪录，并不属侵犯本部赋予的权利。

（2）以下制作或使用纪录并不属侵犯本部赋予的权利——

（a）广播事务管理局为履行《广播事务管理局条例》（第391章）第9条提及的该局的职能而制作或使用录制品；或

（b）履行该等职能而依据该局的指示制作或使用录制品。

（3）本条中所用词句的含义与第 78 条中该等词句的含义相同。

［比照 1988 c. 48 Sch. 2 para. 17 U. K.］

| 条： | 258 | 免费公开放映或播放广播或有线传播节目 | | 30/06/1997 |
|------|------|------|------|------|

（1）如向任何观众或听众公开放映或播放任何广播或有线传播节目（不包括经编码处理的广播或有线传播节目），而该等观众或听众并没有支付进入观看或聆听该广播或节目的地方的入场费，则该项放映或播放并不属侵犯——

（a）本部就包括在该项广播或有线传播节目内的表演或录制品而赋予的权利；或

（b）本部就包括在借接收该项广播或有线传播节目而公开播放或放映的任何声音纪录或影片内的表演或录制品而赋予的权利。

（2）如有以下情况，观众或听众可视为已支付进入某地方的入场费——

（a）该等观众或听众已支付进入某一地方的入场费，而该某地方构成该某一地方的一部分；或

（b）在该某地方（或该某地方构成其一部分的地方）有货品供应或服务提供，而该货品或服务的价格——

（i）实质上可归因于提供观看或聆听该广播或节目的设施；或

（ii）高于通常在该地方收取的价格，并且可部分归因于上述设施。

（3）凡——

（a）某一地方是由慈善组织营办的，而在其内所提供的设施并非为牟利的，则以该地方的居民或住客身份入场的人并不视为已支付进入该某一地方的入场费；

（b）某会社或社团的主要宗旨属慈善性质，或是关于宣扬宗教，或推广教育或社会福利的，而所支付的有关费用只是该会社或社团的会籍费用，且提供观看或聆听广播或节目的设施，亦只是为该会社或社团的主要目的而附带地提供的，则以该会社或社团的会员身份入场的人，并不视为已支付进入该某一地方的入场费。

（4）凡作出该项广播或将该节目包括在有线传播节目服务内属侵犯本部就任何表演或录制品所赋予的权利，则在评估该项侵犯权利行为的损害赔偿时，借接收该项广播或节目而使公众聆听或观看该广播或节目这一事实须列为考虑因素。

（5）本条中所用词句的含义与第 81 条中该等词句的含义相同。

［比照 1988 c. 48 Sch. 2 para. 18 U. K.］

| 条： | 258A | 在车辆内播放声音广播 | 15 of 2007 | 06/07/2007 |
|------|------|------|------|------|

（1）凡在车辆内播放声音广播的主要目的，是让该车辆的司机取得公共信息［包括（但不限于）新闻报导、天气预测及关于交通情况的信息］，则如此播放声音广播

并不属侵犯本部赋予的任何权利。

(2) 本条中所用词句的含义与第 81A 条中该等词句的含义相同。

（由 2007 年第 15 号第 65 条增补）

| 条： | 259 | 接收和再传送有线传播节目服务的广播 | 48 of 2000 | 07/07/2000 |
|---|---|---|---|---|

(1) 将表演或录制品包括在电视广播或声音广播内，而该广播借接收和在没有作出更改的情况下实时再传送而包括在以下系统或互相连接所提供的服务内，并不属侵犯本部赋予的权利——

(a) 在《电讯条例》（第 106 章）第 8 (4) (e) 条所指范围内的公共天线广播分配系统；

(b) 在《电讯条例》（第 106 章）第 8 (4) (e) 条所指范围内的公共天线广播分配系统与根据《电讯条例》（第 106 章）领有牌照或当作领有牌照的收费电视网络之间的互相连接，而该项再传送的目的是供公共天线广播分配系统的用户接收；或（由 2000 年第 48 号第 44 条修订）

(c) 领有根据《电讯规例》（第 106 章，附属法例 A）发出的广播转播电台牌照的系统。

(2) 将表演或录制品包括在某电视广播或声音广播内，而该广播是未经编码处理并且是借接收和在没有作出更改的情况下实时再传送而包括在以下系统或互相连接所提供的服务内，并不属侵犯本部赋予的权利——

(a) 领有根据《电讯规例》（第 106 章，附属法例 A）发出的卫星电视共享天线牌照的系统；或

(b) 在领有根据《电讯规例》（第 106 章，附属法例 A）发出的卫星电视共享天线牌照的系统与根据《电讯条例》（第 106 章）领有牌照或当作领有牌照的收费电视网络之间的互相连接，而该项再传送的目的是供卫星电视共享天线系统的用户接收，（由 2000 年第 48 号第 44 条修订）

直至自按照第 (6) 款刊登通知当日起计的 6 个月届满为止。

(3) 凡某电视广播或声音广播从香港或其他地方的某地方作出或作向上传输，而该广播乃合法的广播，则任何人因借接收和实时再传送没有作出更改的该广播而将任何节目（该节目须属包含一项表演者）包括在借第 (1) 或 (2) 款所指明的系统或互相连接所提供的服务内，则该人在任何关于侵犯该项表演的表演者权利（如有的话）的法律程序中的地位，犹如其为由表演者批出的将该项表演包括在任何已如此包括在该服务内的节目的特许的持有人一样。

(4) 尽管有第 (1) 及 (2) 款的规定，凡广播的制作属侵犯该等权利，则在评估该项侵犯权利行为的损害赔偿时，该广播是作为有线传播节目服务的节目而再传送

这一事实须列为考虑因素。

(5) 凡电视广播或声音广播没有经编码处理，则任何人如借接收和实时再传送没有作出更改的该广播而将节目包括在借第（2）款所指明的系统或互相连接所提供的服务内，该人即当作已获该广播的制作者批给隐含特许以使用该系统接收和再传送该广播，而该隐含特许只可借按照第（6）款给予的通知撤销。

(6) 根据第（5）款当作已批出特许的广播的制作者可在——

(a) 一份营销于香港的中文报章；及

(b) 一份营销于香港的英文报章，

刊登撤销通知而撤销该特许。

(7) 本条中所用词句的含义与第82条中该等词句的含义相同。

[比照 1988 c. 48 Sch. 2 para. 19 U.K.]

| 条： | 260 | 提供附有字幕的广播或有线传播节目的复制品 | | 30/06/1997 |

(1) 为了将附有字幕或在其他方面经变通以切合失聪或听觉有问题的人或身体上或精神上有其他方面残障的人的特殊需要的电视广播或有线传播节目的复制品提供予该等人士，任何指定机构均可制作该等电视广播或有线传播节目的纪录而不属侵犯本部就包括在广播或有线传播节目内的表演或录制品赋予的任何权利。

(2) 如有特许计划下的特许授权进行有关记录，而制作纪录的人已知道或应已知道该事实，则本条并不授权进行有关的记录或在该特许所授权的范围内进行有关的记录。

(3) 在本条中，"指定机构"（designated body）指为施行第83条而指定的机构；而本条中所用的其他词句的含义与第83条中该等词句的含义相同。

[比照 1988 c. 48 Sch. 2 para. 20 U.K.]

| 条： | 261 | 为存档而制作广播或有线传播节目的纪录 | | 30/06/1997 |

(1) 为了将某指定类别的广播或有线传播节目的纪录或其复制品放在由指定机构经办的档案室内，任何人均可制作该纪录或其复制品而不属侵犯本部就包括在广播或有线传播节目内的表演或录制品而赋予的任何权利。

(2) 在本条中，"指定类别"（designated class）和"指定机构"（designated body）分别指为施行第84条而指定的类别及机构；而本条中所用的其他词句的含义与该条中该等词句的含义相同。

[比照 1988 c. 48 Sch. 2 para. 21 U.K.]

| 条： | 262 | 定义 | | 30/06/1997 |

## 第 III 分部
## 关乎输入侵犯权利的录制品的法律程序

在本分部中——

"扣留令"（detention order）指根据第 264（1）条作出的命令；

"权利持有人"（right holder）指——

（a）根据本部有表演者权利存在的表演的表演者，或该等表演的表演者的经济权利的专用特许持有人；或

（b）就该等表演有录制权的人。

| 条： | 263 | 扣留令的申请 | 25 of 1998；<br>22 of 1999 | 01/07/1997 |
|---|---|---|---|---|

附注：

具追溯力的适应化修订——见 1998 年第 25 号第 2 条；1999 年第 22 号第 3 条。

（1）凡就某表演而言属权利持有人的人，有合理理由怀疑属构成该表演的侵犯权利的录制品的物品可能被输入，则该权利持有人可向原讼法庭申请根据第 264（1）条作出命令。（由 1998 年第 25 号第 2 条修订）

（2）根据第（1）款提出的申请可以单方面提出，但须事先给予关长通知。（由 1999 年第 22 号第 3 条修订）

（3）根据第（1）款提出的申请，必须采用法院规则订明的格式，并须有权利持有人作出的誓章支持，而该誓章须——

（a）述明于提出申请时，有关的表演根据本部有在表演中的权利存在；

（b）述明宣誓人是本部赋予的在表演中的权利的拥有人或是该等权利的专用特许持有人；

（c）（凡宣誓人宣称是专用特许持有人）述明宣誓人赖以证明他是专用特许持有人的事实，并附有宣誓人赖以证明他是专用特许持有人的文件作为证物；

（d）述明附于誓章作为证物的该表演的录制品的复制品是该录制品的获授权复制品；

（e）述明提出申请的理由，包括宣誓人赖以显示有关物品表面看来是侵犯权利的录制品的事实；

（f）列出有关物品的足够详细说明，使关长可轻易辨认该物品；（由 1999 年第 22 号第 3 条修订）

（g）列出预期采用的运输工具的详情及预期输入的日期，以及识别输入者的详情

（如有的话）；及

（h）列出法院规则所订明的其他数据和附有法院规则订明的其他文件作为证物。

（4）任何人不得就过境物品而根据第（1）款提出申请。

（5）如有任何人输入任何物品供他私人和家居使用，则不得根据第（1）款就该输入提出申请。

（6）第 121 条适用于任何根据本部而存在于合资格表演的表演者的经济权利的专用特许持有人按照第（3）款作出的誓章，而适用的方式与假使该誓章是由表演者的经济权利的拥有人作出而该条即会适用的方式相同。

| | | | | |
|---|---|---|---|---|
| 条： | 264 | 扣留令的发出 | 25 of 1998;<br>22 of 1999 | 01/07/1997 |

附注：

具追溯力的适应化修订——见 1998 年第 25 号第 2 条；1999 年第 22 号第 3 条。

（1）凡有就根据第 263 条提出的申请而进行的聆讯，则如在进行该聆讯时权利持有人出示充分的证据，令原讼法庭信纳有关物品表面看来是侵犯权利的录制品，则原讼法庭可作出命令，指示关长或任何获授权人员采取合理措施，于该物品输入时或输入后检取或扣留该物品。

（2）原讼法庭可规定权利持有人提供保证或任何相等的担保，其款额须足以保障输入者及对被检取或扣留物品享有权益的任何其他人（包括该物品的收货人及拥有人）在该项检取扣留如属错误或该物品如根据第 265（6）条发还输入者时，可免受可能会招致的任何损失或损害。

（3）扣留令可载有原讼法庭认为适当的条款及条件。

（4）如任何物品已由关长或任何获授权人员依据任何法律检取或扣留，并正由其保管，则原讼法庭不得就该物品作出扣留令。

（5）凡关长或任何获授权人员依据本分部或第 II 部第 VII 分部以外的任何法律检取或扣留任何物品，则就该物品而作出的任何扣留令即停止具有效力。

（6）凡原讼法庭作出扣留令，则权利持有人须立即将该命令的副本一份送达关长。

（7）扣留令由作出的日期或由原讼法庭指明的较后日期起具有效力，并须于从自该日期起计的 60 天届满时停止具有效力，但如关长或任何获授权人员已依据该命令于该期间内检取或扣留该命令适用的任何物品，则属例外。

（由 1998 年第 25 号第 2 条修订；由 1999 年第 22 号第 3 条修订）

| | | | | |
|---|---|---|---|---|
| 条： | 265 | 扣留令的强制执行 | L. N. 362 of 1997;<br>25 of 1998；22 of 1999 | 01/07/1997 |

附注：

具追溯力的适应化修订——见 1998 年第 25 号第 2 条；1999 年第 22 号第 3 条。

（1）凡某扣留令送达关长，则关长或任何获授权人员须在该命令的条款及条件的规限下，检取或扣留该命令适用的任何物品。

（2）权利持有人须——

（a）向关长或任何获授权人员提供关于该物品及有关输入的充分资料，使该物品可以辨认和使付运的货物或有关输入可以识别，并提供关长或任何获授权人员为执行该扣留令而可合理要求的任何其他数据；

（b）将一笔关长认为足以偿付政府就执行该扣留令而相当可能招致的费用的款额存放于关长处；及

（c）在获得关长或任何获授权人员就将该物品被检取或扣留一事以书面通知后，提供他要求的贮存空间及其他设施。

（3）如权利持有人没有遵从第（2）款，关长或任何获授权人员可拒绝执行扣留令。

（4）关长在给予权利持有人书面通知后，可向原讼法庭申请执行该扣留令的指示，而原讼法庭在给予权利持有人获聆听的机会后，可发出其认为合适的指示。（由 1998 年第 25 号第 2 条修订）

（5）在任何物品依据扣留令被检取或扣留后，关长或任何获授权人员须立即将检取或扣留一事以书面通知——

（a）有关权利持有人；

（b）有关输入者；及

（c）该命令的条款规定须通知的任何其他人。

（6）如权利持有人在获给予有关检取或扣留的通知后 10 天内，没有以书面通知关长，谓关乎该物品的侵犯权利讼诉已根据本部提起，则除第（7）款及授权关长或任何获授权人员检取或扣留物品的任何法律另有规定外，关长或任何获授权人员须将已依据扣留令被检取或扣留的任何物品发还输入者。

（7）原讼法庭可应权利持有人提出的申请，在给予关长及根据第（5）款规定须予通知的每名人士获聆听的机会后，如信纳延长第（6）款所提述的期间的请求合理，将该期间延长，但延长的期间以不超逾 10 天为限。（由 1998 年第 25 号第 2 条修订）

（8）在根据第（7）款进行的法律程序中，原讼法庭可要求权利持有人除提供按照 264（2）条提供的保证或任何相等的担保外，尚须提供额外的保证或任何相等的担保。（由 1998 年第 25 号第 2 条修订）

（9）凡权利持有人在第（6）款所提述的期间内〔该期间或已根据第（7）款延

长］，已经以书面通知关长，谓关乎该物品的侵犯权利诉讼已根据本部提起，则关长或任何获授权人员须在侵犯权利法律程序中法院所作出的指示的规限下，继续保管该物品。

（10）在计算第（6）款所提述的期间［该期间或已根据第（7）款延长］时，任何公众假期、烈风警告日或黑色暴雨警告日均不得计算在内。

（11）在本条中——

"黑色暴雨警告日"（black rainstorm warning day）指全日或其中部分时间有黑色暴雨警告的日子，而"黑色暴雨警告"（black rainstorm warning）指由香港天文台台长借使用通常称为黑色暴雨警告讯号的暴雨警告讯号而发出的关于在香港或香港附近有暴雨的警告；（由 1997 年第 362 号法律公告修订）

"烈风警告日"（gale warning day）指全日或其中部分时间有烈风警告的日子，而"烈风警告"（gale warning）具有《司法程序（烈风警告期间聆讯延期）条例》（第 62 章）第 2 条给予该词的含义。

（由 1999 年第 22 号第 3 条修订）

| 条： | 266 | 扣留令的更改或推翻 | 25 of 1998；22 of 1999 | 01/07/1997 |
|---|---|---|---|---|

附注：

具追溯力的适应化修订——见 1998 年第 25 号第 2 条；1999 年第 22 号第 3 条。

（1）关长或权利持有人可随时向原讼法庭申请更改扣留令。（由 1999 年第 22 号第 3 条修订）

（2）受扣留令影响的输入者或任何其他人可随时向原讼法庭申请更改或推翻该命令。

（3）根据第（1）或（2）款提出申请的人须将定出的聆讯该申请的日期，按原讼法庭法官的命令通知其他各方。

（4）原讼法庭在聆讯根据第（1）或（2）款提出更改扣留令的申请时，可以其认为公正的方式更改该命令。

（5）原讼法庭在聆讯根据第（2）款提出推翻扣留令的申请时，可在其认为公正的条款及条件下推翻该命令。

（6）就第（3）款而言——

（a）根据第（1）款提出的申请的各方，指关长、权利持有人及（如有关物品已依据扣留令被检取或扣留）输入者，以及根据第 265（5）条规定须予通知的任何其他人；及

（b）根据第（2）款提出的申请的各方，指关长、权利持有人、申请人及输入者

（如输入者并非申请人）。（由 1999 年第 22 号第 3 条修订）

（由 1998 年第 25 号第 2 条修订）

| 条： | 267 | 资料的披露 | 25 of 1998；22 of 1999 | 01/07/1997 |
|------|-----|-----------|------------------------|------------|

附注：

具追溯力的适应化修订——见 1998 年第 25 号第 2 条；1999 年第 22 号第 3 条。

（1）凡有任何物品依据扣留令被检取或扣留，则关长可向权利持有人披露——

（a）输入者、付货人及收货人的姓名或名称及地址；

（b）依据该命令检取或扣留的物品的性质及数量；

（c）任何人就该项检取或扣留而向关长或任何获授权人员所作的任何陈述，但须事先得到该人的书面同意，如该人已死亡或关长在合理地查究该人的所在后仍未能找到该人，则不须事先得到该人的书面同意；及

（d）关乎依据该命令而被检取或扣留的物品，并且是关长认为适宜披露的任何其他数据或文件。

（2）凡权利持有人寻求披露——

（a）并没有在第（1）款中提述的任何数据或文件；或

（b）在第（1）款中提述而关长并没有披露的数据或文件，

该权利持有人即可向原讼法庭申请一项命令，规定关长披露该等数据或文件，而原讼法庭则可应该申请而作出其认为合适的命令以规定作出披露。（由 1998 年第 25号第 2 条修订）

（3）根据第（2）款提出的申请，可在事先给予关长通知的情况下借动议而开始进行。

（由 1999 年第 22 号第 3 条修订）

| 条： | 268 | 检查物品、发还样本等 | 22 of 1999 | 01/07/1997 |
|------|-----|---------------------|------------|------------|

附注：

具追溯力的适应化修订——见 1999 年第 22 号第 3 条。

（1）凡有任何物品依据扣留令被检取或扣留，关长或任何获授权人员须——

（a）给予权利持有人充分机会，为确立其申索而检查该物品；及

（b）给予输入者同等机会，为反驳权利持有人的申索而检查该物品。

（2）凡有多于一件物品依据扣留令被检取或扣留，而权利持有人或输入者（视属何情况而定）给予关长或任何获授权人员所需的承诺，则关长或该获授权人员可允

许权利持有人或输入者移走被检取或扣留的物品的样本。

（3）就第（2）款而言，所需的承诺指给予该承诺的人会作出以下事情的书面承诺——

（a）在关长或获授权人员认为满意的指明时间，将样本交还关长或获授权人员；及

（b）以合理谨慎防止对样本造成不必要的损害。

（4）如关长或任何获授权人员允许权利持有人按照本条检查任何已被检取或扣留的物品，或移走任何样本，则就由于以下所述而使输入者蒙受的任何损失或损害而言，政府无须对输入者负上任何法律责任——

（a）检查时所招致对任何物品造成的损害；或

（b）权利持有人或任何其他人对权利持有人移走的任何样本作出的任何事情或就该样本作出的任何事情，或权利持有人对该样本作出的任何使用。

（由 1999 年第 22 号第 3 条修订）

| 条： | 269 | 须缴付的费用 | 22 of 1999 | 01/07/1997 |
|------|-----|------------|------------|------------|

附注：

具追溯力的适应化修订——见 1999 年第 22 号第 3 条。

（1）关长可评定政府就扣留令的执行而招致的费用，并可从权利持有人根据第 265（2）条缴付作为按金的款额中扣除该等费用。（由 1999 年第 22 号第 3 条修订）

（2）根据第（1）款评定的任何费用，须由权利持有人向政府缴付，并可作为民事债项追讨。

| 条： | 270 | 须付予输入者等的补偿 | 25 of 1998 | 01/07/1997 |
|------|-----|--------------------|------------|------------|

附注：

具追溯力的适应化修订——见 1998 年第 25 号第 2 条。

（1）凡有任何物品依据任何扣留令被检取或扣留，而该物品又依据第 265（6）条予以发还，则该物品的输入者、收货人或拥有人可于该命令作出的日期后 6 个月内，向原讼法庭申请因该项检取或扣留而使他蒙受的任何损失或损害的补偿。

（2）凡——

（a）有任何物品依据扣留令被检取或扣留；

（b）任何侵犯权利诉讼在第 265（6）条所提述的期间内〔该期间可根据第 265（7）条延长〕，根据本部就该物品而提起；及

（c）该宗诉讼中止、侵犯权利的申索被撤回、或法院在侵犯权利法律程序中裁定该项侵犯权利并没有获得证明，则该物品的输入者、收货人或拥有人可在该宗诉讼中止、该项申索被撤回或法院作出裁定（视属何情况而定）的日期后 6 个月内，向原讼法庭申请因该项检取或扣留而使他蒙受的任何损失或损害的补偿。

（3）原讼法庭可应根据第（1）或（2）款提出的申请，作出其认为合适的补偿令。

（由 1998 年第 25 号第 2 条修订）

| 条： | 271 | 规则 | 25 of 1998 | 01/07/1997 |
|---|---|---|---|---|

附注：

具追溯力的适应化修订——见 1998 年第 25 号第 2 条。

根据《高等法院条例》（第 4 章）第 54 条订立法院规则的权力，包括就规管和订明根据本分部在原讼法庭须遵守的程序及常规以及该等程序或常规的任何附带或有关事宜订立法院规则（包括订立订明任何根据本分部须由或可由法院规则订明的事宜或事情的规则）的权力。

（由 1998 年第 25 号第 2 条修订）

| 条： | 272 | 关长及获授权人员的保障 | 22 of 1999 | 01/07/1997 |
|---|---|---|---|---|

附注：

具追溯力的适应化修订——见 1999 年第 22 号第 3 条。

（1）关长及获授权人员无须对就扣留令的执行而真诚地采取或真诚地遗漏采取任何行动而使任何人蒙受的任何损失或损害，负上任何法律责任。

（2）如有就上述职责的执行而真诚地采取或真诚地遗漏采取任何行动，则第（1）款就该行动而赋予关长及获授权人员的保障，并不以任何方式影响政府须为所采取或遗漏采取的行动所负上的任何法律责任。

（由 1999 年第 22 号第 3 条修订）

| 条： | 272A | 赋予某些表演者的精神权利 | L. N. 48 of 2008 | 25/04/2008 |
|---|---|---|---|---|

## 第ⅢA部　表演者的精神权利

### 引言

（1）本部向现场声艺表演的表演者或所作表演已录制于声音纪录内的表演者，赋予以下精神权利——

（a）被识别为表演者的权利（第 272B 条）；及

（b）其表演不受贬损处理的权利（第 272F 条）。

（2）精神权利只在表演属合资格表演的情况下赋予有关表演者。

（3）精神权利是在表演者或任何其他人根据本条例就有关表演享有的任何其他权利之外额外赋予表演者的。

（4）在本部中——

"即场向公众提供"（make available to the public live）就某项表演而言，指借有线或无线的方式提供非录制表演，而提供的方法能让在香港或其他地方的公众人士可从其各自选择的地点观看或收听该表演；

"演出"（performership）指以表演者或其中一名表演者的身份参与某项表演；

"声音纪录"（sound recording）——

（a）除（b）段另有规定外，其含义与第 II 部（版权）中该词的含义相同；

（b）不包括第 II 部所指的影片附同的影片声带；

"声艺表演"（aural performance）——

（a）指能够被人类耳朵听见的表演；或

（b）凡某项表演的某部分能够被人类耳朵听见，指该项表演的该部分，

并包括音乐表演、讲话表演及形式介乎歌唱与讲话之间的表演。

（5）以下词句在本部中的含义，与第 II 部（版权）中该等词句的含义相同——

有线传播节目；

有线传播节目服务；

发表；

业务；及

广播。

（6）以下词句在本部中的含义，与第 III 部（在表演中的权利）中该等词句的含义相同——

合资格表演；

表演；

表演者；及

录制品。

（7）如任何音乐作品的表演是在某名指挥的指挥下进行的，则就本部而言，该表演的声音须视为由该名指挥及实际上制造该等声音的人制造的，而凡提述表演者，即包括提述该名指挥。

（8）第 204（2）、（3）及（4）条经必要的变通后，适用于在本部中对向公众发放

声音纪录的复制品的提述,一如该等条文适用于在第 III 部中对向公众发放录制品的复制品的提述一样。

(9) 第 205 (2)、(3) 及 (4) 条经必要的变通后,适用于在本部中对向公众提供声音纪录的复制品的提述,一如该等条文适用于在第 III 部中对向公众提供录制品的复制品的提述一样。

(第 IIIA 部由 2007 年第 15 号第 66 条增补)

| 条: | 272B | 被识别为表演者的权利 | L. N. 48 of 2008 | 25/04/2008 |
|---|---|---|---|---|

## 被识别为表演者的权利

(1) 现场声艺表演的表演者或所作表演已录制于声音纪录内的表演者,在以下情况下,具有被识别为有关表演的表演者的权利——

(a) 该项表演作公开举行、即场向公众提供、即场广播或包含在有线传播节目服务内即场传播;或

(b) 将录制了该项表演的声音纪录的复制品向公众发放或提供、广播或包含在有线传播节目服务内。

(2) 就向公众发放或提供录制了表演的声音纪录的复制品而言,表演者根据本条具有的权利为有权在每份该等复制品之上或之内被识别,或(在如此被识别并不适当的情况下)有权以相当可能使取得该等复制品的人知悉表演者身份的其他方式被识别。

(3) 在第 (2) 款所提述的情况以外的任何情况下,表演者根据本条具有的权利为有权以相当可能使聆听有关表演、广播或有线传播节目的人知悉表演者身份的方式被识别。

(4) 第 (2) 及 (3) 款所提述的表演者的权利,包括有权以清楚及合理地显眼或被听到的方式被识别。

(5) 如表演者在宣示其被识别的权利时指明用假名、英文名缩写或其他特定形式的识别方法,则必须采用该形式,除此以外,可采用任何合理的识别形式。

(6) 如表演是由某些表演者以团体名义作出的,则采用该团体的名称已属充分地识别该团体中的表演者。

(第 IIIA 部由 2007 年第 15 号第 66 条增补)

| 条: | 272C | 第 272B 条的权利必须宣示 | L. N. 48 of 2008 | 25/04/2008 |
|---|---|---|---|---|

(1) 除非第 272B 条(被识别为表演者的权利)所赋予的权利已按照以下条文宣示,以就该条所提述的作为而约束作出该作为的人,否则该人作出该作为,并不属

侵犯该权利。

（2）该权利可借以下方式一般性地宣示，或就任何指明作为或指明类别的作为得以宣示——

（a）在转让第 III 部所赋予的、存在于任何已举行或将举行的现场声艺表演中或存在于任何已录制或将录制于声音纪录内的表演中的表演者的经济权利时，在转让该权利的文书中加入一项陈述，述明该表演者就该项表演或该项录制于声音纪录内的表演宣示其被识别的权利；或

（b）由有关表演者签署的文书。

（3）受根据第（2）款宣示的权利约束的人——

（a）就根据第（2）（a）款宣示权利而言，指承让人及透过承让人提出申索的人，而不论他是否知悉有关权利已获宣示；

（b）就根据第（2）（b）款宣示权利而言，得悉有关权利已获宣示的人。

（4）在就有关权利遭侵犯而进行的诉讼中，法院在考虑补救时，须将宣示该权利的任何延误列入考虑。

（第 IIIA 部由 2007 年第 15 号第 66 条增补）

| 条： | 272D | 第 272B 条的权利的例外情况 | L. N. 48 of 2008 | 25/04/2008 |
| --- | --- | --- | --- | --- |

（1）凡识别某表演者并非合理地切实可行，则第 272B 条（被识别为表演者的权利）所赋予的权利不适用。

（2）就为报道时事的目的而作出的表演而言，该权利不适用。

（3）就为货品或服务的广告宣传或为作出关于公众利益的事项的公告的目的而作出的表演而言，该权利不适用。

（4）如任何作为凭借任何以下条文而不属侵犯第 III 部所赋予的任何权利，则该作为亦不属侵犯第 272B 条赋予的权利——

（a）第 241 条（为某些目的而公平处理），但只限于该作为是关乎借声音纪录、广播或有线传播节目而报导时事的范围内；

（b）第 242 条（附带地包括表演或录制品）；

（c）第 243（2）条（考试试题）；

（d）第 246B 条（立法会）；

（e）第 247 条（司法程序）；

（f）第 248 条（法定研讯）。

（第 IIIA 部由 2007 年第 15 号第 66 条增补）

| 条： | 272E | 反对受贬损处理的权利 | L. N. 48 of 2008 | 25/04/2008 |
| --- | --- | --- | --- | --- |

**反对受贬损处理的权利**

(1) 现场声艺表演的表演者或所作表演已录制于声音纪录内的表演者，具有使其表演不受贬损处理的权利。

(2) 任何人如作出任何以下作为，即属侵犯上述权利——

(a) 就任何现场声艺表演而言，在该表演被安排供公开聆听、被广播、被包含在有线传播节目内或被即场向公众提供之时，令该表演或安排该表演遭受贬损处理；

(b) 就任何录制于声音纪录内的表演而言——

(i) 安排该表演借该声音纪录以令该表演遭受贬损处理的方式被公开聆听，或借该声音纪录以令该表演遭受贬损处理的方式广播该表演，或将该表演借该声音纪录以令该表演遭受贬损处理的方式包含在有线传播节目内；或

(ii) 以令该表演遭受贬损处理的方式，向公众提供该声音纪录的复制品；或

(c) 就任何已遭受贬损处理并录制于声音纪录内的表演而言——

(i) 安排该声音纪录被公开聆听，或广播该声音纪录，或将该声音纪录包含在有线传播节目内；或

(ii) 向公众提供该声音纪录的复制品。

(3) 就本条而言——

(a) "处理"（treatment）——

(i) 就现场声艺表演而言，指对该表演进行任何增添、删除、修改或改编；或

(ii) 就录制于声音纪录内的表演而言，指对该声音纪录进行任何增添、删除、修改或改编；及

(b) 如对任何现场声艺表演或任何录制于声音纪录内的表演作出的处理，构成损害表演者声誉的扭曲、割裂或其他改动，该项处理即属贬损处理。

（第 IIIA 部由 2007 年第 15 号第 66 条增补）

| 条： | 272F | 管有侵犯权利物品或就侵犯权利物品进行交易而侵犯第 272E 条的权利 | L. N. 48 of 2008 | 25/04/2008 |
|------|------|------|------|------|

(1) 任何人如——

(a) 为任何贸易或业务的目的或在任何贸易或业务的过程中，管有任何侵犯权利物品；或

(b) 出售、出租、要约出售或要约出租任何侵犯权利物品，或为出售或出租而展示任何侵犯权利物品，或分发任何侵犯权利物品，而该人知道或有理由相信该物品属侵犯权利物品，则该人亦属侵犯第 272E 条（反对受贬损处理的权利）所赋予的权利。

（2）在本条中——

"侵犯权利物品"（infringing article）指录制于声音纪录内的、符合以下说明的表演——

（a）曾遭受第 272E 条所指的贬损处理的；及

（b）曾经或相当可能在侵犯该权利的情况下属该条所提述的作为之标的物。

（第 IIIA 部由 2007 年第 15 号第 66 条增补）

| 条： | 272G | 第 272E 条的权利的例外情况 | L. N. 48 of 2008 | 25/04/2008 |
|------|------|------|------|------|

（1）就为报道时事的目的而作出的表演而言，第 272E 条（反对受贬损处理的权利）赋予的权利不适用。

（2）凡对某表演作出的改动是合乎一般的编辑或制作惯例的，该等改动不属侵犯上述权利。

（3）除第（4）款另有规定外，任何为以下目的而作出的作为均不属侵犯上述权利——

（a）避免犯罪；或

（b）履行由成文法则或根据成文法则施加的责任。

（4）凡表演者已在第（3）款所指的有关作为作出之时被识别，或他先前已在录制了有关表演的声音纪录的已发表复制品之内或之上被识别，则第（3）款只在有足够的卸责声明的情况下，具有效力。

（5）在第（4）款中，"足够的卸责声明"（sufficient disclaimer）指一项清晰和合理地显著的、符合以下规定的示意——

（a）在作出第（3）款所指的有关作为之时作出的；及

（b）（如有关表演者当时已被识别）与该识别并排出现的，

而该项示意的内容是：有关现场声艺表演或录制于声音纪录内的表演曾受到未经有关表演者同意的处理。

（第 IIIA 部由 2007 年第 15 号第 66 条增补）

| 条： | 272H | 权利的期限 | L. N. 48 of 2008 | 25/04/2008 |
|------|------|------|------|------|

## 补充条文

第 272B 条（被识别为表演者的权利）及第 272E 条（反对受贬损处理的权利）所赋予的权利，在第 III 部所赋予的表演者的权利就录制了该表演的声音纪录而存在的期间持续存在。

（第 IIIA 部由 2007 年第 15 号第 66 条增补）

| 条： | 272I | 同意及放弃权利 | L. N. 48 of 2008 | 25/04/2008 |
|------|------|------|------|------|

(1) 凡在获得具有第272B条（被识别为表演者的权利）及第272E条（反对受贬损处理的权利）所赋予的权利的人的同意下作出某作为，作出该作为并不属侵犯该等权利。

(2) 第（1）款所提述的任何权利，均可借由放弃有关权利的人签署的文书而放弃。

(3) 放弃权利可关乎某特定表演、某指明类别的表演或一般地关乎所有表演，并可关乎现有或未来的表演。

(4) 放弃权利可以是有条件或无条件的，亦可明示为可予撤回的。

(5) 放弃权利如是为惠及有关表演的权利的拥有人或准拥有人而作出的，则除非有明示的相反意愿，否则该项放弃权利须推定为延伸适用于该拥有人或准拥有人的特许持有人及所有权继承人。

(6) 本部条文不得解释为摒除一般合约法或不容反悔法就任何关乎第（1）款所提述的权利的非正式放弃或其他处理而施行。

(7) 在本条中，"表演"（performance）指现场声艺表演或录制于声音纪录内的表演。

（第 IIIA 部由 2007 年第 15 号第 66 条增补）

| 条： | 272J | 条文对合作表演者的适用情况 | L. N. 48 of 2008 | 25/04/2008 |
|---|---|---|---|---|

(1) 就合作演出而言，第272B条（被识别为表演者的权利）所赋予的权利为每名合作表演者被识别为合作表演者的权利，而该权利必须由每名合作表演者按照第272C条就其本身而宣示。

(2) 就合作演出而言，第272E条（反对受贬损处理的权利）所赋予的权利为每名合作表演者所享有的权利；如合作表演者同意有关的处理，即属体现其权利。

(3) 合作表演者中的其中一名表演者根据第272I条放弃权利，并不影响其他合作表演者的该等权利。

(4) 如任何现场声艺表演或录制于声音纪录内的表演是由2名或多于2名表演者演出的，则有关表演者可订立书面合作演出协议，让每名表演者借该协议同意除联同其他表演者外，不会就该现场声艺表演或该声音纪录内的表演（视属何情况而定）行使第272E条（反对受贬损处理的权利）所赋予他的权利。

（第 IIIA 部由 2007 年第 15 号第 66 条增补）

| 条： | 272K | 条文对表演的部分的适用情况 | L. N. 48 of 2008 | 25/04/2008 |
|---|---|---|---|---|

(1) 第272B条（被识别为表演者的权利）所赋予的权利就现场声艺表演或录制于声音纪录内的表演的整项或其任何实质部分而适用。

（2）第 272E 条（反对受贬损处理的权利）所赋予的权利就现场声艺表演或录制于声音纪录内的表演的整项或其任何部分而适用。

（第 IIIA 部由 2007 年第 15 号第 66 条增补）

| 条： | 272L | 精神权利不可转让 | L. N. 48 of 2008 | 25/04/2008 |

第 272B 条（被识别为表演者的权利）及第 272E 条（反对受贬损处理的权利）所赋予的权利不可转让。

（第 IIIA 部由 2007 年第 15 号第 66 条增补）

| 条： | 272M | 在死亡时转传精神权利 | L. N. 48 of 2008 | 25/04/2008 |

（1）凡具有第 272B 条（被识别为表演者的权利）或第 272E 条（反对受贬损处理的权利）所赋予的权利（"该权利"）的人死亡——

（a）则该权利转移予该人借遗嘱性质的处置而特定指示的人；

（b）如无该等指示，但第 III 部就有关表演而赋予的表演者的经济权利构成其遗产的一部分，而该等经济权利转移予另一人，则该权利转移予该另一人；及

（c）该权利在没有根据（a）或（b）段转移的情况下或在没有如此转移的范围内，可由该人的遗产代理人行使。

（2）凡第 III 部所赋予的表演者的经济权利构成某人遗产的一部分，而该权利的某部分转移予某人而另一部分转移予另一人，例如某项遗赠只局限于——

（a）有关拥有人具有独有权利作出或同意作出的一项或多于一项事情，而非该拥有人具有独有权利作出或同意作出的全部事情；或

（b）该等权利存在的部分期间而非整段期间，
则任何凭借第（1）（b）款与表演者的经济权利一并转移的权利，亦须相应地划分。

（3）凡某权利凭借第（1）（a）或（b）款变成可由多于一人行使，则以下条文就该权利具有效力——

（a）就第 272B 条（被识别为表演者的权利）所赋予的权利而言，该权利可由该等人当中的任何人宣示；

（b）就第 272E 条（反对受贬损处理的权利）所赋予的权利而言，该权利可由该等人当中的每一人行使；而如该等人当中的任何人同意有关的处理或作为，该权利即属就该人而体现；及

（c）该等人当中的任何人按照第 272I 条放弃该权利，并不影响其他人的权利。

（4）凡某权利凭借第（1）款转移予某人，则先前给予的同意或作出的放弃对该人具约束力。

（5）遗产代理人凭借本条就某人死后权利遭侵犯而追讨所得的损害赔偿，须作为该人的遗产的一部分而传予，犹如该诉讼权在紧接该人死亡前已存在并归属该人一样。

（第 IIIA 部由 2007 年第 15 号第 66 条增补）

| 条： | 272N | 侵犯表演者的精神权利的补救 | L. N. 48 of 2008 | 25/04/2008 |

（1）对第 272B 条（被识别为表演者的权利）或第 272E 条（反对受贬损处理的权利）所赋予的权利的侵犯，可当作为违反对具有该权利的人所负有的法定责任般而就之提起诉讼。

（2）在就侵犯第 272E 条赋予的权利而进行的法律程序中，法院如认为在当时情况下批出附有有关条款的强制令是足够的补救，即可批出该强制令；上述有关条款是指规定除非有按该法院批准的条款及方式作出的卸责声明，说明某表演者与该现场声艺表演或录制于声音纪录内的表演的处理无涉，否则禁止作出任何作为。

（第 IIIA 部由 2007 年第 15 号第 66 条增补）

| 条： | 272O | 与录制了表演的声音纪录有关的推定 | L. N. 48 of 2008 | 25/04/2008 |

凡向公众发放或提供的录制了表演的声音纪录的复制品附有一项陈述，述明——

（a）某指名的人是该表演中的表演者；或

（b）某指名表演者团体是该表演中的表演者，

则在凭借本部就该声音纪录而提起的法律程序中，该项陈述可获接纳为所述明事实的证据，且须推定为正确，直至相反证明成立为止。

（第 IIIA 部由 2007 年第 15 号第 66 条增补）

| 条： | 273 | 第 273 至 273H 条的释义 | L. N. 141 of 2008 | 11/07/2008 |

详列交互参照：

第 273A、273B、273C、273D、273E、273F、273G、273H 条

## 第 IV 部　科技措施及一般条文

### 规避有效科技措施

（由 2007 年第 15 号第 67 条代替）

（1）在第 273A 至 273H 条中，就已就某版权作品而应用的任何有效科技措施而言——〈＊注——详列交互参照：第 273A、273B、273C、273D、273E、273F、

273G、273H 条＊〉

（a）如该作品的使用是由该作品的版权拥有人透过该措施而控制的，"规避"（circumvent）指未获该版权拥有人的授权而规避该措施；

（b）如该作品的使用是由该作品的版权拥有人的专用特许持有人透过该措施而控制的，"规避"（circumvent）指未获该专用特许持有人的授权而规避该措施；或

（c）如该作品的使用是由任何其他人透过该措施而控制，而该其他人是获该版权作品的版权拥有人的特许作出以下事宜的——

（i）向公众发放该作品的复制品；

（ii）向公众提供该作品的复制品；或

（iii）广播该作品或将该作品包含在有线传播节目服务内，

"规避"（circumvent）指未获该其他人的授权而规避该措施。

（2）就本条及第 273A 至 273H 条而言，凡某科技措施已就某版权作品而应用，而任何第（1）（a）、（b）或（c）款所提述的人是通过以下途径控制该作品的使用，则该措施称为有效科技措施——〈＊注——详列交互参照：第 273A、273B、273C、273D、273E、273F、273G、273H 条＊〉

（a）在正常运作过程中达致拟对该作品作出的保护的访问控制或保护程序（包括加密保护、扰码及对该作品作出的任何其他改变）；或

（b）在正常运作过程中达致拟对该作品作出的保护的控制复制机制。

（3）在第（2）款中——

（a）"科技措施"（technological measure）指经设计以在其正常运作过程中保护任何类别的版权作品的科技、器件、组件或设施；

（b）凡提述对版权作品作出保护，指为防止或限制作出任何未获有关作品的版权拥有人的特许而作出的、并受有关作品的版权所限制的作为；

（c）对版权作品的使用的提述，并不延伸至在该作品版权所限制的作为的范围之外使用该作品。

（由 2007 年第 15 号第 68 条代替）

| 条： | 273A | 就对有效科技措施的规避而具有的权利和补救 | L. N. 141 of 2008 | 11/07/2008 |
|---|---|---|---|---|

（1）除第 273D 及 273H 条指明的例外情况外，凡任何有效科技措施已就某版权作品而应用，而任何人作出任何规避该措施的作为，且该人知道或有理由相信他正在作出规避该措施的作为，则本条适用。

（2）下述人士针对第（1）款所提述的人而具有的权利及补救，与版权拥有人就侵犯版权而具有的权利及补救相同——

(a) 有关作品的版权拥有人;

(b) 有关作品的版权拥有人的专用特许持有人;及

(c) 任何获有关作品的版权拥有人的特许作出以下事宜的其他人——

(i) 向公众发放有关作品的复制品;

(ii) 向公众提供有关作品的复制品;或

(iii) 广播有关作品或将该作品包含在有线传播节目服务内。

(3) 第(2)款赋予版权拥有人、专用特许持有人及第(2)(c)款所提述的人的权利及补救是同时具有的。

(4) 第 112(3)及 113(1)、(4)、(5)及(6)条经必要的变通后,就关乎版权拥有人、专用特许持有人及第(2)(c)款所提述的人的法律程序而适用,一如该等条文就关乎具有同时具有的权利及补救的版权拥有人及专用特许持有人的法律程序而适用一样。

(5) 第 115、116 及 117 条(某些与版权有关的事宜的推定)经必要的变通后,就根据本条提起的法律程序而适用,一如该等条文就根据第 II 部(版权)提起的法律程序而适用一样。

(由 2007 年第 15 号第 69 条增补)

| 条: | 273B | 就为规避有效科技措施而设计的器件及服务而具有的权利及补救 | L. N. 48 of 2008 | 25/04/2008 |
|---|---|---|---|---|

(1) 除第 273E 及 273H 条指明的例外情况外,凡任何有效科技设施已就某版权作品而应用,而任何人作出以下作为,则本条适用——

(a) 制作、输入、输出、出售或出租、要约出售或要约出租、为出售或出租而展示或宣传任何有关器件;

(b) 为任何贸易或业务的目的或在任何贸易或业务的过程中,公开陈列、管有或分发任何有关器件;

(c) 分发(但并非为任何贸易或业务的目的,亦并非在任何贸易或业务的过程中分发)任何有关器件,达到损害该版权的拥有人的权利的程度;或

(d) 提供任何有关服务。

(2) 在第(1)款中——

"有关服务"(relevant service)就该款所提述的有效科技措施而言,指任何符合以下说明的服务——

(a) 在推广、宣传或推出市场时表明是用于规避该措施的;

(b) 除用于规避该措施外,在商业上的实质意义或用途仅属有限的;或

(c) 是为使人能够规避该措施或为方便规避该措施的目的而提供的;

"有关器件"(relevant device)就该款所提述的有效科技措施而言,指任何符合以

下说明的器件、产品、组件或设施——

（a）在推广、宣传或推出市场时表明是用于规避该措施的；

（b）除用于规避该措施外，在商业上的实质意义或用途仅属有限的；或

（c）主要是为使人能够规避该措施或为方便规避该措施的目的而设计、生产或改装的。

（3）下述人士针对第（1）款所提述的人而具有的权利及补救，与版权拥有人就侵犯版权而具有的权利及补救相同——

（a）有关作品的版权拥有人；

（b）有关作品的版权拥有人的专用特许持有人；及

（c）任何获有关作品的版权拥有人的特许作出以下事宜的其他人——

（i）向公众发放有关作品的复制品；

（ii）向公众提供有关作品的复制品；或

（iii）广播有关作品或将该作品包含在有线传播节目服务内。

（4）第（3）款赋予版权拥有人、专用特许持有人及第（3）（c）款所提述的人的权利及补救是同时具有的。

（5）第112（3）及113（1）、（4）、（5）及（6）条经必要的变通后，就关乎版权拥有人、专用特许持有人及第（3）（c）款所提述的人的法律程序而适用，一如该等条文就关乎具有同时具有的权利及补救的版权拥有人及专用特许持有人的法律程序而适用一样。

（6）凡有人管有、保管或控制任何器件、产品、组件或设施，而其意图是该等器件、产品、组件或设施被用以规避有效科技措施，则版权拥有人、专用特许持有人及第（3）（c）款所提述的人根据第109条（交付令）就该等器件、产品、组件或设施而具有的权利及补救，与版权拥有人就侵犯版权复制品而具有的权利及补救相同。

（7）第（6）款赋予版权拥有人、专用特许持有人及第（3）（c）款所提述的人的权利及补救是同时具有的。

（8）第113（7）条（在专用特许持有人与版权拥有人同时具有权利的情况下关乎版权拥有人行使权利的命令）经必要的变通后，就版权拥有人、专用特许持有人及第（3）（c）款所提述的人并就凭借第（6）款而根据第109条作出的任何事宜而适用，一如第113（7）条就具有同时具有的权利及补救的版权持有人及专用特许持有人并就根据第109条作出的任何事宜而适用一样。

（9）第111条（处置侵犯版权复制品或其他物品的命令）经必要的变通后，就处置凭借第（6）款而根据第109条交付的任何东西一事而适用。

（10）第115、116及117条（某些与版权有关的事宜的推定）经必要的变通后，就根据本条提起的法律程序而适用，一如该等条文就根据第Ⅱ部（版权）提起的法

510

律程序而适用一样。

(由 2007 年第 15 号第 69 条增补)

| 条： | 273C | 关乎规避有效科技措施的罪行 | L. N. 48 of 2008 | 25/04/2008 |
|---|---|---|---|---|

（1）除第 273F 及 273H 条指明的例外情况外，凡任何有效科技措施已就某版权作品而应用，任何人作出以下作为，即属犯罪——

（a）制作任何有关器件作出售或出租之用；

（b）将任何有关器件输入香港作出售或出租之用；

（c）将任何有关器件输出香港作出售或出租之用；

（d）为任何贸易或业务的目的或在任何贸易或业务的过程中，出售、出租、或要约出售或要约出租或为出售或出租而展示任何有关器件；

（e）为任何包含经销规避器件的贸易或业务的目的或在任何该等贸易或业务的过程中，公开陈列或分发任何有关器件；

（f）管有任何有关器件，以期令——

（i）某人可为任何贸易或业务的目的或在任何贸易或业务的过程中，出售或出租该有关器件；或

（ii）某人可为任何包含经销规避器件的贸易或业务的目的或在任何该等贸易或业务的过程中，公开陈列或分发该有关器件；或

（g）为任何规避业务的目的或在任何规避业务的过程中，提供任何有关服务。

（2）在第（1）款中——

"有关服务"（relevant service）就该款所提述的有效科技措施而言，指任何符合以下说明的服务—

（a）在推广、宣传或推出市场时表明是用于规避该措施的；

（b）除用于规避该措施外，在商业上的实质意义或用途仅属有限的；或

（c）是为使人能够规避该措施或为方便规避该措施的目的而提供的；

"有关器件"（relevant device）就该款所提述的有效科技措施而言——

（a）除（b）段另有规定外，指任何符合以下说明的器件、产品、组件或设施——

（i）在推广、宣传或推出市场时表明是用于规避该措施的；

（ii）除用于规避该措施外，在商业上的实质意义或用途仅属有限的；或

（iii）主要是为使人能够规避该措施或为方便规避该措施的目的而设计、生产或改装的；

（b）不包括《广播条例》（第 562 章）第 6 条所提述的未经批准的译码器，或该条例第 7 条所提述的译码器；

"规避业务"（circumvention business）指为牟利而经营并包含向公众要约提供使人能够规避有效科技措施或方便规避该措施的服务的业务；

"规避器件"（circumvention device）指任何符合以下说明的器件、产品、组件或设施——

（a）在推广、宣传或推出市场时表明是用于规避有效科技措施的；

（b）除用于规避有效科技措施外，在商业上的实质意义或用途仅属有限的；或

（c）主要是为使人能够规避有效科技措施或为方便规避该措施的目的而设计、生产或改装的；

"经销"（dealing in）指出售、出租或为牟利或报酬而分发。

（3）任何人犯第（1）款所订罪行，一经循公诉程序定罪，可处罚款＄500 000 及监禁 4 年。

（4）任何就任何有效科技措施被控第（1）款所订罪行的人，如证明他不知道亦无理由相信属该罪行的标的之有关器件或有关服务使人能够规避该措施或方便规避该措施，即可以此作为免责辩护。

（由 2007 年第 15 号第 69 条增补）

| 条： | 273D | 第 273A 条的例外情况 | L. N. 141 of 2008 | 11/07/2008 |

（1）在以下情况下，第 273A 条不适用于某规避有效科技措施的作为——

（a）该措施已就某计算机程序而应用；

（b）该作为是为识别或分析该计算机程序的特定元素而作出的，而该等元素并非作出该作为的人可随时得知的；

（c）作出该作为的唯一目的，是达致该计算机程序或另一计算机程序与某独立编写的计算机程序能够互相兼容操作；

（d）与作出该作为有关的计算机程序的复制品并非侵犯版权复制品；而且

（e）（b）段所提述的识别或分析的作为不构成侵犯版权。

（2）第 273A 条不适用于符合以下说明的规避有效科技措施的作为——

（a）该作为是由任何计算机、计算机系统或计算机网络的拥有人或操作员作出，或是在该拥有人或操作员的授权下作出；而且

（b）作出该作为的唯一目的，是测试、调查或纠正该计算机、计算机系统或计算机网络（视属何情况而定）在保安上的漏洞或弱点。

（3）如作出规避有效科技措施的作为的唯一目的，是对密码学进行研究，而该作为符合以下说明，则第 273A 条不适用于该作为——

（a）有关研究是由任何指明教育机构进行或由他人代该机构进行，或是为在指明教育机构所提供的密码学范畴的指明课程中的教学或接受该等教学的目的而进行的，

而——

（i）该研究不构成侵犯版权；

（ii）为进行该研究而需要作出该作为；及

（iii）从该研究中取得的数据，除了是以指明方式向公众发布外，并没有向公众发布；或

（b）在任何其他情况下——

（i）该研究不构成侵犯版权；

（ii）为进行该研究而需要作出该作为；及

（iii）该作为或向公众发布从该研究中取得的资料并没有损害有关版权拥有人的权利。

（4）在第（3）款中——

"指明方式"（specified manner）就向公众发布从密码学研究取得的数据而言——

（a）指合理地为达致提高或增进密码学或有关科技的知识状况或发展而采用的方式；并

（b）包括在期刊或会议中发布该等资料，而该等期刊或会议的目标读者或听众，属主要是从事密码学范畴或有关科技范畴的工作的人或正在修读密码学范畴或有关科技范畴的课程的人；

"指明教育机构"（specified educational establishment）指——

（a）在附表1第4、6、7、8、9、12、14或15条中指明的教育机构；或

（b）根据《专上学院条例》（第320章）注册的香港树仁大学。

（5）在以下情况下，第273A条不适用于某规避有效科技措施的作为——

（a）该措施或已应用该措施的版权作品，能够收集或发布属追踪和记录任何人使用某计算机网络的方式的个人识别数据，而没有向该人给予关于该收集或发布的明显通知；

（b）作出该作为的唯一目的，是识别该措施或该作品（视属何情况而定）在收集或发布个人识别数据上的功能，或使其失去该功能；而且

（c）该作为不影响任何人取用任何作品的能力。

（6）在以下情况下，第273A条不适用于某规避有效科技措施的作为——

（a）某人是在使用某科技、产品或器件时作出该作为的；而且

（b）该科技、产品或器件（视属何情况而定）的唯一目的，是防止未成年人在计算机互联网上取得有害数据。

（7）在以下情况下，第273A条不适用于某规避有效科技措施的作为——

（a）该措施已就某以实物方式向公众发放的版权作品（不论属任何类别）而应用；

（b）该措施包含地区性编码或任何其他为按地区控制市场划分的目的而具有防止或限制取用该作品的作用的科技、器件、组件或设施；

（c）作出该作为的唯一目的，是克服该措施所包含的地区性编码、科技、器件、组件或设施（视属何情况而定），以取用该作品；而且

（d）作出该作为所关乎的作品的复制品——

（i）并非侵犯版权复制品；或

（ii）（如属侵犯版权复制品）是在制作它的所在国家、地区或地方合法地制作的，而它仅凭借第 35（3）条属侵犯版权复制品。

（8）在以下情况下，第 273A 条不适用于某规避有效科技措施的作为——

（a）该措施已就第 50（1）、51（1）或 53 条提及的任何类别的复制品而应用；

（b）有关规避作为是由指明图书馆的馆长或指明档案室的负责人作出的；及

（c）作出该作为的唯一目的，是作出任何根据第 50、51 及 53 条允许的作为。

（9）如某规避有效科技措施的作为是由执法机构或由他人代执法机构为防止、侦测或调查某罪行或进行检控的目的而作出的，则第 273A 条不适用于该作为。

（由 2007 年第 15 号第 69 条增补）

| 条： | 273E | 第 273B 条的例外情况 | L. N. 48 of 2008 | 25/04/2008 |
| --- | --- | --- | --- | --- |

（1）在本条中——

"有关服务"（relevant service）指任何符合以下说明的服务——

（a）在推广、宣传或推出市场时表明是用于规避有效科技措施的；

（b）除用于规避有效科技措施外，在商业上的实质意义或用途仅属有限的；或

（c）是为使人能够规避有效科技措施或为方便规避该措施的目的而提供的；

"有关器件"（relevant device）指任何符合以下说明的器件、产品、组件或设施——

（a）在推广、宣传或推出市场时表明是用于规避有效科技措施的；

（b）除用于规避有效科技措施外，在商业上的实质意义或用途仅属有限的；或

（c）主要是为使人能够规避有效科技措施或为方便规避该措施的目的而设计、生产或改装的。

（2）在以下情况下，第 273B 条不适用——

（a）某人与另一人共同合作识别或分析某计算机程序的特定元素，而此举的唯一目的是达致该计算机程序或另一计算机程序与某独立编写的计算机程序能够互相兼容操作；而且

（b）该人为使该另一人能够作出任何有关作为的目的而——

（i）为该另一人制作或输入任何有关器件；

(ii) 向该另一人出售、出租、输出或分发任何有关器件；

(iii) 管有任何有关器件；或

(iv) 向该另一人提供任何有关服务。

(3) 在第（2）款中，"有关作为"（relevant act）指——

(a) 任何规避有效科技措施的作为，而凭借第 273D（1）条，第 273A 条是不适用于该作为的；或

(b) 任何于香港以外作出的作为，而该作为如在香港作出便会构成（a）段所提述的作为。

(4) 在以下情况下，第 273B 条不适用——

(a) 任何人与另一人在某计算机、计算机系统或计算机网络（视属何情况而定）的拥有人或操作员的授权下，共同合作测试、调查或纠正该计算机、计算机系统或计算机网络在保安上的漏洞或弱点；而且

(b) 该人为使该另一人能够作出任何有关作为的目的而——

(i) 为该另一人制作或输入任何有关器件；

(ii) 向该另一人出售、出租、输出或分发任何有关器件；

(iii) 管有任何有关器件；或

(iv) 向该另一人提供任何有关服务。

(5) 在第（4）款中，"有关作为"（relevant act）指——

(a) 任何规避有效科技措施的作为，而凭借第 273D（2）条，第 273A 条是不适用于该作为的；或

(b) 任何于香港以外作出的作为，而该作为如在香港作出便会构成（a）段所提述的作为。

(6) 在以下情况下，第 273B 条不适用——

(a) 任何人与另一人共同合作进行密码学的研究；及

(b) 该人为使该另一人能够作出任何有关作为的目的而——

(i) 为该另一人制作或输入任何有关器件；

(ii) 向该另一人出售、出租、输出或分发任何有关器件；

(iii) 管有任何有关器件；或

(iv) 向该另一人提供任何有关服务。

(7) 在第（6）款中，"有关作为"（relevant act）指——

(a) 任何规避有效科技措施的作为，而凭借第 273D（3）条，第 273A 条是不适用于该作为的；或

(b) 任何于香港以外作出的作为，而该作为如在香港作出便会构成（a）段所提述的作为。

（8）在以下情况下，第 273B 条不适用于某有关器件或有关服务——

（a）某有效科技措施或已应用某有效科技措施的版权作品，具有收集或发布属追踪和记录任何人使用某计算机网络的方式的个人识别数据的功能；而且

（b）该器件或服务（视属何情况而定）的唯一目的，是识别该措施或作品（视属何情况而定）的该功能，或使其失去该功能。

（9）在以下情况下，第 273B 条不适用于某有关器件——

（a）该有关器件是包含于或拟包含于任何科技、产品或器件之内；而且

（b）该科技、产品或器件（视属何情况而定）的唯一目的，是防止未成年人在计算机互联网上取得有害数据。

（10）如任何有关服务的唯一目的，是防止未成年人在计算机互联网上取得有害数据，则第 273B 条不适用于该服务。

（11）在以下情况下，第 273B 条不适用于某有关器件或有关服务——

（a）某有效科技措施已就某以实物方式向公众发放的版权作品而应用；

（b）该措施包含地区性编码或任何其他为按地区控制市场划分的目的而具有防止或限制取用该作品的作用的科技、器件、组件或设施；及

（c）该有关器件或有关服务（视属何情况而定）的唯一目的，是克服该措施所包含的地区性编码、科技、器件、组件或设施（视属何情况而定）。

（12）如某作为是由执法机构，或由他人代执法机构为防止、侦测或调查某罪行或进行检控的目的而作出的，则第 273B 条不适用于该作为。

| 条： | 273F | 第 273C 条的例外情况 | L. N. 48 of 2008 | 25/04/2008 |
|---|---|---|---|---|

（1）在本条中——

"有关服务"（relevant service）指任何符合以下说明的服务——

（a）在推广、宣传或推出市场时表明是用于规避有效科技措施的；

（b）除用于规避有效科技措施外，在商业上的实质意义或用途仅属有限的；或

（c）是为使人能够规避有效科技措施或为方便规避该措施的目的而提供的；

"有关器件"（relevant device）指任何符合以下说明的器件、产品、组件或设施——

（a）在推广、宣传或推出市场时表明是用于规避有效科技措施的；

（b）除用于规避有效科技措施外，在商业上的实质意义或用途仅属有限的；或

（c）主要是为使人能够规避有效科技措施或为方便规避该措施的目的而设计、生产或改装的。

（2）在以下情况下，第 273C 条不适用——

（a）某人与另一人共同合作识别或分析某计算机程序的特定元素，而此举的唯一目的是达致该计算机程序或另一计算机程序与某独立编写的计算机程序能够互相兼

容操作；而且

(b) 该人为促使该另一人作出任何有关作为的目的而——

(i) 为该另一人制作或输入任何有关器件；

(ii) 向该另一人出售、出租、输出或分发任何有关器件；

(iii) 管有任何有关器件，以期向该另一人出售、出租或分发该器件；或

(iv) 向该另一人提供任何有关服务。

(3) 在第（2）款中，"有关作为"（relevant act）指——

(a) 任何规避有效科技措施的作为，而凭借第 273D（1）条，第 273A 条是不适用于该作为的；或

(b) 任何于香港以外作出的作为，而该作为如在香港作出便会构成（a）段所提述的作为。

(4) 在以下情况下，第 273C 条不适用——

(a) 任何人与另一人在某计算机、计算机系统或计算机网络（视属何情况而定）的拥有人或操作员的授权下，共同合作测试、调查或纠正该计算机、计算机系统或计算机网络在保安上的漏洞或弱点；而且

(b) 该人为使该另一人能够作出任何有关作为的目的而——

(i) 为该另一人制作或输入任何有关器件；

(ii) 向该另一人出售、出租、输出或分发任何有关器件；

(iii) 管有任何有关器件，以期向该另一人出售、出租或分发该器件；或

(iv) 向该另一人提供任何有关服务。

(5) 在第（4）款中，"有关作为"（relevant act）指——

(a) 任何规避有效科技措施的作为，而凭借第 273D（2）条，第 273A 条是不适用于该作为的；或

(b) 任何于香港以外作出的作为，而该作为如在香港作出便会构成（a）段所提述的作为。

(6) 第 273C 条在以下情况下不适用——

(a) 任何人与另一人共同合作，进行密码学研究；而且

(b) 该人为使该另一人能够作出任何有关作为的目的而——

(i) 为该另一人制作或输入任何有关器件；

(ii) 向该另一人出售、出租、输出或分发任何有关器件；

(iii) 管有任何有关器件，以期向该另一人出售、出租或分发该器件；或

(iv) 向该另一人提供任何有关服务。

(7) 在第（6）款中，"有关作为"（relevant act）指——

(a) 任何规避有效科技措施的作为，而凭借第 273D（3）条，第 273A 条是不适

用于该作为的；或

（b）任何于香港以外作出的作为，而该作为如在香港作出便会构成（a）段所提述的作为。

（8）在以下情况下，第 273C 条不适用于某有关器件或有关服务——

（a）某有效科技措施或已应用某有效科技措施的版权作品，具有收集或发布属追踪和记录任何人使用某计算机网络的方式的个人识别数据的功能；而且

（b）该器件或服务（视属何情况而定）的唯一目的，是识别该措施或作品（视属何情况而定）的该功能，或使其失去该功能。

（9）在以下情况下，第 273C 条不适用于某有关器件——

（a）该有关器件是包含于或拟包含于任何科技、产品或器件之内；而且

（b）该科技、产品或器件（视属何情况而定）的唯一目的，是防止未成年人在计算机互联网上取得有害数据。

（10）如任何有关服务的唯一目的，是防止未成年人在计算机互联网上取得有害数据，则第 273C 条不适用于该服务。

（11）在以下情况下，第 273C 条不适用于某有关器件或有关服务——

（a）某有效科技措施已就某以实物方式向公众发放的版权作品而应用；

（b）该措施包含地区性编码或任何其他为按地区控制市场划分的目的而具有防止或限制取用该作品的作用的科技、器件、组件或设施；及

（c）该有关器件或有关服务（视属何情况而定）的唯一目的，是克服该措施所包含的地区性编码、科技、器件、组件或设施（视属何情况而定）。

（12）如某作为是由执法机构，或由他人代执法机构为防止、侦测或调查某罪行或为进行检控的目的而作出的，则第 273C 条不适用于该作为。

（由 2007 年第 15 号第 69 条增补）

| 条： | 273G | 第 273、273A、273B、273D 及 273E 条对表演的适用范围 | L. N. 141 of 2008 | 11/07/2008 |
| --- | --- | --- | --- | --- |

第 273、273A（1）、（2）、（3）及 (4)、273B（1）、（2）、（3）、（4）、（5）、（6）、（7）、（8）及（9）、273D 及 273E 条经必要的变通后，就以下项目而适用——

（a）非录制表演或表演的录制品；

（b）表演者或就某表演具有录制权的人；及

（c）第 III 部所赋予表演者或就某表演具有录制权的人的权利。

（由 2007 年第 15 号第 69 条增补）

| 条： | 273H | 第 273A、273B、273C 及 273G 条的例外情况 | L. N. 141 of 2008 | 11/07/2008 |
| --- | --- | --- | --- | --- |

商务及经济发展局局长如信纳——

（a）某作品或表演、某类别的作品或表演或某类别的器件、产品、组件、设施或服务（视属何情况而定）的使用或处理，并不构成或导致对版权或第 III 部所赋予的权利（在表演中的权利）的侵犯；及

（b）该等条文的应用已对或相当可能会对任何该等使用或处理造成不利影响或损害，则可借宪报刊登的公告，将该作品或表演、该类别的作品或表演或该类别的器件、产品、组件、设施或服务，豁除于第 273A、273B、273C 及 273G 条的条文的适用范围外。

（由 2007 年第 15 号第 69 条增补）

| 条： | 274 | 就干扰权利管理数据的不合法作为而具有的权利及补救 | L. N. 48 of 2008 | 25/04/2008 |

## 权利管理数据

（1）提供权利管理数据的人具有以下的权利及补救。

（2）他针对作出以下事情的人而具有的权利和补救，与版权拥有人就侵犯版权而具有的相同——

（a）在未经他授权下除去或更改由他提供的电子形式的权利管理数据；或

（b）知道有附连于作品或其复制品、表演、表演的录制品的电子形式的权利管理数据在未经他授权下已被除去或更改，而在未经他授权下向公众发放或向公众提供、出售或出租该等作品或其复制品、表演或表演的录制品，或将之输入或输出香港、广播或包括在有线传播节目服务内。

（2A）提供权利管理数据的人并不针对第（2）款所提述的人而具有权利及补救，除非后者在作出第（2）（a）或（b）款所提述的作为时，知道或有理由相信借作出该作为，他正诱使、方便或掩饰对版权的侵犯或对第 III 部所赋予的权利（在表演中的权利）的侵犯，或正使人能够侵犯版权或该等权利。（由 2007 年第 15 号第 70 条增补）

（2B）如有权利管理数据附连的作品的版权拥有人或该版权拥有人的专用特许持有人，并非提供该权利管理数据的人，则该版权拥有人或专用特许持有人（视属何情况而定）针对第（2）款所提述的人而具有的权利及补救，与提供该权利管理数据的人具有的权利及补救相同。（由 2007 年第 15 号第 70 条增补）

（2C）第（1）款赋予提供权利管理数据的人的权利及补救，与第（2B）款赋予版权拥有人及其专用特许持有人的权利及补救是同时具有的。（由 2007 年第 15 号第 70 条增补）

（2D）第 112（3）及 113（1）、（4）、（5）及（6）条经必要的变通后，就关乎提

供权利管理数据的人、版权拥有人及专用特许持有人的法律程序而适用，一如该等条文就关乎具有同时具有的权利及补救的版权拥有人及专用特许持有人的法律程序而适用一样。（由 2007 年第 15 号第 70 条增补）

（2E）第 115、116 及 117 条（某些与版权有关的事宜的推定）经必要的变通后，就根据本条提起的法律程序而适用，一如该等条文就根据第 II 部（版权）提起的法律程序而适用一样。（由 2007 年第 15 号第 70 条增补）

（2F）本条〔第（2E）款除外〕经必要的变通后，就以下项目而适用——

（a）表演的录制品；

（b）表演者或就某表演具有录制权的人；及

（c）第 III 部所赋予表演者或就某表演具有录制权的人的权利。（由 2007 年第 15 号第 70 条增补）

（3）在本条中，凡提述权利管理数据，即指在附连于任何作品的复制品或录制表演时的属以下任何项目的数据，或是与向公众提供作品或录制表演有关而出现的属以下任何项目的数据——

（a）识别作品、作品的作者、作品的任何权利的拥有人、表演者或表演者的表演的资料；

（b）关于使用作品的条款及条件、就表演具有录制权的人或表演的资料；或

（c）任何代表该等数据的数字或代码。

| 条： | 275 | 就用作在未经授权下接收传送的器具等而具有的权利和补救 | | 30/06/1997 |
| --- | --- | --- | --- | --- |

## 以欺诈手段接收传送

（1）凡任何人——

（a）为接收包括在从香港某地方或从其他地方提供的广播或有线传播节目服务内的节目而收取费用；或

（b）从香港某地方或从其他地方发送任何其他类别的经编码处理的传送，

该人即其有以下权利及补救。

（2）他针对作出以下作为的人而具有的权利和补救，与版权拥有人就侵犯版权而具有的相同——

（a）制作、输入、输出、出售或出租任何器具或器件，而该器具或器件是经设计或改装以使他人能够接收或协助他人接收该等人无权接收的节目或其他传送的；或

（b）发表任何数据而该数据刻意使他人能够接收或刻意协助他人接收该等人无权接收的节目或其他传送。

（3）此外，他根据第 109 条（交付）而就任何该等器具或器件所具有的权利和补

救，与版权拥有人就侵犯版权复制品而具有的相同。

(4) 在第 108 (1) 条（不知情侵犯版权）适用于就侵犯本条所赋予权利而进行的法律程序的条文中，凡提述被告人不知道或没有理由相信某作品有版权存在，须解释为提述他不知道或没有理由相信其作为侵犯了本条所赋予的权利。

(5) 第 111 条经所需的变通后，就任何凭借第 (3) 款交付的东西的处置而适用。

[比照 1988 c. 48 s. 298 U. K.]

| 条: | 276 | 对于某些不给予香港的广播、有线传播节目及经编码处理的传送足够保护的国家等的人民不给予第 275 条所指的权利 | 22 of 1999 | 01/07/1997 |
|---|---|---|---|---|

附注：

具追溯力的适应化修订——见 1999 年第 22 号第 3 条。

(1) 除第 (3) 款另有规定外，行政长官会同行政会议如觉得在香港制作的广播或从香港发送的有线传播节目或经编码处理的传送因受到某国家、地区或地方不利的待遇而在该国家、地区或地方没有得到足够的保护，则行政长官会同行政会议可借规例而按照本条，限制第 275 条就该国家、地区或地方制作广播或提供有线传播节目或经编码处理的传送的人而赋予的权利。

(2) 行政长官会同行政会议须在规例中指定有关的国家、地区或地方，并须规定就规例所指明的目的而言，在规例所指明的日期之后制作的广播或发送的有线传播节目或经编码处理的传送的制作者或发送者在该项制作或发送时属下列身份，则该项广播、有线传播节目或经编码处理的传送并不具备根据第 275 条获得保护的资格——

(a) 制作者或发送者是以该国家、地区或地方为居籍或在该国家、地区或地方居住或有该国家、地区或地方的居留权（但并非同时以香港为居籍或在香港居住或有香港的居留权）的个人；或

(b) 制作者或发送者是根据该国家、地区或地方的法律成立为法团的团体，而规例可在顾及第 (1) 款所提述的不利待遇的性质及程度后，为第 275 条的全部目的或为规例所指明的某些目的，一般地或就规例所指明的个案种类，订定条文。

(3) 行政长官会同行政会议不得就香港亦是缔约方或延伸适用于香港的双边或多边版权或有关权利的公约的缔约国家、地区或地方行使其在本条下的权力。

(由 1999 年第 22 号第 3 条修订)

| 条: | 277 | 关于以欺诈手段接收的补充条文 | | 30/06/1997 |
|---|---|---|---|---|

凡第 275 条就某广播服务或有线传播节目服务而适用，则该条亦适用于为提供

该等服务的人或提供节目予该等服务的人而营运的任何服务，而该等服务全部或主要是借电讯系统发送声音或影像或发送声音及影像的。

[比照 1988 c. 48 s. 299 U. K.]

| 条： | 278 | 关长可授权予任何人员 | 22 of 1999 | 01/07/1997 |

附注：

具追溯力的适应化修订——见 1999 年第 22 号第 3 条。

## 一般条文

关长可授权任何公职人员行使本条例赋予获授权人员的任何权力和执行本条例委予获授权人员的任何职责。

(由 1999 年第 22 号第 3 条修订)

| 条： | 279 | 释义 | | 30/06/1997 |

在本部中使用的词句，如已为第 II 部（版权）及第 III 部（表演的权利）的施行而予以界定，则其含义与在该两部中该等词句的含义相同。

| 条： | 280 | （已失时效而略去） | L. N. 127 of 2001 | 13/07/2001 |

（已失时效而略去）

| 条： | 281 | 废除 | | 30/06/1997 |

附表 5 指明的成文法则就该附表所指明的范围予以废除。

| 条： | 282 | 关乎《2003 年版权（修订）条例》所作的修订的过渡性条文及保留条文 | 15 of 2007 | 06/07/2007 |

关乎《2003 年版权（修订）条例》所作的修订的过渡性条文及保留条文

(由 2007 年第 15 号第 71 条修订)

附表 6 载有关乎某些由《2003 年版权（修订）条例》（2003 年第 27 号）对本条例所作的修订的过渡性条文及保留条文。

(由 2003 年第 27 号第 8 条增补。由 2007 年第 15 号第 71 条修订)

| 条： | 283 | 关乎《2007 年版权（修订）条例》所作的修订的过渡性条文及保留条文 | 15 of 2007 | 06/07/2007 |

（1）在本条中，"《2007 年修订条例》"（2007 Amendment Ordinance）指《2007 年版权（修订）条例》（2007 年第 15 号）。

（2）附表 7 载有关乎某些由《2007 年修订条例》对本条例作出的修订的过渡性条文及保留条文。

（3）行政长官会同行政会议可订立载有因《2007 年修订条例》的制订而需订立的过渡性条文或保留条文的规例。

（4）在不损害第（3）款的一般性的原则下，该等规例尤可就——

（a）经《2007 年修订条例》修订的本条例的条文对规例所指明的事宜的适用情况作出规定；或

（b）在紧接《2007 年修订条例》的任何条文的生效前有效的本条例的条文对规例所指明的事宜继续的适用情况作出规定。

（5）根据本条订立的规例如本身有规定当作已自一个较该等规例在宪报刊登的日期为早的日期起开始实施，则该规例可当作已自该日期起开始实施，但该等规例不得在《2007 年修订条例》在宪报刊登的日期之前开始实施。

（6）凡任何规例自一个较其在宪报刊登的日期为早的日期起开始实施，则在该范围内，该等规例须解释为不会——

（a）以不利于某人的方式，影响属于该人的在该等规例在宪报刊登的日期前已存在的权利；或

（b）就任何在该日期前作出或没有在该日期前作出的事情，而对任何人施加法律责任。

（7）如根据本条订立的规例与附表 7 的条文相抵触，则在该等条文相抵触的范围内，须以后者为准。

（由 2007 年第 15 号第 72 条增补）

| 附表： | 1 | 教育机构 | 15 of 2007 | 06/07/2007 |
|---|---|---|---|---|

［第 40A、119B、195 及 273D 条及附表 2 及 3］
（由 2007 年第 15 号第 73 条修订）

1.《教育条例》（第 279 章）第 3 条所指并完全由政府营办和管制的任何学校。

2. 根据《教育条例》（第 279 章）注册或临时注册的任何学校。

3. 根据《专上学院条例》（第 320 章）注册的任何专上学院。

4. 由《岭南大学条例》（第 1165 章）设立的岭南大学。（由 1999 年第 54 号第 36 条代替）

5. 根据《香港教育学院条例》（第 444 章）设立的香港教育学院。

6. 根据《香港大学条例》（第 1053 章）设立的香港大学。

7. 根据《香港理工大学条例》（第 1075 章）设立的香港理工大学。

8. 根据《香港中文大学条例》（第 1109 章）设立的香港中文大学。

9. 根据《香港浸会大学条例》（第 1126 章）设立的香港浸会大学。

10.《职业训练局条例》（第 1130 章）第 2 条中界定的任何工业训练中心或技能训练中心。

11.《职业训练局条例》（第 1130 章）第 2 条中界定的任何科技学院或工业学院。

12. 根据《香港城市大学条例》（第 1132 章）设立的香港城市大学。

13. 根据《香港演艺学院条例》（第 1135 章）设立的香港演艺学院。

14. 根据《香港科技大学条例》（第 1141 章）设立的香港科技大学。

15. 根据《香港公开大学条例》（第 1145 章）设立的香港公开大学。（由 2007 年第 15 号第 73 条代替）

| 附表： | 1A | 为"指明课程"的定义的目的而指明的机构及当局 | 15 of 2007 | 06/07/2007 |
|---|---|---|---|---|

[第 198 条]

1. 成员由行政长官委出的课程发展议会。

（附表 1A 由 2007 年第 15 号第 74 条增补）

| 附表： | 1AA | 本条例第 119B（1）条不适用的情况（制作或分发侵犯版权复制品的范围） | 15 of 2009；L. N. 68 of 2010 | 16/07/2010 |
|---|---|---|---|---|

[第 119B 条]

# 第 1 部　引言

1. 释义

（1）在本附表中——

"A4 尺寸"（A4 size）指 29.7 厘米乘 21 厘米的尺寸；

"侵犯版权页"（infringing page）指载有载于某杂志、期刊（指明期刊除外）或报章中的任何属刊印形式的版权作品的侵犯版权复制品（不论整体或部分）的页面；

"指明期刊"（specified journal）指包含与某学科有关的学术性文章的期刊，而通常在一期中，最少有一篇该等文章经过该学科的一名或多于一名的专家或学者作同侪评核；

"限定复制品"（qualifying copy）——

(a) 就书本而言，指一组页面（不论属刊印或电子形式），其中载有载于该书本的制成本中的任何属刊印形式的版权作品的侵犯版权复制品（不论整体或部分），该组页面并与该书本的制成本的 25％以上的印刷页面相对应；或

(b) 就指明期刊而言，指——

(i) 一组页面（不论属刊印或电子形式），其中载有载于该期刊某期的制成本中的任何属刊印形式的版权作品的侵犯版权复制品（不论整体或部分），该组页面并与该期期刊的制成本的 25％以上的印刷页面相对应；或

(ii) 一组页面（不论属刊印或电子形式），其中载有制作自该期刊某期的刊印本中的某篇完整文章的侵犯版权复制品，该组页面并与该期期刊的刊印本的不多于 25％的印刷页面相对应；

"建议订阅价"（recommended subscription price）就指明期刊而言，指在给予交易商或顾客任何折扣前，出版商所建议的该期刊的订阅价；

"建议零售价"（recommended retail price）——

(a) 就书本的制成本而言，指在给予交易商或顾客任何折扣前，出版商所建议的该制成本的零售价；

(b) 就某出版系列的整套书本的制成本或由多册组成的一套书本的制成本而言，指在给予交易商或顾客任何折扣前，出版商所建议的该制成本的零售价；或

(c) 就指明期刊某期中的某篇文章的制成本而言，指在给予交易商或顾客任何折扣前，出版商所建议的该制成本的零售价；

"标示订阅价"（marked subscription price）就指明期刊而言，指出版商印于该期刊某期的制成本内或该制成本上的该期刊的订阅价；

"标示零售价"（marked retail price）——

(a) 就书本的制成本而言，指出版商印于该制成本内或该制成本上的该制成本的零售价；

(b) 就某出版系列的整套书本的制成本或由多册组成的一套书本的制成本而言，指出版商印于该制成本内或该制成本上的该制成本的零售价；或

(c) 就指明期刊某期的制成本而言，指出版商印于该制成本内或该制成本上的该制成本的零售价。

(2) 在本附表中使用的词句，如已为本条例第 II 部（版权）的施行而界定，则其含义与该部中该等词句的含义相同。

2. 币值换算

在将以非港元货币单位显示的标示零售价、标示订阅价、建议零售价、建议订阅价或市价换算为港元时，须参照——

(a) 香港银行公会就该货币公布的外汇卖出开市参考牌价；或

(b)（如没有公布该牌价）国际货币基金组织就该货币公布的代表性汇率。

## 第 2 部　制作或分发侵犯版权复制品的范围

3. 杂志、期刊（指明期刊除外）及报章

（1）如在任何一段 14 天的期间内，某人为分发而制作载有一份或多于一份版权作品的侵犯版权复制品，而该等版权作品属刊印形式并载于杂志、期刊（指明期刊除外）或报章中，且该人在该段期间内制作的侵犯版权页的总数，不超逾 500 版页面，则本条例第 119B（1）条不适用于该项制作。

（2）如在任何一段 14 天的期间内，某人分发载有一份或多于一份版权作品的侵犯版权复制品，而该等版权作品属刊印形式并载于杂志、期刊（指明期刊除外）或报章中，且该人在该段期间内分发的侵犯版权页的总数，不超逾 500 版页面，则本条例第 119B（1）条不适用于该项分发。

（3）本附表第 3 部列出关于为施行第（1）及（2）款而计算侵犯版权页的总数的条文。

4. 书本及指明期刊

（1）如在任何一段 180 天的期间内，某人为分发而制作载有一份或多于一份版权作品的侵犯版权复制品，而该等版权作品属刊印形式并载于书本或指明期刊中，且该人在该段期间内制作的限定复制品的总值，不超逾 ＄6 000，则本条例第 119B（1）条不适用于该项制作。

（2）如在任何一段 180 天的期间内，某人分发载有一份或多于一份版权作品的侵犯版权复制品，而该等版权作品属刊印形式并载于书本或指明期刊中，且该人在该段期间内分发的限定复制品的总值，不超逾 ＄6 000，则本条例第 119B（1）条不适用于该项分发。

（3）如某人为分发而制作载有一份或多于一份版权作品的侵犯版权复制品，而该等版权作品属刊印形式并载于书本中，且该人所制作的载有该等侵犯版权复制品的页面，并不符合本附表第 1（1）条中"限定复制品"的定义（a）段的含义，则本条例第 119B（1）条不适用于该项制作。

（4）如某人为分发而制作载有一份或多于一份版权作品的侵犯版权复制品，而该等版权作品属刊印形式并载于指明期刊中，且该人所制作的载有该等侵犯版权复制品的页面，并不符合本附表第 1（1）条中"限定复制品"的定义（b）段的含义，则本条例第 119B（1）条不适用于该项制作。

（5）如某人分发载有一份或多于一份版权作品的侵犯版权复制品，而该等版权作品属刊印形式并载于书本中，且该人所分发的载有该等侵犯版权复制品的页面，并不符合本附表第 1（1）条中"限定复制品"的定义（a）段的含义，则本条例第 119B

（1）条不适用于该项分发。

（6）如某人分发载有一份或多于一份版权作品的侵犯版权复制品，而该等版权作品属刊印形式并载于指明期刊中，且该人所分发的载有该等侵犯版权复制品的页面，并不符合本附表第 1（1）条中。

"限定复制品"的定义（b）段的含义，则本条例第 119B（1）条不适用于该项分发。

（7）本附表第 4 部列出关于为施行第（1）及（2）款而厘定限定复制品的价值的条文。

## 第 3 部　计算侵犯版权页的总数

5. 计算侵犯版权页的总数

（1）本条适用于为施行本附表第 3（1）及（2）条而计算侵犯版权页的总数。

（2）在计算侵犯版权页的总数时，须运用以下的公式——

$$A=B+C+D$$

在公式中——

A. 指侵犯版权页的总数；

B. 指按照第（3）及（4）款调整后（如适用的话）的 A4 尺寸的侵犯版权页的数目；

C. 指按照第（3）及（4）款调整后（如适用的话）的小于 A4 尺寸的侵犯版权页的数目；

D. 指按照第（3）及（4）款调整后（如适用的话）的大于 A4 尺寸的侵犯版权页的数目。

（3）在计算以刊印形式制作或分发的侵犯版权页的总数时——

（a）如任何侵犯版权页小于 A4 尺寸，则该等侵犯版权页的数目须根据该等侵犯版权页与一版 A4 尺寸的侵犯版权页所相差的尺寸而按比例向下调，计算所得的数目须列明小数点后 2 个位的数字，而不须将小数点后第 3 个位的数字作四舍五入处理；

（b）如任何侵犯版权页大于 A4 尺寸，则该等侵犯版权页的数目须根据该等侵犯版权页与一版 A4 尺寸的侵犯版权页所相差的尺寸而按比例向上调，计算所得的数目须列明小数点后 2 个位的数字，而不须将小数点后第 3 个位的数字作四舍五入处理；

（c）如任何侵犯版权页载有的侵犯版权复制品的影像（不论整体或部分）（在本段中称为"该缩小影像"）是将该侵犯版权复制品所复制的作品的影像（在本段中称为"该原影像"）缩小所得，则该等侵犯版权页的数目须根据该缩小影像与该原影像所相差的尺寸而按比例向上调，计算所得的数目须列明小数点后 2 个位的数字，而

不须将小数点后第 3 个位的数字作四舍五入处理；及

（d）如任何侵犯版权页载有的侵犯版权复制品的影像（不论整体或部分）（在本段中称为"该放大影像"）是将该侵犯版权复制品所复制的作品的影像（在本段中称为"该原影像"）放大所得，则该等侵犯版权页的数目须根据该放大影像与该原影像所相差的尺寸而按比例向下调，计算所得的数目须列明小数点后 2 个位的数字，而不须将小数点后第 3 个位的数字作四舍五入处理。

（4）在计算以电子形式制作或分发的侵犯版权页的总数时——

（a）须将如此制作或分发的载有所有侵犯版权复制品的影像的文件打印于 A4 尺寸的纸上，而该打印本的每一版页面须视为一版侵犯版权页；

（b）如任何如此打印的侵犯版权页载有的侵犯版权复制品的影像（不论整体或部分）（在本段中称为"该缩小影像"）是将该侵犯版权复制品所复制的作品的影像（在本段中称为"该原影像"）缩小所得，则该等侵犯版权页的数目须根据该缩小影像与该原影像所相差的尺寸而按比例向上调，计算所得的数目须列明小数点后 2 个位的数字，而不须将小数点后第 3 个位的数字作四舍五入处理；及

（c）如任何如此打印的侵犯版权页载有的侵犯版权复制品的影像（不论整体或部分）（在本段中称为"该放大影像"）是将该侵犯版权复制品所复制的作品的影像（在本段中称为"该原影像"）放大所得，则该等侵犯版权页的数目须根据该放大影像与该原影像所相差的尺寸而按比例向下调，计算所得的数目须列明小数点后 2 个位的数字，而不须将小数点后第 3 个位的数字作四舍五入处理。

## 第 4 部　厘定限定复制品的价值

6. 厘定以书本制作的限定复制品的价值

（1）本条适用于为施行本附表第 4（1）及（2）条而厘定本附表第 1（1）条中"限定复制品"的定义（a）段所指的限定复制品的价值。

（2）限定复制品的价值，须视为与符合以下说明的书本的制成本（在本条中称为"可比拟书本"）的价值相同——

（a）并非侵犯版权复制品；及

（b）载有的版权作品属该限定复制品的主体。

（3）以下的价值须视为可比拟书本的价值——

（a）该可比拟书本的标示零售价；

（b）（如该可比拟书本没有标示零售价）该可比拟书本的建议零售价；或

（c）（如该可比拟书本既没有标示零售价，亦没有建议零售价）除第（4）款另有规定外，在该可比拟书本的市价属易于确定的情况下，该可比拟书本的市价。

(4) 如有关的可比拟书本为某出版系列的整套书本的制成本或由多册组成的一套书本的制成本（在本条中称为"可比拟套书"）中的其中一册，而该可比拟书本既没有标示零售价，亦没有建议零售价，则以下的价值须视为该可比拟书本的价值——

（a）该可比拟套书的标示零售价的分数，其分母为该可比拟套书的印刷页面总数，分子则为该可比拟书本的印刷页面数目，计算所得的数目须列明小数点后 2 个位的数字，而不须将小数点后第 3 个位的数字作四舍五入处理；或

（b）（如该可比拟套书没有标示零售价）该可比拟套书的建议零售价的分数，其分母为该可比拟套书的印刷页面总数，分子则为该可比拟书本的印刷页面数目，计算所得的数目须列明小数点后 2 个位的数字，而不须将小数点后第 3 个位的数字作四舍五入处理。

（5）为施行第（3）（a）款，如有关的可比拟书本有 2 个或多于 2 个以不同货币单位显示的标示零售价，在计算该书本的价值时，须按照以下的次序而厘定所采用的货币单位——

（a）首先，港元；

（b）其次，美元；及

（c）其三，印于该书本内或该书本上的第一个标示零售价的货币单位。

（6）为施行第（4）（a）款，如有关的可比拟套书有 2 个或多于 2 个以不同货币单位显示的标示零售价，在计算该可比拟书本的价值时，须按照以下的次序而厘定所采用的货币单位—

（a）首先，港元；

（b）其次，美元；及

（c）其三，印于该套书内或该套书上的第一个标示零售价的货币单位。

（7）如第（3）或（4）款所述的标示零售价、建议零售价或市价是以非港元货币单位显示，本附表第 2 条适用于将该价格换算为港元。

7. 厘定以指明期刊制作的限定复制品的价值（一般条文）

（1）本条适用于为施行本附表第 4（1）及（2）条而厘定本附表第 1（1）条中"限定复制品"的定义（b）段所指的限定复制品的价值。

（2）如——

（a）本附表第 1（1）条中"限定复制品"的定义（b）（i）段所指的限定复制品，是以指明期刊某期的制成本所制作的；及

（b）该限定复制品包含由本附表第 1（1）条中"限定复制品"的定义（b）（ii）段所指的一份或多于一份限定复制品，则在厘定（a）及（b）段所提述的限定复制品的总值时，只须计算（a）段所提述的限定复制品的价值。

8. 厘定以指明期刊制作的限定复制品的价值（某期期刊）

（1）本条适用于为施行本附表第 4（1）及（2）条而厘定本附表第 1（1）条中"限定复制品"的定义（b）（i）段所指的限定复制品的价值。

（2）限定复制品的价值，须视为与符合以下说明的一期指明期刊的制成本（在本条中称为"可比拟指明期刊"）的价值相同——

（a）并非侵犯版权复制品；及

（b）载有的版权作品属该限定复制品的主体。

（3）以下的价值须视为可比拟指明期刊的价值——

（a）该可比拟指明期刊的标示零售价；

（b）（如该可比拟指明期刊没有标示零售价）印于该可比拟指明期刊内或该期刊上的有关的指明期刊的标示订阅价，除以订阅期所包含的期数，计算所得的数目须列明小数点后 2 个位的数字，而不须将小数点后第 3 个位的数字作四舍五入处理；或

（c）（如该可比拟指明期刊没有标示零售价及在该可比拟指明期刊内或该期刊上没有印上有关的指明期刊的标示订阅价）有关的指明期刊的建议订阅价，除以订阅期所包含的期数，计算所得的数目须列明小数点后 2 个位的数字，而不须将小数点后第 3 个位的数字作四舍五入处理。

（4）为施行第（3）（a）款，如有关的可比拟指明期刊有 2 个或多于 2 个以不同货币单位显示的标示零售价，在计算该期刊的价值时，须按照以下的次序而厘定所采用的货币单位——

（a）首先，港元；

（b）其次，美元；及

（c）其三，印于该期刊内或该期刊上的第一个标示零售价的货币单位。

（5）为施行第（3）（b）款，如有关的指明期刊有 2 个或多于 2 个印于有关的可比拟指明期刊内或该可比拟指明期刊上的以不同货币单位显示的标示订阅价，在计算该可比拟指明期刊的价值时，须按照以下的次序而厘定所采用的货币单位——

（a）首先，港元；

（b）其次，美元；及

（c）其三，印于该可比拟指明期刊内或该可比拟指明期刊上的第一个标示订阅价的货币单位。

（6）如第（3）款所提述的标示零售价、标示订阅价或建议订阅价是以非港元货币单位显示，本附表第 2 条适用于将该价格换算为港元。

9. 厘定以指明期刊制作的限定复制品的价值（文章）

（1）本条适用于为施行本附表第 4（1）及（2）条而厘定本附表第 1（1）条中"限定复制品"的定义（b）（ii）段所指的限定复制品的价值。

（2）限定复制品的价值，须视为与符合以下说明的一期指明期刊中的某篇文章的

制成本（在本条中称为"可比拟文章"）的价值相同——

（a）并非侵犯版权复制品；及

（b）载有的版权作品属该限定复制品的主体。

（3）可比拟文章的价值，须视为与该文章的建议零售价相同。

（4）如第（3）款所提述的建议零售价是以非港元货币单位显示，本附表第 2 条适用于将该价格换算为港元。

（由 2009 年第 15 号第 4 条增补）

| | | | | |
|---|---|---|---|---|
| 附表： | 1AB | 本条例第 119B（1）条不适用的情况（分发侵犯版权复制品的方式） | 15 of 2009；L. N. 68 of 2010 | 16/07/2010 |

［第 119B 条］

1. 释义

在本附表中使用的词句，如已为本条例第 II 部（版权）的施行而界定，则其含义与该部中该等词句的含义相同。

2. 分发侵犯版权复制品的方式

（1）除第（2）款另有规定外，凡透过有线或无线网络分发侵犯版权复制品，而取用该复制品须受认证或识别程序限制，则本条例第 119B（1）条不适用于该项分发。

（2）第（1）款不适用于分发到电邮地址或传真号码的文件中所载有的侵犯版权复制品。

（由 2009 年第 15 号第 4 条增补）

| | | | | |
|---|---|---|---|---|
| 附表： | 2 | 版权：过渡性及保留条文 | L. N. 130 of 2007 | 01/07/2007 |

详列交互参照：

第 17、18、19、20、21、107、108、109、115、116、117、118、119、120、121、122、123、124、125、126、127、128、129、130、131、132、133 条。

附注：

有关《立法会决议》（2007 年第 130 号法律公告）所作之修订的保留及过渡性条文，见载于该决议第（12）段。

［第 173、191 及 199 条］

# 引言

1.（1）在本附表中——

"《1911 年法令》"（the 1911 Act）指借在 1912 年 6 月 28 日的宪报刊登的 1912 年

第 3 号文告而延伸适用于香港的《1911 年版权法令》(1911 c. 46 U. K. );

"《1956 年法令》"(the 1956 Act) 指借《1972 年至 1990 年的版权（香港）命令》（附录 IIIDD1 页）而延伸适用于香港的《1956 年版权法令》(1956 c. 74 U. K. );

"《世界贸易组织条例》"(the WTO Ordinance) 指《1996 年知识产权（世界贸易组织修订）条例》(1996 年第 11 号);

"《版权条例》"(the Copyright Ordinance) 指在紧接本条例第 II 部的生效日期之前有效的《版权条例》(第 39 章);

"新的版权条文"(the new copyright provisions) 指关乎版权的本条例条文，即第 II 部（包括本附表及附表 1）及就第 II 部的条文而作出相应修订或废除的附表 4 及 5。

(2) 在本附表中，凡提述"生效"，即提述本条例〔但本条例第 1 (2) 条指明的条文除外〕的生效日期。

(3) 在本附表中，凡提述"现存的作品"，即提述在生效之前制作的作品；就此而言，凡某作品的制作历时一段时期，当该作品制作完成时，须视为已制作该作品。

[比照 1988 c. 48 Sch. 1 para. 1 U. K. ]

2. (1) 就《1956 年法令》而言，在本附表中，凡提述作品，即提述包括该法令所指的任何作品或其他标的物。

(2) 就《1911 年法令》而言——

(a) 在本附表中，凡提述"版权"，即包括用以取代在紧接该法令生效之前存在的权利的该法令第 24 条所赋予的权利；

(b) 在本附表中，凡提述"声音纪录的版权"，即提述收录该声音纪录的纪录在该法令下的版权；及

(c) 在本附表中，凡提述"影片的版权"，即提述在构成该法令所指的戏剧作品的范围内的影片在该法令下的任何版权或构成该影片一部分的照片在该法令下的任何版权。

[比照 1988 c. 48 Sch. 1 para. 2 U. K. ]

## 一般原则： 法律的延续

3. 除任何明订的条文有相反规定外，新的版权条文就在生效时存在的东西而适用，一如其就在生效之后方存在的东西而适用一样。

[比照 1988 c. 48 Sch. 1 para. 3 U. K. ]

4. (1) 在新的版权条文重新制定（不论有或没有作出变通）较早时的条文的范围内，本段条文具有确使法律延续的效力。

(2) 在成文法则、文书或其他文件中，在凡提述版权或有版权存在的作品或其他标的物，若非因本条例便会解释为提述《1956 年法令》所指的版权的情况下，在延

续该成文法则、文书或其他文件的效力所需的范围内须解释为提述（或按个别情况的需要而须解释为包括）本条例所指的版权或根据本条例而有版权存在的作品。

（3）凡根据被本条例废除的条文或为施行该条文而作出任何事情（包括订立附属法例），或凡任何事情具有如此作出的效力，则该等事情在其是根据相应的新的版权条文而作出或为施行相应的新的版权条文而作出一样的情况下，具有效力。

（4）在文意许可的情况下，在本条例或任何其他成文法则、文书或文件中，凡提述（明示或隐含）新的版权条文的任何条文，即就生效之前的时间、情况及目的而解释为包括提述相应的较早时的条文。

（5）在任何成文法则、文书或其他文件中，凡提述（明示或隐含）被本条例废除的条文，在延续该成文法则、文书或其他文件的效力所需的范围内，该提述须解释为提述本条例的相应条文。

（6）本段条文在任何特定的过渡性条文或保留条文及本条例作出的任何明示修订的规限下具有效力。

〔比照 1988 c. 48 Sch. 1 para. 4 U. K.〕

## 版权的存在： 一般条文

5.（1）如版权在紧接生效之前存在于现存的作品，则版权亦在生效之后存在于该作品。

（2）如符合以下说明，则版权在生效之后存在于现存的作品——

（a）假使——

（i）该作品是在生效之后制作的；

（ii）该作品是在生效之后发表的；或

（iii）该作品属广播或有线传播节目并是在生效之后制作或发送的，则该作品会根据第 177 或 188 条具备享有版权保护的资格；及

（b）假使版权根据《1956 年法令》而存在于该作品，则该作品在《1956 年法令》下的版权不会届满。

（3）假使版权在紧接生效之前存在于现存的作品，则在该作品的版权根据以下条文会届满的时候，该作品的根据第（2）节具备享有版权保护资格的版权亦告届满。

## 反对的权利

6. 凡任何人在生效之前，就任何作品或其他标的物的复制或表演而招致大量开支或法律责任，而招致的方式在当时是合法的，又或任何人在生效之前，为上述复制或表演的目的或为达致上述复制或表演而招致大量开支或法律责任，而在当时，若非因生效该复制或表演本会是合法的，则本条例既不削减亦不损害任何因上述行

动而产生的或与上述行动相关的任何权利或权益，但该权利或权益须在紧接生效前已存在兼有价值；但如凭借第 5（2）段而有权限制复制或表演的人同意支付补偿（数额由双方协议，如无协议，则由版权审裁处裁定），则属例外。

## 版权的存在： 影片、 广播及有线传播节目

7.（1）版权并不存在于 1972 年 12 月 12 日之前制作的影片。

（2）如在该日期之前制作的影片是《1911 年法令》所指的原创的戏剧作品，则新的版权条文就该影片具有效力，犹如该影片是第 II 部所指的原创的戏剧作品一样。

（3）新的版权条文就构成在 1972 年 12 月 12 日之前制作的影片一部分的照片而具有效力，犹如该等条文就并非构成影片的一部分的照片而具有效力一样。

（4）就影片而言，如版权并不据此而存在或曾经存在于该影片，但——

（a）影片作为原创的戏剧作品而受到或曾经受到保护；或

（b）凭借对构成影片的一部分的照片的保护而受到或曾经受到保护，则在新的版权条文及本附表中，凡提述影片的版权，即提述作为原创的戏剧作品的版权或构成影片的一部分的照片的版权（视属何情况而定）。

〔比照 1988 c. 48 Sch. 1 para. 7 U. K.〕

8. 版权并不存在于——

（a）在 1972 年 12 月 12 日之前作出的广播；或

（b）在 1994 年 3 月 11 日之前包括在有线传播节目服务内的有线传播节目，而就本条例第 20（3）条（回放的版权期限）而言，无须理会任何该等广播或有线传播节目。

〔比照 1988 c. 48 Sch. 1 para. 9 U. K.〕

## 作品的作者

9. 就第 II 部第 IV 分部赋予的权利（精神权利）而言，谁是某现存的作品的作者此一问题，须按照新的版权条文而裁定，而就其他各方面而言，须按照在该作品制作时有效的法律而裁定。

〔比照 1988 c. 48 Sch. 1 para. 10 U. K.〕

## 版权的第一拥有权

10.（1）谁是现存的作品的版权第一拥有人此一问题，须按照在作品制作时有效的法律而裁定。

（2）如在生效之前有人在以下条文所指的情况下委托制作作品——

(a)《1956 年法令》第 4（3）条或《1911 年法令》第 5（1）条的但书（a）段（雕刻品、照片及画像）；或

(b)《1956 年法令》第 12（4）条的但书（声音纪录），上述条文适用于裁定依据委托而在生效之后制作的作品的版权第一拥有权。

[比照 1988 c. 48 Sch. 1 para. 11 U.K.]

## 雇员的作品

11. 本条例第 14（2）条并不适用于现存的作品。

## 委托作品

12. 本条例第 15 条并不适用于现存的作品。

## 现存的作品的版权期限

13.（1）以下条文就现存的作品的版权期限而具有效力。

哪一项条文适用于某作品此一问题，须参照在紧接生效之前的事实而裁定，而在本段中，凡所使用的词句是曾为《1956 年法令》的目的而界定，则该等词句的含义与该法令中该等词句的含义相同。

（2）以下类别的作品的版权持续存在，直至该等版权本应根据《1956 年法令》届满的日期为止——

（a）文学作品、戏剧作品或音乐作品，而《1956 年法令》第 2（3）条的但书（在作者死后向公众提供的作品的版权期限）就该等作品提及的 50 年期间已开始计算；

（b）雕刻品，而《1956 年法令》第 3（4）条的但书（a）段（在作者死后发表的作品的版权期限）就该等作品提及的 50 年期间已开始计算；

（c）已发表的照片及在 1972 年 12 月 12 日之前拍摄的照片；

（d）已发表的声音纪录及在 1972 年 12 月 12 日之前制作的声音纪录；

（e）已发表的影片。

（3）除非在任何个案中在以下日期之前知道作者的身份〔在该情况下本条例第 17（2）或 19（2）条（一般规则：作者在世的期间另加 50 年）适用〕，否则不具名或以假名署名的文学作品、戏剧作品、音乐作品或艺术作品（照片除外）或影片的版权持续存在，直至以下日期为止——

（a）（如该等作品已发表）该等版权按照《1956 年法令》本应届满的日期；及

（b）（如该等作品未发表）在新的版权条文于某公历年生效的情况下，自该年年

终起计的 50 年期间完结之日，但如在该期间该等作品按本条例第 17（5）或 19（6）条（作者不为人知的作品的版权期限）所指的首次向公众提供，则指该等版权的期限按照该条文所规定而届满的日期。

（4）凡新的版权条文于某公历年开始生效，以下作品类别的版权持续存在，直至自该年年终起计的 50 年期间完结为止——

（a）已死亡的作者生前所作的文学作品、戏剧作品及音乐作品，而《1956 年法令》第 2（3）条的但书（a）至（e）段提及的作为均没有就该等作品而作出；

（b）已死亡的作者生前所作的未发表雕刻品；

（c）在 1972 年 12 月 12 日或之后拍摄的未发表照片；

（d）未发表影片，而从事作出制作该影片所需安排的人已死亡。

（5）凡新的版权条文于某一公历年生效而某未发表的声音纪录是在 1972 年 12 月 12 日或之后制作的，则该未发表的声音纪录的版权持续存在，直至自该某一公历年年终起计的 50 年期间完结为止；但如该未发表的声音纪录在自该某一公历年年终起计的 50 年期间完结之前的另一公历年发表，则该声音纪录的版权持续存在，直至自该另一公历年年终起计的 50 年期间完结为止。

（6）任何其他现存的作品的类别的版权持续存在，直至该等作品类别的版权按照本条例第 17 至 21 条届满的日期为止。〈＊注——详列交互参照：第 17、18、19、20、21 条＊〉

（7）上述条文不适用于受政府版权或立法会版权规限的作品（参阅以下第 32 至 34 段）。（由 1999 年第 22 号第 3 条修订）

[比照 1988 c. 48 Sch. 1 para. 12 U.K.]

## 侵犯版权的作为

14.（1）第 II 部第 II 及 III 分部关于构成侵犯版权的作为的条文，只就在生效之后作出的作为而适用；《1956 年法令》《版权条例》的条文持续就在生效之前作出的作为而适用。

（2）本条例第 25 条并不就任何人在 1996 年 5 月 10 日之前为租赁予公众而取得的声音纪录或计算机程序的复制品而适用。

（3）凡任何人在 1995 年 1 月 1 日之前，就在任何作品或标的物的复制品的租赁而招致大量开支或法律责任，而招致的方式在当时是合法的，又或任何人在该日期之前，为上述租赁的目的或为达致上述租赁而招致大量开支或法律责任，而在当时，若非因《世界贸易组织条例》第 10 条的实施，该租赁本会是合法的，则如该人向凭借该条的实施而有权限制租赁的人支付公平的酬报（数额由双方协议，如无协议，则由版权审裁处裁定），该条例既不削减亦不损害任何因上述行动而产生的或与上述行动相关的任何权利或权益，但该权利或权益须在紧接该条的实施前已存在兼有价值。

（4）就本条例第 35 条（"侵犯版权复制品"的含义）而言，某物品的制作是否构成侵犯版权或（如该物品是在香港制作的）本会构成侵犯版权此一问题须按以下规定裁定——

（a）就在 1996 年 5 月 10 日或之后但在生效之前制作的物品而言，须参照经《世界贸易组织条例》修订的《1956 年法令》而裁定；

（b）就在 1972 年 12 月 12 日或之后但在 1996 年 5 月 10 日之前制作的物品而言，须参照在紧接《世界贸易组织条例》对《1956 年法令》作出修订之前的《1956 年法令》而裁定；及

（c）就在 1972 年 12 月 12 日之前制作的物品而言，须参照《1911 年法令》而裁定。

（5）就条例第 35 条（"侵犯版权复制品"的含义）而言，如某物品在生效之前已输入，而根据当时法律并没有侵犯版权，则对于关乎该物品的任何专用特许协议的条款毋须理会，而为免产生疑问，在生效之后任何对该物品的管有或对该物品进行的交易，均不属条例第 31 条及第 118 条至 133 条所指的侵犯版权。〈＊注——详列交互参照：第 118、119、120、121、122、123、124、125、126、127、128、129、130、131、132、133 条＊〉

（6）为本条例第 40（2）及 71（3）条（对某东西其后的利用，而该东西的制作凭借该条的较早条文并不属侵犯版权）适用于在生效之前制作的东西的目的，须假设新的版权条文在所有关键时刻均有效。

（7）凡任何产生以某种字体展现的材料的物品在生效之前如本条例第 63（1）条所述的推出市场，本条例第 63 条（产生以某种字体展现的材料的物品）即适用，但在新的版权条文于某公历年生效的情况下，第 63（2）条所提及的期间须代以自该年年终起计的 25 年期间。

（8）本条例第 64 条（电子形式作品的复制品、改编本等的转移）不就在生效之前购买的复制品而适用。

（9）就在生效之前建成的建筑物而言，在本条例第 74 条（重建建筑物）中提述绘图或图则的版权拥有人，即提述根据《1956 年法令》或《1911 年法令》在该建筑物建造之时为绘图或图则的版权的拥有人的人。

[比照 1988 c. 48 Sch. 1 para. 14 U.K.]

15.（1）除以下条文另有规定外，本条例第 66 及 75 条（不具名或以假名署名的作品：基于关于版权期限届满或作者死亡的假设而允许作出的作为）就现存的作品具有效力。

（2）该条第（1）（b）（i）款（版权期限已届满的假设）不适用于照片。

（3）如——

（a）第 11（3）（b）段（未发表的不具名或以假名署名的作品）适用，而新的版权条文于某公历年生效，则第 66 及 75 条第（1）（b）（ii）款（作者死亡的假设）只在自该年年终起计的 50 年期间完结之后适用；或

（b）上述第 11（6）段（版权期限根据先前的法律和根据新的版权条文属相同的个案）适用，则第 66 及 75 条第（1）（b）（ii）款（作者死亡的假设）方适用。

〔比照 1988 c. 48 Sch. 1 para. 15 U. K.〕

16. 《1956 年法令》第 7 条的以下条文持续就现存的作品适用——

（a）第（6）款〔自图书馆、博物馆或其他机构内的手稿或复制品复制未发表的作品〕；

（b）第（7）款〔发表载有第（6）款适用的材料的作品〕，但（a）段（就意图发表给予通知的责任）则除外；

（c）第（8）款〔就按照第（7）款发表的材料而后来作出的广播、表演等〕，而第（9）（d）款（插图）持续为该等条文的目的适用。

〔比照 1988 c. 48 Sch. 1 para. 16 U. K.〕

17. 如戏剧作品或音乐作品在 1912 年 7 月 1 日之前制作，而《1911 年法令》赋予的权利并不包括公开表演该等作品的唯一权利，受版权所限制的作为须视为不包括——

（a）公开表演该等作品；

（b）广播该等作品或将该等作品包括在有线传播节目服务内；或

（c）就该等作品的改编本作出任何上述作为，而凡《1911 年法令》赋予的权利只由公开表演该等作品的唯一权利构成，则受版权限制的作为须视为只由该等作为构成。

〔比照 1988 c. 48 Sch. 1 para. 17 U. K.〕

18. 凡在 1912 年 7 月 1 日之前制作的作品由论文、文章或其部分构成，而该论文、文章或其部分构成评论、杂志或期刊或性质类似的作品，并在该评论、杂志或期刊或性质类似的作品首次发表，则版权须受作者在《1911 年法令》开始生效时享有以独立形式发表该论文、文章或其部分的权利所规限。

〔比照 1988 c. 48 Sch. 1 para. 18 U. K.〕

## 强制执行可予注册外观设计的版权

19.（1）凡《1956 年法令》第 10 条（在工业上应用与艺术作品相应的外观设计的效力）在 1989 年 8 月 1 日之前的任何时间就任何艺术作品而适用，则本条例第 87（3）条即适用，而其中提及的 15 年期间即由有关物品首次推出市场的公历年年终起计算。

（2）凡《1956 年法令》第 10 条（在工业上应用与艺术作品相应的外观设计的效力）在 1989 年 8 月 1 日或该日之后但在生效之前的任何时间就任何艺术作品而适用，则本条例第 87（3）条即适用，但须以 25 年期间代替其中提及的 15 年期间，而该段 25 年期间即由有关物品首次推出市场的公历年年终起计算。

（3）除第（1）及（2）节另有规定外，本条例第 87 条只有在有关物品在生效之后如本条例第 87（1）（b）条中提及的情况般推出市场才适用。

［比照 1988 c. 48 Sch. 1 para. 20 U. K.］

## 废除法定的制作纪录特许

20. 凡《1956 年法令》第 8 条第（1）（b）款所指的通知已在本条例废除该条之前作出，则《1956 年法令》第 8 条（复制以零售方式出售的纪录的法定特许）及《版权使用费制度（纪录）规例》（附录 IAL1 页））持续适用，但只就——

（a）在有关的废除生效的一年内进行；及

（b）最多只达在该通知上列明的拟出售的数量，

的纪录的制作而适。

［比照 1988 c. 48 Sch. 1 para. 21 U. K.］

## 精神权利

21.（1）不可凭借第 II 部第 IV 分部（精神权利）的任何条文而就在生效之前作出的作为提起诉讼。

（2）《1956 年法令》第 43 条（作者的虚假署名）持续就在生效之前作出的作为而适用。

［比照 1988 c. 48 Sch. 1 para. 22 U. K.］

22.（1）以下条文就——

（a）本条例第 89 条（被识别为作者或导演的权利）；及

（b）本条例第 92 条（反对作品受贬损处理的权利），所赋予的权利而具有效力。

（2）凡——

（a）文学作品、戏剧作品、音乐作品及艺术作品的作者在生效之前死亡，该等权利并不就该作品而适用；或

（b）影片在生效之前制作，该等权利并不就该影片而适用。

（3）就现存的文学作品、戏剧作品、音乐作品或艺术作品而有的权利不适用于以下事情——

（a）（凡版权首先归属作者）任何凭借在生效之前作出的版权转让或批出的特许而作出不属侵犯版权的事情；

(b)（凡版权首先归属并非作者的人）版权拥有人作出的或在其特许下作出的任何事情。

（4）该等权利不适用于就依据《1956年法令》（第8条）（法定的制作纪录特许）制作的纪录而作出的任何事情。

［比照 1988 c. 48 Sch. 1 para. 23 U. K.］

## 计算机程序或声音纪录的复制品租赁予公众的证明

23. 本条例废除《版权条例》第41A（租赁计算机程序及声音纪录的特别条文）及41B条（就结算租赁计算机程序或声音纪录而须付的使用费或其他款项而提出的申请），并不影响该等条文在工商司在生效之前根据《版权条例》第41A（4）条作出证明方面的施行。

## 转让及特许

24. （1）凡在生效日期之前作出的文件或发生的事件——

（a）具有影响现存的作品的版权的拥有权的效力；或

（b）具有产生、转移或终止在现存的作品的版权方面的权益、权利或特许的效力，则该等文件或事件对该作品在本条例下的版权具有相应的效力。

（2）该等文件中使用的词句须按照其在紧接生效之前的效力而解释。

［比照 1988 c. 48 Sch. 1 para. 25 U. K.］

25. （1）本条例第102（1）条（未来版权的转让：在版权产生之时将其法定权益借法例规定而作出归属）不就在1972年12月12日之前作出的协议而适用。

（2）本条例废除《1956年法令》第37（2）条（未来版权的转让：承让人在版权产生之前死亡的权利转予），并不影响该条就在生效之前作出的协议而施行。

［比照 1988 c. 48 Sch. 1 para. 26 U. K.］

26. （1）凡文学作品、戏剧作品、音乐作品或艺术作品的作者是该作品的版权的第一拥有人，则该作者在1912年7月1日或之后但在1972年12月12日之前并非借遗嘱而就该版权作出的转让或就其权益作出的授予，不具有将关于该作品的版权的任何权利归属承让人或承授人超逾自作者死亡起计的25年届满之时的效力。

（2）作者可在其在生之时并在生效之后就预期在上述期间终止时产生的版权的复归权益作出转让，但如没有任何转让，则在作者死亡时，该利益须作为其遗产一部分转予其法定遗产代理人。

（3）本段并不影响——

（a）由获转让复归权益的人转让该权益；

（b）在作者死亡后由其遗产代理人或任何变成有权享有复归权益的人转让该权

益；或

(c) 在复归权益到期之后作出的版权转让。

(4) 本段不适用于汇集作品的版权的转让或就作为汇集作品一部分发表的作品或作品的部分的特许。

(5) 在第 (4) 节中，"汇集作品"（collective work）指——

(a) 百科全书、字典、词典、年鉴或相类的作品；

(b) 报章、评论、杂志或相类的期刊；及

(c) 由不同的作者写作的独立部分的作品，或包含不同作者的作品或其作品的部分的作品。

[比照 1988 c. 48 Sch. 1 para. 27 U. K.]

27. (1) 凡版权存在于在 1912 年 7 月 1 日之前制作的文学作品、戏剧作品、音乐作品或艺术作品，而其作者在《1911 年法令》的实施之前作出该法令第 24 (1) 条但书 (a) 段（根据先前的法律就版权或表演的权利的整段期限而作出的版权或表演的权利的转让或授予）所述的转让或授予，则本段即适用。

(2) 如在生效之前已发生某事件或给予某通知，而该事件或该通知凭借《1956 年法令》附表 7 第 38 段就作品在该法令下的版权具有效力，则该事件或该通知就在本条例下的版权具有相应的效力。

(3) 在紧接生效之前凭借该附表 38 (3) 段本可就作品或其版权行使的权利，即可根据本条例就作品或其版权行使。

(4) 如按照该附表 38 (4) 段，版权本会在 1972 年 12 月 12 日或之后的某一日期复归作者或其遗产代理人，而该某一日期是在新的版权条文生效之后——

(a) 有关作品的版权即复归该作者或其遗产代理人（视属何情况而定）；及

(b) 凡有关版权凭借在 1912 年 7 月 1 日之前作出的文件而在该某一日期存在，任何其他人对该版权的权益即于该某一日期终止。

[比照 1988 c. 48 Sch. 1 para. 28 U. K.]

28. 本条例第 103 (2) 条（专用特许持有人相对于批出特许的人的所有权继承人而言的权利）不就在生效之前批出的专用特许而适用。

[比照 1988 c. 48 Sch. 1 para. 29 U. K.]

## 遗赠

29. (1) 如立遗嘱人——

(a) 在 1972 年 12 月 12 日之前死亡，则本条例第 104 条（版权借遗嘱而与载有未发表作品的原稿或其他实物一并转移）并不适用；及

(b) 在该日期或之后但在生效之前死亡，则本条例第 104 条只就载有作品的原稿

而适用。

(2) 如作者在 1972 年 12 月 12 日之前死亡，而在其死后其手稿的拥有权是根据该作者作出的遗嘱性质的处置而取得的，此外，该手稿是未经发表或公开表演的作品的手稿，则该拥有权即为版权属于该手稿的拥有人的表面证明。

[比照 1988 c. 48 Sch. 1 para. 30 U. K.]

## 侵犯权利的补救

30. (1) 本条例第 107 及 108 条（侵犯权利的补救）只就在生效之后作出的侵犯版权而适用；《1956 年法令》第 17 条持续就在生效之前作出的侵犯权利而适用。

(2) 本条例第 109 条（交付侵犯版权复制品）适用于在生效之前或之后制作的侵犯版权复制品及其他物品；《1956 年法令》第 18 条及《1911 年法令》第 7 条（就转为己用的损害赔偿等）在生效之后并不适用，但就在生效之前展开的法律程序而言，则属例外。

(3) 在本条例第 107 至 109 条适用的情况，则本条例第 112 及 113 条（专用特许持有人的权利及补救）亦适用；在《1956 年法令》第 17 或 18 条适用的情况，该法令第 19 条亦持续适用。〈＊注——详列交互参照：第 107、108、109 条 ＊〉

(4) 本条例第 115 至 117 条（推定）只在凭借本条例提起的法律程序中适用；《1956 年法令》第 20 条持续适用于凭借该法令提起的法律程序。〈＊ 注——详列交互参照：第 115、116、117 条 ＊〉

[比照 1988 c. 48 Sch. 1 para. 31 U. K.]

31. 本条例第 112 及 113 条（专用特许持有人的权利及补救）不适用于在 1972 年 12 月 12 日之前批出的特许。

[比照 1988 c. 48 Sch. 1 para. 32 U. K.]

32. 本条例第 118 条的条文（制作侵犯版权物品或进行侵犯版权物品等交易的刑事法律责任）只就在生效之后作出的作为而适用；《1956 年法令》第 21 条（就进行侵犯版权交易的罚则及简易法律程序）及《版权条例》第 5 及 5A 条（与侵犯版权复制品及在香港以外地方制造侵犯版权复制品等相关的罪行）持续就在生效之前作出的作为而适用。

[比照 1988 c. 48 Sch. 1 para. 33 U. K.]

## 船舶、 航空器及气垫船

33. 本条例第 179 条（在香港注册的船舶、航空器及气垫船）不就在生效之前作出的任何事情而适用。

[比照 1988 c. 48 Sch. 1 para. 39 U. K.]

## 政府版权

34.（1）如——

（a）现存的作品是在生效之前——

（i）由女皇陛下香港政府制作或在其指示或控制下所制作的；或

（ii）由如皇陛下香港政府的部门制作或在其指示或控制下所制作的；或

（b）现存的作品是在生效之前由女皇陛下香港政府或其部门或在女皇陛下香港政府或其部门的指示或控制下在香港首次发表的；而该作品并非本条例第 183、184 或 185 条（条例、条例草案及立法会版权：参阅以下第 36 及 37 段）适用的作品，则本条例第 182 条（政府版权的一般条文）适用于该现存的作品。（由 1999 年第 22 号第 3 条修订）

（2）本条例第 182（1）（b）条（版权的第一拥有权）在于生效之前根据《1956 年法令》第 39（6）条订立的协议的规限下具有效力。

〔比照 1988 c. 48 Sch. 1 para. 40 U. K.〕

35.（1）以下条文就本条例第 182 条（政府版权）适用的现存的作品的版权期限具有效力。

哪一项条文适用于某作品此一问题，须参照在紧接生效之前的事实而裁定，而如本段使用的词句曾为《1956 年法令》的目的而界定，则该等词句的含义与该法令中该等词句的含义相同。

（2）以下类别的作品的版权持续存在，直至该等作品的版权按照《1956 年法令》本会届满的日期为止——

（a）已发表的文学作品、戏剧作品或音乐作品；

（b）除雕刻品或照片外的艺术作品；

（c）已发表的雕刻品；

（d）已发表的照片及在 1972 年 12 月 12 日之前拍摄的照片；

（e）已发表的声音纪录及在 1972 年 12 月 12 日之前制作的声音纪录；

（f）已发表的影片。

（3）未发表的文学作品、戏剧作品或音乐作品或影片的版权持续存在，直至——

（a）版权按照本条例第 182（3）条届满的日期为止；或

（b）在新的版权条文在某公历年生效的情况下自该年年终起计的 50 年期间完结为止，两个时间中，以较后者为准。

（4）以下类别的作品的版权持续存在，直至在新的版权条文在某公历年生效的情况下自该年年终起计的 50 年期间完结为止——

（a）未发表的雕刻品；

(b) 在 1972 年 12 月 12 日或之后拍摄的未发表的照片。

(5) 凡新的版权条文在某一公历年生效,不属上述第(2)节所指的声音纪录的版权持续存在,直至自该年年终起计的 50 年期间完结为止;但如该声音纪录在自该年年终起计的 50 年期间完结之前的另一公历年发表,则其版权持续存在,直至自该另一公历年年终起计的 50 年期间完结时届满。

〔比照 1988 c. 48 Sch. 1 para. 41 U. K.〕

36. 本条例第 183 条(条例的版权)适用于现存的条例。

〔比照 1988 c. 48 Sch. 1 para. 42 U. K.〕

## 立法局版权

37.(1)本条例第 184 条(立法会版权的一般条文)适用于的现存的未发表的文学作品、戏剧作品、音乐作品或艺术作品,但并不在其他情况之下适用于现存的作品。(由 1999 年第 22 号第 3 条修订)

(2)本条例第 185 条(条例草案的版权)不适用于已提交立法局并在生效之前发表的条例草案。

〔比照 1988 c. 48 Sch. 1 para. 43 U. K.〕

## 归属某些国际组织的版权

38.(1)在紧接生效之前凭借《1956 年法令》第 33 条而有版权存在的作品,须当作符合本条例第 188(1)条的规定。

(2)未发表的该等作品的版权持续存在,直至该版权按照《1956 年法令》本会届满的日期为止,或如新的版权条文在某公历年生效,则直至自该年年终起计的 50 年期间完结为止,两个时间中,以较早者为准。

〔比照 1988 c. 48 Sch. 1 para. 44 U. K.〕

## "发表" 的含义

39. 本条例第 196(3)条(建筑物的建造视作等同于发表)只在建筑物在生效之后开始建造的情况下适用。

〔比照 1988 c. 48 Sch. 1 para. 45 U. K.〕

## "未经授权" 的含义

40. 为就在生效之前作出的事情而应用在第 198(1)条(次要定义)中"未经授权"一词的定义的目的——(由 2000 年第 64 号第 18 条修订)

(a) 该条（a）段就在 1972 年 12 月 12 日之前作出的事情而适用，犹如对版权拥有人的特许的提述是对其同意或默许的提述一样；

(b) 该条（b）段在该段自"或在第 14（1）条本会适用的情况下"起至段末的"并非在该人的特许下作出"为止的所有字句由"或并非在作者之下合法地提出申索的人作出"代替的情况下适用；及

(c) 该条（c）段无须理会。

[比照 1988 c. 48 Sch. 1 para. 46 U. K.]

## 附属法例的保留条文

41. 在紧接生效前具有效力的《版权审裁处规则》（附录 IBF1 页）＋，在不抵触本条例的范围内以为使其根据本条例具有效力而作出属必需的改编及变通的规限下，犹如它是根据本条例订立一样持续有效，就各方面具有效力，直至终审法院首席法官根据本条例订第 174 条订立规则为止。（由 1998 年第 25 号第 2 条修订）

42. 《版权（边境措施）规则》（1996 年第 482 号法律公告）在不抵触本条例的范围内以及为使该等规则根据适当的本条例某部具有效力而作出属必需的改编及变通的规限下，犹如它是为施行本条例第 144 及 271 条而订立一样持续有效，就各方面具有效力，直至根据《高等法院条例》（第 4 章）为施行本条例第 144 及 271 条订立法院规则为止。（由 1998 年第 25 号第 2 条修订）

43. 在紧接生效前具有效力并经修订的《版权（图书馆）规例》（附录 IAJ1 页），在不抵触本条例的范围内以及为使其根据本条例具有效力而作出属必需的改编及变通的规限下，犹如它是根据本条例而订立一样持续有效，就各方面具有效力，直至商务及经济发展局局长根据本条例第 46 条订立规例为止。（由 1997 年第 362 号法律公告修订；由 2002 年第 106 号法律公告修订；由 2007 年第 130 号法律公告修订）

---

注：
＋ 并请参阅 1997 年第 5 号法律公告。

| 附表： | 3 | 在表演中的权利：过渡性条文及保留条文 | | 30/06/1997 |
|---|---|---|---|---|

[第 233 及 237 条]

## 引言

1.（1）在本附表中——

"《版权条例》"（the Copyright Ordinance）指在紧接本条例第 III 部生效前有效的《版权条例》（第 39 章）；

"新的表演权利条文"（the new performance rights provisions）指关乎表演中的权利的本条例条文，即第 III 部（包括本附表及附表 1）、附表 4 及 5，以及就第 III 部的条文而作出相应修订或废除的条文的范围。

（2）在本附表中，凡仅提述"生效"，即提述新的表演权利条文生效日期。

（3）在本附表中，凡提述"现存的表演"，即提述在生效之前作出的表演；就此而言，凡某表演历时一段时期，当该表演完结时，须视为已作出该表演。

2. 就《版权条例》而言，"表演"（performance）指——

（a）戏剧表演；

（b）音乐表演；或

（c）诵读或背诵文学作品，

即由一名或多于一名个人作出的有声方式表达或属于有声方式表达的非录制表演或现场表演。

## 一般原则： 法律的延续

3. 除任何明订的条文有相反规定外，新的表演权利条文就在生效之前作出的表演而适用，一如其就在生效之后作出的表演而适用一样。

4.（1）在新的表演权利条文重新制定（不论有或没有作出变通）较早时的条文的范围内，本段条文具有确使法律延续的效力。

（2）在成文法则、文书或其他文件中，凡提述表演者的权利或有权利存在的表演，而该等权利或表演因本条例便会解释为提述《版权条例》所指的表演者的权利下，则在延续该成文法则、文书或其他文件的效力所需的范围内，该项提述须解释为（或按个别情况的需要而须解释为包括）本条例所指的表演者的权利或根据本条例而有权利存在的表演。

（3）凡根据被本条例废除的条文或为施行该等条文而作出任何事情（包括订立附属法例），或凡任何事情具有如此作出的效力则该等事情在其是根据相应的新的表演权利条文而作出的或为施行相应的新的表演权利条文而作出一样的情况下，具有效力。

（4）在文意许可的情况下，在本条例或任何其他成文法则、文书或文件中，凡提述（明示或隐含）新的表演权利条文的任何条文，即就生效之前的时间、情况及目的而解释为包括提述相应的较早时的条文。

（5）在成文法则、文书或其他文件中，凡提述（明示或隐含）被本条例废除的条文，在延续该成文法则、文书或其他文件条文的效力所需的范围内，该项提述须解释为提述本条例的相应条文。

（6）本段条文在任何特定的过渡性条文或保留条文及本条例作出的任何明示修订

规限下具有效力。

## 在表演中的权利的存在

5.（1）如符合以下说明，则第 III 部所赋予的权利在生效之后存在于现存的表演——

（a）该表演曾是《版权条例》所指的合资格的表演，或假使该表演是在生效之后作出的，便会是合资格的表演；及

（b）（i）新的表演权利条文在某公历年开始生效，而该表演并非在该公历年的第一天前的 50 年之前作出的；或

（ii）该现存的表演是在某一公历年作出的，而新的表演权利条文是在另一公历年开始实施的，且该表演的录制品在自该某一公历年年终起计的 50 年之内发行，则该发行须并非在该另一公历年的第一天前的 50 年之前作出的。

（2）第 III 部所赋予的现存的表演的权利持续存在，直至该等表演的该等权利按照本条例第 214 条届满为止。

## 反对的权利

6. 凡任何人在生效之前，就录制任何表演或复制任何录制品而招致大量开支或法律责任，而招致的方式在当时是合法的，又或任何人在生效之前，为上述录制或复制或为达致上述录制或复制而招致大量开支或法律责任，而在当时，若非生效该录制或复制本会是合法的，则本条例既不削减亦不损害任何因上述行动而产生的或与上述行动相关的任何权利或权益，但该权利或权益须在紧接生效前已存在兼有价值；但如凭借生效而有权限制录制或复制的人同意支付补偿（数额由双方协议，如无协议，则由版权审裁处厘定），则属例外。

## 侵犯在表演中的权利的作为

7.（1）第 III 部关于构成侵犯该部所赋予的权利的作为的条文，只就在生效之后作出的作为而适用；《版权条例》的条文持续就在 1996 年 12 月 20 日或之后但在生效之前作出的作为而适用。

（2）为施行本条例第 229 条（"侵犯权利的录制品"的含义），就在 1996 年 12 月 20 日或之后但在生效之前作出的某一表演而进行录制会否构成对表演者权利的侵犯或假使该某一表演在香港作出并予以录制是否会构成对表演者权利的侵犯此一问题，须参照《版权条例》而裁定。

## 侵犯权利的补救

8. 本条例第 228 条（交付侵犯权利的录制品）适用于在生效之前及之后制作的侵犯权利的录制品；《版权条例》第 32 条在生效之后并不适用，但就在生效之前展开的法律程序而言，则属例外。

## 船舶、航空器及气垫船

9. 本条例第 235 条（在香港注册的船舶、航空器及气垫船）不就在生效之前作出的任何事情而适用。

| 附表： | 4 | （已失时效而略去） | L. N. 127 of 2001 | 13/07/2001 |
|---|---|---|---|---|

（已失时效而略去）

| 附表： | 5 | 废除 | | 30/06/1997 |
|---|---|---|---|---|

[第 281 条及附表 2 及 3]

| 成文法则 | 废除的范围 |
|---|---|
| 1.《版权条例》（第 39 章） | 整条条例 |
| 2.《版权（发表的通知）规例》（附录 I AK1 页） | 整条规例 |
| 3.《1972 年至 1990 年版权（香港）命令》（附录 III DD1 页） | 所有命令 |
| 4.《1957 年版权（国际组织）命令》（S. I. 1957 No. 1524 U. K.） | 该命令属香港法律一部分的范围 |
| 5.《1961 年版权（广播组织）命令》（S. I. 1961 No. 2460 U. K.） | 该命令属香港法律一部分的范围 |
| 6.《1987 年版权（计算机软件）（延伸适用于属土）命令》（S. I. 1987 No. 2200 U. K.） | 该命令属香港法律一部分的范围 |
| 7.《1990 年版权（台湾）命令》（1990 年第 205 号法律公告） | 整条命令 |
| 8.《版权（对其他国家、领域或地区的适用范围）规例》（第 39 章，附属法例 A） | 整条规例 |
| 9.《版权（指定合资格国家、领域或地区）规例》（第 39 章，附属法例 B） | 整条规例 |

| 附表： | 6 | 过渡性条文及保留条文 | L. N. 211 of 2003 | 28/11/2003 |
|---|---|---|---|---|

[第 282 条]

## 关乎《2003 年版权（修订）条例》（2003 年第 27 号）所作的修订的过渡性条文及保留条文

1. 释义

(1) 在本附表中，除文意另有所指外——

"《2003 年修订条例》"（amendment Ordinance of 2003）指《2003 年版权（修订）条例》（2003 年第 27 号）；

"《暂停条例》"（Suspension Ordinance）指《2001 年版权（暂停实施修订）条例》（第 568 章）。

(2) 在本附表中，提述在紧接《2003 年修订条例》生效 * 前适用的本条例，即提述与在紧接《2003 年修订条例》生效前适用的《暂停条例》一并理解的在紧接《2003 年修订条例》生效前适用的本条例。

2. 本条例第 35A 条对以往输入的复制品的适用

(1) 如某作品的复制品仅凭借在《2003 年修订条例》生效前将它或拟将它输入香港，而属在紧接《2003 年修订条例》生效前适用的本条例第 35（3）条所指的侵犯版权复制品，则本条适用于该复制品。

(2) 就在《2003 年修订条例》生效后就本条适用的作品的复制品作出的任何作为（包括声称构成侵犯版权或本条例所订罪行的任何作为）而言，本条例第 35A 条具有效力，犹如该条是在第（1）款提述的输入或拟输入复制品一事发生之前已制定一样，据此，该复制品不得被视为侵犯版权复制品；但假使在紧接《2003 年修订条例》生效后将该复制品或拟将该复制品输入香港，在顾及本条例第 35A 条后，它亦会属本条例第 35（3）条所指的侵犯版权复制品，则属例外。

(3) 为免生疑问，本条或《2003 年修订条例》并不影响任何就在《2003 年修订条例》生效前发生侵犯版权而具有的诉讼权。

3. 豁免以往就"平行输入"的本条例第 35A 条适用的作品的复制品而招致的刑事法律责任

(1) 如某作品的复制品仅凭借在《2003 年修订条例》生效前将它或拟将它输入香港，而属在紧接《2003 年修订条例》生效前适用的本条例第 35（3）条所指的侵犯版权复制品，则本条适用于该复制品。

(2) 自《2003 年修订条例》生效起，任何人不得因在《2003 年修订条例》生效前就本条适用的作品的复制品作出任何作为，而被裁定犯在紧接《2003 年修订条例》生效前适用的本条例第 118（1）条所订罪行；但假使在紧接《2003 年修订条例》生效后将该复制品或拟将该复制品输入香港，在顾及本条例第 35A 条后，该复制品亦会属本条例第 35（3）条所指的侵犯版权复制品，则属例外。

4. 豁免以往就本条例第 35A 条适用的作品的复制品的后备复制品或就在有需要的情况下复制或改编本条例第 35A 条适用的作品的复制品而招致的刑事法律责任

（1）如本条例第 35A 条适用的某作品的复制品——

（a）在《2003 年修订条例》生效前制作；及

（b）仅凭借该复制品是由就本条例第 60 及 61 条而言并无合约权利使用该作品的人所制作此项事实，而属侵犯版权复制品，则本条适用于该复制品。

（2）自《2003 年修订条例》生效起，任何人不得因本条适用的作品的复制品，而被裁定犯在紧接《2003 年修订条例》生效前适用的本条例第 118（1）条所订罪行；但就本条例第 118（1）条所订罪行而进行的法律程序而言，在顾及本条例第 118A 条后，假使同一复制品在紧接《2003 年修订条例》生效后制作，会属就本条例第 60 及 61 条而言并无合约权利使用该作品的人所制作的复制品，则属例外。

（附表 6 由 2003 年第 27 号第 9 条增补）

---

注：

＊ 生效日期：2003 年 11 月 28 日。

| 附表： | 7 | 关乎《2007 年版权（修订）条例》（2007 年第 15 号）所作的修订的过渡性条文及保留条文 | L. N. 47 of 2008；L. N. 48 of 2008 | 25/04/2008 |
|---|---|---|---|---|

详列交互参照：

第 118、118A、119、119A、119B、120、120A、121、122、123、124、125、126、127、128、129、130、131、132、133 条。

附注：

1. 本附表第 3 部〔在第 3 部与关乎《2007 年版权（修订）条例》（2007 年第 15 号）第 6 条〔在它与本条例新的第 25（1）（c）及（d）条有关的范围内〕及第 51 条所作的修订的过渡性条文及保留条文有关的范围内〕及本附表第 4 部自 2008 年 4 月 25 日实施——见 2008 年第 47 号法律公告（c）段及 2008 年第 48 号法律公告（n）段。

2008 年第 47 号法律公告（c）段的内容载录如下——

"（c）第 75 条〔在它与新的附表 7 的第 3 部有关的范围内，且仅在新的附表 7 的第 3 部与关乎第 6 条〔在它与新的第 25（1）（c）条有关的范围内〕所作的修订的过渡性条文及保留条文有关的范围内〕。"

2008 年第 48 号法律公告（n）段的内容载录如下——

"（n）第 75 条，但限于在它与以下条文有关的范围内——

（i）新的附表 7 的第 3 部，但仅在新的附表 7 的第 3 部与以下条文有关的范围内——

（A）关乎第 6 条［在它与新的第 25（1）（d）条有关的范围内］所作的修订的过渡性条文及保留条文；及

（B）关乎第 51 条所作的修订的过渡性条文及保留条文；及

（ii）新的附表 7 的第 4 部"。

2. 本附表第 3 部的余下条文尚未实施。

[第 283 条]

# 第 1 部　引言

1. 释义

（1）在本附表中——

"《2007 年修订条例》"（2007 Amendment Ordinance）指《2007 年版权（修订）条例》（2007 年第 15 号）；

"《暂停条例》"（Suspension Ordinance）指《2001 年版权（暂停实施修订）条例》（第 568 章）。

（2）在本附表中使用的词句，如已为本条例第 II 部（版权）及第 IIIA 部（表演者的精神权利）的施行而界定，则其含义与该两部中该等词句的含义相同。

# 第 2 部　就版权作品及表演所允许的作为

2. 关于某些现有协议的保留条文

《2007 年修订条例》第 13、14、15、16、17、21、61、62、63 或 65 条并不影响在该等条文的生效日期＊前所订立的特许或协议。

# 第 3 部　版权拥有人及表演者的租赁权

**第 1 分部——关乎《2007 年修订条例》第 6 条［在它与本条例第 25（1）（c）、（e）及（f）条有关的范围内］所作的修订的过渡性条文及保留条文**

3. 一般条文

（1）除本附表第 4 及 5 条另有规定外，《2007 年修订条例》第 6 条［在它与本条例第 25（1）（c）、（e）及（f）条有关的范围内］适用于在该条的生效日期♯之前、当日或之后制作的版权作品。

（2）任何在《2007 年修订条例》第 6 条［在它与本条例第 25（1）（c）、（e）及

(f) 条有关的范围内〕的生效日期前作出的作为，不得视为对凭借该条而产生的任何新的权利的侵犯。

第 528 章——版权条例 169

4. 新的租赁权：生效日期前作出的复制授权的效力

凡——

（a）任何作品的版权拥有人或准拥有人在《2007 年修订条例》第 6 条〔在它与本条例第 25（1）（c）、（e）及（f）条有关的范围内〕的生效日期♯前授权任何人制作该作品的复制品；及

（b）有新的权利凭借该条就该复制品而产生，则除非有任何协议有相反规定，否则该新的权利在该条的生效日期归属该获授权的人。

5. 关于现有存货的保留条文

（1）任何凭借《2007 年修订条例》第 6 条〔在它与本条例第 25（1）（c）条有关的范围内〕而产生的新的权利，不适用于任何人在该条的生效日期♯前为租赁于公众的目的而获取的影片的复制品。

（2）任何凭借《2007 年修订条例》第 6 条〔在它与本条例第 25（1）（e）及（f）条有关的范围内〕而产生的新的权利，不适用于任何人在该条的生效日期前为租赁于公众的目的而获取的连环图册的复制品。

## 第 2 分部——关乎《2007 年修订条例》第 6 条〔在它与本条例第 25（1）（d）条有关的范围内〕所作的修订的过渡性条文及保留条文

6. 一般条文

（1）除本附表第 7 及 8 条另有规定外，《2007 年修订条例》第 6 条〔在其与本条例第 25（1）（d）条有关的范围内〕适用于在该条的生效日期♯之前、当日或之后制作的版权作品。

（2）任何在《2007 年修订条例》第 6 条〔在它与本条例第 25（1）（d）条有关的范围内〕的生效日期前作出的作为，不得视为对凭借该条而产生的任何新的权利的侵犯。

7. 新的租赁权：生效日期前作出的复制授权的效力

凡——

（a）任何作品的版权拥有人或准拥有人在《2007 年修订条例》第 6 条〔在它与本条例第 25（1）（d）条有关的范围内〕的生效日期♯前授权任何人制作该作品的复制品；及

（b）有新的权利凭借该条就该复制品而产生，则除非有任何协议有相反规定，否则该新的权利在该条的生效日期归属该获授权的人。

8. 关于现有存货的保留条文

任何凭借《2007 年修订条例》第 6 条［在它与本条例第 25（1）（d）条有关的范围内］而产生的新的权利，不适用于任何人在该条的生效日期♯前为租赁予公众的目的而获取的声音纪录的复制品。

## 第 3 分部——关乎《2007 年修订条例》第 51 条所作的修订的过渡性条文及保留条文

9. 一般条文

（1）除本附表第 10 及 11 条另有规定外，《2007 年修订条例》第 51 条适用于在该条的生效日期@之前、当日或之后举行的合资格表演。

（2）任何在《2007 年修订条例》第 51 条的生效日期前作出的作为，不得视为对凭借该条而产生的任何新的权利的侵犯。

10. 新的租赁权：生效日期前作出的复制授权的效力

凡——

（a）任何在合资格表演中的表演者的权利的拥有人或准拥有人在《2007 年修订条例》第 51 条的生效日期@前授权任何人制作该表演的纪录的复制品；及

（b）有新的权利凭借该条就该复制品而产生，则除非有任何协议有相反规定，否则该新的权利在该条的生效日期归属该获授权的人。

11. 关于现有存货的保留条文

任何凭借《2007 年修订条例》第 51 条而产生的新的权利，不适用于任何人在该条的生效日期@前为租赁予公众的目的而获取的合资格表演的声音纪录的复制品。

## 第 4 部　表演者的精神权利

### 关乎《2007 年修订条例》第 66 条所作的修订的过渡性条文及保留条文

12. 一般条文

任何在《2007 年修订条例》第 66 条的生效日期@前作出的作为，不得视为对凭借该条而产生的表演者的任何新的权利的侵犯。

13. 关于某些现有协议的保留条文

（1）除另有明文规定外，《2007 年修订条例》第 66 条并不影响在该条的生效日期@前所订立的协议。

（2）任何依据第（1）款所提述的协议而在《2007 年修订条例》第 66 条的生效日期当日或之后作出的作为，不得视为对凭借该条而产生的表演者的任何新的权利的侵犯。

14. 现场声艺表演的表演者的新的精神权利

（1）凭借《2007年修订条例》第66条就现场声艺表演而产生的表演者的新的权利，仅存在于在该条的生效日期@当日或之后举行的现场声艺表演中。

（2）凭借《2007年修订条例》第66条就录制于声音纪录内的表演而产生的表演者的新的权利，仅在有关表演是在该条的生效日期当日或之后举行的情况下存在。

# 第5部　对版权作品及在表演中的权利的侵犯

## 第1分部——关乎《2007年修订条例》第9（2）条所作的修订的过渡性条文及保留条文

15. 豁免就在《2007年修订条例》第9（2）条生效前输入的作品的复制品而招致的刑事法律责任

（1）自《2007年修订条例》第9（2）条的生效日期＊起，任何人不得因在该生效日期之前、当日或之后就本款适用的作品的复制品作出的作为，而被裁定犯本条例第118条所订罪行。

（2）在《2007年修订条例》第9（2）条的生效日期前输入香港的作品的复制品如符合以下说明，第（1）款即对之适用——

（a）该复制品仅凭借在紧接该生效日期前有效的本条例第35（3）条而属侵犯版权复制品；

（b）该复制品是在制作它的所在国家、地区或地方合法地制作的；及

（c）该复制品如在该生效日期当日或之后输入香港，则凭借经《2007年修订条例》第9（2）条修订的本条例第35（4）条，该复制品不会是本条例第118至133条（刑事条文）所指的侵犯版权复制品。〈＊注——详列交互参照：第118、118A、119、119A、119B、120、120A、121、122、123、124、125、126、127、128、129、130、131、132、133条＊〉

## 第2分部——关乎《2007年修订条例》第10条所作的修订的过渡性条文及保留条文

16. 本条例第35B条对以往输入的复制品的适用情况

（1）就在《2007年修订条例》第10条的生效日期＊当日或之后就本款适用的作品的复制品作出的任何作为（包括声称构成侵犯版权或本条例所订罪行的任何作为）而言——

（a）本条例第35B条具有效力，犹如该条是在该复制品输入香港之前或在获取该复制品之前已制定一样；及

（b）该复制品凭借（a）段而不属本条例第35（3）条所指的侵犯版权复制品；但

假使在该生效日期当日或之后将该复制品输入香港或在该生效日期当日或之后获取该复制品，在顾及本条例第 35B 条后，它亦会属本条例第 35（3）条所指的侵犯版权复制品，则属例外。

（2）在《2007 年修订条例》第 10 条的生效日期前输入香港的作品的复制品如符合以下说明，第（1）款即对之适用——

（a）该复制品仅凭借在紧接该生效日期前有效的本条例第 35（3）条而属侵犯版权复制品；及

（b）该复制品是在制作它的所在国家、地区或地方合法地制作的。

（3）为免生疑问，本条或《2007 年修订条例》并不免除任何人就在《2007 年修订条例》第 10 条的生效日期前发生的侵犯版权而在民事诉讼中须承担的法律责任。

17. 豁免以往就"平行输入"的本条例第 35B 条适用的作品的复制品而招致的刑事法律责任

（1）自《2007 年修订条例》第 10 条的生效日期 * 起，任何人不得因在该生效日期前就本款适用的作品的复制品作出的作为，而被裁定犯在紧接该生效日期前有效并与《暂停条例》一并理解的本条例第 118（1）条所订的罪行；但假使在该生效日期当日或之后将该复制品输入香港或在该生效日期当日或之后获取该复制品，在顾及本条例第 35B 条后，该复制品亦会属本条例第 35（3）条所指的侵犯版权复制品，则属例外。

（2）在《2007 年修订条例》第 10 条的生效日期前输入香港的作品的复制品如符合以下说明，第（1）款即对之适用——

（a）该复制品仅凭借在紧接该生效日期前有效的本条例第 35（3）条而属侵犯版权复制品；及

（b）该复制品是在制作它的所在国家、地区或地方合法地制作的。

## 第 3 分部——关乎 《2007 年修订条例》 第 31 条所作的修订的过渡性条文及保留条文

18. 本条例第 118（2H）条的适用范围

为免生疑问，本条例第 118（2H）条并不就本条例第 118（2A）条所提述的、由任何法人团体或合伙于《2007 年修订条例》第 31（4）条的生效日期 * 前作出的作为而适用。

19. 本条例第 118（2E）、（2F）、（2G）、（3A）及（3B）条规定的豁免及免责辩护的追溯适用

（1）本条例第 118（2E）、（2F）、（2G）、（3A）及（3B）条在本款适用的法律程序中适用，方式与该条在就本条例第 118（2A）条所订罪行而进行的法律程序中适

用者相同。

(2) 在就紧接《2007 年修订条例》第 31 (4) 条的生效日期 * 前有效并与《暂停条例》一并理解的本条例第 118 (1) (d) 条所订的罪行而进行的法律程序中，如控罪所关乎的侵犯版权复制品属《暂停条例》第 2 (2)、(3)、(4) 或 (5) 条所描述的类别的侵犯版权复制品，则第 (1) 款适用于该法律程序。

(3) 第 (1) 款不适用于就在 2001 年 4 月 1 日前所犯罪行而进行的法律程序。

## 第 4 分部——关乎 《2007 年修订条例》 第 57 条所作的修订的过渡性条文及保留条文

20. 本条例第 229A 条对以往输入的录制品的适用情况

(1) 就在《2007 年修订条例》第 57 条的生效日期 * 当日或之后就本款适用的表演的录制品作出的任何作为（包括声称构成侵犯本条例第 III 部所赋予的权利的任何作为）而言——

(a) 本条例第 229A 条具有效力，犹如该条是在该录制品输入香港之前或在获取该录制品之前已制定一样；及

(b) 该录制品凭借 (a) 段而不属本条例第 229 (4) 条所指的侵犯权利的录制品；但假使在该生效日期当日或之后将该录制品输入香港或在该生效日期当日或之后获取该录制品，在顾及本条例第 229A 条后，它亦会属本条例第 229 (4) 条所指的侵犯权利的录制品，则属例外。

(2) 在《2007 年修订条例》第 57 条的生效日期前输入香港的表演的录制品如符合以下说明，第 (1) 款即对之适用——

(a) 该录制品仅凭借在紧接该生效日期前有效的本条例第 229 (4) 条而属侵犯权利的录制品；及

(b) 该录制品是在制作它的所在国家、地区或地方合法地制作的。

(3) 为免生疑问，本条或《2007 年修订条例》并不免除任何人就在《2007 年修订条例》第 57 条的生效日期前发生的侵犯本条例第 III 部所赋予的权利而在民事诉讼中须承担的法律责任。

（附表 7 由 2007 年第 15 号第 75 条增补）

---

注：

＊ 生效日期：2007 年 7 月 6 日。

♯ 生效日期：2008 年 4 月 25 日〔在它与本条例新的第 25 (1) (c) 及 (d) 条有关的范围内〕。

@ 生效日期：2008 年 4 月 25 日。

# 澳门地区 著作权及有关权利之制度

第 43/99/M 号法令 1999 年 8 月 16 日

在澳门,著作权一直以来主要由公布于 1972 年 1 月 8 日《政府公报》之 1966 年 4 月 27 日第 46980 号法令所规范。虽然该法规已就广泛之涵盖范围对作者之法律保护定出基本框架,但由于该法规之大部分内容均源自早在 50 年代定出之草案,时至今日无疑显得不合时宜。

事实上,近数十载以来,科技之发展速度及在著作权方面所兴起之国际新类型均造成法律漏洞之出现,而 11 月 25 日第 4/85/M 号法律及 5 月 4 日第 17/98/M 号法令则只能填补其中部分法律漏洞而已。

此现行法规不合时宜之局面,在相当程度上亦基于加入世界贸易组织使澳门承担国际义务而造成。本地区加入该组织,即须同时受《与贸易有关的知识产权协议》约束,而该协议则带来多项义务,其中包括须将域内实施之法规配合《保护文学艺术作品伯尔尼公约》之 1971 年《巴黎文本》,以及配合 1961 年于罗马签订之《保护表演者、录音制品录制者和广播组织罗马公约》之义务。

基于上述各项理由,有必要核准新法规,以履行本地区须遵守之国际义务,并同时响应在著作权法方面之现代化需要。

基于此;

经听取咨询会意见后;

护理总督根据《澳门组织章程》第十三条第一款之规定,命令制定在澳门地区具有法律效力之条文如下:

## 第一编 文学及艺术之作品以及著作权

### 第一章 受保护作品

第一条 概念

一、在文学、科学或艺术领域内之原始智力创作,不论其种类、表现形式、价值、传播方式或目的为何,均属受著作权法保护之作品。

二、单纯之意念、程序、组织、操作方法、概念、原则或发现本身,均不受著作权法保护。

三、著作权法对作品所赋予之保护系以其是否具备外部表现形式作为先决条件，而不论该作品是否被发表、出版、使用或经营。

四、作品系来自作者本人之创作成果，而非属纯粹将他人创作之全部或部分当作自己所出者，即为原创作品。

第二条　受保护作品

一、任何作品只要属原创作品，即属受保护作品；原创作品尤指：

a) 文学、新闻及科学性之文本，以及包括计算机程序在内之其他文字作品；

b) 专题研讨、讲课、讲演及布道；

c) 戏剧作品及戏剧音乐作品，以及其上演；

d) 以文字或其他方式表达之舞蹈作品及哑剧作品；

e) 配词或未配词之乐曲；

f) 电影、电视及录像之作品，以及其他视听作品；

g) 绘图、挂毯、绘画、雕塑、陶瓷、瓷砖、雕刻、版画及建筑之作品；

h) 摄影作品或以类似摄影之任何方法作成之作品；

i) 构成艺术创作之实用艺术品、工业品之外观设计或模型，以及设计作品；

j) 插图及地图；

l) 关于建筑、地理或其他科学之设计图、草图及立体作品；

m) 格言或标志，即使属广告性质亦然；

n) 讽刺性之模仿及其他文学或音乐作品，即使灵感系来自其他作品之题目或主题；

o) 在数据编排之准则上或在内容选择方面属原创之信息数据库及其他汇编。

二、就某一作品相继出现之版本，即使经订正、增加、改写，又或经更改其名称或规格者，均不视为异于原作之作品；艺术作品之复制品即使体积不同，亦不视为异于原作之作品。

三、对信息数据库及其他数据汇编给予之保护不包括经汇编之数据或内容，但不影响对经汇编之数据或内容所拥有之任何权利。

第三条　衍生作品及混合作品

一、衍生作品系指将某现有之原作改动而成之作品，例如整理、配器、编成戏剧、拍成电影及翻译。

二、混合作品系指与一未经改动之现有原作之全部或部分相结合之作品。

三、衍生作品及混合作品均按保护原作之方式受保护。

四、对衍生作品及混合作品赋予保护，并不影响对经改动或结合在该等作品之原作所赋予之保护，且对前者赋予之保护并不取决于对后者赋予之保护。

第四条　作品之名称

一、对已发表或出版之作品给予之保护系延伸至作品之名称，只要该名称属可识别，且不会与其他作者之任何同类型作品之名称相混淆。

二、下列者不属可识别之名称：

a）以某类作品之题目或内容之普遍、必需或常用命名为名称；

b）纯粹以历史、文学或神话中之人物之姓名为名称，又或纯粹以在生之人之姓名为名称。

三、某人明知第三人为其未发表之作品所使用之名称进行有关实际准备工作，仍以欺诈方式将该名称据为己用者，就此种据为己用之行为得提起司法争议。

第五条　保护之排除

一、下列者非为保护之标的，但不影响下款规定之适用：

a）日常新闻及以任何形式就不同事件作出之纯信息性报导；

b）以书面或口头方式向当局或公共机关作出之申请、陈述、投诉及其他言论；

c）向聚集之群众或其他合议机关、政治机关及行政机关作出之言论及演说，又或在涉及共同利益事宜之公开讨论中作出之言论及演说；

d）政治演说。

二、对于上款 b 项、c 项及 d 项所指之言论，其作者享有以丛书或单行本之形式出版该等言论、又或许可他人以该等形式出版该等言论之专属权。

三、第一款所指之作品由第三人合法使用时，其使用应限制在达到发表作品目的所需之范围内。

四、如第一款 b 项所指之言论属机密性，又或如公开泄露该等言论可导致作者或第三人之名誉或声誉受损，则禁止公开泄露该等言论。

五、经名誉或声誉可能受损之作者或第三人同意，或因证实存在较上款所指禁止所保护之利益更为重要之正当利益而作出不予禁止之司法裁判时，即排除该禁止。

第六条　官方作品

一、官方作品不受保护。

二、官方作品尤其指协约文本、法律及规章之文本、各当局所作之报告或决定之文本，以及该等文本之译本。

三、如在上款所指之文本中包括受保护作品，则有关之公共机关得在其职责范围内使用该受保护作品，而无须经作者同意，且不因该使用而给予作者任何权利。

## 第二章　著作权

### 第一节　内容

第七条　人身权及财产权

一、作者对一受保护作品拥有人身权及财产权。

二、著作财产权包括下列专属作者之权力：

a）使用及经营作品，以及许可第三人全部或部分使用及经营作品；

b）因第三人使用作品而获得报酬，但以法律就有关使用免除作者之许可为限。

三、著作人身权包括下列权利：

a）保留作品不予发表；

b）请求恢复作品之作者身份，且在原作、每一复制品及在每次公开发表作品时表明其作者身份；

c）按照第四十八条之规定将在市面流通之作品收回；

d）确保作品之真实性及完整性，并对任何删除或歪曲作品、曲解作品原意及其他能影响作者之名誉或声誉之行为提出反对。

第八条　作品之载体

一、对属无形物之作品所拥有之著作权，系独立于用作载体以固定或传播作品之有形物之所有权。

二、制造或取得某受保护作品之载体，并不给予有关制造人或取得人任何著作权。

**第二节　归属**

第九条　原权利人及嗣后权利人

一、著作权之原权利人为作品之智力创作人，但法律另有规定者除外。

二、某人之姓名按一般习惯在作品上被指为智力创作人时，或其姓名在以任何方式使用作品或向公众传播作品时被宣示者，均推定此人为作品之智力创作人。

三、除有关规定另有所定外，本法规所提及之作者包括原权利人，且在有关权利属可移转时，亦包括嗣后权利人。

第十条　手续之免除

著作权之认可不取决于登记、存放或办理任何手续。

第十一条　获补助作品

以任何方式为某作品之准备、完成、发表或出版提供全部或部分津贴或资助之人，不因此对该作品取得任何著作权，但另有书面约定者除外。

第十二条　为他人创作之作品

一、对于不论系因履行职务或劳动合同而以他人之计算所创作之作品，或对于因受委托而创作之作品，均按有关协议确定其著作财产权之拥有人。

二、如无协议，则推定智力创作人拥有著作财产权，但不影响下款规定之适用。

三、如作品无指出智力创作人之姓名，或在一般习惯上用作指出智力创作人姓名之处并无指出智力创作人之姓名，则推定著作财产权已被让与指使智力创作人创作作品之实体。

四、如著作财产权已让与指使智力创作人创作作品之人，则在下列任一情况下，不论作品是否发表或出版，智力创作人除可收取经议定之报酬外，亦得要求收取一项特别报酬：

a）有关智力创作明显超越智力创作人受托履行之职能或任务，即使属热心履行者亦然；

b）作品提供在议定报酬中并未包括亦未指明之使用或利益。

第十三条　使用之限度

一、对于以他人之计算而创作之作品，如其著作财产权根据上条之规定属于智力创作人，则该他人仅得将作品用于协议所定之目的上；如无协议，则仅得将作品用于创制作品之目的上。

二、以他人之计算而创作作品之智力创作人，在任何情况下，均不得以损害该作品创制之目的之方式使用作品。

三、对委托创作之作品进行更改，必须经智力创作人之许可，但属按照该作品之创制目的而使用作品所必需之更改者除外。

第十四条　合作作品

一、合作作品之著作权，其整体属于全体合作创作作品之人所有，对于该等权利之行使，适用有关所有权共有之规则，但不影响第四款规定之适用。

二、合作作品系指由多人创作并以全部或部分创作人之名义发表或出版之作品，而不论各创作人之个人贡献可否彼此区分。

三、各共同作者在合作作品中之未分割部分推定具有相同价值，但另有书面约定者除外。

四、如合作作品仅以某一或某些合作人之名义发表或出版，则在作品之任何部分均无明确指出其余合作人之情况下，推定有关著作权专属于上述以其名义发表或出版作品之某一或某些合作人所有。

五、纯粹协助创作人制作、发表或出版作品之人，不论所采用之方式为何，均不视为共同作者。

第十五条　共同作者之个人权利

一、合作作品之任一共同作者，均得要求发表、出版、经营或更改作品；出现意见分歧时，须按善意原则解决问题。

二、任一共同作者亦得独自行使涉及其个人贡献之著作权，只要其个人贡献属可区分，且其对著作权之行使并不影响共同作品之创制目的。

第十六条　集体作品

一、集体作品之原著作权人系指组织及领导创作，并以自己名义发表或出版作品之人。

二、集体作品系指由多人创作，但由一名自然人或法人发起组织该创作，并以该自然人或法人之名义发表或出版之作品。

三、数据库推定为集体作品。

四、如能够在整个集体作品中区分某一或某些智力创作人之个人创作，则就有关个人创作所拥有之权利，适用上条第二款之规定。

**第十七条 协助人**

以协助人、技术人员、绘图员、建造人之身份或其他相似身份参与一受保护作品之创制、出版或发表之自然人或法人，对该作品不拥有任何著作权，但不影响其倘有之相关权利。

## 第三章 作者之身份以及在文学及艺术上所使用之姓名

**第十八条 姓名或别名**

作者得以其全名或简名、其姓名之前缀、某一别名或任何约定之标记表明其身份。

**第十九条 姓名之保护**

一、某人在从事文学、艺术或科学方面所采用之姓名，不得与他人在已发表或出版之作品中所采用之姓名相混淆，即使有关作品属不同种类者亦然。

二、如作者之民事登记姓名与另一作者已为人认识之民事登记姓名相同，且两人有血亲或姻亲之关系，则前者得在其姓名上作出指明该血亲关系或姻亲关系之附加，以兹识别。

三、任何人均不得在其创作之作品内使用从未参与该作品创作之人之姓名，即使经该人同意亦然。

四、一人之姓名因他人违反以上各款之规定而被使用者，此受害人得声请终止他人对其姓名之使用，亦得声请采取其认为适当之司法措施，以避免公众对真正之作者产生混淆。

**第二十条 匿名作者之作品**

一、以不表露作者身份之姓名或别名之方式，又或以匿名之方式发表或出版作品之人，均视为作者之代理人，且其有义务在第三人面前维护有关权利。

二、如作者另有意思表示，则上款之规定不生效力。

三、第一款所指之代理权，自作者表露其身份时起终止。

## 第四章 失效

**第二十一条 一般规则**

一、如无特别规定，著作权在作品之创作人死亡后满五十年失效，即使属死后发表或出版之作品亦然。

二、如导致著作权失效之期间系自作品被出版或发表之日起计，但作品自创作完成时起计之相同期间内并无出版或发表者，则该导致著作权失效之期间自创作完成时起计。

三、导致著作权失效之期间仅自用作计算失效之事实发生之翌年首日起计。

第二十二条　合作作品、集体作品及以他人之计算而创作之作品

一、合作作品之著作权，其整体系在最后去世之共同作者死亡后满五十年失效。

二、为着产生上款规定之效力，按照第十四条第四款之规定曾以自己名义出版或发表作品之人，方被视为共同作者之人。

三、集体作品之著作权，或作品系以某实体之计算而创作时该实体之著作权，均在作品首次发表或出版后满五十年失效，但有特别规定者除外。

四、对于合作作品及集体作品之智力创作人，因其可被区分之个人贡献而获个别给予之著作权之失效期，与上条第一款所规定者相同。

第二十三条　匿名作品及等同者

一、匿名作品之著作权，又或无表露作者真正身份之已发表或出版之作品之著作权，均在作品发表或出版后满五十年失效。

二、如所采用之姓名虽有别于作者本人之姓名，但不使人对作者之身份存疑，又或如作者在上款所指之期间内表露其身份，则作品之保护期与作者以本人姓名发表或出版之作品而获给予之保护期相同。

第二十四条　对组成作品之部分、卷或片段之保护

一、如组成作品之不同部分、卷或片段并非同时被出版或发表，则导致各部分、各卷或各片段之著作权失效之期间均分别计算。

二、上款之规定亦适用于属定期出版物之集体作品之各期册，例如报章及杂志。

第二十五条　公产

导致著作权失效之期间届满后，有关作品即归入公产范围。

## 第五章　财产权之移转及在其上设定负担

第二十六条　财产权之处分性著作财产权之原权利人、其继受人或受移转人均得：

a) 许可第三人使用作品；

b) 全部或部分移转该著作财产权，又或就该著作财产权之全部或部分设定负担。

第二十七条　许可

一、单纯许可第三人以任何方式发表、出版或使用作品，并不导致移转对该作

品所具有之著作权。

二、上款所指之许可，仅得以书面方式作出，且推定有关许可属有偿而不具专属性。

三、在有关许可内应载明许可发表、出版或使用作品之方式，以及有关发表、出版或使用作品之时间、地点及报酬方面之条件。

四、如许可使用作品之方式为以商业目的制造复制品，则此许可中应具备下列数据：

a）许可人及被许可人之身份；

b）许可人之通讯地址；

c）获许可复制之一件或多件作品之识别数据；

d）就有关作品指出获许可制造之复制品数量；如涉及多件作品，则应就每一作品指出获许可制造之复制品数量；

e）许可之期限。

第二十八条　移转及设定负担之限制

专为保障智力创作人而赋予之财产权，不得成为自愿或强制性之移转或设定负担之标的，其他受法律排除作为此种移转或设定负担之标的之权利亦同。

第二十九条　部分移转及设定负担

一、将著作财产权部分移转及在著作财产权上设定负担，均须透过书面方式作出，而所赋予之权力范围须与合同之目的相应。

二、应在凭证内列明有关行为之标的及所赋予权力之行使条件；如属有偿性质之行为，亦应列明报酬。

三、如属有期限之移转或设定负担，但无定出有关期间，则推定该期间一般为二十五年；如属实用艺术品，则推定有关期间为十年。

四、如自给予专用权起七年内无使用作品，则所给予之专用权即告失效。

第三十条　全部移转

著作财产权之全部移转，仅得透过列明作品识别数据之经认证私文书作出；如属有偿性质之移转，则亦须在有关私文书内列明报酬。

第三十一条　将财产权让与本地区

受保护作品之作者如将其著作财产权无偿让与本地区，则有权在其作品被出版时收取五十件复制品，而无须支付任何负担。

第三十二条　用益权

一、著作财产权得成为法定或意定用益权之标的。

二、用益权人必须经著作财产权之权利人许可，方得以任何导致改动或更改作品之方式使用作为用益权标的之作品。

第三十三条　质权

一、著作财产权得成为质权之标的。

二、作出司法执行时，该执行所针对之权能仅为债务人用以提供担保所涉及之某一或某些作品之一项或多项权能。

三、质权人对作品之某一或某些载体不取得任何权利。

第三十四条　查封及假扣押

一、对于已出版或发表之作品，其著作财产权得成为查封或假扣押之标的，且就司法执行中之竞买须遵守上条有关质权之规定。

二、任何不完整之手稿、草图、绘图、绘画、雕塑或其他原作，均免除查封及假扣押，但属作者提供或经其同意者除外。

三、然而，如作者透过显而易见之行为表露其发表或出版上款所指作品之意图，则债权人得对有关著作财产权进行查封或假扣押。

第三十五条　财产权之提前处分

一、对未来作品之著作财产权作出移转或在其上设定负担，仅得涉及作者在未来最长七年内创作之作品。

二、如合同所定之期间较上款所定者长，则视该期间缩减至上款所规定之限度，并按比例减少已定出之报酬。

三、以不确定期间之方式移转未来作品之财产权或在其上设定负担者，该移转或负担之设定属无效。

第三十六条　附加补偿

一、如智力创作人或其继受人已透过有偿方式将其作品之著作财产权移转或在其上设定负担，而其因此所得之利益与有关移转或设定负担之受益人从该等行为中所获之利润明显不成比例，以致智力创作人或其继受人遭受严重财产损失，则智力创作人或其继受人得向受益人要求收取一项按经营所得而作出之附加补偿。

二、如无协议，则须参照作者之同类作品系列之一般经营成果而定出上款所指之附加补偿。

三、如著作财产权之移转或在其上设定负担之报酬，系以分享受益人从经营作品中所取得利益之方式而定出，则仅在定出之分享比例明显低于相同性质交易中之惯常比例之情况下，方有权收取附加补偿。

四、收取附加补偿之权利，因作品归入公产范围而失效，且不论在该作品已归入或未归入公产范围之情况下，如自知悉遭受严重财产损失时起三年内无行使该权利，则该权利亦告失效。

第三十七条　无人继承之遗产内之著作财产权

一、因无人继承而被宣告归本地区所有之遗产内包括著作财产权时，该权利不列入清算范围内，但如出售其他资产之所得并不足以支付有关债务，则该权利得被转让。

二、如自有关遗产成为无人继承之遗产时起之十年内，本地区并无使用或许可他人使用作品，则作品归入公产范围。

三、因合作作品之其中一名作者死亡而导致其遗产应归本地区所有时，该作品之财产权之整体即仅属其余作者所有。

第三十八条　脱销作品之再版

一、如嗣后取得再版权之权利人在既有之版本脱销后拒绝行使再版权或拒绝许可他人再版，则包括本地区在内之任何利害关系人均得请求法院给予许可，以便再次出版有关作品。

二、如有关拒绝并非基于应予考虑之道德理由，或非以应予考虑之非属财政方面之事实理由为依据，则须给予法院之许可。

三、上两款所指之法院许可并不剥夺权利人之有关再版权，权利人得再出版或许可他人再出版有关作品。

四、本条之规定，不影响权利人因再版而收取报酬之权利；如对任何已发表或出版之作品取得权利之受移转人不确保满足公众之合理需要，则本条之规定，经作出必要配合后，对所有复制作品之方式均予适用。

第三十九条　程序

一、上条所指之法院许可，系按照透过法院之许可以取代同意之程序而作出。

二、就法院之裁判，可提起进行第二审之具中止效力之上诉，以取得确定性之解决。

第四十条　取得时效

著作财产权不得因取得时效而取得。

# 第六章　著作人身权

第四十一条　制度

著作人身权系独立于著作财产权，属不可转让、不可放弃及时效不可完成之权利，而在作者死亡后则得按照第四十三条之规定被行使。

第四十二条　无行为能力之作者

无行为能力之智力创作人，得行使著作人身权，只要其对此权利之行使具备自然之理解能力。

第四十三条　作者死亡后著作人身权之行使

作者死亡后，如有关作品并无归入公产范围，则其著作人身权由其继受人行使。

第四十四条　具文化价值之作品

一、对于仍未归入公产范围之作品，如其真实性或完整性受到威胁，而上条所指之人在收到有关通知后，却在缺乏应予考虑之理由下不对作品加以保护，则本地区得自行透过适当之途径对有关作品加以保护。

二、对于已归入公产范围之作品，其完整性及其作者身份之保护由本地区负责。

三、有权限执行本条规定之实体，由总督以公布于《政府公报》之批示指定之。

第四十五条　发表及出版不再变动之作品

如作者已全部或部分修改其作品，且已将此不再变动之作品发表或出版又或许可他人将之发表或出版，则作者之继受人或第三人均不得将作品以旧有之任一版本进行复制。

第四十六条　更改及改编

一、未经作者同意，不得更改作品，即使属无须作者同意仍可合法使用作品之情况亦然。

二、如某人获许使用一特定作品，则视该人亦获许可在作品内引入改编，而有关改编须不导致曲解作品原意，且系以获许之方式使用作品所需者。

三、对于用作教学之丛书，可作出为达到有关目的所需之更改，只要作者并无按照下款之规定对有关更改提出反对。

四、必须以具收件回执之挂号信请求作者同意，且信内须就拟引入之更改作出解释，而作者得自收信日起之一个月内提出反对。

第四十七条　对查封作品之著作人身权

一、如取得被查封作品之著作财产权之竞买人出版该作品，则作者之修订校样及改正作品之权利，以及著作人身权之其他权利均不受影响。

二、在上款所指之情况中，如作者无合理理由扣留校样超过六十日，则无须经作者修订校样即可进行印制。

第四十八条　收回权

对于已发表或出版之作品，其作者得随时收回在市面流通之作品以及终止不论以任何方式对作品进行之经营，只要系基于应予考虑之道德理由及赔偿对第三人造成之损失。

# 第七章　国际上之保护范围

第四十九条　属地原则

确定是否向某作品给予在本地区内之保护，属澳门法律之专属权限。

第五十条　与人身及作品本身有关之保护范围

一、如作者为本地区之居民，则享有澳门法律所赋予之保护。

二、在有实质对等保护之情况下，非为本地区之居民之作者亦享有上款所赋予之保护。

三、不论属何种情况，下列作品均享有澳门法律所赋予之保护：

a）于本地区首次出版之作品，或同时于本地区首次出版之作品；

b）座落于本地区之建筑作品；

c）与座落于本地区之不动产相结合之艺术作品；

d）由本地区之居民制作之视听作品。

第五十一条 期限

对于源自其他法律体系、且作者非为本地区居民之作品所给予之保护期系与本法规所定者相同，但以不超过作品所源自之法律体系所定之保护期为限，而该法律体系按照以下数条之规定予以确定。

第五十二条 已出版作品之来源

一、已出版作品所属之法律体系，系指首次出版作品之地方所属之法律体系。

二、如作品同时在分别属于多个法律体系之不同地方出版，而各法律体系对著作权所定之保护期均不相同，则保护期较短之法律体系被视为作品所源自之法律体系。

三、如作品自首次出版起三十日内，再次在另一有别于首次出版作品之地方所属法律体系之地方内出版，则视作品同时在不同法律体系内出版。

第五十三条 未出版作品之来源

一、未出版作品所属之法律体系为作者之常居所所属之法律体系。

二、然而，建筑作品及版画艺术或造型艺术作品所座落之地方或所并入之建筑物所在之地方，视为该等作品所属之法律体系。

第五十四条 国际协约

本章之规定，不影响本地区须遵守之国际协约之适用。

# 第二编 受保护作品之使用

## 第一章 一般规定

第五十五条 专属权

一、作者拥有全部或部分使用作品之专属权，但另有规定者除外；专属权尤其包括在法律限制范围内以任何方式直接或间接发表、出版及经营作品之权能。

二、对因使用作品而产生之财产利益所给予之保障，在经济层面上构成法律保护之基本标的。

第五十六条 使用方式

一、对作品之经营及一般使用，得按作品之种类及性质，以任何现为人认识或将为人认识之方式为之。

二、仅作者有权自由选择使用及经营作品之方式及条件。

三、作者尤其拥有作出或许可他人作出下列事宜之专属权：

a) 透过印刷或其他刻印复制之方式出版；

b) 公开之表演、朗诵、演出、上演或展览；

c) 电影作品之复制、改编、演出、发行及上演；

d) 使作品与任何以机械、电力、电子或化学方法复制作品之器材接合，以便透过该等方式进行公开演出、传送或转播；

e) 透过照片、无线电广播，又或透过其他复制符号、声音或影像之方法进行传播，并以有线或无线之方式进行大众传播，包括将作品提供予公众，使公众能在某一自行选择之地方及时间接触该作品；

f) 以任何方式公开发行原作或其复制品；如属电影作品及计算机程序，则此公开发行亦包括商业租赁，但使用借贷则不包括在内；

g) 对作品进行翻译、改编、整理、配器或其他改动，但不影响作成作品之人之权利；

h) 用于其他作品内；

i) 对作品进行全部或部分、永久或有期限、直接或间接之复制，且不论复制之方式为何；

j) 按有关图则建造建筑作品。

四、以上各种使用及经营作品之方式互为独立，且作者或获许可之人对其中任一方式之采用，并不妨碍作者或获适当许可之第三人对其余方式之采用。

五、复制系指以某被固定之作品或以该被固定作品中之质量或数量上属重要之部分制作成复制品。

六、从同一原作衍生之作品，如因带有原作之特征以致互有相似之处，但各衍生作品均具有其本身独特性时，则在该等衍生作品之间存在之单纯相似并不构成非法使用；就同一对象所作之不同表达，在上述情况下亦不构成非法使用。

第五十七条　出版及发表

一、透过任何方式复制作品之载体及向公众提供复制品，从而能因应作品之性质合理满足公众之需求者，此种合法使公众认识某作品之行为，视为出版。

二、透过任何未符合上款所指要件之途径合法使公众认识某作品之行为，视为发表；有关途径包括戏剧作品或戏剧音乐作品之表演、电影作品之上映、文学作品之朗诵、音乐作品之演奏、传播或无线电广播、建筑作品之建造或并入建筑作品内之立体作品之建造，以及任何艺术品之展览。

三、如出版及发表之行为系经作者同意而作出，或作者已知悉有关行为而无提出反对，则有关公开及发表之行为均属合法。

第五十八条　发行权之完尽

一经对某受保护作品之原作或其复制品作出第五十六条第三款 f 项所指之任何处分行为，即导致对该等物品之专属发行权完尽，但不影响倘有之商业租赁专属权之继续存在。

第五十九条　遗作

一、作者之继受人，有权对作者生前未发表亦未出版之作品决定其使用。

二、发表或出版某遗作之继受人，对该作品享有之权利，与假设作者生前已将作品发表或出版时该等继受人即会享有之权利相同，但不影响导致失效之期间之进行。

三、如继受人未在自作者死亡之日起计之二十五年内出版或发表作品，则继受人不得反对第三人发表或出版该作品，但存在应予考虑之道德原因者不在此限，就该等原因之判断得透过司法途径为之。

## 第二章　供私人使用及自由使用

第六十条　供私人使用之自由

一、受保护作品可自由供私人使用，但另有规定者除外。

二、下列者尤属私人使用之范围：

a）专供复制作品之人自用而进行之复制；

b）戏剧作品、戏剧音乐作品或电影作品之表演、文学作品之朗诵、音乐作品之演奏及其他对已发表或出版之作品进行传播之方式，只要非以谋利为目的及非在开放予公众之地点内进行。

第六十一条　自由使用

下列使用无须经作者同意，亦属合法：

a）为提供信息之目的，由大众传播媒介以摘录或摘要方式复制不属第五条第一款所指类别之公开进行之演说、简短演说及专题研讨；

b）定期选辑定期刊物之内容，将之撮要成集；

c）以任何方式固定、复制及公开传播某些作品之若干部分，只要为达到时事报导之目的而将有关部分加插在时事报导内属合理者；

d）全部或部分复制某一已出版或发表之作品，只要此复制系由公共图书馆、非具商业性质之文献中心或学术机构进行，且并非为公众而进行复制，而仅限于为有关机构本身活动所需者；

e）在学校内进行之部分复制，只要此复制系专为该等学校之教学用途而进行，且无营利目的；

f）在作品本身内引述或加插他人任何类别之作品或作品摘要，以支持本人之理论或作为批评、讨论或教学目的之用；

g）在本身供教学用之作品内加插他人之简短作品或他人作品之若干部分；

h）在本地区之官方活动中及在宗教活动中演奏音乐作品或文学音乐作品，只要演奏者之演奏属无偿且如公众可欣赏该演奏亦属免费欣赏者；

i）对时事文章，以及对讨论经济、政治或宗教之文章进行复制，但仅以有关复制未被明确保留者为限；

j）以摄影、录像、拍摄电影或其他类似之方式将安放在公众地方之艺术作品进行固定；

l）专以科学、教育或人文之利益为目的而使用非供交易之作品；

m）法院及本地区其他官方机关在对执行其公共职务属切实必要之限度内所进行之使用。

第六十二条　限制及要求

一、某受保护作品供私人使用及被自由使用时，不得妨碍该作品之一般经营，亦不得以无合理解释之方式损害作者之正当利益。

二、进行上条所指之自由使用时应同时：

a）尽可能指出作者之身份及作品之名称；

b）属上条d项之情况时，由进行复制之实体给予作者一项按衡平原则定出之报酬。

三、按照上条规定被复制或引用之作品，不应与使用该作品之人本身之作品相混淆，且复制或引用之范围亦不得太广而导致该被复制或引用之作品所产生之利益受损害。

四、将上条a项及i项所指之作品汇集成卷之权利，仅属作者所有。

第六十三条　评论、注释及讨论

一、未经作者许可，不得以对他人作品进行评论或为他人作品作注释为借口而复制他人作品，但得在以单行本出版之评论或注释本身单纯引述他人作品中之某些章、段或页之内容。

二、如作者将其曾在报章或杂志上刊出之文章、书信或其他辩论性文章复制成书或小册子，则亦可将与其立场相反之文章进行复制，而持相反立场之作者亦拥有相同之权利，即使前者已出版有关文章亦然。

第六十四条　教师之讲课

一、教师之讲课仅在经本人许可后方可出版，即使有关讲课系以记叙形式出版且由出版人负个人责任者亦然。

二、如无特别指明，获许可出版之讲课视为仅可供学生使用。

第六十五条　为失明人士而进行之使用

一、在非谋利之情况下，可透过布莱叶盲字（Braille）系统或为失明人士而设之其他系统对已出版之作品进行复制或任何形式之使用。

二、失明人士有权以任何方法将上条所指之讲课进行固定，以供自己专用。

第六十六条　法定改动权

就某作品之使用具有无须经作者事先同意之法定使用权者，即有权透过翻译或其他形式改动作品，但仅以对所获准之使用属必要者为限。

## 第三章　各种作品与使用

### 第一节　出版

第六十七条　出版合同

作者就其某一作品或一组作品而订立许可他人以自负盈亏之方式制作、发行及销售一定数量复制品之合同，视为出版合同。

第六十八条　其他合同

一、作者因委托他人作出下列事宜而订立之合同，不视为出版合同：

a）由对方以自负盈亏之方式就某一作品制作一定数量之复制品并确保其存放、发行及销售，且双方协议彼此如何就有关经营结果进行分配；

b）向对方支付报酬而使其就某一作品制作一定数量之复制品，并确保其存放、发行及销售，有关盈亏及风险由作者自负；

c）向对方支付报酬而使其就作者制作之复制品确保其存放、发行及销售。

二、对于上款所指之合同，属 a 项之情况者，有关隐名合伙合同之法律规定补充适用之；属 b 项及 c 项之情况者，有关提供劳务合同之法律规定补充适用之；而一般习惯则候补适用于上款所指之合同。

第六十九条　标的

出版合同之标的，得为现有或将来、已发表或未发表之一个或多个作品。

第七十条　合同之方式

一、出版合同须以书面方式作出。

二、因不符合形式要求而引致之无效，不得由促成无效之一方提出，且推定有关无效可归责于出版人，直至提出完全反证为止。

第七十一条　合同之效力

一、出版合同之订立，并不导致任何著作权移转予出版人，亦不许可出版人将作品翻译、改动或改编成其他类型或使用方式。

二、按现行官方规则调整文本之字体不视为更改，但文本之字体属作者刻意选择者除外。

三、除第八十三条规定之情况或另有订定者外，出版合同之订立，导致作者不得在已出版之版本尚未脱销或出版合同所定之期间尚未结束时，在本地区或本地区以外之地方以相同语言再次出版或许可他人再次出版同一作品，但嗣后出现之情况损害出版所生之利益或导致需重新修改或更新作品者除外。

第七十二条　合同之内容

一、出版合同应列明出版次数，每次出版之复制品数量及每一复制品之公开售价，即使属大约售价亦然。

二、如合同无定出出版次数，则出版人仅得出版一次。

第七十三条　报酬

一、出版合同推定属有偿合同。

二、作者之报酬，得为一项就全部出版而支付之固定金额、以每一复制品零售价之某一百分比而计算之金额、给予特定数量之复制品、或为一项视乎作品之性质而在其他基础上定出之给付，亦得为一项结合多种支付报酬方式之给付。

三、如无定出作者之报酬，则作者对每一售出之复制品有权收取其零售价之 20%。

四、如有多名作者，则上款所指之百分比归该等作者共同拥有。

五、如报酬系以占零售价之某一百分比而定出，则报酬之计算因零售价之升跌而受影响，而出版人在未经作者同意下不得降低零售价，除非向作者支付以原零售价计算之报酬，但属第八十五条所指情况时，出版人则可在未经作者同意下降低零售价。

第七十四条　作者之义务

一、作者必须向出版人提供履行合同所需之资源与条件，尤其应在约定之期间内将作为出版标的之原作交予出版人复制。

二、上款所指之原作属作者所有，且应在完成出版后立即返还作者。

三、如作者无合理理由延迟交付原作以致未能实现出版人之期望，则出版人得解除合同，且不影响其就有关损失及损害收取赔偿之权利。

四、作者必须确保出版人能行使由合同所生之权利，以对抗第三人对作品倘有之权利，但纯粹因第三人作出之事实而引起之威胁及妨害则不包括在内。

第七十五条　出版人之义务

一、出版人必须按照约定条件以复制作品所必需之注意执行出版，并必须以热心及勤谨之态度推广作品及将制成之复制品投放于市场。

二、出版人应自原作交付时起计之十二个月内完成作品之复制，但另有约定或存在可归责于作者之原因者除外。

三、如作品所涉及之事宜极具时间性，又或如延迟出版会导致丧失出版利益或时机，则出版人必须立即开始复制作品，并必须在可避免因丧失上述利益或时机而造成损害之期间内完成复制。

四、出版人应按作者所选择之方式在每一复制品上指出作者之身份，但作者欲以匿名方式出版者除外。

第七十六条　校样

一、出版人必须向作者提供整份长条校样、整份版面校样及封面之版面设计图，以便作者能修改该等版面之排版，并对封面之版面设计图发表意见。

二、作者有权引入印刷上之修改，不论涉及长条校样或版面校样之修改，而修改费用则由出版人承担。

三、非因新出现之情况而对文本进行修改、更改或增补之费用，占排版价金之5％以内者，由出版人承担，超出该百分比者，超出部分由作者承担，但另有约定者除外。

四、一般情况下，作者必须在二十日内将校样返还出版人，且在五日内将封面设计图返还出版人。

五、如出版人延迟送交校样或作者延迟返还校样，则作者或出版人得就此以具收件回执之挂号信向他方作出通知，以便出版人或作者在新定出及不可延长之期间内送交或返还校样。

六、如任一方不遵守按照上款规定而对其定出之期间，则他方得要求收取因延迟出版作品而遭受损失及损害之赔偿，又或属作者延迟之情况时，出版人可选择收取上述赔偿或选择按其所作之修订继续进行有关工作。

第七十七条　印刷

一、未经作者许可，不得进行印刷，但不影响上条第六款规定之适用。

二、如在返还版面校样及封面之版面设计图时不附带提出反对印刷之声明，则视为许可进行印刷。

三、如未经作者对其中一件复制品进行检查，则不得将作品投放于市场。

第七十八条　报告之提交及报酬之支付

一、作者在出版完成后即可要求收取报酬，但另有约定或因所采用之支付报酬方式而使有关支付取决于嗣后情况，尤其系取决于制成之复制品是否全部或部分投放于商业市场者除外。

二、如作者应收取之报酬系取决于销售结果，或如报酬之支付系取决于销售情况，则出版人必须在约定之期间内向作者提交报告；如无约定期间，则须每半年向作者提交报告，并以每年之六月三十日及十二月三十一日为报告内容之截止日。

三、为着产生上款规定之效力，出版人须在有关期间结束后之三十日内透过挂号信将显示该期间内之销售及退货情况之图表送交作者，并连同须支付之结余额一并送交。

第七十九条　作者之检查权

一、作者有权亲自或委托其代理人检查复制品之出版数量，为此得要求查核出版人之商业记账或得采用其他不干预复制品制造之方式以进行检查，例如在每一复制品上印上签名或印章。

二、作者亦有权对复制作品之地点或存放复制品之地点进行检查。

第八十条　复制品过多或不足

一、如出版人制造之复制品数量少于约定之数量，且拒绝完成有关出版，则作者有权就该不足之数量与他人订立制造复制品之合同，费用由出版人支付，且作者就有关损失及损害收取赔偿之权利不受影响。

二、如制成之复制品数量超出约定之数量，则作者得就有关损失及损害要求赔偿，或声请法院将过多之复制品扣押，并将之据为己有，在此情况下，出版人无权收取任何赔偿。

三、即使出版人已将过多之复制品全部或部分销售，作者仍有权收取赔偿。

第八十一条　再版

一、如出版人获许可多次出版作品，则在存疑之情况下，就首次出版所订定之条件适用于续后之出版。

二、出版人在再次出版前，应容许作者对文本作出不构成实质更改作品之轻微修改或完善工作。

三、如作者与出版人就实质更改作品达成协议，则作者有权收取附加报酬，即使价金系按照全部出版而以一总额定出者亦然。

四、如出版人必须陆续出版某作品，则应不断进行出版，以便有关复制品在市场上不短缺。

第八十二条　未来作品

一、第三十五条之规定，经作出必要配合后，适用于以未来作品为标的之出版合同。

二、如出版未来作品之合同无定出将作品交付出版人之期间，则出版人有权声请法院定出有关期间。

三、合同内定出之交付作品之期间，得应作者之声请而透过司法途径予以延长，但仅以具备充分之理由为限。

四、如作为合同标的之作品应按出版之进行而以卷或册之形式作成，则合同内应定出有关卷册之数量及各卷册之页数，即使属约数者亦然；除另有约定外，实际页数可比原定页数多或少 10%。

五、如作者未经出版人同意而超出上款所定之限制，则无权收取任何附加报酬，且出版人得拒绝出版所超出之卷、册或页数之部分。

六、如出版人行使上款所给予之权能，则作者得选择解除合同，并向出版人赔偿为进行出版而已支付之费用及期待借出版而得之利润；如已开始将作品进行交易，则在计算赔偿时应考虑有关结果。

第八十三条　完整作品

一、作者与一名或多名出版人订立将其每一作品独立出版之合同后，仍有权与另一出版人订立将该等作品完整出版之合同。

二、除另有约定外，完整出版作品合同之订立，并不导致出版人获许可将完整出版内所包含之任何作品独立出版，亦不影响作者就上述之任何作品订立独立出版合同之权利。

三、作者行使上两款所指之任一权利时，应维护已订立之合同对有关出版人所确保之利益。

第八十四条　参考作品或教学作品

一、字典、百科全书或教学作品之出版人，在作者死后，得透过注释、附录、每页之脚注或对文本作出轻微修改之方式，更新或补充该等作品。

二、如上款所指之更新或修改作品之文本附有署名或具有学术性内容，则有关更新或修改应适当标明。

第八十五条　降价或按重量出售复制品

一、如有关出版物未在双方约定之期间内脱销，又或在无约定之情况下自作品出版时起十年内尚未脱销，则出版人有权将剩余之复制品降价或按重量出售，又或将之销毁。

二、作者有权优先取得上款所指之复制品。

三、为着产生上款规定之效力，出版人应以具收件回执之挂号信将出售之意图、价格及合同内之其他条件通知作者。

四、作者在收到出版人之通知后，视乎其在本地区或在本地区以外居住而分别可在八日或三十日之期间内行使其权利，但作者获给予较长之期间者除外。

第八十六条　作者之死亡或事实上之无能力

一、如作者在将作品之相当部分交予出版人后死亡或无能力完成作品，则作者之继受人或倘有之代理人得解除合同，并就有关损失及损害向出版人作出赔偿。

二、如作者之继受人或代理人在作者死亡或变作无能力后之两个月内无行使上款给予之权力，则出版人得在解除合同或视合同中已交付出版人之部分为已履行此两者中作选择，如选择后者，则须向作者之继受人或代理人支付相应之报酬。

三、如作者曾表示仅可出版完整作品之意愿，则合同须予解除，且该不完整之作品在任何情况下均不得被出版，而出版人应获偿还已支付予作者之款额。

四、不完整之作品，必须经作者书面同意，方可由他人完成。

五、按照上款之规定由他人完成之作品，必须清楚指明原来之部分及新增补之部分，以及其各自之作者身份，方可出版。

第八十七条　出版人地位之移转

一、未经作者同意，出版人不得以无偿或有偿之方式，将因出版合同而生之权利及义务移转予第三人，但移转系因顶让商业场所而导致者除外。

二、如有关顶让将对作者造成相当损失，则作者在知悉顶让后之三个月内有权解除出版合同，而出版人则有权就有关损失及损害收取赔偿。

三、出版人将其因出版合同而生之权利加入其对任何公司资本之出资内者，视为移转因出版合同而生之权利。

四、因透过司法途径或非司法途径对出版公司进行清算，以致因出版合同而生之权利被判给出版公司之某股东者，不视为移转因出版合同而生之权利。

第八十八条　出版人之破产

一、在出版人之破产程序中，如为将资产套现而须以低价将存于出版人仓库内之已出版作品之复制品全部出售或大批出售，则破产管理人应最少提前二十日就此事通知作者，以便作者能采取其认为适当之措施以维护其利益。

二、作者有优先权以相当于竞买时出价最高之价金取得被竞买之复制品。

第八十九条　合同之解除

一、除特别规定之其他情况外，出版合同亦得在下列情况下由下列之人解除：

a) 在按照第七十五条之规定而定出之期间内出版人未完成出版者，由作者解除；

b) 因不可抗力之情况而导致出版之完成被拖延超过六个月者，由任一方解除；

c) 出版人被宣告禁治产者，由作者解除；

d) 独资出版人死亡，而其继受人中并无一人或多人继续经营有关场所者，由作者解除；

e) 作者未在议定之期间内交付原作者，由出版人解除；

f) 证实一方严重不遵守任何合同条款或严重不遵守直接或候补适用之法律规定者，由他方解除。

二、合同之解除，对可归责之一方仍须就有关损失及损害承担之责任，不构成影响。

## 第二节　舞台表演、朗诵及演奏

第九十条　舞台表演

舞台表演系指透过单独或混合使用戏剧性虚构手法、歌曲、舞蹈、音乐或其他合适之方法，在观众面前演绎戏剧作品、戏剧音乐作品、舞蹈作品、哑剧作品或其他类似性质之作品。

第九十一条　许可

一、凡将某受保护作品进行舞台表演，即使属限制入场或非具营利目的，均须取得作者之许可，但不影响第六十条规定之适用。

二、表演权之给予推定属有偿性质，但给予业余爱好者之表演权除外。

第九十二条　拍摄、传送及复制

为使作品之舞台表演之全部或部分，得透过声音或影像之无线电传播而被传送，得被复制成录音制品或录像制品、或得被拍摄或上演，必须取得作者之许可，但尚有其他必须取得之许可时，仍须取得之。

第九十三条　作者许可之证明

如就未归入公产范围之作品进行表演须取得行政准照或行政许可，则须向有权限当局出示能证明作者已同意有关表演之文件，以取得有关准照或许可。

第九十四条　舞台表演合同

一、舞台表演合同，系指作者许可一承办人促使将作品公开进行舞台表演之合同，而承办人则因此有义务按照双方所议定之条件进行该舞台表演。

二、舞台表演合同须以书面方式作出。

三、舞台表演合同应准确定出许可进行表演作品之条件，尤其系期间、地点、作者之报酬及支付报酬之方式等。

四、除另有约定外，舞台表演合同之订立并不导致承办人具有以表演方式直接传播作品之专属权，亦不禁止作者出版作品，又或以其他方法印刷或复制作品，即使作品从未被发表或出版者亦然。

第九十五条　著作权

一、作者因舞台表演合同之订立而取得下列权利，但另有订定者除外：

a）不论他方是否同意，在作品内引入作者认为必要之修改，只要该等修改不影响作品之整体结构，不降低作品之戏剧性或表演性，且亦不影响彩排及表演之安排；

b）就角色之分配被咨询意见；

c）出席彩排并对演绎及舞台表演作出必要之指导；

d）在选择作品之艺术指导合作人方面被咨询意见；

e）认为表演彩排不足时，得反对作品之上演，但作者不得滥用反对上演作品之权力及不合理拖延上演；如有此滥用及拖延上演之情况，则有关上演视为合法，且作者须就有关损失及损害承担责任；

f）亲自或透过其代理人对表演进行监察，为此不论作者本人或其代理人均可自由进出表演场地。

二、如在合同内已约定交由特定之演员或表演者负责作品之表演，则必须经各当事人同意方可更换演员或表演者。

第九十六条　承办人之义务

一、承办人基于合同之订立而须在约定之期间内上演作品；如无约定，则承办人须在由订立合同时起之一年内上演作品，但属戏剧音乐作品者，上述期间增至两年。

二、承办人必须进行必要之彩排，以确保在适当之技术条件下进行表演，并在该等情况下竭尽全力使表演取得成功。

三、承办人不得在获提供之文本内作出任何更改，但经作者同意者除外。

四、承办人应尽可能预先在有关地点张贴节目表，该节目表内应以显而易见之方式载明作品之名称及作者之身份，在其他之宣传工具中亦应如此载明。

第九十七条　未发表作品之表演

如属既未发表亦未出版之作品，则承办人不得在首演前公开作品，但按一般习惯为宣传之目的而公开者除外。

第九十八条　表演安排上之欺诈或表演制作上之欺诈

一、如所表演之节目系基于与有关作者达成之协议而定出，则在出于欺诈而将未宣布上演之作品安排在节目内之情况下，又或在出于欺诈而将本属节目内之作品不安排在节目内之情况下，有关作者均有权收取损害赔偿，且仍可追究倘有之其他责任。

二、艺术从业员因公众再三请求而演绎非属节目内容之作品者，不导致承办人承担任何责任或负担。

第九十九条　报酬

一、作者因授予表演权而收取之报酬，得为一固定之总金额、以各场表演收入之某一百分比而计算之金额、按每场表演而收取之特定金额，或得为一项在其他基础上定出之给付，亦得为一项结合多种支付报酬方式之给付。

二、如报酬系按每场表演之收入而定，则应在有关表演进行后十日内支付，但另有约定者除外。

三、报酬系按每场表演之收入而定时，作者有权亲自或透过其代理人查核每场表演之收入。

第一百条　举证责任

承办人被起诉时，有责任证明其已取得作者之许可以进行有关表演。

第一百零一条　承办人权利之移转

未经作者同意，承办人不得移转因舞台表演合同而生之权利。

第一百零二条　合同之解除

一、舞台表演合同得在下列情况下由下列之人解除：

a）在相应于第八十九条第一款 c 项、d 项及 f 项之情况下，按照经作出适当配合之相应规定处理；

b）入场观众明显及持续不足者，由承办人解除；

c）作者之报酬系按表演之实际结果而定，而承办人使用任何欺诈手段以隐瞒该结果者，由作者解除。

二、合同之解除，对可归责之一方仍须就有关损失及损害承担之责任，不构成影响。

第一百零三条　朗诵及演奏

一、朗诵文学作品，以及以乐器或以乐器配歌手之方式演奏音乐或文学音乐作品，均等同于舞台表演。

二、有关舞台表演合同之规定，适用于为朗诵或演奏而订立之合同，只要与作品性质及使用性质无抵触。

三、如有朗诵或演奏表演之节目表复印本，则承办人应将一份复印本交予作者或其代理人。

四、第九十五条之规定不适用于朗诵及演奏。

## 第三节　视听作品

第一分节　范围、归属及制度

第一百零四条　范围

视听作品系指电影作品及以类似拍摄电影之方法表达之作品，后者尤指电视作品及录像作品。

第一百零五条　作者身份

下列者视为视听作品之作者：

a）导演；

b）剧本或音乐之作者——如剧本或音乐系为视听制作而创作；

c）改编之作者——如将某一明显非为视听制作目的而创作之作品，改编成供视听制作之用之作品。

第一百零六条　失效

视听作品之著作权，自作品发表后满五十年失效。

第一百零七条　公开上演

第九十六条第四款以及经作出必要配合之有关朗诵及演奏之制度，适用于视听作品之公开上演。

第一百零八条　补充制度

在下一分节中有关电影作品之规定，经作出必要配合后，适用于一般视听作品。

第二分节　电影作品

第一百零九条 受保护作品之使用

在电影制作中使用受保护作品，必须经有关作者之许可。

第一百一十条 许可

一、电影作品之作者为制作电影而给予之许可，应指明制作条件，以及胶片发行及上演之条件。

二、制片人因取得制作电影之许可而有权制作为上演作品所需之底片、正片、拷贝及磁性纪录。

三、除另有明确约定外，上款所指之许可，亦导致许可影片之发行及在公众会堂内上演，以及许可以上演之方式经营影片，但不影响约定报酬之支付。

四、以其他形式、有线或无线电广播，尤其以声音或影像之无线电广播又或以电缆或卫星传送之方式向公众传播电影作品，必须经电影作品之作者给予特别许可；以录像制品之方式将电影作品复制、经营或上演亦须取得该特别许可。

五、无线电广播机构，有权透过本身之传送频道，将由其制作之电影作品全部或部分向公众传播，而无须经作者之许可。

第一百一十一条 专属权

一、除另有协议外，作者许可他人将某作品制成电影，即构成有关专属权之授予，而不论该作品系特别为电影之表达方式而作成，或为该表达方式而被改编。

二、如当事人无约定，则为制作电影而给予之专属权自定义立合同后满二十五年失效。

三、上款之规定，对获得经营电影作品之人继续放映、复制及发行该电影作品之权利，不构成影响。

第一百一十二条 作品之经营

一、如作者已明示或默示许可电影作品之上演，则制片人有权经营该电影作品，但不影响第一百一十条第四款规定之适用。

二、作者在未取得法院之确定性判决前，不得以违反著作人身权为理由妨碍整部电影作品之经营。

第一百一十三条 制片人

一、负责安排电影作品之制作、并确保制作电影所需之资源及条件、且承担涉及技术及财务方面责任之承办人，视为制片人。

二、制片人之身份，应在影片之胶片上指明。

三、在经营期间内，如著作权权利人并无采用其他方式以维护其对电影作品所拥有之权利，则制片人即被视为著作权权利人之代理人，因此应就如何履行有关委任向该权利人提交报告。

四、已与作者订立合同之制片人，可与其他制片人合作以确保电影作品之制作及经营，但制片人与作者另有约定者除外。

五、制片人亦得随时将其因与作者订立合同而生之权利及义务，全部或部分转移予第三人，但制片人须就第三人对该合同之切实履行向作者负责。

第一百一十四条　合同之履行期

一、如制片人自电影作品之文字部分及音乐部分交付之日起三年内未完成电影作品之制作，或自完成制作时起三年内未放映该已完成之作品，则作者有权解除合同。

二、电影作品经导演及制片人透过协议定出确定版本后，即被视为完成。

第一百一十五条　作者之身份及改编作品之识别数据

一、在上演电影作品时，应指出电影作品中各作者之姓名，并指出每一作者对电影作品之贡献。

二、如电影作品系以原有作品改编而成，则亦应提及被改编作品之名称及有关作者之身份。

第一百一十六条　改动

一、对电影作品进行翻译、配音或任何改动，必须经作者之书面许可。

二、许可在澳门上演或发行一影片，即导致许可将影片翻译成本地区任一正式语文，及配上该语文之字幕，又或翻译成本地区任一正式语文及配上该语文之声音。

三、当事人得达成异于上款规定之协议，但法律仅容许上演经翻译或经配音之作品者除外。

第一百一十七条　分开使用及分开复制

电影作品之文字部分及音乐部分之作者，得各自以任何方式将有关部分分开复制及使用，只要该复制及使用并不影响整部电影作品之经营。

第一百一十八条　报酬

电影作品作者之报酬得为一固定之总金额、以上演作品收入之某一百分比而计算之金额、按每次上演而收取之特定金额或按照与制片人约定之其他方式而定之报酬。

第一百一十九条　校样、母本及拷贝

一、制片人必须：

a）适当保存电影作品之母本，在任何情况下，均不得毁灭母本；

b）切实按有关要求制作电影作品之拷贝或校样。

二、除非制片人与作者另有协议，制片人不得将制成之拷贝减价出售，即使制片人声称拷贝缺乏需求亦然。

三、第八十八条关于出版合同之规定，经作出必要配合后，适用于制片人破产之情况。

第一百二十条 补充制度

有关出版合同之规定，经作出必要配合后，适用于电影制作合同。

## 第四节 录音制品及录像制品之固定及出版

第一百二十一条 概念

一、录音制品或录像制品之固定及出版合同，系指作者许可他人将一受保护作品之声音或影像进行固定及复制，并将经固定作品之复制品销售之合同。

二、固定系指将声音或影像分开或一并置入一充分稳定及牢固之载体内，以致能在一段非短暂之期间内以任何方式收录、复制或传播有关声音或影像。

三、录音制品系指将不限来源之声音固定在载体内而成之纪录。

四、录像制品系指将不限来源之有声或无声影像固定在载体内而成之纪录，录像制品包括电影作品之拷贝或其他视听作品之复制品。

第一百二十二条 公开演出、无线电广播及传送

录音制品或录像制品之固定及出版合同之订立，并不构成对该经固定之作品进行公开演出、或对该作品之声音或影像以任何方式进行无线电广播或传送之许可，且不禁止作者许可他人进行该等使用。

第一百二十三条 录音制品及录像制品之使用

取得录音制品或录像制品之复制品，并不导致取得人有权将复制品用于任何公开演出或传送之目的，亦不导致取得人有权将复制品复制或作商业租赁。

第一百二十四条 作品之识别数据及作者之身份

录音制品及录像制品之复制品，在其性质许可时，应以直接印刷或以放置卷标之形式载明作品之识别数据及作者之身份。

第一百二十五条 经固定之音乐作品

一、对于曾在作者无反对之情况下用作商业上定音标的之音乐作品及有关文本，得分别再次被固定及出版，而无须经作者之同意。

二、按照上款规定而被再次固定及出版作品时，其作者有权收取按衡平原则定出之报酬。

三、如第一款所指之固定，其技术素质将妨碍作品之适当传播，则作者得终止有关经营。

第一百二十六条 改动

为着进行固定、传送、演出或上演之目的而透过机械、录音或录像之方式对任何作品进行改编、整理或其他改动者，必须取得作者之许可，该许可应指出有关改动所旨在达成之一项或多项目的。

第一百二十七条 范围

本节之规定，适用于以任何现有或将来发明之类似录音或录像之方法对受保护

作品进行之复制。

第一百二十八条　补充制度

有关出版合同之规定，经作出必要配合后，补充适用于录音制品或录像制品之固定及出版合同。

## 第五节　受保护作品之无线电广播及经无线电广播之作品之公开传播

第一分节　受保护作品之无线电广播

第一百二十九条　无线电广播之许可

对受保护作品进行无线电广播，必须经作者之许可。

第一百三十条　经固定作品之无线电广播

如作品在作者许可之情况下基于商业目的而被固定，且该许可已就透过无线电广播或传播作品有所规定，则无须就每次进行无线电广播而取得作者之特别同意，但作者仍有权收取按衡平原则定出之报酬。

第一百三十一条　技术性前提

应发送无线电广播之地方之所有人、有关承办人及参与无线电广播之人，均必须容许他人装置确保传送素质所需之器材及进行为确保传送素质所需之技术测试。

第一百三十二条　限制

一、单纯许可进行无线电广播，不导致亦许可进行固定。

二、无线电广播机构得就待转播之作品进行固定，以供其广播电台专用。

三、上款所指之经固定作品应在三个月内毁灭，且在该期间内不得传送超过三次，但仍须给予作者报酬。

四、对于具特殊纪录价值之经固定作品，得将之贮存在官方档案室内，或在无官方档案室时，得将之贮存在本地区之无线电广播机构之档案室内，而不受第一款及第二款规定之影响，但有关贮存对著作权不构成影响。

第一百三十三条　许可之涵盖范围

一、对于为将某作品进行无线电广播而给予之许可，其涵盖范围包括由获许可之实体之广播电台对作品所进行之一切无线电直播或转播，但仍须就每次之传送给予作者应付之报酬。

二、纯因时间或技术上之理由而导致由多个连接同一广播频道或属于同一实体之本地区广播电台，在不同时段进行之无线电广播，不视为回放。

三、对于为进行无线电广播而给予之单纯许可，并不包括透过电缆或卫星而进行之传送，此类传送应取得特别许可。

第一百三十四条　经无线电广播之作品之作者身份

在无线电广播内应将所广播之作品之作者身份及作品名称一并指明，但基于传送之情况及传送需要而依一般习惯无须指明该作者身份及作品名称者除外。

第一百三十五条 补充制度

舞台表演合同之规定，经作出必要配合后，补充适用于无线电广播，亦适用于透过用作传播信号、声音或影像之任何方法而进行之广播。

第二分节 经无线电广播作品之公开传播？

第一百三十六条 接收自由

对经无线电广播之作品进行单纯之接收，即使在公众地方进行，均无须经作者许可，亦不导致作者拥有收取任何报酬之权利。

第一百三十七条 按衡平原则定出之报酬

透过扬声器或其他传送信号、声音或影像之类似方式公开传播经无线电广播之作品而进行表演，无须经作者之许可，但作者有权收取一项按衡平原则定出之报酬。

第一百三十八条 补充制度

第一百三十一条之规定以及朗诵及演奏之适用制度，经作出必要配合后，补充适用于经无线电广播作品之公开传播。

## 第六节 造型艺术、版画艺术及实用艺术之作品

第一百三十九条 建筑作品或设计作品之作者

建筑作品或设计作品之整体构思及设计图之创作人，视为建筑作品或设计作品之作者。

第一百四十条 复制

一、复制造型艺术、版画艺术及实用艺术之作品，必须经作者之许可。

二、有关出版合同之规定，经作出必要配合后，适用于上款所指作品之复制及销售。

三、按同一设计图再行建造建筑作品，亦须经作者之许可。

第一百四十一条 作品之识别数据

一、复制之许可应完整指出被复制作品之识别数据，尤其透过作品之简略描述、草图、绘图或照片指出之。

二、未经作者对其中一件复制品进行审查及批核，不得将复制品推出销售。

第一百四十二条 作者之身份

一、必须在被复制作品之每一复制品上指明作者之身份。

二、如属建筑作品，则不仅须在每份研究书及设计图之复印本上清楚指明作者之身份，亦须在建筑工地及落成之建筑物上清楚指明之。

第一百四十三条 使用之模本及工具

一、在显示不需要作为模本之物品及作为复制基础之其他数据时，应立即将该等物品及数据返还作者。

二、如无相反约定，且作者无意取得专门为复制作品而制成之工具，则应将该

等工具毁灭或使之失去效用。

第一百四十四条　设计图之实施

一、建筑作品或结合在建筑作品内之造型作品之作者，有权监察在所有阶段及细节中进行之建造及实施工作，以确保建造或实施工作能准确符合有关设计图，但不影响以下两款规定之适用。

二、按他人之设计图建造或实施工作之定作人，不论在建造或实施阶段，或在完工后，均可自由在有关作品中引入拟作出之修改，但应预先咨询设计图作者之意见，否则定作人应就有关损失及损害作出赔偿。

三、如作品之定作人与设计图之作者之间并无协议，则设计图之作者得拒绝承认其为经更改作品之作者，而该作品之所有人此后即不得为本身之利益而引用原设计图作者之姓名。

第一百四十五条　艺术作品之展览

一、仅作者得公开展示或许可他人公开展示其艺术作品。

二、转让艺术作品之复制品，并不导致移转该作品之著作权，但赋予取得人公开展示该复制品之权利，而另有书面协定者除外。

第一百四十六条　对展品之责任

一、举办艺术作品展览之实体，须对展品之完整负责，且应针对火灾、盗窃、抢劫，及倘由该实体负责运输时针对运输之风险，以及其他毁灭或损毁之风险而为展品投保。

二、举办展览之实体，亦必须适当保存展品直至就返还展品所定之期间届满为止，且不得在展览结束前将展品取离展览场地。

第一百四十七条　保护之延伸

本节所载之规定，亦适用于舞台模型、服装图样、挂毯草图、陶瓷绘画之模型、瓷砖、彩色玻璃、拼花地板、围墙浮雕、宣传海报及宣传画、书本封面，以及适用于书本内倘有之版画创作，只要以上各种作品属艺术创作。

第一百四十八条　失效

实用艺术作品之著作权，在作品完成后满二十五年失效。

## 第七节　摄影作品

第一百四十九条　保护之界定

一、照片因其选材或拍摄方式而可被视为作者之个人艺术创作者，方受著作权法之保护。

二、单纯具纪录价值之照片，尤其系文字作品、文件、商业文件、技术绘图及类似物品之照片，均不受保护。

三、电影胶片之每格画面，视为照片。

第一百五十条　他人权利

摄影作品之著作权对有关肖像之展示、复制及作交易之用之规定不构成影响，且对被拍摄作品之著作权亦不构成影响。

第一百五十一条　因委托而作成之摄影肖像

一、不论作者是否许可，肖像人或其继受人均得将委托他人作成之摄影肖像复制或要求复制，但另有约定者除外。

二、由肖像人或其继受人按照上款规定而对肖像进行之复制，如属商业性质，则肖像人或其继受人须给予作者报酬。

第一百五十二条　在期刊上刊登之照片

对刊登在报章、杂志或其他定期刊物上之照片，可无须经作者之同意而进行复制，只要系涉及时事人物或事件，又或基于任何属总体利益方面之理由，且复制之目的系旨在将有关照片放在其他同类型之刊物上；但作者收取报酬之权利不受影响。

第一百五十三条　底片之转让

作者转让摄影作品之底片，即导致移转对该作品所拥有之著作财产权，但另有约定者除外。

第一百五十四条　强制性标记

一、如作者已将其身份或作成作品之日期加在照片上，则有关标记亦应放在依该照片而作成之复制品上。

二、在造型艺术作品之照片上应载明有关摄影作品之作者身份。

第一百五十五条　失效

摄影作品之著作权，在摄影作品作成后满二十五年失效，即使作品从未被发表或出版亦然。

第一百五十六条　延伸

本节之规定，适用于以类似摄影之任何方法作成之作品。

## 第八节　翻译及其他衍生作品

第一百五十七条　作者之许可

一、对于受保护之作品，仅得由其作者进行翻译或许可他人进行翻译。

二、上款所指之许可须以书面作出，且许可之作出并不导致给予翻译专属权，但就后者另有订定者除外。

三、许可之受益人，应尊重作为翻译标的之作品之原意。

四、在翻译作品之目的所要求之限度内，可对原作进行不致曲解其原意之更改。

第一百五十八条　译者之附加补偿

如出版人、承办人、制作人或其他实体在议定或本法规所定之限制外使用翻译本，则译者有权收取附加补偿。

第一百五十九条　译者之身份

译者之身份，应尽可能于所翻译作品之复制品及剧院之告示上显示、随同电台广播及电视台广播之信息传播，以及在电影之艺术工作者名单及任何宣传物品上显示。

第一百六十条　翻译本之出版

一、除第七十三条第三款之规定外，载于本章第一节之有关出版之各项规则，经作出必要配合后，均适用于翻译本之出版，而不论翻译许可系由出版人或由译者获得。

二、出版人得要求译者对翻译本作出确保忠于所翻译作品所需之更改，且如所翻译作品要求特定之版面规定，则亦得要求译者作出相应之更改。

三、译者不在三十日内作出上款所指之更改时，得由出版人进行该更改。

四、如作品之性质涉及专门之技术知识，则出版人亦得交由他人对翻译进行校对。

第一百六十一条　延伸

本节之规定，经作出必要配合后，适用于对受保护作品作出之任何改动，尤其适用于音乐编排、配器、编成戏剧及拍摄电影。

## 第九节　报章及其他定期刊物

第一百六十二条　归属

一、报章及其他定期刊物推定为集体作品，而集体作品之著作权则归属该等刊物之所有人。

二、报章及其他定期刊物之著作权，对载于报章及刊物内之作品之著作权不构成影响，但属本节所规定者除外。

第一百六十三条　期刊之名称

一、如符合第四条所规定要件之报章或其他定期刊物系依期进行出版，且其名称系按有关法例规定在新闻司作有适当之登记，则对该等报章或定期刊物之名称予以保护。

二、按照上款规定而受保护之名称，仅得在权利人以任何方式宣告终止有关出版物之出版满一年后，或该出版物之出版已实际中断满三年后，方可为其他期刊所使用。

第一百六十四条　因劳动合同而作成之作品

一、因履行劳动合同而作成之新闻作品，如以表明智力创作人之身份发表或出版，则其著作财产权推定属智力创作人所有，但另有约定者除外。

二、上款所指之新闻作品，自载有该作品之作为集体作品之报章或期刊之版次推出市面日起计之三个月内，不得独立出版，但经拥有该报章或期刊之著作权之人许可者除外。

三、如属连载之新闻作品，则上款所指之期间系自刊载最后一期连载新闻作品之出版物发行日起计。

四、除另有约定外，因履行劳动合同而作成之新闻作品，如并未以表明智力创作人之身份出版或发表，则其著作财产权视为让与对作为集体作品之报章或期刊拥有著作权之人，且未经该权利人许可，智力创作人不得独立出版该等新闻作品。

第一百六十五条　独立合作人之作品

一、除另有约定外，由独立合作人创作且在报章或定期刊物上刊载之作品，即使并未表明作者之身份，其著作财产权仍属智力创作人所有，且仅智力创作人得将作品独立复制或将其复制成同类型刊物，又或许可他人进行以上复制。

二、对载有上述作品之报章或定期刊物拥有著作权之人，得自由复制曾刊载有关作品之各期报章或定期刊物，但不影响上款规定之适用。

## 第十节　计算机程序

第一百六十六条　保护之标的

一、对计算机程序所给予之保护系针对计算机程序之表达，而该保护并不对在计算机程序之任何元素基础中运用意念及原则之自由造成妨碍；计算机程序之元素包括逻辑、算法或编写计算机程序时所使用之语言。

二、为着保护之效力，用作进行初步构思之有关材料及相应之纪录等同于计算机程序。

第一百六十七条　人身权

计算机程序之著作人身权不包括第七条第三款c项所指之权力。

第一百六十八条　归属

一、在企业内创作之计算机程序推定属集体作品。

二、如计算机程序系以他人之计算而创作或受委托而创作，则推定该计算机程序之著作权已让与该他人或委托人，但另有明确约定或从合同之目的得出相反结论者除外，且不影响第十二条第四款规定之适用。

三、计算机程序系受委托或以他人之计算而创作时，委托人或该他人在任何情况下，均有权修改有关程序，但另有明确约定者除外。

第一百六十九条　租赁

非以计算机程序为合同主要标的之商业租赁，无须经作者之许可。

## 第三编　著作权之相关权利

### 第一章　一般规定

第一百七十条　范围

进行表演或演出之艺术工作者、录音制品及录像制品之制作人、无线电广播机构及表演之承办人，均按本编之规定受保护。

第一百七十一条　被使用作品上之权利

进行表演或演出之艺术工作者、录音制品及录像制品之制作人、无线电广播机构及表演之承办人，其所受之保护对被上述人士所使用作品上之著作权不构成影响。

第一百七十二条　权利之行使

有关著作权行使方式之规定，就其可适用之部分适用于相关权利之行使。

第一百七十三条　私人使用及自由使用

基于相关权利而给予之保护不包括：

a）私人使用；

b）为提供信息、用作评论之目的，或为属许可进行第六十一条 f 项所指引述或摘要之目的，而对某一演出、录音制品、录像制品、无线电广播或表演所作之节录；

c）专供科学或教学目的，且非具商业目的之使用；

d）由无线电广播机构进行之短暂固定；

e）基于纪录上之特别利益或作为存盘用途而由公共实体或公共事业之被特许人进行固定或复制；

f）无须作者许可而得合法使用作品之情况。

第一百七十四条　保护之延伸

一、受在本地区生效之国际协约所保护之艺术工作者、录音制品或录像制品之制作人，以及无线电广播机构，除受第一百七十七条、第一百八十四条及第一百九十条所规定之保护外，亦依该等国际协约之规定而受保护。

二、仅在有实质对等保护之情况下，方给予上款所指之按有关国际协约规定之保护，但有关协约排除实质对等保护之要求者除外。

第一百七十五条　允许之推定

如有意使用之人虽已采取经适当证实之措施但仍未能接触拥有相关权利之人，或如居住在本地区之权利人不在八日之限期内作出回应，又或如居住在本地区以外之权利人不在二十日之限期内作出回应，则推定权利人允许作出该拟进行之使用，但因该使用而收取报酬之权利不受影响。

## 第二章　进行演绎或演出之艺术工作者

第一百七十六条　概念

进行演绎或演出之艺术工作者，统称为艺术工作者，包括演员、歌手、乐师、舞蹈员及其他以任何方式表演、歌唱、朗诵、朗读、演绎或演出文学或艺术作品之人。

第一百七十七条　给予保护之条件

艺术工作者在本章内获给予之保护，取决于下列任一条件之成立：

a）艺术工作者为本地区之居民；

b）演出系在本地区进行；

c）演出系被固定于录音制品或录像制品上，又或尚未被固定之演出为某一无线电广播所包括之内容，且上述录音制品、录像制品或无线电广播均受本法规保护。

第一百七十八条　艺术工作者之权利

须经艺术工作者之许可，方得进行下列事宜：

a）以任何方式将艺术工作者之演出进行无线电广播或向公众广播，但属使用曾被无线电广播或固定之演出者除外；

b）将艺术工作者之从未被固定之演出进行固定；

c）将艺术工作者曾被固定之演出进行复制，而有关固定属未经许可者；在已取得进行复制之同意下，为异于同意中所指之目的进行复制；在按照第一百七十三条之规定进行固定之情况下，为异于该规定所指之目的进行复制。

第一百七十九条　进行无线电广播之许可

一、许可对某演出进行无线电广播，即导致许可进行下列事宜，但另有约定者除外：

a）对该演出进行固定；

b）对来自上项规定之经固定演出进行无线电广播及复制；

c）由非取得许可之无线电广播机构对来自 a 项规定之经固定演出进行无线电广播。

二、然而，凡属原合同所未包括之下列活动，艺术工作者有权因其进行而收取附加报酬：

a）由获许可之无线电广播机构或其他机构进行回放；

b）按照第一百八十九条第三款之规定进行转播；

c）对基于无线电广播之目的而获得之经固定演出进行交易。

三、如对某演出进行上款所指之回放及转播，则参与回放及转播之全体艺术工作者，均有权收取一项相当于原定报酬之 20％之报酬。

四、进行第二款 c 项所指之交易，即导致全体艺术工作者有权收取一项报酬，金额相当于该就有关演出进行固定之无线电广播机构从取得交易物之人收取之款额之 20%。

五、艺术工作者得与无线电广播机构约定异于以上各款所指之条件，但不得放弃以上各款所规定之权利。

第一百八十条　艺术工作者之身份

在公开艺术工作者之演出时应表明其姓名或别名，即使属简名亦然，但另有约定者、或使用之性质免除该表明者除外，尤其在无任何形式之语言表达之纯音乐节目之情况及属第一百三十四条所指之情况。

第一百八十一条　艺术工作者之代理

一、如在有关演出中有多名艺术工作者参与，则在无约定之情况下，由领导全体艺术工作者之人行使有关权利。

二、如无领导全体艺术工作者之人，则以指导舞台表演之人为各演员之代理人，并以管弦乐团之指挥或合唱团之团长分别为管弦乐团各成员或合唱团各成员之代理人。

第一百八十二条　失效

艺术工作者之权利，于进行演绎或演出后满五十年失效。

## 第三章　录音制品及录像制品之制作人

第一百八十三条　概念

录音制品或录像制品之制作人，统称制作人，系指为商业目的而将不论来源之声音或影像进行首次之独立或共同固定之自然人或法人。

第一百八十四条　给予保护之条件

录音制品或录像制品之制作人在本章内获给予之保护，取决于下列任一条件之成立：

a) 制作人系本地区之居民或制作人之实际住所设于本地区；

b) 声音或影像之独立或共同固定系在本地区进行；

c) 录音制品或录像制品之首次出版地为本地区，又或有关制品系在本地区及其他地方同时出版；同时出版系指第五十二条第三款所指之出版。

第一百八十五条　制作人之权利

须经制作人之许可，方得进行下列事宜：

a) 直接或间接复制录音制品或录像制品；

b) 公开发行原制品或复制品；此公开发行亦包括商业租赁，但使用借贷则不包括在内；

c）进口及出口未经制作人许可而制成之复制品。

第一百八十六条　准用

第二十七条第二款及第四款以及第七十九条之规定，经作出适当配合后，适用于制作人及适用于录音制品及录像制品之复制许可。

第一百八十七条　制作人之身份

制作人或其代理人之身份应载于录音制品或录像制品之每一复制品上或其包装上。

第一百八十八条　失效

录音制品及录像制品之制作人，其权利于进行固定后满五十年失效。

## 第四章　无线电广播机构

第一百八十九条　概念

一、无线电广播机构系指以无线电传播声音或影像之实体。

二、无线电广播系指以有线或无线之方式，尤其以电磁波、光纤、电缆或卫星，将声音或影像独立或共同传播，以供公众接收。

三、转播系指由一无线电广播机构同时广播另一无线电广播机构之广播。

第一百九十条　给予保护之条件

无线电广播机构在本章内获给予之保护，取决于下列任一条件之成立：

a）机构之实际住所设于本地区；

b）从位于本地区之广播电台发送无线电广播。

第一百九十一条　无线电广播机构之权利

一、转播无线电广播机构之广播，必须经该机构之许可。

二、无线电广播机构在他人作出下列行为时，尚有权收取一项按衡平原则定出之报酬：

a）将机构之广播固定；

b）在未经许可而进行固定之情况下，或在有关固定属临时性、且复制之目的异于进行固定之目的之情况下，将经固定之机构广播复制；

c）在非免费入场之公众地方将机构之广播向公众传播。

第一百九十二条　失效

无线电广播机构之权利，于广播后满二十年失效。

## 第五章　表演之承办人

第一百九十三条　概念

表演之承办人系指任何性质表演之主办人，尤其指艺术或体育表演之主办人。

第一百九十四条　承办人之权利

如表演之入场受限制，则表演之承办人得禁止进行下列事宜：

a）未经承办人同意，以任何方法拍摄表演；

b）未经承办人同意，对音乐表演或以声音为主之其他表演进行单纯之录音；

c）未经承办人同意，在表演进行期间，以无线电广播或其他方法向公众传播该表演之影像及声音。

# 第四编　集体管理

第一百九十五条　集体管理机构

对著作权及相关权利进行集体管理，仅得由住所设于本地区、且以进行此种管理活动为主要目标之法人为之。

第一百九十六条　机构之登记

一、集体管理机构应至少在开业前三十日在经济司（葡文缩写为 DSE）进行登记。

二、为着产生上款规定之效力，集体管理机构须向经济司提交下列文件：

a）该机构章程之经认证副本一份，并尽可能指出该机构中各机关之据位人；

b）由该机构代理或拟代理之权利人、及由该机构代理或拟代理之住所设于其他法律体系内之同类型机构之名单一份。

第一百九十七条　法庭上之代理

一、对于涉及著作权及相关权利之事宜，集体管理机构具有正当性在法庭上作出旨在维护被代理人之正当权益之行为，但被代理人反对者除外。

二、如有关争讼之原因涉及被代理人之人身权，则集体管理机构仅在获赋予具特别权力之授权后，方得在法庭上作出有关行为。

第一百九十八条　提供信息之义务

集体管理机构有义务将拥有著作权及相关权利之被代理人数据及有关索引之使用条件，提供予任何利害关系人。

第一百九十九条　强制性通知

集体管理机构必须在有关核准或订定作出后之三十日内将下列事宜通知经济司：

a）章程之更改；

b）有关机关组成之更改；

c）被代理人名单之更改；

d）与其他同类型实体、代表用户之实体或无线电广播机构订立之协议。

第二百条　证明及手续费

一、经济司须将信息提供予向其提出有关请求之人，并须就第一百九十六条所指之登记及上条所指之通知向有关请求人发出证明。

二、因进行登记及发出证明而需缴交之手续费，须由总督以训令定出。

# 第五编　刑事违法行为及行政违法行为

## 第一章　一般规定

第二百零一条　刑罚分量之确定

在确定本法规所指犯罪之刑罚分量时，法院须特别考虑已流入市场之非法复制品数量及行为人从中取得之经济利益。

第二百零二条　法人之责任

一、就行为人因实施本法规所指之违法行为而被判罚之罚款、赔偿及其他给付，如行为人系以法人名义及以该集体利益作出行为，则有关法人须负连带责任。

二、单纯属事实上之社团及单纯属事实上之合伙或公司，均等同于法人。

## 第二章　附加刑

第二百零三条　可处之附加刑

一、对于实施本法规所指之犯罪，得处下列附加刑：

a）良好行为之担保；

b）暂时禁止从事某些业务或职业；

c）场所之暂时关闭；

d）场所之永久关闭；

e）有罪裁判之公开。

二、各附加刑得一并科处。

三、不履行附加刑，即导致违法者触犯《刑法典》第三百一十七条所指之犯罪，即使该不履行系透过他人而造成者亦然。

第二百零四条　良好行为之担保

一、良好行为之担保，使行为人有义务按照在有罪裁判中所定之六个月至两年之期间内，将一笔为数介乎澳门币 10，000 元至 3，000，000 元之款项以交由法院支配之方式作出存放。

二、在法院宣布暂缓执行刑罚之情况下，一般应予科处良好行为之担保。

三、如行为人在定出之期间内因实施本法规所指之任一犯罪而被判罪，则保证金归本地区所有。

第二百零五条　从事某种业务或职业之暂时禁止

一、在下列情况下，法院得命令暂时禁止从事某种业务或职业：

a）犯罪行为系在明显滥用职业之情况下实施，或在从事取决于公共资格或公共当局之许可或认可之业务时实施；

b）如违法者曾因实施本法规所指之犯罪而被处附加刑，但如先后实施之两项违法行为相隔超过五年者除外；而行为人曾因司法裁判被剥夺自由之时间并不计算在该五年期间内。

二、禁止之期间最短为两个月，最长则为两年。

三、《刑法典》第六十一条第三款及第四款之规定，相应适用之。

第二百零六条　场所之暂时关闭

一、如行为人因犯本法规所指之罪而被判六个月以上之徒刑，则得作出暂时关闭场所之命令，关闭期最短为一个月，最长则为一年。

二、在实施犯罪后将场所移转予他人，又或将某些与从事职业或业务有关之任何性质之权利让与他人，均不妨碍本附加刑之科处，但取得人在取得时属善意者除外。

三、暂时关闭场所既不构成解雇工作者之合理理由，亦不构成中止或减低支付有关报酬之依据。

第二百零七条　场所之永久关闭

一、在下列情况下，得命令永久关闭有关场所：

a）如行为人曾实施本法规所指之犯罪而被判徒刑，且有关情况显示出过去之一次或多次判罪对有关犯罪之实施非属合适之预防方法；

b）如行为人曾被判暂时关闭场所之附加刑；

c）如行为人因实施本法规所指之犯罪而被判徒刑，且该犯罪造成相当庞大之损失或使数目众多之人受损。

二、上条第二款之规定适用于永久性关闭场所。

第二百零八条　有罪裁判之公开

一、如法院科处将有罪裁判公开之附加刑，则须张贴告示及刊登公告以实施此附加刑，而费用由被判者承担，且民事诉讼法内关于向不确定之人作出公示传唤之规定，经作出必要配合后，适用之。

二、有罪裁判之公开须以摘录裁判内容之形式为之，摘录内须载明构成违法行为之要素及所科处之制裁，以及各行为人之身份。

三、告示须在有关场所或从事有关业务之地方以能使公众显而易见之方式张贴，为期不少于十五日。

# 第三章　犯罪

第二百零九条　僭越受保护作品

一、意图使他人有所损失，或意图为自己或第三人获得不正当利益而将纯粹属全部或部分复制他人作品之作品当作自己创作之作品而使用，又或许可他人使用，并因此导致有关作者遭受损失者，处最高三年徒刑，或科最高三百六十日罚金。

二、如实施上述犯罪者所僭越之作品为从未公开之作品，则处最高四年徒刑，或科最高四百八十日罚金。

三、非经告诉不得进行刑事程序。

第二百一十条　侵犯未发表之作品

一、明知或应知拥有出版权或发表权之人之意愿，即使属可推定之意愿，而违背该意愿出版或发表未经发表之作品者，处最高一年徒刑，或科最高二百四十日罚金。

二、非经告诉不得进行刑事程序。

第二百一十一条　假造受保护作品

一、意图为自己或第三人获得不正当利益而在未经拥有复制权之人许可下，以企业规模之形式全部或部分、直接或间接复制他人之受保护作品、录音制品或录像制品者，处一年至四年徒刑。

二、犯罪未遂，处罚之。

第二百一十二条　非法复制品之交易

一、意图为自己或第三人获得不正当利益，且明知或应知僭越或假造之存在，而对在本地区或本地区以外制成之被僭越作品之复制品或假造之作品、录音制品或录像制品之复制品进行销售、推出销售、贮存、进口、出口或以企业规模之其他形式发行者，处最高两年徒刑或科最高二百四十日罚金。

二、犯罪未遂，处罚之。

第二百一十三条　使保护装置失去效用

一、基于制造或许可他人制造非法复制品之意图，而针对受保护作品、录音制品或录像制品之复制权权利人所使用旨在阻止或妨碍未经许可而进行复制之技术保护装置，使用、制造或进口任何旨在使该装置失去效用之设备或进行此类设备之交易者，处最高两年徒刑或科最高二百四十日罚金。

二、犯罪未遂，处罚之。

第二百一十四条　删除或更改数据

一、意图侵犯或容许他人侵犯本法规所规定之权利，而对由有权在受保护作品、录音制品或录像制品之原件或复制品上加上任何旨在认别该作品或制品，又或认别该作品或制品上之权利或有关权利人之声明、数据或密码之人所加上之有关声明、数据或密码作出删除或更改者，处最高两年徒刑或科最高二百四十日罚金。

二、具相同意图而对由有权在受保护作品、录音制品或录像制品之原件或复制品上加上任何旨在认别该作品或制品可供使用之条件，又或认别该作品或制品之复制品来源之声明、数据或密码之人所加上之有关声明、数据或密码作出删除或更改者，处相同之刑罚。

三、属上两款所指之情况，犯罪未遂，处罚之。

## 第四章　行政违法行为

第二百一十五条　集体管理方面之违法行为

一、自然人或住所非设于本地区之法人从事著作权或相关权利之集体管理业务者，科处澳门币50 000元至500 000元之罚款。

二、住所设于本地区而未按照第一百九十六条之规定在经济司登记之机构，从事著作权或相关权利之集体管理业务者，科处澳门币40 000元至400 000元之罚款。

三、集体管理机构不作出第一百九十九条所规定之强制性通知者，科处澳门币10 000元至40 000元之罚款。

第二百一十六条　行政违法行为之累犯

一、如累犯本章所指之违法行为，则须将罚款之最低及最高限度提高至两倍。

二、如在实施一违法行为后不足一年内再实施相同之违法行为，且就前者已被实施确定性处罚决定者，视为累犯。

第二百一十七条　科处罚款之权限

海关有权限就本章所指违法行为科处罚款。

第二百一十八条　罚款之缴纳

一、应自就科处罚款之决定作出通知之日起三十日内缴纳罚款。

二、如不在上款所定之期间内缴纳罚款，则须按照税务执行程序进行强制征收，并以科处罚款之决定之证明作为执行名义。

三、就罚款之科处，可向行政法院提起上诉。

第二百一十九条　罚款之归属

根据本法规之规定所科处及征收罚款之所得，构成本地区之收入。

## 第六编　最后规定

第二百二十条　由其他法律规定给予之保护

本法规之规定，不影响按照有关不正当竞争、工业产权之法例或其他法例所给予之保护。

第二百二十一条　在时间上之适用

一、由本法规所给予之保护，其涵盖范围包括本法规所定之导致失效之期间尚未届满之作品、录音制品、录像制品、演出及无线电广播，但按先前之法例而有效订立之法律行为，则不受影响。

二、对表演承办人所给予之保护，其涵盖范围仅包括本法规开始生效后所进行之表演。

三、本法规赋予之商业租赁专属权，其涵盖范围仅包括出租人在二零零零年一月一日后取得之复制品。

第二百二十二条　废止

一、废止借十二月七日第 679/71 号训令延伸至澳门之一九六六年四月二十七日第 46980 号法令，上述训令及法令均公布于一九七二年一月八日《政府公报》。

二、下列法规亦告废止：

a) 借一九三零年四月二十九日《殖民地部中央部门之统筹司声明》延伸至澳门及公布于一九三零年六月二十一日《政府公报》之一九二七年五月二十七日第 13725 号法令第六十五条至第六十八条；

b) 三月九日第 19/85/M 号法令；

c) 十一月二十五日第 4/85/M 号法律；

d) 五月四日第 17/98/M 号法令第二条。

第二百二十三条　开始生效

本法规于一九九九年十月一日开始生效。

一九九九年七月三十日核准

命令公布

护理总督贝锡安

**图书在版编目（CIP）数据**

中国百年著作权法律集成/本书汇编组编

北京：中国人民大学出版社，2010

ISBN 978-7-300-12806-1

Ⅰ.①中…

Ⅱ.①本…

Ⅲ.①著作权法—汇编—中国

Ⅳ.①D923.419

中国版本图书馆 CIP 数据核字（2010）第 192988 号

**中国百年著作权法律集成**

本书汇编组　编

Zhongguo Bainian Zhuzuoquan Falü Jicheng

| | | |
|---|---|---|
| **出版发行** | 中国人民大学出版社 | |
| **社　　址** | 北京中关村大街 31 号 | **邮政编码**　100080 |
| **电　　话** | 010－62511242（总编室） | 010－62511398（质管部） |
| | 010－82501766（邮购部） | 010－62514148（门市部） |
| | 010－62515195（发行公司） | 010－62515275（盗版举报） |
| **网　　址** | http://www.crup.com.cn | |
| | http://www.ttrnet.com（人大教研网） | |
| **经　　销** | 新华书店 | |
| **印　　刷** | 涿州市星河印刷有限公司 | |
| **规　　格** | 170 mm×240 mm　16 开本 | **版　次**　2010 年 10 月第 1 版 |
| **印　　张** | 38 插页 2 | **印　次**　2010 年 10 月第 1 次印刷 |
| **字　　数** | 738 000 | **定　价**　98.00 元 |